大国通史丛书

总主编 钱乘旦

德国通史

A History of Germany

邢来顺 吴友法 主编

【第五卷】

危机时代

(1918—1945)

郑寅达 孟钟捷 陈从阳 陈旸 邓白桦 著

江苏人民出版社

图书在版编目(CIP)数据

德国通史. 第五卷/郑寅达等著. 一南京:
江苏人民出版社,2019.3(2025.10 重印)
ISBN 978-7-214-21492-8

Ⅰ.①德…　Ⅱ.①郑…　②孟…　Ⅲ.①德国-历史
Ⅳ.①K516.0

中国版本图书馆 CIP 数据核字(2017)第 274871 号

书　　　名	德国通史·第五卷　危机时代(1918—1945)	
主　　　编	邢来顺　吴友法	
著　　　者	郑寅达　孟钟捷　陈从阳　陈　旸　邓白桦	
策　　　划	王保顶	
责 任 编 辑	陆　扬	
装 帧 设 计	刘葶葶	
责 任 监 制	王　娟	
出 版 发 行	江苏人民出版社	
地　　　址	南京市湖南路 1 号 A 楼,邮编:210009	
照　　　排	江苏凤凰制版有限公司	
印　　　刷	江苏凤凰新华印务集团有限公司	
开　　　本	652 毫米×960 毫米　1/16	
印　　　张	221　插页 24	
字　　　数	2 965 千字	
版　　　次	2019 年 3 月第 1 版	
印　　　次	2025 年 10 月第 3 次印刷	
标 准 书 号	ISBN 978-7-214-21492-8	
定　　　价	780.00 元(精装)	

(江苏人民出版社图书凡印装错误可向承印厂调换)

目　录

前　言

在本卷所涵盖的 27 年（1918—1945）里，德国历史的发展轨迹呈现出一个较宽的"之"字形图景，从魏玛共和国到纳粹第三帝国，"在善和恶两方面都走了极端"。这一发展轨迹，较为明显地反映出德意志人追求完美甚至极端的特性，任何道路都要走得极致。然而，物极必反，矫枉常常过正。这时，德意志人又会向着相反的方向狂奔。从深层次看，表象后面还有理念的冲撞：德国是赶上世界潮流，让发展不同步的政治经济体制尽快补上"短板"，还是坚守德意志特色，排除各种披着华丽或不华丽外衣的非德意志因素，让德意志社会沿着自己的轨道发展。

魏玛共和国的政治体制是先进的，甚至带有点过于超前的色彩。"比例代表制"（Verhältniswahl）的选举方法，保证国会（Reichstag）内的党派力量对比同选民的意愿基本保持一致。德国的政党制度起步较晚，然而作为魏玛民主制度的组成部分，政党获得了很高的地位。它们不仅可以拥有自己的防卫组织，而且完全控制了国会议员的人选，议员一旦背离所属党派的意愿，根据自己的判断作出决定，很快就会遭到"除名"。这就使得国会成为政党纵横捭阖的沙场。为了平衡这一点，宪法设置了国民直选产生的总统。总统有权通过颁布紧急法令，帮助总理暂时摆脱国会的制约，建立有限度的集中统治。这就构成了国会—总统的二元体制。同时,宪法给予选民以"立案权",即普通公民毋需通过议员,即可直接向国会呈交提案,只需事先征得 1/10 选民的签名。如果该提案遭到国会否决,还必须就此举行全民公决。然而,超前的民主体制建立在怀旧的德意志社会之上,似乎从一开始就埋下了地基不稳的隐患。

在魏玛共和国的运作阶段,《道威斯计划》(Dawes Plan)实施后,德国经济进入了快速发展的佳境。同时,伴随着美国资金和技术的涌入,其文化也呈现出明显的世界性。柏林(Berlin)成为继伦敦和纽约之后的世界第三大城市,享有"欧洲娱乐之城"的美誉。它在"轻快艺术"、滑稽剧、电影、流行音乐等方面都超过巴黎,成为诸种艺术表演的大舞台。当时,凡是新的东西,都能在柏林找到生产之地。在社会生活中,妇女的社会地位和生存状况越出原有的轨道,发生了较大的变化。越来越多的女性出现在公共领域,女教师、女医生的人数逐年增加。女性在外在形象和生活态度上也发生了较大的变化。在街头和舞厅,不少女性穿着入时,善于交际,梳着波波头,穿着超短裙和长丝袜,打扮时尚,优雅地夹着香烟。她们生活独立,虽然外表是女性的,但内心却日益男性化。在对待婚姻和两性的态度上,年轻女性开始追求自由与平等的爱。与此相伴随的,是传统目光中的"家庭危机"日益升温,在女性结婚率不断下降的同时,离婚率却不断上升。婚内出生率下降,非婚出生率居高不下。

在德国沿着世界化道路向前发展时,另一种主张始终在发出自己的声音。第一次世界大战爆发前后,这种主张以"1914 年思想"的形式表现出来。"1914 年思想"认为,当时风行世界的"1789 年思想"是"破坏性解放的革命"思想,自由、平等、博爱是"真正的十足的商人理想",为的是"迅速赢得所有个人的赞同",强调西方意义上的自由是"任意"和"无节制的"。而"1914 年思想"具有德意志特色,主张"建设的革命",认为"德国式自由"强调"秩序",是真正的自由,生命能在"真正的自由中"绽放。他们强调德国的平等是有机的平等,类似于军队中的战友关系和同志关系,大家平等效劳,在不同岗位上发挥不同的作用,"既学会听话又学会命令"。随着美国文化的大量渗入,20 世纪二十年代中后期德国又兴起了新"保守革命"思潮,要求抵制西方议会民主和西方文明,抵制现代性,维护和捍卫德意志传统和文化。

1929 年秋,肇源于美国的经济大危机袭来后,严重依赖于美国的德国经济很快深陷其中,"黄金时代"的镀金铜瞬时消散,德国与美国一起"并立"成为受打击最严重的两个国家。在经济危机的推动下,共和国时期逐渐得到缓解的深层次矛盾又被推向表面。社会秩序动荡,党派斗争激烈。由于缺乏睿智能干的政坛干将,国会—总统二元体制非但没有成为集中权力攻陷危机堡垒的载体,反而为希特勒上台提供了通道。

1933 年 1 月希特勒(Adolf Hitler,1889—1945)担任德国总理后,立即以恢复德意志传统为幌子,对民主体制大动干戈。他标榜自己要重建"日耳曼民主"模式,解散其他政党,同时改变纳粹党的属性,称其为代表全民族利益的精英党。他通过《授权法》降低议会的地位和作用,声称要让它回复到 Rat 一词的古义地位,即仅仅是元首的顾问团。最后,国会蜕变成"接收希特勒声明的响板"和"昂贵的合唱团"。通过《授权法》获得立法权的内阁,从 1938 年 2 月起就不再开会,部长们只能从广播中知悉"德国政府"所作出的决定。希特勒政府逐渐演变成"小朝廷",国家元首通过党、政府、军队三个办公厅的主任,实施着个人的独裁统治。作为体现"日耳曼民主"的全民公决,由于其属于"公民复决"和"有条件的或非强制性的"类型,对当局的决策毫无影响,完全是独裁统治的遮羞布。

其他领域中的情况大致相同。经济上提出"自给自足"的口号,力图脱离世界市场,为此不惜违背经济规律,开采和提炼贫铁矿石。文化上以"德意志"和"非德意志"为划分标准,极尽扶持打压之能事,不惜将相对论的创始人爱因斯坦(Albert Einstein,1879—1955)逐出国门。社会生活中鼓励女性脱离公共事务"回归家庭",充当德意志斗士的贤妻良母,在"教堂、厨房、孩童"的有限范围内,成为德意志民族的生育机器。

然而,纳粹政权尽管以"回归德意志传统"为口号,但是其所作所为并不代表德意志特色。下列三件事情可以作为例证。第一,神圣罗马帝国的政治架构中有重视制衡的特点,其中包含选侯与皇帝、邦君与皇帝、政权与神权之间的互相制衡,但纳粹政权却以实施"绝对统治"为追求目标。第二,在纳粹当局讨论应对现代主义文化的政策时,戈培尔曾经表示,"纳粹党人是一群具有现代意识的先进分子,这不仅在政治和社会领域是如此,而且在精神和艺术领域也是如此",然而在希特勒明确表示要实施打压政策后,他立即转向,毫不脸红地谴责现代派艺术是"附庸风雅",是"病态"和"腐朽"的,应该遭到清除。第三,纳粹当局在战争准备阶段,曾经强调实施"自给自足",要摆脱世界市场,规避风险。但是在侵占大片欧洲领土后,它就以欧洲统一体系为目标,力图改造各国的产业结构,实现产业分工,在欧洲范围内展开产品循环。

德国历史中这短短的 27 年,经历了民主自由与专制独裁两个极端,似乎难以对其作出概括。但突破表象关注内核,可以将其命名为"危机时代"。第一次世界大战末期的社会和革命危机,催生出魏玛共和国。先进的民主制度建立在缺乏"共和主义者"的沙滩上,也未得到高喊民主自由口号的西方大国的实质性支持,不仅经常陷入运转失灵的窘境,也为政治体制的急剧转向提供了条件。共和国中后期的经济繁荣,因其对外部世界的依赖,潜伏着很大的危机。纳粹统治时期,当局可以用经济复苏及繁荣、组建"民族共同体"、繁杂的社会福利政策等,来粉饰其统治秩序,然而对德国和德国人民来说,更大的危机已经来临。

本卷主持人　郑寅达
2017 年 1 月于上海

第一编

魏玛共和国

第一章　魏玛共和国的成立与巩固 (1918—1923)

魏玛共和国（Weimarer Republik）是在德国"十一月革命"（Novemberrevolution）后成立的，它是德国历史上的第一个资产阶级共和国。1918—1923 年是魏玛共和国历史的第一个阶段。它以一场不期而至的"十一月革命"为起点，以民主体制全面告急却幸运得救的 1923 年危机而告终。期间，它经历了横扫一切的革命风潮、政治制度的全面革新、立宪尝试、签订和约、抵制外忧内扰的诸多阶段。这一时期既奠定了魏玛民主（Weimarer Demokratie）的主要特征，也埋下了未来共和体制面临挑战的各种问题。

第一节　1918 年"十一月革命"与魏玛共和国的成立

第一次世界大战末期，德意志帝国（Deutsches Reich）在求和的压力下，不得已启动了政治改革，然而为时已晚。不堪重负的水兵发动了起义，并迅速点燃了民众的革命激情。一场声势浩大的代表会运动（Rätebewegung）席卷全国。社会各阶层都投入到权力重组的政治角逐中。不久，追求秩序与稳定的观点占据上风，代表会运动被迫从政治领域转入经济领域，最终消融在个别劳动法规中。在这场革命过后，德意志社会迎来了历史上的第一个共和体制。

一、1918 年革命的爆发与共和国的成立

帝国的战争机器是在充盈着"迅速结束"与"民族保卫战"的宣传谎言中启动的。一如统治集团所愿，社会各阶层的爱国热忱暂时掩盖了战前不断涌现的社会矛盾，形成了所谓"城堡和平"（Burgfrieden）的局面。然而，战局却超出了帝国领导层的控制，闪击战术从一开始便宣告失败，德国优势一再丧失。被最高军事统帅部（Oberste Heeresleitung, OHL）寄予厚望的无限制潜艇战（unbeschränkter U-Boot-Krieg）非但不能扭转战局，反而又成为美国参战的借口，以致进一步改变了交战双方的实力对比。

在此情况下，帝国国会主要政党的立场发生了重要变化。国会第一大党德国社会民主党（Sozialdemokratische Partei Deutschlands, SPD）发生分裂。反战派于 1917 年 4 月成立"独立社会民主党"（Unabhängige Sozialdemokratische Partei Deutschlands, USPD, 以下简称"独立社会民主党"），余下者自称为"多数派社会民主党"（Mehrheitssozialdemokratische Partei Deutschlands, MSPD, 以下简称"多数派社民党"）。两个资产阶级政党——进步人民党（Fortschrittliche Volkspartei, FVP）和民族自由党（Nationalliberale Partei, NLP）——在 1916 年后不断激进化的工人罢工中看到了继续战争的危险性与推动政治改革的必要性。中央党（Deutsche Zentrumspartei, Zentrum）本是无限制潜艇战的坚定支持者，但从 1917 年起也转而寻求尽快结束战争的途径。1917 年 7 月 6 日下午，这四个政党（独立社会民主党未参加）决定携手成立"国会党团联合委员会"（Interfraktioneller Ausschuss），其声明表达了两个共同目标：一是在外交上追求"谅解性和平"（Verständigungsfrieden）而非"胜利和平"（Siegesfriede），放弃兼并政策，尽快实现停战；在内政上推动民主化，建立一个对国会负责的中央政府（Reichsministerium），

并在普鲁士（Preußen）推行平等选举权。① 由于这四个政党在国会中占据了 288 个议席（72.5％），是名副其实的"国会多数派"（Reichstagsmehrheit），所以他们的意见立即在德国政坛产生一系列重要影响。

影响之一是"1917 年七月危机"（Julikrise 1917）的爆发。根据帝国宪法，除皇帝外，真正负责全国内政外交事务的是帝国首相。但自开战以来，时任首相特奥巴尔德·冯·贝特曼-霍尔维格（Theobald von Bethmann Hollweg，1856—1921）因其摇摆立场而受到军方的多次责难，此次"国会党团联合委员会"的声明又再次对他产生了直接冲击。7 月 12 日，在军方和国会多数派的夹击下，首相不得不辞职下台。对于帝国而言，贝特曼-霍尔维格的下台清晰划出了一条政治转型的界限：在此之后，帝国宪法所保障的那个至高无上的皇权已经消失了，全权负责帝国内政外交的首相也不复存在。在追求和平与民主的道路上，国会多数派与最高军事统帅部成为直接对峙的角力双方。正因如此，历史学家埃里希·艾克（Erich Eyck，1878—1964）在其名著中开宗明义地写道："魏玛共和国的历史始于德意志帝国的崩溃，而德意志帝国的崩溃始于 1917 年 7 月 12 日皇帝被迫解除首相贝特曼-霍尔维格的职务。"②

影响之二是推动了"上层革命"（Revolution von Oben）的爆发。在贝特曼-霍尔维格下台后，尽管存在军方的强力干预，但帝国政府的"国会化"色彩仍然愈加浓烈。格奥尔格·米夏埃利斯（Georg Michaelis，1857—1936）担任首相期间（1917 年 7 月 14 日—10 月 31 日），国会多数派的个别议员进入内阁，甚至为应对教皇的和平调解，首次正式参与外交决策。在格奥尔格·冯·赫特林（Georg von Hertling，1843—1919）当政期间（1917 年 11 月 1 日—1918 年 9 月 30 日），国会多数派甚至出任

---

① Arthur Rosenberg, *The Birth of The German Republic 1871 - 1918*, translated by Ian F. D. Morrow, London: Humphrey Milford, 1931, p. 162; Walter Tormin, *Die Weimarer Republik*, Hannover: Fackelträge - Verlag, 1973, S. 43 - 44.

② 埃里希·艾克：《魏玛共和国史》，上卷，高年生、高荣生译，商务印书馆 1994 年版，第 3 页。

了帝国和普鲁士的副首相,为此被《法兰克福报》(Frankfurter Zeitung)欢庆为"从德意志极权国家变成了德意志人民国家"的转折点。[1] 宪法史学家也多称这段时间为"隐蔽议会制"(Kryptoparlamentarismus)或"消极议会制"(negativer Parlamentarismus)。[2] 到1918年9月28—29日,最高军事统帅部终于批准了国会多数派一年多来的两大诉求:立即停战,准备媾和;要求赫特林首相邀请国会多数派领袖参加政府,推动政治改革。当然,这种为"上层革命"让路的举动,并非兴登堡(Paul von Hindenburg,1847—1934)、鲁登道夫(Erich Ludendorff,1865—1937)之流的幡然觉悟,除了战争确实无法继续外,实则还蕴藏着军方的两大心机:

第一,这是缓解美国压力的最好途径。美国总统托马斯·伍德罗·威尔逊(Thomas Woodrow Wilson,1856—1924)在"十四点计划"(14 - Punkte-Programm)中,几乎直截了当地向德国左翼呼吁,希望他们从内部搞垮帝国统治集团。对于军方而言,由其主导的"上层革命"是可以最大限度地既维护自身利益又满足美国要求的选择。

第二,这是推卸军方所有责任的最好途径。鲁登道夫多次宣称,要让国会多数派"现在就喝掉使我们陷于被动地位的汤汁"。[3] 事实上,这正是魏玛时期流传甚广的所谓"匕首刺背"神话(Dolchstoßlegende)的源头所在。藉此,最高军事统帅部便把战败责任与未来签订和约的任务一并移交给国会多数派。

由于赫特林并不愿意领导这场"上层革命",9月30日,在军方督促下,威廉二世(Wilhelm Ⅱ.,1859—1941,1888—1918年在位)下诏,任命来自于西南邦国巴登(Baden)的马克斯亲王(Prinz Max von Baden,1867—1929,以下简称"巴登亲王")为新首相。

对于最高军事统帅部与国会多数派而言,巴登亲王都是一个合适的

---

[1] Walter Tormin, *Die Weimarer Republik*, S. 49.
[2] 蒋劲松:《德国代议制》,第2卷,中国社会科学出版社2009年版,第991页。
[3] 汉斯-乌尔里希·韦勒:《德意志帝国》,邢来顺译,青海人民出版社2009年版,第194页。

妥协对象：他是王公贵族，多次批判"西方民主"，并不赞成 1917 年 7 月的"和平决议"（Friedensresolution），支持德国入侵比利时（Belgien），甚至还赞成种族主义理论家张伯伦（Houston Stewart Chamberlain，1855—1927）的观点，因而部分代表了传统精英的立场；他从小受到自由主义教育，对军人独裁和右翼立场有所保留，甚至指责过德意志民众的奴役心态，因而又受到国会多数派的关注。①

巴登亲王内阁几乎都是由国会多数派组成的。引人注目的是，两位多数派社民党人菲利普·谢德曼（Philipp Scheidemann，1865—1939）和古斯塔夫·鲍尔（Gustav Bauer，1870—1944）分别出任不管部以及新成立的帝国劳动部的国务秘书。

当"上层革命"的幕布徐徐拉开时，作为这场戏的主角，巴登亲王并不轻松。他所面对的内外环境极其糟糕：首先，军方从未轻易地让他放手一搏。10 月 3 日晚，他被迫签署由最高军事统帅部起草的停战电报——亲王在后来的日记中将之斥为"投降"和"军事战败的宣言"。然而"胜利和平"却未在军方领导者的头脑中消失。直到 10 月 14 日，兴登堡仍然在给首相的电报中说"德国人民只有两条路：要么是光荣的和平，要么是战斗到最后一人"。鲁登道夫在 10 月 17 日的战时内阁会议上居然还要求继续补充兵员，并指责停战谈判所产生的负面影响。②

其次，社会期待日增，而激进化趋向越来越明显。《法兰克福报》在内阁成立之日把巴登亲王称作"国会多数派的代言人"，称他将成为"德国民主制的第一位帝国首相"。然而，激进左翼的要求更高。10 月 7 日，"斯巴达克团"（Spartacus，或译"斯巴达克派"）通过的人民革命纲领提出

---

① 威廉·冯·施特恩堡主编：《从俾斯麦到科尔——德国政府首脑列传》，许有军等译，当代世界出版社 1997 年版，第 148—154 页；Arno Dietmann, "Max von Baden-ein Rassist und Antisemit. Und dennoch ein großer liberaler Demokrat?"（http://www. hohewarte. de/MuM/Jahr2004/Max-von-Baden0408. pdf）2010 年 12 月 27 日。

② Peter Longerich, *Die Erste Republik. Dokumente zur Geschichte des Weimarer Staates*, München: Piper, 2000, S. 39; Walter Tormin, *Die Weimarer Republik*, S. 66 - 67.

了"建立社会主义共和国"的口号。①

最后,来自美国的压力日益沉重。从10月3日到11月5日,美德之间一共进行了四轮外交照会战。总体而言,美方的态度日趋严厉。它不仅要求德国必须接受"十四点计划"所规定的条件作为和平谈判的基础,而且还直接要求政治变革。②

正是在美方不断施压下,巴登亲王内阁终于加快了改革步伐。扫除上述内外困境的措施几乎在同一时刻展开:10月26日,一再干涉内阁事务的鲁登道夫故伎重演,试图以辞职相威胁,反对媾和,但皇帝在巴登亲王的反复劝说下,居然接受了他的辞职。至此,最高军事统帅部对内阁的干预行动结束。同日,宪法修正案在国会得以通过,并于两天后生效。该修正案是对1871年宪法的第15条进行的补充,规定:帝国首相需要得到国会的信任;关乎战争、和平以及国际条约的重大问题需要获得联邦参议会和国会的同意,军队置于文官的控制之下;各邦实行民主化。与此同时,普鲁士上议院终于批准了男性公民的普选权。③

巴登亲王内阁随之面临的棘手难题是如何劝说威廉二世退位。10月初,威廉二世的责任问题已成为公众舆论的对象,但尚未涉及退位事宜,只有斯巴达克团④的人民革命纲领提出了"废除王朝"的目标。随着美方压力的增加,人们开始考虑皇帝退位的可能性。符腾堡(Württemberg)的罢工工人打出了"皇帝是无赖"的口号,甚至连马克斯·韦伯(Max Weber,1864—1920)这样的资产阶级中派也认为皇帝必须退位。10月7日,战时参议会(Kriegsrat)首次公开讨论退位问题。10

---

① 科佩尔·S. 平森:《德国近现代史》,下册,范德一等译,商务印书馆1987年版,第463页;洛塔尔·贝托尔特等编:《德国工人运动史大事记》,第2卷,孙魁等译,人民出版社1986年版,第15页。

② 陈从阳:《美国因素与魏玛共和国的兴衰》,中国社会科学出版社2007年版,第53—59页。

③ 阿·米尔:《德意志皇帝列传》,李世隆等译,东方出版社1995年版,第532—533页。

④ 斯巴达克团出现在1916年,因领导人卢森堡和李卜克内西崇尚古代斯巴达克人反对罗马帝国的精神而得名。独立社会民主党成立后,斯巴达克团在组织上归属于它,但在具体行动中保持相对独立性。

月24日,多数派社民党议员古斯塔夫·诺斯克(Gustav Noske,1868—1946)在国会中表示"只要皇帝下台,我们就会得到一个好和约";10月25日,巴伐利亚(Bayern)首相和国防大臣表示赞成。显然,反对皇帝的社会氛围已经形成。然而,威廉二世却一再拒绝巴登亲王的劝说,并执意离开柏林,前往最高军事统帅部大本营斯帕(Spa)。该举动不仅让皇帝的最后一点个人声望消失殆尽,也让内阁最终在10月31日会议上下定决心,迫使皇帝退位。①

然而,当这场拖沓已久的"上层革命"终于跨出至关重要的一步时,命运女神却冷酷地向它关上了大门。仅仅3天后,一场水兵起义突然爆发,并迅速席卷全国。11月9日,风暴到达柏林,巴登亲王内阁倒台。战争末期的政治转型被迫中止。

1917年起,帝国臣民们的反战情绪已经不断通过罢工和兵乱的方式表现出来。据统计,德国的罢工数量从1916年的240次跳跃性地增加到1917年的562次,1918年11月前已达到499次,罢工者多达1500万人次。当年8月"卢伊特波尔德摄政王"号军舰(SMS Prinzregent Luitpold)上的水兵们也曾喊出"打倒战争"的口号,数十名水兵则在芬兰海岸起义。②

不过,德意志社会实际上并未做好革命准备。

两个左翼团体——斯巴达克团和柏林革命者团体(Revolutionäre Obleute)③——的革命主张并未被多数派社民党与它们所属的独立社会民主党所接受。前者始终坚持"和平与渐进式民主"这一政治口号,后者

---

① 洛塔尔·贝托尔特等编《德国工人运动史大事记》,第2卷,第15页;陈从阳:《美国因素与魏玛共和国的兴衰》,第64页。埃里希·艾克:《魏玛共和国史》,上卷,第38—39页;阿·米尔:《德意志皇帝列传》,第534页。

② 洛塔尔·贝托尔特等编:《德国工人运动史大事记》,第1卷,葛斯等译,人民出版社1983年版,第334—345、348、358、363、365—378页;汉斯-乌尔里希·韦勒:《德意志帝国》,第185页。

③ 柏林革命者团体是在1918年一月罢工中产生的工人团体。领导者是五金工会车工分会主席的理查德·米勒(Richard Müller,1880—1943)。这一组织旨在"以革命结束战争"。

竭力阻止左翼团体把"无产阶级专政"一类的革命口号写入党纲中。

即便在这两个左翼团体之间，关于革命的目标和手段问题，也未曾达成统一。在斯巴达克团看来，"无产阶级专政"便是社会主义革命的目标，它通过无产阶级政党领导下的"工兵苏维埃"得以实现。而在柏林革命者团体的计划中，"无产阶级专政"不是革命的目标，而仅仅是阶段之一。它追求一种"大众民主"或"直接民主"，其目标是"纯粹代表会体制"（reiner Rätewesen）。

更为糟糕的是，当德意志社会的革命之势几近不可抵挡时，主要的革命鼓吹者们却都意外地"缺席"了。在斯巴达克团中，罗莎・卢森堡（Rosa Luxemburg，1871—1919）自战争开始后便被禁止直接参与政治行动，后被囚禁；卡尔・李卜克内西（Karl Liebknecht，1871—1919）直到10月26日才被释放；其他主要成员或仍在狱中，或被迫流亡其他国家。甚至到11月6日晚，斯巴达克团在斯图加特（Stuttgart）的成员因为谋划革命而入狱。同样，柏林革命者团体的领导者也在10月相继暴露。11月8日，该组织的精神领袖恩斯特・道尔米施（Ernst Däumig，1866—1922，旧译埃・多伊米希）被捕。[1]

至此，革命前夕的德意志社会呈现出极为有趣的画面：一方面寻求变革的呼声广泛存在，另一方面革命的主张却少有应和；一方面革命者竭力鼓吹，另一方面革命方案之间的差异却日渐明显；一方面革命趋势不断增强，另一方面革命领导者却未能及时出现在革命现场。革命看似箭在弦上，却未能一气呵成。不过，压倒骆驼的最后一根稻草很快就来了，这就是1918年11月4日的"基尔水兵起义"（Kieler Matrosenaufstand）。

本应属于帝国支柱的军人充当了革命的爆炸者，这不仅出乎统治者的意料之外，甚至连左翼政党的领袖们也觉得不可思议——独立社会民主党主席胡戈・哈泽（Hugo Haase，1863—1919）在获悉革命消息后，曾

---

[1] Eberhard Kolb, *Die Arbeiterräte in der deutschen Innenpolitik 1918—1919*, Frankfurt am Main: Ullstein, 1978, S. 41,20,27-29,43,40,51-52,64-65.

不以为然地将之视作"一次感情冲动后的喷发"而已。①

然而,它又是在情理之中的。一方面,士兵中的厌战情绪已累积到极致;另一方面,在所有军人中,水兵又是死亡率极高的兵种。据估算,德军共损失 83 艘巡洋舰和 178 艘潜水艇,5132 名潜艇水兵死亡,死亡率超过 50%。②

1918 年 10 月下旬,当巴登亲王内阁决定向协约国乞和时,海军部却阳奉阴违,下令威廉港(Wilhelmshaven)的潜艇出海作战。这当然同水兵们的期待完全背道而驰,遂成为新一轮暴动的导火索。10 月 28 日,出海作战令传到威廉港后,部分水兵拒绝接受。抗拒心理迅速传播到北德各港,有的军舰干脆熄火。海军当局表面上宣布收回成命,实际上却加强了对水兵的监控,并以"不稳分子"为名,逮捕了 4 艘军舰上的 1000 名水兵,将之解往基尔港受审。唇亡齿寒的心理让基尔港的水兵们连日集会,要求官方释放被捕水兵,并禁止舰队出海。11 月 3 日,基尔要塞(Kiel)司令部拒绝了水兵们的要求,还下令逮捕 50 多名水兵。群情激奋的水兵们联合当地工人,走上街头,举行了大规模的抗议活动。军官们则向示威群众开枪,致使 8 人死亡、29 人受伤。③

11 月 4 日,忍无可忍的水兵们把暴动升级为武装起义。他们解除军官武装、占领炮位和军械库。工人们予以配合,占领当地市政厅。当晚,整个基尔已掌握在起义者手中。次日,全城总罢工,所有军舰上都升起红旗。

从这场起义的源头来看,水兵的求生渴望与海军部的孤注一掷心态纠结在一起,构成了极为特殊的导火索。水兵们在声明中只是表达了最为基本的生存要求,如"在任何情况下,都须中止潜艇继续作战"等。④

---

① Eberhard Kolb, *Die Arbeiterräte in der deutschen Innenpolitik 1918—1919*, Frankfurt am Main: Ullstein, 1978, S. 44.

② Andreas Michelsen, *Der U-Boot-Krieg 1914 - 1918*, Leipzig: v. Hase & Koehler Verlag, 1925, S. 139.

③ 丁建弘、陆世澄:《德国通史简编》,人民出版社 1990 年版,第 556 页。

④ Gerhard A. Miller & Susanne Miller (Hrsg.), *Die Deutsche Revolution*, *1918 - 1919: Dokumente*, Hamburg:Fischer, 1983, S. 43 - 50,55 - 57.

　　然而,水兵们的行动却进一步激化了普通民众对于帝国政府和这场战争的不满。于是,当这些水兵自行脱离部队,沿着铁路线把革命消息传递出去后,北德各地迅速跟进,暴动演化为一场席卷整个北部的革命运动。11月5日,吕贝克(Lübeck)被水兵占领。11月5/6日,汉堡(Hamburg)水兵起义。11月6日,不来梅(Bremen)的水兵与工人合作夺取政权,并决定向科隆(Köln)进军。此后,汉诺威(Hannover)、马格德堡(Magdeburg)、布伦瑞克(Braunschweig)、奥登堡(Oldenburg)、什未林(Schwerin)、罗斯托克(Rostock)、科隆、德累斯顿(Dresden)、莱比锡(Leipzig)、开姆尼茨(Chemnitz)、美因河畔法兰克福(Frankfurt am Main)、斯图加特都相继爆发革命。萨克森(Sachsen)、维滕堡(Wittenberg)、不伦瑞克等邦的君主被推翻。

　　与此同时,巴伐利亚首府慕尼黑(München)也爆发了革命。这里的革命由两个工人政党联合策划并领导,主要领袖是当地独立社会民主党主席库尔特·艾斯纳(Kurt Eisner,1867—1919)①。11月7日,两党携手组织了一场大规模的示威游行。两党领袖在不同广场上发表演说,提出了"德皇、巴伐利亚国王和太子退位"、"彻底修改宪法"等要求。随后,示威者袭击军械库,解除宫廷卫队的武装,释放政治犯,占领了邦议会。左翼报纸《慕尼黑邮报》(*Münchener Post*)后来评论说:"这次示威游行所表现出来的印象是所向无敌的。每个参与者都知道:今天是决定命运和民族正义的一天。"当晚,"工人、农民与士兵代表会"(Arbeiter-,Bauer-und Soldatenrat)成立,多数派社民党、独立社会民主党与巴伐利亚农民联盟(Bayerischer Bauerbund)的代表对等参加。艾斯纳当选为主席。次日,巴伐利亚国王退位,维特尔斯巴赫王朝终结。艾斯纳宣布巴伐利亚成为"共和国"。新政府随后成立,艾斯纳任州长兼外交部长,4名多数派社民党、3名独立社会民主党和1名无党派人士共同组建内阁。慕尼黑

---

① 艾斯纳是一位犹太工厂主之子,曾接近过瑙曼圈,后加入社会民主党,担任《前进报》编辑。大战爆发后,他转向反战派。

革命完成。①

11 月 9 日,革命浪潮终于到达首都柏林。这里"上层革命"与"下层革命"结合在一起。②

慕尼黑革命成功后,柏林便陷入四面楚歌之中。11 月 8 日晚,斯巴达克团和柏林革命者团体以"柏林工兵代表会执行委员会"(Vollzugsausschuss des Arbeiter-und Soldatenrat in Berlin)为名,号召柏林工人和士兵"起来为和平、自由和面包而斗争","走出工厂！走出兵营！",建立"社会主义共和国"③。

11 月 7 日下午,受到压力的多数派社民党主席艾伯特(Friedrich Ebert,1871—1925)和谢德曼转变立场,向巴登亲王递交最后通牒。他们不仅要求皇帝退位,而且还提出皇太子放弃继承权、增加社民党在内阁中比重等新要求,并以退出内阁相威胁。首相随即同皇帝交涉,但被后者拖延了 2 天。

11 月 9 日清晨,柏林的示威游行开始了。几十万人涌向市中心,举着"和平、面包、自由"和"兄弟们,别开枪"的标语,解除了警察和军官的武装,占领警察署,袭击兵营,释放政治犯。到中午时分,示威者已控制了包括皇宫、卫戍司令部和警察总局在内的大部分重要机关。帝国政权陷入瘫痪之中。

在此局势下,久未等到皇帝退位声明的巴登亲王,只能在 12 点代行宣布皇帝退位、皇太子放弃继承的消息,并把首相一职交给艾伯特。艾伯特以"帝国首相"的名义签发公告,宣布成立新政府,并以食品供应危

---

① Hans Beyer, *Von der Novemberrevolution zur Räterepublik in München*, Berlin: Rütten & Loening, 1957, S. 1–13;丁建弘、陆世澄:《德国通史简编》,第 559—560 页。

② 以下关于柏林革命的资料,若不特别注明,均引自埃里克・艾克:《魏玛共和国史》,上卷,第 44—46 页;丁建弘、陆世澄:《德国通史简编》,第 561—565 页。

③ Wolfagng Ruge & Wolfgang Schumann(Hrsg.), *Dokumente zur deutschen Geschichte 1917–1919*, Berlin: VEB Deutscher Verlag der Wissenschaften, 1975, S. 58.

机为由，要求示威者"维持秩序"。①

对于艾伯特而言，柏林革命似乎已经结束。他的目标"依旧是在任何情况下起'平衡'作用，避免同帝国及其代表'秩序'的君主主义和帝国主义的时代完全决裂"②。连巴登亲王在后来的回忆录中也认为："如果退位的皇帝任命艾伯特为首相，君主政体也许仍有一线希望"。事实上，关于国家体制的转变问题，艾伯特并未做过认真思考。

然而，事态发展却出乎艾伯特的掌控之外。皇帝退位的声明已经传出，而国会大厦门前的示威者却毫无散去的迹象。不仅如此，斯巴达克团在已占领的皇宫中筹划成立"社会主义共和国"的消息不断传来。这让国会大厦中的多数派社民党另一位领袖谢德曼颇为不安。下午2点，谢德曼决定抢在左翼之前，先行宣布国家新体制。他在国会大厦的阳台上向示威者喊出了"德意志共和国（deutsche Republik）万岁！"的口号。谢德曼的演说让艾伯特大发雷霆，向他叫嚷说："你没有权利宣布成立共和国。德国要变成什么，是变成共和国还是别的什么，这必须由制宪会议来决定。"然而2个小时后，李卜克内西的演说更让艾伯特吃惊不已，因为他宣布成立"自由的德意志社会主义共和国（freie sozialistische Republik Deutschland）"。③

无论谢德曼还是李卜克内西，他们都超越了艾伯特的最初设想，宣告了德国从君主制向民主共和制的转变。这一结果突破了战争末期"上层革命"的范畴，显示出"下层革命"的推动力，完成了从基尔水兵起义开始的革命逻辑的应有之义。

二、全德工兵代表会大会

在"十一月革命"中，11月9日是具有标志性意义的一天。它开启了革

---

① Gerhard A. Ritter & Susanne Miller（Hrsg.），*Die Deutsche Revolution*，1918 – 1919：*Dokumente*，Hamburg：Hoffmann und Campe Verlag，1975，S. 79 – 80.

② 威廉·冯·施特恩堡主编：《从俾斯麦到科尔——德国政府首脑列传》，第161页。

③ Gerhard A. Ritter & Susanne Miller，*Die Deutsche Revolution*，1918 –1919：*Dokumente*，S. 77 – 79.

命的第一个高潮期:旧制度从此结束,新制度自此开启。但是,对于德意志社会而言,这些仅仅是革命的一个侧面。如若在更为广阔的视野下,观察革命风暴中的社会群生相,我们便会发现革命带来的变化远不止于此。

革命在政治上动员了工人阶层,使之成为革命的主要承载者和推动者。参加三大工会的人数从 1917 年底的 165 万人增加到 1918 年底的 352 万人。① 中央政府和半数以上的地方政府由两个工人政党共同掌控。到 20 年代初,这一趋势直接导致德国传统政治格局的变化。据 1921 年的调查表明,工人出身的政治家比例已达 1/4,与高级公务员、贵族、工业家和农场主家庭出身的政治家比例持平。②

革命也得到了农民阶层的支持,尤其在农业地区巴伐利亚。巴伐利亚农民联盟主席路德维希·甘道尔夫(Ludwig Gandorfer,1880—1918)是一位独立社会民主党成员。11 月 7 日,他同艾斯纳一起参加了慕尼黑大游行,并共同组建了巴伐利亚的"工人、农民与士兵代表会"。

革命让保守派和大资产阶级们惊慌失措,保持缄默。大多数保守派都在家中保持沉默。德国报刊这样形容他们:"德国的资产阶级就像面对苍鹰飞来时的胆怯小鸡。"③

与之相反,自由派资产阶级们却在这场革命中发现了 1848 年革命的影子。就在柏林革命前夕,《法兰克福报》把迫在眉睫的工人起义同"自由的未来"这一目标联系起来。革命爆发后,他们热情讴歌革命带来的巨大变化。在巴登、巴伐利亚和莱茵-普法尔茨(Rheinpfalz)等地区,新政府中包含了 1/3 以上的资产阶级成员④。

---

① 入会人数的增加当然也应考虑到复员的因素。参见洛塔尔·贝托尔特等编写:《德国工人运动史大事记》,第 2 卷,第 4、42 页。

② Hagen Schulze, *Weimar. Deutschland 1917—1933*, Berlin: Severin & Siedler, 1998, S. 53.

③ Hans-Joachim Bieber, *Bürgertum in der Revolution. Bürgerräte und Bürgerstreiks in Deutschland 1918—1920*, Hamburg: Christians, 1992, S. 50 - 52.

④ Lothar Albertin, *Liberalismus und Demokratie am Anfang der Weimarer Republik*, Düsseldorf: Droste Verlag, 1972, S. 25; F. L. Carsten, *Revolution in Central Europe, 1918—1919*, London: Temple Smith, 1972, p. 41; Hans-Joachim Bieber, *Bürgertum in der Revolution. Bürgerräte und Bürgerstreiks in Deutschland 1918—1920*, S. 53 - 55.

革命不仅把社会各阶层都卷入其中,还在短期内颠覆了传统的统治结构,用新型的权力组织形式"代表会"(Rat)来重构政治生活。

"代表会"作为一种权力组织形式,最早产生于俄国 1905 年革命中,俄语称之为"苏维埃"(Soviet)。"Soviet"一词后被引入德国,有时也被译作"Rat"。第一批"工人代表会"(Arbeiterrat)出现在 1917 年 4 月罢工中。基尔水兵起义后,革命中的第一个"工兵代表会"成立。不久,这种权力组织形式遍布全国各地,但当时的名称还未统一,如"福利委员会"(Wohlfahrtsausschuss)、"人民代表会"(Volksrat)等。直到数周后,各地才逐渐统一称作"代表会"(Rat)。[1]

革命初期,代表会几乎出现在所有层次的政治生活中,除工人代表会外,还有农民代表会、市民代表会、逃兵代表会、妓女代表会、失业者代表会(Arbeitslosenrat)等。[2]

在政治性代表会中,出现了四种类型:(1) 由工人政党与自由工会分别派代表参加,采取党派妥协与集体领导的方式,出现在鲁尔(Ruhr)矿区和中德地区(Mitteldeutschland);(2) 由企业工人直接选举产生,出现在不来梅、汉堡与美因河畔法兰克福等大城市的大企业中;(3) 农民(或农业工人与农民)代表会,主要集中于巴伐利亚等农业地区;(4) 在居住区域基础上选举产生的代表会,主要以"市民代表会"的形式出现,如西南德意志的巴登、符腾堡地区,参与者多为商人、教师、律师等城市中产阶层,著名学者韦伯便是海德堡(Heidelberg)代表会的成员[3]。

虽然名称统一,但不同的政治团体对"代表会"的内涵有着完全不同的理解。多数派社民党与自由派资产阶级们把它视作过渡时期的管理机构,以便稳定社会。斯巴达克团在"苏维埃"的意义上理解代表会,即强调它应该是无产阶级专政的工具,接受无产阶级政党的领导。柏林革

---

[1] Eberhard Kolb, *Die Arbeiterräte in der deutschen Innenpolitik 1918 - 1919*, S. 85.

[2] Werner Abelshauser, u. a. (Hrsg.), *Deutsche Sozialgeschichte 1914 - 1945. Ein historisches Lesebuch*, München: Verlag C. H. Beck, 1985, S. 248.

[3] Eberhard Kolb, *Die Arbeiterräte in der deutschen Innenpolitik 1918 - 1919*, S. 90 - 95.

命者团体则在"直接民主"的意义上理解代表会,即认为它就是一种"未被歪曲的民主"。更多的参与者把代表会视作共同参与政治和经济生活的途径,希望藉此发出自己的声音。

代表会运动的兴起,显示出革命在社会重组方面的巨大影响力。然而不同社会团体对于代表会运动的相异理解,却埋下了革命未来走向的不确定性。

11 月 9 日晚,两个工人政党展开组阁谈判。事实上,双方之间的差异十分明显。两者取得共识之处仅仅在于部长职权及其相互平等的关系,而在内阁使命、资产阶级成员的政治权利、代表会运动的未来命运及德国政体等方面均存在不同想法。因此,两党的合作基础极为薄弱。李卜克内西甚至要求哈泽拒绝入阁邀请。双方之间的谈判陷入僵局。

正在此时,异军突显的第三支力量迅速让两党之间的争议变得黯然失色。11 月 9 日晚,在革命者团体的领导下,大柏林地区工兵代表会(Arbeiter-und Soldatenrat Groß-Berlin)在国会大厦举行大会。大会决定次日举行新选举,并接管中央政府的权力。这显示出代表会运动的政治目标。

在此局势下,两个工人政党反而拉近了距离。一心维持"稳定和秩序"的艾伯特感受到巨大威胁,决心尽早实现两党联合,以共同控制代表会运动。同时,在独立社会民主党内部,哈泽等高层也不欢迎李卜克内西的激进立场,他们趁后者缺席,在 11 月 10 日凌晨强行通过了入阁决议。

于是,在皇帝退位后的第二天,一个由工人政党组成的临时中央政府组建成功。多数派社民党的艾伯特、谢德曼和奥托·兰茨贝格(Otto Landsberg, 1869—1957),独立社会民主党的哈泽、威廉·迪特曼(Wilhelam Dittmann, 1874—1954)和埃米尔·巴尔特(Emil Barth, 1879—1941)进入内阁,成为权力平等的部长。

为保障临时政府的权威,控制政治性代表会运动的方向,艾伯特等人决定参加当天下午的大柏林地区工兵代表会集会。该集会是在柏林布歇马戏园(Zirkus Busch)举行的。它最终选举产生了大柏林地区工兵代表会的执行委员会(Vollzugsrat des Arbeiter-und Soldatenrates Groß-Berlin,以下简称"执行委员会")。这是由 7 名革命者团体代表、14 名士兵代表与两个工人政党的各 7 名代表组成的政治团体。革命者团体的领袖米勒(Hermann Müller,1868—1932)被选为主席。执行委员会批准了上午组成的临时政府名单,并把临时政府更名为"人民代表委员会"(Rat der Volksbeauftragten)。

布歇马戏园集会看上去调和了三支革命力量之间的矛盾,建构起新的中央权力,但事实上却埋下了此后数周间权力斗争的导火索。从当日流程来看,大柏林地区工兵代表会是权力核心,由其产生一个"执行委员会"作为最高权力的代表,而人民代表委员会是由执行委员会批准成立的权力机构。正因如此,执行委员会认为,全部政治权力(立法权、司法权和行政权)都掌握在自己手中。这体现在 11 月 11 日它所颁布的"对外宣言"中。然而,艾伯特等人对此根本不予认同。他把集会视作息事宁人的结果。独立社会民主党高层则把两者关系视作"政府与国会的关系"。后者应有监督权,而没有行政权。

这样一来,革命中产生的中央权力首先面临归属争议。执行委员会与人民代表委员会各执一词,双方在行政、军队归属、国家形式等问题上不断发生冲突。直到 11 月 22 日,两个权力组织终于达成第一份协议,对双方的政治角色做出详细规定:最高政治权力赋予工兵代表会,人民代表委员会拥有执行权。然而在实际操作中,签约双方对协议的可信性都持怀疑态度,同时该协议本身也回避了重要的争论话题:未来的国家形式。经过多次冲突,到 12 月 9 日,双方再次签订第二份协议,但还是没有解决任何问题。[1]

就在两者围绕中央权力的归属问题争论不休时,整个德国社会的政

---

[1] Gerhard A. Ritter & Susanne Miller (Hrsg.), *Die Deutsche Revolution 1918 - 1919: Dokumente*, S. 119,133.

治力量已经出现了不同于革命初期的格局特点：第一，在工人运动中，多数派社民党的影响力逐渐扩大，斯巴达克同盟（Spartakusbund）和革命者团体的同情者也有所增加，唯有独立社会民主党的号召力持续下降。第二，资产阶级与保守派政党走出了最初"迷惘、颤抖、惶恐、动摇"的状态，在 11 月底前相继实现重组：11 月 16 日，在进步人民党的基础上建立"德意志民主党"（Deutsche Demokratische Partei，DDP，以下简称"民主党"）；11 月 20 日，天主教中央党在巴伐利亚分部脱离（11 月 12 日）后，颁布了新纲领；11 月 22 日，原民族自由党的一部分成员成立"德意志人民党"（Deutsche Volkspartei，DVP，以下简称"人民党"）；11 月 24 日，原德意志保守党（Deutschkonservative Partei）、德意志国家党（Deutsche Staatspartei，缩写 DStP，1930 年由民主党更名而来）等右翼政党和团体合并成立"德意志民族人民党"（Deutschnationale Volkspartei，DNVP，以下简称"民族人民党"）。

　　第三，军方成为政府越来越倚重的力量。就在布歇马戏园集会当晚，军方最高指挥官威廉·格勒纳（Wilhelm Groener，1867—1939）将军致电艾伯特，表示军方将支持新政府，但强调他们"只能同一个反对激进主义（Radikalismus）与布尔什维主义的政府合作"。艾伯特表示理解并接受这一条件。这次通话后来被视作艾伯特与军方之间的密约，史称"艾伯特-格勒纳协议"（Ebert-Groener-Pakt）。[①]

　　在短短几周内，德意志社会权力格局所出现的变化是由这场革命的特点所造成的。这场革命本是源于一场突如其来的水兵起义，而后迅速成为渴望"和平与民主"的大众运动（Massenbewegung）。被寄予厚望的工人政党则缺乏对革命的周密规划。作为不久前"上层革命"的主要参与者，多数派社民党十分自然地延续着改良主义的思想，把建立议会民主制作为执政目标。这让最初被革命风潮压制的资产阶级与保守派们

---

① Gerhard A. Ritter & Susanne Miller（Hrsg.），*Die Deutsche Revolution 1918 - 1919: Dokumente*，S. 296 - 298,300,98,107 - 109,133 - 136.

找到了喘息的契机,也为军方再次卷入政坛提供了可能性。

反之,权力格局的三大变化也在不同程度上塑造着当时并未定型的革命进程。工人政党之间的矛盾和冲突超越了革命初期建构"工人社会"的热情,意识形态的对峙迅速成为革命无法逾越的障碍,并进而将成为革命偃旗息鼓的主要原因之一。资产阶级与保守派政党的重组,极大改变了政治氛围。无论是对于多数派社民党追求议会民主制道路的支持,还是对于代表会运动开销的污蔑,它们都影响着社会舆论的基本趋向。军方的介入打破了最初的力量平衡,成为议会民主制支持者们最有利的武器。

政坛出现的新特点很快影响到代表会运动的发展。1918 年 12 月 16—20 日在柏林召开的第一次全国工兵代表会大会成为 1918、1919 年革命的转折点。

鉴于中央机构之间的权力斗争及人们对议会民主制道路的不同意见,人民代表委员会与执行委员会共同决定召开一次全国性的代表会大会。人们虽然还不清楚当时代表的产生程序,但大致按照地区分配原则,比例同 1912 年国会选举类似。工兵代表会曾有意控制代表人选的政治归属,但从最终结果来看,这一目标并未实现。

多数派社民党控制了大会的导向。这次大会共有 489 名正式代表,另有 47 名人民代表委员会与执行委员会的成员作为额外代表以不同身份参加。在正式代表中,多数派社民党有 296 人(60.5%),独立社会民主党 96 人(19.6%,其中斯巴达克同盟 10 人[1]),士兵代表会 25 人(5.1%),民主派 24 人(即资产阶级与保守派,4.9%),革命者团体 11 人(2.3%)以及未登记者 37 人(7.6%)。

这次大会共有四个议题:

一是解决政治格局危机的途径。大会最后接受一种类似"国会—政府"的政治架构,即全部权力归属人民代表委员会,代表会大会选举产生的中央委员会进行"国会式的监督"。此外,大会还决定了国民会议选举

---

[1] 卡尔·李卜克内西与罗莎·卢森堡未能当选代表。

时间为 1919 年 1 月 19 日。这一结果已经确立了议会民主制道路。

二是如何推动军事民主化进程。大会支持多数派社民党的渐进方案。但即便如此，艾伯特仍然由于兴登堡等军方首领的反对而推迟实施该方案。

三是如何看待 11 月 24 日成立的社会化委员会（Sozialisierungs-kommission）所递交的工作方案。大会最后接受了多数派社民党的意见，决定"在所有成熟的工业部门，特别在矿区，立即展开社会化"。

四是如何界定并选举"中央委员会"。大会决定该机构将作为"类国会"来对行政机关进行监督。独立社会民主党代表由此拒绝参加中央委员会的选举。此举后来被证明是一大败笔，因为它进一步缩小了左翼施加影响的可能性。

正如道尔米施所言，这次大会成为政治性代表会运动的"死亡证明书"，代表会运动从此失去其合法的政治属性。[1]

三、国民会议选举

全德工兵代表大会的所有决议都让左翼感到失望。12 月 24 日，斯巴达克同盟发动了圣诞夜罢工，希望通过工人示威游行的方式来改变现状。示威者占领电话局，切断电话，并包围了政府。艾伯特被迫调来军队，结果再次引发了示威者与军方之间的流血冲突，造成 11 名游行工人与 56 名士兵死亡。[2]

这场冲突彻底结束了工人政党之间合作的可能性。12 月 27 日，《前

---

[1] 参见 Sabine Roß, *Politische Partizipation und nationaler Räteparlamentarismus. Determinaten des politischen Handelns der Delegierten zu den Reichsrätekongressen 1918/ 19. Eine Kollektivbiographie*, Historische Sozialforschung, Beiheft, No. 10 （1999）, Zentrum für Historische Sozialforschung, Köln, 1999.

[2] Eduard Bernstein, *Die deutsche Revolution von 1918/1919. Geschichte der Entstehung und ersten Arbeitsperiode der deutschen Republik* （1921）, Bonn: Verlag J. H. W. Dietz Nachfolger, 1998, S. 161.

进报》指责斯巴达克同盟的攻击行为。[①] 而人民代表委员会中的独立社会民主党代表们为照顾斯巴达克同盟的感情，决定退出临时政府。[②] 他们的空缺立即由多数派社民党人诺斯克和维塞尔（Rudolf Wissel，1869—1962）接任。

然而即便如此，独立社会民主党内部的震荡仍未能平息。同日晚，斯巴达克同盟宣布退出独立社会民主党，另行组建德国共产党（Kommunistische Partei Deutschlands，KPD，以下简称"共产党"）。在其党纲上，共产党明确了"彻底转变国家与经济和社会基础"的决心。[③]

恰在此时，"艾希霍恩事件"爆发。独立社会民主党左翼艾希霍恩（Emil Eichhorn，1863—1925）时任柏林警察局局长一职，负责维持首都地区的秩序。自哈泽等人退出人民代表委员会后，普鲁士州的独立社会民主党人也相继退出州政府，但艾希霍恩以自己的职位关系到革命前途为由，拒绝辞职。1月4日，普鲁士内政部将其解职。当晚，共产党与革命者团体决定发动游行示威来支持艾希霍恩的决定。这就是"柏林一月起义"（Berliner Januaraufstand）。

柏林起义是以1月5日下午示威游行为起点的。示威者很快占领了报社区、火车站、警察局和电报局。革命者发布公告，宣布推翻艾伯特政府，由共产党代表李卜克内西、士兵代表会成员肖尔泽（Paul Scholze，1886—1938）和革命者团体代表雷德鲍尔（Georg Ledebour，1850—1947）组成新政府。

艾伯特政府迅速反击。国防部长诺斯克被任命为柏林总司令。诺斯克清楚地认识到自己的使命："总得有人来当猎犬，就由我来担这个责任吧！"他依靠退伍军人、游民和冒险分子等组成的"志愿军团"（Freikorps），并得到了国防军（Reichswehr）将领们的合作承诺。哈泽和

---

① *Vorwärts*，Nr. 355，1918 年 12 月 27 日。

② *Die Freiheit*，Nr. 79，1918 年 12 月 29 日。

③ Gerhard A. Ritter & Susanne Miller（Hrsg.），*Die Deutsche Revolution 1918 – 1919: Dokumente*，S. 330 – 334.

考茨基等中间派试图充当和事佬,但没有成功。

到 1 月 11 日,政府军重新控制报社区和警察局。大量左翼工人领袖或被杀或被捕。13 日,独立社会民主党中央委员会和革命者团体宣布停止罢工。当晚,政府宣布镇压成功,声称"保留了所有的革命成果"。1 月 15 日,李卜克内西和卢森堡被志愿军团杀害。

镇压行动虽然保住了艾伯特政府,但进一步突显了军方的重要性。更为糟糕的是,工人政党之间的不断冲突让渴求回归"正常状态"的德国民众深感失望。而国民会议选举正是在这种背景中如期拉开帷幕。

1 月 19 日,共有 34 046 366 人参加国会选举,参选率高达 83%。多数派社民党获得了 37.9% 的选票(163 个议席),其次是中央党与巴伐利亚人民党占 19.7% 的选票(91 个席位);民主党占 18.5% 选票(75 个席位),民族人民党占 10.3% 选票(44 个席位),独立社会民主党占 7.6% 选票(22 个席位),人民党占 4.4% 选票(19 个席位),巴伐利亚农民联盟和德意志-汉诺威党等占 1.6% 选票(7 个席位)。共产党拒绝参加选举。①

这一结果让革命以来的德国政局出现重大变数。多数派社民党并未如愿获得超过半数的支持率,无法单独执政。它或者同独立社会民主党联合,勉强获得国会 45% 左右的席位,维持住工人内阁的现状;或者同资产阶级中左翼政党联合,把工人内阁变成工人政党参与的内阁。第三种可能性是工人政党回到反对党的传统角色,让所有资产阶级与保守派政党联合成为执政党。多数派社民党显然不愿走第三条道路,但独立社会民主党以未能解决柏林起义中出现暴力行为为由拒绝合作,所以艾伯特只能转向同民主党和中央党的联合。

组阁谈判很快完成,多数派社民党、民主党和中央党联合组阁。在某种意义上,这是战争末期国会多数派的翻版。革命初期的工人政府已不复存在,取而代之的是一个由社会主义者和中左翼资产阶级参加的联

---

① Gerhard A. Ritter & Susanne Miller (Hrsg.), *Die Deutsche Revolution 1918 - 1919: Dokumente*, S. 390.

盟政府。人们把这种组合称之为"魏玛联盟"(Weimarer Koalition)。

国会选举后,德国正式确立了议会民主制。然而围绕在政治体制上的斗争并未偃旗息鼓。在 1919 年春天,政治性代表会运动迎来了一场剿灭与对抗的最后斗争。

在中央层面上,剿灭代表会体制的行动干净而利落。当时,由全国第一次代表会大会选举产生的中央委员会仍然存在,它同刚刚产生的国会之间的关系还未得到明确说明。1 月 19 日,新政府出台法令,把最高指挥权收归政府,士兵代表会的使命仅限于"军队的救济、社会与经济问题、宿营以及纪律方面的合作"。2 月 4 日,在政府压力下,中央委员会正式把权力移交给国会。当然,中央委员会仍将继续存在,但其政治意义荡然无存。

与此相反,在地方层面上,对于政治性代表会运动的剿灭遭到了激烈反抗。2 月 6 日,全国士兵代表会在柏林召开大会,宣布废除 1 月 19 日法令,要求同政府"分享"最高指挥权。① 各地暴力行动频现,如爱森纳赫(Eisenach)、哥达(Gotha)等地都发生占领行动。② 共产党影响力较大的中德地区和柏林出现了所谓"第二次革命"的风潮。不久,诺斯克率军镇压工人运动。

与此同时,柏林也出现更为凶猛的革命风潮。3 月 3 日,共产党发出罢工号召,提出了"一切权力归工兵代表会"的口号。当晚,罢工工人攻打警察局,并占领了火车站。此后数日,柏林处于严重的动乱和巷战中,经济活动完全瘫痪。这就是"三月起义"。直到 3 月 16 日,它才被所谓"志愿军团"所镇压。

---

① Gerhard A. Ritter & Susanne Miller (Hrsg.), *Die Deutsche Revolution 1918 - 1919: Dokumente*, S. 59 - 60.

② Eberhard Kolb, *Die Arbeiterräte in der deutschen Innenpolitik 1918 - 1919*, S. 288. 366; Peter von Oertzen, *Betriebsräte in der Novemberrevolution. Eine politikwissenschaftliche Untersuchung über Ideengehalt und Struktur der betrieblichen und wirtschaftlichen Arbeiterräte in der deutschen Revolution 1918/1919*, Berlin: Verlag J. H. W. Dietz Nachf. , 2 Auflage, 1976, S. 112.

在纯粹代表会体制思想影响的地方相继出现了一些"代表会共和国"①。不过,这些"代表会共和国"均未能坚持很久,如"不来梅代表会共和国"延续了 25 天,"库克斯港(Cuxhaven)代表会共和国"存在 5 天,"曼海姆(Mannheim)代表会共和国"和"不伦瑞克代表会共和国"都只存在1 天。

在所有代表会共和国中,最具影响力、也最具决定性意义的是"巴伐利亚工兵代表会共和国"。2 月 21 日,原州长艾斯纳被刺身亡。这起突发事件使得巴伐利亚陷入极度动荡。多数派社民党人霍夫曼(Johannes Hoffmann,1867—1930)出任联合内阁的州长,却无法控制局面。一批艾斯纳的追随者,如独立社会民主党人、诗人托勒尔(Ernst Toller,1893—1939)和无政府主义者兰道埃尔(Gustav Landauer,1870—1919)则在 4 月 7 日宣布成立"巴伐利亚工兵代表会共和国",推行了包括国有化在内的一系列改革措施。4 月底,诺斯克的两万大军兵临城下。5 月 5日,慕尼黑被政府军重新占领,550 多名革命者被杀害,6000 多人被逮捕和监禁。② 巴伐利亚工兵代表会共和国前后共坚持了 24 天。

巴伐利亚工兵代表会共和国的失败,标志着 1918—1919 年革命(die Rovolution von 1918/19)中政治性代表会运动的终结,也宣告了议会民主制的最终确立。此后,德国再也没有出现过以代表会体制作为政治建构目标的大规模社会运动。

从社会史的角度来看,"十一月革命"更是一场"大众运动",因为"革命是自发产生的,大众强迫领袖们接受自己的意志,并且对党或工会的组织结构提出挑战"。这场革命不仅吸引士兵与工人投身其中,也出现了农民和市民阶层的参与。这场运动之所以失败,主观上是因为大众无法形成有效的组织结构,又缺乏完整的革命理论,因而无法同现存的国家与政党组织相抗衡,客观上则同战后德国社会面临的一系列军事与经

---

① 旧译"苏维埃共和国",系混淆了共产党与革命者团体之间的目标。
② 丁建弘、陆世澄:《德国通史简编》,第 591—595 页。

济困境相关。① 革命的诡谲多变恰巧证明了,历史进程是"不可算计"的。革命的每一派参与者都建立在自己的历史经验与未来期待之上。他们之间形成的合力促成了魏玛共和国的诞生,他们的满足与失望也将伴随共和国的成长脚步而影响着德国第一个民主体制的兴衰成败。

第二节　《魏玛宪法》与《凡尔赛和约》

就在革命风暴中,共和国的制度建设拉开了帷幕。对内,《魏玛宪法》(Weimarer Verfassung)奠定了德国的民主框架;对外,《凡尔赛和约》(Der Versailler Vertrag)重新恢复了和平格局。然而,过于超前的民主理念却使《魏玛宪法》生不逢时,大国操纵的外交谈判又使《凡尔赛和约》成为民主的负担。期待中的民主与和平并没有随着共和国的建立而实现。相反,卡普-吕特维茨暴动(Kapp-Lüttwitz Putsch)造成了民主体制的生存危机,在赔款阴影下的外交博弈则暴露出共和国的捉襟见肘,外长拉特瑙(Walter Rathenau,1867—1922)最终倒在了反民主势力射来的毒箭之下。

一、魏玛国民会议与《魏玛宪法》

在德国近现代史上,立宪是每一次政治体制变革的必由之路。1918年11月14日②,艾伯特任命自由主义者、国家法学教授普罗伊斯(Hugo Preuß,1860—1925)担任内务部国务秘书,负责宪法起草工作。

普罗伊斯生于一个犹太商人家庭,曾在海德堡大学、柏林大学和哥廷根大学学习法学、历史学和哲学。1883年,他在哥廷根大学获得法学博士学位。6年后,他又通过法学教授职业资格论文考试。然而由于他

---

① 参见 Gerald D. Feldman, Eberhard Kolb, Reinhard Rürup, „Die Massenbewegungen der Arbeiterschaft in Deutschland am Ende des Ersten Weltkrieges (1917 - 1920)", In: *Politische Vierteljahresschrift*, J. 13, 1972, S. 84 - 105. 联邦德国的研究情况另可参见王肇伟:《联邦德国对魏玛共和国建立问题的研究》,载《世界史研究动态》1993年第3期。

② 另一说是11月15日。

是犹太人，且在政治立场上属于左翼民主自由派，故长期没有获得正式教席。直到 1906 年，他才获聘担任柏林贸易高等学校（Berliner Handelshochschule）的教授。1910 年，在社民党的支持下，他当选柏林市议员，进入大柏林地区的规划委员会工作，从此开始学术和政治的双重生涯。

普罗伊斯信奉基尔克（Otto von Gierke，1841—1921）的有机国家理论，强调自治管理的重要性。1915 年，他提出把"专制国家"改造为"人民国家"（Volksstaat）的政治使命。[1] 1917 年 7 月，他在备忘录中不仅论证了"根本变革制度"的必要性，而且还根据 1849 年法兰克福宪法（Frankfurter Reichsverfassung）的基本权利体系，提出了修改 1871 年宪法的一系列具体方案。[2]

革命爆发后，普罗伊斯反对代表会体制和无产阶级专政，要求资产阶级获得"完全平等负责的合作（机会）"。显然，这一政治立场同多数派社民党人相契合。

普罗伊斯成立了一个宪法起草咨询委员会，于 12 月底完成第一稿。该稿有五大特征：（1）速战速决，以避免法兰克福宪法因拖沓而失去契机的命运；（2）对中央与地方关系进行颠覆性的调整，提出了"分权化的统一制国家"（dezentralisierte Einheitsstaat）的想法，即确保中央政府权力，同时肢解普鲁士，把全国分为 16 个省区（Gebiete），保证各地区之间的权力平衡；（3）完全无视革命的进程，甚至拒绝在草案中接纳"代表会"这一概念；（4）有意识地接受美国宪法观念，特别在总统职位的设立上；（5）克服"议会专制"的观念占据主流，设置了一个议会制与总统制的双重权力。[3]

---

[1] Manfred Friedrich：„Hugo Preuß"，In：*Neue Deutsche Biographie*. Band 20，Berlin：Duncker & Humblot，2001，S. 708.

[2] 蒋劲松：《德国代议制》，第 2 卷，第 1016—1017 页。

[3] Gerhard A. Ritter，„Die Entstehung des Räteartikels 165 der Weimarer Reichsverfassung"，In：*Historische Zeitschrift*，Bd. 258，H. 1，1994，S. 73—112；蒋劲松：《德国代议制》，第 2 卷，第 1022—1025 页。

　　这份带有明显左翼自由主义风格的宪法草案虽然简单,但已大致勾勒出一个"法治国家"(Rechtsstaat)的基本框架。然而,出乎普罗伊斯意料的是,从宪法草案第一稿到定稿,居然还花费整整 7 个月的时间,并经历了数次重大修改:1 月 20 日第二稿;2 月 17 日第三稿;2 月 21 日第四稿。[①]

　　第四稿是中央政府的正式提案,被提交给国民会议审议。这被称作"核心立宪程序",包括了 5 个阶段:大会一读、宪法委员会审议、大会二读、大会三读、最终表决。2 月 24 日,普罗伊斯首先代表政府对宪法草案作说明。此后,大会进行了三次集中辩论,议员们阐述了各自的政党立场。3 月 5 日,因柏林局势混乱,而迁至魏玛召开的国民会议成立一个由28 人组成的宪法委员会(Verfassungsausschuss,又称"第八委员会"或"二十八人委员会"),由其负责逐句审议。该委员会按照国会中的议席比例构成,参加者均为各党的领袖人物或知名的国家法学者,大多参与了集中辩论。该委员会把宪法草案分为 12 段,每一段由 2 名成员进行修改。

　　宪法委员会共举行了 42 次会议,到 6 月 18 日向国民会议递交了宪法草案第五稿。第五稿在清除地方主义的同时,也在地方立法权方面适当做了妥协,并继续扩大基本权利的内容。7 月 2 日—22 日,大会对宪法进行了二读。7 月 29 日—31 日,大会进行了三读。

　　在国民会议的讨论中,围绕在宪法草案上的争议已远远超越了基本权利的多寡问题以及中央—地方的关系问题,而是牵涉到更多的具体内容,其中的焦点问题主要有以下三个:

　　第一,国名问题。革命初期,"共和国"(Republik)是社会主义者愿意使用的字眼。然而在大多数人的潜意识中,"Reich"一词却从未消失过。在宪法草案第一稿中,普罗伊斯十分自然地把新国家称之为"德意志国家"(Deutsches Reich)。2 月 10 日,国会通过的权力法案被称为《临时国家权力法》(*Gesetz über die vorläufige Reichsgewalt*)。根据该法,

---

[①] 各套方案的具体内容,可参见蒋劲松《德国代议制》,第 2 卷,第 1025—1028、1032—1035 页。

总统等职位前都加上了"Reich"一词。① 左翼则认为"Reich"拥有不好的声誉,是同暴力和统治者联系在一起的,应改为"德意志共和国"的名称。这种观念得到了独立社会民主党人的支持。在两种观点之间的是由民主党主席弗里德里希·瑙曼(Friedrich Naumann,1860—1919)曾经提出过的"德意志联邦"(Deutscher Bund)。但响应者寥寥。最终,"Reich"这一名称获得了多数支持,并被写入宪法之中。不过,经过这场国名之争,普罗伊斯等人也看到了"Reich"一词同专制国家原则之间的联系,故而在宪法第一条中便用"德意志国家为共和政体"这样一句话来强调新国家的特征。②

第二,国旗问题。国旗同样是重要的政治符号之一。右翼政党主张沿用第二帝国的黑白红三色旗,以象征国家的统一;独立社会民主党提出用红色来象征社会主义理想;中左翼政党们则坚持用1848年革命的黑红金三色旗,以象征政治自由与国家统一。最终国会通过了妥协方案:黑红金为国旗颜色,商船则保留黑白红颜色,但在旗子上必须涂有新国旗颜色。③

第三,代表会体制问题。3月20日,劳动部长鲍尔首次提出"将工人代表会固定到宪法中"的草案。4月4日,内阁敲定了最后修改的方案,即宪法草案第34条a。这份方案后经国会辩论,才形成第165条"代表会条款",即用"工人代表会"的形式确立劳资利益团体之间的"劳动共同体";同时,又用"经济委员会"的形式确立更大范围内的社会合作模式,以社会议会来补充政治议会。④

---

① Ernst Deuerlein, „Das Werk der Nationalversammlung ". In: Die Bundeszentrale für Heimatdienst (Hrsg.), *Die Weimarer Nationalversammlung*, Köln: Greven & Bechtold, 1960, S. 9 - 26.

② Sebastian Ullrich, „Der Streit um den Namen der ersten deutschen Demokratie 1918 - 1949". In: Moritz Föllmer, Rüdiger Graf (Hrsg.), *Die „Krise" der Weimarer Republik. Zur Kritik eines Deutungsmustes*. Frankfurt / New York: Campus Verlag, 2005, S. 187 - 207.

③ 蒋劲松:《德国代议制》,第2卷,第1039—1040页;埃里希·艾克:《魏玛共和国史》,上卷,第77页。

④ 孟钟捷:《德国1920年〈企业代表会法〉发生史》,第150—186页。

除上述提到的焦点问题外,议员们还在总统权力、议会制、普选制等问题上存在争议,也曾对基本权利的表述方式、内容和实现手段等方面有过激烈的对峙。①

在长达 7 个月的立宪进程中,围绕在宪法草案上的重大争议问题及其历次修改,无一不反映出新国家与旧帝国之间"理不清,理还乱"的复杂关联。革命本来划出了一条泾渭分明的分界线,然而政治力量对比的快速变化却使得同传统决裂的声音不断沉沦,强调延续性的口号反而能获得多数人的响应。纵然如"代表会"条款等喻示着德国历史的新开端,但更多的决议却成为向传统妥协的牺牲品。当然,从另一角度看,立宪进程的复杂化却是德国政治体制实现民主化的反映,各党派之所以能平等地施加影响,无疑应归功于共和国的时代新精神。

7 月 31 日晚,国民会议对宪法草案的最终文本进行表决。在 420 名议员中,338 人出席会议,其中 262 人赞成、75 人反对、1 人弃权,宪法得以通过。8 月 11 日,总统艾伯特在图林根州(Thüringen)的黑堡(Schwarzburg)签署新宪法。3 天后,《立法通告》第 152 号在柏林宣布新宪法正式实施。

新宪法②除前言外,共分三部分 181 条。第一篇"国家之组织及其职责"共 108 条,下设 7 章。第 1 章讨论中央与地方的关系,第 2—4 章分别介绍议会、总统与政府、参议会等中央机构,第 5—7 章分别列举立法、行政与司法三种职能的归属及其行使原则。第二篇"德国人民的基本权利和基本义务"共 57 条,下设 5 章,分别讨论个人、社会、信仰与宗教团体、

---

① 蒋劲松:《德国代议制》,第 2 卷,第 1043—1059 页。

② 新宪法的原文可在 http://www.zum.de/psm/weimar/weimar_vv.php(2011 年 8 月 6 日)查询。中文的最早译本是张君劢所著《新德国社会民主政象记》(上海商务印书馆 1922 年版),后转载于戴学正等编:《中外宪法选编》,下册,第 184—214 页。该译本用词较古典,部分译文有失精确。对此,蒋劲松教授曾有所补正,参见蒋劲松:《德国代议制》,第 2 卷,第 1059—1072 页。以下引文若无特别说明,均系笔者结合原文、译本与蒋教授的补正而成。此外,关于宪法内容的详细点评,笔者多引用蒋劲松的观点(参见蒋劲松:《德国代议制》,第 3 卷,第 1073—1281 页),但一些地方有所更正。

教育及学校、经济生活等方面的基本权利和基本义务。"过渡规定及终结规定"共 16 条，一方面对中央机构尚未成立之前、领土范围尚未确定之前、具体法规尚未公布之前的过渡期及过渡方法做出规定，另一方面则对一些例外情况做出补充说明。

在国体方面，新宪法开宗明义地规定"德意志国家为共和政体"，并强调人民主权论——"国权出自人民"（第 1 条）。为此，1848 年革命中代表"统一与自由运动"的黑红金三色旗被确立为国旗，即便在保留黑白红三色旗的商旗上也必须镶上黑红金三色旗，以作为共和政体的象征（第 3 条）。

在中央与地方的关系方面，新宪法在构建强势中央权力的同时，也为地方权力预留一定空间。新宪法列举了国家拥有立法权的 40 个领域，包括外交、国防、币值、税制、法律、宗教、教育、丧葬等方面，覆盖面极广（第 6—10 条）。其中，第 9 条规定还涉及具有巨大伸缩性的社会福利、公共秩序及安全等两方面，以至于国家的立法权范围在理论上可被无限延伸。新宪法还赋予中央政府干涉各州的 3 种权力：抗议乃至废止地方法律的权力（第 12—13 条）；发布指示乃至直接派遣特派员去监督地方执行国家法律的权力（第 15 条）；组织选民公决以确定重新划分行政区域的权力（第 18 条）。不过，尽管如此，各州立法权并未如有的学者所言"被挤压得一钱不值"。新宪法将中央立法权分为"专有"和"可有"两部分。专有立法主要指外交、殖民制度、国籍移民及引渡、兵役法、货币制度、关税制度、邮政电报及电话制度，地方无权染指（第 6 条）。但在可有立法范围内，"若国家不行使其立法权时，各州得保留之"（第 12 条）。若地方法律与国家法律发生疑义或冲突，或地方政府发现国家法律的缺陷时，各州也有权请求国家的相应最高级别的法院予以仲裁（第 13‑14 条）。当然，若同帝国时期相比，地方权力已被大大压缩。从具体范围而言，各州虽保留独立的州宪法，但在行政方面仅拥有针对警察、教育和城镇政府的权力。

在中央机构方面，新宪法结合三权分立和权力平衡的双重原则，分

别设立以下组织:

第一,国会(Reichstag)是最高国家机关和重要的立法机构之一。它由年满 20 岁以上的德国公民,依照比例代表制,用普遍、平等、直接、秘密的方法选举产生的议员组成(第 22 条)。"比例代表制"又称"巴登制度",是战前巴登邦国采用的一种选举制度。按此制度①,议席总数不定,每 6 万张选票设 1 个议席,各政党在各州所获选票的尾数可以相加,最后剩余的选票满 3 万张即可增加 1 个议席。

议员人选相当宽泛,只要当选并通过审查,行政官员和现役军人亦可兼任议员(第 39 条)。议员拥有三大特权:言行自由权,即不因"行使议员职权而发表之言论,受司法上或纪律上之惩处,并不得于议会以外使负任何责任"(第 30、36 条);会期中的不可侵犯权,即在议会召开期间,未经议会批准,"不得以犯法行为而受审问或被逮捕"(第 37 条);拒绝作证权,即对受托之人或事"有权拒绝作证"(第 38 条)。除此之外,议员不仅可以免费乘坐境内所有火车,并有权领取"薪金"(第 40 条)。

国会任期四年(第 23 条)。它拥有一整套自治权,包括:自行集会权(第 24 条)、自行组织权(第 29 条)、自我管理权(第 27—28 条)、自定议事规则权(第 26、31—35 条)。

国会的最重要职能是立法权,它覆盖内政外交各方面,庞大而完整(第 68 条)。但它又不是唯一的立法机构。若国会通过的法律受到参议会或总统的质疑,或 1/10 选民请愿上交而遭国会拒绝接受的预算、赋税及薪水提案,均可由总统交付选民公决(第 73、74 条)。国会的第二项职能是信任权,即信任与不信任政府的权力,并要求政府对之负责。政府中任何人员若不受国会的信任,则应立即退职(第 54 条)。若国会不再信任总统,有权通过选民公决的方式罢免他(第 43 条)。国会的第三项职能是监督权,即监督政府和总统实施宪法的权力。国会有权听取总统

---

① 直至 1920 年 4 月 27 日出台的《国家选举法》(Reichswahlgesetz)才对此做出明确规范,文本见 www. documentarchiv. de/wr/1918/reichswahlgesetz. html (2004 年 9 月 16 日)。

宣誓(第42条)、审查总统临时实施的紧急措施(第48条)。国会的最后一项职能是弹劾权,即制止总统或政府任何成员违宪违法行为的权力。若国会认为政府和总统违背国家宪法或法律,则有权上诉高等法院(第59条)。

第二,总统(Reichspräsident)是兼有行政和立法功能的职务。唯有全体选民拥有选举或罢免总统的权力(第41、43条)。年满35岁以上的公民拥有被选举权,但议员除外(第41、44条)。总统任职年限为7年,可连任(第43条)。

在行政方面,总统拥有缔结同盟、订立条约、授受使节、宣战媾和、任免政府、公布法律、领导军队、行使特赦等权力(第45—47、49、53、70条)。在紧急状况下,总统还拥有一种"独裁权":第48条规定:若某州"不尽其依照宪法或法律所规定之义务时",总统有权"用兵力强制之";若"境内公共安宁及秩序有被扰乱或危害时",总统有权"采取必要处置,甚至使用武力,以求达到稳定之目的";在上述情况下,总统有权侵犯宪法所保护的"人身自由权""居住不得侵犯权""通信保密权""言论自由权""自由集会权""自由结社权"和"所有权应受保障权"。

在立法方面,总统被视作平衡"议会专制"的工具,因而他既有权在一个月内把国会通过的法律交付选民公决,也有权把1/10选民提出的有关预算、赋税及薪水方面的提案交付选民公决(第73条)。

第三,政府(Reichsregierung)是主要的行政机构。中央政府由内阁总理(Präsidenten des Reichsministeriums)和各部部长组成(第53条)。他们由总统任免,但需要获得国会的信任(第53、54条)。内阁总理有权制定施政纲领,但内阁实行共同决议制(第56—58条)。

政府除管理相应行政事务的权力外(第78—101条),还有权向国会提出法案(第68条)。总统的一切命令或处分,必须得到内阁总理或相关部长的"副署",才能拥有效力(第50条)。在总统因故不能行使职权时,内阁总理有权进行代理(第50条)。

第四,参议会(Reichsrat)是一个比较独特的国家机关。首先,它是各州政府在中央层面的唯一代表机构，是地方政府向中央机构表达诉求的唯一渠道。其次，它又是政权的组成部分，因为"参议会及其各委员会的主席，由联邦政府之各部部长充任"（第 65 条）。最后，它在立法和行政方面拥有协助权。它并非是同国会并行的立法机构，但有权对中央政府的草案或国会通过的法律（甚至宪法）提出异议（第 69、74、75 条）、审查政府的行政法规（第 77、88、91 条）。由于参议会的正式代表均为各州政府成员，各州州长通常也出席参议会的会议，所以它有权要求政府"通报日常执行政务"，并参加讨论重大事件（第 67 条）。

参议会以州为单位。每 70 万人得 1 个议席，但每州至少获得 1 个议席，而且任何一州的议席不得超过总数的 2/5（第 61 条）。普鲁士的代表除 13 名州政府代表外，还包括 12 个省代表和柏林市的 1 名代表（第 63 条）。此外，新宪法还为奥地利（Österreich）并入德国预留空间：在其并入前，奥地利代表只有咨询权，无投票权；在其并入后，按人口比例获得议席（第 61 条）。

第五，行政法院（Verwaltungsgericht）与国事法院（der Staatsgerichtshof des deutschen Reichs）是主要的两种司法机构。新宪法排斥所谓的"特别法院"，而把"保护个人对于行政机构之命令及处分"的权力交给了行政法院（第 106 条）。而国事法院则负责处理中央与地方、地方之间的矛盾和冲突（第 107、13、19 条）。

在中央机构的设置及其职能构想中，新宪法并未完全遵循三权分立的原则，而是在某些机构之间建立起较为复杂的平衡关联。就立法程序而言，以国会为代表的"代议制"和以选民公决为代表的"大众制"形成了两套互为补充的原则。此外，国会、政府、总统、参议会以及司法系统之间又形成了相互监督的网络。

基本权利和基本义务的条款主要体现了自由主义者瑙曼的想法。瑙曼主张，宪法一方面应该成为"德国人民的政治圣经和德国公法入门"，另一方面还应表达与俄国布尔什维主义和美国资本主义不同的"德国的文化世界观"。因此，第二篇既有一些格言式的条文，也包含了大量具有德国特色的政治道德和惯例。①

在基本权利方面,新宪法几乎囊括了所有的个人与社会应该享有的权利,如平等权(第 109、110、121、128、134、136 条)、迁徙自由权(第 111—112 条)、人身自由权(第 115 条)、住宅不受侵犯权(第 115 条)、通信保密权(第 117 条)、言论自由权(第 118 条)、男女平等(第 119 条)、集会和结社自由权(第 123、124 条)、请愿权(第 126 条)、行政自主权(第 127 条)、信仰自由权(第 135、137、149 条)、学术自由权(第 142 条)、受教育权(第 145—148 条)、契约自由权(第 152 条)、财产权(第 153 条)和继承权(第 154 条)等传统自由主义学派所追求的目标。

新宪法还列出了一些特殊群体的权利,如少数民族的自由发展权(第 113 条)、公务员的各种特权(第 129 条)、各宗教团体的教育权利(第 149 条)、中间阶层的保护(第 164 条),以及劳工阶层应受特别保护(第 157、162、163、165 条)。尤其在第 165 条中,新宪法设计了一个自下而上的工人代表会体制(企业工人代表会—地区工人代表会—中央工人代表会),并允许地区工人代表会和中央工人代表会在此基础上,同其他职业团体联合成立地区经济委员会和中央经济委员会。中央委员会有权审查政府递交的社会与经济政策提案,也有权向政府和国会递交相关提案,并派遣 1 名代表参加国会讨论。

此外,新宪法还强化了对于基本权利的保留态度,即在特殊情况下,大多数基本权利仍有可能受到侵犯。如个人虽有言行自由权,但政府仍保留对电影和文书的审查权(第 118 条);团体虽有集会自由权,但若"直接危害公共治安",则应被禁止(第 123 条);私有产权虽受保护,但政府有权为了公共福利而予以征收或归并(第 151、153、156 条);契约自由,但若"重利"或"违反善良风俗",则被禁无效(第 152 条)。

在基本义务方面,新宪法主要针对政府在保障个人及社会基本权利中的责任问题。它在要求国家或公共团体保障上述基本权利外,还特别

---

① 蒋劲松:《德国代议制》,第 3 卷,第 1104 页。

强调保障婚姻和生育健康(第 119 条)、教育的正常进行(第 120、142 - 148 条)、保护青少年(第 122 条)、保障选举自由与选举秘密(第 125 条)、公务员结社自由(第 130 条)、增进公共福利(第 151 - 156 条)、改革社会保险制度(第 161 条)等。这种把基本权利和基本义务对应考虑的立宪方式,在当时世界上实属首创。

总体而言,对于《魏玛宪法》的评价正走向更为冷静的历史维度。《魏玛宪法》的创新之处及其主要问题有如下述。

立宪程序的民主性值得肯定。该宪法前后易稿 5 次,经过 10 余项步骤才最终完成。这在德国历史上绝无仅有。在此过程中,代表社会各阶层的意见都通过国民会议的辩论方式影响着条款的具体表述。即便是拒绝参加国民会议选举的左翼政党(德国共产党),也通过国民会议之外的行动,"让代表会条款固定到宪法中"。

从文本的角度看,该宪法的立宪技术也值得称道。一方面,它"维持了德国一贯的讲求实用的立宪传统",不陈列任何政治宣言,而是对实际权利的逐一罗列;另一方面,它"精心构建平衡的宪事法律关系",不仅创新性地把整部宪法一分为二,以平衡国家权力与公民基本权利,而且还使基本权利与基本义务平衡。此外,它还首次对于中央政府的权力进行了明确规范。①

最后,在该宪法中,至少出现了四项创新性的观念,它们同时也是存在较多争议的地方:

(1)"比例代表制"。这种选举制度旨在使代表机关"或多或少按数字的精确度来反映选民的不同部分",从而得以体现选票平等的理念。②在第一次世界大战结束前后,除德国外,它还被罗马尼亚、捷克斯洛伐克(Tschechoslowakei)、波兰等国接纳,甚至连列宁(Lenin,1870—1924)也曾认为它比多数代表制"更民主"。不可否认的是,比例代表制增加了德

---

① 蒋劲松:《德国代议制》,第 3 卷,第 1075—1080、1227 页。
② 同上书,第 1130—1131 页。

国社会政治利益的碎裂化,据统计,参加国会选举的政党从 1920 年的 24个增加到 1932 年的 42 个。但小党从未在国会中获得过决定性的影响力,因而"绝对不是激进政党迅速崛起的原因"。[1] 研究结果进一步证明,即便是"多数代表制"或许也无法阻挡纳粹党在 1932 年的胜利。[2] 其主要问题是隔断了议员同其选区之间的关系,并在某种程度上为那些意图混淆视听的反民主力量提供舞台。正因如此,战后联邦德国仍然接受比例代表制的基本观念,但在此基础上做出一些修改,用 5% 的限制条款阻止小党进入国会,从而形成"比例代表与多数代表混合制"的选举方法。[3]

(2)"议会民主"与"总统全权"结合的双元体制。《魏玛宪法》的起草者们对"议会专制"充满忧虑,同时考虑到德国民众渴望"卡里斯玛型"(Charisma)领袖的心理,以及混乱社会急需稳定的现状,在国会之外设立一个具有"独裁权"的、由选民公决产生的总统。国会与总统之间互相监督,一旦发生尖锐冲突,再通过选民公决做出决断。从法学角度看,正是"议会制的功能弱点成为总统全权的原因和结果"。[4] 然而,在实践中出现了立法者未曾料想的两种现象:一是总统并不一定在政治活动中保持中立,作为社民党人的艾伯特可以做到疏离本党而忠于国家,但军人出身的兴登堡却从未掩饰过自己对右翼政党的好感。二是宪法第 48 条的运用往往并非针对"议会专制",而是"议会无能"。艾伯特发布紧急条令是为了"尽快恢复议会制的运行能力",而兴登堡认为"既然本来的立法机关即国会失灵了……那就让我来"。[5] 这两种结果表明立法者对于德国民主的发展趋势和人性本身都存在误判。二战后,为避免重蹈覆

---

[1] Ernst Rudolf Huber, *Deutsche Verfassungsgeschichte seit 1789*. Bd. 6, Stuttgart: Verlag W. Kohlhammer GmbH, 1981, S. 133.

[2] Jürgen W. Falter, *Hitlers Wähler*, München: C. H. Beck, 1991, S. 135.

[3] 托斯顿·舍费尔:《议会选举》,胡雨春译,载莱蒙德·谢德曼主编:《德国政治概况》,学林出版社 1999 年版,第 40—48 页,此处第 40—44 页。

[4] Heinrich August Winkler, *Von der Revolution zur Stabilisierung. Arbeiter und Arbeiterbewegung in der Weimarer Republik 1918 bis 1924*, Berlin / Bonn: Dietz, 1984, S. 235.

[5] 蒋劲松:《德国代议制》,第 3 卷,第 1435、1467 页。

辙，联邦德国决定在加强议会民主制的同时，削弱了总统权力，设立一个虚职总统。

（3）基本权利保障的广泛性及其同基本义务的对称性。在《魏玛宪法》之前，从未有过一部宪法如此详尽地列举个人与社会在政治、经济、文化和教育各领域中所应享受到的权利，以及指出政府应该承担的基本义务。从这两点而言，《魏玛宪法》具有重大的创新意义。存在争议的问题是：这些条款是否只是一些不顾实际的空谈？ 如何理解这些条款的字面意义和效力问题？ 如社会福利政策远远超越了国家的承受能力。[①] 法学家也留意到宪法没有效力说明的缺陷，但认为"宪法不能只写宪法制定之际国库有财力支付的那些基本权利。宪法要昭示文明发展的趋势，要奉行进步的世界观，要推动国家竭尽所能，以承担它对公民应当承担的义务"。[②] 事实上，这一争议反映的是评论者们对于宪法性质的不同认识。在立法者眼中，向德国民众普及民主观念才是制宪的首要目标。

（4）经济领域中的代表会制度。《魏玛宪法》吸收了革命中的代表会制度，第165条不仅在劳资关系中继续维护工人代表会的作用，而且还在政治议会之外设立地区经济代表会和全国经济代表会的组织形式。根据这一条款，次年《企业代表会法》和《临时中央经济议院法》相继出台。当然，无论是企业代表会（Betriebsrat）还是临时中央经济议院（der Vorläufige Reichswirtschaftsrat）并没有完全实现立法者的目标。直到二战结束，企业代表会与全国经济代表会的形式重新复兴。

在有关《魏玛宪法》的问题中，既有内因，又有外因，且外因多于内因。

就内因而言，《魏玛宪法》的周密性仍有待反思。其中，最大不足在于文本的折中取向过于明显。立宪进程的民主性固然是《魏玛宪法》的优点，但由此造成的折中倾向则让不少条款缺少宪法的清晰性。上文提

---

① 李工真：《德国现代史专题十三讲——从魏玛共和国到第三帝国》，湖南教育出版社2010年版，第55页。

② 蒋劲松：《德国代议制》，第3卷，第1107—1109页。

及的国名和国旗即为两例,它们显示了延续性与创新性之间的巨大张力。其次,宪法没有对"政党"进行规定。它仅有一处提到政党,且是否定性的,即规定公务员应严守党派中立。立法者本意或许是为了超越党派政治,防止政党独裁。但是,在众多德国政党尚未接受民主制度的 20世纪 20 年代,这种缺位反而为激进政党摆脱宪法控制提供了机会。[1] 最后,在某些具体规定中,《魏玛宪法》也存在疏漏。如它规定了选民资格,却没有规定议员资格;它列举了众多基本权利,却未说明法律效力。

就外因而言,《魏玛宪法》的诞生背景使之从一开始就缺少认同感。首先,它是在德国战败、迫于求和压力而在美国总统的要求下产生的。然而,这种美国式的自由主义精神在当时的德国却没有多大市场。其次,它是在革命的氛围中进行起草的。无论是代表会体制还是无产阶级专政的支持者们从未欢迎过它。与此同时,反对革命的保守派们也还未做好准备去迎接它。最后,它是在《凡尔赛和约》签订的前提下通过的。以宪法换取"谅解性和平"的愿望落空,使得更多带有实用主义观念的民众并不是带着喜悦心情来看待新宪法,如每年 8 月 11 日的宪法日就无人问津。[2] 综上,《魏玛宪法》从其诞生起,便只有少数人作为铁杆支持者。

德国社会缺少民主启蒙无疑是另一个外因。早在立宪进程中,普罗伊斯已经对那些吹毛求疵的讨论感到厌烦。[3] 然而,现实情况远远超越了普罗伊斯当年的想法。民主启蒙的缺乏不仅表现在反对民主的右翼政党身上,而且还不无遗憾地体现在社民党的内心矛盾中。社民党是《魏玛宪法》的坚定支持者,但在政治实践中却始终纠缠于反对党的角色,不愿意正面承担执政使命,而是采取容忍策略。事实证明,社民党的这种角色定位无助于民主制度的推广,容忍策略也往往败于错误时机。

---

① 蒋劲松:《德国代议制》,第 3 卷,第 1276—1279 页。

② Ursula Büttner, *Weimar. Die überforderte Republik 1918—1933. Leistung und Versagen in Staat, Gesellschaft, Wirtschaft und Kultur.* Stuttgart: Klett-Cotta, 2008, S. 120.

③ 埃里希·艾克:《魏玛共和国史》,上卷,第 67 页。

进一步而言,缺乏妥协精神同样反映了德国社会需要民主启蒙。国会因为无法相互妥协而丧失了行动能力,最终不得不让位于"总统内阁"(Präsidialkabinett);劳资利益团体因为无法相互妥协而丧失了自治能力,也最终不得不求助于国家的"强制调解"(Zwangsschlichtung)。

第三个外因在于 20 世纪上半叶的时代精神。两次世界大战与无数次革命风潮构成了这一时期的主旋律,糟糕的经济环境与尖锐的国际冲突相伴始终,而德国一直处于漩涡之中。因而,像《魏玛宪法》这样拥有众多创新观念的"宪法革命"缺少长期且安稳的实践环境,稍有风吹草动,便使立法者精心设计的民主架构无法维系,进而受到质疑并遭抛弃。

《魏玛宪法》虽有瑕疵,但同此前帝国宪法与同时代的其他宪法相比,仍不失为当时最为先进的一部宪法。其失败并不在于立宪观念的问题,而在于立宪的时机。在缺少立宪必要性认同的环境下,面对缺少民主启蒙的德意志社会,身处战争与革命相互交织的危机时代中,再先进的宪法也只能因生不逢时而失败。

希特勒上台后,并未在立宪意义上废除《魏玛宪法》。因此,《魏玛宪法》的表面寿命应延续到 1945 年 5 月 8 日。进一步而言,联邦德国的《基本法》又是在很大程度吸取"魏玛教训"的基础上,延续着"魏玛精神"。所以,《魏玛宪法》的本质精神一直影响着当今的德国社会。这种历史的延续性既显示出《魏玛宪法》的坚韧生命力,又表明它契合了德国历史的前进方向,成为《魏玛宪法》在历史进程中的应有价值。

二、《凡尔赛和约》的产生、内容与反响

和平条约既是结束战争、恢复正常国际关系的必要前提,又是新生共和国取得外部认同、在立宪之外进一步加固民主体制的重要步骤。然而事与愿违,这份历经半年之久而出台的《凡尔赛和约》却让德国的第一个民主政权从此陷入无尽的"叛国"责难中。共和国寻求外部合法性的努力最终演变为沉重的民主包袱。

自 1917 年夏天起,德国外交政策出现明显转向。"谅解性和平"逐渐超越"胜利和平",成为德意志社会的舆论主流。不过,直到巴登亲王组阁之前,所谓"谅解性和平"仍然建立在德国人一厢情愿的理解之上,并没有顾及协约国的想法。

1918年10月3日后,美国总统威尔逊提出的"十四点计划"开始成为德国外交政策的新基点。在胜利无望的德方看来,"十四点计划"俨然是一根最后的救命稻草。① 在经历了4次来往照会和长达1个月的等待后,巴登亲王内阁终于等来了美国政府的许诺。1918年11月5日,美国国务卿兰辛(Robert Lansing,1864—1928)通知德方,协约国政府接受了德国的停战要求,并公布了由英国首相劳合-乔治(David Lloyd George,1863—1945)起草的"盟国政府对这些来往照会的意见的备忘录"。这份备忘录十分含蓄地表达了其他国家对"十四点计划"的不同立场。

然而,德国政府似乎并不关注这些分歧。它只是选择性地看到了兰辛照会中威尔逊和平方针的影子。这种策略后来被证明恰恰是构成德国人巨大失落感的原因之一。

11月8日晨,以中央党国会议员埃茨贝格尔(Matthias Erzberger,1875—1921)为首的德国停战谈判团来到法国北部的贡比涅(Compiègne)森林。交战双方在一节火车车厢内展开了第一轮会面。协约国的谈判代表是法国陆军元帅福煦(Ferdinand Foch,1851—1929)和英国海军上将魏密斯(Rosslyn Wemyss,1864—1933)。停战协定让德国代表团大失所望,因为它充满着德国人此前未曾料及的苛刻条件。

埃茨贝格尔不愿意立即签约,竭力争取到72小时的修改期限,希望柏林的巴登亲王政府和斯巴的最高军事统帅部来做出最后决定。然而第二天,德国内部爆发革命,德方的回旋余地缩小。在原件略作改动后,11月11日中午,德国停战谈判团最终在停战协定上签字。

贡比涅森林停战协定(*Waffenstillstand von Compiègne*)共四部分34条。第一部分是"西线方面",要求德国在15天内撤出比利时、法国、

---

① 王斯德主编:《世界现代史参考资料》,高等教育出版社1988年版,第51—59页。

卢森堡(Luxemburg)以及阿尔萨斯-洛林(Elsaß-Lothringen)地区,德军完整交出 5000 门炮、25000 挺机枪、3000 门迫击炮、1700 架战斗机和轰炸机,莱茵河左岸地区由协约国和美国的占领军监督自治、德国在 31 天内向协约国交出 5000 个火车头、15 万节车厢,在 36 天内交出 5000 辆卡车等。第二部分是"东部边界",要求德军全部撤回到本国境内,废除《布加勒斯特和约》(Friede von Bukarest)和《布列斯特-立托夫斯克和约》(Friedensvertrag von Brest-Litowsk),并允许协约国自由进入德军此前所占领土。第三部分是"一般条款",在财政方面规定德国归还所占领土的现金与黄金,赔偿损失,在海军方面上交所有潜水艇,水面军舰停留在指定港口接受监视,德国还必须撤出所有黑海(Schwarzes Meer)港口。第四部分规定停战协定的期限为 36 天,并可以继续延长。①

对协约国而言,从兰辛照会到贡比涅森林停战协定的变化,虽然存在着某种内在冲突,但这种把具体原则进一步细化的做法并未破坏各国之间的合作关系。相反,对德国而言,这种变化却包含着某种危机信号,它暗示着此前外交政策所寄予厚望的"十四点计划"有着破产之虞。

不过,一心渴望和平、又身处革命漩涡的德国人在当时却没有意识到外交政策上的错位问题。更为功利性的看法还认为,停战协定与未来的和平条约不是一回事,"十四点计划"最终将保证德国所渴望的"谅解性和平"。正因如此,当埃茨贝格尔带着沮丧的心情回到德国时,并没有人责怪他,反而赞赏他为祖国做出了"非同寻常的、意义重大的工作"。②

从停战协定的签订到 1919 年 4 月 18 日巴黎和会通知德国派遣代表团到凡尔赛(Versailles)接受和平条约,是走向《凡尔赛和约》的第二个阶段。

德国在战争末期形成的外交政策一直没有发生动摇,即在威尔逊

---

① 王绳祖等编选:《国际关系史资料选编(17 世纪中叶—1945)》(修订本),法律出版社 1988 年版,第 453—455 页。

② Gerhard A. Ritter & Susanne Miller (Hrsg.), *Die Deutsche Revolution 1918—1919. Dokumente*, S. 37—38.

"十四点计划"的基础上,依赖于美方而签订一份充满宽恕与公正精神的和约。就在 11 月 11 日当天,新政府便请求美国立即安排和约。①

尽管 1 月 18 日召开的巴黎和会并未邀请德国参加,但德国外交部长布洛克多夫-兰曹(Ulrich von Brockdorff-Rantzau,1869—1928)伯爵仍然按照自己的认识来准备和谈方案。这后来演变为《给德国和谈代表的(指导)方针》(*Richtlinien für die deutschen Friedensunterhändler*)。它共分 11 个部分。在"一般准则"中,它强调德方必须"在威尔逊方案的基础上"与协约国讨论和平协议,所有违背该方案的条款都是不能接受的。随后,它先后列出了德方在边界、少数民族保护、赔偿、经济、财政、一般权利、殖民地、裁军、国联和战争责任方面的立场。② 从 3 月开始,围绕和约问题,内阁主要忙于商定德国和约谈判团的名单,并针对不断传出的协约国制裁德国的消息,制定相应的反宣传策略,如指定两位部长负责起草德国对战争罪责问题的声明书,成立有关罪责问题的调查委员会,国会专门成立"和平委员会"等。③ 总体而言,4 月 18 日前,德国政府的行动既是沿着既定外交政策的逐步前进,又是在针对和会严惩德国的传言时极有克制的反击。

与德国政府的这种既充满幻想、又时刻小心谨慎的立场不同,800 多公里之外的巴黎和会却完全反映了现实主义的外交作风和狂热的民族复仇心理。尽管英法美三国之间存在不少争议,但在本质上他们依然维持一致性的立场。这充分体现在和约草案的主要条款中。更为一致的立场是,它们"商定的和平条件必须是不可更改的而只需交给德国人签字"。④

在走向《凡尔赛和约》的第二个阶段中,德国与协约国对于未来的期待完全沿着互不交叉的道路前进。被排斥在和会大门之外的德国按照

---

① 陈从阳:《美国因素与魏玛共和国的兴衰》,第 85—86 页。

② 谢德曼内阁会议纪要,Nr. 46、48、49、53。

③ 同上,Nr. 12、20、22、38、56。

④ 埃里希·艾克:《魏玛共和国史》,上卷,第 90 页。

"十四点计划"，按部就班地做好了谈判的准备，并对"谅解性和平"充满渴望。偶尔传出的严惩消息会让它觉得紧张，但出于对威尔逊的信任和依赖，它仍然保持着小心谨慎的行事原则，并一再压制国内的民族主义情绪。相反，掌控着和会进程的"三巨头"——即美国总统威尔逊、英国首相劳合-乔治与法国总理克雷孟梭（Georges Clemenceau，1841—1929）——却根据各自的政治理想和国家利益，在不断争执中寻求统一立场。最终，现实主义和民族主义的各种诉求化为苛刻的对德条款。这种互不通气乃至互相排斥的和约制定进程增强了双方之间的不信任感，并很快演化为签约道路上的巨大障碍。

4月14日，"三巨头"的秘密协商告一段落。4天后，和会致电德国政府，要求德国来凡尔赛"接受和平条约"。

德国代表团到达后，被法方"隔离"开来，无法同外界、尤其是与美方进行接触。随后数日，没有人理会他们。直到5月6日，法方突然通知他们，将在次日递交和约文本。

5月7日，在离凡尔赛宫不远的特里亚农王宫饭店里，德国人第一次出现在巴黎和会的舞台上。克雷孟梭作为会议主席，首先用极富感情的语调向德国人暗示，这将是1871年后的"第二个凡尔赛条约"。德国外长布洛克多夫-兰曹随后以坐着发言的形式和一份语气尖锐的答词来回击他。① 三巨头被激怒了，但外长的做法后来却受到德国人的吹捧，甚至被奉为"民族英雄"。② 当然，外长的发言并未改变协约国的既定立场。德方没有获得口头反驳和约条款的机会，而是必须在15天内用法文和英文提出书面异议、问题和建议。这一期限后来又放宽了一周。

总体而言，德国人的愤怒与不满是共通的。代表团一致认为条约超过了他们"最坏的担心"③。总理在5月8日国会会议上将之形容为"德意志民众的坟墓，近在眼前的死刑判决"，表示绝不接受这些条款。5月

---

① Walter Tormin, *Die Weimarer Republik*, S. 99.
② 埃里希·艾克：《魏玛共和国史》，上卷，第94—95页。
③ 陈从阳：《美国因素与魏玛共和国的兴衰》，第90页。

12 日,他甚至高呼"谁使自己和我们受到这种束缚,他的手怎能不烂掉?"所有政党的发言人都表示赞同政府的立场。内阁还决定立即发动舆论宣传,赢得民众支持。[①]

当然,一些理智者也发表了不同意见。韦伯支持审判鲁登道夫之流。[②] 在内阁中,埃茨贝格尔等部长反对谢德曼总理在政府声明中使用"不可接受"一词,因为这将导致德国面临协约国的更大制裁。

5 月 29 日,在最后期限前,代表团把长达 100 多页的反建议交给和会。这份反建议依然建立在"十四点计划"的基础上,并吸收了此前《给德国和谈代表的(指导)方针》的部分内容。

在收到德国的反建议后,"三巨头"的统一立场出现裂痕。在英美的压力下,法方只能做出一些修改。6 月 16 日,《凡尔赛和约》的最后文本连同一份最后通牒交到德国代表团手中。克雷孟梭要求德方在 6 月 23 日下午 7 点前做出肯定答复,否则将终止停战状态,协约国军队立即进驻德国。德国外长在次日向和会递交了多达 13 项内容的意见列表,却被和会一口回绝。

当德国代表团于 6 月 18 日回到魏玛参加内阁会议时,此前已经出现的分裂迹象更为明显。总统本人表示无法接受和约条款,但部长中害怕因拒绝签约而导致封锁的人明显增多,支持与反对签约的票数首次出现持平。次日,军方、地方政府、多数派社民党与中央党的国会党团都赞成签约。在这种情况下,反对签约的总理、外长、司法部长以及民主党部长们提出辞呈。[③]

谢德曼内阁结束后,直到 6 月 21 日下午,前任劳工部长鲍尔才答应继任总理,来处理签约事宜。次日,新总理向国会递交一份带有两项保留条件的和约文本,即接受其他条款,但拒绝承认德国是战争的唯一发

[①] 谢德曼内阁讨论纪要,Nr. 66–70、86。

[②] 玛丽安妮·韦伯:《马克斯·韦伯传》,阎克文等译,江苏人民出版社 2002 年版,第 746—747 页。

[③] 谢德曼内阁会议纪要,Nr. 113、115、118。

起者，也不承担引渡战犯的义务。国会最终以 237∶138 通过了这一文本。然而，"三巨头"以德国仍然出现反法举动为由，拒绝延长停战期限，要求德方毫无保留地签署和约。

这一消息把生死抉择的难题再次甩给了德国。军队出现骚动，一批军官威胁政府，若接受"耻辱条约"，他们将中止服务，不再保证维持秩序。幸好艾伯特从格勒纳与兴登堡那里获得了支持。右翼政党们此前投票反对签约，但现在又害怕因为自己的顽固立场而使德国重新回到战争状态。一位人民党议员最后想到了一条出路：前一天国会通过的决议可被视作授权政府无保留地签署条约，反对派则保证不因此事"攻击"政府。鲍尔政府进一步要求反对者们必须明确公开承认，那些同意签约者的爱国之心"是无可置疑的"。由此，在当天下午举行的会议上，右翼政党依次表示了对于签约者的理解。[1]

在距离最后期限 2 小时 20 分时，德国发出了致克雷孟梭的照会，宣布接受和约。[2] 6 月 28 日，新任外长米勒、交通与殖民部长贝尔（Johannes Bell，1868—1949）来到凡尔赛宫的镜厅代表德国黯然签署《凡尔赛和约》。在签字当日，各右翼报纸在第一版加上了表示哀悼的黑色镶边。泛德意志协会（Alldeutscher Verband）的《德意志报》在头版刊登了如下一段话："复仇！德意志民族！今天，在凡尔赛宫镜厅签订了耻辱的和约。不要忘记这件事！"[3]《前进报》和自由资产阶级报刊则劝告人民冷静地接受严酷的现实，自强不息，争取国家复兴。[4]

7 月 9 日，德国国民会议以 209∶116 批准和约。次年 1 月 10 日正式生效。由于美国国会后来否决了《凡尔赛和约》，因而直到 1921 年 8 月 25 日，美德两国才签订《恢复和平条约》。

《凡尔赛和约》分为两部分 15 章共 440 条。第一部分共 26 条为"国

---

① Walter Tormin，*Die Weimarer Republik*，S. 104 - 105.
② 张炳杰、黄宜选译：《一九一九——一九三九年的德国》，商务印书馆 1997 年版，第 4 页。
③ 陈从阳：《美国因素与魏玛共和国的兴衰》，第 102—103 页。
④ 孙炳辉、郑寅达：《德国史纲》，第 259 页。

际联盟盟约"。第二部分是对德和约,其内容可分为以下几方面:

第一,领土与殖民地条款。在殖民地方面,德国的所有海外属地都被英、法、日等国瓜分。在领土方面,德国将莫雷斯纳(Moresnet)、欧本(Eupen)及马尔梅迪(Malmedy)两圈域全部领土割让给比利时;同意卢森堡退出德意志关税同盟;将阿尔萨斯-洛林归还给法国;将萨尔(Saarland)煤矿的开采权交与法国,管辖权交与国联,15 年后由公民投票决定其归属;石勒苏伊格北部地区(Nordschleswig)由公民投票决定其归属(1920 年 3 月公民投票结果是归属丹麦);承认捷克斯洛伐克与波兰的独立,将上西里西亚(Oberschlesien)南部的忽尔钦地区(Hultschiner Ländchen)交给捷克斯洛伐克,将波美拉尼亚(Pommern,又译"波莫瑞")部分地区、大部分西普鲁士(Westpreußen)地区和一部分东普鲁士(Ostpreußen)地区交给波兰,但泽(Danzig)作为自由市独立出来,由国联专员管辖;上西里西亚通过公民投票决定其归属(1920 年 10 月,经国联裁定,上西里西亚的北部和西部重归德国,南部划给波兰);放弃东普鲁士东部涅曼河(Nemunas,德语称为梅梅尔河"Memel")右岸的梅梅尔地区(Memel);承认并尊重奥地利在协约国规定的疆界内保持独立。

第二,军事条款。在协约国驻军方面,莱茵河以西领土由协约国实行军事占领,作为德国履行和约的保证。如果德国切实履行和约,协约国军队将在和约生效后 5 年、10 年和 15 年分区撤出。占领区内由法、英、比、美四国代表组成"莱茵河流域协约国最高委员会"作为最高代表机关,它所发布的法令具有法律效力,民政事务仍由德国当局管辖。

在非军事区方面,莱茵河以东 50 公里以内的地区和赫尔果兰岛(Helgoland)上的堡垒要塞,以及位于北海(Nordsee)和波罗的海(Ostsee)之间的海上工事都必须拆毁。

在裁军方面,德国陆军不得超过 10 万人,海军不得超过 1.5 万人,解散总参谋部及其他类似组织;废除普遍义务兵役制;军舰的最高限额为,战斗舰、轻巡洋舰各 6 艘,驱逐舰、鱼雷舰各 12 艘,禁止拥有重炮、坦克、潜艇、军用飞机等武器;不得在学校和体育组织中进行军事训练,不得向国外派出军事使团,德国公民不得在其他国家服役或接受军事训练。

协约国监督委员会将负责监督军事条款的执行,并有权前往任何地区履行公务。

和约还明确规定,德国的裁军是"普遍限制一切国家军备"的开端。

第三,赔款和经济条款。和约规定,将由一个协约国赔偿委员会在1921年5月21日前确定德国的赔款总额。在此之前,德国应先以黄金、商品、船舶、有价证券等支付200亿金马克。

德国关税不得高于他国,协约国对德国的输出入货物不受限制,易北河、奥得河、涅曼河与多瑙河等为国际河流,德国在敌国和中立国的资产全被没收。

第四,对俄关系条款。德国承认并应允尊重1914年8月1日属于旧俄罗斯帝国的一切领土,废除《布列斯特-立托夫斯克条约》,并承认"主要协约国及参战各国正式为俄国保留根据本条约之原则向德国索取一切恢复及赔偿之权利"。德国在东线的占领军还必须听候协约国的特别部署。

第五,战争责任条款。和约第231条规定:"协约及参战各国政府宣告德国及其各盟国使协约及参战各国政府及其国民因德国及其各盟国之侵略,以致酿成战争之后果,所受一切损失与损害,德国承认由德国及其各盟国负担责任。"[1]

研究者普遍认为,和约直接影响了共和国的发展,并对两次世界大战之间国际格局的不稳定承担责任。然而,和约究竟如何影响共和国的发展?这却是和约评论中存在巨大争议的问题:一部分批评者认为,它过于苛刻。凯恩斯(John Maynard Keynes,1883—1946)说这是"最严重

---

[1] 部分原文引自王绳祖等选《国际关系史资料选编(17世纪中叶—1945)》(修订本),第533—538页。另参见丁建弘、陆世澄主编:《德国通史简编》,第603—605页。

的政治蠢行之一"。① 列宁也批评它"不过是强盗和掠夺者的和约"。②
为此,它应该为德国此后的复仇情绪、修约运动、财政和经济危机、纳粹
夺权,乃至二战爆发承担责任。另一部分批评者却认为,它过于温和。
历史学家里特尔(Gerhard Ritter,1888—1967)在德国最早指出,和约造
成的边界改动本来有机会让欧洲找到合适的稳定政策,但政治家们却放
弃了这样的调整机会。③ 埃尔德曼(Karl Dietrich Erdmann,1910—
1990)认为,和约并未提供给法国所需的安全保障,以至于德法关系在
随后几年间仍然处于紧张状态④。韦勒(Hans-Ulrich Wehler,1931—
2014)进一步指出,同《布列斯特-立托夫斯克条约》相比,《凡尔赛和约》
"几乎是温和的",它的真正问题在于未能克服病态的民族主义,以至于
让那些"胜利和平"的鼓吹者们用来攻击民主制度。⑤ 正因如此,二战后
盟国对德国的处理才会更为苛刻。

　　事实上,从历史的长时段看,上述两种批评意见都有合理性。从直
接后果而言,和约确实让德国损失惨重。德国由此失去了 7 万多平方公
里的领土(包含了 15％的耕地面积)和 730 万人口。特别是萨尔煤矿和
莱茵河左岸地区被占领,使德国丧失了 75％的铁矿、44％的生铁生产能
力、38％的钢生产能力和 26％的煤炭产量。此外,德国必须从现存的煤
产量中拿出一部分来补偿法国煤矿因战争遭受的损失,并且还须用每年
2500 万吨煤炭来代替现金赔偿。和约还阻止德奥合并,大大缩减了德国
的军队数量。更重要的是,战争罪责条款让德国背负了沉重的道义责
任,并成为无止境赔款义务的逻辑起点。从这一点而言,魏玛共和国初
期的各种动荡与社会矛盾很大程度上源自《凡尔赛和约》的苛刻条款。
由赔款带来的国际经济体系的畸形发展也同和约的经济后果密切相关。

---

① 齐世荣:《世界通史资料选辑·现代部分》,第一分册,商务印书馆 1998 年版,第 38、40 页。
②《列宁全集》,第 39 卷,人民出版社 1986 年版,第 352 页。
③ Ursula Büttner, *Weimar. Die überforderte Republik 1918—1933*. S. 130.
④ 卡尔·迪特利希·埃尔德曼:《德意志史》,第 4 卷上册,第 221—222 页。
⑤ Hans-Ulrich Wehler, *Deutsche Gesellschaftsgeschichte*, Bd. 4, S. 241.

　　但是,《凡尔赛和约》对于魏玛共和国合法性的更多戕害并非条款本身,而是右翼势力对于这些条款的夸张释读。正如第二种批判意见所言,若从纵向的角度看,《凡尔赛和约》的苛刻程度根本比不上《布列斯特-立托夫斯克条约》,也无法同二战后盟国改造德国的措施相比。问题在于:反民主的右翼势力利用民众的盲目爱国热情,编织出一个个谎言,来攻击《凡尔赛和约》的所谓"不公正性"。在这些谎言中,有关战争责任与德国军队战败原因的两个故事影响最为深远:

　　从1914年8月起,德国民众便沉浸在"防御战"的宣传攻势中。即便在有关战争目的的讨论热潮过后,大多数德国人依然坚信战争的合理性。这种心理一直持续到战后,并在围绕《凡尔赛和约》第231条战争责任条款的争论中几乎变成了确凿无疑的事实,甚至连考茨基(Karl Kautsky,1854—1938)这样的社民党人也热衷于公布战前密档以证明德国清白的工作。正因为"德国没有任何战争责任"的神话被广为流播,迫使德国接受战争责任条款、并在此基础上设定德国割地赔款义务的《凡尔赛和约》便成为众矢之的:"在全体德国人的心目中,正是第231条把凡尔赛和约变成了不容抗拒的命令。没有一个德国政治家自愿地承认过这个条款。"①

　　与此同时,"匕首刺背"的谎言也流传开来。在鲁登道夫之流终于认识到战争不可继续后,推卸失败责任的手段不断涌现:最初,他们把和谈与签署停战协定的重任推给了民选内阁;接着,他们又把放下武器的决定说成是"受到威尔逊哄骗"的结果,告知士兵们"如果任何人断言德国军队在这场战争中被打败,历史将会说这是谎言。你们要永远记住:你们回国时,并没有战败";最终,他们把《凡尔赛和约》带来的一切困境都归之于"匕首刺背",革命"使我们无权无力,处于被解除武装的境地,把我们出卖给了敌人"。1919年11月,兴登堡和鲁登道夫在国会调查战败

---

① 卡尔·迪特利希·埃尔德曼:《德意志史》,第4卷上册,第216页。

原因的委员会会议上正式肯定了"德国军队背后让人捅了一刀"的说法。① 由此,革命、社民党人、魏玛政府、共和国以及民主体制便成为右翼眼中一连串需要承担责任的"民族罪人"。

也正是在这些谎言制造的气氛中,负责签署停战协定的埃茨贝格尔与主张"履约政策"(Erfüllungspolitik)的拉特瑙都不容于右翼民族主义者,连艾伯特也不得不为说明真相而多次走上法庭。在一次次的谎言攻击下,共和国的制度认同危机才会不断加深。因而从这一角度来看,《凡尔赛和约》的问题在于它未能推动德国社会实现彻底的民主转型,以致共和国无法抵制反民主势力射来的毒箭。

三、卡普-吕特维茨暴动、德苏拉巴洛条约与拉特瑙被刺

《凡尔赛和约》签订后,德国国内弥漫着沉重的绝望感。其中,有些人出于爱国热忱,有些人饱尝切肤之痛(尤其对于被割领土上的德意志人而言),有些人却仅仅为了"附和某些煽动家的言论"。无论何种原因,要求废除那纸"逼迫和约"与惩罚接受它的那批"十一月罪人"(Novemberverbrecher),很快形成对年轻共和国的内部拷问。

当1919年6月22日鲍尔代表新内阁在国会上致辞时,几乎所有人,甚至包括鲍尔自己,都没有对共和国的第二届内阁抱有太大希望。它被人们视作"签字内阁"(Unterzeichnungskabinett),即仅仅为了完成《凡尔赛和约》的签字使命。鲍尔本人的国务活动能力也不强,后世的传记作家称之为"配角,此外别无任何意义"。②

然而事实上,这些评价是片面的。鲍尔内阁的生存期限长达277天(1919年6月21日—1920年3月26日),位列整个魏玛时期内阁寿命的第六位。在其执政期间,共和国完成了一系列重要立法,不仅按照《魏玛宪法》初步搭建起民主架构,而且还通过协商的方式修改了《凡尔赛和

---

① 陈从阳:《美国因素与魏玛共和国的兴衰》,第105—106页。
② 威廉·冯·施特恩堡主编:《从俾斯麦到科尔——德国政府首脑列传》,第202页。

约》的部分条款。概括说来,鲍尔内阁在共和国的初建历史中至少完成了以下四个方面的工作:(1) 重塑"魏玛联盟";(2) 建构中央权力,支持7个图林根小邦合并成图林根州,拒绝汉诺威独立的公民投票要求[①];此外还推行财税体制改革,1919 年 12 月 13 日颁布《国家所得税法》(Reichseinkommensteuergesetz),让中央政府获得征收财产税和所得税的权力;(3) 逐步完善法规体系,让《魏玛宪法》条款具体化,并针对特殊人群颁布保护令,如维持农产品价格以保护农业生产者(1919 年 6 月 26日)、允诺维持国家债券价值以保护国内投资者(1919 年 7 月 10 日)、提高军官养老金以保护参战者的生活水平(1919 年 7 月 14 日)、扩大残疾者保险范围以保障残疾军人的利益(1919 年 7 月 21 日)等;(4) 使《凡尔赛和约》的引渡战犯条款形同虚设;最终让劳合-乔治以协约国政府的名义宣布放弃引渡战犯的要求,转为交由德国法庭审判。[②]

但是,鲍尔内阁在内政领域中仍然不得不同时面临着三方面压力:

首先,敌视共和国的极右翼势力正借助一切契机而聚集力量,并不时挑战政府权威。1919 年 8 月,一个名为"民族联合会"(Nationale Vereinigung)的组织成立,鲁登道夫任主席。这个联合会包含了大批极右翼政治家和军队指挥官,如东普鲁士地方长官沃尔夫冈·卡普(Wolfgang Kapp,1858—1922),曾杀害李卜克内西和卢森堡的志愿军团指挥官帕布斯特(Waldemar Pabst,1880—1970),并得到了国防军驻柏林的第一军区司令瓦尔特·冯·吕特维兹将军(Walter von Lüttwitz,1859—1942)的积极支持。他们同各地的志愿军团保持着紧密关系,并且还与两个右翼政党取得了联系。该联合会的主要使命就是筹划推翻共和国的暴动方案。[③]

与此同时,国会开启的战败原因调查项目不幸为极右翼势力的活动提供了舞台和借口。1919 年 8 月 19 日,国会成立一个调查委员会,以澄

---

① 埃里希·艾克:《魏玛共和国史》,上卷,第 132 页。
② 鲍尔内阁会议纪要,导言,Nr. 11,17,24,25,34,54,103,104。
③ Hans-Ulrich Wehler, *Deutsche Gesellschaftsgeschichte*, Bd. 4, S. 401 - 402.

清德国战败的真正原因。事实上,该委员会为一些谎言的流行制造了机会,如前文提到的"匕首刺背"的谎言就通过兴登堡的口变成了极右翼分子攻击民主政治家们的绝佳理由。

忙于建立中央财税体制的埃茨贝格尔也遭到极右翼政治家、前帝国内政部国务秘书卡尔·黑尔费里希(Karl Helfferich,1872—1924)的攻讦。后者利用埃茨贝格尔在个人缴税上的瑕疵,指责其政治做派源自于"习惯性的不诚实"。忍无可忍的财长终于提起上诉,但结果却得不偿失。法官们带着浓厚的帝国观念,在情感上偏向被告,认为他的指责尽管缺少证据,却带着"爱国热忱",因此仅需判罚 300 马克。赢得诉讼的财长在道德和政治上都落败了。对此,一些右翼记者欢欣不已,因为"(落败者)不仅仅是埃茨贝格尔,而且还是民主"。①

其次,除了极右翼外,革命中代表会体制的支持者与无产阶级专政的支持者仍然继续反对议会民主制。同时,由于经济形势的持续恶化,受饥饿困扰的普通民众也愿意支持左翼政党。曼海姆等城市都相继发生大规模的饥饿骚乱,各行业均出现群体罢工现象。②

最后,如何稳定军队、完成和约规定的裁军任务是最为棘手的难题。"志愿军团"曾被政府默许,甚至被依仗用来镇压左翼革命运动,维护社会稳定。然而,根据《凡尔赛和约》的规定,拥有 40 万兵力的"志愿军团"自然成为首当其冲的裁军对象。更为重要的是,协约国与魏玛政府都发现,"志愿军团"已经成为尾大不掉的重要威胁,因为后者常常拒绝执行命令,甚至与保守阵营密谋复辟。1919 年底,鲍尔内阁终于决定,在1920 年 3 月 15 日前解散"志愿军团"。③ 不料此举却迎来了一场始料未及的军事政变。

自战争结束以来,军队与新政权之间始终保持着比较微妙的关系。革命初期,艾伯特与格勒纳达成口头协议:国防军效忠新政权,新政权支

---

① Hagen Schulze, *Weimar. Deutschland 1917-1933*, S. 210-211.
② 洛塔尔·贝托尔特等编写:《德国工人运动史大事记》,第 2 卷,第 64、66、67、71、76 页。
③ 埃里希·艾克:《魏玛共和国史》,上卷,第 141—144 页;鲍尔内阁会议纪要,Nr. 156。

持军队的秩序和纪律。① 正因如此,代表会运动提出的军队民主化要求没有被真正执行过,临时政府却借助国防军的力量镇压了左翼革命行动。

然而,在国会选举后,两者关系开始出现变化。一方面,政府试图整合地方军事力量,建立一支统一军队。但是,此举只获得了新任陆军司令莱因哈特将军(Walther Reinhardt,1872—1930)等少数改革派高级军官的支持。另一方面,以格勒纳将军和现任国防部兵务局局长泽克特(Hans von Seeckt,1866—1936)将军为核心的高级军官倾向于实用主义的立场,即在承认现存体制的前提下维护军官团的利益。②

在此背景下,当鲍尔内阁做出裁军决定后,国防军内部(尤其是受到影响最大的志愿军团)自然感到极度愤慨。柏林军区司令官吕特维兹拒不接受裁军命令,还四处联络极右翼势力,制定暴动方案。3月11日,他当面向艾伯特和诺斯克提出"立即选举国会、全民选举总统、由专业人士担任内阁部长、将陆军总司令莱因哈特将军撤职"等要求。与此同时,在极右翼政治家卡普领导下的东普鲁士也出现骚动迹象,反民主的鼓动宣传不断强化。正在回撤途中的波罗的海志愿军团亦对裁军命令表示抵制。③

对于军方的这些举动,鲍尔内阁的反应过于迟钝。直到3月8日,内阁才决定派遣国家特派员前往东普鲁士。3月11日,艾伯特拒绝了吕特维兹将军的要求。随后,诺斯克以越权为由将之解职,并试图逮捕卡普等人。

然而为时已晚。在3月12日的内阁会议期间,诺斯克突然收到消息,驻扎在柏林近郊的埃尔哈特海军旅已向首都进军,并要求政府在次日7点前接受此前吕特维兹提出的要求、并恢复吕特维兹的职务、赦免

① Gerhard A. Ritter & Susanne Miller, *Die Deutsche Revolution 1918–1919. Dokumente*, S. 98–99.
② Walter Tormin, *Die Weimarer Republik*, S. 106–109.
③ 埃里希·艾克:《魏玛共和国史》,上卷,第151页。

参加行动的官兵等条件。

当晚,除了陆军总司令等少数将领支持政府外,其余将领都反对作战。泽克特将军表示"国防军不向国防军开火"。于是内阁只能先行撤出柏林,前往德累斯顿。在那里,总理和总统共同呼吁所有工会联合发起总罢工。1 天后,由于驻防德累斯顿的国防军将领突然倒向叛军阵营,鲍尔内阁又连夜撤往斯图加特。

叛军控制柏林后,宣布解散国会,废除宪法,并成立以卡普为总理的新政府。暴动得到了一些保守派居多的地方政府的支持,如石荷州(Schleswig-Holstein)、汉堡市、图林根州等。这就是"卡普-吕特维兹暴动"。

不过,令卡普政府失望的是,三个反对党并不接受他们的方案,因为右翼并不看好缺乏经验的军人政府,而共产党则要求"一切权力归苏维埃"。与此同时,所有工会响应政府的号召,在叛乱当日就发动总罢工。随后,罢工风潮从柏林扩大到全国。据后来统计,参加罢工的人数多达1200 万。柏林很快陷入混乱状态。在鲁尔区,共产党和独立社会民主党还在 3 月 13 日组织了一支 50 万人之众的"红色鲁尔军"(Rote Ruhrarmee),用武力方式抵制叛军。

撤到斯图加特的鲍尔内阁获得了更大的活动空间。除了各地罢工者的支持外,政府陆续得到了符腾堡、巴登、巴伐利亚、普鲁士等州政府的支持。尤为重要的是,3 月 15 日,协约国表示,拒绝承认卡普政权,并准备在斯特拉斯堡(Strassburg)集结部队。

3 月 16 日,鲍尔内阁拒绝接受卡普递交的谈判条件。次日,毫无选择余地的卡普把权力移交给吕特维兹。这场只有 5 天的军事政变至此结束。①

吕特维兹逃往匈牙利,直到 1921 年才回国,用支付押金的方式被免予起诉;卡普逃往瑞典,到 1922 年 3 月回国并接受了公开审判,但不久

① 鲍尔内阁会议纪要,Nr. 180,186 - 202。

死于癌症。由于法官们的立场偏右,其他暴动者并没有受到严惩。在705项受到指控的暴动案件中,到1922年案件终结时,有412项获得赦免,109项由于死亡或其他原因而被取消,176项刚刚提交正式审判的程序,7项仍在等待中,只有1项进行了宣判(5年有期徒刑)。若同此前巴伐利亚代表会共和国的案件相比,这一判决结果显然太轻。在前者案例中,共有52人被起诉,其中1人被判死刑,其余人的刑期总计达到135年零2个月。[①]

在同吕特维兹-卡普暴动的斗争中,工人阶级的统一行动发挥了重要作用。各大工会抛弃意识形态的分歧,以总罢工的方式来保卫共和国。这是工人阶级支持民主制度的显著表现。

与此同时,左翼工人运动的革命记忆也被唤醒。一方面,对于魏玛政府偏向右翼反革命者的批评大量涌现,尤其针对国防部长诺斯克;另一方面,借机推动革命前进的呼声再次响起。3月14日,共产党打出了"不要国会。不要艾伯特-诺斯克(政府)"的旗号。[②]

对此,鲍尔内阁早有警觉。3月16日,内阁发表声明,要求民众、军方和民政机构的所有行动都"必须在合法的基础之上"。在叛军退出柏林后,内阁除了决定通缉主要暴动领导者外,另一项命令就是"取消总罢工"。当晚,鲍尔亲自致电柏林的全德工会联盟(Allgemeiner Deutscher Gewerkschaftsbund, ADGB, 以下简称"自由工会")主席列金(Carl Legien, 1861—1920)和鲁尔区的中央特派员泽韦林(Carl Severing, 1875—1952),希望他们动员罢工者在两天内回到工作岗位。

然而,事态仍然朝着政府不愿看到的方向发展。3月18日,除了铁路与邮政系统结束罢工外,工会仍然坚持罢工,并拒绝内阁回到柏林,直到接受它们的条件为止。工会提出的条件后来被称为"九点纲领"(Neunpunkteprogramm),主要反映左翼工人运动自革命以来的三大诉

[①] Walter Tormin, *Die Weimarer Republik*, S. 110.

[②] Wolfgang Ruge & Wolfgang Schumann, *Dokumente zur deutschen Geschichte 1919 - 1923*, S. 37.

求：政治民主化、经济民主化和清除右翼（或偏向右翼）的政治家。其核心是成立一个"工人政府"。

3月20日，政府与工会达成协议，接受"九点纲领"，诺斯克等人立即辞职，其他事宜将通过"合法形式"逐步实现。但是，独立社会民主党代表进一步提出，工人必须有权参加普鲁士安全警察部队，内阁必须放弃用武力对抗鲁尔红军。这一附加条件在2天后被接受。于是，工会、多数派社民党和独立社会民主党在22日联合发布号召书，宣布大罢工将在次日结束。24日，政府与各政党代表在比勒菲尔德签署协定，遵守"九点纲领"，并要求红色鲁尔军放下武器，同时国防军保证不进入鲁尔区，并承诺对所有罢工者实行赦免。①

但是，在3月23日，独立社会民主党左翼与共产党再次改变战略。他们反对"任何与妥协式的右翼社会主义政党合作的方案"，要求建立一个"纯粹的工人政府"。② 当日发表的共产党声明也表达了相同要求。③ 由左翼派别组成的"红色鲁尔军"则在3月22日占领了整个鲁尔区，拒绝承认比勒菲尔德协议的有效性。

4月2日，国防军与安全警察部队以及尚未解散的志愿军团联手实行武力镇压。到4月5日，这场内战已经造成1000多人死亡。④

不过，比内战危险更严重的是，国防军进驻鲁尔非军事区的行为违背了《凡尔赛和约》的规定。4月6日，法国军队以德国违反和约规定为由，派军占领达姆施塔特（Darmstadt）等城市，并在当地实施严控。⑤ 这些行动在某种程度上起到了保护红色鲁尔军的效果，以致当地的局势仍然十分紧张。直到5月17日，当法国在英国的强硬抗议下决定撤回军队后，鲁尔区的军事行动才最终结束。

① 鲍尔内阁会议纪要，Nr. 194、202、218、215。
② "The Kapp Putsch and the Working Class". In：http：//www. revolutionaryhistory. co. uk/rh0502/kapp. html 2011年3月16日。
③ 洛塔尔·贝托尔特等编写：《德国工人运动史大事记》，第2卷，第81页。
④ Ursula Büttner, *Weimar. Die überforderte Republik 1918 - 1933*. S. 143 - 144.
⑤ 米勒内阁会议纪要，Nr. 30。

　　与处理卡普-吕特维兹暴动的缓慢和轻率不同,魏玛政府在对待左翼革命者的处置上可谓迅捷而严厉。2400 多名革命者被捕,其中 41 人死刑。此外,国防军还设立军事法庭,判处参与红色鲁尔军的 208 名军人监禁,开除 123 人。[1]

　　在左翼革命运动兴起的同时,鲍尔内阁也走到了尽头。它本来便担负着"签字内阁"的精神重压,现在又没有及时觉察极右翼势力的暴动企图,并在暴动初期无力调动国防军组织有效抵抗,自然失去了民众和各党派的支持。3 月 27 日,鲍尔内阁的外交部长、多数派社民党主席米勒继任总理,继续维持魏玛大联盟的内阁。

　　不过,米勒内阁也没有走多远。仓促进行的 6 月大选彻底埋葬了继续民主改革的希望。多数派社民党的得票率从 37.9% 骤降到 21.6%,只获得了 113 个议席,它所失去的 50 个议席几乎被另两个更为激进的社会主义政党所分享,其中独立社会民主党议席从 22 个增加到 81 个,第一次参加选举的共产党获得了 2 个议席;民主党议席从 75 个减少到 45 个,中央党和巴伐利亚人民党的议席从 91 个减少到 89 个,它们所减少的议席全部被两个右翼政党所获得,再加上人口调整而增加的选民因素,人民党议席从 19 个猛增至 62 个,民族人民党从 44 个增加到 66 个。如此一来,"魏玛联盟"(47.8%)在新的国会中无法占据绝对多数。作为第一大党的多数派社民党曾想过扩大魏玛大联盟的基础,吸纳独立社会民主党参加内阁,但后者坚持不与资产阶级一起组阁。反之,多数派社民党又不愿意同中间靠右的人民党一起组阁。在这种局面下,多数派社民党国会党团最终决定恢复在野党的身份。

　　6 月大选是魏玛共和国早期政治史的转折点。自此之后,"魏玛联盟"再也没有出现过。而在 1924 年之前,共和国还将迎来 5 位总理 6 届内阁。这表明它的政治格局趋于动荡,摇摆不定。

　　6 月大选后,共和国并未如愿恢复平静。相反,赔款这一"达摩克利

---

[1] Ursula Büttner, *Weimar. Die überforderte Republik 1918–1933.* S. 144.

斯之剑"早已高悬于上。围绕在赔款问题上的外交博弈,成为魏玛政府
在内政外交上捉襟见肘、甚至不断更迭的根本原因。

对于一战的双方而言,"战败国赔款"本是无可争议的准则。早在战
争爆发初期,交战双方都已经把战争赔偿作为各自战后处理方案的必要
组成部分。

不过,随着战争结束,各国的态度多有变化:德国转而不希望承担赔
偿责任;英法因面临的经济困境而期待从德方获得更多赔偿。更为糟糕
的是,美国在战债问题上的顽固立场进一步缩小了英、法两国的回旋余
地。战争前后,美国政府一共向协约国提供了称之为"战债"的 103.5 亿
美元贷款,其中英国、法国和意大利借款最多,分别为 42.77 亿美元、
34.05亿美元和 16.48 亿美元。同时,这三个国家又与其他协约国之间
存在债权和债务关系,如英国共欠战债 64.89 亿美元,同时有 17 个国家
欠英国104.45 亿美元;共有 11 个国家欠法国 34.63 亿美元,意大利也有
外债 3.90 亿美元。协约国希望美国减免战债,以便它们降低对德国赔
偿的期待,从而实现欧洲的经济复兴。但是,美国一方面受制于偿还战
争公债(总金额高达 225 亿美元)的压力,认为延缓甚至减免战债是牺牲
美国纳税人的利益,另一方面又希望用战债来压制欧洲的军事发展和社
会消费,从而稳定国际汇率,因而坚决反对把战债与德国赔偿联系起来。

在此背景下,巴黎和会的"三巨头"在赔偿总额、范围、期限、理由等
方面都存在争议,但最终仍然达成了一些共识,如由一个赔偿委员会在
1921 年 5 月以前提出一个完整的赔偿方案、战争费用也应该计入赔偿费
用中、30 年的赔偿期限可酌情延缓、战争赔偿与战争问题挂钩(即和约第
231 条)。[1]

但是,这些共识对德国而言,都是不可接受的。由此,赔款问题成为
一战后德国政治和经济发展中始终悬而未决的重大难题。究其实质,赔

---

[1] 苑爽:《两次世界大战后美国处理德国战争赔偿问题的政策演变》,华东师范大学历史系博士
论文,2008 年,第 25—32、43—44 页。

款问题不仅是德国是否赔款以及赔偿多少的问题,也牵涉到魏玛政府的外交斡旋是否满足民族自尊心的能力考验,更成为协约国之间解决战债问题、恢复欧洲经济的焦点所在。

《凡尔赛和约》通过后,"修约政策"(Revisionspolitik)一直是魏玛政府基本的外交立场。其中,赔款问题是最重要的修约内容。简言之,德国期待赔款问题的解决途径是:(1)减少赔款总额;(2)与战争罪责脱钩。

但是,这种想法在现实中却很难付诸实践。其原因是:第一,美国作为欧洲债务的债权人,既不参加赔偿委员会,又拒不减免战债,以至于战债与赔款之间的死结始终无法解开,增加了协约国确定德国赔偿数额等问题的难度。第二,缺少美国参与的赔偿委员会体现了对德索赔的强硬路线,1919年12月成立的赔偿委员会由法国人担任主席,当投票出现平局时,法国总统拥有裁决权。赔偿委员会的常设机构设在巴黎,所有安排都预示着法国人在赔偿问题上不容置疑的权威。

正因如此,1920年上半年召开的一系列关于赔偿问题的国际会议均无果而终。直到6月21日,协约国才在布洛涅(Boulogne)会议上确定了德国分42年偿付2690亿金马克的方案,但这相当于德国1913年国民收入的5倍。

新组建的费伦巴赫(Constantin Fehrenbach,1852—1926)内阁立即表示反对,并提请7月召开的斯帕会议重新讨论赔款问题。[1] 但是,协约国不予理睬,迫使德国代表团签署《斯帕议定书》。

1921年1月7日,情况有所变化。赔偿委员会中的法国代表塞杜(Jacques Seydoux,1870—1929,又译"塞杜克斯")提出一份临时赔偿的建议:德国在未来5年间每年支付30亿金马克,在此期间协约国再商定赔偿总数。塞杜方案获得了英、法两国的认可,德方也表示接受。[2]

---

① 费伦巴赫内阁会议纪要,Nr. 1。
② 埃里希·艾克:《魏玛共和国史》,上卷,第174页。

正当双方围绕塞杜方案准备进一步谈判时,又出现了新情况:一方面,法国新任财长杜梅(Paul Doumer,1857—1932)持更为严厉的索赔立场;另一方面,英国在美国催缴战债的压力下,转而希望尽快确定赔款总额。于是,在1921年1月24—29日召开的巴黎协约国最高会议上,英法两国抛弃了塞杜方案,提出新的赔偿计划:(1)德国的赔偿总额为2260亿金马克,分42年偿还;(2)最初两年,德国每年支付20亿金马克,并上缴出口税收的12%;(3)11年后,德国的年赔款额达到60亿金马克;(4)协约国占领军和管制委员会的费用另行计算。①

2月2日,费伦巴赫内阁向赔偿委员会递交一份"反建议",希望协约国成立一个新的专家委员会,重新考虑赔款问题。但在协约国看来,这份"反建议"充分暴露了德国政府的"修约"企图。于是,随后举行的第二次伦敦会议(2月21日—3月14日)转而对德国提出最后通牒。3月8日,协约国军队占领了三个莱茵河港口城市,继续施加压力。德国曾想寻求美国的援手,但后者却不愿意接过这个烫手的山芋。②

4月27日,赔偿委员会提出"伦敦赔偿方案":(1)德国的赔偿总额确定为1320亿金马克,分42年还清;(2)德国为支付赔偿,将发行A(120亿金马克)、B(380亿金马克)和C(820亿金马克)三种债券,其中C类债券可以留待德国有能力支付时再行偿还,其余的赔偿额除1921年5月31日以前先行交付的10亿金马克外,按每年20亿金马克固定赔偿额进行偿还;(3)不固定赔偿为每年出口值的26%;(4)两种偿付均在每年分四次缴纳,德国以海关税收、出口品征税的25%作为担保;(5)德国开支由赔偿委员会下属的保证委员会来进行监督,以确保能够优先偿付赔偿,若德国拒不履行上述规定,协约国有权控制德国税务,扩大征收德国税款,并制定其他方案。据此,协约国获得了重新对德国采取行动的权力。③

① 陈从阳:《美国因素与魏玛共和国的兴衰》,第155—156页。
② 苑爽:《两次世界大战后美国处理德国战争赔偿问题的政策演变》,第48—49页。
③ 王绳祖:《国际关系史》,第4卷,法律出版社1986年版,第267—268页。

　　美国政府迅速表明不介入的立场。在这种情况下,费伦巴赫内阁不得不面对"修约政策"无法推进的残酷现实。在人民党表示退出政府后,5月4日,内阁决定总辞职。这标志着以对抗协约国赔款主张为主的"修约政策"告一段落。

　　5月10日,费伦巴赫内阁中的财政部长、民主党人维尔特(Josef Wirth,1879—1956)接受了组阁使命,共同承担执政责任的是多数派社民党人和中央党人,一位无党派政治家罗森(Friedrich Rosen,1856—1935)出任外交部长。维尔特在国会演讲中,明确表达了"履约政策"的核心思想:即用使协约国信服的支付诚意来证明,强加给德国的负担超过了人民的经济力量。[1] 随后国会批准政府接受协约国的最后通牒。

　　除总理维尔特外,新任重建部部长的拉特瑙也是该政策的重要支持者。拉特瑙出生于柏林的一个犹太人家庭,获得过电化学的博士学位。其父创建了举世闻名的通用电气公司(AEG)。1915年起,拉特瑙成为该公司的董事长。他是德国轻工业界的领军人物,在政治和经济立场上与以斯廷内斯(Hugo Stinnes,1870—1924)为代表的重工业界背道而驰,主张德国用一个能展示自己良好信用的方案,来赢得协约国民众的支持,从而创造一种氛围,以便让德国的赔款问题成为欧洲及世界重建的组成部分。在走马上任后,拉特瑙在国会中不断强调"履约"的重要性。[2]

　　自此,"履约政策"成为德国外交方针的主要倾向。在第一届维尔特内阁期间(1921年5月10日—10月22日),"履约政策"主要体现在以下五方面:第一,德、法两国走出和解第一步,签订了《威斯巴登协议》(Wiesbadener Abkommen),同意由德国民间团体负责向法国战争受害者提供赔偿,并直接同后者联系。[3] 第二,德国如约在1921年8月31日前支付了10亿金马克。[4] 第三,审判部分战犯。第四,说服巴伐利亚州卡

① 威廉・冯・施特恩堡主编:《从俾斯麦到科尔——德国政府首脑列传》,第232页。
② 科佩尔・S. 平森:《德国近现代史:它的历史和文化》,下册,第570页。
③ 埃里希・艾克:《魏玛共和国史》,上卷,第189—190页。
④ 威廉・冯・施特恩堡主编:《从俾斯麦到科尔——德国政府首脑列传》,第233页。

尔(Gustav Ritter von Kahr,1862—1934)政府,解除志愿军团的武装,特别是所谓"奥尔格施"(Orgesch,全称是"Organisation Escherich")的团体。第五,颁布安全紧急条令,禁止极右翼的活动。1921年8月26日,原埃尔哈特海军旅的两名军官刺杀了埃茨贝格尔。总统随后于8月29日发布名为《保护共和国法令》(*Republikschutz-Verordnung*)的紧急状态令,禁止煽动以暴力修改宪法或犯有类似违法行为的报纸出版,或在同样的前提下限制结社和集会自由。

然而,维尔特内阁的"履约政策"也很快遭遇瓶颈。首先,"履约政策"让德国经济难以为继。货币的贬值速度远远快于税收的增长速度,协约国也不愿意向德国提供长期贷款。其次,"履约政策"在政治上把中央政府推向越来越不利的地位。同"修约"的口号相比,"履约"自然在情感上无法获得德国民众的支持。尤其在关于上西里西亚的归属问题上,维尔特内阁遭遇到重大危机。国联不顾公决结果,把上西里西亚的绝大部分工业区(包括德国人居多数的城市)都割给波兰。这将维尔特内阁推到了火山口上。国内舆论长篇累牍地批判政府的"卖国行为"。内阁部长与维尔特之间也出现了不可挽回的裂痕。最终,10月22日,维尔特宣布辞职。①

第一届维尔特内阁的下台,标志着"履约政策"出现拐点。德国政治家们被迫思索外交路线的突破口。

在艾伯特总统的周旋下,维尔特愿意留任总理,并于10月25日组成新内阁,是为第二届维尔特内阁。魏玛联盟的三个政党仍然是该内阁的主要支柱。

新内阁面临的首要问题依旧是如何按期支付赔偿金。维尔特向赔款委员会提出延期两年支付1922年1月15日和2月15日到期的赔款,并继续要求拥有整个上西里西亚。这一次似乎得到了战胜国的理解。1921年11月,赔款委员会成员访问柏林,亲自确认此前的赔偿方案无以

---

① 威廉·冯·施特恩堡主编:《从俾斯麦到科尔——德国政府首脑列传》,第233、235—236页。

为继的现实。英法两国领导人在 1921 年 12 月的伦敦会议上表示理解德国人的困境,并决定于 1922 年 1 月 6 日在戛纳(Cannes)召开协约国最高理事会会议,同时邀请德国参加。

德国在戛纳会议达到了预想目标。在英国的影响下,法国做出让步,同意起草一个保证条约草案。据此,英国同意保证法国的东部边界,以此换取法国在对德赔偿问题上的灵活立场。会议还决定召开欧洲经济会议,邀请德俄两国参加。1 月 13 日,赔款委员会批准德国政府延期支付即将到期的两笔赔款。维尔特内阁对这一结果十分满意。

然而,就在德国准备庆祝戛纳会议的成果前,法国政局的变动再次打破了维尔特内阁的幻想。新任总理普恩加莱(Raymond Poincaré, 1860—1934)是公认的对德强硬派,还担任过赔偿委员会主席。1 月 29 日,他要求英国修改保证条约,并提出一系列要求。这些要求没有被英国接受。自此,法国对德国的外交立场重新恢复到强硬态势。[①]

在普恩加莱的影响下,赔偿委员会改变了对德同情的立场。3 月 21 日,它向德国政府提出,在延期支付赔款的同时必须每隔 10 天付清 3100 万金马克,并且立即制定一项包括改革预算、控制纸币流通以及 1922 年偿付赔款的计划。维尔特内阁按照要求递交新税纲领后,赔款委员会仍然表示不满,要求德国必须再筹措 10 亿金马克(此时相当于 600 亿纸马克)来表明诚意,且在 1922 年 5 月 31 日前制订能够提供这些收入的新税法。它还宣称将对德国财政进行有效监督。

这份措辞强硬的照会引起德国人的巨大反感,连一直推行"履约政策"的维尔特总理和拉特瑙外长(1922 年 1 月 21 日上任)都无法忍受。4 月 10 日,德国政府拒绝赔款委员会所要求的税收及其对德国财政管理的任何监督。

[①] 让-巴蒂斯特·迪罗塞尔:《外交史(1919—1978 年)》,上册,李仓人等译,上海译文出版社 1982 年版,第 68—69 页。

在这种背景下,德国政治家的目光从西方转向了东方,那里有一个同德国拥有类似命运的国家:苏俄。

德国与苏俄的接近有着历史与现实的多重考虑。从历史上看,两国有着较长时期的合作,如德意志帝国与沙皇俄国曾结成三皇同盟。从现实而言,两国都自视为《凡尔赛和约》的牺牲品,都被排斥在世界政治与经济体系之外。在一些德国政治家和军事家看来,恢复德俄关系还将在以下几方面有利于德国:第一,摧毁波兰,打败法国。国防军高层就设想,德俄联合共同摧毁新复国的波兰,而后在俄国的掩护下,德国可以从容不迫地发起反对法国的"解放战争"。第二,提高德国的外交地位。外交部东方司司长马尔赞(Ago von Maltzan,1875—1927)是恢复德俄关系的积极支持者。他在 1920 年 1 月曾写道:"德国对协约国的地位只有通过逐渐地利用我们与俄国的关系才能得以增强。"[①]第三,改善德国经济,拓展海外市场。在大战期间担任陆军部原料处处长的拉特瑙便已认识到东方政策在经济上的意义。他这样写道:"我们应该与俄国结盟……俄国是我们未来的市场,与奥匈帝国的友谊应该一笔勾销。"[②]1919 年 2 月,他在提交政府的备忘录中说:"同苏俄关系正常化,能够决定德国政治和经济的未来命运,俄国和德国之间的利益存在着自然的共同性,德国在对俄政策上,再没有时间作消极的等待了。"[③]

事实上,自革命以来,德国与苏俄之间一直保持着极为微妙的关系。一方面,两国曾相互敌视,共和国在 1918 年 11 月以苏维埃外交人员从事革命宣传为由,断绝了同苏俄的一切外交关系,并要求所有苏俄机构撤离德国;另一方面,拉特瑙与苏俄驻柏林工兵代表会委员拉狄克(Karl Radek,1885—1939)来往密切,1921 年起两国又展开了恢复全面外交关系的谈判。法国的强硬态度让拉特瑙对德苏关系充满期待。

---

① 陈晖:《1933—1941 年的苏德关系》,南京大学出版社 2005 年版,第 2—3 页。

② Eric C. Kollman, "Walther Rathenau and German Foreign Policy: Thoughts and Actions." In: *The Journal of Modern History*, Vol. 24, No. 2, 1952, pp. 127 - 142, 此处 p. 131.

③ 肖汉森:《魏玛共和国初期对外政策略析》,载《华中师范大学学报》(哲社版)1993 年第 6 期。

4月10日，欧洲经济会议在意大利的热那亚（Genova）召开。会议伊始，德苏两国代表都发现西方国家对己不利：德国要求修改赔款总额的提案被排斥在正式议程之外；协约国试图让苏俄承认沙俄时期的债务、并分享俄国的石油。在此背景下，德苏两国终于走到一起。4月16日，拉特瑙在热那亚附近的拉巴洛（Rapallo）同苏俄代表契切林（Georgi Tschitscherin，1872—1936）会面，签订协议，是为《拉巴洛条约》（*Vertrag von Rapallo*）。该条约正式确立了两国的外交关系，双方相互放弃赔偿要求，并在商业事宜和国民待遇方面给予对方以最惠国待遇。①

对于苏俄来说，《拉巴洛条约》成功阻止了西方建立反苏阵线的企图。相比之下，《拉巴洛条约》在德国的反响更为复杂。持亲西方立场的艾伯特总统十分恼火，认为该条约将颠覆德国与西方国家的关系。这一想法同样被一批右翼政治家所接受，他们更害怕布尔什维主义的影响。一些职业外交家更担忧该条约的长期影响。前外长布洛克多夫-兰曹伯爵后来在其备忘录中这样评述：“在目前看来，一种特别通往东方的德国政策不仅是过早的、危险的，而且是毫无目的的，因而也是完全错误的。”②对此，军方高层泽克特却不以为然。他在另一份备忘录中回应说：“我看到的不是条约的内容，而是它道义上的影响。这是德国在世界上的威望第一次但却是极大的加强。这是因为人们猜测条约背后的内容要超过有根据的实际情况。”③签署条约的维尔特与拉特瑙在回国时也受到了民众的热烈欢迎，德国新闻界首次对这两位“履行义务的政治家”提出了赞美之词。④

当然，《拉巴洛条约》对法国的刺激最大。它煽起了强硬派的沙文主义情绪，“占领鲁尔”的呼声高涨。在法国的强烈要求下，协约国最高委员会于4月18日交给德国一份照会，指责它违反戛纳协议。4月23日，

① Walter Tormin，*Die Weimarer Republik*，S. 117-118.
② Ebd.，S. 119.
③ 埃里希·艾克：《魏玛共和国史》，上卷，第213页。
④ 威廉·冯·施特恩堡主编：《从俾斯麦到科尔——德国政府首脑列传》，第238页。

协约国发表声明，保留关于宣布《拉巴洛条约》无效的权利。普恩加莱不仅重申了凡尔赛和约不容更改的原则，而且还暗示法国将单独对德国采取惩罚行动。[①]

总之，《拉巴洛条约》标志着德国"履约政策"的悄然转向。德国不再被动地期待协约国施舍怜悯，改变索赔政策，而是主动地利用东西方之间的矛盾，追求自己的外交目标。就这点而言，这种变化无疑有利于德国外交政策的自主化。但另一方面，在赔款问题最终解决之前，无论"履约政策"如何变化，德国外交的活动空间始终有限。

1922 年 6 月初，在法国的压力下，赔偿委员会在拒绝减少赔偿总额的同时，又反对美国银行家为德国提供国际贷款，从而进一步打击了德国的信用。正如以往那样，这场外交失利迅速演化为一次内政危机。右翼政党把"德国货币的可怕贬值"和"中产阶级的毁灭"轻而易举地归咎于"履约政策"。外长拉特瑙的犹太身份又成为种族狂热分子蓄意攻击的目标。6 月 24 日，拉特瑙被两位反犹主义的年轻人刺杀身亡。[②]

拉特瑙之死引发的轰动性远超过埃茨贝格尔之死。街上举行了大规模的群众示威游行，工人们则以 24 小时罢工表示抗议。在国会中，右翼政治家受到严厉指责，维尔特总理发表了共和国历史上令人难忘的演说："敌人就在那儿——毫无疑问：这个敌人在右翼！"[③]

6 月 26 日，艾伯特总统签发《保卫共和国令》(*Verordnung zum Schutze der Republik*)。该法令允许政府对公开赞颂或赞同对共和政体或共和政府成员采取暴力行动、煽动采取这类行动、侮辱国旗等人进行惩处。它还限制集会自由，授权各州政府禁止那些有可能发生骚动的机会。它规定在最高法院设立一个特别的"保卫共和国国家法院"，专门审判反共和国的罪行。该法令得到国会的批准。

与政治危机逐渐平息不同，拉特瑙之死导致的经济后果却变得日益

---

① 埃里希·艾克：《魏玛共和国史》，上卷，第 211 页。
② 同上书，第 216 页。
③ Walter Tormin, *Die Weimarer Republik*, S. 122.

严重。6 月 24 日,在拉特瑙被刺当天,美元与马克的汇价还在 350 马克以下。到 7 月底,已上升到 670。10 月底居然上升到 4500。显然,国际社会对德国经济复兴越来越失去信心。

在此情况下,政府不得不在 7 月 12 日向协约国宣布丧失支付能力,请求把 1922 年尚未缴纳的现金赔偿推迟到 1924 年底,并相应减少实物赔偿。但是,8 月 7 日—14 日召开的协约国伦敦会议却拒绝接受德国的申请。战债与赔款之间的复杂纠葛继续成为其中的主要原因。11 月初,赔偿委员会再次拒绝德国延期支付的请求。①

外交受困的维尔特希望通过改组内阁,来建立内政上的联合阵线,以便重启谈判,但没有成功。民主危机促使两个社民党于 9 月 24 日合并。一部分反对合并的独立社会民主党人后来转向共产党。新的社民党在意识形态上更向左,拒绝同人民党合作。11 月 22 日,组阁失败的维尔特辞职,第二届维尔特内阁结束。

第三节 1923 年危机

一、鲁尔危机与消极抵抗

1922 年 11 月 22 日,在艾伯特总统的强烈干预下,魏玛共和国的第七届内阁在一位无党派经济学家古诺(Wilhelm Cuno,1876—1933)的领导下成立。

古诺内阁是各党派拒绝负责而暂时容忍的结果。它既不是一个获得议会多数派政党支持的政府,其中间偏右的政治色彩仅仅得到了社民党"善意中立"政策的容忍;它也不是一个专由政党政治家参加的政府,其多名阁员是同议会毫不相干的传统官僚,连古诺在内共有 6 位无党派人士。政府纲领也未能如往常那样经过国会表决,而只是受到各党派的

---

① 陈从阳:《美国因素与魏玛共和国的兴衰》,第 169—171 页。

"赞同性的注意"。古诺内阁从一开始就被人戏称为"事务内阁"。①

在此局势下,古诺内阁的活动空间显然是极有限的。对内稳定货币、对外解决赔款问题似乎是它的唯一两项使命,其中尤以后者为重。古诺接过了前任的口号"要面包,不要赔款",其实质仍然是"修约"政策的延续。具体而言,他在两方面展开了外交攻势:其一,继续提交延期赔付的申请,并试图借助英国来说服法国;其二,主动提出由莱茵河相关利益国(法、德、英、意)缔结一项安全条约,承诺30年内不经全民表决相互不得进行战争,并由美国担任这一和平协定的保证人。②

然而,这两项努力都没有成功。在12月9日开始的伦敦会议上,法方一口否决了德方提出的延期赔付的申请,并主张用此前已提出的"产品抵押"计划取而代之,即在德方无法履行赔付义务时,采取占领鲁尔区、直接获取产品的方式。③ 其次,古诺内阁错误估计了英美两国的立场。英国新首相博纳-劳(Andrew Bonar Law,1858—1923)是一位亲法派,主张修复英法关系。同时,英国正忙于处理近东地区的希—土纠纷,对赔款问题并不上心。④ 德方建议虽然受到美国朝野欢迎,但孤立主义的外交氛围与战债问题上的僵硬立场,都阻碍了美国政府承担任何保证人的责任。

如此一来,古诺内阁在外交上再次陷入僵局,只能眼睁睁地看着法国政府一步步地做好入侵准备。恰在此时,德国又留下了可供对手制造事端的机会。1922年底,德方声称,由于拥有森林所有权的各州政府拒绝按照业已贬值的商定价格来出售木材,因而无法赔付10万根电线杆。法方拒不接受该解释。赔款委员会裁定德国拖延赔付是有意过错,从而

① 威廉·冯·施特恩堡主编:《从俾斯麦到科尔——德国政府首脑列传》,第244—247页;Hagen Schulze, *Weimar. Deutschland 1917‑1933*, S. 248.
② 王宏波:《第一次世界大战后美国对德国的政策(1918—1929)》,社会科学文献出版社2008年版,第160—161页。
③ 埃里希·艾克:《魏玛共和国史》,上卷,第234页。
④ Conan Fischer, *The Ruhr Crisis, 1923‑1924*, Oxford: Oxford University Press, 2003, p. 30.

为制裁德国开辟了道路。[①] 一场围绕鲁尔区的斗争就此拉开了帷幕。

1923 年 1 月 11 日,法国和比利时部队 6 万人(后增加到 10 万人)以保护法、比、意三国工程师组成的"协约国工厂和煤矿监督代表团"(Inter-Allied-Mission,下面简称"Micum")[②]为名,占领鲁尔区。当日,普恩加莱先后在众议院和参议院发表声明,解释占领行动的目的:"我们是为了取得煤矿,就为这个;倘若这一追求给我们提供机会,在明天或稍迟些时候,同一个变得更容易通融的德国,或同一些苛求不高的企业家交谈,我们就不推托谈话","我们根本无意扼杀德国、破坏和欺侮德国,也根本不想使它贫穷……我们想从德国获得它可以合情合理地交付给我们的东西。"[③]法国众议院以 452∶72 的投票结果批准了占领行为。

在随后几个月中,占领军的政策不断发生变化。起初,联军希望用威逼利诱的方式分化抵抗力量。1 月 11 日,军政府规定,Micum 有权在整个占领区巡视、进入办公室、矿区、工厂和火车站,有权获取所需文件、统计数据和档案材料,对任何抵抗行动采取"严肃的报复"。Micum 随后同占领区的重工业家代表谈判,要求缔结运送煤炭的合同。此外,它还向当地工会提交一份提高工资的计划,以期待工人们的配合。当这些努力均告失败后,联军转而采取更为严厉的镇压措施,强制收取煤炭税,驱逐、逮捕、甚至枪杀抵抗者的行动开始增多。他们迅速处理抱有敌视态度的媒体,到 9 月 15 日为止,大约有 173 种报纸被停刊。10 个月间,莱茵和鲁尔两地共有 14.7 万名公务员及其家属遭到驱逐。到 11 月底,10万名以上的铁路职员及其家属被驱逐,2564 名铁路职员被捕,其中 400人被判处共计 400 年的监禁、20 年苦力和 4325 金马克的罚款,8 名被杀,269 名受到不同程度的伤害。在 5 月的克虏伯(Krupp)工厂骚乱中,

---

① Conan Fischer, *The Ruhr Crisis*, p. 30.
② 该委员会包括 72 名来自于军工厂、煤炭工业和民政机械部门的工程师,其中有 64 名法国人、6 名比利时人和 2 名意大利人。
③ 吕一民等选译:《一九一八——一九三九的法国》,商务印书馆 1997 年版,第 36 页。

13 名工人命丧法军枪下。截至 11 月,占领区共有 132 人丧生。[①]

不过,联军并没有取得预想中的占领效果。到 4 月底,联军仅获得大约 23.8 万吨的褐煤,还不到计划的 6%。为弥补缺口,法国不得不加大从波兰、捷克和英国的煤炭进口。[②] 与此同时,法国收进的赔偿总额只有 12.8 万英镑,仅为 1922 年同期的 1%。[③]

在德国,对于法比联军的占领行为虽有各种准备,但却极为零散,直至占领当日也未能最终完成。

占领当日,德国总统和政府联合发布《告德国人民书》(*Aufruf an die Bevölkerung Deutschlands*),宣布推行"消极抵抗"(passive Widerstand)。[④] 具体内容包括:(1) 召回驻法、比两国的大使;(2) 停止偿付赔款和实物;(3) 指令鲁尔区民众不得执行占领当局的命令,不得为占领者服役并提供物资供应,指令被法国占用的矿井、工厂和铁路停工停产,凡遭占领军解雇和驱逐者及停产损失,都将得到政府的经济补助。[⑤]

"消极抵抗"政策让古诺内阁面临执政以来的新局面:德国社会自一战爆发以来首次出现对外团结一致的立场。在占领区,消极抵抗的参与者席卷所有社会阶层。煤炭辛迪加在入侵前夜从埃森(Essen)迁往汉堡。钢铁工业家协会单方面废止对法运送合同。重工业谈判代表蒂森(Fritz Thyssen,1873—1951)因拒绝合作而被捕。工人们不仅不接受法方提出的利润分配计划,还联合起来声援被捕入狱的资本家。他们还在日常生活中拒绝法国官兵使用他们的浴室,不愿与后者分享食品和取暖。更令法国人感到失望的是,连波兰矿工工会也站在德国人一边。占领区的警察拒绝向法比联军的旗子敬礼,甚至为此丢掉工作。在 17 万

---

① Conan Fischer, *The Ruhr Crisis*,1923—1924,pp. 51 - 54,37,86,107.

② Ibid, pp. 150,154.

③ 陈从阳:《美国因素与魏玛共和国的兴衰》,商务印书馆 1997 年版,第 178 页。

④ 张炳杰、黄宜选译:《一九一九——一九三九年的德国》,第 10—11 页。

⑤ 孙炳辉、郑寅达:《德国史纲》,第 265 页。

铁路职员中,只有 8355 人愿意合作。

不过,尽管德国政府多次要求民众保持冷静,但"积极抵抗"的案例仍然不少。3 月起,偷袭联军的枪声开始出现。到 6 月 16 日为止,莱茵和鲁尔地区已发生 38 起诸如破坏铁轨等恐怖事件。

当然,无论是消极抵抗还是积极抵抗,都得到了德国政府在精神和物质上的双重支持。凡是为抵抗入侵而献身者,都被冠名为"民族英雄"。从 2 月起,政府接过了劳资协商成立的"莱茵-鲁尔救助基金"(Rhein-Ruhr-Hilfe),资助"消极抵抗"所引起的一切花销。在一般情况下,该基金是普通救济金的 3 倍。政府为此准备了 5000 亿马克的资金。

但随着时间的推移,占领行动连同"消极抵抗"本身对于德国政府的负面影响愈加明显起来。一方面,联军行动严重影响到占领区民众的正常生活。时间越长,市民们对抵抗政策的未来越没有信心。另一方面,抵抗政策在实践中更加剧了社会负担。据统计,在前 6 个月,中央政府的花费达到 900 万兆马克。货币贬值的趋势因此加速。在 1 月,美元与马克之比为 1∶7 525,到 5 月已降到 1∶31 700。[1]

走投无路的古诺内阁于 6 月 7 日答应由一个中立的国际机构来决定赔款的数额和支付方式,并愿意用德国铁路收入、所有工业和地产做抵押作为赔偿支付的担保。这是德国首次明确提出保证赔偿支付的赔偿建议。但法国仍感到不满。此外,英国迫于偿还美国战债的压力,也不愿意支持德国。德国的这份照会最后不了了之。[2]

随着古诺内阁在外交斗争中的败相日益明显,它在民众中的威信也一落千丈。7 月底,1 美元的价格超过 100 万马克,纸币流通量蹿升到 44 万亿马克,德国经济已陷入有史以来最严重的混乱状态。绝望情绪开始蔓延,不少地区出现各种形式的暴动,左右两翼的极端势力都迎来了大

---

[1] Conan Fischer, *The Ruhr Crisis*, *1923 - 1924*, pp. 49 - 75,97,101,43,165,178,pp. 80 - 81, 139 - 147; Gi-Chul Song, *Die Staatliche Arbeitsmarktpolitik in Deutschland zwischen der Revolution 1918/19 und der Währungsreform 1923/24*. S. 344.

[2] 埃里希·艾克:《魏玛共和国史》,上卷,第 260 页。

量支持者。原本对古诺内阁持容忍态度的各政党开始抛弃总理。8 月 11 日,社民党国会党团以极大多数通过决议,表示不再信任内阁。中央党和人民党随后表示赞成。次日,古诺黯然离职。

在共和国的短暂历史上,很少发生像 1923 年 8 月 11 日内阁更迭风波那样,各党派如此迅速而统一地推出继任者——人民党主席施特雷泽曼(Gustav Stresemann,1878—1929)。然而事实上,在当时以及此后的一段时间里,施特雷泽曼却是少数几位充满着巨大争议的政治家。这位出身平民家庭的经济学博士早年以狂热的民族主义者形象驰名政坛,反对《凡尔赛和约》,并多次指责魏玛民主体制,甚至希望恢复君主制。但进入二十年代后,他却"从民族主义激进派演变为实事求是而不是单凭主观愿望的清醒的现实政治家"。这种转变甚至连党内同仁都无法理解。但在共和国的生存危机中,其坚毅性格、卓越口才与高超手腕使他仍然是总理的不二人选。[①]

施特雷泽曼主持了两届内阁(8 月 13 日—10 月 4 日;10 月 6 日—11 月 23 日),只做了 103 天的总理,因而被称为"百日内阁"。尽管时间很短,但他在外交领域中的突破,让共和国的发展重见曙光。

如前所述,德国的 6 月 7 日照会在一定程度上已满足了美英两国的要求,但最终仍然遭到法国的抵制。德法之间的主要矛盾在于:重启赔款谈判的前提究竟是先结束"鲁尔占领"(Ruhrbesetzung),还是先结束"消极抵抗"? 这里既牵涉到它们对于安全问题的疑虑,也反映了两国内部民族主义情绪的压力。

如何解决这一矛盾,同样是新总理不得不面临的难题。他最初对英国充满期待,但后来也认识到英国不会为赔款问题而去破坏英法关系。9 月 20 日,英法首脑再次强调了双方的合作立场,验证了其判断。[②] 在此情况下,施特雷泽曼于同日表示,德国必须无条件地放弃"消极抵抗"

① 威廉·冯·施特恩堡:《从俾斯麦到科尔——德国政府首脑列传》,第 255—257 页;Hagen Schulze, *Weimar. Deutschland 1917 - 1933*, S. 256 - 258.
② 埃里希·艾克:《魏玛共和国史》,上卷,第 261 页。

政策。9 月 26 日，他正式宣布停止"消极抵抗"政策。

"消极抵抗"政策的结束，为解决鲁尔占领与赔款问题铺平道路，尤其使法方拒绝谈判的理由不再成立。虽然普恩加莱的强硬态度并未收敛，他甚至在 9 月 27 日还对德古特等联军将领下达拒绝作出任何让步的指令。但在国内，希望结束占领的呼声开始增强。法国总统米勒兰和协约国最高军事委员会主席福煦元帅都认为，该通过谈判的方式让法国势力渗入到鲁尔区。一直反对法国出兵的社会主义者们开始发动舆论攻势，对政府施加压力。[①]

进一步而言，德国的新立场让它拉近了同英、美之间的距离。9 月 28 日，施特雷泽曼向美国发出呼吁，希望它在德国赔偿问题上重新采取主动。10 月 5 日，英国前首相劳合—乔治访问美国，呼吁美国政府重新关注欧洲问题。4 天后，美国总统柯立芝（John Calvin Coolidge，Jr.，1872—1933）回应，美国仍然遵守 1922 年 12 月底提出的赔款方案。[②] 10 月 15 日，美国正式同意参加赔偿委员会的专家委员会。这标志着法国主导战后赔款问题的时代已经结束。

二、持续性的社会动荡——纳粹运动的兴起

自 1921 年以来，德共在地方上的影响力有所上升，如在 1921 年 2 月的普鲁士州议会选举中，德共获得 7.41％的选票；在梅泽堡（Merseburg），它得到 62％以上的选票，成为当地的最大政党。至 1923 年 10 月，德共成立了 800 个"无产阶级百人团"，团结了 10 万名工人，作为"防御帝国主义和法西斯主义挑衅的工人阶级统一战线机构"。[③]

施特雷泽曼上台后，德共受到了前所未有的压力。8 月 16 日，普鲁士内政部长泽韦林发布了针对无产阶级百人团的禁令。9 月初，一些共

---

① Conan Fischer, *The Ruhr Crisis*, *1923 - 1924*, pp. 227 - 228.
② 陈从阳：《美国因素与魏玛共和国的兴衰》，第 182—183 页。
③ 维纳 · 洛赫：《德国史》，中册，北京大学历史系世界近现代史教研室译，三联书店 1976 年版，第 739 页。

产党机关报被禁止发行。

但武装起义还是合法执政，却是当时德共中央存在严重分歧的问题。在共产国际的支持下，德共中央在 10 月 20 日做出全国总罢工和武装起义的决议。但是，在 10 月 10 日和 16 日，萨克森和图林根两个州却出现了由共产党人参加的左翼联合内阁。当地的共产党员在开姆尼茨召开聚会，认为革命时机尚未成熟，提议立即撤销 10 月 20 日的决议。

事实上，无论德共选择哪一条道路，中央政府都不会坐视不理。9 月底，国防军进驻两州。10 月 22 日起，《红旗报》（Die Rote Fahne）被禁止发行。国防军随后占领德累斯顿。在中央特派员的监督下，州议会选出一个不包括共产党员的州政府。11 月 12 日，德共部长也被迫退出图林根州政府。此后，德共在两州的基层组织遭到严重破坏，无产阶级百人团被解散，几千名工人被投入监狱。①

由于开姆尼茨会议做出的延期革命的决议未能及时传送到汉堡，故而当国防军进攻萨克森的消息传来时，以台尔曼（Ernst Thälmann，1886—1944）为首的德共汉堡组织仍然于 10 月 23 日举行武装起义，以期牵制中央军队。300 多名起义者袭击警察哨所，夺取了 170 多支来福枪，并前往市中心争取民众支持。由于力量悬殊，起义者只坚持 3 天便退出阵地。11 月 23 日，共产党被宣布为非法组织，在全国范围内遭到取缔。汉堡起义的失败，标志着左翼革命浪潮进入低谷。

其实对于施特雷泽曼内阁而言，真正的威胁或许并非来自左翼，而是来自极右翼。回顾共和国历史，人们可以轻易地发现，最不遗余力的攻击来自于形形色色的极右翼政治家。当取消"消极抵抗"的政策公之于众时，来自于极右翼的反应极为强烈，要求政府立即"与法国决裂"。

更为离谱、但别有用心的反应来自巴伐利亚州。9 月 25 日深夜，该州赶在中央政府结束"消极抵抗"的声明公布之前擅自决定在内部实行紧急状态，任命一位君主主义者、前州长卡尔为"国家总督"（Generalstaatskommissar），

---

① 第二届施特雷泽曼内阁会议纪要，Nr. 140,147。

并授予他以独裁权。[1]

这种做法严重违背共和国的联邦原则,引起了中央政府的警觉。9月26日,艾伯特宣布全国进入紧急状态。同日,内阁决定授予国防部长格斯勒(Otto Geßler,1875—1955)以特权,在各州派驻国防军,强令巴伐利亚州收回法令。

然而,此举却未能成功。针对上述命令,巴伐利亚州的一个极右翼政党——民族社会主义德意志工人党(Nationalsozialistische Deutsche Arbeiterpartei,简称纳粹党[Nazi])在其党刊《民族观察家报》(Völkischer Beobachter)上以"施特雷泽曼-泽克特独裁者"为题,肆意攻击中央政府。国防部长格斯勒根据《共和国保卫法》(Republikschutzgesetz)的规定,要求驻扎在巴伐利亚州的第七师师长洛索夫(Otto von Lossow,1868—1938)取缔该报。但州长克尼林(Eugen von Knilling,1865—1927)不仅要求洛索公然抗命,还在9月29日宣布《共和国保卫法》在巴伐利亚州失效。[2]

巴州政府还趁中央政府忙于处理左翼问题,分身乏术,有恃无恐地到处宣扬"巴伐利亚分离主义"。[3] 到10月24日,巴伐利亚已经形成以"国家总督"卡尔、州军队司令洛索和州警察局长赛塞尔上校(Hans von Seißer,1874—1973)为核心的反中央力量。他们聘请了臭名昭著的埃尔哈特海军旅长官埃尔哈特(Hermann Ehrhardt,1881—1971)作为军事参谋,做好了"向柏林进军"的准备。

正值这场中央与地方之间的角力变得不可避免时,一场突如其来的暴动却打破了双方对峙的局面。令卡尔感到意外的是,发起暴动的第三支力量竟然是自己一直包庇的纳粹党人。

1889年4月20日,希特勒出生在奥地利因河畔的布劳瑙(Braunau

---

① 埃里希・艾克:《魏玛共和国史》,上卷,第265、155页。

② 第一届施特雷泽曼内阁会议纪要,Nr. 83,94。

③ 克劳斯・费舍尔:《纳粹德国:一部新的历史》,上册,萧韶工作室译,江苏人民出版社2005年版,第192—193页。

am Inn)小镇。其父是当地的海关职员,家庭尚属殷实。童年时代的希特勒除了喜欢历史外,其他功课都很一般。成年后,由于没有通过维也纳(Wien)美术学院的考试,他曾一度在这座城市卖画谋生,并深受反犹主义思想的影响。一战爆发后,希特勒在慕尼黑报名参加了德国军队,以其勇敢两次获得铁十字勋章,并被擢升为一等兵。对希特勒而言,战争经历进一步丰富了他的政治思想,使他看到了所谓"战壕精神"所带来的巨大力量。战争结束前,他因受到芥子气的攻击,双目暂时失明,住进了后方医院。在那里,他惊讶地获悉德国战败并签订停战协定的噩耗。自此,他成为"匕首刺背"谎言的坚定支持者。离开医院后,他回到慕尼黑,被国防军雇佣,负责调查名为"德意志工人党"的极端团体。

德意志工人党(Deutsche Arbeiterpartei,DAP)成立于1919年1月5日,创始人是机床工德雷克斯勒(Anton Drexler,1884—1942)和体育新闻记者哈勒(Karl Harrer,1890—1926)。该党既反共产主义,又反资本主义,其目标是建立一个德意志种族共同体。不过,该党最初只是一个在啤酒馆争论不休的社会团体,并无明确的行动纲领,也缺乏影响力。9月,负责监视该党的希特勒经人推荐,决定以此为政治生涯的起点,成为该党的第55名成员和主席团第7名委员。起初,希特勒仅仅负责宣传工作,但很快他便着手改造该党,其中包括以下重要步骤:

第一,更改党名。1920年2月24日,在希特勒的建议下,"德意志工人党"更名为"民族社会主义德意志工人党"(简称"纳粹党"),以进一步明确政治目标。

第二,制定党纲。同日,希特勒正式宣布《二十五点纲领》(25-Punkte-Programm)。党纲的基本原则是极端民族主义,它既要求"只有德意志血统的人才能成为本民族同志","非德意志人立即离开德国",还希望"所有德意志人在民族自决权的基础上联合成为一个大德意志国"。除此之外,党纲还包含一些小资产阶级的经济和社会要求,如没收战争受益和非劳动收入、将垄断企业收归国有、对大百货商店实行公有化等。

第三,推广卐字徽。卐字徽意味着崇拜,最初为许多种族团体和准

军事组织使用。从 1920 年 8 月起,希特勒有意识地将之作为党的首要
象征物,并予以推广。不久,红底白圈、带着卐字徽的党旗出现了。希特
勒后来这样解释它的象征意义:"在红色中,我们看到了这一运动的社会
理想;在白色中,我们看到了民族的思想;在卐字徽中,我们看到了为雅
利安人的胜利奋斗的使命,同时,也看到了创造性工作的思想的胜利,这
一工作在本质上是而且一直是反对犹太人的。"

第四,建立冲锋队(Sturmabteilung,SA)。1921 年 10 月,希特勒指
示一战老兵罗姆(Ernst Röhm,1887—1934)招募一批来自于埃尔哈特海
军旅的士兵,成立一支保护党组织的准军事组织,即冲锋队。冲锋队多
次发起街头暴力行动,清除对手,制造恐怖气氛。

第五,形成党内独裁体制。1921 年 7 月,希特勒在纳粹党的非常党
代会上被选为主席。自此,希特勒在党内确立"领袖原则"
(Führerprinzip),拥有至高无上的权力。

改组后的纳粹党借助希特勒的高超演讲,在巴伐利亚州日益保守化
的政治氛围中发展迅速。到 1922 年,该党已经拥有 6 万名注册党员,冲
锋队员达到 1.5 万人。据统计,在 1923 年秋,中下阶层的纳粹党员比例
高达 52.1%。此外,一些上层人士也开始加入或关注纳粹党。曾经是德
军皇牌飞行团队成员的戈林(Hermann Göring,1893—1946)便在 1922
年听了希特勒演讲后加入纳粹党。希特勒还多次被邀请到各种各样的
企业赞助会上发表演说,时任德国企业主协会联合会主席的波西格
(Enrst Borsig,1869—1933)与重工业家蒂森为纳粹党提供了大量赞助。
尤为重要的是,由于它多次攻击中央政府,叫嚷"打倒十一月罪犯"的口
号,也引起了极右翼政治家的关注。希特勒通过关系结识了鲁登道夫,
并同他多次会谈。卡尔也曾一度把纳粹党视作他对抗柏林的武力支柱
之一。①

然而,希特勒与卡尔之间并非没有嫌隙。一方面,希特勒过于迫切

---

① 克劳斯·费舍尔:《纳粹德国:一部新的历史》,上册,第 114、166、168—169、178 页。

的夺权心理让卡尔感到危险。另一方面,卡尔等人犹豫不决的政治立场又让希特勒心存不满。在 11 月的第一周,州政府的退却意图已经流露出来,这更让雄心勃勃的希特勒不可忍受。在这样的背景下,希特勒领导了"啤酒馆暴动"(Beer Hall Putsch,或希特勒暴动[Hitlerputsch])。

　　11 月 8 日,卡尔在慕尼黑的最大啤酒馆"伯格布劳克勒"(Bürgerbräukeller)向一批政要发表演说,阐明巴伐利亚州在当前政治局势下的选择问题。正在此时,希特勒率领冲锋队和其他极右翼军事组织冲进啤酒馆,宣布举行"国家革命",废除巴伐利亚州政府和魏玛政府。随后,他用武力强制卡尔、洛索夫和赛塞尔答应同自己合作,并邀请鲁登道夫一起参与组建新政权。与此同时,冲锋队在慕尼黑城中大肆追捕犹太人、拷打政敌,夺取了军区司令部,甚至拘禁了州长克尼林。不过,希特勒并没有成功接管军营。更糟糕的是,鲁登道夫居然轻率地放走了卡尔等人,而后者一旦获得自由,立即采取措施,宣布"在枪口下被迫作出的宣言是无效的",并下令解散纳粹党及其相关的战斗组织。

　　11 月 9 日,希特勒决定殊死一搏。他率领约 2000 人的纵队,同鲁登道夫、戈林等人向慕尼黑市中心进军,试图煽动民众和国防军支持他们的政变。在那里,他们遭到了警察的阻击,16 人被击毙。希特勒两天后被捕入狱。1924 年 4 月 1 日,慕尼黑特别法庭判处他 5 年监禁,但强调他有着"纯粹的爱国动机和光荣的意图",允许他在 6 个月后可以假释。其他一些纳粹党徒也得到了轻判,鲁登道夫甚至被宣告无罪释放。这一结果充分显示了法官阶层和巴伐利亚州极为浓厚的保守政治心理。

　　在"啤酒馆暴动"的同日,中央政府终于找到了同巴州政府的共同立场。艾伯特下令由陆军总司令泽克特将军代替国防部长格斯勒,接管紧急情况下的全部特权,并发布《告德国人民书》,号召民众保卫德国的"统一、秩序和自由"。①

────────────

① 关于啤酒馆政变的经过,可参见张炳杰、黄宜选译:《一九一九——一九三九年的德国》,第 18—23 页。

尽管卡尔直到 1924 年 2 月 17 日之前仍然保留着"国家总督"的头衔,但经历过"啤酒馆暴动"的巴州政府却收敛了对抗柏林的野心。在同中央特派员的谈话中,克尼林明确表示放弃恢复君主制的想法,连卡尔也不再追求独裁权。[①] 施特雷泽曼内阁面临的极右翼威胁告一段落。

莱茵河左岸地区的分离主义运动已存在多年。该地同法国相邻,且属天主教区,受法国影响较深。拿破仑战争期间,该地率先脱离神圣罗马帝国。维也纳会议后,被强行划归新教的普鲁士,成为莱茵省和威斯特法伦省,但保留了部分商业特权。一战结束时,该地被协约国占领,一些分离主义者深受鼓舞,开始寻求同普鲁士划清界限、进而成立独立共和国的可能性。鲁尔危机(Ruhrkrise)爆发后,莱茵分离主义运动再次兴盛起来。1923 年 3 月,分离主义者举行会议,要求扩大占领当局发行"莱茵货币"的范围,并且成立"莱茵理事会"来代替普鲁士的行政机构。4 月,支持分离主义运动的法军将领查理·芒让(Charles Mangin,1886—1925)向总理普恩加莱递交一份成立莱茵共和国(Rheinische Republik)的备忘录,并邀请多尔滕(Hans Adam Dorten,1880—1963)访问巴黎。8 月 15 日,各种分离主义团体协商成立"联合莱茵运动"(Vereinigte Rheinische Bewegung),明确把莱茵地区从普鲁士分离出去、并成立受法国保护的莱茵共和国作为斗争目标。10 月 16 日,分离主义者打出了绿白红三色旗,作为莱茵共和国的国旗。在随后一周中,亚琛(Aachen)、波恩(Bonn)、科布伦茨(Koblenz)、美因茨(Mainz)、特里尔(Trier)、威斯巴登(Wiesbaden)等纷纷出现了夺权行动,法比联军还帮助分离主义者阻击政府军。10 月 21 日,分离主义者宣布成立"莱茵共和国"。马特斯(Josef Friedrich Matthes,1886—1943)被选为总理,定都科布伦茨。26 日,法国将领、协约国莱茵地区高级委员会主席保罗·蒂拉尔(Paul Tirard,1886—1945)公然宣称该共和国为合法政权。11 月 12 日,施佩耶尔(Speyer)还出现了"普法尔茨共和国"。

---

① 第二届施特雷泽曼内阁会议纪要,Nr. 256。

德国政府立即向巴黎发出措辞尖锐的照会,表示强烈抗议。该行动得到英、美两国的支持。10 月 24 日,法国总理表态支持"莱茵共和国",但拒绝签署任何纸面协议。与此同时,民众的反对声也阻碍着分离主义运动的继续前进,一些城市相继发生流血冲突。分离主义者内部为此出现了激烈的争论。11 月 22 日,蒂拉尔在科布伦茨召见多尔滕,告诉他,法国已经向英国保证结束分离主义运动,并威胁将用武力取缔他们的活动。

在失去法比联军和民众的支持后,莱茵分离主义运动很快陷入低潮。"莱茵共和国"在 11 月底失去了直接控制权,马特斯和多尔滕先后离开德国,逃往法国。"普法尔茨共和国"则消失在 1924 年 2 月。[1]

三、货币改革

施特雷泽曼内阁的最后一项使命、同时也是最为棘手的难题,便是解决恶性通货膨胀,稳定货币。

自 1923 年 8 月以后,马克的价值一路下跌,而且速度倍增。8 月 1 日,1 美元兑换 110 万马克。到 9 月 1 日上升为 972 万,10 月 1 日达到 2.4 亿![2]

恶性通货膨胀是对社会各阶层的一次重新洗牌。大工业家以不动产为抵押,申请银行贷款,进行投资,大获其利,如斯廷内斯在此期间拥有 1535 家公司,将业务从采矿、煤业和海洋及国内航运扩展到造纸、钢铁、能源、出版、银行和保险等行业。相比之下,工人的失业率大为提高,实际工资明显下降。但受损最严重的却是中间阶层,如房主、职员、小储户等。他们以货币作为主要财产但又不能及时将之兑换为不动产,因而财产缩水极为严重,并导致社会地位下降,甚至连"学者阶层,尤其是它

---

[1] 第一、二届施特雷泽曼内阁会议纪要,导言《莱茵政策》;Conan Fischer, *The Ruhr Crisis*, *1923 - 1924*, pp. 243 - 248;让-巴蒂斯特·迪罗塞尔:《外交史(1919—1978 年)》,上册,第 74—76 页。

[2] 张炳杰、黄宜选译:《一九一九——一九三九年的德国》,第 13 页。

的人文学者们，已成为人们用半同情、半厌恶的目光来看待的一种人物形象"[1]。

令政府更为担忧的是，货币贬值还带来一连串道德问题乃至政治危机。据统计，该时期，德国成年人和年轻人的犯罪率都创下了1882—1952年70年间的最高纪录。在此环境下，人们很容易演变为热情的民族主义者，共和国成为不少人诅咒的对象，上文提到的各种挑战也或多或少地赢得了心有不满者的支持。[2]

施特雷泽曼在8月15日的国会演说中，就指出其任务是"稳定国家财政，过渡到一种稳定的货币"。[3] 但在第一届内阁中，对于新货币的基础却存在争议。恢复货币价值，必须首先恢复民众对于该货币的信任。当时，世界上流行金本位制，即货币需要相应的黄金储备。而战后德国的黄金稀缺，无法支撑新货币。经济学家黑尔费里希曾提出"黑麦马克"（Roggenmark）的想法，即让新货币与黑麦的价格挂钩，1马克相当于1磅黑麦的价格。黑麦是德国的主要农产品，容易获得民众的信任。同时，他建议成立一个地产抵押银行（Rentenbank），一方面用德国全部工农业地产充当付息的地产债，另一方面发行生息的地产抵押银行债券，由上述地产债做担保。但是，该建议遭到财政部长希法亭（Rudolf Hilferding，1877—1941）的抵制，而后者却没有其他建设性想法。[4]

第二届施特雷泽曼内阁成立时，希法亭不再担任财政部长，同时10月13日国会又通过了《授权法》（Ermächtigungsgesetz），允许政府"在它所认为情况紧急的财政、经济与社会领域中采取必要措施"，甚至可以"偏离宪法所赋予的基本权利"。这使得货币改革的速度得以加快。两天后，政府颁布《货币法》（Währungsgesetz），宣布成立德国地产抵押银行（Deutsche Rentenbank），发行地产抵押马克（Rentenmark）。它基本

① 李工真：《德意志道路——现代化进程研究》，第313页。
② 陈从阳：《美国因素与魏玛共和国的兴衰》，第204—207页。
③ 施特雷泽曼内阁会议纪要，《财政政策与货币的稳定》导言。
④ 埃里希·艾克：《魏玛共和国史》，上卷，第262—263页。

延续了黑尔费里希的方案,只是用黄金取代黑麦作为计值标准。全国土地、商业、工业和银行总额被确定为 32 亿地产抵押马克。地产抵押银行则发行 24 亿地产抵押马克,其中一半提供给政府,另一半由银行贷款给企业。根据规定,地产抵押马克只是临时性货币,11 月 15 日开始发行。由于地产抵押马克的总值已经确定,而且它依据的是土地这一不动产,因而很容易获得民众信任。与此同时,杰出的经济学家沙赫特(Hjalmar Schacht,1877—1970)于 11 月 12 日被任命为货币专员,并最终在 12 月 22 日接任国家银行总裁。在沙赫特的努力下,在地产抵押马克正式流通后的第 6 天,马克价值达到了这次恶性通货膨胀的最高点 1∶4.2 万亿,随后开始稳定下来,大致形成了 10 亿纸马克相当于 1 个地产抵押马克的比值。恶性通货膨胀终于得到了控制。①

1923 年无疑是魏玛共和国史上的危机之年。德国事务的忠实观察者、英国驻德大使达伯农(d'Abernon,1857—1941)在年底的日记中写道:"这个危机之年终于结束了。内外危险竟是如此之大,以至于它们威胁到德国的整个未来……这些危险中的任何一个只要产生效果,或者这个国家的内在结构将会发生根本性的转变,或者它同外部的联系发生根本性的转折。这些危险中的每一个时刻只要未被制止,那么期待整体和平安宁的希望都会落空。德国的政治领袖们还未习惯于公众向他们献上桂冠。但是尽管如此,那些经历了这些危险却仍然成功控制住这个国家的政治领袖们理应获得更多的认同"。②

这段话指出了观察 1923 年危机及其解决的一个独特角度:为什么虚弱的魏玛共和国竟然能够度过 1923 年危机之年?

从外部来看,当时极为复杂的国际关系阻止了反德势力(尤其是法国)的进一步行动。鲁尔危机的根源在于当时无法解决的赔款问题,而赔款问题又牵涉到英、美、法之间的战债联系、法国对于自身安全的顾虑

① Walter Tormin, *Die Weimarer Republik*, S. 130.
② Ebd., S. 131.

以及英国对大陆均衡局面的思考。这种格局从一开始就缩小了法比联军的活动余地,也最终决定了这场危机的基本走向,即德国结束"消极抵抗"、法比结束鲁尔占领、赔款问题的主导者从法国转向美国。从这一角度而言,恰恰是《凡尔赛和约》所建构起来的政治、经济和外交联系,保障了德国的民主体制得以在强权对峙的缝隙中找到继续生存的空间。

从内部来看,共和国的一些政治家的确为保卫魏玛民主做出了巨大贡献。艾伯特便是这些杰出政治家中的一位。不可否认,艾伯特有着一些固执偏见,如对苏联的极端反感、对德共的警惕,但他对于《魏玛宪法》及其背后的资产阶级民主理念却是坚信不疑的。在 1923 年,他根据宪法第 48 条的规定,曾发布了 42 次紧急条令,创下了魏玛历史之最。其中,既包括应对货币贬值的紧急措施,也包括把军事处置全权授予国防部长这样的法令,但其目的是"尽快恢复议会制的运行能力",而不是为了取而代之。[1] 施特雷泽曼是另一位值得一提的魏玛民主的保卫者。如果没有他审时度势地考量国际关系的现实走向,当机立断地结束"消极抵抗"政策,鲁尔占领及其引发的一系列问题恐怕仍然是一个无解之结;如果没有他坚定地平息来自于左右两翼和分离主义者的挑战,国家的统一和完整恐怕只能沦为泡影;如果没有他当机立断地通过货币改革方案,噩梦般的恶性通货膨胀大概会成为共和国的催命符。尤为重要的是,这位曾经高调宣扬君主制的政治家最终却以尊重国会信任投票的方式离开总理职位,以实际行动遵守了民主政治的游戏规则。由于他对魏玛政治和外交的巨大影响,后来的史学家曾有过这样的评价:"施特雷泽曼时代是魏玛共和国历史的中心。"[2]

进一步而言,在 1923 年,投身于共和国救亡运动的还包含广大爱国民众。与 6 年后不同,1923 年首先表现出来的是一种亡国的危机感。由于鲁尔占领及其背后的赔款困境,中央政府可以轻而易举地把所有的不

---

① 蒋劲松:《德国代议制》,第 3 卷,第 1465、1467 页。
② 威廉·冯·施特恩堡:《从俾斯麦到科尔——德国政府首脑列传》,第 256 页。

幸归咎于不公正的《凡尔赛和约》与蛮横无理的协约国政府。一种抵御外侮的共同心理团结了几乎所有的社会阶层，这是"消极抵抗"得以开始的最初动力。在随后的左右翼进攻和分离主义运动中，中央政府同样获得了绝大多数民众的支持。这表明，至少在 1923 年，国家统一和魏玛民主仍然是广受认同的政治目标。

第二章　魏玛共和国的相对稳定（1924—1928）

自 1924 年起,魏玛共和国进入到所谓的"金色二十年代",政局相对稳定。不过在此期间,总统职位从一位坚持民主制的左翼政治家艾伯特转移到一位传统贵族出身的军人兴登堡手中。进一步而言,虽然内乱数量与规模均有所下降,但内阁更迭频率却明显增加。在施特雷泽曼领导下,德国外交出现新气象,大国地位部分得到恢复,但赔款问题仍未最终解决。该时期还出现了经济、社会与文化共同繁荣的景象。

第一节　国内政局的稳定化

一、1924 年政治局面

1923 年 11 月 30 日,中央党议会党团主席马克斯组建了新一届政府,是为第一届马克斯内阁。该内阁由中央党、人民党和民主党人组成,政治上属于中间偏右。施特雷泽曼受邀担任外交部长,并把该职务一直延续到 1929 年去世。马克斯接任总理时,很大程度尚不为人所知。不过,观察家普遍认为他是一个"能赢得人心,善于和解"的人。

上任伊始,马克斯与总统经过斡旋,让国会在 12 月 8 日通过了《授权法》。据此,马克斯政府得以在 1924 年 2 月 15 日前无需依据宪法规定事先征求国会同意,而采取"鉴于人民和国家的困难它认为必要而急迫的措施"。

实现货币稳定,推行货币改革,是新政府的重大成就。央行行长沙赫特大刀阔斧地推行货币改革,成功挫败了威胁货币改革的投机活动,制止了经济界囤积外汇储备的企图。沙赫特还与英国银行家建立良好关系,使后者愿意向德国国家银行贷款,以克服过渡期的困难。

与此同时,财长路德(Hans Luther,1879—1962)推行严厉的紧缩措施,解雇了大约 30 万公职人员,在职公职人员的工资降至战前水平的41％至 57％,削减社会福利开支,中止大部分国家建设项目。[1]

1923 年 12 月 7 日、12 月 19 日和 1924 年 2 月 14 日,马克斯内阁陆续颁布了 3 个税收紧急法令,加快催缴拖欠税债,增加税源,提高营业税,重新确定收入税、公司所得税和财产税,并试图从根本上调整中央与地方税收体制。第三个税收紧急法令还引入房租税(Hauszinssteuer),以用于建造公共房屋。同时,债权的增值率被规定为 15％,清偿责任被推延到 1932 年,以解决恶性通货膨胀期间债权人和债务人之间复杂的债务纠纷。

这些举措在短期内获得明显成效。1923 年底,国家收入尚不足以支付国家开支的 5％,到 1924 年年初,该比例已提高到 85％—90％。[2] 国家预算几乎实现了平衡。德国引进新的金马克,实现了货币稳定,经济开始出现生机,到 1924 年出现了繁荣。

在对被占领区的处理上,马克斯内阁决定:继续支付被占领区失业津贴、发放公务员薪水;承担占领之费用和对占领损失的补偿。地产抵押马克暂时不引入占领区,至少不允许在官方的支付中使用新马克。[3]

---

① 威廉·冯·施特恩堡主编:《从俾斯麦到科尔——德国政府首脑列传》,第 299、324 页。

② E. J. Feuchtwanger, *From Weimar to Hitler: Germany, 1918 - 1933*, Second Edition. London: Macmillan Press Ltd,1995.

③ Heinrich August Winkler, *Weimar 1918 - 1933. Die Geschichte der ersten deutschen Demokratie*, München: C. H. Beck, 1998, S. 250.

　　与此同时,如前所述,马克斯内阁还完成了对于莱茵分离主义和巴伐利亚军方自治倾向的处置。

　　1924 年 2 月 15 日,国会对马克斯内阁的授权法期满,各党派要求大幅削减政府紧急条令。对此,马克斯和总统达成一致,于 1924 年 3 月 13 日解散国会,转而筹备选举一个支持内阁的新议会。

　　4 月底,马克斯内阁决定与协约国合作,想通过《道威斯计划》来解决赔款问题。但是,此举除社民党反应积极,其他党派都予以抵制,认为《道威斯计划》只是"第二个凡尔赛和约"。[①] 这种争议连同 1923 年危机所造成的严重后果,对接下去的 5 月选举产生了影响。除中央党以外,所有在 1923 年与政府有联系的政党均遭受重大挫败。[②] 它显示了魏玛政局进一步向右转的倾向。

　　此后,民族人民党成为国会中最强大的议会党团,因而要求领导政府。人民党虽然表示支持,但又希望民族人民党必须首先承认《道威斯计划》,以避免赔款问题再起波澜。而其他资产阶级政党则不接受民族人民党提议由前帝国海军元帅提尔皮茨(Alfred von Tirpitz,1849—1930)为总理候选人的方案。在此情况下,艾伯特经过权衡,决定仍然委托马克斯重组政府。6 月 3 日,马克斯以原班人马组织了第二届内阁。

　　在第二届马克斯内阁执政期间,外交问题、特别是调整德国战争赔偿的问题处于中心地位。6 月 6 日,民族人民党提出的不信任案在国会被否决。这表明内阁在赔偿问题上的立场已得到国会多数派的支持。

　　8 月,马克斯率领德国代表团参加讨论德国赔偿问题的伦敦会议。这次会议在法国撤军问题上达成协定。此外,伦敦会议还提出:只有当德国国会"以赔偿委员会同意的方式通过为使其发挥作用而必要的法律"时,《道威斯计划》才告生效。因此,马克斯内阁在会后立即向国会提

[①] Heinrich August Winkler, *Weimar 1918 - 1933. Die Geschichte der ersten deutschen Demokratie*, S. 260 - 261.

[②] Eberhard Kolb, *The Weimar Republic*, Second Edition, London and New York: Routledge, 2005, p. 72.

出涉及国家银行、国有铁路、500 亿余马克工业债券和清理地产抵押银行票据的法律草案。

8 月 27 日,在关系到上述草案的《国有铁路法》的二读中,国会未能达到所需的 2/3 多数,反对票来自民族人民党。当日,政府发表公告,声明如果《道威斯计划》不能获得通过,总统将解散国会。两天后,为争取民族人民党的合作,施特雷泽曼和马克斯又联合发表关于战争责任的声明,要求协约国废除和约罪责条款,否则就不能出现"各国人民之间真正的谅解与和解"。[1]

在此情况下,民族人民党议会党团出现分裂。在 8 月 29 日的三读中,该党有 48 名议员投了赞成票,使国有铁路法以 2/3 的多数通过,《道威斯计划》得以执行。[2]

1924 年秋,马克斯第二届内阁又现危机。人民党要求吸纳部分民族人民党参加政府。10 月 1 日,马克斯提出组成一个包括社民党和民族人民党参加的民族共同体内阁(即国民联合内阁)。[3] 孰料该方案遭到左右两翼的共同反对。10 月 10 日,马克斯将政府向左右两个方向扩展的尝试无果而终。

10 月 20 日,马克斯在内阁同意下向艾伯特总统提出解散国会的要求,获准。新选举在 12 月 7 日举行。同日,也举行普鲁士州议会的选举。新选举是在经济恢复的背景下展开的。其结果表明,德国经济的好转、社会的稳定和外交关系的改善已为广大阶层所认同,政治上明显出现非极端化的趋势。极右翼政党遭到挫败;左翼政党的选票有所上升;两个自由主义政党略有恢复。

社民党虽然在这次选举中获得重大胜利,但却不想把选举胜利转化

---

[1] Eberhard Kolb, *The Weimar Republic*, Second Edition, London and New York: Routledge, 2005, p. 265.

[2] Jonathan Wright, *Gustav Stresemann: Weimar's Greatest Statesman*, New York: Oxford University Press, 2002, p. 291.

[3] Heinrich August Winkler, *Weimar 1918–1933. Die Geschichte der ersten deutschen Demokratie*, S. 267.

为政治优势。人民党与左右任何一翼的联合均可形成多数,但它偏向右翼立场。在此情况下,内阁无法获得国会多数支持,只得于 12 月 15 日辞职。艾伯特总统再度授权马克斯组织政府,但各政党缺乏诚意,特别是人民党不愿意在组阁问题上妥协,马克斯的组阁努力终告失败。

在此情况下,艾伯特总统委托财长路德组阁。路德是无党派政治家,但观点接近人民党。路德内阁由中央党、巴伐利亚人民党、人民党和民族人民党组成。这是典型的右翼政府。民族人民党第一次参加政府,获得内政部、经济部和粮食部三个部长职位。财政部长施利本(Hans August Otto von Schlieben,1875—1932)虽然作为公务员不介入党派政治,但也可被视为民族人民党人。民族人民党参加政府时,路德向他们提出了重要条件:必须保证承认共和国及黑红金三色国旗,并奉行迄今的施特雷泽曼对外路线。[①]

二、艾伯特去世与兴登堡当选

1924 年底 1925 年初,共和国正陷入巴尔马特案的纷争之中。巴尔马特(Julius Barmat,1889—1938)是俄裔犹太人,同社民党领导人关系密切。通货膨胀时期,巴尔马特利用关系,向普鲁士国家银行和德国邮政系统贷款融资。到 1924 年底,巴尔马特公司负债高达 3900 万马克。[②]在事件调查过程中,不少政府官员因涉嫌受贿等肮脏交易而身败名裂。1925 年 4 月 25 日,中央党人、邮政部长赫夫勒(Anton Höfle,1882—1925)在待审时自杀;曾担任总理的鲍尔因"把政治和生意纠缠在一起"被社民党解除国会议员的职务。巴尔马特案件的审判一直拖到 1928 年3 月 30 日才作出判决。

但比事件本身影响更深远的是,反对派利用该事件掀起了一股针对

---

① 埃里希·艾克:《魏玛共和国史》,上卷,第 326 页。

② C. Paul Vincent, *A Historical Dictionary of Germany's Weimar Republic*, *1918 - 1933*, London:Greenwood Press,1997,pp. 20 - 21.

社民党和艾伯特总统、攻击共和国"体制"的浊流。事件调查委员会中的民族人民党成员不仅将攻击目标对准向巴尔马特商业事务提供过咨询的社民党州议会党团主席海尔曼（Ernst Heilmann，1881—1934），还借艾伯特1919年建议给巴尔马特德国永久签证一事大做文章。

反对艾伯特的煽动在1924年底达到高潮。一位报社记者公然指责艾伯特参加1918年1月柏林罢工而犯有叛国罪。仅在5个月内，总统不得不因污辱诽谤而提出173次诉讼。无休无止的诉讼对艾伯特来说是一种精神折磨。在慕尼黑地方法院，法庭要求总统亲自出庭接受审讯和律师诘问，总统不得不撤回起诉。12月23日，法庭判决该记者3个月徒刑，但又表示艾伯特由于参加罢工而犯有叛国罪。①

法庭的判决使艾伯特深受打击。他表示："精神上的痛苦变本加厉地折磨人……他们在政治上杀死了我，现在又蓄意从道义上来谋杀我。这我受不了。"②1925年2月28日，艾伯特因盲肠炎和腹膜炎去世，年仅54岁，距其任期结束（1925年6月30日）还有4个月。

艾伯特的骤然离世在德国引起巨大反响。路德内阁发表声明，称赞艾伯特"在最困难时间……以极其认真和政治家的智慧行使共和国总统的职务"。社民党虽对艾伯特不无批评，但《前进报》仍称赞艾伯特是"德国工人运动第一个伟大的政治家。"③

艾伯特逝世后，由最高法院院长、前外交部长西蒙斯（Walter Simons，1861—1937）代理总统职务。

1925年3月29日，德国举行了《魏玛宪法》实施以来第一次总统选举。各政党纷纷推出各自总统候选人：社民党提名普鲁士州长布劳恩（Otto Braun，1872—1955）；中央党提名前总理马克斯；人民党和民族人民党分别推施特雷泽曼和前内政部长雅雷斯（Karl Jarres，1874—1951）；

---

① 埃里希·艾克：《魏玛共和国史》，上卷，第334页。
② 维尔纳·马泽尔：《德国第一任总统艾伯特传》，第306页。
③ Heinrich August Winkler, *Weimar 1918-1933. Die Geschichte der ersten deutschen Demokratie*, S. 277.

巴伐利亚人民党推举该州州长黑尔德（Heinrich Held, 1868—1938）；民主党提名巴登州长黑尔伯特（Willy Hellpach, 1877—1955）；纳粹党抬出鲁登道夫；共产党的候选人是台尔曼。在第一轮投票结果中，7个候选人均未获得多数票（见表2.1.1）。

4月26日举行第二轮投票。为赢得选举，魏玛联盟三党组成"人民阵营"（Volksblocks），社民党支持马克斯竞选总统，中央党则支持布劳恩担任普鲁士州长。右翼政党组成"帝国阵营"（Reichsblocks），提名对政治毫无兴趣、已经退休赋闲在家的陆军元帅兴登堡。他们企图"借用坦能堡战役胜利者的巨大威望来战胜共和派政党的候选人"。① 事实上，兴登堡颇受右翼政党、军官及易北河以东大地主的支持，他甚至在中间派政党和左派政党中也颇有威信。

表 2.1.1　1925 年第一轮总统选举结果②

候选人	得票数（百万张）	占总票数的比例（%）	主要票仓
布劳恩	7.80	29.0	中德、马格德堡、莱比锡、德累斯顿、布伦兹维克
马克斯	3.89	14.5	天主教莱茵兰
雅雷斯	10.42	38.8	易北河以东的普鲁士、特别是波美拉尼亚、新教地区
黑尔伯特	1.57	5.8	巴登、柏林
黑尔德	1.01	3.7	下巴伐利亚
台尔曼	1.87	7.0	梅泽堡、东杜塞尔多夫
鲁登道夫	0.29	1.1	巴伐利亚

第二轮选举形成两大阵营对阵的局面：帝国阵营的竞选纲领是增强国家实力，提高德国的国际地位；人民阵营则告诫选民，对手目的是颠覆

① 卡尔·迪特里希·埃尔德曼：《德意志史》，第4卷，上册，第296页。
② 资料来源：E. J. Feuchtwanger, *From Weimar to Hitler: Germany, 1918–1933*, pp. 167-168; Eberhard Kolb, *The Weimar Republic*, p. 227.

共和国。人民阵营的竞选纲领为维护魏玛宪法和国际和平；帝国阵营则嘲笑对手治国无方。[①]"拥护兴登堡者誉之为强有力之爱国英雄，敌人则毁之为军阀及帝制之余孽；拥护马克斯者誉之为贤能之政治家，敌人则毁之为小政客"。[②]

此外，共产党在第二轮选举中再次推出台尔曼为总统候选人，并号召选民："你们必须选举！ 不要选马克斯！ 不要选兴登堡！ ……每个劳动者都要为推翻资产阶级和建立无产阶级专政而斗争。"

第二轮投票结果是：兴登堡获得 1466 万张选票，占 48.3%，马克斯获得 1375 万张选票，占 45.3%，台尔曼获得 193 万张选票，占 6.4%。兴登堡胜出。

从短期看，兴登堡任共和国总统有积极的一面：对于深受传统影响的广大民众，兴登堡为共和国赢得其所缺乏的声望。许多忠于旧政权的德国人开始团结在共和国的周围。在兴登堡任职的前 5 年，其政治角色总体上是积极的。社民党人、内政部长泽韦林甚至认为：兴登堡"真正努力不带偏见和社会等级观念行使职权，他给我自己和我们普鲁士同行没有留下不愉快的印象。"[③]反之，这些行动倒是让那些寄希望于实现君主复辟和某种形式的独裁的人大感失望。[④]

但从中长期来看，这一结果为共和国埋下了危险。兴登堡是典型的君主政体主义者、守旧的保守分子。他从来没有、也不可能完全认同共和国及其价值观。兴登堡的随从也多由保守的反共和派分子组成。兴登堡虽然暂时"拒绝出卖共和国，但他没有将广大人民团结在共和国的旗帜下"。[⑤] 上任伊始，兴登堡就抱有"政府必须右转"的观点，这从 1925 和 1926 年底总统在政府危机中的行为可以明确表露出来。兴登堡坚称

① 蒋劲松：《德国代议制》，第 3 卷，第 1362 页。
② 钱端生：《德国的政府》，北京大学出版社 2009 年版，第 92 页。
③ Hagen Schulze, *Weimar Deutschland 1917 - 1933*, S. 298.
④ A. J. Nicholls, *Weimar and the Rise of Hitler*, p. 123.
⑤ Ibid., 123.

宪法第 48 条在实际上赋予他无限的独裁权力。兴登堡当选为总统对魏玛民主的严重后果到 1929 年才完全显露出来。在此意义上,将兴登堡的胜利视为"民族主义和军国主义的胜利,共和国和议会制的最大失败"①是有一定道理的。有学者甚至将兴登堡竞选成功视为共和国的失败,其严重性至少可以与魏玛联盟在 1920 年选举中的失利相比。②

三、人民公决"剥夺诸侯财产"、国旗争端及内阁变动

路德内阁建立后,在国内问题,特别是马克再估价和关税等问题上,面临艰难博弈。

1924 年关于马克再估价的法令并没有完全满足债权人的要求,民族人民党入阁激起了债权人重新审查马克再估价法案的希望。在各方压力下,1925 年 7 月 25 日,路德内阁通过法令,对多数个人、小商业等,政府的债务升值25%,但将多数债务的分期付款期限推迟到 1932 年 1 月 1 日以后。③ 私人债务的再估价不可避免对债权人或者债务人、有时甚至对双方产生巨大困难,这成为共和国广受诟病的问题。

在关税问题上,根据《凡尔赛和约》,协约国享有的关税最惠国待遇到 1925 年期满。工业界与民族人民党支持的农业集团要求对工业和农业两个经济部门均实现保护关税。新《关税法》正是这种要求的反映,但受到中左翼议员的激烈批评。随后,路德内阁相继与法国等政府签订了贸易协定。④

外交问题也是路德政府所面临的棘手难题。民族人民党部长起初也同意支持施特雷泽曼的"洛迦诺政策",但由于协约国没有立即同意撤出莱茵兰,也没有宣布撤销战争责任条款等,他们改变了对政府的态度。

---

① 埃里希·艾克:《魏玛共和国史》,上卷,第 344 页。
② E. J. Feuchtwanger, *From Weimar to Hitler: Germany*, *1918 - 1933*, p. 169.
③ Michael L. Hughes, *Paying for the German Inflation*, Chapel Hill and London: The University of North Carolina Press, 1988, p. 146.
④ C. Paul Vincent, *A Historical Dictionary of Germany's Weimar Republic*, *1918 - 1933*, p. 294.

10 月 22 日,民族人民党议会党团发表声明,表示不能接受《洛迦诺公约》(*Verträge von Locarno*)。几天以后,民族人民党退出路德内阁。

11 月 23 日,路德向国会提出《洛迦诺公约》和加入国际联盟的问题。虽然国会通过了该方案,但由于民族人民党的倒戈,路德内阁已无法在国会中形成多数支持。12 月 5 日,路德政府辞职。

此时,最合乎逻辑的选择是由曾投票支持《洛迦诺公约》的政党组成"大联合政府"。兴登堡在与各政党领导人会谈后,先后委托中央党的费伦巴赫、民主党的科赫(Erich Koch-Weser,1875—1944)在大联合基础上组阁,但都因社民党的犹豫无果而终。

在长达 6 个星期的政府危机后,兴登堡最终仍把绣球扔给路德。1926 年 1 月 19 日,路德第二次组阁,除社民党、共产党、民族人民党外的政党代表参加政府。1 月 27 日,对新政府的信任投票以 160∶150 的微弱多数获得通过。

第二届路德内阁在内政上首先遭遇"剥夺诸侯财产"(Fürstenenteignung)事件。"十一月革命"收缴了各邦诸侯的财产,临时政府决定由各州来最终解决这一问题。兴登堡上台后,贵族们要求发还或赔偿在革命中被没收的财产。[①] 1924—1925 年间,一些法院曾做出部分有利于诸侯的裁决,从而引起一些州政府的不安,也遭到公众抗议。

社民党最先关注前诸侯财产问题。从 1923 年起,社民党国会党团就酝酿以支付一定养老金为条件来剥夺诸侯财产的方案。1925 年 9 月,社民党代表大会通过决议:"应制定全国性的法律处理各州前王公家族的财产。这些家族的不动产(即宫廷、博物馆、地产、森林)原则上应宣布为公有财产。(给予)赔偿的方式和程度由法律规定,[诸侯]不得向法院提起诉讼。"[②]

其他政党随后跟进。11 月 23 日,民主党议会党团向国会提出法案,

---

① 朱忠武、朱懋铎等:《德国现代史 1918—1945》,山东大学出版社 1986 年版,第 157—158 页。
② Frank C. West, *A Crisis of the Weimar Republic: A Study of the German Referendum of 20 June 1926*, Philadelphia:American Philosophical Society,1985,pp. 51 - 52.

要求对各州政府如何剥夺诸侯财产作出统一规定,确立以不予赔偿为原则,不允许法院审理此类案件。共产党国会党团也要求无偿地剥夺诸侯财产,将其占有的一切可耕地分配给小农和佃农,将没收的现金作为增加对战争受害者的补助金;森林、矿山、工厂和其他不动产转归国有,住宅由市政厅支配,所有宫殿、城堡和花园改建成保育院、学校和为领取养老金的人、残废军人的疗养院等。① 12 月 4 日,共产党中央委员会建议就关于无偿没收诸侯财产进行全民投票的问题,进行预备性磋商。②

1926 年 1 月,社民党与共产党联合筹备关于无偿没收诸侯财产全民投票事宜。1 月 6 日,"无偿没收诸侯财产全民投票委员会"(Ausschusses zur Durchführung des Volksentscheids für entschädigungslose Enteignung der Fürsten)成立。许多文化界人士和政治组织代表参加了委员会,进步科学家辛斯基教授(René Robert Kuczyinski,1876—1947)任委员长。③ 1 月 23 日,共产党、社民党和"无偿没收诸侯财产委员会"召开联席会议,通过了以无偿没收诸侯财产建议为基础的法律草案。1 月 25 日,社民党的韦尔斯(Otto Wels,1873—1939)、共产党的台尔曼等议员向内政部正式提出关于诸侯财产问题的选民创议案。

1926 年 3 月 4—17 日是关于诸侯财产选民创议案的签名期。共产党、社民党展开了大规模宣传。收集公民签名活动取得重大胜利,总共有 12 523 939 人在登记簿上签名,占有投票权人口总数的 31.77%,远远超过宪法规定的要求。④

但在国会中,人民党、民族人民党、巴伐利亚人民党、经济党、中央党均持反对态度;民主党反对选民创议案,但在选民公决时让本党党员自行决定。5 月 6 日,国会以 236∶142 票否决关于诸侯财产问题的选民创

---

① Heinrich August Winkler, *Weimar 1918 - 1933. Die Geschichte der ersten deutschen Demokratie*, S. 312.

② 蒋劲松:《德国代议制》,第 3 卷,第 1524 页。

③ 朱忠武、朱懋铎等:《德国现代史 1918—1945》,山东大学出版社 1986 年版,第 159 页。

④ 蒋劲松:《德国代议制》,第 3 卷,第 1525—1526 页。

议案。①

当围绕没收前诸侯财产正在进行激烈争斗的时候,路德第二届内阁却因国旗事件而倒台。

按照《魏玛宪法》规定:共和国国旗的颜色为黑红金三色,商船的旗帜为黑白红三色,其上内角镶国旗。1919 年 9 月 27 日,艾伯特发布总统令,专门规定了国旗和商船旗的使用办法。在第一届路德内阁组成时,民族人民党部长还就此发过誓言。1926 年 4 月 20 日,路德给施特雷泽曼写信,要求为满足德侨特别是拉美德侨的愿望,允许德国驻外使团(机构),除悬挂共和国的黑红金色国旗外,也可悬挂包含有德意志帝国国旗颜色的商船旗。路德的倡议实际上是为了迎合兴登堡对帝国国旗的喜爱,以期获得后者在其他政治事务上的支持。② 5 月 1 日的内阁提议缩小了商船旗使用范围,规定将来并非所有驻外机构,而只是驻外使领馆必须同时悬挂国旗和商船旗。③

然而,内阁决定旋即引发社民党、自由工会和国旗社(Reichsbanner)的反抗风暴;中央党和民主党也抗议这股复辟逆流。路德政府不得不软化立场。5 月 5 日,兴登堡签署总统令,规定欧洲以外地区和商船通航的欧洲地区的使领馆,必须同时悬挂国旗和商船旗。

5 月 6 日,社民党在国会提出对国旗问题质询和一项对路德政府的不信任案。该提案虽无法获得多数支持而流产,但受其影响,民主党领袖维塞尔随后提出的提案却给路德以致命打击。维塞尔提案对总统以和解目的来解决国旗问题的意图表示欢迎,但对总理的态度不予信任,因为"由于他在国旗问题上的态度,使全盘解决这一问题变得困难重重,在患难时刻引起了一场非不得已的新冲突"。④ 5 月 12 日,民主党的不

---

① 埃里希·艾克:《魏玛共和国史》,下卷,第 66 - 67 页。

② Helmut Heiber, translated by W. E. Yuill, *The Weimar Republic*, Basil Blackweil Ltd, 1993, pp. 137 - 138.

③ Heinrich August Winkler, *Weimar 1918 - 1933. Die Geschichte der ersten deutschen Demokratie*, S. 311.

④ 埃里希·艾克:《魏玛共和国史》,下卷,第 71 页。

信任案以 176∶146 获得通过。5 月 12 日，路德第二届内阁下台。

路德下台后，兴登堡起初曾委托格斯勒组阁，但没有成功。科隆市长阿登纳（Konrad Adenauer，1876—1967）也曾有过组阁机会，但因为人民党的阻挠而放弃。最后，兴登堡只能再次把目光投向马克斯。5 月 16 日，马克斯第三次组阁，以留任所有部长的方式结束这场政治危机。

第三次马克斯内阁同意在 1926 年 6 月 20 日就关于诸侯财产问题的选民创议案进行全民公决。然而，关于诸侯财产的选民创议案涉及修宪，需要全体选民的绝对多数赞成方能通过。1926 年选民创议案只获得全体选民 36.39%选票支持，功亏一篑。

魏玛共和国历史上第一次选民创议—选民公决的尝试暴露了全民投票式大众民主制度的局限性。对 1926 年全民公决颇有研究的维斯特（Franklin C. West，1909—1997）认为："毫无疑问，法律要求选民公决必须得到全体选民中的绝对多数票，但这阻碍了民意的合法表达。"①

1926 年 7 月 2 日，国会讨论部分补偿诸侯的法律草案，社民党投票反对，使该法流产。但在 10 月 15 日，普鲁士州与霍亨索伦家族达成新的"折衷协定"。诸侯得到 39 万摩尔根的肥沃土地，以及大量的住宅和其他财产，总计约 10 亿金马克。②

在外交方面，第三届马克斯政府完成了几项重要工作：1926 年 6 月 10 日，国会通过了与苏联签订的《柏林条约》（*Vertrag von Berlin*）；9 月 10 日，德国加入国际联盟，并成为常任理事国；9 月 17 日，施特雷泽曼和白里安（Aristide Briand，1862—1932）在图瓦里（Thoiry）小镇会晤，标志着德法和解达到新的阶段（详见下节）。

内政方面，第三届马克斯内阁希望组建一个受到国会多数派支持的"大联合政府"。当时的政治局势原本有望实现马克斯的想法。一方面，部分资本家倾向于同劳方合作。1926 年 9 月 4 日，轻工业界代表西弗贝

① Frank C. West, *A Crisis of the Weimar Republic: A Study of the German Referendum of 20 June 1926*, p. 276.
② 朱忠武、朱懋铎等：《德国现代史 1918—1945》，第 161 页。

格(Paul Silverberg,1876—1959)在德累斯顿协会年会上表示,"没有德国工人政治代表占压倒多数的社民党,也不能进行统治"。另一方面,国防军内部也出现变化。陆军总司令泽克特因为让前皇太子的长子威廉王子(Prinz Wilhelm)参加演习而受到公共舆论的批评,不得不在9月5日辞职。继任者海耶(August Wilhelm Heye,1869—1947)没有很大的政治野心,愿意与共和国政治家合作。再者,前总理、社民党国会党团主席米勒倾向于加入内阁。11月10日起,马克斯内阁与社民党国会党团开始磋商,后者答应可以"根据情况"与政府保持接触。

孰料,情况很快由于两件事而出现变化。一是有关"保护青年不受淫秽作品毒害"的法令。《魏玛宪法》第118条规定了言论自由的原则以及禁止审查,但又赋予立法以特别权力,制定反对淫秽文学的条例。1926年12月3日,该法在国会进行表决。民族人民党、中央党、巴伐利亚人民党、人民党以及部分民主党人(12人)、纳粹党人表示支持,社民党、共产党与15名民主党人表示反对。该法最终得以通过,但社民党对推行"书报审查"的马克斯内阁产生疑虑。

二是有关德苏军事合作。12月5日,《前进报》转译了英国报刊文章《为德国国防军提供的苏联炮弹》,揭露在苏联生产德国武器的细节以及德苏武装力量之间密切的秘密交往。右翼报刊全力回击,斥责社民党的"卖国"行径。此事让社民党放弃同内阁合作。12月16日,前总理谢德曼在国会猛烈抨击国防军及国防部长格斯勒,揭露政府秘密支持重整军备,以及国防军与极右翼组织之间的暧昧关系。这引发了巨大反响。马克斯内阁遭到左翼党派的抵制,建立大联合政府的计划更是不了了之。

12月17日,国会以249∶171的投票结果推翻第三届马克斯政府。[①] 兴登堡本来希望人民党组阁,但没有成功,只能再次要求马克斯出面。马克斯组建中间党派政府的方案因为人民党与社民党之间的矛盾

---

① Heinrich August Winkler, *Weimar 1918 - 1933. Die Geschichte der ersten deutschen Demokratie*, S. 316 - 317;埃里希·艾克:《魏玛共和国史》,下卷,第91、101—102页。

而搁浅。兴登堡则在其国务秘书迈斯纳(Otto Meissner,1880—1953)和施莱歇尔(Kurt von Schleicher,1882—1934)的影响下,倾向于建立资产阶级右翼政府。[1]

在几番谈判后,第四届马克斯政府由中央党、巴伐利亚人民党、人民党和民族人民党组成。这届内阁是"吸收民族人民党、丧失社民党宽容并且没有民主党参加的第一个纯右翼内阁"。[2]

第四届马克斯内阁的保守性最明显体现在农业政策上。因通货膨胀而减少的农业债务在1927年迅速增加,攀升的债务和农业利润率下降等不利因素,沉重打击了小农和大地主,1927年石荷州出现严重农业危机。在全国土地联盟的游说和压力下,马克斯内阁竭力推动对农业实行保护政策。1927年7月9日国会通过的关税附律延长了1925年制定的进口税率。[3]

在社会政策领域,第四届马克斯内阁完成了若干重要的立法:一方面规定由国家调解机关负责审批超时劳动的补贴[4];另一方面把所有公务员的工资平均提高16%—17%,并降低了工资税。[5]

在第四届马克斯内阁时期,担任国防部长达8年之久的格斯勒终因国防部违背宪法以及讳莫如深的财务管理问题而下台。在格斯勒当政时期,德国国防支出增加明显,其中陆军支出从1925年的4.76亿增加到1927年的5.53亿;海军支出相应从1.56亿增加到2.15亿。[6] 除正常开支外,国防部的开支还被广泛用于规避凡尔赛条约的义务,秘密重整军备,甚至参与企业经营,以获取利润,如国防部海军运输部部长洛曼

---

[1] 埃里希・艾克:《魏玛共和国史》,下卷,第104—105页。

[2] Helmut Heiber, *The Weimar Republic*, p. 146.

[3] Heinrich August Winkler, *Weimar 1918 – 1933. Die Geschichte der ersten deutschen Demokratie*, S. 322.

[4] 孟钟捷:《试析魏玛德国劳资关系的演变——以8小时工作制的兴衰为中心》,载《世界历史》2011年第4期。

[5] Heinrich August Winkler, *Weimar 1918 – 1933. Die Geschichte der ersten deutschen Demokratie*, S. 324.

[6] 埃里希・艾克:《魏玛共和国史》,下卷,第143—144页。

(Walter Lohmann,1891—1955)擅自动用国防部资金向弗布斯电影公司(Phoebus Film Company)融资,结果因后者倒闭而造成国家资产流失。① 共和派立即抓住此事大做文章。1928 年 1 月 14 日,格斯勒以健康状况和所承受的沉重命运打击为由辞职。

在兴登堡提议下,1 月 19 日格勒纳被任命为国防部长。格勒纳对国防部预算管理实施改革。内阁后来决定:未经部长批准,部队任何单位不得有额外开支;部长必须向内阁报告额外开支,并由内阁承担责任。② 同年,总理、内阁以及国会预算委员会两个成员获得国防军预算的知情权。③

尽管做出了各种努力,但第四届马克斯内阁也没有走多远。1928 年 2 月,它因为"学校法令"而下台。

根据《魏玛宪法》第 146、174 条,非教会学校应成为常规制度,除非负有教育责任者(如学生家长)提出申请,城镇地区才能建立符合其信仰或世界观的公立学校。对此的基本原则应由对各州立法起决定作用的一项全国性法律来确定(第 146 条)。但是,在该法颁布之前,各地应保持现有的法律状态(第 174 条)。到 1927 年,德国大部分学校依然是教派学校。只有在萨克森、图林根、巴登、黑森(Hessen)、一些小州和普鲁士某些地区,非教派学校占着优势。

民族人民党人、内政部长科伊德尔(Walter von Keudell,1884—1973)积极推动学校教育立法。他提出教会学校、非教派学校、世俗学校三种学校并存的方案,并让父母决定在每个乡镇实施他们所喜欢的教育形式。1927 年 7 月,科伊德尔的立法建议一公布,立即激起左翼政党的强烈抗议。外交部长和经济部长也反对立法提案的两个最核心部分,即

---

① C. Paul Vincent, *A Historical Dictionary of Germany's Weimar Republic*, 1918 - 1933, p. 155.
② 埃里希·艾克:《魏玛共和国史》,下卷,第 149 页。
③ A. J. Nicholls, *Weimar and the Rise of Hitler*, p. 129.

教会在宗教课程中的共同决定权和三种学校的平等地位。[①] 各党派在学校法令问题上已不可能达成一致,政府联盟不得不解散。1928 年 3 月 31 日,兴登堡总统宣布解散 1924 年 12 月选举产生的第三届国会。新选举在 5 月 20 日举行,最终产生了带领共和国走向危机的最后一任民主内阁。

第二节　施特雷泽曼的外交政策

一、赔款问题与《道威斯计划》

1923 年 9 月施特雷泽曼就任总理后,便着手寻找解决赔款问题的新方法。

1923 年 9 月 26 日,施特雷泽曼政府无条件结束"消极抵抗",满足了法国普恩加来政府与德国谈判的先决条件。28 日,他向美国驻德大使豪顿(Alanson B. Houghton,1863—1941)呼吁美国在德国赔偿问题上重新采取主动。[②] 10 月 9 日,美国总统柯立芝承认美国仍然遵守国务卿休斯(Charles Evans Hughes,1862—1948)的 1922 年 12 月建议,召开国际专家会议研究德国赔偿问题。10 月 13 日,英国外交大臣寇松(George Nathaniel Curzon,1859—1925)在致美国国务院的备忘录中指出:一旦美国同意,英国将立即请求美国根据休斯的建议正式或非正式地参加德国赔偿问题的讨论。15 日,美国答复寇松,说明美国介入是个好主意,美国同意参加赔偿委员会的专家委员会,同时重申专家决议不具约束力,赔偿与债务问题无关。美国在赔偿问题上迈出了重要一步。[③]

10 月 22 日,休斯约见法国代办,重申美英态度一致,德国既已放弃

[①] C. Paul Vincent, *A Historical Dictionary of Germany's Weimar Republic*, *1918 - 1933*, pp. 434 - 435.

[②] Melvyn P. Leffler, *The Elusive Quest: America's Pursuit of European Stability and French Security*, *1919 - 1933*, Chapel Hill: The University of North Carolina Press, 1979, p. 87.

[③] 陈从阳:《美国因素与魏玛共和国的兴衰》,第 182—183 页。

"消极抵抗",理应研究德国财政状况及其支付能力。3天后,美国国务院又向法国政府送交正式照会,要求法国同意召开国际专家会议。

10月26日,法国表示有条件接受召开国际专家会议的建议。29日,法国在致协约国及美国的照会中,指出专家委员会应在赔偿委员会下召开,德国无代表权,只允许派员听会,1921年5月的《伦敦支付方案》不能取消。① 11月5日,休斯紧急召见法国驻美大使朱塞兰(Jean Jules Jusserand,1855—1932),强硬表示,专家委员会需要不受限制地评估德国的支付能力,那种"相信分裂的德国将保证法国安全的想法是一种幻想"。②

普恩加来担心美国不再关注赔偿问题,更重要的是法国希望得到美国的经济援助以缓解财政和货币危机,因而法国在11月12日初步接受了美国的建议。11月28日,法国赔偿委员会代表巴尔都(Louis Barthou,1862—1934)向美国提出由赔偿委员会召集两个专家委员会。30日,经赔偿委员会一致通过,由协约国组成两个专家委员会。第一委员会负责审议"平衡德国预算和稳定德国通货的办法";第二委员会负责审议"德国外流资本的数量及其回收办法"。实际上,法国接受了美国的主张,它要求以赔偿委员会的名义召集专家委员会,只是为了保持外交上的体面。

美国也做了一些让步:专家委员会不能对鲁尔占领的合法性进行讨论,不能确定赔偿的总额,也不涉及德国赔偿的削减问题等。③

专家委员会第一委员会由道威斯(Charles G. Dawes,1865—1951)任主席,俗称"道威斯委员会"。德国央行行长沙赫特也参加了该委员会的工作。

---

① 王贵正、王德仁、孙福生、张兴伯:《国际关系史》(第四卷:1917—1929),世界知识出版社1995年版,第280—281页。

② Melvyn P. Leffler, *The Elusive Quest: America's Pursuit of European Stability and French Security*, 1919 - 1933, pp. 88 - 89.

③ 王宏波:《第一次世界大战后美国对德国的政策 (1918—1929)》,第194—195页。

1924 年 1 月 14 日和 21 日,两委员会在巴黎开始工作。在第一委员会中,各国代表意见分歧严重。最后达成的妥协是:先确定头 5 年的支付额,其后的支付视德国经济情况的恢复指数而定。[①]

1 月 28 日,杨格(Owen D. Young,1874—1962)与第一委员会的专家抵达柏林。在豪顿的帮助下,杨格首先向德国总理马克斯和外长施特雷泽曼介绍专家的工作情况。施特雷泽曼很快同意专家计划的主要原则。[②] 他后来把道威斯委员会的工作比喻为"黑暗地平线上的一丝光亮"。[③]

随后,杨格与德国工业界巨头西门子(Carl Friedrich von Siemens,1872—1941)和多伊奇(Felix Deutsch,1858—1928)举行私下交谈。对于煤钢大王斯廷内斯担心德国赔偿债权人将利用积存在新银行未移交的金马克控制德国工业的忧虑,杨格表示理解并作了适当的修改。

4 月 9 日,两个专家委员会分别提出报告,史称《道威斯计划》。该计划分两个部分,另有九个附件及道威斯致赔偿委员会主席的信函。

《道威斯计划》建议:

第一,改革德国货币。设立具有唯一发行纸币权的新银行,逐步回收丧失信用的货币;新银行办理国家岁计出纳、对政府进行短期贷款、担负赔偿款项的结算业务,后一项业务得受协约国监督。该发行银行资本为 4 亿金马克。银行全部债务不得超过资本总额 12%。银行利润 20% 部分则转入公积金,超过 20% 的利润一半归持股人,一半归德国政府。该银行设董事 14 人,其中外国 7 人,德国 7 人,董事长由德国出任。

第二,平衡国家预算。计划提出四项原则。(1)赔偿优先原则;(2)税收对等原则,强调德国公民税率应与协约国的公民对等;(3)德国

---

① 王贵正、王德仁、孙福生、张兴伯:《国际关系史》(第四卷:1917—1929),第 282 页。

② Kenneth Paul Jones, *U. S. Diplomats in Europe*, *1919 - 1941*, Oxford & California:ABC - Clio,1981,p. 35.

③ Jonathan Wright, *Gustav Stresemann: Weimar's Greatest Statesman*, Oxford:Oxford University Press,p. 271.

国内最低限度支出优先原则,税收将优先转入财政部而非赔偿账户;
(4)德国赔偿单一原则,即每年赔偿一定数额,包括德国给予协约国及参战国因战争产生的所有补偿。[①]

报告还建议德国的赔偿来源于三部分:(1)国家预算收入。德国关税、烟草、啤酒、食糖各项税务暂由协约国监管,作为赔偿担保,直接归协约国监管官员负责收纳,在扣除履行赔偿规定的税款后,剩余部分交还德国政府。(2)铁路债券。德国铁路由另外组建的商业有限公司统一经营。铁路公司可发行150亿金马克股票和110亿金马克债券,作为年度赔偿的担保无偿交给协约国。铁路公司的150亿金马克股份为德国政府所有,其中20亿股份作为"优先股份"在股市出售。经过一段时期,公司将铁路再归还给德国政府,但德国政府在未偿还债券的债务前,不得提出归还铁路的要求。铁路委托理事会经营,德国政府任命理事9人,另由赔偿委员会推举9人。铁路公司总经理可聘德国人充任。(3)企业债券。以德国工业作为担保,发行50亿金马克债券。作为担保的企业除制造业外,还应包括航运业和采矿业。德国政府将这些产业的债券交赔偿委员会任命的债券监管人员保存。德国政府应负责归还产业债券的本利。《道威斯计划》明确规定了1924年起五年的赔偿金额(见表2.2.1)。

表2.2.1　1924—1928年德国赔偿数额及来源(单位:亿金马克)

	外债	铁路债券本利	铁路优先股售价	铁路运输税	工业债券本利支付	一般预算	总计
第一年	8.0	2.0					10.0
第二年		5.95	2.5	2.9	1.25		12.2
第三年		5.5		2.9	2.5	1.1	12.0
第四年		6.6		2.9	3.0	5.0	17.5
第五年		6.6		2.9	3.0	12.5	25.0

第五年以后,即1928—1929年后,对年度支付金额不作规定,视当

[①] 王宏波:《第一次世界大战后美国对德国的政策(1918—1929)》,第216—217页。

时德国繁荣程度,在 25 亿金马克基础上予以增加。

第三,赔偿的支付办法。支付由两方面构成,即在德国国内收集赔款和以协约国可接受的方式移交给协约国。德国的年度赔款列入新发行银行所设立的特殊赔款结算账目,德国对此必须将之作为一项义务履行。此项账目上的存款由赔偿委员会任命一名赔偿总管负责。赔偿总管提出赔偿款额,预先须得到移交委员会的认可。移交委员会由赔偿总管及英、美、法、意、比 5 国各出一名代表共 6 人组成。

第四,筹集 8 亿金马克贷款。为稳定通货及偿付赔偿、恢复经济,1924—1925 年度须向德国提供 8 亿金马克的国际信用贷款,其中美国提供 55%,英国提供 45%。

《道威斯计划》的基础条件以德国经济维持一个整体,强调该计划为一整体构想,计划以德国经济方面恢复活力为条件。[1]

4 月 9 日,赔偿委员会收到《道威斯计划》后,立即通知相关政府。比利时首相建议召开协约国全体会议,签署协定并实施计划。英、法接受了比方主张,由英国发出邀请,遂在 7 月 16 日召开伦敦会议。[2]

鲁尔撤兵问题是谈判中的棘手问题,主要由法国新总理赫里欧(Èdouard Herriot,1872—1957)和施特雷泽曼在会外举行。在英国的斡旋下,双方最终达成新的撤军计划:撤军不再以实现军事监督为先决条件,但将在一年内分期分批完成,期限自 8 月 15 日法军立即撤出多特蒙德(Dortmund)时算起。[3]

8 月 16 日,伦敦会议全体会议通过最后议定书,宣布与会国接受《道威斯计划》。当天,会议还核准包括《赔偿委员会和德国政府关于德国赔偿的协定》等 5 项协定,统称为《1924 年伦敦协定》。

《道威斯计划》最重要的贡献是将赔偿问题从拒绝支付、制裁和威胁的恶性循环中解救出来,如沙赫特所言,"使赔偿问题摆脱政治上暴力措

---

[1] 王贵正、王德仁、孙福生、张兴伯:《国际关系史》(第四卷:1917—1929),第 284—287 页。
[2] Jonathan Wright, *Gustav Stresemann: Weimar's Greatest Statesman*, pp. 272 – 288.
[3] 让-巴蒂斯特·迪罗塞尔:《外交史 1919—1984》,第 79—80 页。

施的范畴,回到经济上可能的境地"。① 它既缓解了德国的不满,又在一定程度上满足了法国的要求。欧洲国家之间的关系、尤其是法德关系进入了相对和平、谅解合作的新阶段。

它还减轻了德国的赔偿负担,允许德国延期支付,并给予它国际贷款。"道威斯贷款"中甚至包括法国的 300 万英镑。以道威斯贷款为契机,德国获得了恢复经济所需的资金。随着赔偿问题的暂时解决,魏玛共和国进入相对稳定的"金色二十年代"。

当然,《道威斯计划》存在着严重不足。该计划建立在依靠外国贷款稳定德国金融、刺激德国经济发展,使德国能够支付赔偿的假定之上,没有对德国实现赔偿的根本问题——保持德国出口盈余提供解决办法。这使得德国经济必须不断依靠国外资金、特别是美国资本的"输血",才能保持财政和经济的稳定并走向繁荣,增强了德国经济对美国的依赖性。它只是一个临时计划,5 年以后,德国的赔偿问题又再一次凸显出来。

二、施特雷泽曼的外交成果

施特雷泽曼上任伊始,就把恢复德国主权和领土完整、重获大国地位作为外交政策目标。基于对德国军事实力的现实考虑,他始终将和平谈判作为外交主要手段。在他看来,修改甚至摧毁《凡尔赛和约》绕不开伦敦和巴黎;在未来的国际斗争中,德国必须尽可能与英国合作,敦促其修改和约,促使英国影响法国对德政策。至于法国,施特雷泽曼的主要目标是一步步剥夺它强制实施和约的能力。为此,外交上要尽可能争取主动,摆脱与协约国交涉中出现的孤立局面,必要时,实现在英国干预下的法德合作。1924 年发生的两件事,使施特雷泽曼的欧洲政策面临着新考验:一是 1924 年底协约国军事管制委员会决定推迟撤军;二是英国还

---

① 卡尔·迪特利希·埃尔德曼:《德意志史》第四卷,上册,第 281 页。

准备与法国缔结同盟条约。①

12月29日，英国驻德大使达伯农突然造访德国外交部国务秘书舒伯特（Carl von Schubert，1882—1947），暗示对莱茵地区感兴趣的国家用条约互相承担义务而不诉诸战争的想法。② 次年初，内阁决定将达伯农的建议扩充为国际保证莱茵兰非军事化和维持西欧现状为主体的具体方案。1月19日，新任总理路德同意了施特雷泽曼的建议。

但英国对德国的意图仍有怀疑，害怕施特雷泽曼提出莱茵兰公约是为促使莱茵兰全面而提早撤军，担心德国要求英国暂时不通报法国的背后潜藏着发起英德秘密谈判，离间英法、阻止英法达成同盟的阴谋。

在此情况下，施特雷泽曼决定直接向法国推出建议。2月9日，德国向巴黎递交一份详尽的备忘录，建议：（1）在英法德意之间签订一项长期的和平条约；（2）达成一项与莱茵河有关的国家共同维持目前边界现状和非军事区现状的保证；（3）德国与条约的其他签字国（波、捷等）之间签订仲裁条约。2月20日，赫里欧公开了这份备忘录，并声明自己对之有兴趣。③ 3月20日，英国内阁正式表示接受参与"莱茵公约"的思想。④ 4月10日，法国共和社会党人班勒卫（Paul Painlevé，1863—1933）出任法国总理，白里安任外长。经与英方协调，法方于6月16日向德国发出照会，对此作出了积极回应，但坚持法国需要对东方各国作出保障。⑤ 随后，双方经过了多次协商和交流，最终敲定了会议日程。⑥

1925年10月5日至16日，英、法、德、比、意、波、捷7国在瑞士洛迦诺举行会议。出席会议的有英、法、德、比外相或外长和意大利代表。德

---

① Marshall M. Lee, Wolfgang Michalka, *German Foreign Policy 1917—1933 Continuity or Break?* Oxford：Berg, 1987, pp. 81 - 82.

② 埃里希·艾克：《魏玛共和国史》，下卷，第5—6页。

③ 让-巴蒂斯特·迪罗塞尔：《外交史1919—1984》，第89页。

④ 冯梁：《洛迦诺会议的起源——英国、德国和法国的安全问题》，《南京大学学报》（哲学社会科学版），1994年第3期。

⑤ 王绳祖、何春超、吴世民：《国际关系史（17世纪中叶—1945）》（修订本），第383页。

⑥ Jonathan Wright，*Gustav Stresemann: Weimar's Greatest Statesman*, p. 325.

国总理路德和意大利首相墨索里尼（Benito Mussolini，1883—1945）也先后到会。10 月 16 日傍晚,各国代表正式在各项条约上进行草签。同年 12 月 1 日在伦敦正式举行《洛迦诺公约》签字仪式。1926 年 9 月 14 日公约生效。

《洛迦诺公约》包括最后议定书和其他 7 个文件。最后议定书在正式签字时,添加了一个附件,即除德国外其他签字国给德国一个共同照会,对国联盟约的 16 条作出解释。

《洛迦诺公约》的核心文件是《莱茵相互保证公约》,其正式名称是《德国、比利时、法国、英国和意大利相互保证公约》。主要内容包括:

（1）缔约国单独或集体保证德比和德法间的边界领土维持现状。《凡尔赛和约》所规定上述边界不受侵犯。莱茵非武装地区的规定亦须遵守;

（2）德比和德法相互约定彼此不得攻击和侵犯,任何情况下不得诉诸战争。但下列情况例外:① 因本条约和对《凡尔赛和约》第 42、43 条被破坏而行使的正当自卫;② 执行国联盟约第 16 条所采取的行动;③ 根据国联理事会的决议或国联盟约第 15 条 7 款所采取的行动;

（3）德比和德法间一切分歧应和平解决;

（4）缔约一方对于上述第二项的破坏行为,或对《凡尔赛和约》的第 42 条、43 条的违法行为,应向国联理事会提出控诉。一俟理事会证明该项破坏或违法行为确实构成,有必要立即采取行动,立即援助遭受侵害的国家;

（5）条约不影响《凡尔赛和约》或其补充协议,不得解释为对国联的维护和平行动有所限制。①

除莱茵保证条约外,还有德比仲裁专约、德法仲裁专约、德波仲裁条约、德捷仲裁条约 4 个仲裁公约。其内容为:缔约双方保证,今后发生的

---

① 王绳祖、何春超、吴世民:《国际关系史资料选编（17 世纪中叶—1945）》（修订本）,第 617—620 页。

一切冲突和争执,不论其性质如何,如不能通过正常的外交方式和平解决时,应提交仲裁法庭和国际常设法院解决。

法国同波、捷分别签订的相互保证条约,规定如缔约任何一方遭受到未经挑衅的军事行动时,根据国联盟约第 16 条规定立即相互给予支持和协助。

《洛迦诺公约》是一个"使人人满意"的条约,在英、意两个担保国看来:"他们已经使法德和解,并给欧洲带来和平,而又一如所愿地没有招惹任何超出道义上的也即仅仅言词上的责任之外的义务"。① 德国主动承认《凡尔赛和约》边界和非武装区,法国的安全要求在一定程度上得到满足。此外,"法国通过法波、法捷条约的签订,多少扩大了在东欧和中欧的势力范围"。②

德国是《洛迦诺公约》的最大受益者。公约避免了可能的英法联盟,推动协约国早日从莱茵占领区撤军;莱茵问题国际化防止了法国动辄使用军事手段制裁德国的可能,保证了德国的领土完整;通过解决法德西部领土问题,打开了协商修订德国东部边界的大门。施特雷泽曼认为洛迦诺政策的意义"在于保存莱茵地区和有可能收复德国东部地区的条件"。③ 他表示:洛迦诺精神意味着反对《凡尔赛和约》,复兴德国经济和军事实力的新阶段,"洛迦诺标志着恢复德国的自由"。④

《洛迦诺公约》暂时解决了欧洲的安全问题,完成了对《凡尔赛和约》的有限修正。人们将其视为"大战间德国与西方关系绕之旋转的枢纽"。华盛顿将《洛迦诺公约》看作是《道威斯计划》在政治上的胜利。⑤

洛迦诺体系是"建筑在 1919 年欧洲秩序基础上最重要和最有影响

---

① A. J. P. 泰勒:《第二次世界大战的起源》,潘人杰等译,华东师范大学出版社 1991 年版,第 52 页。
② 王贵正、王德仁、孙福生、张兴伯:《国际关系史》(第四卷:1917—1929),第 306 页。
③ 卡尔·迪特里希·埃尔德曼:《德意志史》,第 4 卷,上册,第 284 页。
④ C. Ю. 维戈兹基等编:《外交史》第 3 卷,大连外语学院俄语系翻译组译,三联书店 1979 年版,第 641 页。
⑤ 同上书:《外交史》第 3 卷,第 585 页。

的发展",通过该体系,德国最终冲破了战后初年道义和政治上的孤立,重新加入欧洲重要强国之林。[1] 这通过德国加入国联并成为理事会常任理事国得到进一步显露。

德国一直视加入国联为恢复大国地位的象征。自巴黎和会以来,德国一直没有放弃这一要求。1924 年 9 月底,德国表达了加入国联的意向,同时提出几个条件:(1) 德国必须成为理事会常任理事国;(2) 鉴于德国被解除武装和不设防的情况,它不能参与盟约第 16 条规定对侵略者实施的经济和军事制裁;(3) 必须不再以任何方式让德国承担战争的责任;(4) 希望在适当的时候参与国联对殖民地的委任统治。[2] 同年 12 月 12 日,德国再次向战胜国提出上述要求。

为把德国拉入西方国家阵营,英法最终决定让德国有所保留地加入国联。协约国就盟约第 16 条执行问题给德国的集体照会中,作出了一致的妥协:"每个国际联盟会员国应在符合本身军事情况和照顾本国地理形势的范围内,忠诚地和有效地进行合作,以维护盟约和抵抗任何侵略行为。"

1926 年 1 月 10 日,德国正式向国联提出入盟申请。3 月,国联召开讨论此问题的特别会议。路德和施特雷泽曼与会。但由于西班牙、巴西和波兰也希望取得常任理事国席位,德国申请被推迟到 9 月会议再作出决定。

1926 年 4 月 24 日,德国同苏联签订《中立条约》,对国联讨论施加影响。为打破僵局,国联设立了解决理事会席位问题的研究委员会。1926 年 5 月、8 月,委员会两度召开会议,决定将常任理事国由原来的 4 国增加到 5 国,即增加一个德国;非常任理事国由 6 席增加为 9 席,即加上波兰、西班牙和巴西,而且这 3 国得以连选连任。

9 月,国联召开第七次代表大会,全体会员国一致通过接纳德国加入

---

① Eberhard Kolb,*The Weimar Republic*, p. 64.

② 方连庆主编:《现代国际关系史(1917—1945)》,北京大学出版社 1990 年版,第 176 页。

国联,并担任常任理事国。当施特雷泽曼首次在国联会议上致辞时,热烈的掌声经久不息。施特雷泽曼表示:"只有所有国家毫无区别地并完全平等地团结在一个共同体的基础上,助人为乐和正义的精神才能变成人类命运真正的指路明灯。"[1]白里安在致词中疾呼:"我们不要步枪,不要机枪,不要大炮! 我们要和解,要仲裁制,要和平!"[2]

德国通过加入国联,取得了在欧洲问题上的发言权和表决权,恢复了欧洲强国地位。

从德国自身处境及复兴目标出发,施特雷泽曼采取以和解为手段、以东西方两面外交为原则、又以西方为重心的战略,[3]取得了外交上的成功。

施特雷泽曼曾明确表示,"只要布尔什维主义在那里长久地统治着,我无法对德苏结合有许多期待",[4]但他并未忽视德苏关系。战败的德国需要在经济、军事以及对付波兰和收复东部领土等方面与苏联合作。另外,西方国家对德苏政治结盟的疑惧,对德国是一笔可资利用的政治资产,德国需要利用对苏关系的"王牌"来抗衡西方,"为德国的修正政策保持回旋余地和行动自由"。他"从未考虑在与西方友好的祭坛上牺牲德国与苏联的友好关系"[5]。1923 年 9 月他上台不久,即指示恢复一度中断的德苏经济谈判。1924 年 5 月 3 日,德国外交部就对苏关系制定一份备忘录,明确规定:德国在政治上必须"与俄国保持充分谅解的关系",经济上必须"力争在对俄贸易中至少较他国保持优势"。就在制定备忘录的同一天,发生了柏林警察冲击苏联商务代办处事件,施特雷泽曼不愿

① 埃里希·艾克:《魏玛共和国史》,下卷,第 74 页。
② 让-巴蒂斯特·迪罗塞尔:《外交史 1919—1984》,第 92 页。
③ 姚华:《试论德国施特雷泽曼外交》,载中国德国史研究会、青岛中德关系研究会编:《德国史论文集》,青岛出版社 1992 年版,第 209 页。
④ 姚华:《论 1923—1929 年德国施特雷泽曼的东方政策》,载《武汉大学学报》(哲学社会科学版),1997 年第 5 期。
⑤ R. H. Haigh, D. S. Morris, A. R. Peters, *German-Soviet Relations in the Weimar Era: Friendship from Necessity*, Barnes & Nobel, 1985, p. 111.

该事件恶化德苏关系。7 月 29 日,德国与苏联签订关于调解 5 月事件的备忘录。

德国接受《道威斯计划》一事让苏联更积极主动地展开对德外交,以图阻止德国加入国联乃至完全倒向西方。1924 年 12 月底,苏联外长契切林向德国大使布洛克多夫-兰曹建议两国缔结协定,规定双方都不与第三国缔结反对对方的政治或经济联盟、条约或协定,并就参加国联或向国联派遣观察员一事,协调双方行动。① 1925 年 9 月 30 日,就在洛迦诺会议前夕,契切林亲赴柏林。10 月 2、4 日,契切林在柏林对记者发表谈话,批评英国政府"正在执行包围苏联的政策";德国希望通过加入国联获得益处,那"将证明是幻想"。12 月底,契切林又正式向德方提出缔结苏德政治条约的建议。

为不影响与西方的谈判,1925 年 1 月和 3 月,施特雷泽曼以德国内阁危机和艾伯特总统逝世为由,推迟答复苏联的缔约建议。6 月,苏德贸易谈判恢复。从 6、7 月起,施特雷泽曼一再指示参加对苏经济谈判的德国代表团在有关苏联外贸垄断权等问题上作出让步,并强调:鉴于"德国严重的贸易局势及'抚慰'苏联的需要,对苏达成协定是符合人们迫切愿望的",它"为德国在即将来临的谈判中(指洛迦诺会议)创造了一个重要及有利的地位。"②9 月,苏德完成对苏有利的贸易协定。10 月 12 日,德苏在莫斯科签订经济条约。条约解决了一系列重大的经济与法律问题,其内容远远超过一般通商条约范围,其中包括关于居住和一般法律保护协定、经济协定、铁路协定、税务协定、通商航海协定、商事仲裁法庭协定和保护工业财产协定等。同时,两国还签订了居住权协定和两个商约,即领事专约和关于民事案件司法协助协定。此外,德国后来还分别向苏联提供 1.06 亿和 3 亿马克的两笔贷款。③

---

① 陈晖:《1933—1941 年的苏德关系》,南京大学出版社 2005 年版,第 13 页;朱忠武等:《德国现代史 1918—1945》,第 150 页。
② 姚华:《试论德国施特雷泽曼外交》。
③ 朱忠武等:《德国现代史 1918—1945》,第 151 页。

至于与苏缔结政治条约一事,1925年6月,施特雷泽曼向苏建议,在两国经济条约中加上"序言"来代替政治条约。9月,施特雷泽曼再次向苏方保证,德国参加国联后,不会让国联变成一个在旗帜上写着"反俄战争"的工具。但是,苏方仍然一再要求缔结政治条约。直到1926年3月,施特雷泽曼才作出迅速与苏联缔约的决定。这一方面是苏联已向波兰建议缔结互不侵犯条约,另一方面则是当时德国加入国联出现波折,决心再打"俄国牌"。

4月24日,克列斯丁斯基(Nikolai Krestinsky,1883—1938)同施特雷泽曼在柏林签订为期5年的《苏德友好中立条约》,规定:两国关系仍以1923年的《拉巴洛条约》为基础,在"第三国或第三国集团"进攻对方的情况下,另一方保持中立;双方不参加第三国在经济或财政方面,以抵制缔约一方为目的而建立的联盟。在条约签字时的换文中,德国政府在照会中表示:德国加入国联,决不妨碍德苏友好关系的发展;如果国联内出现反对苏联的势力,德国政府将尽力反对此种势力;只有苏联对第三者发动进攻时,德国才根据国联盟约第16、17条,承担对苏制裁的义务;在苏联与第三国作战时,苏联是否进攻一方,应由德国自行判定;如果其他国家认为苏联是进攻一方,而德国不以为然,德国也不参加盟约第16条规定的制裁。[1]

《苏德中立条约》成功建立了德国外交在东西方之间的平衡地位。它维护了德国与苏联的合作,排除了苏联与法、波"在德国背后联合"的可能。该条约与排除新"英法协约"的莱茵公约一起,使德国在东西两方都排除了"风险",保证了安全,并同样为德国修正东部边界保留了可能性,故其又有德国的"再保险条约"之称。这份"柏林条约"与《洛迦诺公约》一起,使德国自俾斯麦以来再次重新发挥东西方桥梁作用。[2]

"柏林条约"为德苏两国外交开辟了新的空间。"1926年以后,德苏

---

① 世界知识出版社编辑:《国际条约集》(1924—1933),世界知识出版社1961年版,第241—243页。

② 威廉·冯·施特恩堡主编:《从俾斯麦到科尔——德国政府首脑列传》,第263页。

双方开始认识到自己在世界的力量和地位。他们不再是拉巴洛遭蔑视和迷惑不解、瑟缩在一起的弃儿。双方都感到其他的往来和友谊向他们打开了大门"。①

当然,德国在对苏政策上的独立性不时有所表现,其突出例证在德国对待 1927 年英苏关系的恶化以及波兰和立陶宛冲突问题上。

1927 年 5 月英国为抗议苏联反英宣传和利用在伦敦的贸易代表机构进行颠覆和间谍活动,宣布与苏断交,英警察袭击了伦敦的苏联贸易代表团总部和全俄合作社住所。6 月,苏驻波兰大使(公使)沃耶克(Pyotr Lazarevich Voykov,1888—1927)被暗杀。这些事件甚至引起了战争的恐慌。

在这场反苏大合唱中,德国政府恪守《苏德中立条约》。1927 年 6 月,马克斯总理在会见契切林时表示,德国将保持中立。沃伊科被害后,英国询问德国,是否允许英国军队经由德国领土开入波兰,而德国迟迟不予回答。1927 年 6 月 14—15 日,英、法、德、意、比、日 6 国召开日内瓦会议,协调西方国家对苏立场。施特雷泽曼在会上否决了张伯伦关于对苏进行"十字军讨伐"的主张。7 月 23 日,施特雷泽曼在国会代表政府宣布,德国不打算参与进攻苏联,仍然保持中立。

1926 年底,立、波两国围绕维尔拉(Vilna)的归属争执日趋激烈。德国不愿意看到波兰强大,同时也关注立陶宛对待梅梅尔德意志人问题的态度。在波、立危机中,施特雷泽曼敦促双方保持克制,并与苏联一道,向立陶宛总理施压,要求后者接受妥协。但是,他拒绝苏联的参战邀请。施特雷泽曼的目标是达成"一个合情合理的妥协",保持立陶宛的独立。1927 年 12 月,立、波两国在国联主持下达成妥协。②

施特雷泽曼还极力赞成邀请苏联参加国际裁军会议。1927 年 11 月,苏联首次出席裁军会议并提出全面裁军建议后,德国予以支持。它

① R. H. Haigh, D. S. Morris, A. R. Peters, *German-Soviet Relations in the Weimar Era: Friendship from Necessity*, p. 138.

② Jonathan Wright, *Gustav Stresemann: Weimar's Greatest Statesman*, p. 399.

希望借此恢复自己的军备平等权。1928年,施特雷泽曼从抗衡法国出发,极力主张让苏联加入《非战公约》(即"白里安·凯洛格条约"Briand-Kollogg-Pakt),一度成为美苏就苏联加入非战公约进行交涉的"中间人"。

在此期间,德苏经济、军事交流活跃。1928年12月21日,德苏达成《莫斯科经济议定书》,解决了双方有关人员进出及商事仲裁法等方面的问题,进一步畅通了两国经济贸易渠道。1929年1月,德苏还在莫斯科签订调解协定。[①] 它规定,两国联合成立一个调解委员会,负责调解双方之间出现的各种争端,以保证两国合作的正常运行。

从二十年代中期起,德苏贸易额不断上升,1924—1925年为8.3亿卢布,到1927—1928年达到19亿。[②] 到1928—1929年,德国成为苏联产品最大出口市场以及苏联进口的主要来源国。到魏玛末期,苏联从德国进口的商品占其进口总额的46.5%,苏联出口到德国的商品占其出口总额的28.5%。[③]

在军事合作方面,从1924—1925年开始进入新阶段,所涉及的领域不仅包括武器的生产,还包括战争物质的试验、德国军事人员的训练等。[④] 德国国防部在苏建立了自己的执行机构"莫斯科中心"。[⑤] 1924年初,容克公司在莫斯科附近建造的飞机制造厂之生产规模进一步扩大,1926年后,该厂转卖给苏联政府。1925年4月,苏德军方商定在利佩茨克(Lipetsk)开设培训德国飞行员的航空学校。1926年由德国提供技术设备、专门生产化学毒气的合营企业在苏萨拉科夫州投入生产。[⑥] 同年,德国在苏联的军事设施、位于喀山(Kasan)附近的卡曼坦克学校和

---

① R. H. Haigh, D. S. Morris, A. R. Peters, *German-Soviet Relations in the Weimar Era: Friendship from Necessity*, p. 135.

② 梁文武:《和解、合作与调整——评斯特莱斯曼的大国外交》,载《德国研究》2003年第4期。

③ Anthony Read, David Fisher, *The Deadly Embrace: Hitler*, *Stalin and the Nazi-Soviet Pact 1939 -1941*, London: W. W. Norton & Co Inc, 1988, p. 47.

④ John Hiden, *Germany and Europe*, *1919 -1939*, p. 94.

⑤ 陈晖:《1933—1941年的苏德关系》,第20页。

⑥ 宋秀琚:《1919—1933年德苏军事合作问题研究》,华中师范大学硕士论文(2000年),第21页。

训练营投入使用。此外,德苏军队还联合进行军事演习,交流经验;定期提供有关世界军事动态的情报,特别是有关波兰的军事活动的详细情报。

由于施特雷泽曼积极维持对苏合作关系,有的西方学者指出:《德苏中立条约》签署后的 1926—1929 年是德苏关系发展的"黄金时期"。

三、施特雷泽曼与白里安共获诺贝尔和平奖

随着德国经济的迅速恢复和政治外交地位的提高,法德和解态势日益明显。1926 年 9 月 17 日,法德两位外交家白里安和施特雷泽曼来到距日内瓦附近的法国小城图瓦里,在美酒佳肴之后,进行了秘密的私人会谈。

两人的会谈主题围绕德国要求尽快消除莱茵地区占领状态以及法国为此从德国取得的回报问题。白里安作了重大让步:结束对莱茵地区的占领,把萨尔地区归还德国,撤销军事管制,允许德国从比利时手中购买欧本及马尔梅迪。作为交换条件,他要求德国根据《道威斯计划》,同意出售用于赔偿的 15 亿马克铁路债券,支付法国 3 亿金马克以赎回萨尔煤矿。白里安甚至打算全部解决法德之间存在的一切悬而未决的问题。[1] 施特雷泽曼尽量限制德国在财政上的让步,提出法国总共只能得到 10 亿多金马克,并且坚持法军立即从莱茵地区撤兵。[2]

图瓦里会谈是德国在外交上展开"大规模政治行动的一个序幕"。[3]施特雷泽曼试图利用法国对德方针的变化来加快实现各种修正目标。会谈结束后,施特雷泽曼满怀信心:"如果图瓦里计划实现了,那么我们就越过了一座山。"[4]

---

[1] Melvyn P. Leffler, *The Elusive Quest: America's Pursuit of European Stability and French Security*, 1919 - 1933, pp. 151 - 152.

[2] 让-巴蒂斯特·迪罗塞尔:《外交史 1919—1984》,第 96 页。

[3] 弗·鲍爵姆金主编:《世界外交史》第 4 分册,50 年代出版社 1951 年版,第 331 页。

[4] Hugen Schulze, *Weimar Deutschland 1917 - 1933*, S. 281 - 282.

不过,施特雷泽曼这一次未能如愿。英美两国反对法德有关赔偿交易的有关建议。[①] 更直接的反对来自于德法两国的舆论。任何提前支付赔偿的企图,显然不利于德国调低《道威斯计划》赔偿支付的努力,德国专家对此亦持批评态度。白里安提前从莱茵区撤军的承诺遭到法国上下的激烈抨击。1926 年普恩加来重返政坛,法郎在 10 月重新趋于稳定。12 月,白里安在日内瓦告诉施特雷泽曼,现在只得暂时放弃图瓦里政策。

尽管如此,1926 年 12 月 10 日,诺贝尔奖金评定委员会仍然决定将1926 年的和平奖颁发给白里安和施特雷泽曼。12 月 12 日,国际联盟理事会决定于 1927 年 1 月 31 日召回在德国的军事管制委员会。

这时,法、德经济关系稳步改善。1926 年 6 月《国际钢铁协定》签署,规定了德、法、比、卢及萨尔生产钢的百分比。1927 年 8 月 17 日,法、德又签署了双边贸易协定。

1928 年 4 月,德国成为第一个支持美国提出的多边《非战公约》的国家,8 月 27 日,美、法、德、英等 15 个国家的代表在巴黎作为创始国签订了《关于废弃战争作为国家政策工具的一般条约》,简称《非战公约》。

到 1928 年,施特雷泽曼宏伟的外交大厦上只剩下最后一块砖,即彻底解决赔款问题。为此,他使出浑身解数,与各国周旋,力图修改《道威斯计划》。这便是《杨格计划》(Young-Plan)的开端。

第三节 稳定时期的经济、社会与文化

一、经济形势:"金色的二十年代"

从 1924 年开始,德国摆脱了战后的混乱和恶性通货膨胀的经济大灾难,走上了经济复兴的道路。

[①] John Hiden, *Germany and Europe 1919 - 1939*, London and New York: Longman, 1977, p. 57.

《道威斯计划》构成德国走向政治和经济复兴的决定性的第一步。①施特雷泽曼的稳定政策通过美国的信贷找到了真正的支持。卡尔·哈达赫(Karl Hardach,1936—　)评价说:"如果没有对赔偿问题作出重新的判断,这一稳定,所谓'地产抵押马克的奇迹'可能不如现在这样顺利实现,甚至不可能实现。"②马克币值的稳定、资本市场利率较高(年率约达 6.5%- 10%),投资回报率可观,让德国对外资产生了较强的吸引力。在 1924—1930 年间,德国工业得到的投资为 630 亿马克,其中 300 亿以上来自国外,主要是美国的贷款。③ 另据统计,在 1924—1928 年期间,德国毛投资额约 700 亿马克,纯投资额几乎达到 400 亿马克,其中 2/3 用于设备,1/3 用于库存。④ 外国资本占到全国毛投资额近一半,主要用于进口机器设备。这些贷款和投资的 90% 都被大垄断企业和大公司所占有,有效解决了德国流动资本缺乏的问题。

在引进外资的同时,德国掀起了学习外国先进科学技术的热潮。一战和战后的敌对、严重的通货膨胀,使德国与国外先进科学和技术的交流受到极大影响。《道威斯计划》实施后,德国科学家重新融入世界大家庭,大批企业家和工程师纷纷横渡大西洋,到美国引入先进的科学技术和企业管理经验。

德国产业界开展了广泛的生产合理化运动。德国工业固定设备普遍更新,落后企业被淘汰,生产的"福特制"、"标准化"盛极一时。相对稳定时期是"工业合理化"的时代。⑤

作为产业合理化的重要组成部分,二十年代中期德国工业出现了广泛的集中和联合的浪潮。据统计,卡特尔数目在 1925 年达到 2500 个,

---

① Manfred Jonas，*The United States and Germany:a Diplomatic History*,Ithaca and London：Cornell University Press,1985，p. 181.
② 卡尔·哈达赫:《二十世纪德国经济史》,扬绪译,商务印书馆 1990 年版,第 31—32 页。
③ 阿尔伯特·诺尔登:《德国历史的教训:关于财政资本与容克地主的政治作用》,茅弓译,三联书店 1958 年版,第 60 页。
④ 卡尔·哈达赫:《二十世纪德国经济史》,第 39 页。
⑤ 科佩尔·S. 平森:《德国近现代史:它的历史和文化》,下册,第 598—599 页。

1930 年则为 3000 个。1926 年政府公布了德国辛迪加化的程度,其中煤矿达 98%,染料 96%、电气 87%、造船 81%,银行 74%。[1] 1926 年,德国共有 12 400 家股份公司,资本总计为 200 亿马克,其中 2000 家股份公司就拥有 132 亿马克。电气工业中的"通用电气公司"和"西门子公司"在 1929 年时资本分别达到 1.99 亿马克和 2.77 亿马克。航运业的"汉堡—美洲轮船公司"、军火工业的"克虏伯公司"等都拥有数亿马克的资本和上万名工人。二十年代中期四大合并新闻充盈报刊标题:1925 年法本托拉斯的组建、1926 年的联合钢铁公司的建立、1926 年戴姆勒与本茨的合并、1929 年德意志银行与贴现银行的合并等。[2]

法本化学托拉斯是资本主义世界最大的化学垄断组织,控制了德国染料及人造汽油生产的全部,氮产量的 80%,药剂制造的 40%,人造丝生产的 25% 和摄影器材生产的大部分。而钢托拉斯是欧洲最大的黑色冶金托拉斯,拥有 8 亿马克的自有资本和 17.7 万工人,生产了全国 1/4 的煤、1/2 的生铁和 2/5 的钢。如果包括与其有密切联系的企业和银行,则其所控制的资本共计有 66 亿马克。

生产合理化促进了技术的进步和劳动生产率的提高。以鲁尔地区采掘业为例,1913 年使用手工和手镐开采的煤炭占开采量的 97.8%,到 1925 年这个比例仍达 52%,到 1929 年已经下降到 7%;与此同时,用风镐开采的煤的比例,1925 年为 36.5%,1929 年上升到 87.37%。煤矿工作面从 1927 年的 16706 个下降到 1929 年的 12500 个和 1932 年的 5111 个;1927—1932 年 5 年间,每个作业面的平均日产量从 23 吨增长到 59 吨,每个雇工每年开采的煤从 1925 年的 255 吨增加到 1929 年的 350 吨

---

[1] David Abraham, *The Collapse of the Weimar Republic: Political Economic and Crisis*, Second Edition, New York, London: Holmes & Meier, 1986, p. 119.

[2] 维纳·洛赫:《德国史》,第 434 页;丁建弘、陆世澄:《德国通史简编》,第 649 页;Theo Balderston, *Economics and Politics in the Weimar Republic*, Cambridge: Cambridge University Press, 2002, pp. 65 - 66.

和 1932 年的 386 吨。① 随着机械化和技术的改进,德国冶金业生产效率明显提高。1924 年,全国 55 个工厂的 138 座熔铁炉平均每周生产 1655 吨熔化的金属,到 1929 年工厂数和熔炉数分别下降到 45 个和 115 座,但每座熔炉的平均产量上升到每周 2567 吨。②

工业的合理化浪潮扩大了对建材、机器、工具、钢铁的需求,推动了消费扩张。1925—1926 年共和国稳定危机得以消除。1926—1928 年迎来了"合理化繁荣"的年代。

相对稳定时期的德国经济发展也离不开政府对经济生活的干预。在德国历史上,普鲁士就有国家控制公用事业和大规模参与工业活动的传统。共和国时期,政府采取一系列措施加强对经济生活的干预,有组织的国家资本得到长足发展。到二十年代中期,国有企业的资产高达数百亿马克。国家拥有几乎全部铁路,以及发电能力的 77％,炼铝业生产能力的 70％,制盐业生产能力的 41％,炼铅业生产能力的 35％,并在铁矿、采煤及机械制造业中占有一定的地位。③ 此外,政府对经济的干预还包括完善劳资仲裁制度,建立失业保障制度,参与住宅及公用事业的建设等。

共和国时期,科学技术得到迅速发展。德国科学家在科学理论上卓有建树,魏玛时期成为"新物理学"的发源地。1918—1933 年德国科学家共获得 14 项诺贝尔奖,德国成了世界科学研究的"第三大中心"。④ 在航空与机械技术、无线电实用技术、化学技术等方面成就卓著。科技的进步和创新成为德国经济发展的不竭动力。

国内外诸多因素的综合作用,使德国经济迅速走向复兴,出现了所

① Detlev J. K. Peukert, *The Weimar Republic: The Crisis of Classical Modernity*, New York: The Penguin Press, 1992, pp. 115 - 116.
② Derek H. Alderoft, *From Versailles to Wall Street 1919 - 1929*, Berkeley and Los Angeles: University of California Press, 1977, pp. 209 - 210.
③ 宋则行、樊亢:《世界经济史》(修订版) 中卷,经济科学出版社 1998 年版,第 114 页。
④ 卞谦:《理性与狂迷:二十世纪德国文化》,东方出版社 1999 年版,第 82—84 页。

谓"整个世界经济史中最壮观的一次经济复兴"。[1]

从总体上看,相对稳定时期德国工业生产指数达到和超过战前水平。德国工业生产指数,以 1913 年为 100,1923—1929 年的比值分别为 46.9、70.4、81.6、82.7、103.1、102.0、102.0。[2] 另以 1928 年工业生产、消费货物、资本货物指数均为 100 计,1913 年德国工业生产总指数为 98,其中消费货物为 87,资本货物为 99;1927 年相应的数值为 98、103、97,[3]到 1927 年,德国工业生产已经达到、甚至超过战前水平。(见表 2.3.1)

表 2.3.1 相对稳定时期主要工业品产量一览表[4]

产品及计量单位	1913 年	1923 年	1929 年	最高值(年份)
钢(千吨)	18329	6208	16023	16123(1927)
铁矿石(千吨)	28608	5118	6374	6626(1927)
生铁(千吨)	19312	4941	13239	13239(1929)
硬煤(千吨)	190109	62316	163441	163441(1929)
褐煤(千吨)	87233	118785	174456	174456(1929)
原油(千吨)	121.0	50.8	102.9	102.9(1929)
焦炭(千吨)	34630	14071	39421	39421(1929)
发电量(百万度)	5100(另有装机容量 3600 千千瓦)		30661	30661(1929)
汽车(千辆)	16.1		114.7	133.7(1928)
棉花消费(千吨)	486.2	187.4	341.8	446.8(1927)
棉纺锭数(千枚)	11186	9605	11250	11250(1929)

由于国土割让和矿产资源损失,铁矿石、生铁产量、钢产量等均未达到 1913 年水平。但褐煤、焦炭产量、发电量、汽车、棉纺锭数等达到和超

[1] 科佩尔·S. 平森:《德国近现代史:它的历史和文化》,下册,第 597 页。
[2] 中国科学院经济研究所世界经济研究室:《主要资本主义国家经济统计集(1848—1960)》,世界知识出版社 1962 年版,第 262 页。
[3] E. J. Feuchtwanger, *From Weimar to Hitler*, p. 330.
[4] 资料来源:《主要资本主义国家经济统计集(1848—1960)》,第 263、265、267—268、269、272、273 页。

过了一战前的最高水平。化学、电子技术、精密机械和光学工业再度赢得领导地位。重新建立起来的、现代化的德国远洋船队到 1930 年已经达到战前吨位的 80%，仅次于英国、美国和挪威，居世界第 4 位。① "德国制造"又成为人们熟悉的标记。

在工业总产值中，生产资料的比重提高了，1925—1928 年由 54.5% 增加到 58.5%。② 1913 年德国工业生产在资本主义世界工业生产中的比重曾达到 16%，1920 年跌落到 9%，到 1930 年已跃居第二位，占 11%，美、英、法分别占 42%、10% 和 8%。

相对稳定时期，德国农产品的产值已恢复甚至超过一战前水平（除 1924、1926 年外）。（表 2.3.2）

表 2.3.2　按时价计算的净农产品产值(1913—1929)(单位:百万马克)③

年份	谷物与蔬菜	肉类	牛奶、鸡蛋等	总值
1913	3540	4593	3607	11740
1924	2891	3839		
1925	3288	4510	4153	11951
1926	2428	4889	3924	11241
1927	3735	4939	4299	12973
1928	4583	5421	4519	14523
1929	3714	6193	4300	14207

注:扣除了种子、动物饲料和加工损失。

经济结构发生显著变化。传统农业在国民经济中的地位降低，第二、第三产业的比重增强。以 1913 年价格计算的国内净产值，1910—1913 年间农业占 23.4%，矿山、工业和手工业占 44.6%，服务占 32.0%，到 1925—1929 年间，农业的比重降为 16.2%，矿山、工业和手工业上升

① 卡尔·哈达赫:《二十世纪德国经济史》,第 35 页。
② 宋则行、樊亢:《世界经济史》(修订版)中卷,第 99 页。
③ 资料来源:《主要资本主义国家经济统计集(1848—1960)》,第 427 页。

到 47.9%,服务上升到 35.9%。①

　　进出口额从 1925 年开始(除 1926 年外)超过战前水平,但对外贸易(除 1926、1929 年外)多为入超,1927 年逆差达 33.13 亿马克。(见表 2.3.3)

表 2.3.3　德国对外贸易进出口总额表(1913—1930)单位:百万马克②

年份	进口	出口	出(入)超	总额
1913	10751	10097	—654	20848
1920	3929	3709	—220	7638
1921	5732	2976	—2756	8708
1922	6301	6188	—113	12489
1923	6150	6102	—48	12252
1924	9132	6674	—2458	15806
1925	12429	9284	—3145	21713
1926	9984	10415	+431	20399
1927	14114	10801	—3313	24915
1928	13931	12055	—1876	25986
1929	13359	13486	+127	26845
1930	10349	12036	+1687	22385

注:1921 年出口数额仅为 5—12 月数据。
1920 年后统计数据不包括萨尔地区。

　　从资本输出来看,1913 年为 350 亿马克,③1914 年占主要资本输出国的国外投资的 17.3%。④ 相对稳定时期德国资本输出处于缓慢恢复过程中,1929 年资本输出额约为 50 亿马克。1913 年德国黄金储备为 10.68 亿马克,到 1929 年达到 22.58 亿马克,超过战前 1 倍多。⑤

---

① 卡尔·哈达赫:《二十世纪德国经济史》,第 225 页。
② 资料来源:B. R. 米切尔:《帕尔格雷夫世界历史统计 欧洲卷 1750—1993 年》(第四版),贺力平译,北京经济科学出版社 2002 年版,第 611 页。
③ 樊亢、宋则行等:《主要资本主义国家经济简史》(增订本),人民出版社 1997 年版,第504 页。
④ 米歇尔·博德:《资本主义史 1500—1980》,吴艾美等译,东方出版社 1986 年版,第220 页。
⑤ 樊亢、宋则行等:《主要资本主义国家经济简史》(增订本),第 504 页。

二十年代,德国垄断资本积极参加国际垄断组织,规模甚至超过战前。在约 300 个国际垄断组织中,德方至少加入了 200 个左右。在不少国际卡特尔,如钢、火药、水泥、氮、合成纤维、航运等国际卡特尔中占有重要地位,有些甚至起主导作用。[①]

1925—1929 年德国按要素成本计算的国内生产总值分别为 711.45 亿马克、736.57 亿马克、828.21 亿马克、884.86 亿马克、884.48 亿马克。[②] 1928 年德国国民收入接近 180 亿美元,而 1913 年为 120 亿美元。按人口计算,德国人均收入由 178 美元上升到 279 美元。[③]

随着经济的恢复发展,社会生活也发生了相应变化。

1913 年全国人口为 6697.8 万,1915 年达到峰值 6788.3 万,由于战争的人口损失和割地的影响,1920 年人口为 6179.7 万,此后逐步恢复,到 1929 年已达到 6473.9 万。[④] 1901—1910 年间男性平均寿命为 44.8 岁,女性 48.3 岁;到 1924—1926 年间两性平均寿命已分别提高到 50.8 岁和 58.8 岁。[⑤]

城镇化水平不断提高。从 1910 年到 1925 年,生活在 2 万人以下乡镇的人口比例下降,而生活在 2 万人以上城市的人口比例不断提高,特别是生活在 10 万人口城市的人口增长趋势更加明显。(见表 2.3.4)

表 2.3.4　1910 年和 1925 年德国大小城镇的人口分布(%)[⑥]

年份	2 万人以下的乡镇	2000—5000 人的乡镇	5000—2 万人的乡镇	2 万—10 万人的城市	10 万人以上的城市
1910	40.0	11.2	14.1	13.4	21.3
1925	35.6	10.8	13.1	13.7	26.8

① 宋则行、樊亢主编:《世界经济史》(修订版),中卷,第 114—115 页。
② Theo Balderston, *Economics and Politics in the Weimar Republic*, p. 80.
③ 科佩尔·S. 平森:《德国近现代史:它的历史和文化》,下册,第 598 页。
④《主要资本主义国家经济统计集(1848—1960)》,第 254 页。
⑤ 卡尔·哈达赫:《二十世纪德国经济史》,第 219 页。
⑥ V. R. Berghahn, *Modern Germany: Society, Economy and Politics in the Twentieth Century*, p. 253.

从就业结构来看,1907 年在农林业、工业和手工业、第三产业中就业的比例分别为 35.2%、40.1%、24.8%,而到 1927 年,则改变为 30.5%、42.1%、27.4%。[1] 在整个经济部门中,独立经营者的比例下降,妇女在整个劳动力就业市场中的比重增加。(见表 2.3.5)

表 2.3.5 独立经营者和妇女劳动力占就业人数的百分比
以及按产业划分占百分比(1907—1933)[2]

年份	整个经济部门(%)		第一产业(%)		第二产业(%)		第三产业(%)	
	独立经营者	妇女劳动者	独立经营者	妇女劳动者	独立经营者	妇女劳动者	独立经营者	妇女劳动者
1907	20	34	25	46	17	20	17	40
1925	18	37	22	50	15	23	19	41
1933	22	40	24	51	21	25	21	42

工人工作时间缩短,年平均工资和薪水有了提高。在国民收入中,工资和薪水的比重有了较大增加。从 1925 年到 1929 年,国民收入增加 24%,工资和薪水收入增加 29%,来自财产和企业活动的收入增加 17%。[3](见表 2.3.6 和表 2.3.7)

表 2.3.6 德国年平均工资和薪水(1913—1930)[4]

年份	所有行业和手工业	采矿业		政府行政机关
		矿工	所有雇员	法律、教育
1913	1163 马克	1496 马克	1667 马克	2607 马克
1925	1677 马克	1838 马克	2036 马克	3639 马克
1930	2131 马克	2252 马克	2580 马克	4456 马克

---

[1] E. J. Feuchtwanger, *From Weimar to Hitler*, p. 333.
[2] 资料来源:卡尔·哈达赫:《二十世纪德国经济史》,第 221 页。
[3] 卡尔·哈达赫:《二十世纪德国经济史》,第 33 页。
[4] V. R. Berghahn, *Modern Germany: Society, Economy and Politics in the Twentieth Century*, p. 270.

表 2.3.7 国民收入在企业家和雇员之间的分配(单位:10 亿马克)①

年份	农业企业家		非农企业家		工资和薪水		国民收入	
	马克	百分比	马克	百分比	马克	百分比	马克	百分比
1913	6.5	13.0	11.2	22.3	23.3	46.5	50.1	100
1925	5.7	9.5	11.8	19.7	35.0	58.3	60.0	100
1926	5.8	9.2	12.8	20.4	36.1	57.3	63.0	100
1927	5.9	8.3	13.8	19.4	41.7	58.5	71.3	100
1928	5.8	7.7	13.9	18.4	44.6	58.9	75.7	100
1929	5.5	7.2	13.5	17.6	45.8	59.6	76.8	100
1930	5.0	7.3	10.3	15.1	41.2	60.3	68.4	100

随着收入的增加和生活水平的提高,私人消费结构也有了改善,到二十年代中后期,个人用于食品、嗜好品、住房等基本生活品的消费比重有所下降,而用于教育、休养、健康和保养、交通等方面的开支增加。(见表 2.3.8)据统计,1922 年德国每千人拥有汽车 1 辆,到 1930 年达到每千人 8 辆。②

表 2.3.8 1907—1927 年间德国私人消费结构(%)③

年份	食品	嗜好品(烟、茶、酒等)	住房	家具炊具取暖照明	服装、纺织品用具,皮革制品	健康和保养、洁净身体用品	家庭劳务	教育休养	交通
1907	38.1	14.1	14.6	7.0	15.9	3.1	3.1	1.2	2.8
1927	36.0	13.9	11.3	10.3	16.8	3.5	2.4	2.6	3.1

在公共工程方面,大城市建造了宏伟的公共建筑物,如歌剧院和剧院、公共浴室,以及高大的现代化居民住宅。由于使用了新的技术装备,德国在发展"现代化"生活方式方面又一次走在欧洲其他国家的前面。

---

① David Abraham, *The Collapse of the Weimar Republic*, p. 236.
② Antonic Di Vittorio, *An Economic History of Europe: From Expansion to Development*, London and New York:Routledge,2006, p. 251.
③ 卡尔·哈达赫:《二十世纪德国经济史》,第 222 页。

相对稳定时期,德国经济也面临一些困难和问题。总的来看,经济的恢复和发展具有不普遍、不平衡、不持久、相对性的特点。

繁荣缺乏持久性。1925 年出现了重建繁荣,但 1926 年便陷入短暂而严重的衰退。1927 年由于国内消费扩张,生产再度步入繁荣;但由于出口下降,贸易出现严重赤字,是年 5 月德国股市崩溃;1928 年国内总需求停止增长,农业呈现危机;1929 年出现了市场外溢,部分商品价格下跌。国内需求和进口双双下降。①

与工业相比,农业问题比较严重。在一战破坏性影响、战后资本主义世界农业慢性危机等复杂因素影响下,主要农产品的播种面积和收获量,以及牲畜头数,仍未达到战前水平。1930 年前德国每年需要进口 40 亿马克的食品和饲料。(见表 2.3.9)

表 2.3.9　1913—1929 年德国农业主要指标②

年份	农作物产量(万吨)					牲畜头数(万头)			
	稞麦	小麦	大麦	燕麦	马铃薯	马	牛	绵羊、山羊	猪
1913	1222.2	509.4	367.3	971.4	5412.1	452.3	2018.2	921.4	2266.9
1919	610.0	231.5	166.9	449.4	2147.9	358.8	1680.7	1660.3	1417.9
1925	806.3	321.7	259.9	558.5	4171.8	391.7	1720.2	854.9	1620.0
1929	815.5	334.9	318.1	738.3	4007.7	361.7	1803.3	610.5	1994.4

注:马牛羊头数为 1912 年;牲畜头数为 1920 年

相对稳定时期,农业很快陷入慢性危机之中。易北河以东的大土地所有者纷纷增加生产,提高库存。1923—1924 年间三个紧急税收条例加重了农业负担。农村人口大量外流,引起农业工人工资的增长和农业成本的提高。1925—1926 年以来,国际市场农产品价格普遍下跌,对德国的影响日益明显。农业债务迅速增加,农户纷纷破产,佃、贫农的人数及其在农户总数中所占的比重大为增加。(见表 2.3.10 和表 2.3.11)

---

① David Abraham, *The Collapse of the Weimar Republic*, pp,121-122.
② 宋则行、樊亢:《世界经济史》(修订版),中卷,第 107 页。

表 2.3.10　1925—1932 年间德国农业债务和农业投资(单位:百万马克)[1]

	1925 年	1926 年	1927 年	1928 年	1929 年	1930 年	1931 年	1932 年
农业债务	8023	8728	9884	10831	11392	11630	11765	11425
每年利息	425	610	625	785	920	950	950	1005
利息相当于销售的比重(%)	5.6	7.5	7.3	8.3	8.9	9.7	10.7	13.8
农业价格指数(1913=100)	132	132	138	132	126	107	89	77

表 2.3.11　1927—1932 年间德国丧失抵押品赎回权的农户数和涉及的耕地[2]

	1927 年	1928 年	1929 年	1930 年	1931 年
丧失抵押品赎回权的农户(户)	2554	2292	3193	4350	5061
面积(公顷)	36713	48376	91153	128707	152648

工业部门内部发展程度差别明显。在煤、采矿、金属开采(如铜、铅、锌)等萎缩的同时,褐煤、金属加工、化学(如人工合成纤维、硫酸等)增长势头强劲。

企业严重开工不足,整个工业生产能力平均仅利用了 60—65%,在汽车制造、制钾、制氨、建筑、面粉等部门中,开工率尤其低。[3]　(见表 2.3.12)

表 2.3.12　相对稳定时期代表性工业的生产指数(1913 年＝100)[4]

年份	停滞工业			边缘工业	扩张工业		
	煤	采矿	金属原料	纺织皮革和服装	褐煤	金属加工	化学
1925	70	79	70	89	160	131	133
1927	81	88	86	109	173	143	155

---

① David Abraham, *The Collapse of the Weimar Republic*, p.176.

② Ibid., p.75.

③ 宋则行、樊亢:《世界经济史》(修订版),中卷,第 99 页。

④ David Abraham, *The Collapse of the Weimar Republic*, p.135.

续表

年份	停滞工业			边缘工业	扩张工业		
	煤	采矿	金属原料	纺织皮革和服装	褐煤	金属加工	化学
1929	86	98	86	85	200	170	186
1930	75	84	63	76	167	157	172

与生产恢复相比,市场开拓困难重重。1927年后,随着工业固定资本更新基本完成,国内市场很难进一步扩大;殖民地的丧失和国外竞争的激化,使扩大国外市场的困难增加。1928—1929年德国资本货物上升了2%,而消费货物下降了3%。[1]

二十年代,德国对外贸易量远没有达到战前水平。除少数年份(1926、1929年)外,外贸均为入超。一战前,德国进出口贸易占国民生产净总产值的比重在1910—1913年间出口为17.5%,进口为20.2%,到1925—1929年间两者已分别下降到14.9%和17.0%。德国占世界贸易的比重1913年为12.1%,1928年仅为9.3%。[2] (见表2.3.13)

表 2.3.13 德国进出口量的比值(1913年＝100)[3]

	1913 年	1925 年	1930 年	1932 年
进口	100	82.3	86.0	62.5
出口	100	66.4	92.2	55.6

相对稳定时期失业问题严重。1924、1926、1929年工会会员的失业率均达到两位数,分别为14.2%、18.1%、13.1%,1924—1929年间的年失业数分别为9.78万人、63.6万人、201万人、132.7万人、136.8万人、

---

[1] E. J. Feuchtwanger, *From Weimar to Hitler*, p. 330.
[2] 卡尔・哈达赫:《二十世纪德国经济史》,第227、229页。
[3] V. R. Berghahn, *Modern Germany: Society, Economy and Politics in the Twentieth Century*, p. 261.

189.7 万人,年平均近 137 万人。[①]（见表2.3.14）

表 2.3.14　1919—1933 年间德国失业情况（单位:千人）[②]

	挣钱的人数	失业人数	工会会员失业率(%)	挣钱群体失业率(%)
1919	16950	——	3.7	——
1920	18367	——	3.8	——
1921	19126	346	2.8	1.8
1922	20184	215	1.5	1.1
1923	20000	818	9.6	4.1
1924	19122	927	13.5	4.9
1925	20176	682	6.7	3.4
1926	20287	2025	18.0	10.0
1927	21207	1312	8.7	6.2
1928	21995	1391	8.4	6.3
1929	22418	1899	13.1	8.5
1930	21916	3076	22.2	14.0
1931	20616	4520	33.7	21.9
1932	18711	5603	43.7	29.9

　　德国银行业虚弱。在战争和通货膨胀的打击下,银行的总股值和储备从 1913 年的 71 亿马克跌落到 1924 年的 19 亿马克和 1925 年的 23 亿马克。除私人银行外,所有银行的存款从 1913 年的 336 亿马克下降到 1924 年的 98 亿马克,与此同时储蓄银行的存款从 197 亿马克减少到 6 亿马克。[③] 一战前,德国银行自有资金与存款的比例为 1∶3—1∶4。1929 年私人银行本身与外来资金的比例约为 1∶10,柏林大银行则为

---

① Peter D. Stachura, *Unemployment and the Great Depression in Weimar Germany*, Basingstoke: Macmillan Press, 1986, pp. 31–38.

② E. J. Feuchtwanger, *From Weimar to Hitler*, p. 333.

③ Gerald D. Feldman, *The Great Disorder: Politics, Economics, and Society in the German Inflation, 1914–1924*, New York: Oxford University Press, 1997, p. 846.

1∶15—1∶20。① 1930 年底德国私人外国债务达 260 亿—270 亿马克,大约有半数是短期的,柏林大银行有 40%～50% 的存款为外国资金。为缓解资金周转的压力,德国银行纷纷将短期存款转成为长期可投资性资金。1929 年德国私营股份银行的现金存款和其在国家银行的强迫存款额的比例仅为 3.8%,而在战前这一比例为 7.3%,而英、美银行通常为 9%—10%。②

表 2.3.15 魏玛共和国人均国家开支③

(包括中央政府、州及地方政府;1900 年的价格;1913 年＝100)

	1913 年		1925 年		1929 年		1932 年	
	马克	指数	马克	指数	马克	指数	马克	指数
国防及与战争有关(包括军人抚恤)	25.1	100	21.9	87	27.7	110	14.2	57
经济(包括国有、产业扶持、道路、交通)	17.0	100	15.8	93	22.1	130	18.2	107
社会领域	20.5	100	64.7	316	101.6	496	106.3	519
其中:社会保险	12.2	100	23.2	190	49.2	403	50.0	410
健康和福利	7.9	100	31.4	388	39.2	496	51.8	656
公共住房	0.4	100	10.1	2525	13.2	3300	4.5	1125
教育	17.5	100	20.5	117	27.8	159	24.4	139
公共安全	7.7	100	12.1	157	13.7	178	14.6	190
公共管理和服务	9.6	100	13.7	143	14.9	155	15.5	162
债务	5.8	100	0.9	16	4.1	71	6.7	116

　　相对稳定时期,德国公共财政状况令人忧虑。随着国家对经济社会干预的加强,国家在社会领域的开支增长迅速;在教育、公共安全、公共管理和服务方面的开支也有一定的增加。德国政府财政赤字严重。1925—1931 年间,预算赤字高达 40 亿马克。1931 年 3 月德国公共债务

---

① 卡尔·迪特利希·埃尔德曼:《德意志史》,第四卷,上册,第 308 页。
② 卡尔·哈达赫:《二十世纪德国经济史》,第 44 页。
③ E. J. Feuchtwanger, *From Weimar to Hitler: Germany*, 1918 - 1933, p. 339.

达到 242 亿马克。州、地方政府普遍债台高筑。(见表 2.3.16)

表 2.3.16 1928—1930 年间人口在 1 万人以上的乡镇的债务(百万马克)①

	人口在 1 万以上城市			人口在 10 万以上的城市		
	1928.3.31	1929.9.20	1930.6.30	1928.3.31	1929.9.20	1930.6.30
外债	524	718	708	413	593	578
内债	3188	5317	6147	1330	2654	3219
短期和中期债务	1267	2338	2621	576	1286	1585

　　相对稳定时期,德国国际收支状况持续恶化。为弥补国际收支赤字,德国大举借贷。(见表 2.3.17)不少学者认为到 1930 年中,德国借贷资本的总额在 280 亿马克左右,其中超过半数以上的贷款是期限在 3 年以下短期贷款。这些贷款中有 103 亿马克用于赔偿,其余用来填补进口赤字(63 亿马克)、积累海外资产(97 亿马克)、负担商业贷款的利息和增加黄金和外汇的储备。②

表 2.3.17 相对稳定时期德国的国际收支情况 (单位:百万马克)③

	有形贸易差额	无形贸易差额	投资收入差额	旅游旅行收支差额	经常项目收支总额差额	长期资本输出(净额)	外汇储备总量变化
1925	−2444	456	−6	−55	−1988	−1214	90
1926	793	359	−173	−65	1152	−1454	−568
1927	−2960	300	−345	−110	−2660	−1778	−452
1928	−1311	109	−563	−120	−1202	−1788	931
1929	−44	−88	−800	−120	−132	−660	−165

　　德国相对稳定时期经济的恢复、发展很大程度上维系于美国的投资

---

① Harold James, *The German Slump*：Politics and Economics 1924 - 1936, Oxford：Oxford University Press, 1987, p. 100.

② Derek H. Aldcroft, *From Versailles to Wall Street 1919 - 1929*, p. 90.

③ B. R. 米切尔:《帕尔格雷夫世界历史统计 欧洲卷 1750—1993 年》(第四版),第 994 页。

和不断贷款。据统计：1924—1930 年间德国共得到外国贷款、投资 326 亿马克,其中长期信贷 108 亿马克,短期信贷 150 亿马克,其他投资 68 亿马克。在长期投资中美国资本占 70%。[①] 另据统计,到 1930 年德国所发行的长期债券 108 亿马克(26 亿美元)中,美国占 12.5 亿美元,德国短期贷款 155 - 160 亿马克中,美国约占 37%,约 60 亿马克(14 亿美元)。[②] 在 1929 年大崩溃前夕,美国占德国信贷机构借贷资本的 80%,地方政府贷款的 75%,大公司贷款的 50%。[③] 1928 年 11 月施特雷泽曼忧心忡忡地预言："在过去几年中,我们是靠贷款过日子的。如果一旦发生经济危机,美国要求偿还其短期贷款,那我们就要面临破产的危险。"[④]

二、社会福利建设的成果

鲁尔危机与恶性通货膨胀颠覆了共和国业已存在的劳资合作局面,为国家干预劳资关系开辟了道路。1923 年 10 月,施特雷泽曼内阁颁布新《调解令》(*Verordnung über das Schichtungswesen*),确立了强制调解模式。新模式在个人自愿调解和国家调解之间作出清晰界定。在全国设立具有地区效力的调解机构(委员会)[⑤],但调解机构从 256 个减少到 120 个,每个机构中的劳资代表减少到各 2 人,其中立主席由各级政府任命。调解员由劳动部直接掌控,具有公务员身份,有权介入大规模工资冲突,作出的调解决定具有法律约束力。劳动部长在特殊情况下还可任命特别调解员。12 月 10 日和 29 日,劳动部连续颁布两份《执行条例》,强调调解机构主席有权作出个人裁决,但适用对象必须是有关整体经济

---

① 宋则行、樊亢：《世界经济史》(修订版)中卷,第 98 页。

② William C. Mcneil, *American Money and the Weimar Republic: Economics and Politics on the Eve of the Great Depression*, New York：Columbia University Press,1986, p. 18.

③ Emily S. Rosenberg, *Spreading the American Dream: American Economic and Cultural Expansion*, *1890 - 1945*, New York：Hill and Wang, 1982, p. 151.

④ 科佩尔·S. 平森：《德国近现代史：它的历史和文化》,下册,第 601 页。

⑤ 埃里希·艾克：《魏玛共和国史》,下卷,第 113 页。

生活的行业。[①]

新调解令彻底改变了集体合同体制的性质,使自由谈判政治化,成为国家推行劳动市场政策的一种手段。1926 年 12 月 23 日《劳动诉讼法》(*Arbeitsgerichtsgesetz*)获得通过,1927 年 7 月 1 日正式生效。[②]1927 年,中央、州和地方三级的劳资争议法庭系统陆续建立,"全国最高劳资争议法庭"是该系统的最高机构。1928 年 3 月 1 日,《劳动合同法》问世,进一步肯定了国家强制调解的权力。

随着国家强制调解制度的确立,经济生活愈来愈受国家干预的影响。据统计,1924—1932 年间共实施了 7.7 万多件仲裁程序,其中有约束力的将近 4000 件。[③] 1925—1929 年间,1/3 的职员薪水合同由国家决定,55%—60%的个人工资增长额外协议也由国家强制作出。到 1929 年底,据自由工会统计,70.8%的五金工人与 96.2%的矿工的工资合同是由强制性调解达成的。[④]

自由工会对具有约束力的仲裁和"政治工资"逐渐采取积极态度,因为由国家作出的裁决大多倾向雇员要求。劳动部长表示:"在贯彻工资原则时,国家所努力追求的目标是:尽可能大的塑造雇员在经济总产值中的份额。的确,85%—90%的仲裁处理,以及 75%至 80%的有法律约束力的解释,是应工会的建议才形成的。"[⑤]

起初持暧昧态度的雇主对强制调解愈来愈敌视。在他们看来,强制调解是共和国对其利益缺乏平等对待最赤裸裸的表现,是强加给工业高昂的社会成本。随着资方力量的增强,企业主对劳工的态度愈来愈强

① 孟钟捷:《试析魏玛德国集体合同制的兴衰》,载《武汉大学学报》(人文社科版),2009 年第 6 期。
② Michael Stolleis,*Origins of the German Welfare State: Social Policy in Germany to 1945*,Berlin：Springer,2013,pp. 129 - 130.
③ E. J. Feuchtwanger, *From Weimar to Hitler: Germany*, *1918 - 1933*,p. 153.
④ 孟钟捷:《试析魏玛德国集体合同制的兴衰》。
⑤ 李工真:《德意志道路——现代化进程研究》,武汉武汉大学出版社 1997 年版,第 282—283 页。

硬,1919—1923 年间资方关闭工厂和罢工的比例是 1∶10,而在 1924—1929 间年却为 6∶5。[1]

1922 年 8 月通货膨胀的加速、社会保险体制实际上的破产、恶性通货下经济的崩溃,都加深了德国社会的贫苦化。1923 年春,德国有超过总人口 10%的 660 万居民从劳工部接受社会福利救济,这还不包括接受乡镇济贫福利的人口。1924 年 9 月,占全国人口 7.2%的 450 万人仍然接受不同形式的公共救助,其中包括残疾退伍军人(约 76.8 万名)、战争遗孀(42 万名,共有 102 万小孩)、孤儿(5.4 万名)、残疾和养老金领受者(140 万名)、鳏寡抚恤金领受者(5.4 万名)、战争中死亡士兵的父母(19万名)等。[2]

为解决残疾军人、战争遗属、社会养老金领养者、普通退养者等"新穷人"的生存问题,1922 年 5 月 17 日,国会通过决议,要求将现有的、包括济贫在内的所有公共救助计划,从内政部转到劳工部。1924 年 2 月 13日颁布《关于救济义务的国家条例》(简称《国家条例》,同年 4 月 1 日生效),一同公布的还有相关的法令,如第三个紧急税收法令、修改的《国家青年福利法》以及失业救济改革法令等。

《国家条例》加强了救济以及所有现存的针对退伍军人、战争幸存者、社会退养者、普通退养者、孕产妇、贫困儿童、严重残疾者的福利;将公共救济计划的管理委托给各州建立的州与地方福利机关。条例明确放弃了救济的户籍限制,强调:如果社会福利组织能充分满足要求,地方不再新建福利机构,实施新的计划。[3] 条例从广义上重申由早先立法所规定的工作责任和家庭义务,允许地方机构限制因"道德责任"而致贫以及一直拒绝工作和履行家庭赡养义务者获得济贫院救助。条例还授权

① E. J. Feuchtwanger, *From Weimar to Hitler: Germany*, *1918 - 33*, p. 154.
② Young-Sun Hong, *Welfare*, *Modernity*, *and the Weimar State*, *1919 - 1933*, New Jersey: Princeton University Press, 1998, pp. 114 - 115.
③ Michael Stolleis, *Origins of the German Welfare State*: *Social Policy in Germany to 1945*, p. 103.

州和地方机构在劳工部制定的全国性指导方针范围内,决定何时救助以及提供服务的种类和水平等。

1924年12月4日,劳工部正式颁布《国家原则》,强调对不能工作、特别是那些因自身原因需要救助的救济金享有者,救济金应限制在满足生存最低额度内。在总的原则下,州和地方政府自行详细决定资助的水平和性质。[1]

《国家条例》和《国家原则》是自1842年普鲁士济贫法以来德国济贫体制最为深远的改革。在法律用语上,它不再使用"穷人"和"济贫",而是"有需要的人"和"救济",被誉为"现代进步主义者关于公共救济观点的胜利"。《国家原则》被视为魏玛福利制度发展史上的里程碑。

1926年秋,劳工部在全国进行地方福利标准基数普查。结果发现,在普鲁士大城市地区,地方福利标准基数平均增长了17%—18%。扣除食品成本的增加,福利实际价值增加了12%—13%。1930年,在主要大城市,实际福利水平比1926年提高30%—33%,小城市提高了21—26%。

在这一时期,社会保险体系进一步完善。作为社会保险合法基础核心的《国家保险法》得以修订,并于1924年12月15日颁行,以后又数次修改。1924年5月28日国家颁布修改后的《雇员法》,将新的职业群体如乐师、助产士、保姆等纳入保险范围。[2] 传统的疾病、工伤、残疾—养老三大保险制度根据民主原则得到拓展。纳入疾病保险的,包括公营公司的雇员、家庭工商业独立经营者、从事儿童抚育、教育、社会救助、护理和社会福利的工作人员等等。1925年,《疾病保险条例修正》允诺给予患病者资金和事务上的双重照顾,并将家属的生活问题考虑在内。1927年失业者获得疾病保险;还设立了海员疾病保险,由专门海事协会承担。到共和国末期,大约60%的人口按法定疾病基金获得了保险,加上其他基

---

[1] Young-Sun Hong, *Welfare , Modernity , and the Weimar State , 1919 - 1933* , pp. 119 - 121.

[2] Michael Stolleis, *Origins of the German Welfare State: Social Policy in Germany to 1945* , p. 121.

金,疾病保险事实上成为"全民保险"。①工伤保险的覆盖面也得以扩展,与生产直接相关的销售和管理部门人员和其他新职业群体都被囊括其中,如实验室技术员、先前未参保的专职人员如演员,活跃在公益领域的高危人群,如救火队员、救援人员、从事护理和福利援助的人员等均被纳入工伤保险。工伤"事故发生的地点和时间"从"工作所在地和工作进行时"扩大为"工作或职业的相关地点和时间"。"工伤事故"包括工作上班和下班的途中、工作过程中以及工作区域范围内,因工作而引起的所有对劳动者造成伤害的事件。工作事故的含义甚至包括出于修理和维护目的操作工具。②"工伤事故",不仅包括伤残,还包括因职业经历引起的各种疾病。到 1929 年,纳入工伤保险制度的职业病种增加到 21 种。此外,社会保险津贴明显扩大。③

据统计,1919—1929 年间,参加医疗保险的人数从 48% 上升到 61%,参加养老保险者从 57% 上升到 69%,参加事故保险者从 69% 上升到 74%,总投保人数从 46% 上升到 62%。④ 传统三大保险的费用从战前占工资总额的 8% 上升到 1929 年的 12.5%。国家为传统三大保险支付的金额,已从 1913 年的 13 亿马克上升到 1929 年的 43 亿马克。⑤ 1929 年国家和地方为三个新设立的保险部门共支出 50 亿马克。1929 年整个社会保险的支出达到 93 亿马克,是 1913 年的 5 倍,相当于国民收入的 13%。⑥

更为重要的是出现了失业保险体制。1924 年后,经济虽逐步走向恢

① Michall Stolleis, *Origins of the German Welfare State: Social Policy in Germany to 1945*, p. 118; 孟钟捷:《试论魏玛共和国的社会政策》,载《德国研究》,2001 年第 4 期,第 68—69 页。
② Michael Stolleis, *Origins of the German Welfare State:Social Policy in Germany to 1945*, p. 119.
③ 李工真:《德国魏玛时代"社会福利"政策的扩展与危机》,载《武汉大学学报》(哲学社会科学版),1997 年第 2 期。
④ 孟钟捷:《试论魏玛共和国的社会政策》。
⑤ 李工真:《德意志道路——现代化进程研究》,武汉大学出版社 1997 年版,第 291 页。
⑥ Karl Dietrich Bracher, Manfred Funke, Hans - Adolf Jacobsen(Hrsg.), *Die Weimarer Republik 1918 -1933*: Bonn: Bundeszentrale für politische Biliung,1987, S. 214.

复,但失业浪潮并没有消退。魏玛政府起初改造了传统的失业救济体制,使之成为一种"生产性的救济",规定申领失业救济金者必须接受职业介绍机构的再就业安排,职业介绍机构的费用主要由州政府承担,中央政府负责补贴。[①] 与此同时,关于失业保险的呼声愈来愈高。从1925年起,劳动部着手筹划失业保险草案。1927年7月16日,修改后的草案以355:47的结果获得国会批准。这就是《职业介绍与失业保险法》。此前由城镇政府承担的救济费用转作贴补保险金。[②]

随着1927年《职业介绍与失业保险法》的出台,政府逐步建立起一个针对失业者、包括失业保险金、危机救济金、失业救济金等三种救济途径的立体式的救济网络。失业保险体制的建立开辟了劳工政策中的新领域。它让政府进一步介入到劳动市场的运作中,一方面为被劳动市场淘汰者提供必要的生活保障,另一方面又为他们重新进入劳动市场提供帮助。该体制曾被后世誉为共和国"所做出的最为杰出的贡献"。[③]

魏玛社会政策的扩展,留下不少后遗症。首先是社会政策开支的巨量增长与经济有限恢复和发展的落差。若以具体数据计算,每位德国人平均从社会政策中受益额度从1913年的611马克增加到1932年的1675地产马克。[④] 社会福利的重负,迫使政府一直赤字经营,不得不增加税收。据统计,税收占国民收入的比重从1913年的9%上升到1925年的17%。[⑤] 此举势必降低企业的盈利和投资,削弱企业的国际竞争力;同时对社会消费产生一定的抑制,拖累经济的发展。企业为减少成本进行"合理化",结果使更多工人失业,国家又投入更多的津贴费用,陷

---

① Ludwig Preller, *Sozialpolitik in der Weimarer Republik*. S. 364.

② Karl Christian Führer, *Arbeitslosigkeit und die Entstehung der Arbeitslosenversicherung in Deutschland: 1902 – 1927*. S. 260 – 263,290,305,189.

③ Volker Hentschel, *Geschichte der deutshen Sozialpolitik. Soziale Sicherung und kollektives Arbeitsrecht*. Frankfurt: *Suhrkamp*, 1983, S. 103;孟钟捷:《试析魏玛德国失业保险体制的建立》,载《华东师范大学学报》(哲社版)2014年第2期。

④ Hagen Schulze, *Weimar Deutschland 1917 – 1933*, S. 66.

⑤ Detlev J. K. Peukert, *The Weimar Republic: The Crisis of Classical Modernity*, Translated by Richard Deveson, New York: Penguin Press, 1991, p. 138.

入一种恶性循环。对国家的"希望以及满足希望手段之间的根本差距自始至终折磨着共和国"。① 魏玛国家社会政策与经济政策发生严重冲突,陷入了"社会公平与经济效益"不可兼得的尴尬处境。

国家强制调解的推行,使国家在劳资纠纷中扮演了仲裁人的角色。然而,在实际操作过程中,这一努力并未得到各方的认可。社民党和工会支持此种"经济民主"的实践活动。然而,通货膨胀与合理化运动,却使共和国的劳工政策愈来愈不得人心:一方面,日益激进的政治环境和民主赋予的政治权利,使劳工心怀不满,罢工日益频繁;另一方面,工业家协会中的重工业家并不赞同这种形式的劳资妥协。他们将共和国的政策称之为"冷社会主义",将共和国比喻为"工会国家"。劳资日益尖锐的矛盾和冲突不断消融魏玛共和国妥协政治的基础。1930年围绕国家失业救济金的争执,社会民主党、工会、他们身后的广大工人与人民党和其代表的重工业各执一端,最终导致了米勒大联合内阁的垮台,开始了共和国风雨飘摇的瓦解之路。

三、魏玛共和国科技、文化教育成就

魏玛共和国时期,德国在科技、文化教育方面取得了巨大成就。

(一)自然科学研究和应用硕果累累

第一次世界大战对德国科学研究产生了一定的负面影响:科学团体遭到沉重打击;许多科学家战后不得不改行;原来一些热心科学研究并从中盈利的大企业无法继续大力资助科学研究;科学家无钱购买相关文献和仪器设备;德奥学者和科学家被排除在一些国际学术组织之外。

一战后,德国建立了一系列旨在促进科学研究的机构,如德国科学应急协会(Notgemeinschaft der Deutschen Wissenschaft,NGW)等,为

---

① W. R. Lee & Eve Rosenhaft, *State, Social Policy and Social Change in Germany 1880 - 1994*, p. 217.

科学界的筹款起到了某种补偿作用。① 此外,魏玛时期相对多元化的社会、宽松自由的氛围、国际化和自由的文化政策,中央政府对科学研究的大力支持,科学界与企业界密切联系,创新求变的探索精神等,所有这些,都有利于共和国时期的科技发展。

在理论物理学领域,哥廷根(Göttingen)、柏林、慕尼黑成为世界物理学中心和"新物理学"的发源地,著名物理学大师,如普朗克(Max Planck,1858—1947)、爱因斯坦等都生活在德国。

海森堡(Werner Heisenberg,1901—1976)是继普朗克、爱因斯坦之后,在量子力学、原子物理和核物理领域均做出重大贡献的科学家。1925年,海森堡与物理学家玻恩(Max Born,1882—1970)及约当(Pascual Jordan,1902—1980)合作,创立了矩阵力学。1927年,他又提出了著名的"不确定原理"(又称"海森堡测不准原理")。1930年,他发表《量子论的物理原则》。海森堡由于对量子理论的贡献,1932年荣获诺贝尔物理学奖。

1921年,斯特恩(Otto Stern,1888—1969)和盖拉赫(Walter Gerlach,1889—1979)发明利用原子束在不均匀磁场中偏转的方法测量原子的磁矩,为量子论中空间方向量子化原理提供了证据。朗德(Alfred Landé,1888—1976)于1923年用旧量子论研究原子谱线的反常塞曼效应,发现角动量决定谱线分裂的g因子公式。德国物理学家玻蒂(Walther Bothe,1891—1957)发明符合计数法,用以确定宇宙射线的方向和性质,用符合计数法,证实光子电子碰撞过程中能量守恒律、动量守恒律都成立。布希(Hans Busch,1884—1973)指出电场和磁场对带电粒子运动路线的透镜聚焦作用,是电子光学研究的开始。普兰特耳(Ludwig Prandtl,1875—1953)提出飞行体后湍流的尾流理论。1928年,索末菲(Arnold Sommerfeld,1868—1951)应用量子统计法发展金属的自由电子理论。同年,盖革(Johannes (Hans) Wilhelm Geiger,

---

① 戴继强、方在庆:《德国科技与教育发展》,人民教育出版社2004年版,第50—51页。

1882—1945)及其学生瓦尔特·米勒(Walther Müller,1905—1979)发明盖革—米勒计数管,用于探测电离辐射。

在化学领域,1919 年,伦斯特(Walther Nernst,1864—1941)与丹麦克里斯琴森,提出链反应理论,以解释光化、爆炸以及后来的加成聚合等反应。1923 年,休克尔(Erich Hückel,1896—1980)与荷兰人德拜(Debye,1884—1966)提出强电解质溶液的离子互吸理论,由此推出离子的活度系数是离子强度的函数。1928 年,伦顿(Fritz London,1900—1954)、海特勒(Walter Heitler,1904 —1981)提出氢分子结构的量子力学的近似处理法,并推广到其他分子结构的研究,首次把量子力学应用于化学。1930 年,斯陶丁格尔(Hermann Staudinger,1881—1965)等首次提出高分子结晶的结构模型。1930—1932 年,多麦克(Gerhard Domagk,1895—1964)发现百浪多息的抗菌性。1931 年,鲁斯卡(Ernst Ruska,1906—1988)建立第一台放大 400 倍的电子显微镜。

在生物学领域,1918 年,斯佩曼(Hans Spemann,1869—1941)在蝾螈原肠胚的交换移植实验中发现胚胎学上的"组织者",对胚胎发育起诱导作用,描述了两栖类背唇部位"组织者"的效应。1919 年,瓦尔堡(Otto. H. Warburg,1883—1970)发明"瓦氏呼吸器",次年又提出氧分子的激活是生物氧化的见解。1929 年,贝格尔(Hans Berger,1873—1941)第一次记录人的脑电图,罗曼(Karl Lohmann,1898—1978)发现三磷酸腺苷(ATP)。

在医学领域,1922 年,迈尔霍夫(Otto Meyerhof,1884—1951)与英国生理学家希尔(Archibald Vivian Hill,1886—1977)因发表关于肌肉中的新陈代谢与热量的论文获得诺贝尔医学奖;1923 年,生化学家温道斯(Adolf Otto Reinhold Windaus,1876—1959)发现了胆固醇的构造,并于1928 年获诺贝尔奖;1929 年,福斯曼(Werner Forssmann,1904—1979)第一次用自己的身体完成人心导管插入术实验,开创了研究心脏病的新方法,1956 年获诺贝尔奖。1929 年,汉斯·菲舍尔(Hans Fischer,1881—1945)成功合成出血红素和胆红素,1930 年获诺贝尔奖。1931

年,瓦尔堡因发现转化氧气的呼吸酵母,获诺贝尔医学奖。

在地学和天文学领域,1924 年,彭克(Walther Penck,1888—1923)提出"山麓阶地"理论;斯蒂勒(Hans Stille,1876—1966)发表造山论;寇本(Vladimir Peter Köppen,1846—1940)与魏根纳(Alfred Lothar Wegener,1880—1930)合作,提出地质时代气候变迁的原因是地轴发生周期性偏倚的见解。1929 年,德范特(Albert Defant,1884—1974)从乱流扩散说明大气运动的理论。1930 年,哈尔曼(Erich Haarmann,1882—1945)反对地壳变动的收缩说,提出波动说。天文学家巴德(Wilhelm Baade,1893—1960)20 年代发现了"伊达尔戈"——在最大公转轨道上运行的小行星,并在耶拿(Jena)建造了蔡斯天文馆。1931 年,施密特(Bernhard Woldemar Schmidt,1879—1935)发明了由折射和反射元件组成的天文望远镜。

在数学研究方面:1919 年,亨赛尔(Kurt Hensel,1861—1941)建立 P-adic 数论。1922 年,希尔伯特(David Hilbert,1862—1943)创立数学基础中的形式主义体系和证明论。1926 年,诺特(Amalie Emmy Noether,1882—1935)大体完成对近世代数有重大影响的理想理论。1928 年,格勒奇(Camillo Herbert Grötzsch,1902—1993)提出拟似共形映照理论。

在 1918—1933 年期间,德国物理学家、化学家、生物与医学家共获得 14 项诺贝尔奖。魏玛时期的德国成为当时世界科学研究的"第三大中心"。

魏玛共和国在科学理论的技术应用方面同样成就卓越。

在航空与机械技术领域中,1924 年,新型的齐柏林飞艇"LZ126"完成了从德国弗里德里希港到纽约附近的莱克赫斯特的不间断飞行,耗时 81 个小时。1929 年,"齐柏林伯爵号"飞艇飞行 4.9 万公里。1918 年,飞机设计师容克斯(Hugo Junkers,1859—1935)申请了下单翼飞机和伞翼飞机专利;1920 年,他设计完成金属单翼飞机 F.13 型;1924 年,他又完成设计金属单翼飞机 C24 载重量约 2000 公斤,时速 170 公里。1924 年,工程师弗莱特纳(Anton Flettner,1885—1961)设计"布考号"转子涡轮机船,该船于1929年横渡大西洋。

在机械技术方面,1924年克虏伯公司生产出"维迪阿"硬质合金钢,可制成高效率的金属加工机械,加工铝制品的切削速度为1000米/分钟。

在无线电实用技术方面,1918年,德国瑙恩广播公司开始向世界播音。1923年,德国娱乐电台首播。① 1925年,德国开始制造电视机,并于1928年首次公开展出;1929年3月8日,柏林—维茨勒本广播电台播放电视节目。1922年,柏林电话自动局开始营业;到1926年,高达120米的柏林无线电铁塔投入使用,汉堡—柏林路段开设列车无线电话;1927年,柏林—维也纳第一台公用传真电报机投入使用。

在化学应用技术方面,1918年化学家哈伯(Fritz Haber,1868—1934)因在高压合成氨技术方面的巨大贡献获诺贝尔化学奖。1921年化学家贝吉乌斯(Friedrich Bergius,1884—1949)通过液化用煤合成汽油;同年,德国已可生产人造纤维取代动物皮毛;1927年,迪尔斯(Otto P. H. Diels,1876—1954)和阿尔德(Kurt Alder,1902—1958)成功地合成乙烯,用以生产重要的有机物质;1930年贝吉乌斯发明木材糖化加工饲料的化学工艺;雷珀(Walter Julius Reppe,1892—1969)开始发展现代乙炔化学,促进了多种塑料的发展。②

(二)哲学社会科学流派纷呈

魏玛共和国时期哲学社会科学领域十分活跃。伴随19世纪末期和20世纪初期社会巨变和资本主义危机,马赫(Ernst Mach,1838—1916)和阿芬那留斯(Richard Avenarius,1843—1896)的实证主义更加失势,让位于以科恩(Hermann Cohen,1842—1918)、哈特曼(Nicolai Hartmann,1882—1950)、纳托普(Paul Natorp,1854—1924)以及卡西尔

① 恩斯特·约翰、耶尔格·容克尔:《德意志近百年文化史》,史卓毅译,陕西人民出版社1986年版,第263页。
② 卞谦:《理性与狂迷:二十世纪德国文化》,第82—84页。

（Ernst Cassirer，1874—1945）等为代表的马尔堡学派（Marburg School）。作为新康德主义的主要流派之一，马尔堡学派（又称逻辑学派）抛弃了康德关于"自在之物"理论中的唯物主义成分，从数学和逻辑的角度进行发挥和改造。它认为哲学的主要任务是为自然科学和人类一切文化寻求统一化的逻辑根据，强调人是目的而不是手段。

该时期最有影响的哲学学派是现象学，创始人是著名哲学家胡塞尔（Edmund Husserl，1859—1938）。他提出，通过对纯粹意识现象的直接、细微描述，可以获得各种特殊具体经验的不变之本质。他认为，只有运用本质还原法，把现存的、变化的事物与观点放进括弧存而不论，才能避免自然主义和历史相对主义，为获取直接的、真切的、具有普遍必然性的知识奠定基础。后期的胡塞尔进一步从描述现象学转向先验现象学，使现象还原深化为"纯粹意识"或"纯自我"，以便把知识的客观确定性建立于纯主观的基础之上。

现象学为现代哲学开辟了一个新的视野——意义世界，为存在主义铺平了道路。存在主义的主要代表人物是雅斯贝尔斯（Karl Jaspers，1883—1969）与海德格尔（Martin Heidegger，1889—1976）。雅斯贝尔斯认为，哲学的任务是描述人的存在之意义。只有生存才是人的真正存在形式，或称真正的自我，生存是人的一切存在的轴心，唯一能达到生存的途径是显示生存，这只能通过内心的体验去把握。海德格尔受现象学的启示，从对"在者"现象的解释走向对"在"本身的探讨，开存在主义哲学研究之先河。海德格尔的独创性见解为现代哲学思潮开辟了新的研究方向。

20 年代，天主教哲学拥有自己的代言人舍勒尔（Max Scheler，1874—1928）。舍勒尔把胡塞尔的现象学方法运用于伦理学和宗教领域，形成价值伦理学和宗教现象学。晚年，他放弃了现象学，创立哲学人类学，强调经验科学与形而上学的结合。

新教思想家的代表是巴尔特（Karl Barth，1886—1968）。他倡导辩证神学和新正统神学，认为上帝旨意应在教会与世界之上，上帝旨意的听众和读者都须持卑微的、无先决条件的服从态度,主张人类和历史纠纷最终都由上帝裁决。

魏玛时期最具代表性的犹太思想家是布贝尔(Martin Buber,1878—1965)。他是宗教存在主义哲学的代表,毕身致力于阿拉伯民族和犹太民族的相互理解。他认为社会进步的关键在于建立新型的对人与人关系的理解。

在左派知识分子中,涌现出了不少知名左派哲学家,如卢卡奇(György Lukács,1885—1971)、科尔施(Karl Korsch,1886—1961)、布洛赫(Ernst Bloch,1885—1977)等。卢卡奇的文集《历史和阶级意识》(1923年)强调阶级意识对历史的决定作用,对"西方马克思主义"流派的形成作用甚大。科尔施认为,马克思主义在本质上是以理论与实践相统一为特征的总体性革命理论,提出"马克思主义发展三阶段"论。布洛赫把自己的哲学称为希望哲学,期待藉此帮助人们到达一种"具体的乌托邦",即在那里人性和人的本质得到充分的展开与实现。

德国非正统马克思主义的主要中心是法兰克福社会研究所。该研究所成立于1923年,因在研究社会与马克思主义方面成就卓著,被称为"法兰克福学派"。该所第一任所长为奥地利马克思主义者格林贝格(Carl Grünberg,1861—1940),以讲坛社会主义的立场主张把该所办成东西方马克思主义的联结点。1930年,霍克海默(Max Horkheimer,1895—1973)接任所长,1932年创办《社会研究杂志》(1932—1941),提出综合研究历史和现实、把哲学和经济理论结合起来研究社会和人的任务。该所涌现不少很有影响的人物,如文学批评家洛文塔尔(Leo Löwenthal,1900—1993)、文化理论家本雅明(Walter Benjamin,1892—1940)以及思想家马尔库塞(Herbert Marcuse,1898—1979)和阿多诺(Theodor Adorno,1903—1969)等。希特勒上台后,法兰克福学派不得不离开德国,迁往日内瓦,一年后再迁往美国的哥伦比亚大学。

魏玛时期,狄尔泰(Wilhelm Dilthey,1833—1911)、齐美尔(Georg Simmel,1858—1918)和韦伯的学术思想对社会学影响最大。狄尔泰严格区分自然科学与精神科学,认为"理解和解释是贯穿整个人文科学的方法"。齐美尔是反实证主义社会学思潮的主要代表之一,他从社会交往的复杂性出发,反对社会只有协调没有冲突的观点。韦伯则是 20 世纪前期德国最伟大的社会学家。他把与新教伦理相联系的经济合理性思想引入对国家及法的研究中,并开创了与实证主义社会学相对立的"理解的"社会学传统。此外,曼海姆(Karl Mannheim,1893—1947)是知识社会学的创始人。他强调,人的意识不可避免地依赖于人的社会地位,这是全部认识论的基本要素。桑巴特(Werner Sombart,1863—1941)则为经济社会学和宗教社会学领域做出巨大贡献。一战后,心理学成为时髦学科。克勒(Wolfgang Köhler,1887—1967)、韦特海默(Max Wertheimer,1880—1943)、科夫卡(Kurt Koffka,1886—1941)发展了形态心理学,其影响之广、势力之盛,一度与维也纳学派不相上下。

魏玛时期,柏林取代维也纳和布达佩斯成为弗洛伊德心理分析学派的中心。1910 年,亚伯拉罕(Karl Abraham,1877—1925)创办柏林心理分析机构,艾廷贡(Max Eitingon,1881—1943)随后被吸纳为核心成员,系统培养心理分析学家。1920 年,后者建立心理分析诊所,1924 年成为柏林研究所。许多日后获得世界声誉的第二、三代心理分析学家都曾接受亚伯拉罕的分析学说。

魏玛共和国的多数历史学家依然热衷于政治史和文化史。对大部分权威历史学家而言,经济史和社会史缺乏吸引力,因为他们认为研究社会因素属于社会学范畴。权威历史学家马尔克斯(Erich Marcks,1861—1938)、贝洛(Georg von Below,1858—1927)、舍费尔(Dietrich Schäfer,1845—1929)及其学生们专注于为帝国和俾斯麦的对外政策辩护,对民主和共和国完全持否定态度。他们颂扬国家和实力,将战争和占领视为民族发展过程中值得欢迎的现象。另外一批历史学家,如迈内克(Friedrich Meinecke,又译"梅尼克",1862—1954)、奥肯(Hermann Oncken,1869—1945)、辛策(Otto Hintze,1861—1940)则转而与民主派历史学家如格茨(Walter Goetz,1867—1958)、特勒尔奇(Ernst

Troeltsch，1865—1923)和迈尔(Gustav Mayer，1871—1948)持相同态度，反对盲目崇拜俾斯麦，拥护共和国。新一代开明的历史学家开始重新描绘 19 世纪德国历史。齐固尔希(Johannes Ziekursch，1876—1945)对俾斯麦内政外交持批评态度；富有才华的克尔(Eckart Kehr,1902—1933)揭露了 1894—1901 年德国海军政策与国内经济政策之间的关系。

该时期史学领域风靡之作是施宾格勒(Oswald Spengler，1880—1936)的《西方的没落》。该书主要阐述文化与文明的关系，力图描绘世界历史发展之轨迹。他认为文化是一种有机体，有童年期、青年期、壮年期。各种文化在兴盛和衰落过程中经历了若干相同阶段，但又各自具有独特的内容。尽管各种文化都有别于前一阶段的文化，但决定它们不可避免走向衰落的规律是一样的。当文化达到全盛期时，就必然会衰落成文明。文明是一种不可逆转的结局。全书结尾充满悲观失望的气氛。《西方的没落》在欧洲知识界产生强烈反响，其倡导的文化形态史观对汤因比等产生了重要启示。

20 年代，德国艺术史研究方面重要的学者有韦尔夫林(Heinrich Wölfflin，1864—1945)。艺术史研究的中心之一是汉堡的瓦尔堡文化历史图书馆，其重点工作是研究中世纪艺术中的古典成分，主要代表有瓦尔堡(Aby Warburg，1866—1929)、萨克斯尔(Friedrich "Fritz" Saxl，1890—1948)、帕诺夫斯基(Erwin Panofsky，1892—1968)等。1922 年，卡西尔撰写的《神秘思维里的观点形式》由该机构出版，其三大卷谈论象征主义形式的哲学巨著《象征形式哲学》(1923—1929)大部分也是在瓦尔堡研究院完成的。

魏玛时代，德国在政治学和国民经济学方面也涌现出不少著名学者。最富有独创精神的经济学家是熊彼特(Joseph Schumpeter,1883—1950)。他用创新理论解释资本主义的本质及其发生、发展和趋于灭亡。

在政治学方面，较有影响的有卡尔・施密特(Carl Schmitt，1888—1985)。他提出了公法学理论中的决断论(Dezisionismus)，即认为一个政治共同体的存在状态是由其人民(Nation)全体所做出的政治性决断。

这种决断所产生的结果就是一个政治共同体的政治秩序,即绝对的宪法(Verfassung)。他的思想对后来"总统内阁"及纳粹夺权都产生过影响。豪斯霍弗尔(Karl Haushofer,1869—1946)是有影响的地缘政治学家。他综合了英国学者麦金德等人的理论,提出了诸如国家有机体、生存空间论等想法。其理论可能透过学生赫斯(Rudolf Walter Richard Heß,1894—1987)影响了希特勒的扩张战略。

一战前产生的青年运动得到进一步发展,共和国时期出现了一个自称为"革命的保守主义"的派别。格奥尔格·米勒(George Müller,1877—1917)的出版社、汉撒出版社以及勒曼(Julius Friedrich Lehmann,1864—1935)的《德国革新》、施塔佩尔(Wilhelm Stapel,1882—1954)的《德意志的民族性》等刊物,成为传播保守主义学术文化的中心。在"保守革命"的旗帜下,右翼保守分子大肆攻击西方自由主义、马克思主义、民主社会主义。范登布鲁克(Arthur Moeller van den Bruck,1876—1925)坦言要反对整个自由主义传统。法学家卡尔·施米特极力在自由主义和议会民主之间打入楔子。[1] 在施宾格勒看来,"古老的普鲁士精神和社会主义思想……是一回事"。[2] 许多右翼学者呼吁用革命的手段来粉碎所有制度、改变所有价值观,产生一个具有无与伦比的力量和道德上完整的新帝国。范登布鲁克的《第三帝国》(1923)可怕地预兆了一个新帝国的来临。容格尔(Ernst Junger,1895—1998)相信具有自我牺牲理想、严格纪律和军国主义精神的普鲁士精神是未来的模范德国的重要组成部分。埃德加·尤里乌斯·容格(Edgar Julius Jung,1894—1934)对"保守革命"的目标作了归纳:"我们把重新建立所有那些基本法律和价值称之为保守革命……用内在的价值代替平等,用公正进入等级社会代替社会观点,用有机地增加领导人代替机械的选举,用真正自治的内在责任代替官僚主义的强制,用人民共同体的权利代替群众

---

[1] Jeffrey Herf, *Reactionary Modernism: Technology, Culture, and Politics in Weimar and the Third Reich*, Cambridge: Cambridge University Press, 1986, pp. 118-119.

[2] 彼得·盖伊:《魏玛文化:一则短暂而璀璨的文化传奇》,第118页。

幸福。"①在这一定义中,我们不难看出决定反民主的民族主义者思想的核心内容:领袖、人民共同体和等级社会即总体制度。随着经济大萧条的爆发,新保守主义者还将发挥更为重要的影响力。②

(三)文学艺术的多元性

魏玛时期,各种文学思潮和艺术流派竞相登台,交互并存,其中最主要的是文学与艺术领域的表现主义、达达主义(Dada)和新现实主义以及建筑领域的包豪斯(Bauhaus)风格等,它们构成了魏玛文化实践性和多元性的重要特征。

德国表现主义早在 20 世纪初已露端倪,其全盛时期则在 1910—1924 年间。表现主义首先表现在绘画,后来扩展到美术其他门类以及戏剧、文学、音乐、建筑、电影等领域。表现主义中心主题是描绘时代的灭亡和再生,描写代际斗争,表现旧人类的苦难以及对新人的渴望,呼唤人类的博爱。瓦尔登(Herwarth Walden,1879—1941)的《风暴》和普菲姆费拉(Franz Pfemfert,1879—1954)的《行动》等期刊是表现主义文学形成和发展的基点。表现主义文学始于诗歌,成于戏剧。1920 年平图斯(Kurt Pinthus,1886—1975)编选的《人类的曙光——最年轻的诗歌交响曲》影响最大。它收集了 23 位有代表性的表现主义诗人的代表作 276首。平图斯在前言中表示,这部书"要展示我们时代的浮躁、混乱和爆炸性的全景"。表现主义小说往往追求新奇,其中的人物常为各种冲动、焦虑所困。表现危机四伏的社会和大城市下层人民的生活困境、揭示代际斗争是其主要题材。影响较大的小说家有卡夫卡(Franz Kafka,1883—1924)、德布林(Alfred Döbin,1878—1957)和韦尔弗尔(Franz Viktor

---

① Anton Kaes, Martin Jay, Edward Dimendberg (ed.), *The Weimar Republic Sourcebook*, Los Angeles &. London:University of California Press, 1994, pp. 352, 352 - 354. 卡尔·迪特利希·埃尔德曼著:《德意志史》,第四卷,上册,第 325 页。

② Rogers Woods, *The Conservative Revolution in the Weimar Republic*, London:Macmillan Press Ltd,1996,p. 112. 曹卫东主编:《德国青年运动》《危机时刻:德国保守主义革命》,上海人民出版社 2013、2014 年版。

Werfel,1890—1945)。①

到相对稳定时期,表现主义运动逐渐衰落,原有成员分道扬镳:有的参加无产阶级革命文学运动;有的坚持自由主义立场;有的成为无政府主义者;少数作家投入右翼怀抱。文学评论家密顿茨威埃(Werner Mittenzwei,1927—2014)论述了表现主义的矛盾性:"一方面对一个正在沉沦的社会发出痛苦的呐喊,另一方面又感伤地宣告着一个新世界的到来。"②不过,表现主义对 20 世纪现代艺术的发展有着直接的重要影响。

达达主义是出现于一战期间欧美的文艺流派和国际先锋派活动,在德国,其代表人物包括作家巴尔(Hugo Ball,1886—1927)、亨宁斯(Emmy Hennings,1885—1948)、许尔森贝格(Richard Heulsenbeck,1892—1974)、诗人和美术家阿尔普(Hans Arp,1887—1966)等。他们反对传统的艺术创作,反对资产阶级的价值观和社会秩序。1917 年,许尔森贝克回到德国,成立了柏林达达社。1920 年,柏林举行首届国际达达主义展览会。达达主义仅仅是魏玛斑斓文化中的小插曲,20 年代初期逐步失去活力。

在相对稳定时期,新客观主义不仅在文学艺术领域取代表现主义,而且还延伸到社会生活的方方面面,成为一种时尚的生活方式。新客观主义作家抛弃非理性的幻想,摆脱激情和英雄主义的羁绊,主张按生活的本来面目进行创作,客观冷静描写生活,清醒理智把握现实;追求作品的客观性、真实性、文献性和纪实性;致力于"小人物"的塑造,并以戏仿和讽刺的方式来揭露时代弊端。当时的知名记者基希(Egon Erwin Kisch,1885—1948)在新闻报道的基础上,发展了报告文学的艺术形式。凯斯特纳(Erich Kästner,1899—1974)以其短小精悍的讽刺散文独树一帜。法拉达(Hans Fallada,1893—1947)的长篇小说则反映了世界经济

---

① 关于卡夫卡是否属于表现主义小说家,有不同看法。韩耀成:《德国文学史》第 4 卷,译林出版社 2008 年版,第 200 页。
② 李伯杰:《德国文化史》,北京对外经济贸易大学出版社 2002 年版,第 314 页。

危机给社会底层人物带来的灾难。战争题材的小说也打上了新客观主义的烙印。容格尔、格林(Hans Grimm,1875—1959)的小说公开鼓吹争夺海外殖民地。反战小说家的代表是雷马克(Erich Maria Remarque,1898—1970)、雷恩(Ludwig Renn,1889—1979)和茨威格(Arnold Zweig,1887—1968)。

魏玛中后期,无产阶级文学革命运动形成一个声势浩大的新高潮。1928年10月,德国无产阶级革命作家联盟成立,成为共产国际领导下的国际革命作家联合会的德国分部,由贝希尔(Johannes Robert Becher,1891—1958)任主席,有成员约500人。联盟创办了机关刊物《左翼》。在联盟领导下,作家对重大文艺和美学问题展开论争,在创作上取得丰硕成果。

还有一些重要作家,既不属于表现主义流派,也不属于新客观主义阵营。豪普特曼(Gerhart Hauptmann,1862—1946)和托马斯·曼(Thomas Mann,1875—1955)是两大文豪,分别获得1912年和1929年诺贝尔文学奖。豪普特曼曾是德国自然主义戏剧的代表人物,后来又创作过表现无产阶级群众斗争的现实主义杰作《织工》。托马斯·曼以长篇小说《布登勃洛克一家》而成名。一战后,他曾发表《一个不问政治者的看法》,反对民主政治。但他不久思想发生变化,转而支持共和国。黑塞(Hermann Hesse,1877—1962)是瑞士籍德语作家,早期作品主要是浪漫主义诗歌和田园诗风格的抒情小说,后来则充满苦恼和迷茫、彷徨的气息,如《荒原狼》(1927),1946年获得诺贝尔文学奖。格奥尔格(Stefan George,1868—1933)是诗人,所谓"为艺术而艺术"文学思潮的主要代表,崇尚法国象征主义。以他为中心的文学圈子被称为"格奥尔格圈"。他的艺术主张曾受到纳粹推崇,但他本人却不愿与纳粹同流合污,最后客死他乡。此外,体现魏玛时代精神的典型作家还包括亨利希·曼(Ludwig Heinrich Mann,1871—1950)、瓦塞尔曼(Jakob Wassermann,1873—1934)、德布林、茨威格、弗兰克(Leonhard Frank,1882—1961)和福伊希塔万格(Lion Feuchtwanger,1884—1958)等人。

德国左翼作家多集中在《世界舞台》周围。20 年代,《世界舞台》支持男女平等,主张取消对人权的限制(包括同性恋和堕胎),要求对司法和官僚机构进行改革,倡导和平主义。它倾向独立社会民主党,拒绝无产阶级专政,轻视多数派社民党。其明星作者是图霍尔斯基(Kurt Tucholsky,1890—1935)。①

魏玛时期,戏剧最直接、最迅速地表现了时代精神,得到长足发展。表现主义戏剧作品大多表现两代人之间的冲突,反对权威,尤其是父辈权威,反对既有的价值观点和标准,批判机械文明和物质主义,赞扬情欲享受,以及呼唤一代新人的诞生。剧情荒诞离奇;结构松散零乱;语言简洁,具有电报式和梦呓的特点,但独白往往很长。享有盛名的表现主义剧作家有凯泽(Georg Kaiser,1878—1945)、托勒尔、斯台恩海姆(Carl Sterheim,1878—1942)、科柯施卡(Oskar Kokoschka,1886—1980)和巴拉赫(Ernst Balah,1870—1938)等。到 20 年代中期,表现主义戏剧逐渐退潮,新客观主义在戏剧上体现为大众剧的兴起,卡巴莱说唱艺术、轻歌剧和时事讽刺剧的盛行,戏剧形式也由悲剧向喜剧转化。

大众剧往往以民间传说和童话为基础,多采用诙谐风趣的形式,描写典型的地方环境,并用方言俚语来刻画和塑造人物,具有浓郁的地方特色。著名的大众剧作家有霍瓦特(Oedon von Horvath,1901—1938)和楚克迈耶(Carl Zuckmayer,1896—1977)等。

1925—1930 年间,时代剧颇受欢迎,著名的时代剧作家有沃尔夫(Friedrich Wolf,1888—1953)和兰佩尔(Peter Martin Lampel,1894—1965)。

一些表现主义作家也创作喜剧。如斯台恩海姆出版了"资产阶级的英雄生活的喜剧"第四部《化石》(1923 年发表,1925 年出书);哈萨克勒费尔(Walter Hasenclever,1890—1940)继第一部喜剧《还算不错的老

---

① C. Paul Vincent, *A Historical Dictionary of Germany's Weimar Republic*, *1918 - 1933*, pp. 529 - 530.

爷》(1926)后,又写了另一部喜剧《在天堂缔结的婚姻》(1928)。

与戏剧创作繁荣伴随而来的是戏剧舞台的革命。对表现主义剧场艺术做出贡献的导演主要有莱因哈特(Max Reinhardt,1873—1943)、耶斯纳(Leopold Jessner,1878—1945)等。他们不仅主持上演针砭时弊的时代剧,还将许多被视为难登大雅之堂的剧目搬上舞台。他们还尝试运用灯光、采用群众场面等非传统手段,力图缩短舞台与观众之间的距离。二十年代出现于德国的政治剧、叙事剧,是对 20 世纪西方戏剧的重大革新,其代表人物是皮斯卡托(Erwin Piscator,1893—1966)和布莱希特(Bertolt Brecht,1898—1956)。特别是布莱希特在戏剧理论方面,摆脱了以亚里士多德美学为基础的传统戏剧,系统建立了叙事性戏剧,即"叙事剧"理论。

共和国时期产生了具有国际影响的作曲家。如施特劳斯(Richard Strauss,1864—1949)、普菲茨纳(Hans Erich Pfitzner,1869—1949)、欣德米特(Paul Hindemith,1895—1963)和勋伯格(Arnold Schoenberg,1874—1951) 等。施特劳斯担任过维也纳国家歌剧院指挥,创作具有典型的晚期浪漫主义音乐风格,尤以配器效果丰富、乐队规模宏大著称。早期以交响诗创作为主,1900 年后转向歌剧,不少作品至今仍被上演。其乐风和技法标志着 19 世纪末叶晚期浪漫主义向 20 世纪"新音乐"的过渡。欣德米特的作品倾向于新古典主义的音乐风格,创作了各类乐器组合的重奏音乐,奏鸣曲均属这一风格。勋伯格是奥裔作曲家,早期作品基本上属晚期浪漫派风格,后来探索一种新的无调性的音乐风格。他的无调性音乐和十二音音乐对 20 世纪现代音乐的发展产生巨大影响。

表现主义也体现在绘画中。1905 年,桥社成立于德累斯顿。其发起者和主要成员包括基希纳(Ernst Ludwig Kirchner,1880—1938)、黑克尔(Erich Heckel,1883—1970)、施密特—罗特卢夫(Karl Schmidt-Rottluff,1884—1976)、米勒(Otto Müller,1874—1930)、佩希施泰因(Max Pechstein,1881—1955) 等。1911 年,康定斯基(Wassily Kandinsky,1866—1944)在慕尼黑成立青骑士社。表现主义画家反抗传

统美学标准和艺术表现形式,要求艺术革新。他们强调艺术的表现力和形式的重要性,反对机械模仿客观现实,擅长色彩、线条、形状的运用,以表现"精神的美"和"传达内在的信息"。表现主义艺术在相对稳定时期发生嬗变。1923年,艺术史家哈特劳布(Gustav Friedrich Hartlaub,1884—1963)在一次画展的邀请函中,第一次用"新客观主义"称呼表现主义后忠实于"可以摸得着的现实"绘画。该时期著名艺术家还有珂勒惠支(Käthe Kollwitz,1867—1945)。她是女版画家、雕塑家,主要创作描绘反战与反饥饿主题,例如木刻组画《战争》、石版画《面包》和木刻组画《无产者》以及《磨镰刀》等。

这一时期,德国在现代实用建筑方面也走在世界前列。从20世纪初开始,德国一改过去追求装饰繁缛豪华的建筑传统,出现了简单化、实用化的趋势。1919年,格罗皮乌斯(Walter Gropius,1883—1969)接任美术学校校长,将之同魏玛美术学院合并,组建国立包豪斯学校(通称"包豪斯")。包豪斯提倡客观对待现实世界,在创作中强调以认识活动为主,批判复古主义。它认为现代建筑包罗万象,应该把各种不同的技艺吸收进来,成为一门综合性艺术。它强调建筑师、艺术家、画家必须面向工艺。1925年,包豪斯由于在学术见解上同当地名流发生分歧,迁至德绍,改名为"造型设计学院"。1932年它又迁往柏林,不久停办,教师大多流往国外,包豪斯的学术观点和教育观点随之传播至世界各国大学。共和国时期著名建筑学家还有布鲁诺·陶特(Bruno Taut,1880—1938)、马科斯·陶特(Max Taut,1884—1967)、门德尔松(Erich Mendelsohn,1887—1953)、迈尔(Ernst May,1886—1970)、夏龙(Hans Scharoun,1893—1972)、瓦格纳(Martin Wagner,1885—1957)等。

(四)大众文化的繁荣

魏玛共和国时期,大众文化出现了繁荣。德国有教养的中产阶级和市民阶层在恶性通货膨胀中受到沉重打击,与此同时,城市职员队伍迅速扩大,逐渐形成一种"职员文化"。20世纪新崛起的大众媒体,如电影、照相、收音机、留声机等,改变了文化传播载体和形式,催生了跨越文化、经济领域"文化工业"的勃兴。20世纪20年代,美国大众文化风靡全球,对德国大众文化发展产生了不容小觑的影响。

德国大众文化的中心是柏林。1929年柏林拥有430万人口,位居伦敦和纽约之后,是世界第三大城市。柏林有数量最多的报纸,还拥有巨大的出版机构、剧院、音乐厅和政治"卡巴莱"。在通讯方面,有世界上最快的地铁和最稠密繁忙的电话线。柏林是欧洲文化之都,20年代是"柏林的10年"。一战后,柏林成为欧洲娱乐之城。各式各样的舞蹈风靡一时,其中最具代表性的是查尔斯顿舞;柏林在"轻快艺术"、卡巴莱、滑稽剧、电影、流行音乐等方面超过巴黎,成为各种形式艺术表演的大舞台,"阳台"、"阶梯"等大歌剧院夜夜歌舞升平,场场座无虚席。凡是新的东西都能在柏林找到生产之地。

在诸多大众媒体中,报纸无疑处于首位。1928年德国一共有3356种报纸,其中仅柏林一地就拥有147种。[1] 1932年,德国报纸上升到4703种,总发行量为1860万份。[2] 大多数报纸发行量不大,只有26种报纸发行量超过10万份。1930年4月,由乌尔斯坦因出版的《柏林早邮报》日发行量超过40万份(星期日为62.3万份),位居第一。其他知名报纸如《福斯报》《德意志汇报》日发行量不到10万份。1914年前,柏林的莫斯、乌尔斯坦因、谢尔出版社位列出版界前列。1918年后,与莫斯、乌尔斯坦因对新政权抱有好感形成对比,谢尔出版社逐步沦为反共和的堡垒。通货膨胀以后,德国出版业发生新的变化,传统报纸扩大发行量;像《柏林日报午间版》之类的小报愈来愈流行;许多新杂志出现,如罗沃特出版的《文学世界》和乌尔斯坦因出版的《绿色邮车》和《珊瑚》。《绿色邮车》逢周末出版,1931年7月在城乡的发行量达到125万份。《珊瑚》刊载来自于世界各地印刷精美的图片,为传播自然科学知识作出了贡献;20年代末期,插图杂志每周的发行量达到数百万册。

---

[1] Eberhard Kolb, *The Weimar Republic*, p. 95.
[2] 李银波:《德国西占区报业重建研究(1945—1949)》,中国社会科学出版社2012年版,第10页。

1918 年后,电影成为有影响的大众媒体。1911 年德国只有 11 家电影公司,到 1922 年达到 360 家。[1] 一战前电影院有 2000 家,1918 年上升至约 2300 家,座位 80 万个;1930 年超过 5000 家,座位达到 200 万个;据估计,20 年代中期,每天看电影的人数达 200 万。1928 年就卖出 3.53 亿张票;每个成年人平均每年到电影院约 9 次。[2] 在 20 年代和 30 年代初,德国生产的电影超过欧洲其他国家的总和。

德国电影工业始于 1917 年建立的"环球电影股份有限公司"(乌法 UFA)。乌法招聘了当时著名的电影导演卢贝奇(Ernst Lubitsch, 1892—1947)、帕布斯特(Georg Wilhelm Pabst,1885—1967)。1919—1924 年间,德国生产了不少高水平的电影。除了场面恢弘的历史片、性爱片外,德国还以充满想象的表现主义电影著称。维尼(Robert Wiene, 1873—1938)导演的《卡利卡利大夫的小屋》反映出一个充满恐惧、是非颠倒的非现实世界,是表现主义电影的杰作。其他著名的表现主义电影还包括朗(Fritz Lang,1890—1976)的《马布泽大夫,赌徒》(1922)、穆尔瑙(Friedrich Wilhelm Murnau,1888—1931)的《诺斯费拉杜,恐怖交响曲》(1922)。

恶性通货膨胀平息后,以美国电影为代表的外国影片长驱直入,德国电影厂家纷纷倒闭,1927 年"乌法"为胡根贝格的康采恩接管。20 年代后半期,卓别林(Charlie Chaplin,1889—1977)的喜剧在德国走红,1926 年《淘金记》在德国风行一时;苏联电影在德国也颇受欢迎,1926 年爱森斯坦(Sergey Eisenstein,1898—1948)的《战舰波将金号》在德国上映。德国这一时期的艺术电影中"新客观主义"占了上风。帕布斯特导演的《没有欢乐的小巷》(1925)以一个中产阶级家庭的毁灭为例描述了通货膨胀给社会带来的毁灭性灾难。在鲁特曼(Walter Ruttmann, 1887—1941)的电影《柏林——一个大城市的交响曲》(1927)中,居主体

[1] Walter Laqueur, *Weimar:A Cultural History 1918 - 1933*, London:Phoenix Press, 2000, p. 230.

[2] Eberhard Kolb,*The Weimar Republic*, p. 96.

地位的是小孩、老年人、工人和家庭妇女。

20 年代后期有声电影的出现,给处于危机中的电影工业注入新鲜血液。1930 年 4 月 1 日,德国第一部由斯坦伯格(Josef von Sternberg,1894—1969)导演,强宁斯(Emil Jannings,1884—1950)、黛德丽(Marlene Dietrich,1901—1992)主演的有声电影《蓝天使》上演。之后又有一批批判社会的有声电影问世。据统计,1929 年德国生产的 183 部故事片中,有声电影仅 8 部;到 1932 年,所产的 127 部电影全为有声电影。随着有声电影制作成本的上升,到 1932—1933 年,德国电影业已集中到三家大的康采恩:乌法、托比斯、特拉。

收音机是魏玛时代听觉革命的最重要成就。1920 年,政府对收音机广告颁发许可证,1923 年,政府为建立广播发射台和生产收音机开了绿灯。1923 年 10 月 29 日,德国娱乐电台在柏林的福克斯豪斯首播。1926 年,国家无线电广播公司建立。收音机用户不断增加。1923 年 10 月,200 多名听众收听了公共娱乐电台的首播。1924 年 4 月 1 日,听众人数约为 1 万人,1931 年 4 月 1 日为 37 万人。[1] 尽管经历了经济大危机,但到 1932 年 3 月,听众人数达到 400 万,位居英国之后,居欧洲第二位。1932 年 4 月 1 日,大约每 4 个家庭就拥有 1 台收音机,在城市,这个比例上升至 2∶1。

大众娱乐方式更加丰富和多元化。在戏剧方面,除了大众剧外,卡巴莱说唱艺术、轻歌剧和时事讽刺剧盛行一时。卡巴莱既是一种非常流行的说唱艺术形式,又指代表演这种艺术的场所,一般是啤酒馆或者综艺小剧场。1919—1920 年冬,由图霍尔斯基和梅林(Walter Mehring,1896—1981)作词、霍兰德(Friedrich Hollaender,1896—1976)和海曼(Werner Richard Heymann,1896—1961)作曲的卡巴莱《声与烟》首演成功;柏林、慕尼黑等大城市都有很多卡巴莱酒馆,图霍尔斯基、魏纳特(Erich Weinert,1890—1953)等诗人经常在卡巴莱吟唱自己的作品。最

---

① Eberhard Kolb,*The Weimar Republic*, p. 98.

具代表性的卡巴莱诗人林格尔纳茨(Joachim Ringelnatz,1883—1934)是著名的新客观主义作家,也是"实用诗"的代表作家之一。轻歌剧常以浪漫和多愁善感的情节为特征,并伴有歌曲、管弦乐和舞蹈。德国拥有约翰·施特劳斯等杰出轻歌剧作曲家。1927—1929 年,勒哈尔(Franz Lehár,1870—1948)的轻歌剧《察列维奇》(1927)、《弗里德里希》(1928)、《微笑之国》(1929)在柏林上演;1930 年是贝纳茨基(Ralph Benatzky,1884—1957)的《小白马饭店》之年;1931 年,亚伯拉罕(Paul Abraham,1892—1960)的《哈瓦伊的花》初演。① 时事讽刺剧以时代问题为题材,将歌唱、舞蹈、音乐、滑稽短剧和独角戏等非叙事性表演融为一体,将戏剧或歌剧滑稽化,讽刺当时的人或事,揭露流行的丑闻。莱因哈特、利耶斯纳和皮斯卡托都执导过时事讽刺剧。此外,恩格尔(Erich Engel,1891—1966)、费林(Jürgen Fehling,1885—1968)也都是当时著名的时事讽刺剧导演。恩格尔是德国舞台上布莱希特戏剧的一位著名诠释者,1928 年他执导的布莱希特的《三毛钱歌剧》在柏林首演,取得巨大成功。20 年代中期,时事讽刺剧成为柏林最流行的现场娱乐形式,1926—1927 年间,柏林提供了不下九场时事讽刺剧,观众达 1.1 万人。

20 年代被称为爵士音乐的黄金时代。1925—1926 年美国爵士管弦乐队在德国巡回表演,使爵士乐迅速传遍德国。黑人女歌星、舞蹈家贝克尔(Josephine Baker,1906—1975)迅速征服柏林夜生活。在德国掀起了跳舞狂潮,各种舞姿竞相媲美:美舞(裸体舞)、查尔斯顿舞、狐步舞、探戈舞等风靡一时。1926 年查尔斯顿舞成为德国最流行的舞蹈。

20 年代的德国是一个崇拜体育明星的时代。布莱希特曾打算撰写著名拳击家萨姆森-克尔讷(Paul Samson-Koerner,1887—1942)的剧本;施梅林(Max Schmeling,1905 —2005)于 1930 年成为第一个获得拳击重量级世界冠军的德国人。他们都成为民族英雄。战前只推广足球、自行车、体操等的"工人体操和运动协会"(ATB),1918 年后引进了网球、冰

---

① Walter Laqueur, *Weimar: A Cultural History 1918—1933*, pp. 226—227.

球、帆船和国际象棋等。① 周末乡村散步愈来愈流行;随着野营地和青年旅馆的增加,长途远足和旅行也成为可能。星期日,上百万人涌往足球场。每周有 6 天可以看到比赛。柏林有冠军杯田径赛、汽车赛等,最出名的是柏林 6 日自行车赛。

共和国时期出现了新的大众消费模式。愈来愈多的人尝试赊销,消费上严格的阶级差别开始瓦解。"富裕起来的个人今天感到他们差不多就是下层中产阶级……节俭的观点已松弛。人们……希望享受生活"。② 1932 年,每 1000 人中有 66 人拥有收音机、52 人拥有电话机、8 人拥有小汽车。③ 每周 40 小时工作制、协议假期等新的工作和休闲方式开始出现。俱乐部和各种协会如雨后春笋,"郊外花园运动"不断推广。

大众文化也影响到德国人的时尚、风俗习惯、审美观等。女性戴上装饰繁缛的花帽参加化妆舞会,紧身胸衣渐渐消失,裙子愈来愈短。妇女时兴着短下摆的衣服、女子梳带流苏刘海的发型。20 年代时髦女子(Flapper Style)的形象颇为流行。拥有一份独立的工作、自主自立的"新女性"颇引人关注。

在德国,存在两种潮流,一种是荡妇式的新女性,一种是甘泪卿(Gretchen,《浮士德》中的女主人公)式的传统女性。人们围绕两性问题、婚姻、家庭、优生、优育进行广泛的性启蒙教育。性观念日益开放,性道德趋于松弛。一位德国青年甚至表示:"柏林超过了巴黎。道德风尚更先进了。那些不属于同性恋改扮成异性的男人或女人,或者不属于清教徒集团和通常不为色所动的人,都在以明显或美妙的方式谈情说爱。女人们别的都不要,只要娱乐、进行体育活动就可以委身……我们的生

---

① V. R. Berghahn, *Modern Germany: Society*, *Economy and Politics in the Twentieth Century*, p. 86.

② Eric D. Weitz, *Weimar Germany*, Princeton and Oxford: Princeton University Press, 2007, p. 146.

③ Detlev J. K. Peukert, *The Weimar Republic: The Crisis of Classical Modernity*, p. 174.

活节奏太快了,无法长时间考虑爱情问题。"①

大众文化的兴起和繁荣,对传统的文化和艺术提出了挑战。20 年代,德国艺术家面临着如何调整艺术与生活、艺术与社会关系的重大问题。1929 年德布林疾呼:作家要面向广大的读者群,哪怕适当降低文学的总体水平。② 不少艺术家开始重新思考艺术的形式和作用。新客观主义的兴起在某种程度上是对大众社会和大众文化的回应。大众文化的繁荣也产生了新的问题:在市场经济条件下,大众文化与技术、合理化结合起来,导致了文化产品的标准化、集中化、同一化,出现了艺术品位降低、粗俗化、庸俗化的倾向。文化的艺术质量与其市场价值发生冲突。尤其值得注意的是:淫荡、下流、青年犯罪、两性关系问题等成为工业城市民众日常生活中的严重问题。柏林在获得"欧洲最大的娱乐城市"的同时,也获得了"最腐败城市"的称号。1928 年出版家菲舍尔(Samuel Fischer,1859—1934)悲叹道:"书籍是今天日常生活最可有可无的东西。人们参加体育活动、跳舞、晚上听收音机、看电影……我们在战争中的失败,美国主义的浪潮已改变了我们的品味(口味)和对生活的态度。"③

(五) 教育方面的改革

共和国初期教育改革面临三个主要问题:实现教育公平;建立统一学校建制,重新制定培养师资规划;处理教会、国家和学校三者之间的关系。最后一个问题成为社会普遍关注的重大问题。

德国原来的小学,除了巴登和黑森州外,绝大部分是教会学校。受国家委托,地方和区的学校监督权多半掌握在神职人员手中。大部分小学教师要求取消神职人员对学校的监督,以不分教派的学校或非教会学校代替教会学校。各州对教育进行民主改革,社会民主党、教育学家和专家负责各级教育领导工作。尽管中央党反对学校非教会化,但未能阻

---

① 里昂耐尔·理查尔:《魏玛共和国时期的德国》,李末译,山东画报出版社 2005 年版,第 184 页。
② 李伯杰:《德国文化史》,第 298 页。
③ Eberhard Kolb,*The Weimar Republic*, p. 95.

止学校教育民主改革的进行。

《魏玛宪法》第 146 条规定:必须建立为全体人民而设的共同学校系统,作为中间学校和中等学校的基础;各校招收学生,应根据其能力和志向而定,不得因其父母的经济和社会地位或宗教信仰的派别而有所歧视。虽然宪法第 144 条规定教育的权力归属于各州,但宪法第 10 条授权联邦政府确定整个共和国教育的基本原则。

1920 年 6 月,在柏林国会大厦召开全国教育会议(又称"第一次德国教育工作者议会")。就学校体制组织、教学方法、师资培训、学校与教会的关系等重大问题进行了热烈的讨论。会议建议在学校体制组织上,各州根据自己的情况有计划地进行实验;强调活动和工作在学校教育中的作用;提出应设立专门师资训练机构,教师应具有与国家公务员同等的权利和义务;主张学校与教会分离等。明确了在新的形势下应建立对年轻一代进行充分教育的新基础。这次会议在现代德国教育史上具有重要意义。①

在初等教育方面,根据《魏玛宪法》和 1920 年 4 月通过的《关于基础学校和撤销预备学校的法令》(*Gesetz betreffend die Grundschulen und Aufhebung der Vorschulen*)即《基础学校法》,废除了帝国时期所有附属于中学的贵族化预备学校,建立共同的四年制基础学校(Grundschule),作为国民教育制度的基础。

基础学校的建立为广大来自社会底层的学生提供了接受更高一级教育的机会。1910 年,所有 10 岁学生中只有 8.9% 升入中学一年级,1928 年上升到 17.6%;1913 年德国大学生人数为 7.5 万人,1928 年近11.2 万人。②

在中等教育方面,依然保留帝国时期建立的普通中学(Mittelschule)、文科中学(Gymnasium,高级中学)、文实中学(Realgymnasium)和实科中学

---

① 滕大春:《外国教育通史》第五卷,山东教育出版社 2005 年版,第 338—339 页。
② 卡尔·迪特利希·埃尔德曼:《德意志史》,第四卷,上册,第 331 页。

(Oberrealschule)。从 1922 年起，在上述中等学校模式之外，开始创设 9 年制的德意志中学（Deutsche Oberschule，高级中学）。它与其他三类 9 年制中学一道被称为完全中学。德意志中学的课程以德语、历史、宗教（"青年运动科目"）和艺术作为教育的主课。普鲁士的 12 个省均建立了这种中学。

另外，还增设了 6 年制的上层文科中学（Aufbauschule）。它建立在国民学校第七年级之上，招收年龄超过中学入学年龄（10 岁）但已读完高等国民学校三年级的成绩优异者，以便让他们经过 6 年的学习通过中学毕业考试再升入大学。这种独立的新型中等学校被称为非完全中学。大多设在小城市。它的课程内容具有德意志中学或实科中学的性质。

在高等教育方面，在科隆和汉堡创立了两所新型大学。各种类型的高等技术学校建立起来。曾长期担任教育部长的贝克尔（Carl Heinrich Becker，1876—1933）强调：德国大学要成为讲授科学和研究学术的场所，实行大学自治。1920 年正式发表的《关于民众高等学校和自由民众教育的指导原则》文件，明确提出开放高等教育，为民众提供享受高等教育资源的机会。

尽管共和国力图建立从幼儿园到大学的统一的学校制度，但由于学校由各州管理，加上共同的基础学校的设备和教学质量差，在图林根和巴伐利亚等一些地区重新开办了预备学校。另外，昂贵的中等学校学费，使低收入家庭的学生仅约占中等学校人数的 1/3，绝大多数学生仍是富家子弟。共和国的教育结构依然带有双轨制的性质。

在师范教育方面，政府十分重视中小学教师的培养，关闭了建立在八年国民学校之上的教师讲习班和预备班。从 1924 年起，初等学校教师由师范学院培养。中等学校教师由四年制大学培养。担任中等学校教师须经学业考试合格才能获得见习教师资格，在见习与试教两年后，经专业考试合格担任助理教师，日后再经过正式任命才最终成为任期终身的中学教师。1931 年仅普鲁士就开办师范学院 15 所。[①]

---

① 贺国庆、王保星、朱文富：《外国高等教育史》（第二版），人民教育出版社 2006 年版，第 405 页。

在职业教育方面，《魏玛宪法》明确规定实行 8 年义务教育之后，还须接受义务职业教育，直到年满 18 岁。1920 年 6 月，全国学校委员会（Reichsschulausschuss）将补习学校和进修学校统一改名为"职业学校"（Berufsschule）。共和国保留了帝国时期的职业教育形式；取消学费，增设现代史、公民学、家庭卫生学、烹饪、缝纫等课程。1925 年柏林市制定了"柏林职业学校的市条令"，开办职业学校 43 所，学生人数达 5.3 万。

魏玛时期正处于欧洲新教育运动发展的兴盛时期。许多教育家在教学方法、课程设置等方面提出了改革主张，形成了"改革教育学"运动。这一运动强调劳动教育、艺术教育，主张"从儿童出发"，反对学校强制性的教育手段。

共和国时期，德国新教育家利茨（Hermann Lietz，1868—1919）创建的"乡村教育之家"（Landerziehungsheime）成为颇有影响的运动。柏林不少学校每年将 12—18 岁的学生送到城市所设的乡村之家生活，为期3—4 周。乡村教育之家将智力活动与体育活动、社会教育和艺术欣赏结合起来，教师和学生打成一片。"乡村教育之家运动是魏玛共和国时期最令人感兴趣的发展之一"。[1]

学校重视发挥学生的主体作用，规定：每个班级的学生可选举两位"演讲者"，代表学生向教师和领导反映希望和要求。"演讲者委员会"聘请教师作顾问，并在教师和学生团体之间充当中间人。有些中学也实施了自治制度。学生成立了西班牙语、意大利语、哲学、戏剧阅读和表演等兴趣学习小组。

家长参与学校管理。每个家庭选出成员，每 50 个学生产生一名代表，组成"家长委员会"，委员会每 15 天召开会议，教师可以咨询的名义参加会议，家长委员会对卫生、手工劳动、图书馆、出游等发表自己的意见。甚至课程与教材，也须在教师和家长委员会之间达成共识后决定。[2]

---

[1] 滕大春：《外国教育通史》第五卷，第 344 页。
[2] 里昂耐尔·理查尔：《魏玛共和国时期的德国》，李末译，山东画报出版社 2005 年版，第 127—128 页。

　　德国大学中女生人数增长迅速;受过大学教育的女子不仅可以担任中学教师,而且也可以获得学校管理者和学校督学的职位。大学提倡合作与自治精神,注重培养思考力和创造力。国家对大学教育给予大力支持,保证大学教学和研究的自由。不仅战前受排挤的犹太人、社会主义者、女性进入大学教师队伍,而且不同的学术流派也被介绍到大学课堂。不少著名学者都活跃在大学讲台和学术界。

　　根据国家与教会分离的原则,共和国在德国教育史上第一次取消了教会对公共教育进行干预的权利,禁止教士管理学校。然而,由于围绕教育问题错综复杂的利益和斗争,宗教教育问题实际上依然没有解决,成为国会和州议会激烈争论的问题。

　　政府大力推进教育民主化,扩大受教育的机会,对各级学校进行改革,使学校教育获得较快发展。据统计,1927 年在全国 6400 万人口中,6 岁以上不识字者仅占 0.03%。20 年代大学生基本上保持在 12 万左右,1930 年夏已达 13.2 万人,其中女大学生为 1.94 万人。[①] 1929—1930 年大学生人数占总人口的 2.0‰。[②]

　　德国大学在社会上享有崇高地位,其组织和学术传统得以继续,学术成就为世界一流。1901—1940 年间,德国科学家在诺贝尔奖获得者中占绝对优势,共计 36 人,占全部获奖者的 1/4 强,仅次于德国的英国为 22 人,美国为 15 人。[③]

　　另一方面,德国不少大学教授和中小学教师不理解学校改革,有些家长对改革抱不合作态度;德国右派报刊则大力反对学校改革的具体举措,使得政府复兴教育的许多努力未能如愿。

　　更严重的是,德国教育中仍然充满民族沙文主义和军国主义精神。德意志中学在办学方针和课程内容的设立上突出日耳曼主义和德意志化,几乎所有大学校长都是从保守分子中产生,有些校长本身就是明显

---

① 常导之:《德国教育制度》,钟山书店 1933 年版,第 35—36 页。
② 里昂耐尔·理查尔:《魏玛共和国时期的德国》,第 229 页。
③ 戴本博:《外国教育史》下,北京人民教育出版社 1990 年版,第 146 页。

的反动分子,多数大学机构拒绝议会民主制,大学中充斥的是赞成民族主义和反民主的知识分子流派。1914年前占主导地位的观念毫无断层地被保留下来:在所有大学,君主制崇拜和反犹主义依然居于统治地位。

1918年末到1920年,志愿军团在学生中大量招募成员,莱比锡、马尔堡(Marburg)、埃尔兰根等大学甚至决定关闭大门,以方便招募工作;在卡普暴动过程中,50余万名学生和大学教师卷入。1932年法国人格兰在柏林惊奇地发现:他的大学同学多数相当亲近纳粹党。多数大学最终接受了希特勒上台的现实。1935年亨利希·曼在一篇文章中评论:"在各大学里,人们很有可能为新制度(即纳粹政权)深感失望。但人们不可能抹煞,也不可能忘记一个事实,正是大学为这制度提供了最初的那批宣传者。"[1]

魏玛文化诞生在德意志帝国晚期。共和国宽松的自由气氛、社会大变局中的动荡的现实、文化的开放和包容等,给魏玛文化提供了巨大发展空间。魏玛文化所代表的创新精神和人文价值理念再现和延伸了西方人文精神,对欧洲和世界文化产生重要影响。但它也留下了帝国文化的阴影,存在着诸多直到今天仍然值得反思的问题。

---

[1] 里昂耐尔·理查尔:《魏玛共和国时期的德国》,第136、139、144页。

第三章　魏玛共和国的危机与覆灭
（1929—1933）

　　1929 年世界经济大萧条的爆发，让魏玛共和国走上了一条不归路。由经济危机带来的失业保险制度争论，葬送了最后一届大联盟政府。三届总统内阁的实践一步步地把权力移交给纳粹党。最终，魏玛民主的幕布在 1933 年 1 月 30 日希特勒被任命为德国总理的喧嚣声中徐徐降下。

第一节　1929 年大危机与大联盟的破裂

一、1929 年世界经济大危机对德国经济的冲击

　　1928 年 6 月 28 日，社民党的米勒组阁成功。这届内阁由从左到右的 5 个政党组成，执政时间长达 636 天。它是魏玛共和国政治历史上覆盖面最广、寿命最长的一届政府。然而，其落幕之时却宣告了议会民主制的终结。这种跌宕起伏的发展既同魏玛民主的结构性缺陷密切相关，也源于世界经济大萧条所引发的巨大冲击。内外困境的交织，为反民主势力与激进民族主义者提供了适宜快速生长的土壤。在反《杨格计划》的公投运动中，长期被边缘化的纳粹党找到了扩大影响力的舞台。不过，导致大联盟政府下台的直接因素，却仅仅是有关是否以及如何提高失业投保金的问题。千分之五的投保比例浮动不仅浇灭了联盟政党之

间极为脆弱的合作愿望,而且还撕裂了民主运行的基本原则,最终让德国走上了通往独裁之路。

有关米勒内阁倒台究竟是源于外来冲击、还是内生混乱所致的争论,并牵涉到此后对于布吕宁内阁反萧条政策的评价问题,一直是魏玛史研究的焦点之一。在这方面,波尔夏特(Knut Borchardt,1929—)提出的"危机前的危机"理论(Krise vor der Krise)[①]尽管只针对经济问题,而且至今仍有争议,但的确很好概括了世界经济大萧条爆发之前米勒内阁所遭遇到的内外困境,点出了魏玛共和国在政治、经济和社会领域中已经出现的危机场景。

场景之一是渐渐消失的"政党国家"。"政党国家"(Parteienstaat)指的是在现代民主社会中由政党担当核心角色的一种国家形式。它被视作市民社会拥有共决权的表现。[②] 魏玛共和国正是这样一种"政党国家"。一般而言,国会中的第一大党领衔组阁。但是,为了形成国会多数,以保证政府决策不致受到阻遏,联合其他政党也是不可避免的。当然,内阁稳定性受到每次大选结果的影响,而且组阁政党越多,矛盾也会随之增加。不过,在此前的政治史上,内阁部长们与本党之间的关系基本上是明确的,即国会党团支持本党部长在内阁中的行动,部长则尽力反映本党的利益诉求。不少魏玛政治家正是由此而名扬全国,如中央党的布劳恩斯(Heinrich Brauns,1868—1939,长期担任劳动部长)、人民党的施特雷泽曼等。

但是,米勒内阁这个魏玛政治史上覆盖面最广、生存时间最长的政

---

① 该理论认为,米勒内阁倒台和布吕宁内阁的反萧条措施都是毫无选择余地的经济政策发展之结果。其中,公共开支不断扩大的趋势使得魏玛经济在世界经济大萧条来临之前已经面临无法维系的危机。参见 Knut Borchardt, „Zwangslagen und Handlungsspielräume in der großen Weltwirtschaftskrise der frühen dreißiger Jahre: Zur Revision des überlieferten Geschichtsbildes". In: *Jahrbuch der Bayerischen Akademie der Wissenschaften*, 1979, S. 85 - 132. 关于该理论的争论情况,可参见 Eberhard Kolb, *Die Weimarer Republik*, S. 212 - 214.

② Everhard Holtmann, *Der Parteienstaat in Deutschland: Erklärung, Entwicklung, Erscheinungsbilder*, Bonn: bpb, 2012, S. 12.

府,却从一开始便流露出与"政党国家"原则背道而驰的浓烈气息。这首先反映在组阁的进程中。①

1928 年 5 月 20 日举行了共和国的第 5 次国会大选。社民党仍然是第一大党,而且选票增长了 130 万张,国会议席从 131 个增加到 153 个;中央党丢掉了 7 个议席,但联合巴伐利亚人民党,仍以 78 个议员数量居于第二;民族人民党的议席减少到 73 个;共产党增加了 50 万张选票,以54 个议席超过人民党的 45 个议席。②

由于"魏玛联盟"政党的议席之和只有 49.8%,不到半数,所以必定要再寻找一个政党作为盟友。在左右两个极端派别共产党和民族人民党绝不会答应的前提下,人民党便成为唯一选择。这自然给该党"奇货可居"的要价机会。其党团提出,人民党参加普鲁士州政府是其加入中央内阁的前提。

孰料,这一要求迅速激化了社民党和人民党的内部矛盾。对于社民党而言,它作为国会第一大党,出面组阁是必然之举。问题在于,是否可以为了中央政府而牺牲地方利益?倘若时任普鲁士州长的布劳恩被社民党议会党团选为总理,上述问题或许可以迎刃而解。但是,此举又容易引发人们联想到此前帝国首相与普鲁士首相合二为一的传统。正因如此,社民党最终选择了米勒。无法如愿的布劳恩便在党团会议上坚决抵制人民党的谈判条件。

而在人民党内部,主席施特雷泽曼与议会党团主席朔尔茨(Ernst Scholz,1874—1932)同样产生了激烈冲突。前者长期参加中央政府,站在共和国的立场上,批评议会党团的方案。后者却在党团中通过决议表示"党和议会党团的正确领导是以所有参加政治决策的人互相之间的以及他们同议会党团领袖经常保持联系作为前提的"。

最终,组阁风波在施特雷泽曼以其威望赢得党内支持、并同米勒联

① 以下内容若无特别注明,均引自埃里希·艾克:《魏玛共和国史》,下卷,第 155—164 页。
② 海因茨·赫内:《德国通向希特勒独裁之路》,第 33 页。

手的情况下得以平定。但在此之后,在社民党内部,总理米勒不得不随时面临布劳恩的强大挑战;在人民党内部,施特雷泽曼去世后,进入内阁的部长们越来越受到议会党团的掣肘。正是在这一意义上,人们把米勒内阁冠名为"要人内阁"(Kabinett der Persönlichkeiten)。在魏玛民主政治的舞台上,"要人内阁"既然失去了本党的支持,便注定在将来的各项事务中举步维艰。正如《柏林日报》(Berliner Tageblatt)所言,新政府就是"一个带着深入骨髓的持久性危机的内阁"。[①] 在这一意义上,大联合政府的出现"并不证明议会民主制日益稳定,反而透露出这种制度持久存在的弱点。"[②]

"政党国家"继续解体的第二个例证反映在有关 A 型装甲舰的建设计划之争中。此事启动于上一届内阁,但在国会受阻。社民党曾在竞选中提出过"要儿童食品、不要装甲巡洋舰"的口号,布劳恩也多次在参议院中代表普鲁士州反对该计划。米勒内阁成立后不久,国防部长格勒纳在内阁会议上提出重启建设计划,并得到一些部长的附和。为避免引发新一轮内阁冲突,米勒和其他社民党部长做了妥协,在 8 月 10 日的内阁投票中批准了该计划。

此举在社民党议会党团中引发巨大争议。各路人马指责部长们的态度,但又不愿意让他们辞职了事。最终,米勒等人在党内反对派的压力下,被迫在 11 月 17 日国会投票中,反对自己所主持通过的这项决议。尽管该计划仍然有惊无险地得以通过,但米勒内阁的威信却严重受损。[③]

反对议会民主制的政治力量不断上升,进一步构成"政党国家"消失的第三种动力。尽管从 1928 年的选举结果看,左右两翼极端党派的总体席位从 148 席下降到 137 席,但它们对魏玛体制的攻击反而增强。

共产国际"六大"召开后,共产党结束了联合阵线政策,主动与社民

① Hagen Schulze, *Weimar. Deutschland 1917—1933*, S. 306.

② Heinrich August Winkler, *Arbeiter und Arbeiterbewegung in der Weimarer Republik*, Bd. 2: Der Schein der Normalität, 1924—1930, Berlin: Dietz, 1985, S. 527.

③ 米勒内阁讨论纪要,Nr. 15。

党拉开距离。A 型装甲舰的建设计划为共产党提供了批判社民党的极好机会。8 月 27 日,在共产党的主持下,反对建造装甲舰公民表决全国委员会成立。该运动随后演变为"一次反军国主义的重要行动"。[①]

民族人民党和中央党都加强了右转的速度。在民族人民党内,温和右翼韦斯塔普伯爵(Graf Kuno von Westarp,1864—1945)让位于极端右翼领袖胡根贝格(Alfred Hugenberg,1865—1951)。高级教士卡斯(Ludwig Kaas,1881—1952)当选为中央党主席。典型的"普鲁士式的民族主义保皇派"[②]布吕宁(Heinrich Brüning,1885—1970)被选为议会党团主席。他们都对政府的内政外交提出诸多不满。

由此,在联合执政的政党之间、在内阁部长同其议会党团之间、在反对党与现存体制之间,甚至在执政党与共和国之间,都产生了日益明显的张力。这些张力汇聚在一起,便形成了对"政党国家"的巨大挑战。

场景之二是经济结构虚弱不堪。同政治局势相比,经济问题在 1929 年之前并不那么明显,但赔款总额悬而不决与经济结构上的虚弱性,仍是米勒内阁必须认真对待的难题。

《道威斯计划》从未确定赔款总额,这让民族主义者找到了攻击目标,认为此举是让德国人民"永远担负奴役劳动"。进而观之,它确实也不是彻底解决问题的途径。根据计划,德国通过向国外借贷来筹款的机制以完成每年逐步增加的赔款额度。而事实上,德国每年新增的国外借贷远远超过当年应还的到期债务和利息。在 1924—1929 年所谓"黄金年代"中,德国新增纯债款为 135 亿马克,而同时期德国支付的总赔款额却只有 85 亿马克![③]

战胜国也看出了该计划的问题。1928 年底,以美国通用电气公司经理杨格为首的专家委员会已经制定出比该计划更有利于德国的《杨格计划》。不过,在讨论《杨格计划》的过程中,米勒内阁的盘算更为复杂一

---

① 洛塔尔·贝托尔特等编写:《德国工人运动史大事记》,第 2 卷,第 235、239 页。
② 威廉·冯·施特恩堡主编:《从俾斯麦到科尔——德国政府首脑列传》,第 337 页。
③ 卡尔·哈达赫:《二十世纪德国经济史》,第 32 页。

些。外长施特雷泽曼认为政治优先于经济,德国可以接受合理的赔款方案,但必须收回莱茵区和鲁尔区。[①] 关于这一点,本书后文还将涉及。

但是,接受赔款又是在承认德国战争罪责的逻辑基础之上的,而这一点恰是民族主义者极其痛恨的。如此一来,米勒内阁在赔款问题上的处理引发出更大的一场反政府运动——"反杨格计划公民表决",为纳粹党的崛起提供了绝佳舞台。

与赔款问题相关,经济发展还存在着结构性失调的问题。一方面,农业发展相对缓慢。到1928年底,2/5的东部农庄都是负债的,且不少负债额达到本身资产的2—3倍。另一方面,存在着严重的国际支付逆差。从1924—1929年,德国支付逆差高达34亿马克。

由于德国银行业受到1923年恶性通货膨胀的负面影响,缺少稳定的储蓄资金,因而只能依靠高利率的外国贷款加以弥补。而此举接下去便引发结构性失调的第三个特点,即短期贷款过多。到1930年底,德国私人外债有260亿—270亿马克,其中半数都是短期贷款。与此同时,国家银行的监管力度却很低,没有强制执法的权力,而且商业银行在国家银行中的存款准备金率只有3.8%,远低于战前7.3%的标准,更低于英美通行的9%—10%。这一点直接导致德国后来在世界经济大萧条中的损失程度较高。

结构性失调的第四个特点体现在已经无以为继的失业保险体制中。当1927年《失业保险法》通过时,政府曾乐观地以为自己解决了重大的社会问题。但事实上,从第二年开始,失业保险金的收支已经出现问题。1927年体制是以80万人失业为资金存储基础的,而到1929年2月,各地劳动局登记的失业人数已接近300万。据财政部长希法亭估算,当年中央政府必须填补4亿马克,才能平衡失业基金。为此,希法亭提出增加酒税、啤酒税、遗产税及财产税,但遭到其他部长的抵制。各党财政专家要求通过削减各种开支和提高现有税收等方式来增加收入。1929年

---

① 威廉·冯·施特恩堡主编:《从俾斯麦到科尔——德国政府首脑列传》,第259、262页。

4 月,希法亭接受了这种权宜之计。但事实证明,这一做法未能解决实际问题,反而埋下更大的祸根。

接受《杨格计划》与否同已经存在的经济结构失调特征结合在一起,不断挑战着米勒内阁的行动能力,正如英国历史学家詹姆斯(Harold James,1956—)所言,"魏玛经济深受内在的不稳定之苦,并且像任何一个不稳定的结构一样,一个小小的冲击,就能摧毁整个结构。"①

场景之三是劳资矛盾愈演愈烈。在社会层面上,"危机前的危机"主要表现在劳资矛盾既无法通过自行调解的方式,也无法借助国家的强制调解来获得纾解。

事实上,从 1924 年开始,劳资自行调解矛盾的可能性已经大幅下降,由国家的强制调解令取而代之,如在 1930 年前针对劳动时间的国家强制性调解令共有 14 个之多,而 70.8% 的五金工人与 96.2% 的矿工的工资合同是由强制性调解达成的。②

然而问题在于:随着经济形势的持续恶化,在劳资双方那里,国家调解的强制性和中间路线(即在劳资诉求的拉锯之间简单寻找中间点)不再受到欢迎。早在 1928 年 1 月,代表劳方立场的《莱比锡人民报》(*Leipziger Volkszeitung*)便把强制调解制度指责为"工会崛起中的障碍"。重工业家们的反应更为强烈,要求劳动法规应"充分关注到经济与劳动道德之间的界限"。③

1928 年,莱茵—威斯特法伦钢铁工业再次爆发大规模劳资斗争。这次事件是经济大萧条前德国出现的最大规模的社会危机,不仅震动了经济界,也让民众感受到风雨欲来的震荡感。年初,鲁尔区五金工会要求

---

① 转引自玛丽·弗尔布鲁克:《德国史,1918—2008》,卿文辉译,上海人民出版社 2011 年版,第 42 页。

② Johannes Bähr, *Staatliche Schlichtung in der Weimarer Republik. Tarifpolitik, Korparatismus und industrieller Konflikt zwischen Inflation und Defaltion*, 1919 - 1932, S. 215, 115.

③ Fritz Tänzler, *Die deutschen Arbeitgeberverbände 1904 - 1929*, *Ein Beitrag zur Geschichte der deutschen Arbeitgeberbewegung*, Berlin: Otto Elsner Verlagsgesellschaft, 1929, S. 219.

所有工人的计时工资增长 15 芬尼，资方则以经济形势处于衰退为由，只愿意给收入最低的工人增加少量工资。国家调解员折中要求资方全面提高工资 6 芬尼。工会接受了这一判决，而资方拒不接受，并联合向内阁抗议。内政部长泽韦林连续发布两个仲裁令，均遭西北工业集团抵制。直到泽韦林做出强制判决，资方才不得不作罢。[①] 但是，西北工业集团随后设立一个斗争基金，按照工人数量，以每月每人 5 马克的额度进行捐赠，来共同反抗国家的强制调解制度。[②]

如此一来，国家失去了控制和调解劳资矛盾的可能性。不仅如此，这种失控的社会危机反过来也对大联盟政府中的利益代理人产生了压力。代表劳方的社民党与代表资方的人民党从此便不可能在劳资纠纷问题上找到妥协之路。

综上所述，早在大萧条来临之前，共和国至少已经在各领域中面临多重危机。米勒内阁的行动空间早已被压缩，而其从左至右的政治光谱又进一步阻碍着迅速达成共识的能力。当 1929 年秋天到来时，最后一根稻草终于落到了魏玛民主这头形似高大实则虚弱不堪的骆驼身上。

在 1929 年世界经济大萧条席卷全球时，德国是美国之外经济衰退最严重的国家。从总体来看，在 1929—1932 年间，整个资本主义世界的生产水平下降 36.2%，其中德国仅次于美国（46.2%），下降了 40.6%。这次危机让整个资本主义世界倒退了 25 年，德国则倒退到 1896 年的水平。

在工业领域中，德国的生产资料指数下跌 53%。具体而言，煤产量下降 32.7%，生铁产量下降 70.3%，钢产量下降 64.9%，发电量下降 23.4%，造船吨位下降 83.6%，汽车产量下降 64.2%，机器制造业产值

---

① 埃里希·艾克：《魏玛共和国史》，下卷，第 191—194 页。
② Hans Mommsen, "Das Dilemma Tarifpolitik. Die Politisierung der industriellen Arbeitsbeziehungen". In Karsten Rudolph u. w. Hg, *Geschichte als Möglichkeit. Über die Chancen von Demokratie. Festschrift für Helga Grebing*, Essen: Klartext-Verl. , 1995, S. 220 - 221.

下降 62.1％,消费品生产下降 25.3％。

在农业领域中,农业生产下降 30％,农产品的销售收入从 1929 年的 102 亿马克下降到 1932 年的 65 亿马克。具体而言,与 1925—1929 年相比,1930—1932 年间生产牛奶和蛋类的农户收入减少 30％,生产肉类者的收入减少 25％,生产燕麦和植物者的收入减少 20％。同时期,农民被迫出卖的土地总量高达 36 万顷,出卖土地的农户数量增加到 6961 户。

银行业受到的冲击出现在 1931 年 3 月达姆斯达特银行倒闭之后。由此产生的货币信用危机迫使所有银行和交易所短暂关闭,国内黄金储备减少 4/5。[1]

经济萧条带来了生产滞销,进而直接推升了失业率。1928 年,德国失业率只有 7％。但此后,失业人数不断增加,从 1929 年 9 月的 130 万增加到 1932 年 9 月的 510 万。到 1933 年初,德国失业率已飙升到 30.8％,各地劳动局登记的失业者总数多达 600 万——这意味着 1/3 的德国人失业了,该比例高于同时期的美国(1/4)、英国(1/5)和法国(1/6)。而且,这一数字很可能被低估,因为不少长期失业者实际上游离在统计局的工作范围之外。可以肯定的是,因失业问题而被卷入到世界经济大萧条中的德国家庭接近一半。[2]

不过,即便受影响者覆盖了各种社会阶层,但不同群体的境遇却是各异的。

工人的失业率最高。据估计,到 1933 年 6 月,约 1/3 的工人(32％)失业,比同时期的职员失业率高 10 个百分点。即便在职的工人,也由于高失业率的存在,在工资诉求上降低了要求,小时工资从 1928 年 10 月到 1931 年 10 月下降了 23.3％。此外,工人真实收入的下降幅度也远远高于其他群体:从 1929 年到 1933 年,工人的实际工资下跌三成多,而职员工资仅仅下跌 13％,公务员工资下降不到 2 个百分点。虽然同时期生

① 参见丁建弘、陆世澄主编:《德国通史简编》,第 668—669 页;卡尔·哈达赫:《二十世纪德国经济史》,第 42—47 页。
② Eberhard Kolb, *Die Weimarer Republik*, S. 119.

活指数也有所下降,但其幅度仅有 17% 左右。[1] 总之,工人群体是这次失业浪潮的最大受害者。这也是魏玛末期大量工人流向左右两翼极端政党的主要原因。

小资产阶级和职员的失业率虽然相对较低,但他们的心理落差比工人更为强烈。在大萧条时期的各大报刊上,刊登着大量有关失业职员自杀的消息,如在 1930 年 6 月,一位工程师在失业 1 年半后,全家自杀;12 月,在短短数日之内,柏林的 5 位小商贩由于破产而自杀。[2] 手工业者们进而质疑共和国以世界经济为导向的经济政策,呼唤"民族经济"的复兴。[3] 正是这种"老中产阶层"对于地位下降的焦虑感,才使纳粹党的极端民族主义宣传赢得大批支持者。

对于大危机,米勒内阁的基本想法是节流,推行紧缩政策。此举一方面是为执行并修改《道威斯计划》而做的准备,另一方面也受到传统经济思想的影响,不愿意出现赤字财政。

由于财政部没有及时正确地估计大萧条带来的负面影响,修改原定的收支方案,结果使国家财政的平衡问题非但未能得到解决,反而到 12 月底变得更为严重:赤字接近 4 亿马克。[4]

但是,希法亭仍然按照原定的节流方案,削减各种开支,并计划增加一些税种,同时向国外银行短期贷款。与此同时,这种紧缩政策似乎也有益于正在谈判中的《杨格计划》,进而彻底解决困扰德国近 10 年的赔款问题,因此 1930 年财政计划获得内阁其他成员的支持。

不过,这种反危机措施至少存在三个方面问题:第一,它并未准确开

---

[1] Heinrich August Winkler, *Arbeiter und Arbeiterbewegung in der Weimarer Republik*, Bd. 3: Der Weg in die Katastrophe, Berlin: Dietz, 1987, S. 56, 81, 85 - 87.

[2] Jan Trützschler, *Die Weimarer Republik*, Schwalbach / Ts. : Wochenschau Verlag, 2011, S. 200 - 201.

[3] Jens Flemming, u. s. w. (Hrsg.), *Die Republik von Weimar*. Band 2: Das sozialökonomische System, Düsseldorf: Athenäum, 1979, S. 333 - 334.

[4] Ilse Maurer, *Reichsfinanzen und Große Koalition. Zur Geschichte des Reichskabinetts Müller* (*1928 -1930*), Bern und Frankfurt / M. : Herbert Lang, 1973, S. 48 - 50,93.

出解决经济大萧条的药方,紧缩政策无法应对危机;第二,它对失业者不啻为晴空霹雳,未能扭转社会日益明显的离心化趋势;第三,它与央行行长沙赫特的经济思想背道而驰,进而促使后者投向保守阵营。

总之,经济大萧条的到来,不仅让德国经济遭受到重大打击,而且也进一步扩大了原有的社会裂痕。政府的反危机政策没有减轻经济大萧条的负面影响,而是把内阁与民众、内阁部长与各自政党、内阁与经济界之间的矛盾放得更大。这些矛盾在随后到来的反《杨格计划》运动中表露无遗。

二、《杨格计划》与反《杨格计划》运动

《洛迦诺公约》签署不久,施特雷泽曼将目标转向了其总体外交战略的下一步骤:争取莱茵尽早撤军和赔偿问题的总解决。

1926 年 9 月,施特雷泽曼与白里安在图瓦里会晤,白里安主动提出:法国愿意结束对莱茵地区的占领,把萨尔地区归还德国,撤销军事管制等,以换取德国的财政帮助。12 月 12 日,国际联盟行政院决定于 1927 年 1 月 31 日召回在德国的军事管制委员会。[①]

但是,到 1927 年,白里安对撤军问题的态度日趋保守,甚至接受了法国战争最高委员会的观点:完全撤出莱茵须等到沿法国东界的要塞体系构建完成。6 月,在英、法、德、比外长日内瓦会谈中,法国仍以在解除武装问题上还有些扫尾工作为由,提出反对意见。经过协调,8 月,英法在莱茵减少驻军 1 万人达成协议。[②]

1927 年底 1928 年初,德法两国围绕撤军问题,打起了嘴仗,但无助于问题的解决。1928 年,8 月 27 日,施特雷泽曼在巴黎与白里安会谈中,重提撤军的要求,并表示:在签署《洛迦诺公约》和《非战公约》后,协

---

① 让-巴蒂斯特·迪罗塞尔:《外交史 1919—1984》,第 95 页
② Gordon A. Craig, *Germany 1866 - 1945*, Oxford: Claredon Press, 1978, pp. 522—523;埃里希·艾克:《魏玛共和国史》,下卷,第 128 页。

约国军事占领行为不再合法,要求协约国提前从莱茵第二、第三占领区撤军。[1] 法方同意提前撤军的原则,但要求有一个新的赔偿计划作为基础,因为普恩加莱把占领莱茵视作"收到赔款支付的唯一保证"。[2]

1928年9月1日,英、法、意、比、日、德6国代表在日内瓦磋商。德国代表米勒在会上强烈要求协约国在莱茵的驻军撤退,而白里安则指责德国没有履行裁军条约。六国会议最终达成三点协定:(1)近期内举行正式谈判,研究莱茵撤军问题;(2)由6国财政专家组成委员会,审议赔偿问题的进一步解决办法;(3)研究并确定设立一个协调委员会的组织原则。[3]

12月12日,国联理事会就召开专家委员会一事达成一致。英法同意:当专家委员会讨论赔偿时,开始撤军谈判;撤军不以赔偿谈判取得成功为条件。12月22日,6国政府就建立赔偿问题专家委员会达成协议,并决定吸收美国代表参加委员会。

1929年2月9日,该委员会在巴黎正式开展工作,比、英、法、德、意、日、美7国各派两名代表共14名专家组成,均为财界或银行业头面人物。美国专家杨格当选为委员会主席,德国央行行长沙赫特、钢铁业巨头弗格雷等参加。

这是德国第一次以平等身份参加涉及自身重大问题的讨论,但它拒绝参与由法国倡议组成的债务国联盟的建议,因为在德国看来,此举旨在反对美国,而美国又掌握着解决赔偿、战债问题的钥匙。德国最后赔偿解决的三项原则是:结束赔偿总管的监督和控制;尽快结束协约国对莱茵军事占领;按照德国赔偿能力大幅减少赔偿额。为达到目的,德国一直希望利用美国在德国的私人投资,以争取美国大幅度削减赔偿。[4]

----

[1] Jonathan Wright, *Gustav Stresemann: Weimar's Greatest Statesman*, p. 412；Marshall M. Lee, Wolfgang Michalka, *German Foreign Policy 1917 – 1933 Continuity or Break?* p. 105.

[2] 埃里希·艾克:《魏玛共和国史》,下卷,第177页。

[3] Jonathan Wright, *Gustav Stresemann: Weimar's Greatest Statesman*, p. 432；王贵正、王德仁、孙福生、张兴伯:《国际关系史》(第四卷):1917—1929),第310页。

[4] 陈从阳:《美国因素与魏玛共和国的兴衰》,第308页。

3月15日,各方虽然就成立国际清算银行达成协议,但对于赔偿总额分歧较大。[1] 直到6月初,专家委员会才在杨格方案的基础上达成协议。6月7日,专家报告被一致通过,这就是《杨格计划》。其主要内容为:

第一:重新确定德国的赔偿总额为1139亿马克(合268亿美元),在59年内付清。在前37年,每年平均缴付赔款19.88亿马克,比《道威斯计划》的每年25亿马克减少20%;后22年,德国每年的赔偿额是15.67亿马克。

第二:德国每年应缴付的赔偿分为无条件赔偿与有条件赔偿两类。无条件赔偿是德国在任何情况下都必须按时缴付的数额,约6.6亿德国马克;其余的部分则是有条件赔偿数额,在德国财政经济发生困难时,可以延期缴付,但时间不能超过2年。

第三:取消对德国的财政监督,撤销赔偿委员会、赔偿事务总管和移交委员会,由德国负责将交付赔偿的马克兑换为外国货币。规定今后的赔款来源只从铁路利润和国家预算中支付。

第四:由美、英、法、意、比5国合设一个国际清算银行,负责将德国赔偿给英、法、意、比等国的赔款,及时划转给美国,以偿付所欠的战债。

1929年8月6日,海牙国际会议讨论《杨格计划》。德国要求在计划实施之前,驻兵莱茵区的有关国家明确表示撤兵日期。协约国为了使德国能按照新的赔款方案继续履行赔偿义务,同意将莱茵驻军问题列入会议议程。会上建立了两个委员会:一个是研究赔款问题的财政委员会,一个是研究提前从莱茵区撤军的政治委员会。[2]

在财政委员会,英国代表斯诺登(Philip Snowden,1864—1937)对《杨格计划》提出许多异议,因为该计划把大部分"不得延期"的赔款付给法国,这显然违反1920年斯巴会议各国赔款的百分比划分。另一方面,

---

[1] Melvyn P. Leffler, *The Elusive Quest: America's Pursuit of European Stability and French Security, 1919–1933*, p. 208.

[2] 方连庆主编:《现代国际关系史(1917—1945)》,第166页。

斯诺登也反对关于 10 年内以实物支付的规定。计划根据英国的意见，对赔款分配作了调整。[①]

政治委员会在讨论莱茵撤兵问题时，德、法之间的争论最为突出。德方提出，它已经履行了《凡尔赛和约》的义务，外国驻兵莱茵区对德国实行监督的理由已不复存在。如果有关国家不明确表示提前撤兵的日期，德国将不接受计划。法国则提出，应先实行《杨格计划》，然后再研究撤兵问题。当双方争执不休时，英国表示：它将于 1929 年年底以前从莱茵区撤兵。于是，法国陷入被动。1929 年 8 月 29 日—30 日，英、法、比、德 4 国外长终于达成从莱茵区撤兵的协定。法国答应在 1930 年 6 月 30 日以前撤出军队。

《杨格计划》是对《道威斯计划》的一次重大修订，德国获得一系列较大的让步：确定了赔偿总额，减少了《道威斯计划》所规定的每年赔偿额度；政治上解除了大部分对德国经济的国际控制，德国对自己的财政完全负责；德国并没有要求放弃对整个赔偿数目的转移支付保护；设立了国际清算银行"从事对外管理的全部工作，以及接受和分配付款，并使那部分能商品化的按年付款项实行商品化"；英、法、比、德 4 国外长达成从莱因区撤军的协议，德国领土和主权得到恢复。正如林克（Werner Link，1934—　）所言："如果在巴黎会议和海牙会议上所取得的条约修正额度与先前的情况相比，无疑直接、间接和潜在的好处在德国一方"[②]。

不过，即便从经济而言，《杨格计划》也并非毫无争议。它未能全面考虑德国经济发展中的结构性问题，仍然坚持让德国赔款成为战胜国之间偿还战债的主要源头，以致一旦经济危机爆发，赔款链就面临断裂之虞。它还设想用杨格债券的方式来筹集贷款，却未曾想过德国在经济危机中会陷入信用丧失的尴尬境地。

更为严重的是政治问题。在海牙会议结束前后，施特雷泽曼已经感

[①] 让-巴蒂斯特·迪罗塞尔：《外交史 1919—1984》，第 103 页。
[②] Eberhard Kolb, *The Weimar Republic*, p. 66.

受到日益增强的国内压力。这位业已病入膏肓的外交家十分清楚,《杨格计划》绝不会让民族主义者感到满意。事实上,就在海牙会议结束后,泛德意志协会就举行会议,公开指责施特雷泽曼"是寓于人民之中一切危险力量的完美化身,他灵魂上的蜕变显然来源于政治上的蜕变。"①

1929 年 9 月 5 日,白里安在国际联盟第 10 届大会上发表演说,提出一项欧洲联合计划。施特雷泽曼抓住白里安的思想,并竭力将其引向经济方面。1929 年 9 月 9 日,施特雷泽曼在其最后一次国际联盟演讲中大声疾呼经济联合的必要性。② 只可惜,施特雷泽曼并没有看到莱茵区撤兵和赔偿被废除的结果,也没有看到欧洲经济联合的那一天。1929 年10 月 3 日,施特雷泽曼在柏林因病去世。不过,在反《杨格计划》的运动席卷全国之前(10 月 3 日)便撒手人寰,对于他而言,也未尝不是一件好事。

早在 1929 年初夏,《杨格计划》尚在讨论之时,西北工业集团便把它视作一部新的《凡尔赛和约》。保守派的军事组织"钢盔团"(Stahlhelm)到处张贴海报,批判政府的外交政策是"违背历史的、不自然的","以致不可能推行一种强大的、拥有责任意识的国家领导权"。③ 7 月 9 日,民族人民党联合钢盔团及纳粹党成立"德国人民请愿全国委员会"(Reichsausschuß für das deutsche Volksbegehren,以下简称"全国委员会"),共同反对《杨格计划》。

9 月 28 日,全国委员会向国会递交一份草案,题为《反对奴役德国人民法》(Gesetz gegen die Versklavung des deutschen Volks,简称"自由法"),要求对《杨格计划》进行全民公决。该草案只有 4 条:第 1 条要求政府指出《凡尔赛和约》中的战争罪责条款是"违反历史真实的";第 2 条要求政府努力让战胜国立即无条件地撤离被占地区;第 3 条禁止政府承认任何基于战争罪责条款上的新债务;第 4 条威胁任何试图同外国签约

---

① 埃里希·艾克:《魏玛共和国史》,下卷,第 208 页。
② 卡尔·迪特里希·埃尔德曼:《德意志史》,第 4 卷上册,第 291 页。
③ Hagen Schulze, *Weimar. Deutschland 1917 - 1933*, S. 310.

者将被视作叛国分子,处以不低于2年的监禁。[1]

根据宪法,该草案若要提交国会表决,必须得到1/10公民的签名支持。不过,在当时,反对《杨格计划》的人并不必然支持这一方案。例如,共产党同样不欢迎《杨格计划》,但它在发表的声明中,表明自己既反对《杨格计划》又反对法西斯化阴谋的决心。[2] 当然,极右翼的宣传攻势仍然取得了一定效果,共有413.5万人在草案上联署,比例接近14%。其中,3/4的签名者来自于易北河以东地区。

尽管如此,在11月30日国会表决中,这部所谓"自由法"仍然遭到否决。随后,右翼提请进行全民公决。

恰在此时,央行行长沙赫特送上了一份大礼。12月6日,他向内阁递交一份备忘录,强调自己既反对"自由法"、又反对《杨格计划》的立场。不仅如此,他还在内阁做出回应之前,便把这份备忘录公之于众。[3] 这份声明足以误导公众对米勒内阁在《杨格计划》中的努力做出错误判断。12月12日,米勒在国会中同沙赫特展开辩论,维护了内阁立场。国会多数派最终接受了总理的说法,以222∶156的结果继续信任政府。但是,这场风波的确鼓励了右翼政治家坚定公决的决心。

幸好,公众还没有完全受到蛊惑。在10天之后的公决中,只有582万人参加了是否需要启动"自由法"进行公决的表决,低于法定的2100万赞成票。"自由法"就此流产。

反对《杨格计划》的余波一直延续到国会审读该计划文本期间。但是,即便遭遇到胡根贝格巧舌如簧式的指责,海牙协定和德波清偿协定仍然获得通过。极右翼希望用人民公决的方式来拖延该法,并力图让总统参加到反对派的阵营中。但是,兴登堡早在国会表决的第二日就"怀着沉重而坚定的心情"签署了海牙法令,并且在随后发布的紧急说明中

---

① Everhard Holtmann(koordinator),*Die Weimarer Republik. Das Ende der Demokratie*,München:Bayer. Landeszentrale für Polit. Bildungsarbeit,1995,S. 48-49.

② 洛塔尔·贝托尔特等编写:《德国工人运动史大事记》,第2卷,第257页。

③ 米勒内阁讨论纪要,Nr. 369。

告诫国人："克服我们之间的分裂和对立而最终为我们的未来团结协作，未来将重新出现一个自由的、健全的、强盛的德意志民族。"几天后，总统也批准了德波清偿协定。①

然而，这场反对《杨格计划》的全国性右翼联盟运动并非无果而终。真正的胜利者既不是米勒内阁，也不是站在所谓"民族统一战线"（nationale Einheitsfront）的民族人民党或钢盔团，而是此前一直默默无闻的纳粹党。

自 1923 年啤酒馆暴动失败后，纳粹党在全国范围内的影响力一直有限。尽管如此，1924—1929 年间希特勒对纳粹党的重建却是其最终得以崛起的前提条件之一。

运用民主的方式来反对民主，这是尚在监狱中的希特勒下定的重要决策。他决定"不再以武装政变的方法来获得政权，而是全力以赴地进入国会以反对天主教的和马克思主义的代表"。② 从 1925 年起，希特勒便着手从事重建工作。简言之，纳粹党的重建主要包括以下三方面：

第一，扩大基础，增加影响力。《二十五点纲领》从未被希特勒视作一种教条。相反，他以极为灵活的方式来推销其中两点重要思想：一是反犹主义（"种族一致"），二是扩张主义（"生存空间"）。通过成立大量附属组织，希特勒的观念吸引了来自社会各阶层的选民。如希特勒的"民族社会主义德意志大学生联盟"（Nationalsozialistische Deutsche Studentenbund）在埃尔朗根（Erlangen）等地大学，至 1929 年时已赢得多数大学生的支持；"民族社会主义法学家联盟"（Bund Nationalsozialistischer Juristen）在 1928 年就喊出了"法律革新"的口号。1927—1928 年间，纳粹党还在柏林等地成立了第一批"纳粹企业支部"（Nationalsozialistische Betriebszellenorganisation，NSBO），开始同左翼政党争夺工人选民。

---

① 埃里希·艾克：《魏玛共和国史》，下卷，第 222—223、238 页。
② 克劳斯·费舍尔：《纳粹德国：一部新的历史》，上册，第 249—250 页。

第二,构建一种科层制式的党组织结构,着意塑造领袖崇拜文化。重新架构的纳粹党建立在命令垂直下传体系的基础之上,顶部是希特勒和全国指导处(Reichsleitung),下面是大区党部和地方党组织。希特勒高于党内任何派别之上,扮演着仲裁者的角色。这一点最终在 1926 年 2 月 14 日的班贝格高层会议上得以确立。此外,地方组织的数量持续增加,从 1923 年 71 个上升到 1930 年的 1378 个。

第三,确定党组织与武装力量之间的关系。希特勒与冲锋队领袖罗姆在冲锋队的性质及与纳粹党的关系上产生了矛盾,罗姆被迫辞职。希特勒随后挑选了忠心耿耿的所罗门(Franz Pfeffer von Salomon,1888—1968)为队长,从此确立他对武装组织的领导权。此外,1925 年 4 月,希特勒为了制衡冲锋队头目的离心倾向,培植个人势力,将私人卫队改组成纳粹党的卫队——本部卫队(Saal-Schutz)。几周后,该部队改名为"民族社会主义德意志工人党党卫队"(Die Schutzstaffel der Nationalsozialistischen Deutschen Arbeitpartei),简称"党卫队"(Schutzstafel,德文缩写 SS)[①]。党卫队成立时规模较小,到 1928 年也仅有 280 人。它是冲锋队的下属组织,但成员的制服有别于冲锋队员,为褐色衬衫配黑色领带,臂套镶黑边的卐袖章,头戴饰有银骷髅别针的黑色滑雪帽。其主要任务,是保卫希特勒及其他纳粹领袖,维持纳粹集会的秩序。

不过,1928 年的国会选举证明,纳粹党尚未在全国产生影响力。它一共获得大约 80 万张选票(2.6%)。在总计 35 个选区中,它仅仅在 4 个选区中的选票超过 5%,而在 22 个选区中低于 2.6%。在新国会中,纳粹党的议员只有 12 名。

倘若没有反《杨格计划》运动,纳粹党恐怕不会如此轻易地进入到德国政治舞台的正中央。

[①] 党卫队在不少中文书籍里被误译成"党卫军",其原因主要是党卫队的下属组织之一"武装党卫队"在第二次世界大战中给世人留下较深的印象。

希特勒与胡根贝格这个媒体巨头的结盟让他获得了长达 5 个月之久的出头露面的机会。此时，希特勒的演讲才能得以充分显现。历史学家布罗萨特（Martin Broszat，1926—1989）如此评价道："希特勒深知如何以其呈现的那幅果断坚毅式的场景，来描述、同时去称颂听众几乎下意识的想法。他所表达的内容是听众们偷偷的所思所想，证实了他们并未确定的渴望和偏见，并设法藉此让他们获得一种让人感到极为满足的自我确认，分享一种新的真相和真理的感觉。这样一种领袖演讲方式绝不是一种在精雕细琢式的精神上加以区分的结果，或者体现了一种平静的、成熟的个性，而是相反……它表现的是一种精神心理方面的组织［技巧］，即以如此极端的方式，来展现当时代的危机与恐慌思潮，本能地凸显危机意识的倾向。"

希特勒显然十分满意这次从天而降的机会，即便在公投投票中失败，他仍然在《民族观察家报》上表示"我一生中从来没有像这些日子这么舒坦，内心感到这么满意过"。事实上，希特勒及其纳粹党从这场运动中还得到了更多收获。

这首先体现在 1929 年纽伦堡党代会上。这次党代会获得了大量资助，因而召集了 20 万人参加，其中 2 万名冲锋队队员穿着整齐的制服，如军队般行进在城中，向外展示了纳粹党的实力。其次，纳粹党在 1929 年秋冬两季的地方选举中获得了首度胜利：在 10 月 27 日的巴登选举中，纳粹党获得了 7％的支持率；在 11 月 10 日的吕贝克选举中，其选票达到 8.1％；在 12 月 8 日的图林根选举中，它甚至获得 11.3％的支持率。最后，更为重要的是，纳粹党借助这次反《杨格计划》运动的契机，有效扩大了自己的组织基础。同其他政党相比，它显示出对青年人的吸引力，在 1930 年，70％左右的党员在 40 岁以下。在社会阶层的统计中，它体现出所谓"融入党"（Integrationspartei）或"全民党"（Volkspartei）的特征，涵盖了工人、职员、公务员、农民、自主经营者等各种类型。

此后，随着经济危机所影响的范围日益扩大，纳粹党在地方上的凯旋趋势和在社会各阶层中的号召力也越来越明显。从这一点而言，纳粹夺权之路并不是从 1930 年 5 月"总统内阁"成立才出现的,而是早已在反《杨格计划》的运动中打开了大门。①

反《杨格计划》运动是魏玛历史上出现的又一次极右翼势力之间的联合。但是,其影响并不因为它的失败而结束。正好相反,它出现在大萧条兴起之际,因而成为魏玛末期一系列危机链条中不可缺失的一个环节。特别是纳粹党藉此机会,从一个边缘性的小党走到了魏玛政治舞台的正中央,打开了彻底颠覆魏玛民主的潘多拉之盒。

三、失业保险制度危机与大联盟的破裂

在 1928—1929 年之交,此前一年大联盟政府成立之际的祥和气氛已经荡然无存。《杨格计划》虽然为赔款争议画上了句号,但为期 5 个多月的反《杨格计划》运动让德国社会一度浸淫在极右翼民族主义者的疯狂鼓动之中,民主意识深受打击。更为严重的是,10 月爆发的世界经济大萧条业已在德国产生联动效应,失业率急剧攀升。在此情况下,有关失业投保金的争议再次成为打破内阁平衡的源头,连续出现的各种方案都无法获得所有联盟政党的同意,从而敲响了米勒内阁的丧钟。

有关失业投保金的争议主要发生在代表劳方的社民党与代表资方的人民党之间。伴随"阶级合作主义"的消失,双方达成和解的可能性已经很低。然而这种互不相让的对峙立场,却让"要人内阁"中的部长们深受其害。社民党的希法亭和人民党的莫尔登豪尔(Paul Moldenhauer,1876—1947)正是这种斗争的牺牲品。

按照《失业保险法》的设想,80 万失业者可以得到救济。但在 1929 年 2 月,全国失业人数已经达到 300 万。这一方面意味着大量失业者陷入困境,另一方面也造成失业保险金入不敷出,到 1929 年 3 月 31 日为

---

① Hagen Schulze, *Weimar. Deutschland 1917-1933*, S. 108-114.

止,劳动部的赤字已经达到 3.49 亿马克。[①]　如何改造失业保险体制成为内阁必须立即着手讨论的问题。

在内阁中,社民党与劳方代表要求提高保险发放金,帮助失业者度过难关;人民党代表则希望降低投保金,以减轻企业负担,帮助它们尽快走出萧条。双方互不退让,形成对峙局面。

财政部长希法亭虽然来自社民党,但却倾向于人民党方案,同时又想藉此计划推行财政改革。在他的支持下,一个由雇主、雇员、议员和科学家组成的专家委员会经过研究,提出通过一次性暂时提高投保金比例 0.5%,即投保金在工资中的比例从 3% 增加到 3.5%,来弥补失业保险金发放中的亏空。这就是希法亭方案的核心内容。[②]

内阁最终通过了希法亭方案,并在普鲁士政府的帮助下,于 9 月 16 日通过了参议院审议。然而,该方案引发了劳资双方的抗议,只得再次修改。施特雷泽曼做了最后一次努力,让一部分人民党议员在三读中弃权,确保 10 月 3 日该方案在国会得以通过。

但是,希法亭方案只是一种临时性措施,未能完全解决国家财政问题。事实上,国家预算仍然必须依靠公债来平衡。然而,原定 5 亿马克公债的筹集目标只完成了 1/3。这表明,中产阶层对财政的健康发展和复苏能力缺乏信心,而围绕着《杨格计划》的争议又进一步损害了国家财政的信用度。为此,财政部不得不转向一家美国银行以获取一笔临时的短期贷款。但是,此举引发了沙赫特的激烈反对。他在 12 月 6 日发表的声明犹如火上添油,进一步降低希法亭方案的可信性。

与此同时,社民党内部的工会政治家也不满意希法亭方案中增加工人负担的做法。希法亭后来忿忿不平地回忆说,"自己被一个群龙无首的、毫无方向的党团追逼","那些决策者为了是否给失业者多花或少花 30 芬尼的这一问题……准备把整个民主制和共和国断送掉"。

---

① Gottfried Niedhart, *Deutsche Geschichte 1918 – 1933. Politik in der Weimarer Republik und der Sieg der Rechten*, Stuttgart: Verlag W. Kohlhammer, 1996, S. 121.

② 米勒内阁讨论纪要,Nr. 374。

在此情况下,尽管希法亭方案获得内阁支持,甚至还通过了国会的信任投票,但来自沙赫特与党团内部的质疑声却汇成一股强大的反对浪潮,让希法亭连同内阁都不得不做出让步。12月19日,内阁撤回财政计划。第二天,希法亭辞职。①

人民党人、原经济部长莫尔登豪尔接任财政部长。他是德国第一个保险学教授,熟悉失业保险体制存在的问题。1930年1月27日,他在国会抛出正式方案:(1)提高国家财政对失业保险基金的补贴,但以失业保险金领取者最高不超过120万人为基础;(2)税捐从工资的3.5%提高到4%;(3)再向瑞典的火柴托拉斯借贷5亿马克,条件是让其在德国占有火柴专卖权。

从国家财政角度看,莫尔登豪尔方案并没有彻底解决失业保险体制的困境。在该方案出台的同时,德国失业者已达250万,保险基金显得杯水车薪。另一方面,即便国家财政予以补贴,全国失业保险机构的赤字也将达到2100万马克。不过,相较而言,它主要解决了现金支付方面的困境,而这在当时被视作经济正常运行的关键要素。

莫尔登豪尔方案的另一个优势在于外部环境已经发生变化。导致希法亭下台的源头是不肯让步的沙赫特与正处于舆论焦点之中的《杨格计划》谈判。而当莫尔登豪尔方案于1930年3月正式启动讨论时,沙赫特已经辞职,第二轮海牙谈判业已结束。

然而事与愿违,莫尔登豪尔方案仍然未能顺利通过。有关提高税捐的想法,同时遭到社民党人和经济界人士的反对。前者害怕工人收入下降,进一步损害政府的公信力;后者又声明无法承担更多负担。引人关注的是,与希法亭一样,莫尔登豪尔同样遭到来自党内同仁的压力。在3月11日的党团会议上,大部分人民党议员投票反对该方案。②

---

① Heinrich August Winkler, *Weimar 1918 – 1933, die Geschichte der ersten deutschen Demokratie*, S. 352 – 354, 358 – 360.

② Michael Grüber, *Die Spitzenverbände der Wirtschaft und das erste Kabinett Brüning. Vom Ende der Großen Koalition 1929/30 bis zum Vorabend der Bankenkrise 1931. Eine Quellenstudie*, Düsseldorf: Droste Verlag, 1982, S. 86.

为了挽救莫尔登豪尔方案,民主党议员迈尔(Oscar Meyer,1876—1965)和中央党议员布吕宁共同提出一项调停建议:(1)每年国家预算确定给失业保险基金的补贴费,1930年下半年为1.5亿马克;(2)若国家补贴无法填补亏空,则把税捐从3.5%提高到3.75%。

布吕宁—迈尔建议实质上与莫尔登豪尔方案并无二致,只不过降低了税捐比例,并对国家补贴的情况加以规范,从而满足了人民党的需求。但是,它显然与社民党内工会代表的期待相差甚远。3月17日,劳动部长威塞尔致信总理米勒,警告税捐提高会引发"巨大不安"。[1] 3月27日,社民党议会党团会议作出决议,拒绝接受该建议。

于是,作为社民党人,总理米勒不得不希望莫尔登豪尔能够考虑把税捐比例调整回3.5%。对此,财长以国家财政将会遭遇巨大困境为由,拒绝做出调整。实际上,莫尔登豪尔同样担心本党的二度反击。

由此,大联盟政府再也无法达成一致立场。3月28日,米勒辞职。魏玛共和国的最后一届民主内阁落幕。[2]

大联盟政府为什么会在失业保险金问题上分崩离析?有人指责社民党在关键时刻抛弃了自己的总理,有人批评社民党内的工会政治家们不顾"阶级合作主义"对于魏玛民主体制的重要性,有人则认为资产阶级政党同样抱有自私心态。事实上,在具体政策上的争议,存在着各种偶然性,而且在某种程度上看,这些你来我往的谈判交易也算是民主政治的一种常态。问题在于,由经济困境导致的党派斗争愈演愈烈,内阁部长与党内同仁的离心现象越加明显,国际环境日益恶化——这才是米勒内阁让人觉得揪心的地方。

更为糟糕的是,总统兴登堡并未对米勒内阁施予援手。尽管兴登堡承认,米勒并不是一个让他讨厌的人——他甚至对亲信表示,米勒是他迄今为止所有总理中最好的一位[3]——但米勒作为社民党人的政治身份

---

[1] 米勒内阁讨论纪要,Nr. 379。
[2] 埃里希·埃克:《魏玛共和国史》,下卷,第242—245页。
[3] 同上书,第161页。

却让兴登堡拒绝出手相救。若同此后历史进程相比,倘若米勒能够凭借兴登堡的信任,以少量紧急令的方式来解决失业保险金问题,或许魏玛历史不会终结。

大联盟政府的倒台后来被证实是一场噩梦的开端。早在米勒下台时,不少同时代人已经觉察出这场政治危机的可怕之处。《法兰克福报》这样写道:"现在,一切暗淡无光,捉摸不定。通过第48条还是通过不稳定多数的文官内阁来建立财政秩序? 我们面临着后果严重的发展。"①几十年后,历史学家更为清晰地指出:"内阁垮台的原因与所产生的可怕的后果比起来简直无足轻重。在以后的数年内没有再能在议会的基础上组织政府。由于 1930 年 3 月 27 日大联合的破裂,德国国会自行解体了。"②

第二节 总统内阁的实践与失败

一、布吕宁内阁

从 1930 年 3 月末起,魏玛共和国迎来了奇特而短暂的三届"总统内阁"。它们主要依赖总统兴登堡的信赖,无需对国会负责。当然,这种执政模式仍然属于《魏玛宪法》所允许的范围,被视作应对一系列国家危机的必要手段,并不完全等同于独裁体制。三任总理布吕宁、巴本(Franz von Papen,1879—1969)和施莱歇尔尽管彼此理念有所区别,但都曾试图获得国会多数的支持。然而,他们失败了。更为糟糕的是,他们期待以解散国会、重新选举的方式来改变尴尬执政的困境,结果反而使反民主力量在短期内激增,特别是让纳粹党一跃成为国会第一大党,以致政治恶化的局势一发而不可收拾。

1930 年 3 月 29 日,中央党国会党团主席布吕宁被总统兴登堡任命

---

① 埃里希·埃克:《魏玛共和国史》,下卷,第 245 页。
② 丁建弘、陆世澄:《德国通史简编》,第 670 页。

为总理。关于布吕宁在德国走向纳粹独裁之路上的角色,曾是德国学术界的争议话题。一些学者认为,布吕宁故意改变魏玛民主体制,其目的就是为了恢复君主专制政体——这一点又被布吕宁的回忆录所证实,他坦言:"我一再把自己视作总统的信托人(Vertrauensmann);我希望让他维持国家元首的地位,使之有可能和平地复兴君主制。这就是我整个政策的立足点"①。从这一意义上说,布吕宁必须承担共和国灭亡的责任。另一些学者指出,布吕宁的回忆录部分歪曲了史实,高估了内阁的行动能力,而且他推行紧缩政策以解决赔款问题的理念也是情有可原的。只不过这种以"总统内阁"来处理危机的模式不合时宜,最终导致了更坏的结果。② 事实上,布吕宁的个人政治倾向与当时政治经济局势的发展方向结合起来,共同决定了布吕宁"不是魏玛共和国解体前的最后一位总理,而是德国民主解体进程中的第一位总理。"③

正如前文所言,在米勒内阁陷入危机时,总统原本有机会施予援手,但他却没有这么做。恰恰相反,就在米勒辞职的当天晚上(3 月 27 日),兴登堡就向布吕宁发出了"非正式的"邀请:"在我的一生中,所有人都离我而去。您必须向我承诺,您与您的政党一起,不会在我的人生末端扔下我不管。"④这里的首要问题是:除了兴登堡不喜欢社民党人外,还有其他什么原因导致这位年迈总统放弃大联盟政府,转而考虑建立一个"总统内阁"?

事实上,兴登堡对"总统内阁"的兴趣不是他自己的突发奇想,而是源于比较复杂的法律观念与意识形态。

在《魏玛宪法》起草时,不少法学家为了避免"国会独裁"或"议而不

---

① Heinrich Brüning, *Memoiren 1918 - 1934*, Stuttgart: Deutsche Verlags - Anstalt, 1970, S. 378.
② 关于布吕宁内阁及其回忆录的研究简况,参见 Andreas Wirsching, *Die Weimarer Republik. Politik und Gesellschaft*, München: R. Oldenbourg, 2008, S. 112 - 113 上的介绍.
③ 转引自 Reiner Marcowitz, *Weimarer Republik 1929 -1933*, Darmstadt: WEB, 2007, S. 84.
④ Heinrich Brüning, *Memoiren 1918 - 1934*, Stuttgart: Deutsche Verlags-Anstalt, 1970, S. 149.

决"等情况的发生,一位"全民选举产生的、超越党派的"总统被视作"紧急救援者"、"代皇帝"、"宪法的保护伞"或"国会的对等物"。[1] 为此,宪法第 48 条规定:

"(1)联邦总统,对于联邦中某一州,如不尽其依照联邦宪法或联邦法律所规定之义务时,得用兵力强制之;

(2)联邦总统于德意志联邦内之公共安宁及秩序,视为有被扰乱或危害时,为恢复公共安宁及秩序起见,得取必要之处置,必要时更得使用武力,以求达此目的。

(3)联邦总统得临时将本法第 114、115、117、118、123、124 及 153 各条规定之基本权利之全部或一部分停止之。

本条第 1 款第 2 款两项规定之处置,得由联邦总统或联邦国会之请求而废止之。

其详细,另以联邦法律规定之。"

魏玛初期,艾伯特便在面临卡普暴动或中德骚乱时,采用发布紧急条令及派驻军队的方法。在这一意义上,撇开国会而成立一个总统所信赖的内阁,也属于题中应有之义。

当然,根据宪法,这一"总统内阁"并不是为了建立独裁体制,而是紧急状态下的权宜之计。其最终目标是为了"恢复公共安宁及秩序"。因此,倘若"总统内阁"无法取得国会多数支持,总统有权解散国会,然后通过重新选举的方式来创造一个有利于中央政府执政的国会。宪法第 25 条写道:"(1)联邦总统得解散联邦国会,但出于同一之原因,仅得解散国会一次。(2)新选举最迟应限于联邦国会被解散后之第 60 日行之。" 不过,即便在法学界,人们对于"紧急状态"的界定仍然存在争议。特别在保守派看来,倘若总统权力可以藉此扩大,则有希望恢复"强人统治"。[2]

---

[1] Reiner Marcowitz, *Weimarer Republik 1929 - 1933*, S. 57.

[2] Hans Boldt, „Der Artikel 48 der Weimarer Reichsverfassung-Sein historischer Hintergrund und seine politische Funktion", In Michael Stuermer (Hrsg.), *Die Weimarer Republik*, Königstein / Ts: Athenäum, 1985, S. 288 - 309.

在兴登堡当选为总统后,保守派的热情更为高涨。如无党派政治家路德不仅组建过少数派内阁,而且还在 1928 年成立所谓"国家革新同盟"(Bund zur Erneuerung des Reichs),对强人政权提出一系列具体建议。"年青保守派"埃德加·尤里乌斯·荣格便把议会民主制视作"劣质人的统治",渴望出现一个独裁的、跨党派的总统制国家。著名的法学家卡尔·施密特在 1930 年初号召进行全面宪法改革,让国家拥有更多权力。① 甚至在共和国支持者阵营中,也出现了要求强化国家权力的呼声。社民党人米伦道夫(Carlo Mierendorff, 1897—1943)表示,"魏玛民主仅是一种典型自由主义观念的产物……而我们这里出现的使命是……把国家视作一个强大的国家。"

当 1929 年后德国一再陷入大萧条的漩涡中不可自拔,而大联盟政府无法工作,社民党拒绝出面组阁,保守派领袖胡根贝格又无法赢得其他政党支持时,兴登堡及其周围政客——特别是总统办公厅主任迈斯纳与国防部办公厅主任施莱歇尔——便决定改变路线:为了防止内战,巩固保守派阵营,最好的方式是以紧急情况为由,创建一个议会之外的官僚政府。②

那么,布吕宁何以成为兴登堡的人选呢? 布吕宁的财政知识是中选的首要原因。他曾获得国民经济学博士学位,是国会中少有的财政专家。当米勒内阁对莫尔登豪尔方案无法达成妥协时,他是"布吕宁—迈尔建议"的作者之一。

布吕宁的经历及其在各党派之间的协调能力是他得以组阁的重要因素。这位天主教保守派政治家当过志愿兵,其兵团直接隶属于兴登堡领衔的最高军事指挥部。这让布吕宁与兴登堡(及其背后的军方)存在

---

① 关于"保守革命"的渊源与发展,参见曹卫东主编:《危机时刻:德国保守主义革命》;Theo Stammen, „Antidemokratisches Denken". In: Everhard Holtmann (koordiniert.), *Die Weimarer Republik. Das Ende der Demokratie*, Band 3, München: Bayerische Landszentrale für Politische Bildungsarbeit, 1995, S. 83 - 130.

② Heinrich August Winkler, *Der lange Weg nach Westen*, Band 1, S. 485 - 486,523; Reiner Marcowitz, *Weimarer Republik 1929 - 1933*, S. 26 - 28.

着天然接近的感情纽带。军人生涯让他产生了跨越党派的、非政治性的战友情结。当他在战后担任基督教工会秘书长后，这种情结又被延续下来，成为其建立一种跨教派基督教政党的动力源泉。此外，作为 1924 年进入国会、1929 年出任国会党团主席的老议员，他与社民党人同样保持着良好关系。正因如此，迈斯纳等人在 1929 年复活节筹划右翼内阁时便曾考虑过布吕宁。①

在总统的支持下，布吕宁的组阁仅在两天之内便完成了。外交部长与国防部长留任，民主党的迪特利希（Hermann Robert Dietrich，1879—1954）出任副总理（后兼任财政部长），中央党的维尔特担任内政部长，中央党的施特格瓦尔德（Adam Stegerwald，1874—1945）出任劳动部长。

1930 年 4 月 1 日，布吕宁在国会发表就职演说，将其内政外交的核心思想托盘而出。他表示，在外交上，新政府的目标是加强"国家的自我意识"，以实现重新崛起；在内政上，将提供一揽子解决方案，其中包括提高税收、简化公共管理、推行一种符合时代的社会政策、用农业救济方案（如"东部援助"计划）来克服农业危机，最终稳定内政，让左右极端派别销声匿迹。在演讲结束时，布吕宁还意味深长地发出警告：自己得到总统的信任，无须同其他党派共同执政；但是，政府最后一次希望同国会找到合作解决危机的途径。②

布吕宁内阁能够实现它的目标吗？

从 1930—1932 年间的内政来看，布吕宁稳定社会的目标并没有实现。甚至相反，他克服危机的政策最终引发更大的政治灾难。

首先，布吕宁无法成功协调政府和国会之间的关系，最终只能依靠"紧急条令"来施政，以致大大强化了"总统内阁"的独裁倾向。

上台伊始，布吕宁曾经利用各党派的内部矛盾和发布紧急条令加以

---

① Heinrich Brüning, *Memoiren 1918 - 1934*, Stuttgart: Deutsche Verlags - Anstalt, 1970, S. 145 - 146.

② *Verhandlungen des Reichstags. Stenographische Berichte*, *Sitzung vom 1. April 1930*, S. 4728 - 4730.

威胁等方式,获得国会的支持。正因如此,社民党和共产党的联合不信任案被国会否决,新政府的财政改革计划也获得国会多数派支持。

然而,这种状态并没有延续多久。7月16日,国会以256票对193票的结果,否决了1930—1931年国家预算方案,主要理由是该方案未能解决5亿马克的赤字问题。在布吕宁看来,这是国会再次不顾国家危机而站到了政府的对立面。当晚,他在内阁会议上提出,必须以宪法第48条为由推行紧急条令。此举得到其他内阁成员一致赞同。① 随后,他获得了兴登堡的授权,以紧急条令推行上述方案。

两天后,社民党与共产党在国会联合要求取消这一紧急条令。对此,在布吕宁的请求下,兴登堡以解散国会的命令做出回应。

7月26日,在国会尚未选举之前,布吕宁政府颁布第一条紧急条令。这是共和国历史上第一次没有得到国会批准而完全基于总统信任的紧急条令。在随后不到两年的时间中,共有4个有关“保障经济与财政安全的紧急条令”(*Notverordnung zur Sicherung von Wirtschaft und Finanzen*)分别于1930年12月1日、1931年6月5日、1931年10月6日、1932年12月8日出台。这些标志着中央政府获得了事实上的经济独裁权。在布吕宁执政期间,一共推出过109个各式紧急条令,其中只有29个由国会通过。与此同时,国会开会次数却在下降(见表3.2.1)。

表3.2.1 1930—1933年德国紧急条令、国会立法与国会开会次数②

	1930年	1931年	1932年
国会立法	98	34	5
紧急法令	5	44	66
国会开会次数	94	41	13

其次,布吕宁虽然一再期待获得国会多数派的支持,然而解散国会、重新选举的方式非但没有达到目的,反而进一步恶化了共和国的政治生

① 布吕宁内阁讨论纪要,Nr. 80。
② Hans-Ulrich Wehler, *Deutsche Gesellschaftsgeschichte*, Band 4, S. 519.

态,让纳粹党等极端党派急速增强。

1930 年 9 月 14 日的国会大选是一次非常态大选,布吕宁称之为
"关于紧急条令的全民公决",同时也是在"一种毫无意义的议会主义
和一种健康有度的民主制度之间的决战"①。但让他感到失望的是,这
次大选让社民党和资产阶级中右翼政党失去大量选票,中央党保持稳
定,而反对共和国的纳粹党与共产党却明显获得更多选民的支持(见
下表)。一位评论家当时这样写道:"这是德国的黑暗一日……纳粹席
位翻了 10 番,从 12 个上升到 107 个,成为国会的第二大党。这给国外
的印象是毁灭性的,在外交和财政上都会产生反面影响。我们面对的情
况是:107 个纳粹分子,41 个胡根贝格分子,超过 70 个共产党人,大约有
220 多个议员极端否定目前的德意志国家,希望以革命的方式来推
翻它。"②

表 3.2.2　各党在 1930—1932 年间国会选举中的得票率(单位:%)③

党派	1930 年 9 月 14 日	1932 年 7 月 31 日	1932 年 11 月 6 日
共产党	13.1	14.5	16.9
社民党	24.5	21.6	20.4
民主党	3.8	1.0	1.0
中央党	11.8	12.5	11.9
巴伐利亚人民党	3.0	3.7	3.4
人民党	4.7	1.2	1.9
民族人民党	7.0	6.2	8.9
纳粹党	18.3	37.4	33.2
其他	13.8	2.0	2.6
参选率	82.0	84.1	80.6

① Heinrich Brüning, *Memoiren 1918-1934*, S. 182.
② 转引自 Reiner Marcowitz, *Weimarer Republik 1929-1933*, S. 63.
③ Everhard Holtmann (koordiniert.), *Die Weimarer Republik. Das Ende der Demokratie*, Band 3, S. 275.

　　值得关注的是,纳粹党不仅在全国层面上快速崛起,在地方选举中也多有斩获,如在不伦瑞克得到 22.2％的选票,在不来梅则高达25.4％。这种攀升姿态还将一直延续到 1932 年 11 月大选。[①]　那么,究竟是哪些因素推动了纳粹党的快速发展呢? 除了纳粹党的自身原因外,对纳粹党选民的实证研究揭示了以下特点:

　　其一,从意识形态来看,纳粹党是一种"吸引所有反对派"的政党,但其吸引力并不稳定。据统计,在 1930 年大选中,纳粹党的大部分选民来自其他政党的支持者,其中 1/3 曾支持过民族人民党,1/4 支持过民主党和人民党,1/7 从未参加过选举,1/10 支持过社民党。不过,这些新支持者中的 1/5 将在下一轮选举中改换门庭,同时纳粹党还将迎来其他 1/5 的新支持者。

　　其二,从社会阶层来看,纳粹党是一种"混合性的、跨阶层的"政党,但它拥有一个"中产阶层的大肚皮"。高于平均投票率的阶层包括那些"老中产阶层",如农民、手工业者和小商人。典型的产业工人不会支持纳粹党,而失业工人首先投票给共产党。当然,失业职员会转向纳粹党。

　　其三,从教派和性别来看,非天主教徒(特别是基督新教)的男性才是纳粹党的投票者,而天主教徒或女性一般支持传统的保守党。[②]

　　1930 年大选后,布吕宁原本希望同纳粹党合作,但遭到后者拒绝。幸好社民党出于保障普鲁士大联盟政府的考虑,在布吕宁应允中央党继续合作的前提下,推行容忍政策,布吕宁内阁才可以无须继续要求总统

①　Jürgen W. Falter, „Die Wahlen des Jahres 1932/33 und der Aufstieg totalitärer Partein", In: Everhard Holtmann (koordiniert.), *Die Weimarer Republik. Das Ende der Demokratie*, Band 3, S. 313 - 314.

②　关于纳粹党的选民及党员构成的实证研究,经典著作是 Thomas Childers, *The Nazi Voters. The Social Foundations of Fascism in Germany*, *1919 - 1933*, Chapel Hill u. a. : University of North Carolina Press, 1983; Jürgen Falter, *Hitlers Wähler*, München: C. H. Beck, 1991. 总结性的概括参见: Hans-Ulrich Wehler, *Deutsche Gesellschaftsgeschichte*, Band 4, S. 274 - 283,331 - 342,361 - 371,574 - 576; Reiner Marcowitz, *Weimarer Republik 1929 - 1933*, S. 98 - 100.

解散国会。同时，总统也拒绝同希特勒对话。[1] 但是，作为国会第二大党的纳粹党已获得广阔的宣传舞台，得以合法地对民主体制进行肆无忌惮的攻击。

最后，以紧缩为特征的财政与经济政策没有快速解决赤字问题，反而不断推高赤字总额，让德国更深地陷入危机。

纵观布吕宁的 5 个紧急条令，其内容不外乎提高税收和降低开支。提高税收既包括提高已有税种的缴税额度，也包括增加五花八门的特殊税，如消费税、饮料税、矿泉水税等。降低开支主要是压缩公共事务部门的经费，停止建设公共建筑，三次降低公务员和职员的薪水，削减各类社会保险金的额度。与这种严格紧缩的财政政策相配套，商品价格也受到严格控制。

但是，紧缩政策并未让德国经济快速复兴，反而让情况变得更糟。财政赤字从 5 亿马克增加到 10 亿马克；工业产量和投资率分别下降到 1928 年的 58％和 38％；失业率继续攀高，达到 30％；1932 年 5 月国家债务比布吕宁上台时还高了 17％。[2]

事实上，当时已经有很多经济学家、利益团体代表、甚至内阁成员多次质疑布吕宁的紧缩政策，但总理仍然不为所动，因为他有自己的盘算。

外交上的算计首当其冲。在布吕宁的设想中，只有通过紧缩政策让德国经济出现灾难性场景，才能使《杨格计划》无以为继，最终让战胜国取消赔款；与此同时，他也考虑到外国贷款一旦抽离后出现的紧急状况。[3] 正因如此，当劳动部长向他反复推销劳动就业方案时，他总以任何变化都会影响赔款问题的最终解决为由而予以拒绝。

当然，如凯恩斯主义那样的解决方案能否在一个经历过 1923 年恶性通货膨胀的国家中得以推行，也是令人怀疑的。在布吕宁上台前后，保持预算平衡就是内阁与国会、政府与央行之间反复斗争的核心内容。

---

[1] Heinrich Brüning, *Memoiren 1918-1934*, S. 386.

[2] Hans-Ulrich Wehler, *Deutsche Gesellschaftsgeschichte*, Band 4, S. 517-518.

[3] Heinrich Brüning, *Memoiren 1918-1934*, S. 221-222.

更何况《杨格计划》也不会允许德国政府通过滥发货币来解决赔款问题。

更糟糕的是，由于 1931 年春夏之交爆发的银行危机和 9 月英镑贬值，紧缩政策带来的负面影响进一步加大。即便 1931 年夏美国总统胡佛(Herbert Clark Hoover,1874—1964)宣布战债归还延长一年，这种恶性循环仍然没有停止。

然而，不管以何种理由来推行紧缩政策，这种"以强化危机来克服危机"的做法在民众那里显然不受欢迎。纳粹党也由此找到了攻击政府的极好理由。

布吕宁政府的外交政策也未能如其所愿，立即实现德国的重新崛起。其原因主要在于以下两点：

从主观而言，布吕宁内阁放弃了施特雷泽曼时代的"和解外交"，不再遵循多元外交方针，转而采取单方面恢复大国地位的民族主义导向，引发了其他国家的警惕和压制。

修改《凡尔赛和约》一直是历届政府的主要目标，但方式各有不同。1923 年前，政府大多采取对抗方式；此后，施特雷泽曼尝试用谈判和理解的方式，"洛加诺精神"在一定程度上标志着欧洲和平时代的到来，也让德国恢复了一部分地位。但是，在布吕宁内阁建立后，由于世界经济大萧条爆发，各国利己主义心理流行，权力政治重回国际舞台，新政府也转向了民族主义外交方针。

该方针的第一个表现是"德奥关税同盟"(Die deutsch-österreichische Zollunion)的筹建。该方案源于施特雷泽曼时代，当时的考虑是在西部边界修改、赔款问题解决等更为有利的国际条件下，再来讨论这一目标付诸实践的可能性。但布吕宁上台后，该方案却被视作德国重新崛起的必要之举，因为它将抵制由法国外长白里安提出的"欧洲联合国"(Vereinigte Staaten von Europa)计划，以保障德国在多瑙河与巴尔干地区的传统势力范围。1931 年 3 月 21 日，经过德奥双方反复协商，这一方案终告完成。

可想而知的是，该方案必然激怒其他欧洲国家。法国认为它对德法关系产生威胁,并且阻碍了白里安的欧洲计划;英国人害怕此举将影响正在进行中的裁军会议和欧洲合作;其他欧洲国家更害怕德意志统一所带来的可怕后果。

正在此时,5月,奥地利出现银行危机,急需外国信贷。英法则以奥地利退出德奥关税同盟为条件。同样,德国也面临越来越严重的财政危机,无法继续推行该计划。9月初,位于海牙的国际法院正式宣布该计划无效。①

民族主义外交方针的第二个表现是争取军事平等权。布吕宁政府参加国际联盟组织的裁军会议筹备,但态度强硬。1932年夏,德国代表团以无法得到军事平等权为由,退出会议。这种态度愈加引发了英法等国对德国崛起的警惕之心。②

从客观而言,布吕宁内阁虽然以取消赔款为目的,不惜一再坚持事后看来完全错误的紧缩政策,但这一目标实际上取决于战胜国的立场,德国缺少直接控制赔款问题的能力。

1931年3月6日,布吕宁首次在内阁中表达了自己希望结束赔款的想法。当时,财政部国务秘书、外交部长和央行行长都表示反对,因为他们无法想象战胜国会放弃索赔权利。但布吕宁却坚信自己的想法。③ 他在第二次紧急条令颁布时,号召民众"拿出最后的力量",向世界展示德国履行赔偿义务的决心和无法继续赔偿的现实。

1931年6月20日,美国总统胡佛做出延期支付赔款的决定。这被视作布吕宁赔款政策的巨大胜利。但问题在于,这仅仅是取消赔款道路上的第一步。半年后,国际清算银行特别委员会才在巴塞尔达成共识,承认德国无法完成赔款方案。再过半年,到1932年6月16日—7月9

---

① 布吕宁在回忆录中强调,德奥关税同盟并非他的主张,因而其失败也不是自己的责任。Heinrich Brüning, *Memoiren 1918-1934*, S. 263. 但是很显然,这个方案若无总理的许可,也是不可能付诸实践的。更重要的是,在1931年10月改组后的布吕宁内阁中,布吕宁自己亲自兼任外交部长。

② Reiner Marcowitz, *Weimarer Republik 1929-1933*, S. 70-78.

③ 布吕宁内阁讨论纪要,Nr. 255。

日的洛桑会议,战胜国终于决定取消德国赔款,但此时,布吕宁已经下台!

1932年5月30日,布吕宁宣布辞职。此时,离上述洛桑会议召开只有两周时间。对于布吕宁而言,取消德国赔款意味着所有内政外交危机都将迎刃而解。因此,这一步无异于让他倒在了"离终点只有百米之处"。让人感兴趣的问题是:他真的快要接近终点了吗?

事实上,布吕宁的内外政策并没有让他找到解决问题的捷径,反而离目标越来越远。无论是紧缩政策还是民族主义外交方针,都让国内外舆论对其内阁失去耐心。而德国又很难去影响战胜国在赔款问题上的立场。在这种背景下,布吕宁所谓接近终点的说法,只能是一种幻觉,甚至如一些研究者所言,或许还是他事后自我辩解的一种策略。①

进一步而言,在1932年上半年,布吕宁在三件事上的错误算计,让他更为远离想象中的终点:

第一,在1932年3月总统选举中,布吕宁虽然极力支持兴登堡,但结果反而让总统心生怨恨。

布吕宁打算趁这次选举,修改宪法,把公民直选总统制改为国会选举总统制,但未成功。于是,他退而求其次,希望保留一个支持自己的总统。在他的反复劝说下,本来不愿意留任的兴登堡宣布参选。

3月13日的第一次选举未能产生得票率超过一半的当选者。在3370万张选票中,兴登堡获得1870万张(49.6%),纳粹党的候选人希特勒获得1130万张(30.1%),共产党的候选人台尔曼获得500万(13.2%),民族人民党的候选人杜伊斯特贝格(Theodor Duesterberg,1875—1950)获得260万张(6.8%)。

在4月10日的第二次选举中,杜伊斯特贝格退出选举,兴登堡获得53%的选票,希特勒和台尔曼的得票率分别为36.8%和10.2%。兴登堡再次当选为总统。

---

① Hagen Schulze, *Weimar: Deutschland 1917–1933*, S. 347–357.

在此过程中,布吕宁为兴登堡当选做了不少努力。他在各党派中斡旋,组织了一个包括中央党、社民党、人民党等在内的、政治光谱十分广泛的支持者队伍,来支持兴登堡。

问题在于,兴登堡更在意保守派的支持。在选举前,他突然发现,自己担任名誉主席的钢盔团居然联合民族人民党,拒绝提名自己。在第二次选举时,他又发现,杜伊斯特贝格的 200 万选民变成了希特勒的支持者,而只有 60 万选民转投他的阵营。兴登堡感到自己被政治盟友抛弃了。更让他觉得难堪的是,中央党和社民党是自己的主要支持者,而它们在意识形态上完全与兴登堡作为基督新教保守派政治家的身份不同。

由此,兴登堡的再次当选,并不如布吕宁所算计的那样,继续支持其领衔的总统内阁;恰恰相反,兴登堡的不满情绪在总统与总理之间关系上投下了阴影。①

第二,1932 年 3—5 月围绕冲锋队禁令上的争议,让右翼对布吕宁的政治立场愈加怀疑。

从 1930 年以来,纳粹党的两个组织冲锋队与党卫队不断招兵买马,并通过街头暴力,快速增强影响力,1930 年底罗姆恢复了冲锋队队长职务。1932 年 3 月中旬,普鲁士政府以冲锋队制定暴动计划为名,完全禁止纳粹党的社团组织在州内活动。4 月 13 日,普鲁士向中央政府提出要求,希望颁布全国性的冲锋队禁令,以维持秩序与安宁。对此,布吕宁与国防部长兼内政部长格勒纳表示支持。总理的想法是,乘此机会,压制纳粹党的发展,以便在未来国会选举中赢得一个理想的多数派格局。禁令随机出台。

但总统和右翼政治家们都对冲锋队禁令表示不满。总统认为,社民党的国旗队(Reichsbanner)仍在活动,不能仅仅禁止冲锋队。施莱歇尔则希望利用冲锋队来打击左翼力量。因此,施莱歇尔多次批评政府,并

---

① Ulrich Kluge, *Die Weimarer Republik*, Paderborn: Verlag Ferdinand Schöningh, 2006, S. 396 - 397.

迫使格勒纳辞去国防部长一职。

虽然布吕宁内阁最终并未取消冲锋队禁令,但此事却让右翼决定抛弃布吕宁。[①]

第三,布吕宁的农业政策未能得到理解,成为他被迫下台的导火索。

自共和国成立以来,农业危机始终存在。其主要表现是农业生产与销售之间的落差较大,农产品滞销严重。大萧条发生后,农业危机进一步加深。1931 年,农产品丰收,但因大规模失业的负面影响,其销售量反而大跌,从前一年的 94 亿马克下降到 66 亿马克。农业负债问题由此加剧。据统计,到 1931 年中,全国农业抵押贷款欠债 80 亿,个人贷款欠债 45 亿,利息多达 10 亿;农业工厂的破产数量从 1929 年的 1971 家增加到 1931 年的 4766 家。

布吕宁的农业政策包含保护与改变两个方面的内容。从保护而言,他通过降低农产品运输成本(如 1931 年初降低动物运价 11%)、增加农产品消费税(如 1931 年 5 月把糖税翻了一番)、支持特殊农产品生产(如支持北德发展畜牧业)、减少大地主的债务负担(如把短期借贷变为长期借贷,利率差额由政府承担)等方法来恢复农业生产的正常秩序。从改变而言,他致力于用一种"农业计划经济"(Agrarplanwirtschaft)来取代原来的"市场导向",即强行收回没有经济价值的田产转而分配给农业移民,以便同时解决农业生产过剩和大规模失业两个问题。据其设想,到 1932 年 3 月底,在东部援助计划的安排下,应有 34 万公顷田地可供分配,政府将提供 1. 98 亿马克的资金,并创造 2 万个新增岗位与 1 万个附属岗位。[②]

显然,布吕宁的农业政策是同其紧缩政策背道而驰的,但有利于解决农业危机。然而,在大农业主利益团体——特别是国家农业联盟(Reichslandbund)——眼中,这些措施不啻为一种"农业布尔什维主义"

① Reiner Marcowitz, *Weimarer Republik 1929 - 1933*, S. 80 - 82.
② Ulrich Kluge, *Die Weimarer Republik*, Paderborn: Schöningh, 2006, S. 418 - 423.

(Agrarbolschewismus),因为它赋予国家干预农业市场的权力,并剥夺了大农业主的财产。这些人反复向出身于易北河东岸的兴登堡告状,说政府正在推行"国家社会主义",让已经心存不满的总统对布吕宁彻底失去信任。[1]

1932年5月29日,兴登堡向布吕宁表示,他将收回对后者的信任。布吕宁试图劝说总统再给他一些时间,但没有成功。同时,布吕宁也拒绝了总统让他担任外长的提议。[2] 第二天,布吕宁辞职。

布吕宁政府是三届"总统内阁"中当政时间最长的一个,总计26个月。换言之,尽管布吕宁反复宣称自己倒在了"离终点只有百米之处",实际上他比继任者们拥有更多时间来解决危机,规划国家的未来走向。当然,在这段时间里,大萧条仍在深化,而且伴随各国推出民族主义经济政策而进一步产生负面影响,让本来就陷入各种国家危机中的共和国缺少可以自如腾挪的空间。因而,布吕宁的选择余地很小。[3]

但是,这并不意味着布吕宁对魏玛民主体制的衰亡毫无责任。作为一个政治立场偏向保守的总理,他对民主制度的行动效率本来就心存疑虑。这一点决定了他虽然希望建立政府与国会之间的协调关系,却最终转向了依靠紧急令来维持统治。更为糟糕的是,他既没有能力也没有做好准备,来应对政治转向后的复杂政治生态:一方面,他打开了潘多拉魔盒,让极端主义政治党派(特别是纳粹党)如脱缰野马般在德国大地上飞驰,吸引了几乎所有社会阶层的目光;另一方面,保守阵营越来越没有耐心去容忍他的政策,尤其是总统对他的信任快速流失。再者,布吕宁作为财政专家,一再坚持外交政策优先权,把紧缩政策作为全盘解决赔款问题的先决条件,从事后来看,并不恰当,反而成为延续并加深危机的源头。最后,从布吕宁内阁开始的民族主义外交方针转向,结束了施特雷泽曼时代的和解外交,刺激了扩张主义者的野心,同时恶化了共和国在

---

[1] Heinrich August Winkler, *Der lange Weg nach Westen*, Band 1, S. 508.

[2] Heinrich Brüning, *Memoiren 1918 - 1934*, S. 600,602.

[3] Hans-Ulrich Wehler, *Deutsche Gesellschaftsgeschichte*, Band 4, S. 524 - 527.

国际舞台上的声誉。他旨在以走钢丝般的方式来摆脱眼前困境，不料却开启了一个让魏玛民主体制加速崩溃的进程。

二、巴本内阁

在布吕宁宣布辞职的第二天，另一位中央党人粉墨登场，宣布组阁成功。这就是巴本。学术界业已达成的共识是，在三届"总统内阁"中，巴本内阁最为主动地在内政外交上突破宪法，以筹建一个独裁政体。历史学家汉斯·莫姆森（Hans Mommsen，1930—　）称之为"威胁国家政变的内阁"（Die Regierung der Staatsstreichdrohung）[1]。

在保守阵营向总统施压并推翻布吕宁内阁的过程中，国防部办公厅主任施莱歇尔扮演着联络人兼说服者的双重角色。但是，他却拒绝成为布吕宁的继承者，反而向兴登堡推荐了巴本。这是为什么呢？

事实上，施莱歇尔并非不想上位，而是对自己的实力心知肚明：作为军人和幕僚，他缺少国会党团的工作经验，完全没有把握在赢得国会多数派的支持下，组建一个自己可以掌控、同时又被兴登堡所信任的内阁。[2]

在这种情况下，施莱歇尔有两种选择：一是支持已经成为国会第二大党的纳粹党组阁；二是继续保持"总统内阁"的模式，寻找一位保守阵营的代言人，同时获得纳粹党的"容忍"。由于纳粹党咄咄逼人的姿态，既让其他党派敬而远之，又让施莱歇尔感到棘手，所以第二种选择显得更加可靠。

巴本正是一个合适人选。这位贵族一直是中央党内"异类"：他在政治观上倾向于民族人民党，自认为是一个深思熟虑的"君主主义者"，希望建立一种"民族基础之上的独裁"，这与施莱歇尔的想法不谋而合。他

① Hans Mommsen, *Aufstieg und Untergang der Republik von Weimar*, Berlin：Ullstein，1989，S. 529.
② Rainer Schaefer, „Das Kabinett Papen". In：Everhard Holtmann（koordiniert.），*Die Weimarer Republik. Das Ende der Demokratie*，Band 3，S. 355 – 390，S. 357.

在德国政坛活动数年,曾担任过德国驻美国、土耳其等国武官,与兴登堡相识,深得后者信赖——总统亲切地称他为"小弗兰茨"(Fränzchens)。当然,最重要的是,巴本也愿意出任总理,以便实现自己的改制理想。[①]

在布吕宁辞职前(4月28日与5月7日),保守阵营曾与纳粹党达成密约:纳粹党"容忍"一个保守派内阁;新内阁上台后,将废除冲锋队禁令。[②] 尽管据戈培尔日记披露,对希特勒而言,"这自然是不可能的"(6月2日)、"不是作为最尖锐的反对派,就是获得权力;容忍就是死亡。社民党是一个值得警惕的先例"(8月2日)[③],但是,纳粹党当时的虚与委蛇却让施莱歇尔放松了警惕。在施莱歇尔看来,新内阁足以通过各种方式,让纳粹主义运动融入保守阵营中。这就是他的"驯服方案"(Zähmungskonzept)。

6月1日,巴本内阁成立。这是一个被戏称为"贵族内阁"(Kabinett der Barone)的国家领导集团,因为大部分部长都拥有贵族头衔,或是保守阵营的坚定成员,施莱歇尔出任国防部长。

巴本内阁旨在建立一个所谓"民族集中政府"(Die Regierung der nationalen Konzentration),即集中所有力量来应对国家危机。为此,巴本做出一系列举动来凸显自己的"超越党派性"。6月3日,他首先做出表率,退出了中央党,以避免受到党内政策的影响。此举足以让巴本内阁与此前的任何内阁(甚至布吕宁内阁)区分开来,它表明新政府有意识地抛弃了"政党国家"的基本特性。次日,他有意回避国会,而选择通过广播的方式来发表执政演讲。

更让人关注的是这篇演讲的内容。巴本在其中表达了三层意思:第一,集中所有力量,反对阶级斗争;第二,废除不必要的社会福利;第三,

---

① Hagen Schulze, *Weimar: Deutschland 1917-1933*, S. 373.

② Heinrich August Winkler, *Der lange Weg nach Westen*, Band 1, S. 507.

③ Rainer Schaefer, „Das Kabinett Papen". In: Everhard Holtmann (koordiniert.), *Die Weimarer Republik. Das Ende der Demokratie*, Band 3, S. 359.

优先解决内政问题。[1]

这篇被时人评论为"不可思议"的文件,尽管立即引发了社会舆论的轩然大波,但国会却已经没有机会加以抵制。在这篇演讲的末尾,巴本宣布"解散国会"。这表明,与布吕宁上台伊始还想寻求在宪法框架内解决危机的做法不同,巴本从未想过同现存国会进行合作,而是力图在短期内建立一个适应"总统内阁"统治的政治格局。

不过,巴本内阁最终没有完成这一目标。在仅仅 5 个月的执政期中,它大概只有两个月的时间实施执政方案,其余则因为两次国会大选而打乱了节奏。

从 6 月 1 日上台到 7 月 31 日国会大选结束,巴本政府拥有整整两个月近乎独裁的权力。围绕其执政方案,巴本主要完成了以下三项工作:首先,履行诺言,取消冲锋队禁令。6 月 14 日,巴本政府宣布撤回由前任内阁颁布的冲锋队禁令;随后,巴本又在第二个相关法令中宣称,只有中央政府才有权判断军队之外的武装力量是否"威胁公共秩序"——换言之,地方政府也应该撤销禁令。[2] 其次,大规模削减福利,改造"福利国家"。6 月 14 日,巴本政府颁布第一个有关社会政策的紧急令。它把失业保险金削减大约 23%,危机救济金削减 17%,城镇救济金削减 15%,而且还继续降低短期工的工资以及退休金。[3] 除此之外,巴本还提出一个高达 1. 35 亿马克的直接创造就业岗位,并应允建立所谓"志愿劳动服务处"(Freiwillige Arbeitsdienst),但这些方案当时还停留在纸面上,未能立即予以实施。最后,以改造政治格局为名,颠覆了普鲁士州政府,发动了令人震惊的"打击普鲁士"(Preußenschlag)事件。魏玛时期,普鲁士的地位十分突出:它既是共和国的最大联邦州,又长期控制在社民党领导的联合政府手中,因而被视作"共和国的民主堡垒"(Bollwerk der

---

[1] 原文收录于 Reiner Marcowitz, *Weimarer Republik 1929 – 1933*, S. 106.

[2] Hans Mommsen, *Aufstieg und Untergang der Republik von Weimar*, S. 530 – 531.

[3] Rainer Schaefer, „Das Kabinett Papen". In: Everhard Holtmann (koordiniert.), *Die Weimarer Republik. Das Ende der Demokratie*, Band 3, S. 362.

Republik)。1932 年上半叶,这里的局势出现重大变化:

一方面,4 月 24 日的州议会选举结果(见表 3.2.3)表明,执政党联盟失去了多数地位,而右翼政党却有可能上台执政。[1] 但是,由于中央党拒绝支持一个纳粹州长,根据大选前州议会通过的选举程序,一位无法获得绝对多数的候选人仍然无法执掌州权。所以,社民党人布劳恩和泽韦林得以继续担任州长和警察局长。然而,这种格局显然是不稳定的。

表 3.2.3　1932 年 4 月 24 日普鲁士州议会选举结果[2]

	共产党	社民党	国家党	中央党	人民党	右翼小党	民族人民党	纳粹党	其他
选票比例(%)	12.8	21.2	1.5	15.3	1.5	3.1	6.9	36.3	1.4
议席(个)	57	94	2	67	7	3	31	162	—

另一方面,中央政府废除冲锋队禁令后,普鲁士州内出现了越来越多的街头暴力行动,其中大多数是冲锋队与左翼工人组织之间的冲突。特别在 7 月 17 日,冲锋队试图列队通过汉堡-阿尔托纳(Hamburg-Altona)工人区,结果引发双方大规模械斗,造成 18 人死亡(其中不少是无辜路人)、多人受伤的结果。这次"阿尔托纳流血周日事件"(Altonaer Blutsonntag)让普鲁士州内的对抗性政治激进行动引起中央政府的关注。[3]

对于巴本内阁而言,掌控普鲁士自然是一箭双雕的好机会:它既可以打击左翼政党,又能够恢复帝国时期中央—普鲁士合二为一的政治体制。7 月 14 日,内阁提交的紧急条令得到总统批准。"阿尔托纳流血周日事件"更为中央政府的干涉举动提供了借口。7 月 20 日,巴本宣布解除布劳恩和

---

[1] 值得关注的是,在同日举行的 5 州大选中,除巴伐利亚外,纳粹党在普鲁士、符腾堡、安哈尔特与汉堡都成为州议会第一大党。参见 Heinrich August Winkler, *Der lange Weg nach Westen*, Band 1, München: Beck, 2000, S. 505 – 506.

[2] 资料来源:Rainer Schaefer, "Das Kabinett Papen". In: Everhard Holtmann (koordiniert.), *Die Weimarer Republik. Das Ende der Demokratie*, Band 3, S. 367.

[3] Reiner Marcowitz, *Weimarer Republik 1929 – 1933*, S. 108.

泽韦林的职务,由自己来担任普鲁士"国家专员"(Reichskommissar),并对柏林和勃兰登堡进行军事管制。[1]

"打击普鲁士"是一次十分严重的国家政变行为,因为它改变了宪法所规定的中央/地方二元制的基本原则。类似举动也曾出现在二十年代初,当时的中央政府干涉过图林根、萨克森或巴伐利亚,但其对象并不是像普鲁士这样的最大联邦州,实施者也不是像巴本这样一心图谋改变共和国政治格局的人。

然而,社民党与自由工会都没有组织积极的抵抗行动。工人大规模失业的现状使得1920年卡普暴动时出现的大罢工无法再现,而且社民党还期待新一轮国会选举能够改变自己的困境。只有州长布劳恩向总理和总统分别寄去抗议信,并向国家法院提出上诉。10月25日,国家法院才做出一个模棱两可的判决:总统向联邦州派出特派员的做法是合乎宪法规定的,但该特派员不能在参议院和其他国家机构中代表各州利益。如此一来,社民党州长看上去重新获得了权力,但实际上他并没有付诸实践的机会。[2]

总体而言,巴本内阁的上述三招完全是其施政纲领的具体化。但从实际效果看,它们并没有完成"民族集中"的使命,反而进一步激化了社会矛盾:纳粹党犹如被放出牢笼的野兽,到处出击;被削减福利的普通人对政府怨声载道;普鲁士从稳定之所迅速沦为动乱之源。而1932年7月31日的国会大选则是巴本被迫吞下的最大恶果。

7月31日国会选举是共和国有史以来参选率最高的一次,为84%。这表明德国人在当时非常渴望通过此举来改变命运。但让民主派吃惊的是,魏玛体制显然不再成为人们寄予希望的对象。两个反共和国的左右极端政党都获得更多选票:纳粹党的胜利翻了一番,得到37.3%的选票,赢得国会230席,成为第一大党;共产党则得到14.3%的选票。除此

---

① 巴本内阁讨论纪要,Nr. 68、69a、69b、73。

② Reiner Marcowitz, *Weimarer Republik 1929–1933*, S. 110–112.

之外,中央党与巴伐利亚人民党由于反巴本政府的立场,得票略微回升,最终在国会中拥有 97 个议席。其他政党则都出现选票大幅流失的现象,社民党由此失去 10 个议席,人民党失去 23 席,民族人民党失去 4 席,脱胎于民主党的国家党只剩下 4 个议席。①

反对魏玛民主体制的选票已经超过一半以上,但反对者并没有投向保守阵营,而是支持左右两翼的极端政党。从这一点而言,选民们至少对巴本政府的那些政策也并不是满意的。

更为糟糕的是,大获全胜的纳粹党不再愿意继续"容忍"巴本政府。8月 5 日,希特勒在与施莱歇尔的碰头会上明确表示,纳粹党希望成为执政党。在选举后的数日里,冲锋队在东普鲁士、西里西亚(Schlesien)等地到处进行恐怖行动。8 月 7 日,戈培尔甚至已经完成了一份内阁名单。② 8 月 9日晚,冲锋队在上西里西亚制造了所谓"坡藤帕谋杀案"(Potempamord):5名冲锋队员殴打一位工人,并杀害了他的母亲。③

当施莱歇尔与巴本讨论组建一个以希特勒为总理、同时包含中央党成员的政府时,总统却出人意料地投了反对票。8 月 10 日,兴登堡表示,把这么一位"波希米亚二等兵"任命为总理简直是一出笑话。同日,内政部长也对希特勒组阁计划表示反对。8 月 13 日上午,巴本与希特勒会谈,后者拒绝接受副总理职位。下午,兴登堡在同希特勒的私人谈话中再次明确拒绝把总理职位授予一个使用恐怖手段的政党。随后公开发布的总统府声明,把希特勒形容为一个"对祖国既无良知又无责任感的人"。希特勒出任总理的方案就此作罢。尽管如此,为了安抚纳粹党,巴本仍然出面作为普鲁士特派员,把"坡藤帕谋杀案"中凶手的死刑改判为

---

① Hans Mommsen, *Aufstieg und Untergang der Republik von Weimar 1918 - 1933*, München: Propyläen Taschenbuch, 2001. S. 554.

② Hans Mommsen, *Aufstieg und Untergang der Republik von Weimar*, S. 556 - 557; Reiner Marcowitz, *Weimarer Republik 1929 -1933*, S. 113.

③ Rainer Schaefer, „Das Kabinett Papen". In: Everhard Holtmann (koordiniert.), *Die Weimarer Republik. Das Ende der Demokratie*, Band 3, S. 377 - 378.

无期徒刑。①

由此,对于巴本政府而言,峰回路转的契机出现了:一方面,看上去总统仍然对巴本充满信任;另一方面,纳粹党由于未能马上实现希特勒就任总理的方案,在随后数周内陷入到内部危机中,希特勒的权威受到党内左翼格雷戈尔·施特拉塞尔(Gregor Strasser,1892—1934)等人的挑战——后者希望首先让纳粹党参加组阁,而不是坚持希特勒就任总理。

巴本内阁获得了两个月的喘气时间。它随即在政治和经济上做出两项重要调整。

其一,在政治诉求上更为明确,推出所谓"新国家"(Neuer Staat)的政变方案。施莱歇尔等人料定,新国会仍将对巴本内阁投不信任票,然后由总统继续解散国会。问题在于,这次国会解散后,德国有可能选择其他道路吗?根据宪法,总统必须在 60 天内组织新选举,但若总统认为出现"国家紧急状况",则可以推迟这一期限。巴本希望藉此推动宪法改革。9 月 12 日,他在广播谈话中指出"形式民主的体制已经掉价了"。他希望恢复帝国时期的宪政体制,其区别只是把皇帝变成总统。同时,德国还必须建立一个根据职业阶层来构成的上院(Oberhaus),其成员由总统任命。这种"新国家"实际上是以意大利法西斯政权为模板的。

其二,利用外交胜利,转变经济上的紧缩政策。7 月 9 日《洛桑协议》签订,规定德国只需要再支付 30 亿马克与 5% 的汇款费后便终结赔款问题。这无疑有利于德国经济复苏。巴本决定把 6 月 14 日紧急条令中创造就业的计划转变为实践方案,9 月 4 日—5 日的两项条令就是其成果。政府在交通、水利和农业领域中为青年失业者提供就业岗位,并将为增加工作岗位的企业提供总计 7 亿马克的补贴。② 这项举措当时被一位美国记者赞誉为"在欧洲所有国家克服危机的计划中最天才的一种"。③

---

① Heinrich August Winkler, *Der lange Weg nach Westen*, Band 1, S. 517 – 519.

② Reiner Marcowitz, *Weimarer Republik 1929 – 1933*, S. 117.

③ Hagen Schulze, *Weimar: Deutschland 1917 – 1933*, S. 386.

　　然而,第一项举措没有获得总统的支持。兴登堡并不愿意以"紧急状况"为由,推迟合法选举的时间。第二项举措虽然有利于减少经济危机带来的社会冲击,但在当时的政治氛围中,巴本政府的任何举动都受到国会多数派的反对。9月12日,在戈林担任主席的国会中,共产党提出不信任案,得到除人民党和民族人民党议员(42票)之外几乎所有议员(512票)的赞同,创下魏玛历史之最。不过,巴本早已获得总统的授权,当场解散国会,并在两天后再次成立内阁。[1]

　　由于兴登堡拒绝推迟,国会选举被安排在11月6日,而第二届巴本内阁根本没有足够时间去做准备。与此同时,德国政局出现了让政府感到更棘手的现象,所谓"褐—红统一阵线"(Braun-rote Einheitsfront),即纳粹党和共产党开始携手反对巴本内阁。这一点特别反映在11月初柏林交通业大罢工中。当时为提高小时工资,共产党的革命工会(Revolutionäre Gewerkschafts-Opposition,RGO)与纳粹党的企业支部(NSBO)携手发动了长达一周的罢工。这让施莱歇尔颇感震惊。

　　国会选举结果进一步让施莱歇尔对巴本失去信心:在这次选举中,未投票的人数从700万增加到900万,表明民众已经对频繁选举感到厌倦;纳粹党的支持率自1931年以来首次出现下降趋势,从37.3%降到33.1%;社民党继续流失选民,得票率从21.6%下降到20.4%;共产党倒增加了2.6个百分点;其他大党基本维持不变,小党的得票率略微上升。在584个席位中,纳粹党与共产党拥有296个,仍然超过半数。[2]

　　在此背景下,巴本下台无可挽回。11月17日,由于各党派拒绝与内阁合作,巴本辞职,但被兴登堡留任看守内阁。11月19日—20日,兴登堡两次与希特勒会面,但总统仍然对后者不放心。11月24日,兴登堡公开发表宣言说,他无法把总统全权"交付给一个总是不断强调其排他性的政党之领袖"。[3] 总统希望宣布国家处于紧急状态,然后让巴本继续执

[1] Heinrich August Winkler, *Der lange Weg nach Westen*, Band 1, S. 521 - 522.

[2] Hans Mommsen, *Aufstieg und Untergang der Republik von Weimar*, S. 584 - 585.

[3] Heinrich August Winkler, *Der lange Weg nach Westen*, Band 1, S. 530.

政。但是,后者却害怕因此把国家推向内战边缘。

与此同时,施莱歇尔开始着手寻找解决国家危机的其他途径。11 月
28 日,他与自由工会主席莱帕特(Theodor Leipart,1867—1947)会谈,抛
出了令工会感到满意的一系列新社会政策方案,如进一步改善失业救
济,创造更多就业岗位等。此外,他还同纳粹党内的左翼领袖施特拉塞
尔取得联系。12 月 2 日,施莱歇尔又邀请自己的朋友、国防军将领奥特
(Eugen Ott,1889—1977)在内阁会议上暗示,国防军无力平定因为巴本
的"新国家"方案而激发的内乱,更无法同时应对波兰有可能对东普鲁士
发起的进攻。① 这让总统最终下定了决心,"感到心痛地"接受了巴本的
辞职。

与前任相比,巴本始终是一位带着明确推翻魏玛民主体制这一想法
而登上总理宝座的保守派政治家。对他而言,外交和经济两个领域都不
如政治变革重要。他的"新国家"方案源于此前已被多位保守派思想家
讨论过的观念,即把议会民主制改为强人统治。这是所谓"保守革命"的
一部分内容。其失败的根源并不仅仅在于观念的落后性——事实上,考
虑到同时代其他国家出现的类似思潮,德国现象并不特殊,甚至可以说
属于同一类反现代性抗争——而是在于巴本贯彻此类观念时的方法过
于陈旧。这位"贵族内阁"的首领仍然热衷于 19 世纪政治交易的基本模
式,只与上层谋划,对大众充满鄙视,因而无法摸准大众政治
(Massenpolitik)时代的运行规则,对两次国会选举结果都毫无准备。正
是一次又一次的失败,才让保守阵营也对他失去耐心。

与之相应,巴本执政期间的经济政策既不能高估,更不能忽视。一
方面,其经济政策是为政变方案服务的,因而目的性颇为可疑,巴本对这
些政策的投入也不多,而且它们仅仅停留在创造就业岗位上,在货币政
策和国家预算方面都乏善可陈;另一方面,这些政策终于改变了布吕宁
内阁的紧缩政策,是此后德国政府解决经济危机的一系列方案的源头,

① 巴本内阁讨论纪要,Nr. 239b。

无论是施莱歇尔还是希特勒,都从中获益颇多。

最后值得一提的是,巴本虽然由施莱歇尔通过高层谋划而出任总理、但他最终又倒在了后者的高层谋划之下。对于巴本而言,这是不可忍受的屈辱。正因如此,他随后也义无反顾地投入到推翻新政府的新一轮高层谋划中,并为此做出了最为糟糕的决定。

三、施莱歇尔内阁与希特勒上台

1932 年 12 月 2 日,施莱歇尔被总统任命为魏玛共和国的第 12 位总理、第 20 届政府首脑。这既是他个人政治生涯的巅峰,也是自 1890 年卡普里维(Leo von Caprivi,1831—1899)被任命为首相后再次出现一位将军出任政府首脑的现象。学术界一度对施莱歇尔充满敌视,因为他在共和国谢幕中扮演着极不光彩的角色;但随着大量史料被重新发现和解读,人们又发现他虽然属于保守派,但与巴本并不同路,而且也有意识地与希特勒拉开距离。在共和国走向灭亡的过程中,施莱歇尔的确起到了推波助澜的作用,但他也曾绞尽脑汁地想帮助德国走出危机,只不过最后以失败告终。

施莱歇尔是一位普鲁士军官之子,在军中先后结识兴登堡之子奥斯卡(Oskar von Hindenburg,1883—1960)及后来的元帅曼因斯坦(Erich von Manstein,1887—1973)等人。一战中,他大多数时间在最高指挥部工作,与兴登堡等高层军官熟识。战后,他先后担任陆军司令泽克特的顾问及国防部陆军处处长等职。1929 年他升为少将后,转任国防部办公厅主任。

一战后初期,施莱歇尔曾支持军方与社民党人合作,即所谓"艾伯特—格勒纳协议"(Ebert-Groener-Pakt)。但后来,他更倾向于保守理念,要求恢复国家权威,重整经济和修改《凡尔赛和约》。正因如此,兴登堡对他充满信任。据布吕宁回忆说,总统曾向他建议"请依仗施莱歇尔将军。这是一个聪明的人,对政治知之甚多"。[1]

---

[1] Heinrich Brüning, *Memoiren 1918–1934*, S. 388.

一战的经历让施莱歇尔对工会存在好感,因为他发现"工人代表的立场与态度比企业家理性得多"。此外,经过两届总统内阁的观察,他也看到了民众拥有着不可预知的力量。为此,当他被迫走上前台后,决定要构建一种"横向阵线"(Querfront),或被称为"工会阵线"(Gewerkschaftsfront),即把所有同劳方相关的力量集中起来。①

这一方案首先体现在施莱歇尔的内阁名单中。巴本内阁的部长大多数被留任,但内政部长盖尔(Wilhelm Freiherr von Gayl,1879—1945)由布拉赫特(Franz Bracht)接任,劳动部长谢弗尔(Hans Schäffer,1886—1967)由苏鲁普(Friedrich Syrup,1881—1945)接任。此外,施莱歇尔特别在劳动部下设立新部门"劳动岗位创造国家特派员办公室"(Amt des Reichskommissars für Arbeitsbeschaffung),由格里克(Günther Gereke,1893—1970)执掌。这种人事变化反映了新总理试图同巴本划清界限的努力。盖尔曾积极支持巴本的"新国家"方案,谢弗尔也一再努力贯彻巴本清除"福利国家"的计划,而现在施莱歇尔则希望通过更换部长的方式,向外界宣告,本届政府不再推行激进的政治改革,并将有意识地关注劳方诉求。格里克曾在布吕宁内阁时期担任"公共劳动特派员"(Staatskommissar für öffentliche Arbeit),与劳方共同筹划过一份劳动岗位创造计划。现在,施莱歇尔内阁提供的新职务既有助于他继续推行上述计划,以减少失业者人数,稳定社会,同时也可以通过他建立内阁与工会之间的桥梁。②

其次,施莱歇尔在上台前后多次与各派劳方利益组织沟通,以夯实执政基础。早在1932年11月,施莱歇尔与自由工会高层便已达成默契,以国家创造劳动就业岗位的方案来换取劳工们的支持。③ 对于自由

① Hagen Schulze, *Weimar: Deutschland 1917-1933*, S. 394;施莱歇尔内阁讨论纪要,前言。
② Reiner Marcowitz, *Weimarer Republik 1929-1933*, S. 120.
③ 双方的谈话记录参见 Axel Schildt, "Das Kabinett Kurt von Schleicher". In: Holtmann (koordiniert.), *Die Weimarer Republik. Das Ende der Demokratie*, Band 3, Dok. 5, S. 435-438.

工会而言,施莱歇尔的方案是诱人的,除了它确实能够解决大规模失业问题外,还因它同自由工会此前业已制定的"WTB方案"有着异曲同工之妙——这是 1932 年 4 月,由自由工会统计办公室主任沃廷斯基(Wladimir Woytinsky,1885—1960)、木工工会主席塔瑙(Fritz Tarnow,1880—1951)和社民党农业政策学家巴德(Fritz Baade,1893—1974)联合筹划的经济复兴方案,其内容同样是以公共工程的方式来解决大约 100 万失业者再就业的问题。该方案因采取一定程度的通涨方式,曾被社民党拒绝,所以自由工会坚定了独立于政党政治的想法,迅速接过施莱歇尔抛来的绣球。

施莱歇尔还拉拢了纳粹党内的左翼。在施莱歇尔看来,纳粹党既是国会最大政党,又笼络了大批足以作为国防军重建基础的年轻人,应该成为"横向阵线"的基础。但是,他又担心无法控制希特勒的野心,因此转而关注 11 月大选后纳粹党内势力大增的施特拉塞尔派。施特拉塞尔坚决反对希特勒"不当总理,就当反对派"的强硬态度,希望首先争取纳粹党入阁的机遇。12 月 4 日,纳粹党在图林根州得到的选票比 7 月下降 20%,这让施特拉塞尔更坚定了与施莱歇尔谈判的念头。当晚,两人见面。总理是否向施特拉塞尔许诺出任副总理,至今尚难确定。但在此后几天内,纳粹党内出现了更为激烈的争议。施特拉塞尔周围聚拢了一些重要的党内官员,另有 50 名以上的国会议员表示支持。[1]

施莱歇尔的努力获得国会多数派的积极回应。国会主席团(Ältestenrat)推迟了新国会的开会时间,也没有组织不信任投票。但是,国会也做了防守准备。12 月 9 日,国会通过一项纳粹党提案,修改宪法第 51 条,把总统的代理权由总理转给国家法院院长,以防在兴登堡遭遇不测时,施莱歇尔将身兼总统、总理和国防部长三职。[2]

12 月 15 日,施莱歇尔发表执政宣言。其内容主要包含以下两点:一

① Reiner Marcowitz, *Weimarer Republik 1929 - 1933*, S. 124 - 125.
② Heinrich August Winkler, *Der lange Weg nach Westen*, Band 1, S. 535.

是坚决否认独裁意图,表明自己反对改变宪法的立场。二是提出创造就业岗位是其主要的社会经济政策。他说,"'创造工作'就是所有方案的核心所在。"①

然而,这份充满信心的"横向阵线"方案最后却以失败告终,并直接影响到施莱歇尔内阁的续存。原因何在?

首当其冲的问题是施莱歇尔的真实目标仍然是用强人政体来代替民主体制,这让左翼政党始终对他抱有怀疑态度。例如,在发布执政宣言的方式上,施莱歇尔沿袭了巴本的作风,采取广播而非国会演讲。这一点表明这位争取劳方"谅解"的军人总理并没有真心实意地放弃强人政治的理念,而是希望构建一种拥有大众基础的波拿巴式的统治。社民党甚至把施莱歇尔视作比希特勒更为糟糕的"恶"——他们认为,希特勒一旦上台,便很快会因为无法完成执政使命而下台,于是民主复兴便有可能——因而始终不愿意继续推行"容忍"政策。②

对于施莱歇尔而言,把目光紧盯自由工会,而放弃与社民党之间的积极沟通,同样是一种失策。事实上,自由工会虽然做出了远离社民党的姿态,但事实上并没有完全脱离社民党的影响。正好相反,随着时间的推移,社民党对施莱歇尔的负面评价仍然被工会高层所接受。另一方面,工会对施莱歇尔的就业方案只能解决 40 万—50 万岗位的结果也不满意。由此,"横向阵线"失去了一个重心。

让施莱歇尔更为失望的是,第二个重心纳粹党内左翼施特拉塞尔也很快退却了。最初已鼓足勇气的施特拉塞尔居然在几日内发生动摇。12 月 8 日,他辞去了党内的一切职务,去了国外。希特勒随即接管了所有权力。纳粹党继续坚持非此即彼的战略,拒绝同政府合作。

如此一来,"横向阵线"自然无法继续推进。同时,大工业家与大农业主也向施莱歇尔发起进攻,并且同希特勒结成联盟。

---

① 全文参见施莱歇尔内阁讨论纪要,Nr. 25。
② Hagen Schulze, *Weimar: Deutschland 1917 – 1933*, S. 398 – 399.

有关资本家与纳粹党崛起之间的关联,曾是学术界的重要研究对象。一般认为,垄断资本家为了保障自己的利益,积极支持纳粹党的发展。例如研究者发现,基尔道夫(Emil Kirdorf,1847—1938)这位矿场监事会主席早在 1927 年便加入了纳粹党,并担任了希特勒与重工业集团之间的联络人。大工业家蒂森是纳粹党得以购买慕尼黑党部的主要资助人。甚至连美国汽车大亨福特(Henry Ford,1863—1947)也曾与纳粹党保持着积极联系。

但是,把两者简单联系起来的观点也受到一些实证研究的批评。一方面,并非所有垄断资本家都支持纳粹党,如西门子或克虏伯在 1932 年前与纳粹党保持距离,这里牵涉到重工业界与轻工业界对希特勒的外交观存在不同评判等问题;另一方面,并非资本家的资助使得纳粹党的选票增加,而是相反,由于纳粹党令人震惊的选举成绩,才让越来越多的资本家关注纳粹党。至少从 1932 年下半年开始,经济界对纳粹党的支持力度加大。11 月 19 日,银行家、工业家与大农业主联名致信总统兴登堡,要求让希特勒取代巴本担任总理,以便让工人阶级远离马克思主义的影响。[1]

资本家与纳粹党之间的复杂关系也延续到施莱歇尔执政时期。在部分资本家看来,施莱歇尔的"横向阵线"明显偏向劳方,是一种布尔什维主义化的做法。重工业集团明确支持希特勒取代施莱歇尔。这一点也被大农业主所接受。1933 年 1 月 11 日,国家农业联盟在报刊上公布了措辞强硬的宣言,坚决反对政府的移民计划。但直到 1 月中旬,轻工业界仍然没有改变支持政府的立场,因为施莱歇尔的创造就业方案将把 5 亿马克资金投入到住房改建、改良土壤等方面,有利于这些领域的企业复兴。

尽管如此,部分资本家的支持仍然引起保守派政治家的关注,特别是巴本。自视甚高的巴本下台后,对施莱歇尔耿耿于怀,正等候时机加

---

[1] Reiner Marcowitz, *Weimarer Republik 1929 - 1933*, S. 101 - 103.

以反扑。1月4日,在科隆银行家、纳粹党经济顾问施罗德(Kurt von Schröder,1889—1966)的家中,巴本应邀与希特勒会面,商讨联合组阁等事宜。当时,巴本仍然拒绝希特勒担任政府首脑的要求。这次谈话无果而终。两周后,1月14日,希特勒与民族人民党主席胡根贝格及钢盔团主席塞尔特(Franz Seldte,1882—1947)会面。双方更为深入地探讨纳粹党与右翼保守派之间进行联合的方式。1月22日,在纳粹党人里宾特洛甫(Joachim von Ribbentrop,1893—1946)家中,兴登堡的秘书迈斯纳和儿子奥斯卡也会见了希特勒。[①]

总体而言,这些谈判基本反映了保守政治家们对政治格局的基本谋算:第一,施莱歇尔的"横线阵线"方案过于左倾,不能予以支持;第二,纳粹党反布尔什维主义的政治立场可以接受,且其影响力不容忽视;第三,给予纳粹党有限的政治资源,最终让它融入"保守革命"中。为此,巴本、胡根贝格等人允诺让希特勒就任总理,纳粹党可以获得中央内政部长兼普鲁士内政部长这一重要职务,但必须保证巴本仍然出任普鲁士特派员。

世人难以推测希特勒当时如何评判保守阵营抛出的绣球,但可以肯定的是,自1月份的三次谈判之后,希特勒通往总理府的道路已经明朗,而施莱歇尔谢幕的时刻则越来越近。

从1932年12月中旬开始,施莱歇尔的"横向阵线"已经陷入困顿。他对巴本等人联系希特勒的种种做法也心知肚明。但是,他在当时还没有山穷水尽。至少他还有一条路,即效仿巴本,通过兴登堡的支持,以"国家紧急状况"为由来解散国会,然后借两个月的独裁时间来创造新的政治局面。

为此,施莱歇尔与普鲁士原州长、社民党人布劳恩进行谈判。这次谈判的结果令他感到满意。布劳恩是一位现实主义政治家,清楚认识到

---

① Reiner Marcowitz, *Weimarer Republik 1929 - 1933*, S. 131 - 132; Hans Mommsen, *Aufstieg und Untergang der Republik von Weimar*, S. 623 - 624,633 - 634.

纳粹党的危险,因而同意在国会解散后,劝服社民党高层去支持政府的工作。

但是,施莱歇尔仍然希望等施特拉塞尔回国后,同样取得纳粹党的"容忍",恢复"横向阵线"。然而,等施特拉塞尔回国表示愿意继续合作时,施莱歇尔发现自己错过了两个重要时机:一是布劳恩在社民党内的影响力业已衰落,无法实现他对总理的承诺;二是由于希特勒与保守阵营的几次谈判及纳粹党在利珀—德特莫尔特州获得高达 39.5% 的选票,施特拉塞尔在纳粹党内的影响力也进一步旁落。

如此一来,施莱歇尔只能依靠总统的信任来面对解散国会之后的未知情况。但在 1 月 28 日,兴登堡却拒绝给予这种信任。总统的解释是,任命施莱歇尔的初衷就是要恢复"正常状态",而不是再次回到"紧急状况"——巴本正是因此而下台的,施莱歇尔也不例外。事实上,这些不过是冠冕堂皇的理由。此前与希特勒达成密约的奥斯卡、迈斯纳以及巴本等人已经向兴登堡施加过影响。不过,直到 1 月 28 日前,兴登堡仍然期待一个巴本内阁,而不是希特勒内阁。只不过由于纳粹党公开声明将抵制巴本内阁,才让巴本知难而退,最终还劝说总统接受了那位"二等兵"。①

同日,施莱歇尔宣布辞职。两天后,兴登堡任命希特勒为总理。三届"总统内阁"的历史就此结束,魏玛共和国的大幕也从此拉上。

作为"总统内阁"的始作俑者和最后终结者,施莱歇尔在共和国灭亡中的角色耐人寻味。一方面,他对议会民主制极为不满,积极充当着所谓"保守革命"的策划者。倘若没有他的鼓动和谋划,"总统内阁"这种执政模式也许不会出现在魏玛舞台上,即便该体制并不违宪。另一方面,他并不是一个极端落后的保守派,他的执政方案明显反映出一种试图解决魏玛危机的努力。他看到了大众政治时代有别于此前精英政治时代

---

① 兴登堡的态度变化十分复杂。参见 Heinrich August Winkler, *Der lange Weg nach Westen*, Band 1, S. 545 - 548.

的特征,敏锐地抓住了解决危机的关键所在,如建立"横向阵线"来夯实执政基础,以创造就业岗位的计划来解决大规模失业问题等。因此,从总体而言,施莱歇尔的确想推翻魏玛体制,但他希望在解决魏玛危机的基础上推动政治转型。

　　施莱歇尔的失败既是其个人问题,也反映了整个保守派的局限性。"横向阵线"的方案看似完美,实际建立在漏洞百出的算计之上。对于左翼,施莱歇尔只盯着自由工会高层,却没有发现工会与社民党之间"剪不断理还乱"的紧密关联。对于右翼,施莱歇尔又高估了施特拉塞尔的影响力,未曾料及后者在希特勒的威望之下居然临阵脱逃。更糟糕的是,这一方案只照顾到劳方,却得罪了资方。被施莱歇尔赶下台的巴本则抓住契机联合资方,与希特勒谈判,同样以密谋的方式推翻了施莱歇尔。然而,这一进程恰恰也反映了整个保守阵营的内部既缺少公认的领袖,也对解决危机的途径未能形成共识,最终只能借助纳粹党的力量来推翻施莱歇尔。

　　"总统内阁"作为《魏玛宪法》所允许的一种执政模式,在共和国末期却扮演着推翻民主体制的终结者角色。如此巨大的反差当然与1930—1933年间的严重国家危机相关,但也源于此前已经存在的一系列潜在问题。

　　首先,就宪法本身而言,第48条赋予总统的独裁权并非不合理,但高估了总统"超党派"的自觉性。正如前文所言,在韦伯等法学家看来,总统独裁权是消解国会独裁权的唯一方式,以便解决政党政治中极易出现的拖沓不决的问题。在艾伯特当政期间,依仗总统信任来颁布紧急条令的情况也曾出现过(如1919年、1920年、1923年),而且十分顺利地解决了国家危机。然而,兴登堡并不是艾伯特,他从来没有考虑过自己成为一名共和主义者,其政治观依然属于德意志帝国。当然,兴登堡也希望维持内阁与国会保持一致的最佳状态,这也是他为何三次以内阁无法取得国会多数派支持为由来更迭总理。但是,当这种情形无法出现时,他便十分自然地倒向保守主义阵营,认可后者已经谋划许久的"保守革命"，寻找各种突破《魏玛宪法》的可能性。布吕宁在回忆录中对兴登堡的评价或许恰到好处："总统那些令我多次感到震惊的行为是符合其性格的。当局势显得十分困难甚或灾难性时，他会变得胆小起来，依赖于其他人的决策；倘若一切顺利，他便会变得挑剔——于是人们必须担心他随时会发生突然的变卦。"①此外，一位年逾八旬的老者也容易受到亲戚（儿子奥斯卡）或亲信（总统办公厅主任迈斯纳）的影响，在总理人选上表现出明显的倾向性，无论是最后三任总理还是希特勒的选择，无一例外。特别是在希特勒的挑选上，兴登堡从厌恶到接受的态度转变，正是所谓"巴本密谋"的结果。从这一点而言，即便"总统内阁"本身并不违宪，但《魏玛宪法》对总统人选及其权力缺乏防御性的限制条款，当是1930年后共和国局势急转直下的重要原因之一。

其次，就三届"总统内阁"而言，从就任到辞职的过程各有千秋，三任总理的政治观念也彼此不同，但他们都加快了共和国走向衰亡的步伐，并为纳粹夺权打开了大门。布吕宁是一位理性的君主主义者，虽然内心希望革新政治，但在当政期间却仍然试图取得国会多数的支持，并坚持外交优先的原则。与此相反，后面两位总理都把内政置于外交之前。巴本是一位典型的保守主义者，从上台开始就推行有目的的"新国家"方案，并不惜发动"打击普鲁士"，改变中央与地方关系。相比之下，施莱歇尔是一位懂得谋略的保守派军人，他试图以"横向阵线"的方式来迎合大众政治时代的特征。然而，他们都在不同程度上把民众一步步推向反共和阵营。布吕宁坚持以彻底解决赔款问题为目标的紧缩政策，一再错过经济复兴的契机。巴本废除冲锋队禁令则犹如打开了潘多拉魔盒，严重恶化了政治局势。施莱歇尔虽然推行大规模就业计划，并试图与左翼沟通，但又因为缺少政治经验，既没有得到左翼的最终认可，又失去了保守阵营的支持。更为糟糕的是，当他们无法获得国会多数支持时，他们都倾向于用重新大选的方式来建构有利于自己的政治格局，结果让反对魏

---

① Heinrich Brüning, *Memoiren 1918 - 1934*, S. 321.

玛民主体制的左右极端政党在 3 年之内的 5 次大选中迅速崛起。

再次,就共和阵营而言,他们既缺少有效的危机处理手段,也没有组织行之有效的抵抗行动,仅仅抱着幻想而失去了保卫共和的机会。自最后一届大联合政府倒台后,共和阵营的分化极为严重。民主党最终转变为新党,彻底失去影响力;中央党由右翼领导,不断偏向保守阵营;社民党一方面受制于工人大规模失业的现实,另一方面又满足于充当反对党的角色——它最初"容忍"了布吕宁的萧条政策,后来却"反对"巴本和施莱歇尔的就业岗位创造方案,甚至认为后者比希特勒更糟糕! 在 1930年后的几次大选中,社民党节节败退,却在没有转变方针的情况下,仍然对下一次大选抱有幻想。如在 1932 年 11 月大选后,社民党与自由主义者们都确信"纳粹主义的思想失去了吸引力"。[①] 进一步而言,社民党还日益陷入到与共产党之间"兄弟阋墙"的争斗中,此举既分化了工人选民,又为纳粹党制造了可趁之机。

最后,就纳粹党而言,"总统内阁"虽然不是注定的"纳粹夺权之前奏",但正因为希特勒善于抓住机会,才使得纳粹上台得以可能。在 1930年前,纳粹党已通过内部革新的方式,做好了成为一个"全民党"的准备。在纷乱无常的 5 次大选中,这种旨在吸纳所有阶层选票的战略看起来的确起到了作用,因为几乎所有其他政党的选民都有投奔纳粹党的记录。在这一过程中,希特勒的个人魅力不可忽视。他那经过哲学博士戈培尔精心雕琢的演讲词、反复演练而激情高涨的演说才能、一周内飞向全国各地的巡回宣传毅力以及毫无根据指鹿为马的批判伎俩,不仅使他赢得了大量支持者,而且也让所有党派乱了阵脚。共产党看到了纳粹党的危险,却把社民党视作更危险的"社会法西斯主义";社民党一心与纳粹党保持距离,却在施莱歇尔当政期间,反而期待希特勒上台以便让民众重回民主怀抱;保守阵营则严重低估希特勒的实力,以为可以控制住纳粹党,并将之融入保守革命中。事实证明,它们都错了。

---

① Hans-Ulrich Wehler, *Deutsche Gesellschaftsgeschichte*, Band 4, S. 532.

进一步来看,在纳粹党内部,党卫队的快速崛起也为希特勒掌权也铺平了道路。1929 年 1 月,希姆莱(Heinrich Himmler,1900—1945)就任党卫队全国领袖后,决心要把党卫队打造成纳粹运动的精英集团和利器。在其努力下,党卫队的规模迅速扩大,到 1930 年 12 月,成员人数已增至 2727 名。经济大危机期间冲锋队与纳粹党之间的矛盾激化,尤其是冲锋队的两次叛乱,给党卫队的扩充和地位提升提供了很好的机遇。1930 年 8 月 29 日,柏林冲锋队发动第一次叛乱,希特勒亲自赶到柏林,用安抚手段平息事态,随后即着手提高党卫队的地位,要求把党卫队建成纳粹党的精英部队,一支在任何情况下都可以依靠的部队。同年 11 月 7 日,他规定"党卫队的任务首先是在党内执行警察职责",从而使它越出卫兵组织的范畴。同年底,希特勒将党卫队和冲锋队分开。党卫队在形式上仍然隶属于冲锋队,实际上已经独立于外,"任何冲锋队领袖均无权对党卫队发布命令"。① 党卫队员改穿黑色制服,系黑领带,戴饰有骷髅标志的黑色大沿帽,佩黑肩章和镶黑边的卐臂章。1931 年 4 月,冲锋队发动第二次叛乱,希特勒一面在党报上发表文章抨击起事者,一面调集党卫队平息叛乱。趁此机会,希姆莱进一步扩大党卫队的规模。1931 年底,其成员增至 1 万人,翌年底达 3 万,1933 年 1 月 30 日希特勒就任德国总理时,人数已达到 5.2 万。

当然,若我们把观察视角放在国际上,还能发现议会制在欧洲一些国家中都出现了危机,如捷克、奥地利。它们与魏玛德国都是帝国的后续者,都未曾对议会民主制做过足够的心理和机制上的准备,都对政党国家充满疑虑乃至敌意。从这一点而言,魏玛衰亡的悲剧也不是个案,它反映了 20 世纪二、三十年代议会民主制在欧洲政治运行中的危机。

总之,在民族、民主、民生三个互有联系又相互制约的问题上,三届

---

① 海因茨·赫内:《党卫队——佩骷髅标志集团》,江南、杨西译,商务印书馆 1984 年版,第 70—71 页。

内阁各有侧重,无法找到一条从整体上解决国家危机的方法,反而由于顾此失彼,最终把国家权力送给了纳粹党。

第三节　魏玛共和国覆灭的原因

　　作为德国历史上的第一个民主体制,魏玛共和国为什么以如此之快的速度走向覆灭? 这是自 1933 年 1 月 30 日纳粹上台后不断被讨论的问题。国际学术界最初把目光投向共和国的末期危机,把魏玛问题简单归结为"法西斯主义的前夜"。随后,研究者又发现"十一月革命"作为共和国的起点,未能成功完成社会转型的使命,以致民主基础无法得到夯实。接下来,人们集中讨论了"金色二十年代"的繁华与问题,到最近 20 年,尽管微观研究蔚然成风,但历史学家们都已倾向于从整体上考察魏玛体制的兴衰成败,并大致得出以下四点共识。

一、德意志帝国的负面遗产

　　从历史的角度看,尽管德意志帝国已经被魏玛共和国取代,德国的政治体制发生了根本转变,但帝国留下的负面遗产依然在共和国时期发挥着不可小觑的影响力。这些负面影响主要表现在观念形态、精英人选和公众素养等三个层面中。

　　在观念形态上,帝国建立前后形成的一种价值观未能得到及时清算:即"德意志发展的特殊性"。与英法相比,德意志的现代化道路确实存在某些特殊现象,例如经济现代化的步伐远远快于政治现代化的速度,以致民族国家成立较晚、容克贵族继续把持政权。尽管如此,在德意志帝国建立后,政治现代化的进程并未停止,国会首先推行普选制,然后随着社会民主党的崛起而出现权力格局的缓慢变动。在帝国的部分地区(主要在西部),市镇民主化趋势也日益明显。然而问题在于,大部分掌权者与知识精英们不愿意面对现实,而是固执己见地继续强调"德意志发展的特殊性",以维护所谓的"民族自尊心"为幌子,实则为了坚持君主独裁体制的合法地位。从这种价值观出发,第一次世界大战前夕,德国出现了声势浩大的"1914 年思想",即强调"一个无阶级、无冲突、和谐的民族共同体(Volksgemeinschaft),由能干的、受过教育的市民官僚机构指挥,由强大的普鲁士—德意志军事君主制保护下"的社会秩序,要优越于从"1789 年思想"中脱胎而出的英法现代资本主义制度。[①] 这样一种价值观并未随着德国战败而消亡。相反,它在魏玛时期还不断得到保守派精英们的积极回应,最后甚至为希特勒所宣扬的"民族共同体"理念提供了精神食粮。

在精英人选上,帝国培养的一代治国者大多没有真心诚意地接受民主共和的观念,但又被继续保留在共和国的关键岗位上。不可否认,帝国时期也孕育了一批自由主义者和社会民主主义者,但他们多数未能进入从中央到地方的各级管理部门。"十一月革命"之后,情况有所改观,如艾伯特这样未经过大学教育、没有公务管理经验的社民党人也能成为总统,自由主义者普洛伊斯被授权起草宪法。不过,革命并未带来政治清洗。在大部分管理岗位、司法部门或大学教席上的知识精英们仍然是那些曾经效忠过帝国秩序、心怀专制理念的"战前一代人"。正因如此,共和国的大部分总理都对民主思想颇为陌生,一旦遭遇国会抵制,都会首先求助于总统授权发布"紧急令";同样,在 1923 年危机中,法官们可以对共产党人和纳粹党人施以宽紧程度不一的刑罚,而律师们如一首讽刺歌曲所言,"要想当律师又站在左翼,/那没别的,就是对祖国的叛逆"[②];此外,大学教授们继续在校园中推销传统的知识精英特权思想,如一本名为《高校》(Die Hochschule)在 1919 年初公开抱怨说"革命剥夺了知识分子阶层未来的可靠垄断"![③] 那些立场有所变化、但内心对民主依然存在疑虑的共和国精英们,自视为"理性共和党人"(Vernunftrepublikaner)。他们虽然容

① 参见邓白桦:《试论德国"1914 年思想"》,载《同济大学学报》(社科版)2010 年第 4 期。
② 里昂耐尔·理查尔:《魏玛共和国时期的德国》,第 215 页。
③ 转引自王莹:《从知识精英到纳粹分子——德国魏玛时期的大学生研究》,武汉大学出版社 2014 年版,第 84 页。

忍魏玛体制,但其知性风格让他们更容易发现民主弊病,从而倾向于借助传统而导向一种"强势总统维持下的共和"。[①]　共和国历史过于短暂,还未完成正常的代际更迭,让抱有传统观念的知识精英们掌控了权力和舆论,以致压缩了民主表达的可能性。

在公众素养上,如德裔美国历史学家弗里茨·斯特恩(Fritz Stern,1926—)所言,一种"非自由主义"(illiberalism)的"文化风格"构成了主旋律。这种风格指的是"在精神上和政策上抵制向民主做出进一步妥协的虔诚之心,即便为此付出政治独立的代价。"[②]在帝国时期,德国公众并没有受过充分的民主熏陶。相反,人们崇拜权威、怀恋旧制度,"非自由主义"观念的影响力更为强大。人们由此沉浸在帝国精英们构造的"德意志独特性"的幻觉中,鄙弃自由主义,崇拜英雄。到魏玛时期,公众未能得到充分的民主教育,反而不断面对由民主体制带来的各种乱象——1929—1932年间的五次大选即是一例。如此一来,公众既无法接受民主运行的基本规则,更无法理解民主交往的常见形态。时间越久,公众越怀念"非自由主义"的过去,对共和国的认同度也就越低。

二、一战战败与《凡尔赛和约》的影响

德国在一战中的败局及其被迫签订的《凡尔赛和约》,构成了魏玛共和国覆灭的外在压力。

如前文所述,大战期间,德意志帝国的民主转型原本有过两次机会:第一次是贝特曼—霍尔维格首相为巩固"城堡和平"的局面,曾多次向国会多数派表达战后改革的诚意。[③]　但是,这次机会随着首相在"1917年7月危机"中下台而付之东流。第二次是1918年10月巴登亲王主导的"上层革命"。在其执政的60多天内,帝国宪法得到修改,国会终于获得

---

① 彼得·盖伊:《魏玛文化:一则短暂而璀璨的文化传奇》,第35—37页。
② Fritz Stern, *The Failure of Illiberalism. Essays on the Political Culture of Modern Germany*, New York: Columbia University Press, 1992, p. xxvi.
③ 埃里希·艾克:《魏玛共和国史》,上册,第12、16页。

对于帝国政府的掌控权；此外，普鲁士议会也批准了男性公民的普选权。然而，突如其来的基尔水兵起义连同慕尼黑革命与柏林革命一起，打断了和平变革的节奏，也让内部改革的动力偃旗息鼓。

在此情况下，新生的魏玛民主体制不得不与战败结果以及《凡尔赛和约》的苛刻条款更为紧密地联系在一起。"正是革命让德国军队战败"——这样的想法在战后社会颇为流行，以致魏玛政权从一出生便带上了耻辱的标志，更容易沦为极端民族主义者发泄情绪的对象。这种"匕首刺背"的谎言流行极广，以至于艾伯特总统也不得不多次站上被告席来为革命者辩护。不仅如此，《凡尔赛和约》有关战争罪责的界定及其相系的赔款问题始终如噩梦般萦绕在共和国的短暂一生中。所有内阁都反对战争罪责条款，但又不得不以各种方式（无论"修约"还是"履约"）与赔款问题打交道。这让历届魏玛政府既背上了沉重的经济负担，又时刻面临道德责难的困境。

特别在赔款问题上，魏玛政府的行动空间受到了最为强有力的限制。一方面，为了重新获得国际社会的信任，特别是恢复国家信用，继续得到美英贷款，必须表现出履约的诚意；另一方面，为了减少右翼保守派的指责，避免国民将之同"卖国贼"政府联系起来，执政者又不得不时常做出一些修约的举动或提出各种修约条件。南辕北辙的两种态度结合在一起，使共和国无法形成一以贯之的政治立场与经济政策。1923年，为了抵制赔款，政府不惜用"消极抵抗"来面对"鲁尔占领"，结果造成史无前例的恶性通货膨胀；1929—1933年，为了彻底解决赔款问题，布吕宁内阁又坚持紧缩政策，以致让经济大萧条的影响面不断扩大。由此，赔款问题一日不解决，共和国的执政基础便处于动荡状态；而当1932年6月美国终于放弃战债时，德国的第一次民主实践已经迎来了谢幕的时刻。

但是，尽管协约国在《凡尔赛和约》的苛刻性方面难辞其咎，但"最具杀伤力的反而不是《凡尔赛和约》的条款，而是……那种态度"。事实上，至今为止，有关《凡尔赛和约》对德国的实际影响评估，除"过于苛刻"的观点外,还存在"过于温和"说。人们以二战后的盟军改造德国为参照,反观《凡尔赛和约》的规定,便发现,这些条款根本无助于保障"欧洲稳定"。进而言之,尽管和约让德国整体损失惨重,但并非每个人都在丧失的殖民地和领土上存在利害关系,也不是所有人在赔款问题导致的恶性通货膨胀中一无所有。然而,这些人却特别热衷于附和极右翼民族主义者的煽动言论,以为自己站在了道德制高点上,不负责任地对魏玛政府及其民主体制大加抨击。这种对战胜国心怀不满的民族心理,被轻易地转化为反魏玛政府的反共和力量,进而为法西斯运动的兴起提供了重要土壤。因此,"如果说《凡尔赛和约》对魏玛是个重担,这个重担不只是来自国外,同时也来自国内"。[①]

三、魏玛民主制度的缺陷

若进一步从内因来考察魏玛失败的根源,共和国的制度缺陷理应受到不断反思。简言之,这种制度缺陷主要脱离德国现实,反映在两个方面:一是超前性;二是理想化。

所谓"超前性",指的是一些制度设计不合时宜,高估了德意志社会当时的民主启蒙水平与经济发展基础。《魏玛宪法》确立了"共和、联邦、民主、权利、福利"五大原则,实现了德国宪法史与世界宪法史上的一大进步。但是,正如前文所言,这些原则在转变为实际制度时,却超越了公众的民主理解能力,反而成为一些混乱的根源。

例如,"权利"原则保证所有德国人在重大国家事务中拥有"公决权"。在共和国存续期间,最接近使用这种"公决权"的著名案例有1926年"剥夺诸侯财产"和1929年"反杨格计划"。从这两场公决最终都未能达到法定多数支持票而告终的结局来看,即便在现代大众政治的氛围中,"公决权"的实施也不是立法者最初设想的那样简单。大量选民观望不前的态度,既可能是一种抵制立场的表现,又或许是无法理解此种民

[①] 彼得·盖伊:《魏玛文化:一则短暂而璀璨的文化传奇》,第21页。

主权利的证明。事实上，立法者把德国公民设想为深思熟虑的"政治人"，但实际上沉湎于"非自由主义"文化风格中的德国人却更愿意如托马斯·曼那样持"不问政治的立场"。这表明，公民行动是以公民意识为前提的。在公民意识未被激发之前，有关公民行动的诸多设想无异于痴人说梦。

再如，"福利"原则提出了德国人所享受的各种权利，其中包括居住权和工作权等。为此，魏玛政府随后在住房政策与就业保障方面推出了各种法令。问题在于，共和国的福利许诺与其经济水平不相称，从而导致大部分措施都有始无终，甚至还造成了更为严重的后果，特别是1927年有关失业保险的法案便是最后一届大联盟政府破裂的直接源头。公民的福利待遇关涉基本的人权根基，自然应该受到立法者的重视。但是，超越经济基础之上的保障图景不过是画饼充饥，甚至成为公民质疑魏玛政府信用度的理由。

所谓"理想化"，指的是一些制度设计基于"应然"考虑，忽略了德意志社会当时的"实然"特征。《魏玛宪法》创造性地构思了二元权力中心（国会/总统），并以"比例代表制"的选举方式最大限度地保障了每位公民的权利。但是，这些制度都没有考虑到人性的复杂性，对政治斗争的构思过于理想化。

以二元权力中心为例，国会与总统的权力平衡固然弥补了"国会专制"或"国会拖沓"的缺陷，但其实质却是对总统个人品质的过于信赖，未能考虑到总统人选的品格差异。从艾伯特到兴登堡，魏玛总统不仅出现了政治立场的截然变化，而且还连带着总统周围政治势力的增强趋势。在魏玛末期，正是兴登堡周边人的各种伎俩，才使得希特勒最终获得总理宝座。进一步而言，由于立法者把总统设想为一个高于议会政治斗争的平衡者，以至于让拥有解散国会大权的总统可以堂而皇之地撇开议会民主制，单独寻找"信任者"。这正是1929年后三届"总统内阁"的直接肇因。

"比例代表制"的问题尤为严重。它看似应对大众政治时代意见分散的现实,但在实际运行里却加深了政治分裂格局。立法者仅仅考虑到保障每个投票人的权利,以为如此便足以形成稳定的代表机构。然而一方面,魏玛时期由于没有一个政党可以独立组阁,所以内阁的组合形式成为共和国稳定运行的关键所在。终其一生,共和国的政府形态从中左翼的"魏玛联盟"逐渐向右转,在最后一届"大联合"内阁倒台后,彻底成为右翼保守派的天下。另一方面,左翼政党当时还未能及时完成从反对党向执政党的转变,在关键时刻不仅出现内讧,而且或拒绝联合,或推行错误的"容忍"措施,以致丧失拯救民主体制的时机。从上述两点来看,比例代表制根本没有考虑到政治组合滑向民主对立面的可能性,也不曾对政党的接受能力加以审视。

1945 年后,联邦德国在其政治实践中对魏玛教训做出了不同的回应,这些变化多少可以看出德国人在吸取魏玛教训中的努力。

四、魏玛德国的经济与社会政策问题

最后值得一提的是魏玛德国在经济政策和社会政策中所犯下的错误。

同德国历史上的其他时代相比,魏玛共和国处在一个前所未有的大变革时代。一方面,经济发展的世界性联系日益加强,传统的经济观念(金本位制、保护关税)都不断受到挑战,甚至很快被大部分国家所抛弃;另一方面,随着公民权利意识的增强,福利诉求的广度与深度都以不可比拟的速度延伸。所有这些变化都对魏玛政府提出挑战。

与此同时,无论是经济政策还是社会政策,仍然存在着一些亘古不变的原则:一方面,无论世界经济如何变化,一个国家的经济政策必须结合短期效果和长期规划,切忌不断应时而变,从而丧失国家制定经济政策的主动性;另一方面,即便公民提出多少福利要求,一个国家的社会政策必定同时考虑经济发展水平与权利保障许诺,切忌超出经济能力之外的福利扩张之举,更不应出现为保障福利而不断强化国家权力的做法。

然而在魏玛时期,德国的经济政策缺少长远眼光,而社会政策又过于超前,以至于大联合政府最终在失业投保金的比例问题中倒台。

　　从经济政策来看,魏玛政府始终受制于赔款问题,未能制定出一套面向未来的中长期发展规划。虽然赔款问题确实是战后德国经济发展中的重大困境,但它并非是不可逾越的障碍。事实上,赔款危机的严重性主要取决于德国人的还款决心和美国人担负世界经济复兴之责的意识,且两者之间还存在紧密关联。从《道威斯计划》到《杨格计划》,赔款问题正是在上述两点上找到突破口,便逐渐走上正轨。但对于共和国而言,为时已晚。无论是由拒付赔款而引发的 1923 年恶性通货膨胀,还是因期待美国取消战债而坚持到底的 1929—1930 年紧缩政策,已经让德国民众对魏玛政权的信心不断丧失,排斥情感随之增长。更为严重的是,当 1924 年后美英贷款源源流入时,德国政府仍然以"履约"政策为导向,没有将这些贷款投入到生产性领域中,以至于如某些经济史学家而言,在 1929 年经济大萧条爆发之前,"危机前的危机"已经在金融、农业、工业等多领域中隐约出现。一个经济不成功的民主国家,如何能获得国民的真心拥护?

　　从社会政策来看,魏玛政府虽然以建设"福利国家"为使命,但其出发点多同政治目的相关,而缺少经济层面上的考虑。它是新政权应对战后劳资关系变动、政治格局变迁、经济形势动荡的结果,被政府视作控制并解决社会危机的一种手段。然而,一方面从运行结果来看,这种以政治稳定为导向的社会政策在缺少相应经济基础的情况下很难取得好的效果,例如失业保险体制便遭遇收支平衡问题,并进而反过来引发政治危机;另一方面,更为糟糕的是,国家权力在此过程中不断增强,官方干预的频率日渐增多,可以说,纳粹独裁的影子提前出现在社会政策的领域中。

　　综上而言,魏玛福利国家的实验最终不仅没有得到民众的认可,反而为反对者提供了攻击理由,特别是纳粹党最为巧妙地抓住了人们的怀旧心理,成为这场"反福利运动"的最大受益者。

第二编

纳粹德国

第四章　纳粹政治体制的确立与运行

希特勒担任德国总理,为德国全面纳粹化打开了大门。他利用手中的实权,在各种政治力量之间纵横捭阖,交替使用欺骗、利诱、威胁、镇压等手段,在大约一年半的时间里,把共和国演变成纳粹专制国家。在政治领域,纳粹专政的特征最为显著。党国一体,个人独裁,佐之以五花八门的镇压工具,把全国的权力高度集中在希特勒一人之手,在 20 世纪一个现代化国家中形成"小朝廷"式的专制统治。

第一节　德国的纳粹化

一、纳粹党的改造蓝图

纳粹党是怀着改造德国和世界的雄心登上执政舞台的,就像希特勒曾经说过的那样:"民族社会主义的历史任务是创造新国家","要把国家放在我们认为是正确的模子里加以铸造"。[1]

纳粹主义的理论基础是具有种族含义的"民族共同体"理论。"民族

---

[1] 1930 年 9 月 25 日为三名因在军中从事纳粹主义宣传而受审的军官辩护时所说。卡尔·迪特利希·埃尔德曼著:《德意志史》,第四卷,上册,第 425 页。

共同体"概念的内涵与纳粹党早期鼓吹的"民族社会主义"(Nationalsozialismus)概念有重合之处。两者都强调要建立一个排除犹太人、内部没有阶级对抗的德意志社会或"民族社会",强调德意志民族内部的利益一致性,要求各阶层人士注重民族的整体利益,淡化或者主动调节内部矛盾,同舟共济,以复兴德意志民族。两者都以种族斗争为世界历史主线的史观为基础,强调地球上人类赖以生存的空间是有限的,而各个种族自我保存和自我繁衍的欲望却是无限的,如此就导致了激烈的生存竞争。严格的必然法则是强者胜弱者灭,这就是一部血与火的世界史。希特勒认为,各个民族(种族)之间有高下、强弱、优劣之分,这是"自然赋予"的,然而却不是一成不变的。如果优等种族没有意识到自己的血统价值,不注意自保,去信奉削弱民族力量的三种人类罪恶——国际主义、民主主义、和平主义,而不是信奉与之相反的、加强民族力量的三个要素——种族价值、个体价值、自我保护的魄力与动力,该民族就会因血统的混杂而导致人种水平下降,最终丧失强者的地位。因此,各个民族客观上就是各个命运共同体,必须同舟共济,在激烈的生存斗争中求胜求强。他认为,雅利安-北欧日耳曼人是一切高级人类的创始者,是文明的创造者和维护者,是上苍赋予"主宰权力"的种族,但如果不注意自保,则会丧失优势地位。

在国家观上,纳粹主义强调国家是手段而不是目的,"国家虽然是形成人类高等文化的基础,但不是创造文化的原动力,能创造文化的是赋有天才的种族"。1933 年 7 月 10 日,希特勒在接见《纽约时报》记者时表示,"民族"不仅赋予个人的生命以意义和目标,还提供了判断所有其他制度和主张的标准。"政党、国家、军队、经济结构、司法机构都是次要的,它们不过是保护'民族'的工具。如果它们完成了这个任务,它们就是正确有用的。在它们不能胜任这个任务时,它们是有害的,要么加以改革,要么弃之一旁,用更好的工具取而代之"。[①]

[①] 艾伦·布洛克:《大独裁者希特勒(暴政研究)》,朱立人、黄鹂、黄佩铨译,北京出版社 1986 年版,第 405 页。

为了完成保种保族的重任,希特勒声称纳粹党要建立一种新型的国家,它既不是议会民主制,也不是君主制,而是"民族的领袖国家"(der nationale Führerstaat)、日耳曼国家(der germanische Staat)或"人民国家"。这种国家必须有能力通过各种手段对民众实行保护,从本民族中挑选出最有种族价值的精英并将他们保护起来,以确保一个民族的内部力量。更重要的是,它有能力培养本民族的理想情操,提高文化素养,从而将整个民族引向更高的自由王国,在人类中占有统治地位。[①] 在德国纳粹党的宣传中,这种新型的国家已经远远超越了传统的国家概念。希特勒曾经对其下属赫尔曼·劳施宁(Hermann Rauschning,1887—1982)[②]说:"国家概念已变得没有意义。不能用有历史渊源的各族人民所居住的国家疆界这个词语来看待新秩序,而要用超越这一疆界的种族这一词语……。法国本着国家的概念把它的伟大革命推向边界以外;民族社会主义将本着种族的概念把它的革命推向国外,并彻底改造世界。"[③]

这种新型的国家,从本质上来说是"一元"的。纳粹党的宣传口号"一个国家,一个民族,一个领袖"(Ein Reich, Ein Volk, Ein Führer),在一定程度上反映了这种一元性追求。这种一元化的国家,在权力结构上以领袖独揽全权取代三权分立,以最高领导人的终身制取代有限任期制;在决策程序上以个人专断取代集体原则和多数原则;在人事任免上以上级任命制取代民主选举制;在国家行政管理上以强化的中央集权制取代中央与地方的分权原则。在纳粹党的改造蓝图中,全国的党、政、军大权,立法、司法、行政大权,全部应该集中到希特勒一人手中。按纳粹德国法学家汉斯·弗兰克(Hans Frank,1900—1946)博士的说法,"元首的意志就是我们的宪法"。而纳粹德国总理府部务主任温斯泰因

---

① Eberhard Jäckel, *Hitler's World View: A Blueprint for Power*. Harvard University Press, 1981, p. 77.
② 此人在 1933—1934 年期间以纳粹党员身份担任但泽自由市政府主席,但 1935 年逃离德国。
③ 艾伦·布洛克:《大独裁者希特勒(暴政研究)》,第 402—403 页。

(Wienstein)则于1936年12月15日公开声称:"如今的政府不是原来意义上的内阁,在那里所有决议必须获得多数阁员的同意,如今的政府是元首的顾问团,成员们可以向元首兼总理提建议,但必须支持他作出的决定。"①政府官员和军人都向希特勒个人而不是宪法或国家宣誓效忠。1934年9月7日,纳粹党在庆祝一体化(Gleichschaltung)胜利的纽伦堡党代会上,宣布了这样的口号:"希特勒就是德国,德国就是希特勒。"

二、1933 年 3 月国会选举

希特勒就任总理之初,现实情况离开纳粹党的目标距离甚远。当时,魏玛议会民主制虽然处于解体阶段,但其权力机构依然存在。在形式上,德国仍然是一个议会制共和国,《魏玛宪法》不仅没有失效,而且是希特勒执政的依据。希特勒必须承认《魏玛宪法》的有效性,按照宪法规定的程序,来行使自己的权力,实现自己的理想。更为重要的是,当时纳粹党并没有在德国政治生活中占据绝对的优势地位。该党尽管是国会第一大党,但只占据其中33.1%的席位,没有达到过半数的优势,希特勒只能在纳粹党—民族人民党联盟的党派基础上,领导一个"民族团结政府"。

对于纳粹党及其领袖希特勒,权势集团是不放心的。为了防止希特勒胡作非为,权势集团在他周围设置了不少栅栏。根据希特勒执政前各方的约定,兴登堡总统不单独接见希特勒,后者只有在副总理(巴本)陪同和在场的情况下,方可向总统汇报工作并听取指示。在12人组成的内阁中,除总理希特勒外,只有内政部长威廉・弗里克(Wilhelm Frick,1877—1946)和航空委员兼不管部长赫尔曼・戈林是纳粹党人。与前几届政府不同,希特勒没有从总统那里获得随时颁布"紧急法令"维持统治的权力,相反,兴登堡要求希特勒政府必须获得国会多数的支持,否则即

---

① Martin Broszat, *The Hitler State: The Foundation and Development of the Internal Structure of the Third Reich*, New York, 1981, p. 282.

下台。

权势集团对上述安排十分满意。他们认为，传统势力与纳粹党之间，在建立专制的民族主义国家、排除马克思主义与和平主义的左派、加强扩军、重新推行对外扩张的强权政治方面，有着共同的目标。通过组建"民族团结政府"，既排斥了民主派和进步势力，又能利用纳粹党所拥有的群众基础为自己服务，稳定政局，度过危机。同时，还能在内阁中分享权力，使纳粹党遵循他们的轨道，防止其越轨行动。巴本曾经得意地对周围人说："希特勒是我们雇来的。……兴登堡信任我。用不了两个月，我们就能把希特勒远远挤进角落，让他去吱吱呀呀叫唤！"当年1月底至2月初，《法兰克福报》也曾评论说："从内阁的组成情况看，希特勒先生不得不接受较大的限制"，"很明显，政府是围着胡根贝格转，不是围着总理转。"①

希特勒在无法通过选举获得国会多数、又不能实行暴力夺权的情况下，在一定程度上改变"要么全部，要么没有"的夺权策略，以暂时性的让步换取及早合法上台，其目的就是以总理的职位为据点，展开新一轮的夺权行动，在全国建立起纳粹极权统治。他曾经对一名纳粹同党说："反动派以为他们已经把我控制住。他们打算给我设置圈套，设置很多圈套。但我们不会等到他们行动的时候。我们是残酷无情的。我没有资产阶级的种种顾虑！他们认为我没有教养，是个野蛮人。是的，我们是野蛮人！我们想当野蛮人。那是一个光荣的称号。"②然而，在魏玛体制还未彻底粉碎之前，这个自称的"野蛮人"还是绕不过国会这个舞台。希特勒必须获得国会绝对多数的支持。这样做，一方面是为了实现兴登堡总统提出的条件，更主要的目的，是为了在国会中顺利地通过实施极权的法律，以"合法"的程序建立起纳粹独裁统治。他选择了重新举行大选的办法来达到目的，指望借助国家机器获取更多的选票。

① John Toland, *Adolf Hitler*. New York: Doubleday, 1976, pp. 293-294.
② 时代生活编辑部：《第三帝国·权力风云》，张显奎译，海南出版社2000年版，第168页。

1933年1月30日上午,希特勒趁新内阁的全体成员在总统办公处等待委任之机,向部分阁员透露:他将尽快解散国会,举行新的大选。胡根贝格本来就对希特勒担任总理很不服气,这时又担心希特勒别有所图,因而断然拒绝这一设想,并当即同希特勒顶撞起来。希特勒再三说明这样做的好处,并保证不管选举结果如何,政府的组成不会发生任何变化。胡根贝格继续争吵不休。只是由于兴登堡催促按时举行政府就职宣誓仪式,争论才暂时中断。

当天下午5时,希特勒主持其第一次内阁会议。戈林在会上接过上午的话题,再次提议解散国会。胡根贝格担心纳粹党可能在选举中赢得绝对多数,摆脱内阁保守派伙伴的牵制,因而再次强烈反对。巴本也主张暂时维持现状。胡根贝格还提出一个替代方案,建议禁止共产党的活动,剥夺共产党人的议席,使右翼政党自然而然地取得国会多数。希特勒尽管对共产党充满仇恨,但他不愿意因为采纳这一方案而放弃重新选举。他表示,根据自己的经验,"禁止政党是没有意义的。禁止那站在德共背后的600万人是绝对不可能的",[1]同时,还可能引起社会民主党发起总罢工。他再次重申,不管选举结果如何,联合政府的组成将不会改变。会议结束后,内政部长弗里克即对外宣布,称内阁已否决了一项取缔共产党的命令,并且不会侵犯言论和出版自由。[2]

其实,当天中午时分,希特勒就派戈林去同天主教中央党领袖交涉,了解该党的意向。中央党要求派员入阁。但是,希特勒对此毫无兴趣,因为一旦该党入阁,联合政府就能拥有国会绝对多数,因而就没有必要举行新的国会选举,而中央党也会就此以功臣自居,成为制约自己行动的障碍。但是,他在内阁会议上隐瞒真相,仅表示自己愿意亲自同中央党领袖举行谈判,如果谈判无果,就安排举行国会大选。

---

[1] 意指德国共产党在1932年11月的国会选举中获得的600万张选票。见海因茨·赫内:《德国通向希特勒独裁之路》,张翼翼、任军译,商务印书馆1987年版,第234页。
[2] 尤利乌斯·布劳恩塔尔:《国际史》,第二卷,杨寿国、孙秀民、汤成永、桂乾元译,上海译文出版社1986年版,第451页。

翌日,希特勒与天主教中央党领袖路德维希·卡斯主教举行会谈。希特勒要卡斯提出一张问题清单作为谈判的基础,卡斯照办,并要求希特勒遵循《魏玛宪法》实施统治。紧接着,希特勒召开第二次内阁会议,欺骗内阁成员,称中央党提出了非分的要求,没有可能与它达成协议,唯一的办法就是立即解散国会。随后,他紧逼内阁成员表态。巴本的态度模棱两可,胡根贝格陷于孤立,只得让步。其他非纳粹党成员从自身利益出发,认为只有通过国会重新选举,才能保证联合内阁获得多数支持,因而表示赞成。希特勒以"庄严的保证"安抚他们说,不管选举结果如何,内阁的组成绝对不变。① 接着,他建议内阁向总统提议解散国会,重新举行选举。

2月1日,兴登堡总统正式签署命令,宣布解散国会。内阁把大选日定在3月5日。中央党向总统提出申诉,表示自己是愿意入阁的,但谈判进程被希特勒人为中止。兴登堡表示为时已晚,因为命令已经正式发布。约瑟夫·戈培尔对新的选举充满信心,他在日记中踌躇满志地写道:这一次不会有什么失误了,"现在斗争容易了,因为我们能够利用国家的一切手段。电台和报纸都可供我们使用。我们将创造出一部宣传鼓动的杰作。这一次甚至也不缺经费。"②

希特勒出任总理不到两天,便摆脱政治对手的阻挠,达到了解散国会、重新选举的目的。这就表明,保守派想限制希特勒和纳粹党、倚恃国会多数破坏其行动的计划根本行不通。胡根贝格比其他阁员更早一些意识到这一点,他在政府宣誓就职的第二天就表示:"我昨天做了一件一生中最大的蠢事。我同世界历史上最大的蛊惑人心者结了盟。"③

希特勒则牢牢抓住国会重新选举的机会,为德国的全面"一体化"铺垫道路。他就任总理的第二天,即向全国发表广播演说,发布题为《向德

---

① Jeremy Noakes, Geoffrey Pridham (ed.), *Documents on Nazism*, *1919 - 1945*. London: Jonathan Cape Ltd. , 1974, p. 158.
② 艾伦·布洛克:《大独裁者希特勒(暴政研究)》,第254页。
③ 海因茨·赫内:《德国通向希特勒独裁之路》,第235页。

国民众呼吁》的第一个政府文告。他在演说中,把德国所面临的失业、贫穷和困苦都归结为第一次世界大战,而这场大战是德国不希望爆发、对之也没有罪责的。他强调纳粹主义者是一支团结向上、与魏玛共和国邪恶势力作斗争的新生力量,并承诺新政府将重振德意志民族的团结合作精神,承认基督教为民族道德精神的基石,并祈求上帝保佑他的政府。他把攻击矛头指向马克思主义,称社会民主党在 14 年中,把德国农民置于毁灭的境地,并使数百万工人失业。他把"制止共产主义对德国的渗透,说成是经济重新高涨的先决条件",并承诺新政府只需要 4 年时间来同时实施两个"四年计划",即"拯救德国农民以维持国民营养及生活资源计划"和"大力消灭失业以拯救德国工人计划",即可彻底消灭失业,将农民救出苦海。① 此后几周,他乘坐飞机穿越德国各地,要传达的意图,就是他曾经对内阁成员们说过的,"向马克思主义进攻"。

除此之外,希特勒把工作重点放在两支力量上,即国防军和垄断资本家。他要全面出击,争取获得它们的支持,为未来的行动扫清道路。

1933 年 2 月 3 日晚上,希特勒接受国防部长勃洛姆贝格(Werner von Blomberg,1878—1946)的邀请,前往陆军总司令库特·冯·哈默施坦因-埃克沃德(Kurt von Hammerstein-Equord,1878—1943)家中,参加各个军区、集团军和舰队司令的聚会。晚餐之后,希特勒站起来发表为时两小时的演说。他陈述了新政府的内外政策,许诺要恢复义务兵役制,扩大国防军,对内全面改变政策,废弃和平主义,彻底根除马克思主义和民主的毒瘤,建立强硬的极权主义秩序,对外废除《凡尔赛和约》,获得完全平等的军备权,赢得更大的生存空间。他还吹捧"国防军是国家最重要的、最具有社会主义性质的组成部分",保证尊重其"非政治性和超党派性"的独立地位,不与冲锋队合并,同时要求军队保持非政治、超党派的态度,"内部斗争不是军队的事,而是纳粹组织的事"。② 他实际上是以承诺维护国防军的独立地位为诱饵,争取军方在

---

① Jeremy Noakes & Geoffrey Pridham (ed.), *Documents on Nazism*, *1919 - 1945*. p. 164.
② Roberick Stackelberg & Sally A. Winkle, *The Nazi Germany Sourcebook: an Anthology of Texts*, London & New York: Routledge, 2002, p. 129.

纳粹党打击政敌时采取中立态度。军官们一开始态度呆板冷淡,不久则被希特勒展示的扩军前景所吸引,最后全力转向纳粹党。

同年2月20日,希特勒经国家银行前行长沙赫特牵线,在戈林的国会办公室会见25名经济界巨头,共同讨论国内政治问题。① 希特勒在会上作了长篇演说,声称私人企业在民主时代里是不可能维持的,许诺要取消议会制,恢复国防军原有的地位,结束"党派争吵",解散工会,同形形色色的马克思主义作斗争,建立一个不搞"社会主义"实践、优先扩充军备的专制国家。最后他表示:"我们现在面临最后一次选举。根据情况,选举可以中止,倒退则是不再可能的。不管怎样,如果选举程序不能作出决定,那么就得用别的手段来做出决定。"德国垄断资本集团内部,原先对纳粹党的态度有所差异。鲁尔区的重工业巨头,如鲁尔地区工业家埃米尔·基尔道夫(Emil Kirdorf,1847—1938)、联合钢铁公司总裁弗里茨·蒂森等,早在二十年代前期就同希特勒建立了联系,并在一定程度上重视纳粹党,经济大危机期间逐渐形成了"纳粹工业集团"。但是,以加工工业和出口工业为主的垄断集团,其核心人物包括当时最大的输出商和制铁工业家奥托·沃尔夫(Otto Wolff,1881—1940)、西门子电气公司所有人卡尔·弗里德里希·冯·西门子、克虏伯、德国工业协会第一主席及法本工业公司监事会主席卡尔·杜伊斯贝格(Carl Duisberg,1861—1935)等,却拥护魏玛政府,对纳粹党心存疑虑。经济大危机期间,该集团进一步分化,围绕应付危机的决策问题,形成两个集团。其中的"左翼凯恩斯主义"集团由古斯塔夫·克虏伯(Gustav Krupp von Bohlen,1870—1950)、沃尔夫等人组成,支持全德工会联合会提出的发展公共事业以解决就业问题的建议,在1932年的政坛危机中支持库特·冯·施莱歇尔,而"右翼凯恩斯主义集团"由杜伊斯贝格、西门子等人组成,反对发展公共事业,主张鼓励私人企业扩大生产,使其自发地繁荣市场,度过危机,在政坛危机中支持巴本。随着希特勒就任总理,不少

---

① Jeremy Noakes & Geoffrey Pridham (ed.), *Documents on Nazism*, *1919 - 1945*. p. 166.

资本家开始转变态度,而希特勒的讲话,则进一步加快了这一进程。古斯塔夫·克虏伯公开在会上对希特勒的讲话表示感谢,并预先为"政治上强大、独立的国家"感到高兴,认为经济和原材料加工业终究会在这个国家里再度繁荣起来。[①]当希特勒和戈林准备离开房间时,沙赫特大声说道:"先生们,那么现在就解囊吧!"古斯塔夫·克虏伯代表整个鲁尔地区的企业家捐助 100 万马克,法本工业公司认捐了 40 万马克,其他人也作了认捐,总数达 300 万马克。这笔钱将由联合内阁中各党派分享,但纳粹党享用最大的份额。

　　为了更有效地控制竞选舞台,戈林利用自己担任普鲁士州内政部长的有利条件,于 2 月 17 日颁布一项命令,指示各警察局不得对纳粹党及其联盟政党(即"民族联盟")的下属组织采取敌视态度,更不得造成对它们实施侦察的错觉,同时敦促警察要无情地对付"敌视国家的组织"的活动,甚至可以无所顾忌地开枪对付所谓的"共产主义恐怖活动"。他在命令中说:"谁恪守工作职责,谁服从我的命令,谁能最坚决地反对国家的敌人,谁能在受到攻击时毫无顾忌地使用武器,谁就肯定能得到我的保护和支持。相反,谁在争执中畏缩不前,或对使用自己的权力优柔寡断,或对周围的一切麻木不仁,那么我就会立即把这种人清除出去……现在,从警察手枪枪膛里射出的每一颗子弹都等于我射出的子弹。如果有人说这是谋杀,那么我就是主谋,因为这一切都是按我的命令去做的。"[②]该命令俗称为"开枪命令"。5 天后,他又借口正规警察的来源已经枯竭,从冲锋队、党卫队和钢盔团中征召了 5 万名成员进入"辅助警察部队",这些人在原来的制服上佩戴白色的袖章,上面写着"辅助警察"字样,他们经过宣誓,走上岗位。[③]如此,纳粹分子就能以国家机器成员的身份来对付政敌。

　　纳粹党利用募集到的竞选资金和希特勒担任总理的有利条件,开展

---

① William Manchester, *Krupp: The Arms of the Rise and Fall of the Industrial Dynasty that Armed Germany at War*, New York: Back Bay Books, 2003, p. 364.
② Jeremy Noakes & Geoffrey Pridham (ed.), *Documents on Nazism*, 1919–1945. p. 169.
③ 该轮辅助警察,由于冲锋队与希特勒的矛盾渐趋激化,于 1933 年 8 月解散。

了空前规模的竞选攻势。一批受过特别训练的纳粹宣传员组成宣传队，到全国各地实施宣传鼓动。他们所到之处，广播车队进入大小街道，飞机把数百万张传单撒向穷乡僻壤，集会、游行经常出现，各种招贴画铺天盖地，使用旗帜、花环和大标语的"象征性宣传"随处可见。中央政府责令广播电台必须转播所有内阁成员的重大竞选演说，希特勒和戈培尔（Joseph Goebbels，1897—1945）利用这一现代化工具，充分发挥自己的演说才能，把煽动性的竞选演讲直接推向全国民众。冲锋队员、党卫队员同已经成为"辅助警察"的同伴一起，集中力量破坏其他政党的竞选集会，他们撕毁对手的标语，冲砸其他党派的报社，殴打演讲者。仅据官方人士承认，在竞选运动中遇害的人士就达 51 名，另有几百人受伤。

当时，经济危机仍在延续，民众继续处在无奈和彷徨之中。于是在很多人的心里，在难以计数的人们的心里升起了一种愿望，把希望寄托在一个看来非凡的人物身上，必要时甚至容忍违背传统的道义。[①] 希特勒审时度势，把前政府的一切失误和德国遇到的困难一股脑儿推向社会民主党和中央党。他在竞选演说中说："在 14 年中，现在已被推翻的制度累积了一个错误又一个错误，一个幻想又一个幻想……我向德国人民要求，在你们已经给了别人 14 年之后，你们也应该给我们 4 年时间。""我所要求的是公平合理的：我们只要 4 年，然后别人可以作出他们的判决。我不会逃到外国去。我不会设法逃避判决。"[②]

纳粹党为获取选举胜利使出了全身解数，戈培尔甚至将大选日称为"民族觉醒日"。在大选的前一天，3 月 4 日，希特勒在柯尼斯堡（Königsberg）发表一个被称作"民族觉醒日演说"的高调竞选演讲，把竞选活动推向高峰。当希特勒最后激励德国人民"再一次高傲地昂起你们的头"时，当地教堂的钟声齐鸣，全国各地的山顶上都燃起被戈培尔称作"自由之火"的篝火，冲锋队员穿着军靴，在每个城镇的街道上发出震耳

---

① 海因茨·赫内：《德国通向希特勒独裁之路》，第 246—247 页。
② 艾伦·布洛克：《大独裁者希特勒（暴政研究）》，第 254—255 页。

的行进脚步声。经过纳粹党的多方努力,选民参加投票的比例达到空前的 88.8％的高度,(在此前的国会选举中,投票率最高的是 1932 年 7 月的选举,为 84.1％)。然而,选举的结果却并未使纳粹党如愿以偿。在这次选举中,该党的得票率为 43.9％,尽管比 1932 年 11 月高出 10.8 个百分点,但还是没有取得国会的绝对多数。社会民主党和共产党的得票数有所下降,但仍占总票数的 18.3％和 12.3％。其他政党,大多同以前持平。

三、国会纵火案

希特勒要把魏玛民主体制改造成纳粹独裁体制,有两个步骤至关重要,一是废除议会民主政体的基石——人民群众的基本民主权利,二是镇压共产党。

反对马克思主义和共产党,原本就是纳粹主义理论的基本要点,也是纳粹党成立以来持之以恒的行为。但是,这时希特勒的动机中,又增添了新的因素。其一,在经济大危机期间的历次国会选举中,共产党是得票数不断上升的唯一政党,其得票率从 1928 年 5 月的 10.6％上升到 1932 年 11 月的 16.9％,只是在希特勒上台后的 1933 年 3 月 5 日选举中,由于纳粹党的残酷镇压,才微降至 12.3％。共产党成为希特勒心目中强有力的竞争对手。其二,在希特勒受命组阁的当天,只有共产党号召举行总罢工。其三,在纳粹当局还未掌握国会 2/3 多数的情况下,取消共产党拥有的席位,也能达到控制国会的目的。

普鲁士政治警察早在希特勒就任国家总理之前,就编制过一份"预防性拘留"的人员名单,里面有共产党人,也有纳粹党的官员和活动家。但希特勒上台后,即把纳粹党人和右翼政客的名字从名单中抹掉,加进了共产党人、社会民主党人、其他左翼分子、自由主义者和天主教活动家。[1] 政治警察头目鲁道夫·狄尔斯(Rudolf Diels,1900—1957)原打算

---

[1] 桧山良昭:《希特勒的阴谋——国会纵火案内幕》,王泰平译,工人出版社 1985 年版,第 232 页。

在 1933 年 1 月 30 日（即希特勒就任总理那天）就逮捕名单上的人，但受当天内阁会议的影响，未能成功。如前所述，胡根贝格在那次会议上建议禁止共产党的活动，但希特勒和戈林担心由此会给社会民主党人以口实，同意参加联合总罢工，所以坚决反对。他要用更为巧妙的方法达到同样的目的。

1933 年 2 月 2 日，普鲁士政治警察在柏林搜查了德共中央委员会办事处——卡尔·李卜克内西大楼，遭到类似袭击的还有共产党在全国的地区领导办事处。此外，普鲁士、安哈尔特、不伦瑞克、梅克伦堡、奥尔登堡和图林根等州还禁止共产党人举行示威活动。

当天，希特勒主持内阁会议，讨论前几届政府已经初步拟就的"紧急法令"，并把定稿提交兴登堡总统。2 月 4 日，兴登堡颁布了这项名为《关于保护德国人民的总统法令》。该法令涉及集会、示威游行和散发印刷品等各种活动，它授予国家机构较大的权力，禁止在所谓"至关重要的"企业里举行罢工和各种政治集会与游行，并在"可能导致对公众安全有直接危险"的情况下，没收并在限定时间内禁止"其内容涉及危害公众安全和秩序"的印刷品。① 这项法令的颁布，使希特勒政府能够广泛地限制其他党派的宣传活动，也破坏了民主体制的言论自由原则。在具体实施过程中，政府把主要打击矛头指向工人政党。共产党的集会遭禁止，其报刊被查封。社会民主党的集会，不是被禁止就是遭到冲锋队的破坏，其主要报刊一次又一次被勒令停刊，甚至其机关报《前进报》也由于发表竞选号召被停刊 3 天。

2 月 23 日，政府当局占领并关闭卡尔·李卜克内西大楼，没收了共产党存放在那里的全部竞选材料，共产党被迫将办事处迁往国会大厦内的共产党国会党团办公室。与此同时，德共中央机关报《红旗报》的编辑部和印刷厂也遭到查抄。

---

① 洛塔尔·贝托尔特等编写：《德国工人运动史大事记》，第二卷，孙魁等译，人民出版社 1988 年版，第 329 页。

2月27日晚上，近万名工人在柏林体育宫大会堂集会，纪念马克思逝世50周年，以回应希特勒关于要同"马克思主义者决一死战"的声明。集会以大合唱为起点，但当主旨纪念发言刚刚开始时，到场监督的政府官员就在抗议的怒吼声中勒令大会终止，并驱散与会者。

同日晚上9时过后，国会大厦突然起火，引爆了耸人听闻的"国会纵火案"。大火燃起后，希特勒等人先后赶到现场。戈林对希特勒讲的第一句话就是："这是共产党干的。着火前20分钟光景，一批共产党的代表还在国会大厦内。我们扣押了一个纵火者。"被纳粹当局扣押的是一名荷兰人，名叫马里努斯·范·德·卢贝（Marinus van der Lubbe，1909—1934）。希特勒巡视一圈后走向议长办公室，他倚着石栏，俯瞰着这场浩劫，似乎被烈火吸引住了。戈林向闻讯前来的官员和要人大叫："这是共产党起义的开端。我们一分钟也不能坐待。我们毫不留情地对付他们。"希特勒打断了他的话："给他们一点颜色瞧瞧！谁敢阻挡我们就把他打倒！""德国人民长期以来太软弱了。当官的共产党人个个都得枪毙。当议员的共产党人今晚通通得吊死。共产党的朋友们要全部关起来。这也适用于社会民主党和国家的蛀虫！"他对外国记者表示："这是上帝的旨意，现在谁也无法阻挠我们用铁拳消灭共产党人了！"

当天晚上，官方报社忙着写报道。报道初稿只有20行字，其中提到一名纵火者在现场被逮捕。戈林草草瞄上一眼便喊道："全是胡说八道！作为警事报告，这也许是不错的，但它不是我心目中的公报，一点也不是！"他抓起一枝红蓝铅笔，把100磅引火材料改成1000磅。作者反驳说，一个人是扛不动这么重东西的。戈林反唇相讥道："没有什么不可能的。为什么要说只有一个人？有10个甚至20个人呢！你难道不明白正在发生的事情吗？这是共产党起义的信号！"

翌日上午10时，普鲁士内政部新闻局举行内外记者招待会，正式发布关于纵火案的公报。内称："关于国会大厦发生火灾一事，侦查的结果，有下面几点已经弄清楚了。即燃料至少是由6个人带进去的；另外，在这么大的建筑物里撒燃料，并同时放火，至少需要10个人。纵火犯对诺大建筑物的内部情况了如指掌,这一事实说明犯人是长期能自由出入国会大厦的人。从而,我们有理由怀疑,以种种借口在国会大厦开会到最后的共产党议员是罪犯。他们既熟悉国会大厦的内情,又非常了解执勤情况。警察之所以除了一个荷兰共产党员之外,谁也没抓到,正是这个缘故。因为这个荷兰共产党员不知道国会大厦的详情,所以,犯罪后没有跑出去。"一份由戈培尔起草、经纳粹党宣传部门官员发布的公报,则明确宣布"范·德·卢贝已经主动供认,他是根据同案犯——共产党议员恩斯特·托尔格勒(Ernst Torgler,1893—1963)的指示纵火的。有人目击现在下落不明的托尔格勒,夜里 10 时许,同共产党员凯念一起,偷偷地进了国会大厦。"①同一天,普鲁士州政府发表一项长篇声明,宣称它所搜获的德国共产党文件证明,德共"要焚毁政府大厦、博物馆、宅邸、重要工厂……焚毁国会是流血暴动和内战的信号……已经确定,今天要在德国全国对个人,对私有财产,对和平居民的生活采取恐怖行动,发生全面内战。"②州政府承诺会发表这些"证明共产党阴谋的文件",然而直至纳粹政权覆亡,这个诺言也没有兑现。

希特勒政府趁机掀起镇压热潮。纵火案发生当天晚上,仅柏林一地就有 1500 多人遭逮捕,全国各地的合计人数达到 1 万多,其中包括共产党员、社会民主党员和民主主义者。根据普鲁士州政府的命令,普鲁士州内共产党主办的全部刊物停刊 4 个月,全部的社会民主党刊物停刊 2 周。据估计,到 4 月底,被拘留的人数达到约 2.5 万。案子发生的第二天,德共议会党团主席恩斯特·托尔格勒(Ernst Torgler,1893—1963)为了粉碎纳粹当局的谎言,主动向警察局投案,3 月 3 日,德共主席恩斯特·台尔曼被捕,3 月 9 日,纳粹当局又以"纵火犯同伙"的罪名逮捕了侨居德国的共产国际西欧局领导人、保加利亚共产党领袖格奥尔基·季米特洛夫(Georgi M. Dimitroff,1882—1949)等人。

---

① 桧山良昭:《希特勒的阴谋——国会纵火案内幕》,第 48—50 页。
② 威廉·夏伊勒:《第三帝国的兴亡——纳粹德国史》,董乐山等译,三联书店 1974 年版,第 278 页。

　　同年 9 月,德国最高法院在莱比锡开庭,审讯季米特洛夫等人。季米特洛夫在毫无心理准备的情况下,克服由于同外界隔绝而缺乏必要信息的困难,依靠必胜的信念,仅利用控方的起诉材料和证词,抓住其漏洞,反守为攻,变法庭为控诉法西斯的讲坛,在法庭上慷慨陈词,揭露法西斯主义的反动本质和血腥暴行。当时,不少德国共产党人奋起抗辩,德共中央委员会新闻处驳斥了关于在卡尔·李卜克内西大楼内发现共产党政变计划的谎言,明确声明"暗杀个人、纵火、破坏活动以及诸如此类的办法根本不在共产主义运动策略手段考虑范围之内",指出只有纳粹党在这场挑衅中得到了政治好处。[①] 1933 年 4 月 27 日,英国《曼彻斯特卫报》刊登了一篇据称是德国保守派政治家撰写的文章,题目为《国会纵火案真相》。文章指出国会纵火案的策划者是戈林和戈培尔,称纳粹当局的目的,一是借此摆脱兴登堡总统、国防军和民族人民党的制约,争得自主权,二是消灭潜在的政敌——左翼势力。文章还指出,在国会大厦与国会议长官邸之间有一条运送取暖用煤的地下通道,可供纳粹纵火队使用。文章发表后 10 天,时年 43 岁的民族人民党国会党团前主席恩斯特·奥伯福伦(Ernst Oberfohren, 1881—1933)在家中非正常死亡。不久,一个小道消息传开,称《国会纵火案真相》的作者就是奥伯福伦。同年 8 月底,巴黎的书店开始出售一本题为《关于希特勒恐怖的褐皮书》,其中以证言和新闻报道的形式揭露纳粹当局对政敌进行迫害和镇压的实况,收录的文章中包括《国会纵火案真相》。此外,伦敦、巴黎、索菲亚、哥本哈根(Kopenhagen)、布鲁塞尔(Brüssel)、鹿特丹(Rotterdam)、纽约、马德里、斯德哥尔摩、布拉格、日内瓦、东京,纷纷出现要求释放无罪者的集会和游行。在各种因素的推动下,德国法庭只能将范·德·卢贝一人判处死刑,宣布季米特洛夫等其他被告无罪。

　　对纳粹"一体化"进程来说,更重要的步骤是希特勒趁机彻底废除《魏玛宪法》赋予公民的基本权利,从而抽掉了法治国家的基础。2 月 28

[①] 洛塔尔·贝托尔特等编写:《德国工人运动史大事记》,第二卷,第 334—335 页。

日,他以独断专行的方式主持内阁会议,表示:"目前的危机迫使我们要毫不留情地同共产党算账,而且不要依靠法律。"他建议内阁通过一项保护国家不遭"赤"害的"紧急法令",但这项法令听起来必须纯属防御性质的,似乎旨在保护德国人民。然而,当内政部长弗里克将法令草案宣读后,与会者发现一个民主社会所能给予民众的权利大部分被取消了。但是,除了巴本对维护各州的主权问题提出一点修改意见外,其他人并未提出异议。当晚,希特勒和巴本一起晋见兴登堡。希特勒表示,为了镇压红色革命,有必要制定这项法令。巴本未发表意见。兴登堡当场签署。翌日中午 12:30,法令正式颁布。

该法令的正式名称为《总统关于保护人民和国家的命令》(*Verordnung des Reichspräsidenten zum Schutz von Volk und Staat*),简称"国会纵火案法令"。不久以后,人们逐渐感觉到,这项法令实际上成了第三帝国的基本法。根据该法令,"(一)在新法令颁布前,停止执行宪法第 114 条、第 115 条、第 117 条、第 118 条、第 123 条、第 124 条和第 153 条。从而,要在规定的法律限度之内,限制个人自由和表达意见的自由,包括出版自由;限制集会和结社自由;对邮件、电报、电话实行检查;对搜查住宅发给许可证;发出没收以及限制财产的命令。(二)中央政府在必要时可接管德意志各州的全部权力,以恢复那里的公共安全和秩序。"①该法令的要害之处有两个:一是抽掉了法治国家的基础,从而为纳粹专制铺垫了道路;二是强化了中央政府对州政府的干涉权,从而为消灭联邦制创造了条件。

四、强行通过"授权法"

在政治体制方面,希特勒的目标是建立"领袖国家",实施个人独裁。然而,这一目标不可能一蹴而就,他选择了一个中间跳板,即通过"授权

---

① Walther Hofer, *Der Nationalsozialismus: Dokumente 1933 – 1945*, Frankfurt am Main: Fischer Verlag GmbH, 2004, S. 55.

法"把立法权从国会转入内阁。《魏玛宪法》的制定者为了使国家具有一定的应变能力,设计在国家处于危急状态时,内阁可以获得立法权,但前提是获得国会 2/3 多数票的赞同。

在 3 月 5 日(即国会选举的当天)的内阁会议上,希特勒提出"授权法"草案,要求新一届国会通过授予政府为时四年全权的法令。他欲强使内阁一致通过,并以内阁名义提交国会审议表决。巴本和胡根贝格担心这样做会导致希特勒个人专权,对此提出异议。巴本提议,为了防止因为通过"授权法"而出现擅自改变宪法的现象,应将本届国会改名为"国民大会",并"制定一部新的国家基本法"。戈林赤膊上阵,断然拒绝说:"绝不考虑这一建议!"[1]3 月 15 日,内阁会议再次讨论该问题。胡根贝格试图以兴登堡的力量来制约希特勒,遂要求增加总统对政府颁布法令的参与权和监督权。此时,总统府国务秘书奥托·迈斯纳早已投向纳粹党,当即反对说:"总统没有必要参与",而且总统本人"也没有要求这样做!"[2]

在巴本和胡根贝格的意见被拒绝之后,内阁中其他部长们认为,通过该法案将会加强内阁的权力,因而没有人再提反对意见。3 月 20 日上午,"授权法"草案在内阁会议上未加修改即获得通过。随后希特勒以内阁的名义向国会提交该议案。

为了取得国会 2/3 多数票的赞同,希特勒采取了一系列措施。

国会纵火案发生后,希特勒大肆镇压共产党,但一直没有宣布共产党为非法,原因是担心共产党的选民会把选票转投给社会民主党。在 3 月 5 日的选举中,共产党尽管比上次选举少得 19 个议席,但还是占据了 81 个席位。选举结束后,尘埃落定,希特勒政府违反法律,于 3 月 9 日正式宣布取消共产党人占据的全部议席,并下令逮捕一些共产党议员。通过这些举动,希特勒把国会总议席从 647 席减至 566 席,纳粹党所占据

---

① 朱庭光主编:《法西斯新论》,重庆出版社 1991 年版,第 222 页。
② 同上书,第 222 页。

的 288 个议席,在总议席中的比例从 43.9％上升到 50.9％。

与此同时,戈林利用他掌管普鲁士警察的权力,对 20 多名社会民主党议员(尽管他们享有议员的豁免权)实行"保护性拘留",削弱该党在国会中的影响。[①] 社会民主党国会党团遭受到"最强大的压力",要求它或者不参加会议,或者在投票表决时投弃权票。

对其他政党,希特勒采取了威胁和利诱并重的办法。他声称,所有投票赞成"授权法"的政党,将联合组成一个工作委员会——"精英小国会",政府根据"授权法"颁布任何法令时,事先均会听取"小国会"的意见。投反对票的政党无权进入"小国会"。

中央党占有 73 个议席,是继纳粹党、社会民主党、共产党之后的国会第四大党,希特勒专门做了它的工作。前总理布吕宁是中央党领导人,他于 1933 年 3 月 3 日发表演说,声称中央党将反对任何推翻宪法的尝试,要求调查可疑的国会纵火案,并呼吁兴登堡总统"保护被压迫者抵抗压迫者"。希特勒有意避开布吕宁,于 3 月 20 日同该党其他领导人路德维希·卡斯主教、亚当·施特格瓦尔德和哈克尔斯伯格等 3 人举行会谈。[②] 卡斯等人认为,他们实际上已经无法阻止"授权法"获得通过,但如果他们支持了希特勒,后者就会尊重中央党的完整和天主教在德国的利益,并且恢复被 2 月 28 日法令终止的基本权利。卡斯主教急切地提出"应该尽快回到宪法规定的基础上来"。[③] 希特勒口头上同意了这些条件,甚至答应将它们变成书面的形式。戈林则赤裸裸地威胁道:"如果不赞成'授权法',将把中央党官员从所有机构中清除!"中央党国会党团内部就此展开激烈的讨论。多数人相信希特勒关于尊重宗教的承诺,并担心反对票会使党内的许多公务员会遭到解雇,由此削弱对政府政策的影

---

① 尤利乌斯·布劳恩塔尔:《国际史》,第二卷,第 455 页。

② 朱庭光主编:《法西斯新论》,第 223 页。

③ Hans-Ulrich Wehler, *Deutsche Gesellschaftsgeschichte*, *Vom Beginn des Ersten Weltkriegs bis zur Gründung der beiden deutschen Staaten 1914 - 1949*, München 2003, Band 4, S. 809.

响力。卡斯主张,可以通过参加政府来控制纳粹主义,通过日常政治事务消磨掉纳粹党的火药味。最后的表决结果,10 人主张投反对票,其他都主张投赞成票。根据惯例,中央党议员应一致投赞成票。

　　1933 年 3 月 21 日是新国会开幕的日子,希特勒借此机会大做文章,以显示其尊重传统,将延续俾斯麦的事业,对内团结全国民众,对外提高德国的国际地位。他以国会大厦遭焚烧为契机,把开幕仪式安排在柏林西南郊的波茨坦卫戍区加里森教堂内进行,这里不仅是普鲁士主义的圣地,有弗里德里希大王(Friedrich II, der Große,1712—1786)的王宫和墓地,还是俾斯麦第一届帝国议会的开幕处。这一天被定为"波茨坦日"(Tag von Potsdam)。那天,纳粹当局刻意制造纳粹新人与普鲁士传统紧密结合的象征。穿着灰色制服的国防军仪仗队站在一边,穿着褐色制服的冲锋队员站在另一边,全城上空飘扬着纳粹卐字旗和德意志帝国的黑白红三色旗,这两种旗帜已经被确定为"新德国"的官方旗帜,取代了魏玛共和国的黑红金三色国旗。

　　中午,国会开幕仪式在加里森教堂举行。兴登堡总统身穿华丽的老式陆军元帅服,胸佩黑鹰绶章,手执元帅节杖,庄重地走向贵宾席。希特勒身穿双排扣黑色燕尾服,显得笨拙而不自在。他虔诚地同兴登堡握手,并作深度鞠躬,略显谄媚地表示:"我们认为有您支持德国的振兴,这是一件幸事。"会场内是震耳的管风琴乐声,先后回荡着《永远行使着忠诚和尊严》的德意志赞美诗和《让我们一齐感谢上帝》流行赞美诗的旋律,会场外是嘹亮的军号声和礼炮轰鸣声。兴登堡总统作了一个简短的演说,劝说国会议员支持新政府。随后,希特勒作了主题演讲。他提醒全国听众不要忘记魏玛共和国那段令人感到耻辱的年月,同时宣布自他担任总理后,一个不同凡响的国家新生过程已经开始。演说结束后,希特勒走下讲台,到兴登堡面前深深鞠躬,同他紧紧地握手。通过这一番表演,不少原先的反对者开始相信希特勒的友善意图,认为他对兴登堡总统毕恭毕敬,一定会遵循普鲁士的传统。

　　两天后,3 月 23 日,国会将表决"授权法案"。这次,舞台移到了柏林市内的克罗尔歌剧院。武装的党卫队员和五大三粗的冲锋队员随处可见，他们齐声喊着"我们要求授权法——否则当心挨揍！"歌剧院前的广场上挤满了胸佩卐字徽的年轻人，他们用审视的目光盯着每一位入场的议员。议员们已难以维持自己的尊严，只能在推推搡搡中被赶进会场。由于共产党议员已被赶走，不肯屈服的社会民主党议员成为纳粹分子的主要攻击对象。社会民主党议员尤利乌斯·勒伯尔（Julius Leber，1891—1945）在赶赴国会会议的途中被戴上手铐带走，其余的成员为防不测，集体排成紧密的队伍前往会场。他们刚一就座，"就被腰佩手枪的担任巡逻的党卫队员围住"，[①]这些人目露凶光地沿着墙壁围成一个半圆形。其他政党也未能幸免，中央党议员也是在"中央党的猪"的辱骂声中进场的。会场内，主席台上悬挂着一面大卐字旗，各处还有不少卐字装饰，用以提醒议员们注意，谁才是德国的主人。纳粹党议员全部身着褐色制服，希特勒也重新穿上了褐衫。

　　然而，希特勒在演说中，措辞及其谨慎，调子非常温和。他立誓要尊重私人财产和个人的积极性，保证援助农民和中产阶级，许诺要消灭失业。他还承诺尊重各州和各种教会的自主权，保证总统的地位和权力，保证国会和参议院的存在，同英国、法国甚至苏联讲和。当时有人评论说，这个演说"贯穿了许多和解的、民族的和基督教的语调"。希特勒要求国会批准"授权法"，以便给他一定的权力来达到这些目标。他保证"只在执行极其必要的措施非动用不可时"才会使用这项权力。然而，在演说快要结束时，他改变了语调，暗示说，即使国会不同意，他也要推行这项法律。他强迫议员们要么合作，要么遭受苦果，"在冲突与和平之间作出抉择"。

　　在场的议员中，只有社会民主党人公开站了出来。该党主席奥托·韦尔斯在发言中说："在社会民主党经历了最近一个时期的迫害以后，谁也无法要求或者希望它对这个'授权法'投赞成票。……自从德国有国

---

① 尤利乌斯·布劳恩塔尔：《国际史》，第二卷，第455页。

会以来,选举产生的人民代表对公共事务的监督在目前这种程度上和由于新的'授权法'在更为严重的程度上被取消,是从来没有过的。政府拥有如此无限的权力,不仅必然要造成严重的后果,而且使人民失去任何的活动自由。"最后他庄严地声明:"魏玛宪法不是社会主义的宪法,但是,我们信守其中所确立的关于法治国家、平等和社会权利的原则。在这有着历史意义的时刻,我们德国社会民主党人庄严声明要维护人道和正义、自由和社会主义的原则。任何'授权法'都不能给予你们摧毁永恒的、坚不可摧的思想的权力。"①

韦尔斯刚一讲完,希特勒一下子站了起来,甩开试图阻止他的巴本,冲到台上。他的手直接指向韦尔斯,进行了一次蛮横无礼的反驳。他吼叫道:"我不要你们的赞成票。德国会得到自由,但不是通过你们。别误以为我们是资产阶级。德国的命运将会上升!而你们的命运将会下降。你们的丧钟已经敲响!"②

在投票时,社会民主党94名议员集体投了反对票。中央党直至投票当天还未收到希特勒的书面承诺,一度感到进退两难。纳粹党部长弗里克以个人身份向卡斯主教保证,说书面承诺正在邮寄途中,由此,中央党集体投了赞成票。然而,该信件却从未到达收信人的手中。

最后,"授权法"以444票对94票获得通过。翌日,兴登堡总统签字,"授权法"正式生效。纳粹党的《人民观察家报》(*Völkischer Beobachter*)欢呼道:"这是一个历史性的日子!议会制在新德国面前投降了!伟大的创举开始了!第三帝国的日子来到了!"③

"授权法"的正式名称是《消除人民与国家痛苦法》(*Gesetz zur Behebung der Not von Volk und Reich*),共分5条:第一条,国家法律除由宪法规定的程序外,也可由中央政府制定;第二条,中央政府所制定的

---

① Reinhard Kühnl, *Der deutsche Faschismus in Quellen und Dokumente*. Köln, 1978, S. 235 - 236.
② 时代生活编辑部:《第三帝国·权力风云》,第188—189页。
③ 海因茨·赫内:《德国通向希特勒独裁之路》,第300页。

国家法律,如果不以国会和联邦参议院的组织本身为对象,可以同宪法相异;第三条,中央政府制定的国家法律,由内阁总理签发;第四条,中央政府和外国订立涉及国家立法事务的条约,不必得到立法机关的同意。中央政府有权发布必要的命令,以实施此等条约;第五条,本法令自公布之日起生效,于 1937 年 4 月 1 日失效;[①]倘现届政府被另一政府接替,本法令即失去效力。[②]

　　"授权法"使希特勒政府摆脱了议会的制约,拥有了独裁权力。它实际上取代《魏玛宪法》,成为纳粹德国的基本法。它也是德国"一体化"进程中的重要里程碑。而希特勒承诺的所谓"精英小国会",实际上成为一场骗局。在 3 月 24 日"授权法"生效当天,希特勒在内阁会议上声明,他不想让小国会对政府的决策发生任何影响,小国会何时召开应由内阁自己作出决定。该"精英小国会"除了在 1933 年 4 月初开过一次会议外,未起过任何作用。

五、确立一党制

　　法西斯国家在权力结构上实行个人独裁,但法西斯政党在实现和维护这种权力结构方面,起着特殊的作用。按纳粹党自己的说法,它是一个特殊的政党,集合了整个民族的精华,代表着整个民族的利益,又是民族社会主义世界观的载体,希特勒依靠这样的党,就能对整个民族实行有效的保护。而其他各种政党只是分别代表一部分国民的意志和利益,它们的存在有碍于实现"一个国家、一个民族、一个领袖"的理想目标。希特勒在实施"一体化"的过程中,处心积虑地要取消其他政党。

　　德国共产党是希特勒政府的重点打击对象。如前所述,在国会纵火案发生前后,希特勒政府已经采取了一系列措施镇压共产党,在 1933 年 3 月

[①] 该"授权法"曾三次延期:1937 年 4 月 1 日延长至 1941 年 4 月 1 日;1939 年延长至 1943 年 5 月 10 日;1943 年再次延长,直至 1945 年 5 月纳粹政权覆亡。

[②] Walther Hofer, *Der Nationalsozialismus Dokumente*, *1933 - 1945*, S. 58.

9—14 日,实际上已经取缔了共产党。同年 3 月 31 日,希特勒借压缩各州权力的机会,进一步在地方层面上打压共产党。他援引"授权法",颁布《各州与国家一体化法令》(*Vorläufiges Gesetz zur Gleichschaltung der Länder mit dem Reich*),以各级地方议会的组成要与国会保持一致为理由,规定"州、省和地方代表机构中的共产党议员的席位无效"。5 月 26 日,政府又颁布《关于没收德国共产党财产的法令》,确认没收共产党及其附属组织财产的合法性。

德国社会民主党当时拥有约 100 万名党员,成了希特勒的第二打击对象。该党领导机构看到了希特勒政府是"封建的、大资本主义的和大农业的联合",是"反动的大资本主义和大农业的集中",[1]但认为希特勒担任总理并不意味着纳粹党夺取了政权,因为希特勒政府并不是纳粹的一党政府,而是民族人民党和纳粹党的联合政府,纳粹党在 12 名政府成员中只占了 3 名,其他 9 名是保守派成员。[2] 他们认为,希特勒是通过合法途径上台的,与此前的巴本内阁和施莱歇尔内阁没有本质区别,是一个符合宪法的保守政府。而且,参加联合政府的人来自不同的阶级和阶层,代表着不同阶级和阶层的利益,彼此存在着利益上的冲突,这种冲突使得该政府处于动荡之中,即使没有外部打击,也会由于内部矛盾的尖锐和激化而垮台。[3] 他们还认为,纳粹运动获得巨大发展、赢得大批的追随者,其原因是希特勒许诺给他们工作和面包,将他们从经济危机的困境的拯救出来,而事实上,政府不可能缓解经济危机所造成的社会贫困,因而这些追随者会因为失望而离开。他们根据这种假设认为,3 月 5 日的国会选举将造成执政党失败,希特勒会由于赢不到国会的多数席位而下台,兴登堡总统会根据宪法解散政府,将军们也会站在民主力量一边,为保卫魏玛共和国而积极参与政治斗争。他们认为,法西斯主义是反动

---

① 曹长盛主编:《两次世界大战之间的德国社会民主党(1914—1945)》,北京大学出版社 1988 年版,第 226 页。
② 尤利乌斯·布劳恩塔尔:《国际史》第二卷,第 451 页。
③ 曹长盛主编:《两次世界大战之间的德国社会民主党(1914—1945)》,第 228 页。

势力的"最后一张牌",它"不会取胜",然后工人阶级的时机就会到来。1933年2月7日,社会民主党机关报《前进报》甚至乐观地宣布:"柏林不是罗马。希特勒不等于墨索里尼。柏林决不会成为法西斯主义者帝国的首都。柏林永远是红色的!"[1]

社会民主党领袖进而认为,由于希特勒政府是合法上台的,希特勒已经握着兴登堡总统的手发誓忠于《魏玛宪法》,因此社会民主党也必须在宪法的框架内展开斗争,就如1933年1月30日《前进报》(晚刊)所说:"面对这个政府的政变威胁,社会民主党和整个钢铁阵线的双脚牢牢地站在宪法和法律的基础上,它不会背离这个基础。"[2]在实际行动中,他们极力反对社会民主党党员和全德工会联合会会员利用示威游行、政治集会和总罢工等议会外措施反对希特勒政府。即使在反对通过"授权法"的投票活动中,韦尔斯主席在发表态度强硬的演说时,仍然暗示社会民主党将以合法反对派的身份进行非暴力的、以法律为依据的抵抗,同时表示支持希特勒政府争取让德国获得国际上"平等权利"的努力。[3]

而希特勒政府仍然把打击矛头指向社会民主党。早在2月4日《保护人民和国家》紧急法令颁布后,希特勒政府便经常勒令该党的主要报刊停刊,甚至其机关报《前进报》也由于发表该党的竞选号召而被迫停刊3天。该党的集会,不是被禁止就是遭到冲锋队的破坏。国会纵火案发生后,社会民主党虽然还能在国会中进行有限的活动,但日益遭到政府的打压。

在国会表决通过"授权法"之后,该党为了能够合法地存在下去,采取了容忍和退让的政策。1933年3月17日和18日,"社会主义工人国际"(即第二国际)执行委员会在德国社会民主党代表没有在场的情况下,先后通过和发表题为《工人阶级统一战线》和《同法西斯主义作斗争》

---

① 尤利乌斯·布劳恩塔尔:《国际史》,第二卷,第456、451页。

② 转引自尤利乌斯·布劳恩塔尔:《国际史》,第二卷,第452页。

③ 洛塔尔·贝托尔特等编写:《德国工人运动史大事记》,第二卷:从1917年至1945年,第337页。

的决议。前一个决议针对共产国际的做法,即反对与第二国际直接进行谈判,但要求各国共产党停止攻击社会民主党,可以考虑达成两党协议,提出自己的建议,即继续要求共产国际考虑两个国际组织举行谈判的建议,并要求第二国际所属各政党在两个国际组织没有举行正式谈判之前,不要参加任何单独谈判。[1] 后一个决议阐述了第二国际对德国政治状况的态度。文件强烈抗议德国法西斯政府采取恐怖措施迫害共产党人和社会民主党人,呼吁参加第二国际的工人政党与德国工人阶级团结起来,共同反对法西斯主义。德国社会民主党为了防止希特勒政府借机制造麻烦,就以自己不同意这两项决议为由,于 3 月 20 日宣布退出第二国际,30 日,该党主席韦尔斯又宣布退出该国际执行委员会。同时,该党执行委员会还派代表就社会民主党报刊复刊问题同戈林举行谈判。戈林提出,只有外国社会民主党的报刊停止报道德国政府迫害反法西斯主义者恐怖行为,社会民主党的报刊才能复刊。为此,该党领袖韦尔斯、弗里德里希·斯坦普菲尔(Friedrich Stampfer,1874—1957)等人分别前往捷克斯洛伐克、丹麦、英国、法国、荷兰、奥地利和瑞士等国进行游说,试图说服这些国家的社会民主党,对德国的法西斯恐怖作所谓实事求是的报道。[2]

4 月 26 日,社会民主党在柏林召开全国代表会议。新选出的中央机构旋即作出规定,再次重申党"继续在法律允许的范围内开展活动"。与此同时,该党开始作两手准备,委派韦尔斯和其他 5 名执委会成员流亡境外,在当时尚属法国管辖的萨尔布吕肯(Saarbrücken)组织流亡领导机构,以应付党组织万一被取缔后的困难局面。

希特勒政府对社会民主党一如既往地实施打击,而且进入 4 月后力度不断加强。政府不仅查封了社会民主党的大部分报刊,还接管了其属下的全部印刷厂。5 月 2 日,政府取缔全部工会组织,冲锋队员占领了工

---

[1] 尤利乌斯·布劳恩塔尔:《国际史》,第二卷,第 465 页。
[2] 曹长盛主编:《两次世界大战之间的德国社会民主党(1914—1945)》,第 234 页。

会大厦。5月10日,戈林指派警察占领社会民主党办公大楼,没收了它和国旗社的全部财产并封闭其新闻机构。此时,社会民主党领导机构内出现意见分歧。流亡国外的社会民主党人放弃了幻想,要求开展反法西斯抵抗斗争,以免进一步丧失威信并失去其他国家工人政党的支持。留在国内的领袖们则延续原有的政策和措施。

5月17日,国会举行会议,希特勒在会上发表对外政策声明。他声称冲锋队和党卫队没有军事性质,要求修改《凡尔赛和约》,"争取德国人民在世界上的平等权利"。[①] 最后,他提出一项名为《和平决议》的文件要求国会批准。社会民主党原拥有119个议席,但只有65人出席会议,其他人或者已被关押在集中营(Konzentrationslager,缩写 KZ)或监狱(18人),或者流亡国外,或者没有出席。文件未经辩论便付诸表决,社会民主党人投了赞成票。该党国会党团在声明中为自己的行为辩解说:"社会民主党议员同意5月17日的国会决议,并不意味着对希特勒政府投信任票,而是同意德国的和平外交政策。"然而实际上,社会民主党议员的这一举动给国内外舆论界造成一种假象,似乎全体德国人民都一致拥护希特勒的外交政策,同时也为希特勒宣传其外交政策提供了依据。[②]

流亡国外的社会民主党的领袖们力主议员们投反对票,但未能奏效,于是,流亡派与国内派之间的分歧加大。5月21日,流亡执委会在与来自柏林的2名执委会成员商议后,决定转移到布拉格,在那里出版《新前进报》(Neuer Vorwärts),并鼓励国内组织展开非法活动。以尤利乌斯·勒伯尔为首的留在国内的社会民主党领袖坚决拒绝这一决定,并于6月19日在柏林召开全国代表会议,参加者包括境内执委会成员、国会党团领袖、州议会党团领袖、部分区委书记。会议选举了以勒伯尔为首的新的执委会。为了向希特勒政府表示自己的"善意",犹太籍成员都被剔出中央委员会。会议决议声明:"在柏林新选出的党的执委会独自负

---

① 洛塔尔·贝托尔特等编写:《德国工人运动史大事记》,第二卷:从1917年至1945年,第343页。
② 曹长盛主编:《两次世界大战之间的德国社会民主党(1914—1945)》,第236页。

责党的领导工作,那些流亡国外的党员同志不能为党发表任何声明。对于他们所发表的一切言论,党明确声明不负任何责任。"[1]社会民主党领导集团的分裂进一步削弱了该党的抵抗能力。

就在勒伯尔等人力图同抵抗派撇清关系、向政府表示妥协之意时,政府却继续发动进攻。1933年6月22日,内政部长弗里克正式发布命令,宣布社会民主党是一个危害国家和人民的政党,要求"各州政府根据总统1933年2月28日签署的《关于保护人民和国家的命令》,采取反对社会民主党的必要措施,特别应立即禁止所有今天仍为国会和地方代表机构成员的德国社会民主党党员继续行使其代表权".[2] 根据这项命令,德国境内的社会民主党及其辅助组织和后备组织全部被取缔,报刊被查封,包括自由工会的财产在内的全部财产被没收。同年7月7日,该党在国会、州议会、市政厅和各种代表机构中的代表资格全部被废除。在短短的几个月内,近3000名社会民主党干部遭逮捕。

纳粹党紧接着把矛头指向资产阶级政党。德意志民族人民党是希特勒联合政府中的盟友。尽管如此,它也逃脱不了解散的下场。4月底开始,纳粹党日益激烈地对它实施攻击,并胁迫其党员加入纳粹党。5月3日,胡根贝格将党名改为"德意志民族阵线"(Deutschnationale Front),也无济于事。6月21日,它在全国各地的办事处被警察和冲锋队占领。6月29日,胡根贝格被迫退出政府,其担任的经济部长职务由无党派人士库特·施密特(Kurt Schmitt,1886—1950)接任,粮食部长职务由纳粹党人瓦尔特·达雷(Walter Darré,1895—1953)接任。同一天,希特勒强迫胡根贝格签署关于"德意志民族阵线"自行解散的决议。之后,其议员进入纳粹党国会党团。

6月28日,德意志国家党的国会领袖在很不情愿的情况下,发表一项仅有三行字的声明,宣布该党"自行解散"。

---

[1] 曹长盛主编:《两次世界大战之间的德国社会民主党(1914—1945)》,第237页。
[2] Walther Hofer, *Der Nationalsozialismus Dokumente*, *1933-1945*. S. 60.

7月4日，德意志人民党自行解散，其领导人爱德华·丁格尔戴（Eduard Dingeldey，1886—1942）向当局写了一封献媚信，保证其党员将在新国家中守法效劳。

天主教政党方面，首先遭殃的是巴伐利亚人民党。6月22日，当局借口该党与奥地利基督教社会党合作，从事密谋活动，占领其办公处，逮捕其领袖。7月4日，该党宣布解散。中央党内部的年轻一代强烈要求其领袖们奋起反抗，布吕宁也不愿意让党"自行解散"，[①]但面对大势所趋的局面，为了保住党员们在政府机构里的工作岗位，被迫于7月5日宣布解散，该党议员被允许列席纳粹党国会党团的会议。从1933年7月8日起，巴本作为希特勒政府的代表，与梵蒂冈国务大臣巴西利主教（Eugenio Maria Giuseppe Giovanni Pacelli，1876—1958，以后升任罗马教皇庇护十二世）进行谈判，双方于7月20日签订《国家宗教协议》（*Konkordat zwischen dem Heiligen Stuhl und dem Deutschen Reich / Reichskonkordat*）。在协议中，梵蒂冈同意不让天主教神职人员参政，解散政党和诸如基督教工会等团体，德国政府则同意保证天主教的自由和教会管理自己事务的权利。[②]

取缔政党的工作还延伸到相关团体。内阁劳动部长弗兰茨·泽尔德特（Franz Seldte，1882—1947）是钢盔团团长，希特勒利用自己的总理职位不断向他施压，1933年4月27日，泽尔德特加入纳粹党。同年底，钢盔团并入冲锋队，但在其中保留原有建制。1935年11月，该组织正式解散。残存的"志愿兵团"（Freikorps）则借1933年11月9日纪念"啤酒馆暴动"10周年的机会，正式予以解散。

1933年7月14日，政府凭借"授权法"颁布《禁止组织新政党法》（*Gesetz gegen die Neubildung von Parteien*），规定：1. 民族社会主义德意志工人党是德国的唯一政党；2. 凡维持另一政党的组织机构或组织新

---

① Jeremy Noakes & Geoffrey Pridham（ed.），*Documents on Nazism*，*1919 – 1945*，pp. 197 – 198.

② Ibid.，pp. 199 – 200.

政党者,如其罪行不触犯其他规定而须受更大的惩罚外,将处以三年以下的徒刑,或六个月至三年的劳役。[1]

同年12月1日,希特勒政府又颁布《党和国家统一法》(*Gesetz zur Sicherung der Einheit von Partei und Staat*),进一步确立了纳粹党在国家中的地位。该法规定:1. 在民族社会主义革命胜利之后,民族社会主义德意志工人党是德意志国家理念的体现者,与国家不可分割地联系着。它是公法意义上的社团。2. 元首代表(Stellvertreter des Führer)和冲锋队参谋长将成为内阁成员,以保证党和冲锋队的办公室与公权力紧密合作。3. 民族社会主义德意志工人党与冲锋队(包括它们的下属组织)成员作为民族社会主义国家的领导和推动力量,将对元首、人民和国家承担更大的责任。如果他们损害了所负责任,将由党和国家实施特别审判。元首将扩充相关规则,以便适用于其他组织的成员。[2]

上述两项法令,以法律形式确立了一党制,保证了纳粹党凌驾于国家政府机关之上并不受国家法律制约的地位。

六、单一制中央集权国家的建立

在德国历史发展进程中,一直存在着国内权力分散和权力集中两种不同的要求。神圣罗马帝国时期,皇权并不强大,地方势力拥有较大的实权。在欧洲民族国家形成与发展的进程中,德意志在统一事业和现代化方面都落后了,于是产生了建立民族国家的强烈紧迫感。自神圣罗马帝国解体后,德国的国家发展与大小德意志之争、国家结构的松紧之争紧密纠结在一起。以普鲁士为核心的"小德意志"之路,使得德国的国家结构由邦联发展到联邦。魏玛共和国建立之时,宪法初稿曾经确立了单一制中央集权国家的架构,然而遭到以巴伐利亚、巴登和符腾堡等南德诸邦为代表的联邦主义势力的反对,最后还是回归

---

[1] Walther Hofer, *Der Nationalsozialismus Dokumente*, *1933 - 1945*, S. 62.
[2] Ebd. , S. 63.

到联邦制。经过二十年代部分州的自愿合并,到 1933 年 1 月,全国存在 17 个州。

联邦制与纳粹主义的极权要求是格格不入的,纳粹主义鼓吹"一元",要求整个德意志民族听命于一人,中央集权制才是其最好的选择。根据纳粹主义理论,国家是保种保族的工具,为了达到保存和发展优秀的德意志种族的目的,就必须实行中央集权制,领袖的绝对权威也要穿越"州"的自主权这一历史遗留下来的壁障,深入到德国的每一个基层单位。

1932 年 7 月,时任总理的巴本发动"打击普鲁士"(又称"巴本政变")事件,以"国家专员"的身份接管普鲁士州总理的大权,这一做法为希特勒变更国家结构的行动打开了大门。在 1933 年 1 月底的组阁谈判中,希特勒又坚持让戈林兼任普鲁士州的内政部长,掌管了占全国领土面积 2/5、控制首都柏林的最重要州的警察力量。戈林就任这个职务后,致力于使普鲁士的警察纳粹化,让 14 名警察主管退休,开除了许多下属官员,大量安插纳粹党徒。这些人全部来自庞大的冲锋队和党卫队的后备队。"①

由于受到《魏玛宪法》的制约,变动后的普鲁士州政府还拥有一定的权力,包括其在全国参议院中较强的代表权。1933 年 2 月 6 日,作为普鲁士"国家专员"的巴本又一次采取行动,以兴登堡总统签署的"紧急命令"为令牌,要求布劳恩政府交出全部权力。他成功了,但对国家的联邦体制又实施了一次打击。

巴伐利亚州的离心倾向一向比较强烈,1923 年时,正是这一倾向给纳粹党发动"啤酒馆暴动"提供了机遇。1933 年希特勒上台后,那里又出现了在州内恢复君主政体甚至脱离联邦的议论,州政府总理、巴伐利亚人民党人海因里希·黑尔德(Heinrich Held,1868—1938)甚至扬言,说他将逮捕敢于踏上巴伐利亚土地的"国家专员"。纳粹党赶紧向这里实

---

① 罗杰·曼维尔:《赫尔曼·戈林》,钟璜等译,群众出版社 1986 年版,第 38 页。

施打击。3月9日中午,冲锋队参谋长罗姆、巴伐利亚区党部领袖阿道夫·瓦格纳(Adolf Wagner,1890—1944)和纳粹党国会议员弗兰茨·里特尔·冯·埃普(Franz Ritter von Epp,1868—1946)将军奉希特勒之命,在少数冲锋队员的协助下,要求州总理黑尔德立即把权力交给"国家专员"埃普。黑尔德致电中央政府,提出抗议,但得到的答复是埃普已经被任命为"国家专员",有权控制州政府。[1] 黑尔德向兴登堡总统求救,但后者的答复是:以后要提意见和建议,应该直接呈送给希特勒。黑尔德召开州政府会议商讨对策,但大批冲锋队员和党卫队员聚集在街道上,随时准备采取行动。无奈之下,黑尔德暂时逃亡瑞士,不久秘密回国,过起了东躲西藏的生活。埃普接管了巴伐利亚州政权,很快成立由纳粹党人组成的新政府。3月9日当天,希特勒飞赴慕尼黑。他趾高气昂地说:"在德国,最贴我心的城市就是慕尼黑,作为一个青年,一个军人,一个政治家,我是在这里发迹的。"他向当地纳粹头目发出指示,"中央政权不得再受巴伐利亚的特别运动或分裂分子骚乱的干扰。这对国家的政治安定是很重要的。我必须完成俾斯麦的未竟事业:只有对全国的利益有用,州才成其为州。"[2]

在此后的一周内,希特勒使用同样的手段,指派在各州的纳粹党大区领袖和党内高级人士担任"国家专员",接管了除普鲁士外其他各州的政府权力。各地的冲锋队员冲进市政机关和警察局,挂起纳粹党旗庆祝胜利。

同年3月31日,希特勒援引"授权法",以所谓地方与中央"一体化"为借口,颁布《各州与国家一体化法令》。法令规定解散除普鲁士以外的各州原议会,毋需举行新的选举,根据3月5日国会选举的结果,以同样的席位分配比例组织新的州议会,共产党席位一律空缺。各州政府可颁

[1] Eleanor Hancock, *Ernst Röhm: Hitler's SA Chief of Staff*, New York: MacMillan, 2008, p. 125.
[2] John Toland, *Adolf Hitler*, p. 305.

布法令并整顿各州行政机构,毋需征得州议会的批准。[①]

4 月 7 日,希特勒又颁布《各州与国家一体化的第二个法令》(*Gesetz zur Gleichschaltung der Länder mit dem Reich*,简称《总督法》),任命中央政府派驻各州的"国家专员"为各州的总督(Reichsstatthalter),[②]负责监督全国总理提出的方针政策在各州的贯彻执行;规定总督有权解散州议会,任免州政府,颁布州法令。[③]

对于普鲁士州,希特勒采取了特殊的处理措施。他宣布自任普鲁士州总督,免去巴本所担任的驻普鲁士"国家专员"之职,4 月 11 日又安排戈林接任巴本的普鲁士州总理一职。[④] 1935 年,驻普鲁士总督一职改由戈林接任。关于总督的地位与作用,希特勒在 1934 年 3 月的一次讲话中作了明确解释:"(总督)不是各州的行政长官,他们执行国家最高领导的意志;他们的委任不是来自各州,而是来自国家。他们不代表各州与国家相对,而是代表国家与各州相对……民族社会主义的历史任务是创造新国家,而不是保存德国各州。"[⑤]1935 年 1 月颁布的《德国总督法》(*Reichsstatthaltergesetz*)则以法律形式规定:总督是各自管辖区内"德国政府的常驻代表"。[⑥]

各州州长的职位,由于没有太大的实权,竟然意外地得到保留。内政部长弗里克为了提高行政管理效率,曾经建议将总督与州长的职位合并,但一直没有得到希特勒的答复。[⑦] 只有在黑森和萨克森两个州,这两

---

① Bracher,Funke,Jacobsen(Hrsg.), *Nationalsozialistische Diktatur*,*1933 - 1945*,S. 806.

② Statthalter des Reiches 一职最早设立于 1879 年至 1918 年的阿尔萨斯—洛林地区,用于帝国政府强化控制新的占领地区。Reichsstatthalter 一职旧译"邦(州)长"或"邦(州)行政长官",由于该官员是全国政府派驻各州的统治者,根据德文原意和中文表达习惯,似应译成"总督"。

③ Bracher,Funke,Jacobsen(Hrsg.), *Nationalsozialistische Diktatur*,*1933 - 1945*. S. 806.

④ J. Noakes & G. Pridham, *Nazism*,1919—1945:*A Documentary Reader Vol. 2: State*,*Economy and Society*,1933—39,University of Exeter,1984,p. 225.

⑤ 艾伦·布洛克:《大独裁者希特勒(暴政研究)》,第 268 页。

⑥ 阿诺德·托因比、维罗尼卡·M. 托因比合编:《希特勒的欧洲》,孙基亚译,上海译文出版社 1980 年版,第 4 页。

⑦ 克劳斯·费舍尔:《纳粹德国:一部新的历史》,上册,第 408 页。

个职位由同一人担任。

1934 年 1 月 30 日,国会和参议院通过《国家重建法》(Gesetz über den Neubau des Reichs),正式在德国确立中央集权的单一制国家结构。该法共六款:第一款,废除各州的议会;第二款,a. 各州的最高权力转归中央;b. 州政府成为全国政府的下属机构;第三款,各州总督受全国内政部长管辖;第四款,州政府可以颁布新的法律;第五款,由全国内政部长发布实施本法律的法律与行政细则;第六款,本法律自颁布之日起生效。[①]

实际上,当局对该法的第四款并不满意,因为该款使各州有可能"自行其是"。很快,政府又利用该法第五款发布一项命令,规定没有国家有关部长的许可,各州不准颁布任何地方法令。[②] 该法的第三款也曾经引起总督们的不满,他们绕过弗里克直接向希特勒表达自己的想法,不愿由此被降低为仅仅是内政部的代表,从而丧失独立自主的权力。实际上,这个问题在纳粹统治时期一直没有得到解决,但指挥各州总督的实际权力,一直掌握在希特勒手中。

随着各州主权的丧失,由各州代表组成的全国参议院已失去存在的必要。1934 年 2 月 14 日,希特勒颁布《全国参议院废止法》(Gesetz über die Aufhebung des Reichsrats),正式解散了该机构。[③]

在废除联邦制的同时,希特勒政府还曾企图实施州的"标准化",即缩小各州之间面积的差距。在德国原来的版图上,各州的面积相差十分悬殊。普鲁士的面积几乎占全国面积的 2/5,巴伐利亚拥有 700 万人口,萨克森拥有 500 万人口,而一些小州却仅有 20 万—30 万人口。1933 年希特勒任命各州总督时,对人口不足 200 万的小州采取两个州合并为一个行政单位的做法。对于面积特别大的普鲁士州,从 1934 年起逐步将州政府的重要部门,如内政部、经济部、农业部、劳动部等,并入全国政府

---

① Walther Hofer, *Der Nationalsozialismus Dokumente*, 1933 - 1945. S. 65.
② 阿诺德·托因比、维罗尼卡·M. 托因比合编:《希特勒的欧洲》,第 4 页。
③ Walther Hofer, *Der Nationalsozialismus Dokumente*, 1933 - 1945. S. 65.

中相应的部,实际上取消了普鲁士州一级的行政机构,由中央政府直接领导原普鲁士州的各省。这样,由纳粹党大区领袖担任省长(Oberpräsident)的普鲁士各省,实际上与其他同样由大区领袖担任总督的各小州处于同等地位。

德国长期来存在"地方自治"的古老传统,市长和乡镇长对市参议会和乡镇议会负责,保持一定的地方自治权。1935 年 1 月 30 日,纳粹政府颁布《乡镇法》(Gemeindeordnung),把国家一体化运动贯彻到基层政权组织,彻底废除地方自治的传统。该法规定:把"领袖原则"推广到乡镇的行政管理;人口 10 万以上的城市由全国内政部长任命其市长,柏林与汉堡的市长由希特勒直接任命;人口 10 万以下的乡镇由州总督任命其乡镇长和乡镇议员。市参议会和乡镇议会完全失去原来的地方自治的作用。①

经过这番变更,德国便从一个联邦制国家完全过渡到中央集权的单一制国家。在《国家重建法》颁布后,内政部长弗里克得意地宣称:"几个世纪来古老的梦想已经实现。德国不再是一个软弱的联邦制国家,它已经成为一个由强大民族组成的中央集权国家。"②到 1935 年底,随着德国国内"一体化"工作基本完成,希特勒把更多的注意力转向毁约扩军,于是下令暂时搁置有关宪政和领土改革的事务。

七、清洗冲锋队

1934 年 6 月 30 日,纳粹统治集团内部发生俗称"长刀之夜"(Nacht der langen Messer)的清洗冲锋队事件,该事件也称"蜂鸟行动"(Operation Hummingbird)或"罗姆政变"(Röhm-Putsch)。一直充当纳粹"革命"急先锋的冲锋队遭到致命打压,冲锋队参谋长恩斯特·罗姆被枪杀。事件结束后,包括国防军在内的权势集团对希特勒政府深表满

---

① Klaus Hildebrand, *The Third Reich*. London,1984, p. 8.
② 朱庭光主编:《法西斯体制研究》,第 126 页。

意,希特勒趁着兴登堡总统去世的机会,再次实施重大的国家体制变革,取消总统职位,自任国家"元首",纳粹体制正式确立。

"长刀之夜"事件的发生,原因是多方面的。它既同长期以来纳粹党与冲锋队在纳粹运动中各自的定位及相互关系有关,又是希特勒政府在国内各利益集团发生利益冲撞时的一次无奈表态,也反映了纳粹党在1933年1月30日前后从"造反党"到执政党的角色转变。

在纳粹运动兴起初期,曾经出现过究竟是冲锋队抑或纳粹党充当对方"鼓手"的争执。希特勒尽管在内心深处排斥政党政治,但在时代的逼迫下,也看到政党在夺权斗争中的特殊作用,因此要求以纳粹党作为纳粹运动的核心,而冲锋队则充当纳粹党的鼓手与助手。然而,部分冲锋队领导人却受到当时德国"政治碎片化"和由于被迫裁军导致大量军人退伍流入社会等背景的影响,认为同国防军有着更紧密关联的"冲锋队将成为德国解放事业战斗力量中更为有效的一员"。他们要求各地冲锋队直接向位于慕尼黑的冲锋队总部汇报工作,并要求在采取行动等特殊情况下,纳粹党的地方领导人也要自觉地听命于当地的冲锋队。[1] 然而,随着1923年慕尼黑"啤酒馆暴动"走向失败、德国政局渐趋平稳、尤其是希特勒决定走合法斗争的道路,"捏着鼻子进国会",以从事非法斗争为主要手段的冲锋队很快处于劣势,只能充当纳粹党尤其是希特勒的助手。

经济大危机期间,冲锋队的规模和影响迅速扩大,同时表现出以下一些特点。一是成员中无产者的比重明显高于纳粹党。据冲锋队研究专家柯南·菲舍尔(Conan Fisher)称,1929—1933年期间,冲锋队成员中工人占57.2%,中产阶级占31.1%,上层阶级占10.8%。[2] 而在相近时期中,纳粹党员中工人占41.9%,下层和中层中产阶级占45.9%,上

---

[1] Eric G. Reiche, *The Development of the SA in Nürnberg*, *1922 - 1934*, Cambridge: Cambridge University Press, 1986, p. 39.

[2] Conan Fisher, *Stormtrooper: A Social*, *Economic and Ideological Analysis*, *1929 - 35*. London: George Allen & Unwin, 1983, p. 33.

层中产阶级和上层阶级占 4.6%。① 二是行动主义（Aktivismus）和激进主义的倾向都强于纳粹党，要求坚持《二十五点纲领》中关于打击垄断资本和大地主的诉求，习惯于从事街头械斗，走非法斗争的道路。在 1930年 8 月的柏林冲锋队叛乱和 1931 年 4 月德国东部和北部冲锋队联合叛乱中，都提出了放弃合法路线、以暴力行动实现真正的"社会主义"等要求。三是成员们普遍不满于冲锋队在纳粹运动中的"付出"和"所获"之间的不平衡。四是冲锋队的军事化倾向再次复苏，尤其是罗姆担任冲锋队参谋长后，模仿陆军改组冲锋队的组织建制，勾起了冲锋队与生俱来的"军队情结"。

希特勒就任总理后，参加或支持纳粹运动的中下层民众在"胜利"的激励下，以为纳粹党真的要实行"社会主义"。他们要求政府采取行动，给予他们参加"纳粹革命"所应得的报偿。纳粹党内反映小资产阶级利益和情绪的人士，也纷纷提出相应的建议。党内元老戈特弗里德·弗德尔（Gottfried Feder，1883—1941）认为，纳粹党执政后，就应该实施《二十五点纲领》的经济条款，以及关于国有化、分红制、取消不劳而获的收入和"废除利息奴役制"等诺言。纳粹农民领袖瓦尔特·达雷建议大幅度降低农民债务的资本价值。纳粹党经济处处长奥托·瓦格纳（Otto Wagner，1877—1962）被任命为国家经济专员后，也要求接管全国的大百货公司、统一价格商店和消费合作社。1933 年 4 月 1 日，瓦格纳前往垄断资本组织"德意志工业全国联合会"（Reichsverband der deutschen Industrie，缩写 RdI）办公室，要求联合会的秘书长辞职，因为在他的领导下，联合会"对纳粹革命没有保持足够的重视，并像以前一样地活动"。他还勒令联合会的两名犹太理事辞职，代之以两名纳粹党徒。②

冲锋队继续充当争夺统治特权的急先锋。随着希特勒上台执政，其

---

① Conan Fisher (ed.)，*The Rise of National Socialism and the Working Classes in Weimar Germany*，London：Berghahn Books，1996，p.54.

② J. Noakes & G. Pridham，*Nazism，1919 - 1945: A Documentary Reader. Vol. 2: State，Economy and Society*，1933 - 39，p. 309.

权力意识与规模同步膨胀。1933 年 1 月以后,冲锋队在吸收大批"识时务"的新成员并合并钢盔团等组织的基础上,规模从原先的 40 万成员急剧扩大到 250 万,至 1934 年 5 月,甚至膨胀到 400 万。队员们在反犹主义、反资本主义和反马克思主义的口号下,掀起了抵制大商号、交易所和消费合作社的运动。其中一支冲锋队曾在法兰克福交易所门前游行,要求交易所全体理事辞职。一名冲锋队员甚至要求德累斯顿银行董事会吸收其为成员,并扬言以集合冲锋队处于紧急待命状态为威胁。1933 年 3 月,罗姆宣告以自己的名义任命地方冲锋队领导人担任"特派专员"和"特派专员副手",负责保持各地冲锋队与政府机关之间的联系,监督各地政治组织和军事团体尤其是冲锋队的纪律问题,确保中央政府的指令在各地被贯彻执行。[①]

　　然而,比起冲锋队庞大的规模和成员们高昂的期望值来,其分享到的这些果实价值极其有限。所谓的"特派专员",其实仅仅是虚职。在各地政府机关的抵制下,他们无权干预地方官员的任免,无权干预企业生产,也不允许担任地方社团的临时领导人。更有甚者,在全国就业形势逐渐好转的背景下,不少冲锋队老战士反而找不到工作,因为不少企业不愿意雇用长期在街头冲锋陷阵而疏于本职工作的冲锋队员。如在纽伦堡,冲锋队中近一半的失业队员在 1934 年初仍然没有找到工作。[②] 从全国范围看,1933 年底,冲锋队中仍有近 100 万多年失业的贫困人口,至 1934 年初,由于大批人员涌入,冲锋队内的失业人数超过 200 万。[③] 充满失落感的冲锋队员对局势的发展充满怨恨。1933 年 3 月,汉堡一名冲锋队员写道:"我们都认为选举之后新政府的措施将立足于反对金融资本。我们都认为巴本、兴登堡、泽尔德特将在 3 月 6 日被剔出内阁。资

① J. Noakes & G. Pridham, *Nazism*, *1919 - 1945: A Documentary Reader*. *Vol. 2: State*, *Economy and Society*, *1933 - 39*, p. 223.

② Eric G. Reiche, *The Development of the SA in Nürnbern*, *1922 - 1934*, Cambridge: Cambridge University press, 1986, p. 215.

③ Conan Fisher, *Stormtrooper: A Social*, *Economic and Ideological Analysis*, *1929 - 35*, London: George Allen & Unwin, 1983, p. 48.

本主义德国带给我们饥饿和痛苦,我们想要一个自由的社会主义的德国……我们号召同资本主义体制作斗争。"[1]他们以更激进的姿态要求纳粹"革命"继续发展。

希特勒面临这股浪潮的冲击,为了保证政权的群众基础,尽量在宣传上对中下层民众实施安抚。1933 年 5 月,希特勒和纳粹劳工领袖罗伯特·莱伊(Robert Ley,1890—1945)先后向工人发表讲话,表示要保护工人免遭资本主义的剥削,扩大工人的权利。但是,在涉及中下层民众和垄断资本之间利益分配的实际问题上,尤其是当两者不能兼顾时,希特勒基本上维护了后者的利益。1933 年 3 月 10 日,希特勒面对冲锋队的暴力狂潮,在国内保守势力和外国舆论的压力下,委婉地呼吁冲锋队约束暴力行为:"个人肆无忌惮的行为,正在危害我们的党,这些行为与民族革命的伟大事业毫无关系,但能破坏和诋毁运动的成就。……恶意骚扰个人、妨碍与干扰经济生活的行为原则上必须停止。"[2]同时,颁布相关法令限制百货公司,保护零售商店[3]。1933 年 7 月,随着纳粹"一体化"工作初见成效,希特勒多次发表讲话,要求纳粹革命告一段落,转入对"千百万人进行教育"的新阶段。

中下层民众对此强烈不满,1933 年夏天开始,纳粹党内出现了要求实行"第二次革命"的口号,认为纳粹党获取政权是"第一次革命"或"民族革命",紧接着应该实行"第二次革命"或"社会革命",接管大企业,整刷政府机关,用暴力手段打击垄断资产阶级和旧官僚机构,完全控制德国的政治经济机器。冲锋队由于其成员结构的特点,成了呼喊这一口号的中坚力量。1933 年 6 月,罗姆在报刊上发表文章,表示"冲锋队和党卫队不能容忍德国革命陷入沉睡,或者在半路上被非战斗者背叛……不管他们喜欢与否,我们要继续战斗——如果他们最终理解这是什么,我们

---

① Conan Fisher, *Stormtrooper: A Social*, *Economic and Ideological Analysis*, *1929 – 35*, p. 193.

② Jeremy Noakes and Geoffrey Pridham (ed.), *Documents on Nazism*, *1919 – 1945*, p. 183.

③ 详情参见本编第五章第一节第四目《保护中小企业与经济集中化》。

就同他们站在一起；如果他们不愿意，就不理睬他们；必要的时候，以他们为敌。"①1934年，柏林、汉堡等8个城市都发生冲锋队骚动，要求希特勒兑现关于社会问题的诺言。

希特勒明确反对"第二次革命"的要求。1933年7月6日，他在全国总督会议上宣布："革命不是永恒的状态……必须引导高涨的革命热情，使之成为社会发展进化的温床，当前最重要的事情是对民众实施民族社会主义理论的教育。"②他甚至威胁说："我将毫不留情地镇压任何想搅乱现存秩序的企图，我要对付那所谓的第二次革命，因为它只会导致混乱。"③几天后，赫斯也警告纳粹党成员要警惕那些煽动闹事的人，称他们企图"挑拨公民相互对立，并以'第二次革命'的美名来掩盖这种犯罪行为"。④同年8月，内政部长弗里克对冲锋队采取实质性的限制措施，解散"辅助警察"，并宣布关闭冲锋队辖下的集中营。10月6日，弗里克又禁止冲锋队采取任何未经授权的干预和打击行动，并宣布要惩治冲锋队的暴力犯罪行为。

冲锋队参谋长罗姆不愿彻底退却。1933年11月5日，他向1.5万名冲锋队员发表讲话，表示："如果德国新的统治者忘记了曾经是谁把他们放在今天如此惬意的位置上，那么，近两百万冲锋队员将会提醒他们。"⑤他在私人小圈子里甚至发牢骚说："阿道夫腐烂了。他背叛了我们所有的人。他只同反革命分子交往。"

与此同时，冲锋队与国防军的关系也逐步恶化。由于国防军军官团是一个具有特殊地位和权力、较为稳定的社会集团，也是未来实施对外扩张的主要支柱，希特勒对其非常重视。他执政后多次表示尊重其"非政治性和超党派性"的独立地位，并一直不插手其内部事务。与此相对

---

① Jeremy Noakes & Geoffrey Pridham (ed.), *Documents on Nazism, 1919−1945*, p. 202.

② Ibid., p. 204.

③ 时代生活丛书编辑著:《第三帝国:权力风云》,第199页。

④ Walter Bartel, *Deutschland in der Zeit der Faschistischen Diktatur, 1933−1945*, Berlin: Volk und Wissen Volkseigener Verlag, 1956, S. 65.

⑤ Nikolai Tolstoy, *Night of the Long Knives*, New York: Ballantine Books, 1972, p. 85.

应,国防部长勃洛姆贝格则在坚持国防军的独立地位、不允许纳粹党直接插手军内事务和不准许军官加入纳粹党的前提下,采取了同纳粹党全面合作的态度。然而,冲锋队的规模急剧膨胀,自罗姆担任参谋长后,其军事潜质也进一步加强。冲锋队既羡慕国防军的声望和地位,又不满其政治上对纳粹"革命"的保留态度,罗姆在个人野心的驱使下,希望以冲锋队取代国防军。

1933 年 2 月,冲锋队和国防军围绕青年组织的管理权问题,首次展开争夺,后在希特勒的干预下各自作了让步。同年 8 月,冲突再起,罗姆提出以冲锋队为基础,组建新的"人民军"(Volksarmee),把国防军降到掌管士兵训练事务的地位。1934 年 2 月,罗姆的要求再次加码,在内阁会议上提议成立新的政府部,负责领导国防军、冲锋队、党卫队和其他退伍军人团体等所有武装组织,并暗示要求自任部长。他在私下里经常表示:"灰色的礁石一定要让褐色的潮汐淹没。"①3 月间,勃洛姆贝格向希特勒抱怨说,冲锋队正在用重机枪秘密武装一支大规模的特别警卫队,这不仅是对陆军的威胁,也影响到国防军主持下的秘密扩军工作。

冲锋队是希特勒攫取政权的重要工具。面临同垄断资产阶级和国防军的冲突,他试图在不损害同后两者进一步合作的前提下,以一定的让步来平息由冲锋队反映出来的中下层民众的不满情绪。1933 年 12 月 1 日,政府安排罗姆担任不管部长。1934 年初,希特勒致信罗姆,从头到尾使用"你"这个亲密称呼。信中颂扬冲锋队在确保"纳粹革命"胜利和纳粹国家及人民的生存方面所作出的不可磨灭的贡献。同年 2 月,政府又颁布《关于国家运动战士供应法》,规定在政治斗争中患病或受伤的纳粹党员或冲锋队员,享受第一次世界大战受伤人员的待遇,能获得国家的抚恤金或补助金。6 月 4 日,希特勒又与罗姆作了长达 4 个多小时的私人会谈,希望缓解相互间的矛盾。

但是,希特勒很清楚,无论是对内巩固自己的地位,还是对外扩张侵

---

① 国防军的制服为灰色,冲锋队的制服为褐色。

略,夺取世界霸权,都必须取得垄断资本和国防军两者的全力支持。尤其是,按照《魏玛宪法》所设立的总统职位,尽管由于 1933 年 3 月《授权法》的通过而权位遭削,但还拥有解除总理职务的残存权力。希特勒稍有不慎,就可能被解职。而当时兴登堡已是 85 岁高龄,健康状况每况愈下,希特勒希望在他死后,把这个职位也收入囊中。这一举措需要获得权势集团的容忍和支持。

1934 年 2 月 28 日,希特勒在军官团的压力下,召开国防军、冲锋队和党卫队的高层会议。他对国防军和冲锋队的角色作了明确划分:国防军代表德国对外作战;冲锋队帮助保卫疆界,并在体育运动的掩饰下对未来的战士作初级军事训练,而在其他情况下,只能从事内部政治事务。会议的最后阶段,由罗姆和勃洛姆贝格共同签署一项体现希特勒讲话精神的协议:冲锋队将在国防军指挥下负责新兵入伍前和老兵退役后的军事训练。随后,罗姆邀请与会者共进其所称的"和解早餐"。然而,当希特勒和将军们离开后,罗姆开始大发脾气,称其根本不想签署那份协议。他还把希特勒称作"一个无知的下士",说自己"不忠心,迫切需要去度假"。事后,未来的冲锋队领袖维克托・卢策(Viktor Lutze,1890—1943)打小报告,将这些话都告诉了希特勒。

罗姆从自己的野心出发,沿着此前的惯性继续向前走,既致力于安抚队员,又希望以此迫使希特勒作出让步。他给冲锋队增添武器,加强军事训练,举行盛大游行,甚至建立了自己的对外办公室,在那里举行记者招待会,设宴款待外交人员。

军官团的受威胁感又一次增强。勃洛姆贝格以进一步向希特勒表忠来维护军方的利益。1934 年 2 月 25 日,国防部发布命令,在传统的雄鹰军徽上增添卐符号,形成雄鹰双爪紧紧抓住纳粹党党徽的图案,规定新标徽必须佩戴在军服右胸和军帽上。4 月 11 日,希特勒与勃洛姆贝格及陆、海军总司令一起乘坐《德意志号》巡洋舰,前往东普鲁士视察春季演习,期间双方达成"德意志号协议",即军方同意希特勒继承兴登堡的职位,希特勒则要压制冲锋队的"革命"呼声,并保证陆军继续作为国家唯一的武装力量。

1934 年 6 月,冲锋队与其他各种势力之间的矛盾进一步激化,垄断资本集团和总统府对此感到不安。兴登堡对副总理巴本说:"巴本,事态正越变越坏。请把它们清理一下。"6 月 17 日,巴本在自己的政治顾问的协助下,在马尔堡大学发表公开演说,对纳粹党的一些做法和"第二次革命"的要求发起猛烈攻击。他说:"一个国家的人民,若要名垂史册,它就承受不起发生在下边的永无休止的叛乱。在某个时候运动就得停止,坚实的社会结构才能出现。""凡是不负责地玩弄这种思想的人不应忘记:第二次革命浪潮之后可能有第三次革命浪潮,扬言要使用断头台的人也许是它的第一个牺牲者。"①

针对巴本的演说,纳粹党采取了一定的反击措施。戈培尔扣审了刊登这篇演说的《法兰克福日报》,并禁止电台重播演说录音。希特勒则于当天下午发表反击性演说,谴责"自以为靠几句话就能够使一个国家人民生活的复兴大业停顿下来的侏儒。"②然而,希特勒很清楚地知道,当时还不能同权势集团翻脸。两天后,即 6 月 19 日,当巴本向希特勒交涉,抗议戈培尔对他的演说实施检查,并威胁要退出政府时,希特勒的态度有所软化,答应两人一起去看望病重的兴登堡。6 月 21 日,希特勒独自飞往诺伊德克晋见兴登堡,后者委托勃洛姆贝格代为接待。尽管天气炎热,勃洛姆贝格还是身穿全套制服,正襟危坐,全然没有了平日的友善态度。他硬邦邦地告诉希特勒,总统的意思是:如果希特勒不能保持纪律和秩序,他将颁布戒严令,让军队来管理这个国家。当希特勒获准在勃洛姆贝格陪同下见到兴登堡时,总统在短短的几分钟里证实了这一点。

这时,罗姆及冲锋队同权势集团之间的矛盾已发展到不可调和的程度,或者说,垄断资本集团和国防军已经不能再容忍纳粹党内的小资产阶级社会主义呼声。在纳粹党内,戈林和希姆莱从各自的利益出发,也

---

① Walther Hofer, *Der Nationalsozialismus Dokumente*, *1933－1945*, S. 68－69.
② 指巴本,因其个子较矮小。

希望搬掉罗姆这块绊脚石,压制冲锋队,故而多次向希特勒揭示所谓罗姆要发动政变的阴谋。面对这一局面,希特勒决定利用先前已经派人搜集和整理的有关罗姆的"黑材料",一石多鸟,处决罗姆,清洗冲锋队,压制"第二次革命"的要求,为国家体制的"一体化"进程划上句号。

6月29日晚上,希特勒即着手布置力量。翌日凌晨2时,他在戈培尔等人陪伴下,以罗姆准备在柏林和慕尼黑发动政变为由,开始了逮捕和处决行动。希特勒在慕尼黑附近处决了罗姆,戈林和希姆莱在其他地方也同时行动。全国共有多少人遇害,至今说法不一。多数说法为约1070人遇害,1120人遭逮捕。希特勒趁机排除政敌,被杀者包括:前总理施莱歇尔及其夫人;施莱歇尔的助手、谍报局前局长斐迪南·冯·布雷多(Ferdinand von Bredow,1884—1934)少将;格雷戈尔·施特拉塞尔;天主教反对派领袖们;巴本的2名助手;1923年镇压过"啤酒馆暴动"的古斯塔夫·冯·卡尔(Kahr,Gustav von,1862—1934)。巴本尽管保住了性命,但被撤销了副总理的职务(该职位就此取消),更遑论制衡希特勒了。

7月1日下午,希特勒在总统府花园举行茶会,招待内阁成员和党内领袖们。希特勒一面友好地与大家寒暄,一面抽空通过电话指挥杀戮事宜。当天,勃洛姆贝格以军队的名义向希特勒表示"奉献与忠诚"。[1] 翌日,兴登堡总统致电希特勒,感谢其"及时扑灭叛国阴谋并拯救德意志民族免于大难的坚决行动"。7月3日,内阁一致同意颁布一项只有一句话的命令,称"为镇压严重叛国行为而在6月30日、7月1日和2日所采取的措施是合法的,系保卫国家的紧急措施"。[2] 7月13日,希特勒出现在国会议员面前,对"长刀之夜"的行动作解释。他在透露了罗姆等人的"劣迹"后,表示:"如果有人责备我,问我为什么不通过正常的法庭来处置这些罪犯,那么我只能说,在这个时刻,我要对德国人民的命运负责,因此我成了德国人民的最高法官。"他进一步威胁说:"将来人人都必须

---

[1] Jeremy Noakes & Geoffrey Pridham (ed.), *Documents on Nazism*, *1919 - 1945*, p.216.
[2] Walther Hofer, *Der Nationalsozialismus Dokumente*, *1933 - 1945*. S. 71.

知道，如果有人竟敢举起手来打击国家，那么他的下场肯定是死路一条。"①

1934年8月2日上午9时，兴登堡躺在一张斯巴达式的铁床上安然去世。兴登堡逝世3个小时后，媒体公布了前一天晚上由内阁通过的《德国国家元首法》(*Gesetz über das Staatsoberhaupt des Deutschen Reichs*)。法令规定：1. 总统职位与总理职位合并。总统的职权由元首兼总理阿道夫·希特勒执掌。他可以选择自己的助手。2. 该法令自冯·兴登堡总统去世之日起生效。②

希特勒的"元首"称呼，原先主要在纳粹运动的内部使用。自《德国国家元首法》生效后，希特勒从党的元首变成了党和国家的元首，并因接管总统职权而拥有武装力量最高统帅权。由此，纳粹统治体制基本形成。

遭到清洗后的冲锋队发生了一些变化。其规模急剧缩小，从1934年5月约400万成员，减到同年9月260万，再减到1935年10月的160万和1938年4月的120万。③ 冲锋队在纳粹运动中的地位急剧下降，尤其是1934年7月20日，希特勒下令提升党卫队的地位，使之成为脱离冲锋队管辖的独立组织。尽管冲锋队还在继续从事青年入伍前和军人退役后的军事训练工作，尤其是在国家举行大规模的政治集会时，冲锋队都能充当仪仗队，活跃在公众的视线范围内。1939年1月，为了战争的需要，希特勒作出决定，将入伍前和退伍后的军事训练作为所有男性公民的义务，并把大部分的训练任务交给冲锋队。冲锋队的军事特性在世界大战的推动下，终于合法地得以实现。

---

① Jeremy Noakes & Geoffrey Pridham (ed.)，*Documents on Nazism*，*1919-1945*，pp. 217-218.
② Walther Hofer，*Der Nationalsozialismus Dokumente 1933-1945*，S. 72.
③ Eleanor Hancock，*Ernst Röhm: Hitler's SA Chief of Staff*，New York：MacMillan，2008，p. 165.

第二节 极权主义政治体制

一、领袖原则与领袖国家

　　纳粹德国在政治上实行极权制。然而，该体制的产生和运行要受到诸多因素的制约。在现代社会，希特勒不可能按照中世纪的专制统治模式来建立纳粹制度。而且，希特勒本身就是以纳粹党为基础，通过"合法"手段和竞选活动，在群众性的现代政治运动中上台执政的。他一方面要排除其他政党，同时又要依恃纳粹党及其控制下的团体，统治全国并控制民众。此外，纳粹政治体制并不是在彻底摧毁魏玛共和国的废墟上建立起来的，《魏玛宪法》并未正式宣布废除，原体制中的机构大多没有取消，加上希特勒不愿意在政治结构问题上花费过多的时间和精力，甚至为了达到"分而治之"的目的，有意让党政之间，以及各种政权机构之间的纵横关系和权限界限模糊不清。

　　纳粹政治体制的内核和主要标志是希特勒个人对国家实行独裁统治，将国家一切权力集中于最高领袖（元首），以"领袖原则"作为独裁统治的理论依据。德国学者塞巴斯蒂安·哈夫讷（Sebastian Haffner，1907—1999）在《解读希特勒》一书中，表达了同样的观点。他认为，希特勒在从政期间，故意把一切都建立在其个人的不可替代性上。纳粹德国没有宪法，没有王朝，没有一个真正担负国家重任的政党（纳粹党只是希特勒个人夺权的工具），也没有安排接班人。"他为了个人的极权与不可替代性，有意识地摧毁了国家的功能"。[①]

　　纳粹德国的政权结构比较独特。就其内在实质来说，线条比较简单。根据"领袖原则"，希特勒作为纳粹党和国家的领袖，高踞于整个统治机器的顶端；各个部门和各级地区的领袖们，成为该部门和地区的独裁者，形成大大小小的独裁王国，交叉构成网络状的统治"塔身"；丧失基

---

① 塞巴斯蒂安·哈夫讷著：《解读希特勒》，景德祥译，中国青年出版社 2005 年版，第 78—79 页。

本民主权利的广大民众,处于宝塔的底层。然而,从具体的表现形式来看,由于纳粹政治体制在形成和运行过程中受到诸多因素的制约,原魏玛民主体制中的许多机构被保留下来,虽然其中若干机构的内涵被改变。同时,根据纳粹理论和实际统治的需要,又增设了一大批新的机构。如此,新旧机构的运行机制以及它们之间的关系,呈现出一种错综复杂的状态,以致于很难对纳粹德国的政治管理体制作图解式的描述。[1]

一元性国家的理论保障是"领袖原则"。该原则首先于 1921 年 7 月由希特勒在纳粹党内确立,其就任德国总理后,逐渐推行于国家管理和社会生活的各个方面。

"领袖原则"的思想渊源是尼采的"超人哲学",[2]希特勒把"超人哲学"运用到政治领域,提出由民族精英进行统治的"领袖原则"。他认为,如同种族与种族之间不可能平等一样,某一种族内部的个体之间也是不平等的。他在《第二本书》中写道:大多数人从来就不会有创造性成就,从来就不会对人类有所发现,唯独个别人是人类进步的创造者。一旦一个民族引入了当今西方观念中的民主,那就不仅会损害个体的重要性,而且会妨碍个性价值发挥其作用,阻止了创造者的活动和发展,消除了产生一个强有力的领导的可能性,结果一个民族的强有力的力量源泉就被阻塞了。[3] 希特勒明确表示,"人民国家"要以"大自然的等级思想"为基础,[4]强调"人民统治的真义是指一个民族应被它的最有能力的个人、那些生来适于统治的人所统治和率领,而不是指应让必然不谙这些任务

---

① Norman Rich, *Hitler's War Aims: Ideology, the Nazi State, and the Course of Expansion*, Norton; Andre Deutsch, 1973, p. 12.

② 关于纳粹主义与尼采哲学的关系,学术界存在不同的看法。有人强调"尼采哲学是法西斯主义的思想先驱",但也有人倾向于否定两者的关系。笔者认为,尼采哲学对希特勒的思想和法西斯主义的形成,确有明显而巨大的影响,但不能简单地把尼采评价为法西斯主义的思想先驱。

③ Adolf Hitler, *Hitlers Zweites Buch: Ein Dokument aus dem Jahr 1928*, Stuttgart; Deutsche Verlags-Anstalt, 1961, S. 78.

④ Adolf Hitler, *Mein Kampf*. Translated by Ralph Manheim, Boston; Houghton Mifflin Company, 1971, p. 229.

的偶占多数的人去治理生活的一切领域"。①

　　在希特勒的言论中,"领袖原则"与"民族共同体"思想是紧密相连的。他强调,领袖是民族共同体的人格代表和中心。既然领袖与民族之间存在着种族血统上的一致性,存在着人格上结合的基础,领袖是民族利益及意志的代表者,是保持民族团结的维系者,他们就有权对全民族实行绝对统治。② 而分别代表一部分国民意志和利益的一般政党,也就没有存在的必要。希特勒曾经把纳粹德国同威廉二世帝国进行比较。他虽然称赞君主制度能使国家领导权臻于稳固,但认为其弊端是使民众迷信"政出于上",对政治生活持冷漠态度。③ 领袖并非君主,而是大众中有领导才能并且能够获得大众支持的人。④

　　同时,希特勒利用古代日耳曼人实行军事民主制的事实,推出了古为今用的"日耳曼民主"概念。在"日耳曼民主"中,纳粹党的元首根据结社法,由全体党员大会选举产生,之后永不改选;⑤国家元首通过举行点缀性的公民复决使其决策得到民众的"批准";其他各级头目均由上级任命并授以全权。希特勒认为,"日耳曼民主"是建立在选举领袖和领袖权威基础上的民主。⑥

　　纳粹"领袖原则"的实施准则,是绝对责任与绝对权威的无条件结合。⑦ 该原则在具体实施中包含三层含义:第一,纳粹党和国家的最高领导人"元首"享有无限的全权和权威;第二,元首的意志以及他以任何方式表达的意图,不仅可以取消或修改现行法律,而且必须不折不扣地贯

① Adolf Hitler, *My New Order*, New York: Reynal & Hitchcock, 1941, p. 593.
② George L. Mosse, *The Crisis of German Ideology: Intellectual Origins of The Third Reich*. New York: Schocken Books Inc. , 1981, p. 285.
③ Adolf Hitler, *Mein Kampf*. Translated by Ralph Manheim, p. 118.
④ Hans-Ulrich Thamer, „Das Dritte Reich. Interpretation, Kontroversen und Probleme des aktuellen Forschungsstandes", In: Karl adietrich Bracher (Hrsg.), *Deutschland 1933 - 1945*, Bonn: Bundeszentrale für politische Bildung, 1993, S. 523.
⑤ Jeremy Noakes & Geoffrey Pridham (ed.), *Documents on Nazism*, *1919 - 1945*. p. 45.
⑥ Adolf Hitler, *Mein Kampf*. Translated by Ralph Manheim, p. 38.
⑦ Ibid. , pp. 670 - 671.

彻到整个社会生活的一切领域,传达到全党全国的每一级机构以至每一个人;第三,纳粹党的分支组织和附属协会各设"全国领袖"(Reichsführer),连同纳粹党的地区组织领袖(Leiter),都由元首任命并对其负责,在本领域或本地区行使绝对权力,各级政府部门的首脑也由上级机关的首脑任命并对其负责,在本组织系统内行使绝对权力,这种绝对权力包括对下属负责,履行关怀义务。[①]

从以三权分立为基础的魏玛共和国,过渡到希特勒个人独裁的"领袖国家",1933 年 3 月 23 日国会通过的"授权法"是一个重要的开端,它使原先的议会立法过渡到了以"内阁立法"为表现形式的内阁独裁。由于"授权法"三次被延长,在纳粹政权存在期间一直有效。

希特勒在摆脱了议会对内阁的制约后,进一步采取各种措施以实现绝对控制内阁的目的。措施之一是加快内阁成员"纳粹化"的进程。他增设了许多新的部,任命纳粹党徒担任部长。1933 年 3 月增设国民教育与宣传部,由纳粹宣传领袖戈培尔任部长;同年 4 月增设航空部,由戈林任部长;1934 年 5 月增设科学、教育和国民教育部,由纳粹党徒贝恩哈德·鲁斯特(Bernhard Rust,1883—1945)任部长;同年 7 月增设林业部,由戈林兼任部长;1935 年 7 月增设宗教部,由纳粹党徒汉斯·克尔(Hanns Kerrl,1887—1941)任部长。如此快速、大量地增设新的政府部门,还不能令希特勒满意。作为补充措施,他先后把纳粹党徒戈林、罗姆、汉斯·克尔、汉斯·弗兰克作为"不管部长"拉进内阁。每逢原有的部长退出内阁,他就以纳粹党徒取而代之。如瓦尔特·达雷取代胡根贝格担任粮食与农业部长,威廉·奥内佐尔格(Wilhelm Ohnesorge,1872—1962)取代冯·埃尔茨-吕本纳赫(Paul Freiherr von Eltz-Rübenach,1875—1943)男爵担任邮政部长,而后者的交通部长职位则由尤利乌斯·多尔普米勒(Julius Dorpmüller,1869—1945)接任。到 1938

[①] Hans-Ulrich Thamer, „Das Dritte Reich. Interpretation, Kontroversen und Probleme des aktuellen Forschungsstandes". In: Karl adietrich Bracher (Hrsg.), *Deutschland 1933 - 1945*, S. 525.

年,只有财政部因专业性太强,仍由无党派专家冯·克罗西克伯爵执掌,司法部因顾虑到"司法独立"原则的残余,仍由右翼保守人士弗兰茨·居特纳(Franz Gürtner,1881—1941)任部长。1942 年 8 月,连居特纳也被纳粹党徒奥托·格奥尔格·蒂拉克(Otto Georg Thierack,1889—1946)接替。希特勒就任总理时纳粹党人在内阁中居少数的局面被彻底改变。

措施之二是把"领袖原则"引入内阁。根据《魏玛宪法》有关条款的规定,德国内阁应该在总理主持下实行"集体原则"和"多数原则"。但是,希特勒一旦巩固了自己的地位后,就把这些原则弃之一旁。1933 年 7 月 20 日修改了《政府议事规则》,规定立法工作只需将相关草案经由相关部长传阅后即可定稿。[1] 从 1933 年 10 月 17 日起,内阁部长的誓词也从魏玛时期的"忠于宪法和法律",改为"忠于德意志民族和人民的元首"。1936 年 12 月 15 日,德国总理府主任助理、部务主任温斯泰因在波恩行政管理学院的演讲中,对德国"政府"的含义作了如下的新解释:"如今的政府是元首的顾问团,它向元首兼国家总理提建议并支持他作出的决定。"[2]

措施之三是在实际工作中不断降低内阁的地位和作用。希特勒政府举行内阁会议的频率越来越低。1933 年 2 月—3 月,2 个月内共举行 31 次会议。同年 4—5 月,2 个月内共举行 16 次会议。从 1933 年 6 月到 1934 年 3 月,10 个月内仅举行过 29 次内阁会议。从 1934 年 4 月到 12 月,9 个月内举行的内阁会议减至 13 次。从 1935 年起,内阁例会被取消,仅在有事之时临时召集。这一年全年仅举行过 12 次内阁会议,1936 年减至 4 次,1937 年为 7 次。1938 年 2 月 5 日,举行了纳粹德国时期最后一次内阁会议,此后直至纳粹政权覆亡,7 年多时间没有举行过内阁会议。作为一种替代物,1937—1938 年间,设立了一个被称为"小内阁"的

---

[1] J. Noakes & G. Pridham, *Nazism*, *1919 - 1945: A Documentary Reader*. *Vol. 2: State*, *Economy and Society*, *1933 - 39*. p. 213.

[2] Martin Broszat, *The Hitler State: The Foundation and Development of the Internal Structure of the Third Reich*. New York: Longman, p. 282.

国务秘书机构以处理专门性的事务。① 不论是正规的内阁会议,还是"小内阁"会议,表决程序从希特勒就任总理时起就取消了。各种以内阁名义发布的法律法令,或者由希特勒与党内顾问协商产生,或者是希特勒同有关的政府部长一起商议起草。

1938 年 2 月 4 日,希特勒采取了意在独揽大权的一次重大行动。他撤销了内阁的军事部(国防部从 1935 年 5 月起改称军事部),由自己亲自接管军事部长和国防军总司令的职权;同时,以忠顺于他的纳粹党徒里宾特洛甫取代牛赖特(Konstantin von Neurath,1873—1956)任外交部长,任命瓦尔特·冯克(Walther Funk,1890—1960)接替同他意见相左的沙赫特为经济部长。第二天,纳粹党报《人民观察家报》刊登大字标题:"一切权力高度集中于元首手中!"②

随着第二次世界大战的临近和爆发,希特勒借口战争需要,继续策划加强集权的措施。1938 年草拟了一部新的《国防法》,规定在发生战争时,将组建一个"三人枢密院",集中相关权力,这三人分别是全国行政系统的全权代表弗里克、经济全权代表沙赫特(以后被冯克取代)和武装部队最高统帅部长官凯特尔(Wilhelm Keitel,1882—1946)。在进攻波兰前 2 天,希特勒又将"三人枢密院"撤销,代之以"德国内阁国防委员会"。该机构是当时由戈林主持的德国国防委员会的"常设委员会",是特地为了"在当前国际紧张局势下"确保"行政与经济方面的统一指挥"而建立的。③ 然而,在纳粹体制下,只有希特勒一个人拥有最高权力。

希特勒在口授《我的奋斗》一书时,曾经设计过议会的地位。他说,要取消议会是不大可能的,但议会应恢复 Rat 一词的古义,即成为元首的"顾问"。在德国实施"一党制"后,1933 年 10 月 14 日,希特勒宣布解散同年 3 月 5 日在多党制条件下选出的国会,举行新的大选。此举的主

---

① J. Noakes & G. Pridham, *Nazism*, *1919 - 1945: A Documentary Reader. Vol. 2: State*, *Economy and Society*, *1933 - 39*. p. 214.
② 威廉·夏伊勒:《第三帝国的兴亡——纳粹德国史》,第 449 页。
③ 阿诺德·托因比、维罗尼卡·M. 托因比合编:《希特勒的欧洲》,上册,第 5—6 页。

要目的,是排除由其他政党指派的议员,实现国会完全的"纳粹化"。结果,由当局圈定的 661 名候选人全部当选,其中绝大多数是纳粹党员。1936 年 3 月和 1938 年 4 月,纳粹当局如法炮制,又搞过两场选举闹剧,结果大致相同。因此,在纳粹体制中,国会并没有取消,但已经完全失去原有的地位和作用。

交出立法权的国会,在纳粹政治结构中只是点缀"民众意志"的装饰品和希特勒公布政策意图的讲台。从 1933 年 3 月到 1939 年 9 月欧战爆发,德国国会一共举行过 12 次会议,"橡皮图章"式地通过了 4 项法令。其中一项是 1934 年 1 月 30 日的《国家重建法》,另外是 1935 年 9 月 15 日的 3 项反犹《纽伦堡法》。这些"立法"都是按照希特勒的意旨起草制定的,国会根本没有进行辩论和表决。事实上,国会除了在 1934 年 8 月 6 日集会举行兴登堡总统追悼会之外,其余的集会都是聆听希特勒发表声明和演说。1942 年 4 月 26 日,国会举行最后一次集会,同意希特勒关于"元首不受现有法律规定约束"的声明,确认希特勒为德国的最高法官。

为了弥合"人民国家"、"日耳曼民主"的标签与代议机构实际上被废除这两者之间的矛盾,希特勒采取以公民投票批准政府决策的形式来体现"国家权力来自民众"和"领袖扎根于民众之中"的精神。这样的公民投票共举行过 3 次。第一次发生在 1933 年 11 月 12 日,与国会选举同时进行,内容是批准政府作出退出世界裁军会议和国际联盟的决定。由于这次投票包含了国会选举和公民投票两项内容,希特勒的演说内容也相应地有所扩展。他声称只要所有的德国人"像一个人一样"团结起来,德国就可以获得同其他国家一样的平等权利。据官方公布,96％的公民参加了这次投票,其中 95％投赞成票。在公民投票顺利取胜的激励下,内阁很快通过希特勒提出的《党和国家统一法》,确立了纳粹党的领导地位。第二次公民投票举行于 1934 年 8 月 19 日,内容是批准将总统和总理的职位合二为一。纳粹当局鼓动兴登堡总统的儿子奥斯卡·冯·兴登堡陆军上校向全国发表广播讲话,敦促全体德国人"投票赞成把我父亲的职位移交给元首"。① 据官方宣称,95％的公民参加了这次投票,其中90％投赞成票。第三次公民投票举行于1938年4月10日,即德奥合并之后与国会选举同时进行,内容为批准德奥合并。官方公布拥护合并的选民占99.7％。

公民投票原是西方国家在政局发生变化或决定国家重大问题时,由全体公民通过直接投票来表达意愿的一种方式,也是统治集团了解民意的重要途径。然而,纳粹德国举行的公民投票,却不能完全反映民意。首先,从法理上看,纳粹德国的3次公民投票都属于"公民复决"类型,对当局的决策几无影响;同时,它们又属于"有条件的或非强制性的",即某项决定是否需要提交公民复决,全由希特勒个人决定,而希特勒则选择民众爱国热情高涨之时,同其某项外交行动联系起来举行投票,以造成全民拥护的假象。其次,从操作层面上看,纳粹分子在公民投票过程中使用了不少不体面甚至卑劣的手段。盖世太保(Gestapo)自己的材料证实了纳粹官方公布的投票结果并不真实。如在1934年8月的公民投票中,据盖世太保的内部报告称,在普鲁士州约有1/4或更多的公民投反对票,②而在官方的公报里,称全国有90％的人投赞同票。

二、党国一体

纳粹德国是"领袖国家",希特勒处于操控一切事务的顶端位置,纳粹党和纳粹国家其实都只是希特勒实施个人极权统治的工具。然而,在纳粹的宣传中,纳粹党是民族社会主义世界观的载体和纳粹运动的核心,是一个组织严密、思想一致的战斗团体,集中了德意志民族的精华,代表着全民族的利益。希特勒倚靠这个党获取了政权,逐渐组建起纳粹国家。在这个新的国家里,他也完全可以利用这个党去控制整个国家。

---

① 罗伯特·埃德温·赫泽斯坦:《纳粹德国的兴亡》,上册,楼玲令译,中国社会科学出版社2005年版,第49页。
② 朱庭光主编:《法西斯体制研究》,第110页。

纳粹时期"党国一体"的外在表现形式,反映在 1933 年 3 月,政府取缔魏玛共和国的黑红金三色国旗,代之以纳粹党党旗和原来德意志帝国的黑白红三色国旗,将纳粹党党歌《霍尔斯特·威塞尔之歌》定为同原国歌并列的第二国歌。[①] 1935 年 9 月 15 日,又将纳粹党党旗定为代表德国的唯一旗帜。

比这些外在表现形式更重要的,是纳粹党对各级政权机构的实际干预和控制。

在国家一级,由于作为纳粹党元首的希特勒担任政府总理,1934 年 8 月起又成为国家元首,这既保证了纳粹党对全国政权的绝对控制,也使得国家一级的党政关系比地方各级略显简单。

纳粹党中央机构是"全国指导处",由 18 名领导成员组成。[②] 其中,全国宣传领袖戈培尔,自 1933 年 3 月 15 日起出任新设立的内阁国民教育与宣传部长;全国农民领袖瓦尔特·达雷,自 1933 年 6 月起接任政府粮食与农业部长;全国新闻出版领袖马克斯·阿曼(Max Amann,1891—1957)因政府内没有相应的部,但实际上独掌全国新闻出版大权。指导处的部分其他成员,或通过出任政府不管部长,或对相关部门进行干预和渗透,直接或间接地影响着政府政策。到 1938 年 2 月,内阁 19 个部长中只有财政部长和司法部长不是纳粹党人。1941 年司法部长弗兰茨·居特纳于死后,该职位也由纳粹党人占据。

在地方各级政权机构的党政关系中,"州"一级的情况较为复杂。纳粹党地方组织原先分为 6 个级别:地区(Landes)、大区(Gau)、分区(Kreis)、分部(Ortsgruppen)、支部(Zellen)、小组(Block)。地区约辖 4 个大区,但存在的时间不长,不久便被撤销。大区由大区领袖(Gauleiter)执掌,其管辖范围除在普鲁士和巴伐利亚之外,大致同"州"

---

① Louis L. Snyder, *Encyclopedia of The Third Reich*. New York: McGraw-Hill Book Company, 1976, p.171.

② Christian Zentner & Friedemann Bedürftig, *Das Grosse Lexikon Des Dritten Reiches*, München:Südwest Verlag, 1985, S. 408.

的面积相当。普鲁士由于面积较大,州内设有纳粹党的 24 个大区,而其行政区划是 12 个省。巴伐利亚州内有纳粹党的 6 个大区。①

1933 年,德国从复合制联邦国家改组成单一制中央集权国家,希特勒把以纳粹党大区领袖为主的党徒安插到州总督的位置上。普鲁士州政府的实权本来就控制在戈林手中,1933 年 7 月 8 日颁布的《普鲁士州顾问法令》又规定,州内所有的纳粹党大区领袖均成为州政府的"顾问"。巴伐利亚州的总督和政府首脑由纳粹党全国指导处成员弗兰茨·里特尔·冯·埃普担任。1938 年德奥合并后,奥地利总督由新设立的纳粹党"西部边区"(Westmark)大区领袖约瑟夫·比尔克尔(Josef Bürckel,1840—1944)担任。1940 年德国将奥地利划分成 7 个行政大区,总督均由纳粹党大区领袖兼任。大战期间,希特勒把包括侵吞的新疆域在内的全国领土,划分成 18 个国防区(Wehrkreise),各区专员有权掌管区内与国防问题有关的一切事务,也全部由纳粹党大区领袖担任。

德国政府的行政系统,州和省以下是县,绝大部分县长由纳粹党分区领袖(Kreisleiter)担任。其下是纳粹党的分部领袖(Ortsgruppenleiter),一般兼任镇长。纳粹党的基层组织支部,或设在企业一级,或管辖 4—5 个街区,支部领袖(Zellenleiter)一般也掌握该地区的行政大权。支部以下分若干小组,由小组督察员(Blockwart)领导。这些小组督察员每人监管大约 40—60 户家庭,他为每个家庭建立资料卡,上面记载着每个家庭的情况,如参加社团组织的人数、向纳粹党捐赠的钱款数以及家庭内部存在的问题等。尽管德国的公务员制度历史悠久,行政官员的入门线较高,但基层官员的工作繁重,社会地位不高,故而纳粹党虽然政治热情有余而行政能力不足,但也容易取而代之。

纳粹党控制政府机构的另一个重要手段,是控制政府官吏和公务员队伍。1933 年 4 月 7 日,当局颁布了《重设公职人员法》(*Gesetz zur Wiederherstellung des Berufsbeamtentums*)。法令一方面旨在恢复德

① Christian Zentner & Friedemann Bedürftig, *Das Grosse Lexikon Des Dritten Reiches*, S. 408.

意志第二帝国时期的职业官吏制度,规定1918年11月9日以后任职的官吏,如果不符合任职标准,将被免职,另一方面,把共产党员、社会民主党员和犹太人(1914年8月1日前任职者或参加第一次世界大战者除外)作为清洗对象。该法令实施后,普鲁士州受到的影响最大,1663名行政官员和公务员中,28%因各种原因被免职。而在其他州,被免职者仅为9.5%。① 但是,该法令的隐性效应不可低估,它使政府官员和公务员人人自危,自觉地靠拢正在日益控制全国的纳粹党。

随着纳粹党规模扩大和希特勒控制力增强,1937年1月26日,纳粹当局又颁布了《文职人员法》(Beamtengesetz)。法令规定此后政府官员必须由纳粹党员担任,任职者不仅必须宣誓效忠希特勒个人,还要在思想上真正信奉纳粹主义,无条件地支持纳粹党的政治目标。② 法令颁布后,大批纳粹党员进入政府机关,原有的文职官员也纷纷加入纳粹党,致使文职人员中纳粹党员比重越来越高,从1933年的1/5猛增到1935年的3/5。1937年,普鲁士州官员中的纳粹党员比重达到4/5。1939年后,纳粹党党籍成为进入官员阶层的先决条件。③

纳粹党还对整个公务员队伍实行严密控制。它除了规定所有公务员必须加入纳粹党的下属组织——德国公务员联盟外,还窃听文职人员的电话,盯踪他们的亲戚朋友,调查他们以往的政治态度,核查他们的婚姻状况及履行优生计划的情况。内政部还反复强调,每个公务员不仅必须订阅纳粹党党报,还要为该报扩大读者面。

在"以党干政"的过程中,纳粹党设在慕尼黑的赫斯办公室(即元首代表办公室)起着特别的作用,该机构不仅领导着被称为"政治组织"(Politische Organisation,简称PO)的纳粹党组织系统,还以其特有的方

---

① J. Noakes & G. Pridham, *Nazism, 1919–1945: A Documentary Reader. Vol. 2: State, Economy and Society, 1933–39*, pp. 223–225.

② Norman Rich, *Hitler's War Aims: Ideology, the Nazi State, and the Course of Expansion*, pp. 42–43.

③ Richard Grunberger, *A Social History of the Third Reich*, England: Clays Ltd. 1971, pp. 82–83.

式干预着国家的行政事务。鲁道夫·赫斯于 1925—1932 年任希特勒的秘书,1933 年 4 月 21 日被任命为"纳粹党元首希特勒的代表"(Stellvertreter Hitlers als Parteiführer),负责"在所有涉及党的领导地位方面,以希特勒的名义作出决定"。① 早在 1932 年 12 月纳粹党全国组织领袖格雷戈尔·施特拉塞尔因政见分歧辞职时,希特勒为了尽快弥合由此造成的党内管理系统的纰漏,并防止再次出现足以危及自己独裁地位的角色,一方面任命罗伯特·莱伊接任纳粹党全国组织领袖,另一方面组建了新的纳粹党政治中央委员会(Polititsche Zentralkommison),由赫斯担任主席。该委员会在赫斯接任元首代表后,改称"元首代表办公室"。

为了加快以党干政的进程,希特勒于 1934 年 7 月 27 日颁布命令,进一步提升赫斯办公室的地位。其中规定:元首代表赫斯部长将参与所有政府部门的法律起草工作;提交给其他相关部长的立法文件,必须同时递送给元首代表;由其他相关部长亲自参与起草的文件也是如此;必须让元首代表赫斯部长有机会对相关文件提出建议;赫斯所派出的专家代表可以以赫斯的名义参与工作。② 1935 年 9 月 24 日,希特勒再次发布命令,给予赫斯参与政府官员提名与审批工作的权限。命令规定:元首代表必须参与官员的任命工作;参与形式为元首代表有权审阅拟任命官员的详细材料,并有足够的时间发表看法。③ 在实际运行中,赫斯办公室一般都要同相关的大区领袖联系,以保证任职者在政治上绝对可靠。

参与政府立法和行政官员的任命工作,使赫斯办公室的工作量大增,急需大量懂行的工作人员。1933 年 7 月 1 日起成为赫斯助手的马丁·博尔曼(Martin Bormann,1900—1945)趁机崛起,利用自己所具备

---

① J. Noakes & G. Pridham, *Nazism, 1919 - 1945: A Documentary Reader. Vol. 2: State, Economy and Society, 1933 - 39.* pp. 228 - 239.

② Ibid. , p. 239.

③ Ibid. , p. 240.

的管理能力,充分扩大赫斯办公室的权限,并以赫斯为跳板,向希特勒的"个人小圈子"靠拢。到 1934 年底,赫斯在博尔曼协助下,建立了自己的控制架构。总部位于慕尼黑的赫斯办公室以两个处为支柱。第二处名为"纳粹党内部事务处";第三处名为"国家事务处",负责处理党政关系,即代表纳粹党干预国政。

1934 年 10 月 25 日,当赫斯还在组建自己的统治架构时,就向全党发布一个指令,要求纳粹党的各级官员在自己的具体指挥下,全面干预行政事务。指令指出:纳粹党所遵循的政治路线源自元首希特勒,他授权赫斯确保该路线在全党不折不扣地得以履行;元首代表、大区领袖和党的各级官员必须确保各级行政机构的政治路线,元首代表重点负责中央政府和那些包含一个以上大区的州(普鲁士和巴伐利亚),大区领袖重点负责大区内的行政系统;纳粹党全国组织领袖属下的专家,包括纳粹党全国指导处成员,冲锋队、党卫队和希特勒青年团(Hitlerjugend,缩写HJ)等组织的领袖,如需干预国政,要获得赫斯的同意。[1]

1941 年 5 月赫斯私自飞往英国后,"元首代表"一职被取消,赫斯办公室改组成"党务办公厅"(Parteikanzlei),由马丁·博尔曼任主任。从形式上看,党务办公厅的权限应该小于元首代表办公室,其实却不尽然。当时,希特勒的独裁地位已经相当稳固,在实施以党干政方面更加肆无忌惮。他把赫斯拥有的全部职权都授予博尔曼(包括把博尔曼提升为纳粹党全国指导处成员),并于 1942 年 1 月 16 日规定,纳粹党与国家机构之间必须通过博尔曼才能进行联系,中央和地方的行政长官、包括各部部长,都必须通过博尔曼向他呈报公务。随着德国不断向外扩张,占领区的控制权主要由党的机构掌握,控制东部占领区的特别权力也授给党务办公厅。加上博尔曼本人善于揽权,1943 年起兼任"元首秘书",权力进一步增大。

---

[1] J. Noakes & G. Pridham, *Nazism, 1919 - 1945: A Documentary Reader. Vol. 2: State, Economy and Society, 1933 - 39*, p. 241.

三、司法纳粹化

纳粹党的最终目标是建立一个纳粹主义原则高于法治的"领袖国家"，具有相对稳定性的法律条文对实现这个目标是一个挑战。因而，就如纳粹当局没有公开废除《魏玛宪法》，而是采用各种手段将其实际上化为乌有一样，他们对具体的法律体系也使用了同样的办法。

在宣传上，希特勒和其他纳粹头目都否认传统的法律理念，鼓吹"领袖原则"是纳粹权威概念的基础，也高于传统的法律理念。元首希特勒作为命运指定来领导德国的人物，表达了全民族的意愿，任何具体的法律条文都可能制约他的行动自由。1934 年，民族社会主义法律工作者联盟（Nationalsozialistischer Rechtswahrerbund，缩写 NSRB）主席汉斯·弗兰克写道："在民族社会主义的国家里，法律只能是维护安全、促进民族共同体发展的工具。评判个人的法律也只能以他对民族共同体的价值为依据。"而内政部长弗里克的话则更为直白："一切对民族有利的东西都是合法的，一切损害民族的东西都是非法的。"①

政府对司法系统的整肃，首先从律师队伍开始。希特勒曾经把所有的律师都看作"反对他的政权的捣乱分子"。他就任总理后，律师的独立地位很快遭到侵蚀。1933 年 4 月 7 日，政府颁布关于实施律师准入制度的法令，规定同日颁布的《重设公职人员法》同样适用于律师。如此，律师纳入了公务员系列，在一定程度上受到政府的约束。1933 年建立了"全国律师公会"，其官员都由司法部长根据同全国法律界领袖协商的结果任命，全国的律师都必须加入该公会。公会致力于保证律师们按照"民族社会主义国家的期望"行事，并通过"荣誉法庭"维持纪律。同年 10 月，当局组织了 1 万多名律师在莱比锡最高法院前举行宣誓仪式。律师向希特勒敬礼，公开宣誓将追随"元首的事业奋斗，直到生命的终点"。

---

① J. Noakes & G. Pridham, *Nazism, 1919 - 1945: A Documentary Reader. Vol. 2: State, Economy and Society, 1933 - 39*, pp. 471 - 474.

1939年1月4日,当局颁布《关于法官、公诉人、公证人和律师准入制度的法令》,规定对包括律师在内的法界人士实施强制性培训,培训课程的主要内容为:德意志历史;对德意志人的文化发展起过积极影响的民族的历史;纳粹主义及其意识形态基础;关于血统与土壤关系的理论;关于种族与民族性关系的理论;关于德意志共同体的生活;德意志民族的伟大人物。[①]

对法官和公诉人的控制几乎同时展开。早在1928年,纳粹党即组建过"民族社会主义德意志法学家联盟"(Bund Nationalsozialistische Deutsche Juristen,简称BNSDJ),由汉斯·弗兰克任主席,1930年拥有成员233名,1932年猛增至1374人。希特勒执政后,打算将该组织作为控制司法系统的工具。为了吸收更多的法官和律师参加,1934年曾淡化其意识形态限定,将名称改为"德意志法律阵线"(Deutsche Rechtfront),翌年成员数达到82807人。然而,1936年再次改名,恢复意识形态限定,淡化种族概念,称"民族社会主义法律工作者联盟"[②]为了打破法学实证论的传统影响,当局在1935年颁布修改刑法的法令,规定法官审判时可以根据刑事法典所包含的"原则"和民众的"普遍情绪"来进行,从而为抛弃强调一切依据法律的法治打开了大门。

1933年4月7日颁布的《重设公职人员法》,废弃关于法官不能因政治原因被免职或降级的原则,从而抽去了司法独立原则的基础。1935年的法令将纳粹党通过"元首代表办公室"主持任命文职人员的做法推广到法官队伍,使当局能够从源头上保证法官队伍的政治倾向。1936年秋,当局在全国各地强行推行法官的宣誓仪式,法官们穿着饰有卐和雄鹰标志的法袍,举臂行纳粹礼,宣誓效忠于希特勒个人。1937年1月26日的《文职人员法》第71款规定,文职人员"如果不能保证他们在任何时

---

① J. Noakes & G. Pridham, *Nazism, 1919 – 1945: A Documentary Reader. Vol. 2: State, Economy and Society*, 1933 – 39, pp. 477 – 478.

② Christian Zentner & Friedemann Bedürftig, *Das Grosse Lexikon Des Dritten Reiches*. S. 410.

候都会支持民族社会主义国家",将被强制退休。此外,从 1937 年起,法官在办案中的自主地位也愈益受到侵蚀。审理任务的分派,不再由庭长在与各部门负责人及资深法官商议后决定,而是由庭长根据司法部的命令,以司法部代表的身份作出决定。与此相对应,公诉人在审判过程中的地位则进一步上升。由于公诉人归入了政府官员类别,审判案件中宣布无罪释放的比重急剧下降,从 1932 年占案件总数的 13%,下降至 1940 年第二季度的 7%。① 死刑的适用范围则扩大,从 1933 年的 3 种罪增至 1946 年的 46 种罪。公诉人接管了法官的一些职责,如审查被告人写的信件(甚至写给辩护律师的信件)、授权监狱探视、处理上诉请愿等。1939 年,在最高法院内设立了"特别处",规定首席公诉人可以将某些案件直接提交该处审理,从而越过了低级法院。他也可以将其他法院(下文将要提到的"人民法庭"除外)已经审理完毕的案件在一年内提交该处重新审理,作出最后判决。② 此举提升了首席公诉人的地位,使他们实际上能够决定受审者的刑期。在不少案例中,公诉人实际上拥有双权,既定罪(通常都是有罪)又判刑。

修改法律的行动也在悄然进行。1937 年,德国最高法院作出裁定,即使在家庭内部,或者在私人间发誓保密的情况下发生的批评政府的行为,也是可以起诉的。公民只有在保证不被人偷听的自言自语中,以及在肯定不会被其他人看到的日记中,才能表达不满之情。③ 欧战爆发后,后一保留条款也被取消。

从总体上看,纳粹党控制司法系统的效果不如其他领域。1933 年后法官队伍更换的速度,比其他部门慢得多,直到 1939 年,还有约 2/3 的法官是希特勒执政前任命的。律师队伍更换的比例更低。新《文职人员法》达到了控制文职人员的目的,但无力迅速更换法官。在希特勒执政

---

① J. Noakes & G. Pridham, *Nazism*, *1919 - 1945: A Documentary Reader*. *Vol. 2: State*, *Economy and Society*, *1933 - 39*, p. 485.

② Richard Grunberger, *A Social History of the Third Reich*, p. 158.

③ Wallace R. Deuel, *People Under Hitler*, New York, 1942, p. 148.

初期,部分律师甚至认为德国仍然是一个法制国家,在推行法治方面比魏玛共和国有过之而无不及,"它保证了领袖们的每一个意图都以法律的形式表达出来,满足了民众对法制保障的心理需求"。① 连"民族社会主义法律工作者联盟"都没有成为纳粹当局的驯服工具,反而经常要求保持司法的独立性。② 作为司法行政最高机构的全国司法部,一直掌握在非纳粹党人弗兰茨・居特纳手中,而他的助理汉斯・冯・多纳尼(Hans von Dohnanyi,1902—1945)竟是反纳粹抵抗运动的中坚人物。"长刀之夜"事件发生后,居特纳虽然对希特勒表示支持,但公开要求此后能以正常的法律程序处理此类事件。他还反对希特勒对案件审判工作的干预,尤其不愿把法院判决后的犯人移交给盖世太保或其他警察部门。1935年,霍恩施泰因集中营(KZ Hohnstein)的数名纳粹官员因残酷虐待囚禁者,曾被法院判刑,最后只能由希特勒出面将他们赦免。③ 由于当局的意愿不能在每次审判中得到贯彻,以至于纳粹报刊,尤其是党卫队机关报《黑色军团报》(Das Schwarze Korps),在1938—1939年曾大肆攻击司法系统和法院对某些案件的判决。④

　　希特勒政府因此力图缩小传统司法机构行使职责的范围。早在1933年12月1日颁布的《党和国家统一法》中,就规定纳粹党、冲锋队和党卫队成员犯法不再由法院审理,而由纳粹党的特别机关审理。例如,纳粹党在大区一级设置了"党内法庭"(Parteigerichte),任务是保证纳粹党维持北欧—日耳曼种族的纯洁性,镇压犹太人、共产党人和自由主义者等"国家的敌人",有权用解职、降低社会地位和监禁等手段威胁和惩处党员。同时,当局还设立各种新的审理机构来处理特定的事务,其中

---

① Rolf Dahrendorf, *Gessellschaft und Demokratie in Deutschland*. Munich: Piper Verlag, 1965, S. 275.

② Martin Broszat, *The Hitler State: The Foundation and Development of the Internal Structure of the Third Reich*, p. 338.

③ P. A. 施泰尼格尔编:《纽伦堡审判》,上卷,王昭仁等译,商务印书馆1985年版,第138页。

④ Martin Broszat, *The Hitler State: The Foundation and Development of the Internal Structure of the Third Reich*, p. 339.

包括政治犯罪、世袭农庄(Erbhof)、劳工纠纷和强制绝育等。1935 年又由布雷斯劳(Breslau)检察院出面,规定各级法院无权裁决政府的行动是否合乎宪法。[①] 在缩小传统法院管辖范围方面,最突出的事例是组建"特别法庭"(Sondergericht)和"人民法庭"(Volksgericht)。

特别法庭根据 1933 年 3 月 21 日的法令设立,设置于各州的高等法院之内,主要负责审理"阴险地攻击政府"的政治案件。特别法庭由 3 名"必须是可靠的纳粹党员"的法官组成,不设陪审团,废止预审制,限制被告提出申诉的权利。被告可以聘请辩护律师,但律师人选要得到纳粹党官员的认可。根据 1938 年 11 月 20 日颁布的法令,特别法庭审理的案件范围进一步扩大,除政治事件外还有权审理刑事案件。[②]

人民法庭也是一种专门法院。它于 1934 年 4 月 24 日设立,设于柏林法院内,主要审理反对纳粹政权和纳粹思想的案件。从同年 7 月 14 日起,它取代审理政治案件的最高机构德国国家法院。人民法庭由 2 名职业法官和 5 名纳粹党、党卫队和武装部队官员组成。1942 年以前由奥托·格奥尔格·蒂拉克任庭长,以后由罗兰德·弗赖斯勒(Roland Freiler,1893—1945)接任。它基本上实行秘密审讯,法官席背后放置的不是国徽和国旗,而是弗里德里希大王和希特勒的半身像及纳粹党党旗。辩护律师都是"合格的"纳粹党人。审判过程类似于战时的临时军法审判,被告大多判以死刑。

1941 年 1 月居特纳去世,随后的变动引发了 1942 年德国司法领域的一场危机。一些狂热的纳粹头目希望利用居特纳去世的机会实行司法改革,将司法系统全盘纳粹化。人民法庭庭长蒂拉克主张法官应变成"不是监察官员而是国家元首的直接助理"。党卫队全国领袖希姆莱则向希特勒提议,司法部应予以全部撤销,民法的执行划归内政部管辖,刑法的执行划归警察部门管辖。但是,当时担任德国法学院院长和民族社

---

① Bracher/Funke/Jacobsen(Hrsg.), *Nationalsozialistische Diktatur*, *1933 - 1945*, S. 445.

② Martin Broszat, *The Hitler State: The Foundation and Development of the Internal Structure of the Third Reich*, p. 339.

会主义法律工作者联盟主席的汉斯·弗兰克,在相当一部分地方司法长官的支持下,要求保留一定程度的法制统治。他们认为,如果平民没有法律保障,任何政治制度都不会长此稳定,甚至连纳粹国家也必须是一个法治国家。[①]

希特勒尽管正在忙于指挥战事,由于面临司法危机,他还是分出精力直接干预此事。1942 年 4 月 26 日,他突然召集国会开会(它也成为纳粹德国最后一次国会会议),警告法官们:如果他们在工作中表现出不理解当前的需要的行为,都将一概予以撤职。在这次会议上,希特勒正式获得德国最高法官的地位,有权"不受现行法律条文的任何约束",把他认为不称职守的大小官员全部撤职。[②] 之后,纳粹政府公布了全体法官都必须遵守的"普遍方针"。

司法界对希特勒的这一系列举措还是作出了一些反应。据盖世太保和党卫队保安处(Sicherheitsdienst des SS)的汇报材料称,"这些措施遭到司法界猛烈的反对。同过去盛行的关于地方官独立的概念彻底决裂……据说在一定程度上受到地方官深为不满的批评。据说,在某些情况下,这甚至引起对民族社会主义国家公开加以指责"。[③] 最后,连戈培尔也不得不下令,禁止报刊进一步发表贬抑律师的言论。而蒂拉克作为新任司法部长,也发现要建立起希特勒所指望的"民族社会主义司法制度"并不容易。他设法使法官们更为彻底地从属于司法部,从而促使司法部门纳粹化。他甚至于 1942 年 9 月 18 日同希姆莱达成一项协议,承诺尽力使司法工作同保安警察(Sicherheitspolizei,缩写 Sipo)和党卫队保安处的活动更为一致。然而,包括希特勒在内的激进派对他仍感不满。司法系统的这种僵持状态一直持续到纳粹政权灭亡,纳粹党只得通过办公厅Ⅲ—C 组组长赫伯特·克勒姆(Herbert Klemm,1903—)接替蒂拉克的助手担任司法部国务秘书,并以组长的身份处理党对"不满

---

① 阿诺德·托因比、维罗尼卡·M. 托因比合编:《希特勒的欧洲》,第 29—31 页。
② 洛塔尔·贝托尔特等编写:《德国工人运动史大事记》,第二卷,第 471 页。
③ 阿诺德·托因比、维罗尼卡·M. 托因比合编:《希特勒的欧洲》,第 34 页。

意的"法院判决所提出的控诉,以间接干预法院的审判工作。

四、党卫队与党卫队保安处

党卫队是纳粹德国体制中的一个怪胎,在希特勒执政后逐渐成为一个多功能组织,其势力渗透到政、军、财、文各领域,甚至组建起自己的武装力量,直接参加世界大战,成为纳粹党的主要情报、恐怖和军事组织,也是纳粹德国的主要标志物之一。之所以会出现这种现象,最主要的原因在于纳粹体制本身。希特勒无力彻底打碎原有的框架和机构,又要快速地建立起纳粹专制统治,最好的办法就是新建符合纳粹主义内在要求的有效工具,用这种工具去干预、控制乃至取代原有的机构和组织,以达到控制和改造整个国家的目的。这就为党卫队恶性肿瘤般膨胀与扩散提供了条件。党卫队头目希姆莱则充分利用这一条件,在纳粹头目们相互倾轧、彼此争权夺利的乱局中自我膨胀,赋予党卫队各种新的功能,推动其恶性发展,成为重要的统治支柱。

党卫队在"长刀之夜"事件中充当镇压主角后,地位进一步上升,1934 年 7 月 26 日完全脱离冲锋队,升格为与它平行的党内独立组织,其官员不受正常的司法机关管辖。它除了继续承担"党内警察"职责外,还作为国家的辅助警察,参与维护国内的政治"秩序",监控民众可能举行的政治活动。希姆莱为了实现自己的政治野心,一方面强调党卫队对希特勒的忠诚,另一方面则进一步强化其精英特性。随着党卫队的势力迅速膨胀,其下属组织划分成普通党卫队、党卫队骷髅队和武装党卫队。

普通党卫队(Allgemeine-SS)由原党卫队主体力量延续而来。队员分正式队员和赞助队员两种。正式队员必须具有雅利安家谱,体态匀称,风度优雅。赞助队员即党卫队同情者,一般通过向党卫队捐助钱款获得某种身份。普通党卫队的组织建制沿用 1930 年确定的做法。全国领袖(Reichsführer)之下设地区总队(Obergruppen),由地区总队长统领;下辖旅队(Gruppen),由旅队长统领;下辖区队(Abschnitte),由区队长统领;下辖旗队(Standarten),由旗队长统领。旗队的规模相当于军队中的"团",有 1000—3000 名队员,下辖 3—4 个突击大队(Sturmbanne)。每个突击大队有 250—600 名队员,分成相当于"连"的突击队(Stürme)。突击队是普通党卫队最主要的基层组织,有 70—120 名队员,分成 3 个小队(Trupps);每个小队辖 3 个小组(Scharren),每组有 1 名组长和 8 名组员。

党卫队骷髅队(SS-Totenkopfverbände,缩写 SS-TV)是负责看守集中营的党卫队下属组织。纳粹集中营设立之初,分别由守卫队、守卫先锋、守卫部队和守卫兵团四种组织看守。1934 年 4 月,希姆莱任命西奥多·艾克(Theodor Eicke,1892—1943)为全国集中营和党卫队看守组织总监。艾克将分散的组织合并成突击大队,统一在队员的上衣制服上加饰白骨骷髅标志。1936 年 3 月 29 日正式命名为党卫队骷髅队

武装党卫队(Waffen-SS,一译"党卫军")是党卫队的武装组织,其规模与功能定位前后发生较大的变化。早在 1933 年 3 月,希特勒就指示党卫队地区总队长约瑟夫·迪特利希(Josef Dietrich,1892—1966)组建一支称作"柏林党卫队本部警卫队"的武装力量,作为保卫他个人安全的私人卫队。最初仅有 120 人。同年 9 月扩充到两个连,外加一个特遣队,改称"党卫队阿道夫·希特勒警卫旗队"。在此基础上,希姆莱指令各地区的党卫队以柏林为榜样,组建装备轻武器的各地区党卫队本部警卫队,一般说来,每个党卫队区队都拥有 100 名左右的武装的党卫队员。当这些警卫队扩充到拥有数个连队时,即可改称"政治戒备队"(Politische Bereitschaften),内部模仿军队结构,由下而上逐级编成小组、小队、突击队(相当于连)和突击大队(相当于营)。这些武装的党卫队,军事作战素质不高。希特勒仅仅把它视作一种政治工具,主要用于对付正在躁动于"第二次革命"的冲锋队。1934 年 6 月希特勒清洗冲锋队,专门从他在柏林的"党卫队阿道夫·希特勒警卫旗队"中调用两个连赶赴巴伐利亚,其他各地的"政治戒备队"也投入这场血腥的搜捕与屠杀行动。

1934 年底,希姆莱根据希特勒的命令,将党卫队原有的武装组织合并起来,组成"党卫队特别机动部队"(SS-Verfügungstruppe,缩写 SSVT

或 VT)，成立"督察处"作为其统一的指挥机构。1938 年 2 月希特勒直接掌握武装部队指挥权之后，决定进一步发展这支武装力量。同年 8 月 17 日，他发布命令，将党卫队特别机动部队改名为"武装党卫队"，强调它"既不是武装部队的一部分，也不是警察的一部分。它是受我（指希特勒——引者）专门支配的常备武装部队。"希特勒规定，武装党卫队将用于执行"特殊内政任务，或执行作战陆军范围内的机动任务"；当用于对外作战时，它在"军事范围内"由武装部队最高统帅指挥使用，在政治上仍然是纳粹党的一部分。该公告成为武装党卫队的正式出生证。此后，武装党卫队的兵力迅速增加。1938 年它仅有 4 个团的建制，1939—1940 年间扩充到 3 个师——摩托化的"帝国"师、"骷髅"师和警察师，另有一个"领袖警卫旗队"（摩托化步兵团建制），总人数达到 12.5 万。在 1940 年 5 月德国入侵西欧的战役中，武装党卫队正式参战。

党卫队的中央领导机构，起初是希姆莱的首席副官处，1936 年改称"党卫队全国领袖本部"，下设若干主管局处。其中主要有：(1) 以奥古斯特·海斯迈尔（August Heyßmeyer，1897—1979）为首的党卫队中央技术管理局，负责除保安处以外的其他所有党卫队单位。(2) 党卫队巩固德意志民族委员会，负责实施境外德意志人移居大德意志国的计划，在占领区剥夺和驱赶斯拉夫人，将所谓"低等种族"分子交付强迫劳动，送往集中营或灭绝营（Vernichtungslager），为移居的德意志人提供空间。该委员会下属机构有种族和移居处、德意志人联络处、中央土地处、中央外来移民处、德国再移居托管公司等。(3) 党卫队保安处，它是一个权力最大，同监控与镇压事务关系最直接的特务机构。1936 年 6 月 26 日，党卫队保安处头目海德里希（Reinhard Heydrich，1904—1942）兼任国家保安警察总处处长。此后，这两个情报组织相互渗透，走向统一领导。同时，双方职责重叠，相互争夺控制领域的矛盾尖锐。

五、盖世太保与德国中央保安局

魏玛共和国时期，警察由各州政府控制，联邦内政部只作一般性的监督,并没有形成全国统一的警察力量。负责打击"谋反事件"的政治警察,同样置于各州警察局的管辖之下。然而,这一状况不符合纳粹当局要在全国实施专制统治的要求。全国统一的秘密警察的诞生,表面上看是希姆莱大肆揽权的结果,实质上却是纳粹统治日益强化的必然归宿。

盖世太保最早产生于普鲁士和巴伐利亚两州。1933年纳粹党执政后,戈林以普鲁士州内政部长的身份接管州警察局,开始着手组建特种政治警察,作为一支强有力的监控与镇压力量。他把政治警察、谍报警察和刑事警察中的政治特别部门合并,组成州的"秘密警察"(Geheime Staatspolizei,缩写Gestapo,中文音译"盖世太保"),作为警察的独立部门脱离州警察总部,直接隶属于州内政部。与此同时,希姆莱于1933年3月先后兼任慕尼黑市警察局代理局长和巴伐利亚州内政部政治司司长,他在州内政部里设立"巴伐利亚政治警察办公室",把州政治警察和其他警察机关的政治部门从普通警察机构中分离出来,成为一个独立机构。

在把全国的警察合并成统一力量的过程中,戈林、希姆莱和内政部长威廉·弗里克之间发生了激烈的争权斗争。希姆莱作为党卫队全国领袖,一直希望全盘控制全国的监控与镇压机构,其中包括统一的警察力量。弗里克从巩固单一制中央集权国家出发,要求把各州的警察主管权收归中央政府的内政部掌管。但是,两人的设想遭到戈林的反对。后者于1933年11月30日以普鲁士州总理身份颁布法令,规定普鲁士盖世太保的控制权从州内政部进一步转移到州总理(戈林)手中,从而保持了盖世太保的独立地位。于是,弗里克同希姆莱联合,利用自己担任全国内政部长的权力,从1933年10月到1934年2月间,先后任命希姆莱担任除普鲁士以外的各州政治警察首领,从而在事实上统一了各州的政治警察。1934年2月19日,弗里克向各州发布一项命令,由他统一掌握"德国各州警察的直接指挥权"。戈林则针锋相对,重申自己已经接管了普鲁士州警察的最高领导权。

就在这段时间内,希特勒、戈林和希姆莱等人同以罗姆为首的冲锋队之间的矛盾日趋尖锐。戈林不得不同希姆莱及弗里克妥协,于 1934 年 4 月同意由中央内政部指挥全国的警察力量,希姆莱担任普鲁士州盖世太保督察员,海德里希任普鲁士州秘密警察处处长。希姆莱和海德里希立即利用这一机会,在州秘密警察处内设立州政治警察司令中央办公室,负责具体协调全国各州警察工作和秘密警察计划。一时间,全国的政治警察(在普鲁士州是盖世太保)之间似乎已结成较为紧密的关系。

不久,事情又出现反复。希姆莱提升党卫队地位和加强其作用的举措引起弗里克的担忧,1935 年底,弗里克向希特勒等人提交了一份篇幅较长的备忘录,对党卫队和盖世太保脱离内政部控制以及它们的一系列不当行为提出抱怨。这一行动得到各州内政部的呼应。在此背景下,1936 年 2 月 10 日普鲁士内政部颁布《盖世太保法》,其中承认柏林的盖世太保总部是全州盖世太保的最高领导机构,各省的盖世太保指挥部是它的下属机构,但规定地方盖世太保指挥部必须同时接受同级内政机关的控制,盖世太保首领在颁布命令前必须获得州内政部长的同意。[①]

1936 年 6 月 17 日,希特勒对弗里克的备忘录作出回应,其中作出如下规定:任命希姆莱为全国内政部管辖下的全国警察总监,授予他“党卫队全国领袖兼内政部德国警察总监”的头衔,他有权管理全国的警察事务;在希姆莱管辖的范围内,他即是全国和普鲁士内政部的代表;希姆莱作为德国警察总监,有权出席讨论警察事务的内阁会议。[②] 此举极大地提升了希姆莱的地位。希姆莱则立即采取行动,于 6 月 26 日宣布改组全国的警察指挥系统,把全部警察分为穿便服的保安警察和穿制服的治安警察(Ordnungspolizei,缩写 Orpo,又译风纪警察)。[③] 同年 10 月,全国各州的政治警察全部改名为秘密警察,由党卫队旗队长海因里希·缪

---

① J. Noakes & G. Pridham, *Nazism, 1919 - 1945: A Documentary Reader. Vol. 2: State, Economy and Society, 1933 - 39.*, pp. 510 - 514.

② Ibid., pp. 514 - 515.

③ Christian Zentner & Friedemann Bedürftig, *Das Grosse Lexikon Des Dritten Reiches*, S. 450.

勒(Heinrich Müller,1900—1945)统一领导,受保安警察总处下辖的秘密警察处管辖。至此,盖世太保从内容到形式都实现了统一。从 1937年起,负责控制德国边境交通、逮捕非法越境者的边防警察也归盖世太保管辖。1944 年夏,边境海关警察成为盖世太保的组成部分。

　　盖世太保的主要任务是在党卫队保安处的配合下,镇压一切反对纳粹政权的人和活动。据纳粹当局 1937 年发表的一篇文章称:刑事警察的任务是对付那些因肉体或道德的堕落而站在国民的对立面者,盖世太保要处置的则是那些受德国人民政敌的委托而破坏德国统一和毁灭国家政权者。① 根据海德里希的说法,公开的敌人随着敌对组织被摧毁遭到沉重打击,但更大的危险来自披上伪装的敌人,"这种敌人进行地下活动……其目标是破坏国家和党的统一领导"。盖世太保作为"一种慑服和恐怖的混合物",不仅有责任制止正在实施的犯罪活动,同时要把犯罪动机和计划消灭在萌芽状态,在对手还没有产生反对思想、更不用说策划敌对行动之前就将其侦破。② 盖世太保使用的手段主要有:侦察(包括电话窃听)、警告、劫持、谋杀(包括伪装成不幸事故或自杀)、"监护"、把对象送进集中营,而利用"监护拘留令"把政敌关进集中营是盖世太保手中最有力的王牌。

　　盖世太保和党卫队保安处同为纳粹德国的监控与镇压机构,它们之间的分工与矛盾关系比较复杂。1938 年起,希姆莱和海德里希开始考虑将党卫队保安处和保安警察合并,建立一个凌驾于两者之上的新机构,以便更有效地协调两个机构的行动,并让党卫队保安处享受国家行政机关的待遇,缓解其经费拮据的局面。然而更深的用意,则是希望把两者统一成"纳粹国家的国家保卫团",在国家政治结构中占据特殊地位。1939 年 9 月 27 日,党卫队保安处和国家保安警察合并,组成"德国中央保安局"(Reichssicherheitshauptamt,缩写 RSHA),受党卫队和政府内

① 雅克·德拉律著:《盖世太保史》,黄林发、萧弘译,上海译文出版社 1984 年版,第 174 页。
② 海因茨·赫内:《党卫队——佩骷髅标志集团》,第 208 页。

政部双重领导。但是,掌握审批权的赫斯反对将党的机构和国家机构合并成新的超级机构,因此该机构一直没有公开对外亮牌。两条系统的机构在其中仍保留着相对独立的地位。

德国中央保安处下辖六个处,分别为:第一处,行政与法律;第二处,世界观研究;第三处,德国生活领域或国内保安;第四处,镇压反对者(即盖世太保);第五处,打击犯罪活动(即刑事警察);第六处,国外情报或国外保安。其中的第一、四、五处属国家机关,第二、三、六处属党的机关。1940 年,第一处分割成两个新处,即人事处(新的第一处)和组织行政法律处(新的第二处),原第二处改为第七处。在地方一级,原德国本土内的党卫队保安处与保安警察机关在形式上是分开的,但党卫队保安处领袖都兼任国家保安警察督察员,而在占领区,两者被合并成统一的特务部队,置于中央保安局及希姆莱任命的官员控制下。

第二次世界大战中后期,德国中央保安局的控制范围进一步扩大。1942 年,原来隶属于陆军的秘密战地警察(负责陆军内部在占领区的安全事务及防范平民袭击军事机关)编入保安警察,意味着被纳入该局的管辖范围之内。1944 年 2 月,武装部队谍报局(军事谍报局)并入该局。同年夏,治安警察总处也归该局领导。

六、集中营制度

集中营制度是德国法西斯极权体制中最为残忍的统治手段和形式。在整个纳粹统治时期,集中营的基本面目、规模和关押对象等,前后经历过一些变化。

希特勒就任德国总理后一个多月,冲锋队在对付政敌的过程中,为了绕过远未完成纳粹化改造的司法部门,减轻监狱人满为患的压力,开始大批建立集中营。1933 年 3 月下旬,冲锋队在斯图加特附近建立第一个集中营。很多地方的冲锋队组织纷纷仿效,到年底即达 50 余座,一共关押了四五万人。这些集中营大多小而简陋,往往是利用城市里的仓库和地下室改装,被称为“地堡”式集中营,虐待甚至残害囚禁者,其中最恶名昭著是柏林附近的奥拉宁堡集中营。

党卫队建造的集中营比较正规,在整个纳粹统治时期规模不断扩展,直到纳粹政权覆亡时才关闭。通常所说的纳粹集中营就是指这类集中营。第一座党卫队集中营建立于 1933 年 3 月,希姆莱在巴伐利亚州达豪市(Dachau)附近一个火药厂的旧址上,以几间石砌平房为中心,建立了达豪集中营(KZ Dachau)。

1934 年上半年,随着冲锋队同希特勒之间的矛盾激化以及冲锋队与党卫队之间的地位变化,集中营的掌管权逐渐向党卫队转移。1934 年 6 月底冲锋队遭清洗后,所有集中营都划归党卫队管理。党卫队独掌集中营的管理权后,对全部集中营实行整顿改组,关闭所有临时凑合的集中营,增建大规模的正规集中营。继 1934 年建立拉文斯布吕克集中营(KZ Ravensbrück)后,1936 年在柏林以北建立萨克森豪森(Sachsenhausen)集中营,1937 年建立布痕瓦尔德(Buchenwald)集中营和弗洛森堡(Flossenbürg)集中营,1938 年建立诺依恩加梅(Neuengamme)集中营。萨克森豪森集中营、布痕瓦尔德集中营和最早建立的达豪集中营,构成纳粹德国的三大中心集中营。①

在纳粹当局的官方宣传中,集中营被称为"国家劳动改造营",是一种"政治改造所"。在党卫队集中营的铁制大门上,大多铸有 Arbeit macht frei(劳动带来自由)字样。实际上,它是作为法西斯恐怖专政的暴力强制工具而设计的。被关进集中营的主要有四类人:

(1) 政敌,包括持反纳粹态度的政党或团体的成员,被开除的纳粹党员,破坏外汇管制者,收听敌对国家广播和发牢骚者。

(2) "低等种族"分子,主要是犹太人和吉普赛人。

(3) 刑事犯,内分"有期预防性拘留者"即有前科累犯者,和"保护性拘留者"即正在服刑的囚犯。1933 年 11 月 24 日,当局颁布了《同危险的

---

① J. Noakes & G. Pridham, *Nazism, 1919 - 1945: A Documentary Reader. Vol. 2: State, Economy and Society, 1933 - 39*, p. 520.

职业犯罪分子作斗争法》,其中规定,对多次判刑的犯罪分子,在刑满释放后接着实施"保护性看管",那就意味着送集中营。1937 年 3 月 9 日,纳粹当局根据希姆莱的一项命令,在全国范围内实施了一次大搜捕,共逮捕了 2000 名职业罪犯和惯犯。翌年 3 月 18 日又突然实施一次搜捕。被捕者都送进集中营。

(4)"懒惰分子"和"社会无用者"。据 1938 年 1 月 26 日希姆莱以党卫队全国领袖和德国警察总监身份发布的公告,"懒惰者系指在有劳动能力的年龄内经官方医生检查已认定或可以确定在近期内有从事工作能力的男子,在这两种情况下没有正当理由而拒绝接受工作任务,或虽然已经接受了工作任务,但在短时间工作后,没有充分理由又放弃此项工作的人。""社会无用者"即为"对社会有危害者",这类人包括"乞丐、游民、吉卜赛人、流浪者、懒汉、妓女、同性恋者、发牢骚者、酒徒、打架者、交通违章者和心理变态者及精神病患者"。"社会无用者"中,重点打击的对象是妓女、酒徒、游民和吉普赛人这 4 种人,他们被称作对社会有严重危害者,全都需要被送进集中营。

集中营内为了便于区别和管理,各类囚禁者在左胸和右裤腿(奥斯威辛集中营[KZ Auschwitz]则在左臂)佩戴不同标志:政治犯,红色三角;刑事犯,绿色三角;同性恋者,粉红色三角;反社会者和女性同性恋者,黑色三角;"耶和华见证人"组织成员,紫色三角;吉普赛人,褐色三角;犹太人,黄色六角星,其中触犯种族法令者佩戴镶黑边的绿色或黄色三角。外国人以国名的第一个字母代替。

1938 年 3 月德国吞并奥地利后,纳粹集中营即越出德国本土,在占领区兴建。1938 年 7 月,在奥地利毛特豪森镇附近建立毛特豪森(Mauthausen)集中营。1939 年德国侵占波兰后,陆续建立施图特霍夫(Stutthof)集中营、奥斯威辛集中营、索比包(Sobibor)集中营、特雷布林卡(Treblinka)集中营、马依达内克(Maidanek)集中营、比克瑙(Birknau)集中营和海乌姆诺(Chelmno,一译切尔诺)集中营。1941 年 11 月,布拉格附近原捷克斯洛伐克的坦伦希堡垒改建成为特莱西恩施塔特

(Theresienstadt)集中营,作为犹太人特别集中营。这些新建的集中营主要关押战俘和外国犹太人,生活条件比德国本土的集中营更为严酷,劳役也更为繁重。同一时期,德国本土的集中营也普遍扩大规模,开始接纳、关押战俘和外国犹太人。弗洛森堡集中营(KZ Flossenbürg)和达豪集中营,先后从 1940 年底和 1941 年初开始在囚禁者身上进行医学试验。

　　1938 年起,纳粹当局大肆宣扬其收容营地已经人满为患,为屠杀行动制造舆论。当局以社会福利机构和集结营地已经"超员"以及缺乏护理为借口,拒绝为那些人提供必要的生存条件。纳粹分子还蓄意在社会福利机构里制造一大批衣衫褴褛的"可怜人",然后把参观者、记者、访问者和群众带到那些拥挤不堪的机构里参观,以便用这些"活生生的事实"证明"清理"行动的必要性。从 1941 年夏天开始,一部分集中营开始设置毒气室等大规模杀人工具和焚尸炉,形成与原集中营比邻而立又与前者合为一体的"灭绝营"。其中,臭名昭著的如奥斯威辛、马依达内克、特雷布林卡、比克瑙、施图特霍夫、贝尔赛克(Belzec)、索比包、海乌姆诺,都是在原波兰境内。1942 年 1 月 20 日纳粹当局召开万湖会议,确立以屠杀为主要手段的"最后解决"(Die Endlösung)犹太人问题的计划,此后屠杀行动大规模展开。

第五章　纳粹的经济与社会政策

　　纳粹政权在经济与社会领域的胡作非为,后果不容低估。它为了扩军备战的需要,对经济生活实施强力干预,使德国步入"统制经济"的轨道。经济集中化的趋势和措施,使小企业主的诉求成为一场空想。文化和教育领域内的法西斯化,使原本滋润的魏玛沃土顿时干涸,沦为"文化荒漠"。大张旗鼓的社会政策,与"民族共同体"的鼓噪互相呼应,为暗流涌动的社会蒙上了华丽的面纱。而声名狼藉的反犹暴行,则将纳粹政权牢牢地钉上了历史的耻辱柱。

第一节　统制经济

一、纳粹党的经济主张

　　纳粹党在1933年1月之前,工作重心是争取获得更多民众的支持,伺机获取政权,1933年1月之后,则是全盘控制国家和民众,重整军备,扩张领土。在这两个阶段中,经济变革诉求都处于从属的位置。同时,它并不是一个经济党,希特勒作为党魁,又严重缺乏经济学方面的知识,并无系统的经济思想。然而,纳粹主义作为一个要求改造国家和社会的思想体系,免不了要在经济方面提出自己的设想,纳粹党作为一个政党,为了吸引追随者,又不得不在纲领和宣传中涉及经济方面的主张。经济大危机期间,纳粹党利用尖锐的经济和社会问题,从争取下层民众的支持以获取政权的需要出发,正式提出自己的经济纲领。

1931年初,希特勒下令在纳粹党全国指导处内设立"第二组织部",下设由奥托·瓦格纳(Otto Wagner)主持的经济政策处和迪特利希·克拉格斯(Dietrich Klagges,1891—1971)主持的经济学科处。同年3月5日,奥托·瓦格纳和格雷戈尔·施特拉塞尔提出《纳粹党关于经济政策的基本观点和目标》的文件。从以后的进程来看,该文件基本上反映了纳粹党对未来经济秩序的观点,许多设想在纳粹上台后得以贯彻。然而,希特勒担心其内容会引起经济界不安,故而阻止其公开发表。[1] 文件要求推行中央集权的国家统制经济,强调"国家应为了整体利益限制个人的自由,也要有最高国民财产支配权,有权干涉经济生活,进行调解和规定。国民经济服从政治手腕。……对自由企业家的自主权,在涉及财产获取和使用的方式上,将通过法律进行限制"。它还提议要以法律形式对企业主获取和运用财产的自由进行限制,监督投资、物价和工资,声称"扩大生存空间"是解决德国经济危机的必由之路。[2]

1932年5月,纳粹党发表格雷戈尔·施特拉塞尔起草的另一份文件《经济紧急纲领》,提出一套有关通过国家举办公共工程、扩大就业机会消灭失业的措施,并提出征收高额收入税,"粉碎利息奴役制",实行国家监督物价,干预银行等措施。该文件由格雷戈尔·施特拉塞尔作为提案向国会提交。这是纳粹党第一份公开发表、又专门针对经济问题提出的纲领,提出的措施具有较强的操作性,因而获得了中下层民众的广泛支持。它对于纳粹党争取小资产阶级群众和失业工人的支持,赢得该年7月国会选举的胜利,起了相当大的作用,但同时也引起垄断资本集团的不安。于是,希特勒很快下令收回,由纳粹党的另一名经济理论家、后任

---

[1] Avraham Barkai, *Das Wirtschaftssystem des Nationalsozialismus*, Köln, 1977, S. 35.

[2] BA, NS/22/10, BA, NS/22/11, 转引自:Avraham Barkai, *Die Wirtschaftsauffassung der NSDAP*, S. 10.

希特勒内阁财政部国务秘书的弗里茨·莱因哈特（Fritz Reinhardt，1895—1969）作较大的修改，同年秋以《经济建设纲领》为名发布。新纲领回避了前一纲领所提出的尖锐问题，并作了有利于垄断资本集团的重新解释。它强调要扩大农业投资，提高农业产量。同时帮助修建工人私有的独立住宅，以疏散市区人口。要求增加交通事业投资，改善交通状况，为商业发展、东部定居区和军方所希望的疏散大城市人口服务。纲领还反对实施刺激出口的政策，要求脱离世界市场，实现自给自足。

纳粹党执政之后，一些体现下层民众情绪的下层机构和冲锋队要求为实现纳粹党纲领中的反资本主义条款采取行动，引起垄断资本集团的不满。希特勒因此于1933年7月间禁止任何党组织采取干预经济的行动，任命曾经充当他同垄断资本家联系的牵线人威廉·凯普勒（Wilhelm Keppler，1882—1960）为党的"经济全权代表"。

至于希特勒本人，由于经济学知识缺乏，对经济问题不感兴趣。他几乎没有公开阐述过自己的经济主张，只有若干零散的内部谈话，而且常常自相矛盾。例如，希特勒早年曾说过，纳粹党原则上"反对自由主义"，不赞成"自由贸易"，"不赞成市场经济控制的自由价格和工资"。但是，据后来当了纳粹经济部长的瓦尔特·冯克回忆，三十年代初，"元首本人在同我和我所介绍的工业界领袖人物会谈时一再强调，他是国营经济的敌人，所谓'计划经济'（Planwirtschaft）的敌人。他认为，为了争取最高产量，自由企业和自由竞争是绝对必要的"。[1] 其实，希特勒重视的只是权力意志，政治的权衡始终占绝对优先的地位，经济只不过是达到自己政治目标的许多手段之一。为了政治上的需要，他常常以机会主义的态度，对不同的群众，提出和宣传不同的经济主张。不过，对于希特勒来说，下面两点却是始终十分明确的。

第一，绝对维护"经济私有制度"。希特勒曾几次对大工业巨头们强调，"经济生活的建立是根据成就、人格价值的概念以及人格的权力"，因

---

[1] 朱庭光主编：《法西斯体制研究》，第174页。

而证明私有财产是有正当理由的。1930 年 5 月,当奥托・施特拉塞尔(Otto Strasser,1908—1975)及其支持者要求实施工业国有化时,希特勒斥责"这会是德国经济的毁灭"。他强调,"资本家通过他们的能力发迹,繁荣到顶点……这仅仅再次证明他们是高等种族——他们拥有领导权"。当施特拉塞尔问他将怎样对待克房伯家族时,希特勒的回答是:"只有当人们不能为了民族利益行事时,那时——而且只有那时——国家才可以进行干预。"①法西斯主义追求"一元"性的绝对统治,从这个意义上说,法西斯国家必然要对经济生活实施强有力的干预。然而,由于希特勒曾经发表过上述谈话,因而纳粹政权一直视所有权为禁区,改用较为低级或粗野的手段来干预经济生活。

第二,希特勒强调,"没有剑,就不可能有经济政策,没有权力,就不可能有工业化"。"在德国,往往是在政治力量高涨的时候,经济情况才开始改善;反过来,往往在经济成了我国人民生活中唯一内容,窒息了思想力量的时候,国家就趋于崩溃……从来没有一个国家是靠和平的经济手段建立的。"德国必须"获取新的土地","避开一切世界工业和世界贸易政策的尝试,代之以集中一切力量,旨在为它的人民在下一世纪的分配获得一块立足的生存空间开辟出一条生存之路"。②

二、摆脱经济危机

希特勒执政后,一方面着手摆脱经济危机,为扩军备战提供经济前提,另一方面实施经济体制和机制的改组,逐渐建立起具有浓厚纳粹特色的战争经济体制。整个纳粹统治时期,根据主要经济任务的区别,德国经济大致可以划分成三个阶段。1933—1935 年为"沙赫特时代",重点是在纳粹党和企业家之间构建起新的合作平台,摆脱经济危机,减少失业人口;1936—1941 年为"四年计划时代",以组建"自给自足"的经济结

---

① 艾伦・布洛克:《大独裁者希特勒(暴政研究)》,第 190、148—149 页。
② Adolf Hitler, *Hitlers Zweites Buch: Ein Dokument aus dem Jahr 1928*, S. 163.

构为抓手,较大幅度地实施经济体制机制改造,构建备战经济体制;1942—1945 年为"施佩尔时代",推动经济为总体战争服务。

希特勒就任总理时,德国经济已走出危机的谷底,但仍陷于困境中,失业人数高达 600 万。[①] 1933 年 2 月 1 日,希特勒发表《告德意志国民书》,宣布政府将实施"伟大的"四年计划:在 4 年内"彻底克服失业","拯救德意志的工人","拯救德意志的农民"。按照他自己的说法,当时必须尽快解决两个主要的经济难题:失业和农业危机。[②]

纳粹运动中尽管也有少量获得博士学位的高学历"人才",但数量更多的,却是文化水准较低的中下层民众。这样的政党要驾驭难度极大的经济问题,在起步阶段必须同专业人士联手,利用他们的专业知识为自己服务。此外,利用资产阶级的代表人士来管理经济生活,还能在新政权尚未巩固之时起到安抚有产阶级的作用。"沙赫特时代"由此而起。

沙赫特在世界经济大危机期间,以拒绝接受《杨格计划》为导火线,同魏玛政府分道扬镳,积极支持希特勒上台。纳粹党掌权后,他于 1933 年 3 月重新出任国家银行总裁,并担任国家开支管理委员会主席,翌年 7 月兼任政府经济部长,1935 年 5 月又兼任"军事经济全权总代表",一时成为直接对希特勒负责的纳粹德国"经济独裁者"。沙赫特执掌经济大权后,总结前任三届政府的经验教训,加强国家对经济的干预,但在具体方法上,采取了一种独特的方针:松财政,紧货币。

松财政,就是由国家大量投资,兴办公共工程,如修筑道路和高速公路,兴建机场,建造住宅,整治水道,改良农田土壤等,用以刺激需求。在 1933 和 1934 两年内,全国用于公共工程的开支,达到 50 亿马克。这些非生产性项目的投资,既繁荣了经济,又不会加重已有的生产过剩性危机。

紧货币,就是控制通货膨胀,控制外汇,稳定物价。国家兴办公共工

---

① 1933 年 1 月的失业人数为 6014000,见 Jurgen Kuczynski, *Germany: Economic and Labour Conditions under Fascism*, New York: Greenwood Press, 1968, p. 96.

② J. Noakes & G. Pridham, *Nazism, 1919–1945: A Documentary Reader*, Vol. 2, p. 266.

程和扩军备战,需要大量资金。国家筹集资金,通常有三种不同的途径,即增税、增发货币和借债。大幅度增加税收不仅会引起民众的不满以至反抗,而且会直接削弱本来已经不足的"社会有效需求",抵销扩大就业的好处。增发货币会直接引发通货膨胀和物价上涨,德国经过 1923 年的恶性通货膨胀,全国上下对这一点都非常敏感。因此,沙赫特采取了以借债为主的筹资方法,以实现紧货币的目标。

在具体实施过程中,沙赫特除了按常规举借内债,发行"劳动国库券"(Arbeitswechsel)外,还建立了一套依靠发放短期商业债券的"兴工券"机制。这种短期商业债券,一般期限为 3 个月,但可延长 20 次,最长达 5 年,每年兑现 1/5。它作为商业债券可以自由交易,实际上成了马克之外的一种"辅助货币系统"。这种变相的货币,避免了公开的财政赤字和公开增发货币,不会直接引发通货膨胀。"梅福票"(Mefo-Wechsel)是"兴工券"中知名度较高的一种。

"梅福票"的全称是"冶金研究股份公司(缩写 Mefo)期票",由发行公司支付给军火承包商和生产商,最后由国家银行保证到时贴现。在一般情况下,该票在 5 年后开始贴现,这样就能暂时缓解战前预算支出的负担。"冶金研究股份公司"是 1933 年 5 月由四家军备康采恩建立的假公司,其成员均为国家银行的工作人员,两位领导人则分别来自国家银行和政府国防部。当时,在危机冲击下,一般德国银行已经冻结了贷款业务,缺少可投资金与流动资金。国家银行虽有放贷能力,但原有《银行法》规定它不能直接从事公开的市场活动,也不能代表国家兑现债券。1933 年 10 月 17 日,希特勒政府颁布法令,授权国家银行在证券市场上收购国家证券,授权一般商业银行承担再贴现。这样,大企业承包国家的公共工程或军事订货之后,即可按合同规定的开支总额(包括利息)领取相应的债券。一般的商业银行承兑此种债券。然后,由国家银行再贴现。沙赫特利用这种债券机制,为纳粹政府实施大规模公共工程和军备计划筹措了资金。

在 1939 年欧洲战争爆发前,全国共发行"梅福票"约 120 亿马克,占同期军费开支的 1/5,其中 1934—1936 年,占到了约 1/2。[1] 此外,国家还有总计达 80 亿马克的中长期债务和 15 亿马克的其他短期贷款。换一个角度看,在 1933/34—1938/39 年 6 个财政年度内,国家总开支约为 1000 亿马克,其中只有 80% 来自税收和国家企业(特别是铁路和邮政)上缴的利润,其余主要通过借债的方式解决。

"松财政,紧货币"方针实施的结果,德国以较低的通货膨胀率换得了经济迅速恢复和发展。1937 年底与 1932 年底相比,德国国民收入增加 63%,而纸币流通量仅增加 48%。然而,预算支出的增长对财政平衡的压力也越来越大,以至于从 1935 年开始,希特勒下令禁止公布政府预算,[2]希冀以此避免引起民众恐慌。

在筹措资金的同时,增加就业机会、缩减失业人数的行动也在紧锣密鼓地展开。1933 年 6 月 1 日,政府发布了由纳粹党徒、财政部国务秘书弗里茨·莱因哈特起草的《扩充就业面纲领》(Arbeitsbeschaffungsprogramm,旧译《关于缩减失业人数的法令》),又称第一项莱因哈特纲领。该纲领规定国家财政部将发行总数为 10 亿马克的"劳动国库券",用于增加工作岗位,尤其要保证下述各类工程和工作的开支:修缮和改造行政大楼、公寓和桥梁,以及各州、地方当局和其他公共机构的建筑物;修缮农村住房和办公楼,分割原有住房,以及将其他用房改造成较小的住房;城郊房产;农业移民;河道整治;增设为民众提供煤气、水和电力的装置;州与地方政府建筑物地下室的建造与整修;为办理上述各项工作所支付的必要报酬。[3] 纲领预计可在短期内吸收约 100 万名失业者进入生产领域。

同年 9 月 1 日,政府颁布"第二项莱因哈特纲领"。文件吸取了部分私人企业主的建议,把工作重心转向增加就业岗位,而不是以缩减在岗者的劳动时间来扩大就业面。它将没有效益的 5 亿马克津贴用于 1933/34 年冬维修住宅和农业用房屋,还提供价值 3.6 亿马克的利息偿付券,

---

[1] J. Noakes & G. Pridham, *Nazism, 1919-1945: A Documentary Reader*, Vol. 2, p. 267.
[2] 格茨·阿利:《希特勒的民族帝国:劫掠、种族战争和纳粹主义》,第 289—290 页。
[3] J. Noakes & G. Pridham (ed.), *Documents on Nazism, 1919-1945*, pp. 381-382.

大力促进修建居民点,增加铁路和邮局的投资,扩大紧急救难工作。[1]

在具体实施两个莱因哈特纲领的过程中,政府采取了一系列措施以减少失业人数。首先,兴办大量的公共工程,直接拨款投资用于修建运河、铁路、国家建筑物等,尤其是从 1933 年 6 月底起大张旗鼓宣传动工的"国家高速公路",增加了很多就业岗位。其次,在工程建设中尽量以人力代替机器操作,替换下的旧机器必须销毁,以免被变相使用。再次,采取各种措施鼓励妇女放弃工作回到家庭。1933 年政府颁布政令,规定"如果妇女愿意放弃工作回到家庭,她们每人可以获得政府 1000 马克的免息贷款,此后每生育一个孩子即可免除其中的 1/4"(以后由于劳动力短缺,1937 年 10 月政府下令取消关于不参加工作的规定)。[2] 这种贷款被称为"婚姻贷款"(Ehestandsdarlehen),除了鼓励生育的目的外,还有减轻就业压力、鼓励妇女回归传统角色的功能。政府通过向月收入高于75 马克的单身男女抽取所得税,每年获得大约 1.65 亿马克的资金作为贷款基金。1933—1934 年间,政府共发放了 36.6 万笔婚姻贷款,1935年发放了 15.7 万笔。[3] 此外,政府还对回到家庭的妇女提供诸如减税和安全保险等其他优惠政策。同时,政府还规定"凡 35 岁以下或其父亲或丈夫的经济状况足以维持生活的女性,都禁止从事任何职业"。如此,大量的女性退出了劳动岗位。第四,适量减少在业人员的劳动时间以扩大就业面。根据"第一项莱因哈特纲领"的规定,每个劳工救济性工作的劳动时间必须限制在每周 40 小时之内,[4]以增加就业人口的数量。纳粹党还在"维护民族共同体"的口号下,号召在职职工自愿交出自己的一部分工作时间给失业工人。例如在煤矿业,在职职工每月交出了 1/4 的工作

---

[1] 卡尔·哈达赫:《二十世纪德国经济史》,第 60—61 页。

[2] Matthew Stibbe, *Women in the Third Reich*, London: Oxford University Press, 2003, p. 41.

[3] Timothy W. Mason, *Social Policy in the Third Reich: The Working Class and the National Community*, Oxford: Berg Editorial Offices, 1997, p. 118.

[4] Ibid., p. 114.

时间给那些失业工人。① 对那些"双工"（Doppelverdiener）家庭，规定其中一人必须退出就业岗位，空出的位置由救济金领取者补充。第五，严格控制城市的人口数量，禁止农业劳动力流入城市。1934 年 5 月 15 日，政府发布指令，规定"城市中的企业不得雇用在此三年之前从事过农业的人员"。② 第六，在就业问题上强调种族政策。只有德意志血统的人才是"民族同志"，对"民族同志"范围以外的人，不仅限制其就业，而且还剥夺他们已有的工作岗位，把有限的机会让给属于"民族同志"的失业人员。第七，大力扩充纳粹党和政府的官僚机构，实行劳动义务制，规定男女青年必须服劳役半年至一年，以吸收剩余劳动力。

由于以上措施，1933 年私人资本的投资在前一年减少 30 亿马克的基础上反向而行，增加了 26.3 亿马克，私人消费比前一年增加约 8%。在沙赫特主持德国经济的几年里，官方公布的工业生产指数持续上升，失业人数不断下降，企业主的利润也稳步增长，德国逐渐摆脱了经济危机的打击。

三、国家干预机制

法西斯国家普遍对包括经济生活在内的整个国家实行独裁统治，实施"统制经济"是法西斯国家的共性所在。然而，希特勒从社会达尔文主义出发，认为资本家拥有生产资料是优胜劣汰、自然选择的结果，强调纳粹党绝对维护经济私有制度。因而，纳粹时期德国的国家干预机制另有特色。

1933 年 7 月 15 日，纳粹当局成立隶属于经济部的"德国经济总会"（Generalrat der deutschen Wirtschaft，亦译"德国经济总委员会"或"德国经济协会"），作为经济决策机构，负责指导国家经济政策，制订经济法令。其成员为蒂森等 12 名大工商业主和银行家，以及 5 名纳粹党高官。

---

① Richard Grunberger, *A Social History of the Third Reich*, p. 76.
② Maxine Y. Woollston, *The Structure of the Nazi Economy*, p. 192.

1934 年 2 月 27 日,该总会颁布《德国经济有机结构条例》(*Gesetz über die Vorbereitung der organischen Aufbaus der deutschen Wirtschaft*)。条例赋予经济部长很大的权力,包括:认定某个经济团体作为相关领域的唯一代表;建立、解散或合并经济团体;修改经济团体的章程,尤其是为之引入领袖原则;任免经济团体的领导人;强迫企业和雇主加入经济团体。[①] 同年 11 月 27 日,当局又颁布由经济部长沙赫特奉命起草的《德国经济有机结构条例》第一个执行条例。根据两个文件的规定,全国按不同经济部门划分成六大经济组合(der Reichswirtschaftsrat,又译经济集团),即工业、商业、动力、银行、保险和手工业,后来加上旅游业成为七大经济组合。执行条例规定,各级经济组织是由企业主组成的协会性组织(第 5 条),全体企业主和所有企业都是其义务成员(第 3 条)。执行条例还规定,同一地区的各种经济组织,联合成一个地区性的经济公会(Wirtschaftskammer);全国经济公会(die Reichswirtschaftskammer,又译"全德经济院")由各个全国性经济组合、各主要的工业经济组和地区性的经济公会的代表组成(第 7 条);根据领袖原则,各经济组合和主要经济组的领导人,均由内阁经济部长任命,其他组织的领导人可由经济部长任命,也可由上级经济组织的领导人任命(第 11 条)。事实上,这些经济组织的领导人都是该行业最大的企业主。[②]

1936 年 11 月 12 日,经济部长沙赫特进一步明确规定,各经济组合和经济公会的任务在于提高各自成员(企业和企业主)对建立经济组织的优点和尽可能提高劳动生产率的重要性的认识,在技术和统计等方面开展标准化和合理化的工作。在经营方面,各经济组合应提出统一会计制度的各项原则,以便使一个企业不仅能了解其自身的成本结构,而且还能与其他企业的成本,至少是与其所在部门的平均成本进行比较,朝着降低成本的方向不断努力。

[①] J. Noakes & G. Pridham, *Nazism, 1919 - 1945: A Documentary Reader*, Vol. 2, pp. 309 - 310.

[②] 夏尔·贝特兰:《纳粹德国经济史》,第 116—121 页。

研究表明,看似神秘的纳粹德国国家干预机制,其实并不复杂。它是由国家政府机关,通过颁布和实施法律法令,对经济生活实施宏观控制。对于基层企业,尽管在内部管理方面引进了"领袖原则",纳粹政府还是强调发挥"私人企业的创造性",实行"经济自治管理责任制"。

纳粹政府实行宏观控制的内容涉及七个方面。

第一,控制利润率。1934年3月,纳粹当局颁布《企业资本投资法令》,规定企业当年利润超过上年的部分,或者利润率高于6％的部分,要用于购买政府债券。随后又公布《企业利润分配方法》,规定企业利润超过6％的部分,要存入国家银行所属的金汇兑银行,作为专门的"投资贷款储备金",4年后归还。这意味着企业积累下来的一部分利润,已由一般的自由资本变为具有一定方向的、资本所有权与资本使用权分离的"社会性资本"。①

第二,控制投资方向。纳粹当局规定,凡新办企业和扩大原有企业的生产能力,均需得到国家批准;同时,通过管制原料分配和劳动力予以干预。政府从扩军备战的需要出发,推动资本流入与军事工业有直接关系的重工业部门,即制造生产资料的部门。从1932年到1939年,德国消费品生产仅增加50％。重工业生产却增加近2倍,军火生产更猛增11.5倍。1939年德国直接从事军工生产的工人约占整个工业部门就业人数的20％;军工生产在整个工业生产中所占比重更高达25％。

第三,控制劳动力就业方向。随着德国经济逐年好转,失业人数也逐渐降低,甚至出现了劳动力不足的现象。为了保证政府规划中的重点部门,当局限制劳动力流出农业、冶金工业、矿业、化学工业、建筑业和军火工业。1935年2月,德国根据《关于引入劳动手册法》的规定,开始实行"劳动手册"(Arbeitsbuch,一译"工作簿")制度,规定每个工人必须领取一本劳动手册,上面记载其种族、技能和职业经历,作为受雇就业的依据。这样,雇主或政府就可以通过扣押劳动手册阻止工人离职,取消一

---

① 朱庭光主编:《法西斯体制研究》,第215页。

般西方国家都存在的自由就业和劳动力市场,把工人强制固定在某一企业之内。① 1938 年 6 月 22 日,当局颁布《特别任务劳动力需要法令》,规定劳动部拥有对企业和行政部门"劳动力分配"的垄断权,完全将劳动力的分配控制起来。1939 年 2 月 13 日,当局出台《确保具有特殊国家政治意义任务所需劳动力条例》②,规定在重要行业从业的职工更换工作必须征得劳动局的同意。1939 年 9 月 1 日又出台《限制工作岗位调换条例》,将 2 月份所颁条例的应用范围扩大到所有行业,即在全国实行强制劳动服役制,规定工人必须到官方就业处所指定的岗位去工作,职工因此无法通过跳槽改善自己的收入。③

第四,控制工资水平。纳粹党对魏玛体制下的工资制度一直持批评态度,认为"由于劳动力在经济发展中没有占到任何份额,导致了广大劳工长时期的贫困"。它认为,工资问题不是企业主或者劳工组织单方面的事情,而是国家的事务,必须由国家在民族整体利益中追求公正的解决,实现"公正工资"。然而,在 1933 年 1 月前后,纳粹党对如何实现"公正工资",宣传上有较大的差别。1933 年 1 月之前,纳粹党认为工人生活得很艰辛,根本不可能体会到民族共同体的情感,因此通过提高工资来提高劳工的生活水平是实现"公正工资"的关键所在。然而希特勒就任总理后,纳粹党的宣传口径开始转向,认为"提高工资,首先意味着企业主必须节省其他投资的开支,这会波及到民族事业的建设;另外提高工资会刺激工人增加权力的欲望,这样也会破坏民族团结"。④ 它提出"公正工资"必须置于民族共同体的框架内,以保证民族事业正常发展为根

① Timothy W. Mason, *Dokumente*. 52 Auszug aus den Monatsberichten der Reichstreuhänder der Arbeit für die Monate November und Dezember 1937,S. 430.

② *Reichsgesetzblatt* I(1939),S. 313.

③ Martin Rüther, *Arbeiterschaft in Köln*,1928 - 1945, Köln:Janus Verlagsgesellschaft,1990,S. 289.

④ Joachim Bons, *Nationalsozialismus und Arbeiterfrage*,*Zu den Motiven*,*Inhalten und Wirkungsgrunden nationalsozialistischer Arbeiterpolitik vor 1933*,Pfaffenweiler:Centaurus-Verlag sgesellschaft,1995,S. 180.

本原则。

希特勒执政初期,由于失业工人数量较多,对调整工资的压力不大。1935 年初劳动部提出一个全面调整工资的建议:"消除地区差别;煤矿业小时工资提高 50 芬尼;降低最高工资。"①然而,该建议遭到党内很多大区领袖的反对,他们担心降低工资的做法会导致生产效率的降低。1935 年 5 月 2 日,纳粹党举行高层会议,最后决定:"现有的工资水平仍然保持不动,维持现状。"②纳粹当局公开声称,为了提高国防能力,确保"四年计划"的目标顺利实现,提高德国商品在国际市场的竞争力,德国必须保持较低的工资水平。另外,控制工资水平也是实现"紧货币"方针的重要一环。然而,第二个"四年计划"实施后,劳动力进一步紧缺,迫使有些企业主以提高工资来吸引劳工。1938 年 6 月 25 日,当局颁布《工资条例》,授权各地劳动局长和劳动督察官(Treuhänder der Arbeit,旧译"劳动托事"),"采取一切措施,阻止因提高工资和改善劳动条件而损害国防能力和危害执行四年计划"。劳动部长公开声称:推行这种工资政策的目的在于确保发展军备生产的"四年计划"的执行,同时把德国的价格压低到足以在国际市场上战胜外国竞争者的程度。然而,客观经济规律难以超越,由于劳动力供不应求,条例颁布后一年内,小时工资还是上涨了 5%。③

1939 年 9 月德波战争爆发后,当局在"不许发战争财"的口号下全面禁止提高工资。劳动部长命令各地劳动督察官,严格按照 1938 年 6 月 25 日的条例阻止任何工资增长。④ 1941 年 4 月 23 日,劳动部甚至规定,

① Timothy W. Mason, *Social Policy in the Third Reich: The Working class and the National Community*, pp. 137 – 138.

② Herausgeben von Wolfgang Mechalka, *Deutsche Geschichte 1933 – 1945: Dokumente zur Innenund Außenpolitik*, Frankfurt/M. : Fischer Taschenbuch Verlag, 2002, S. 61.

③ Timothy W. Mason, *Social Policy in the Third Reich: The Working class and the National Community*, p. 251.

④ Timothy W. Mason, *Dokumente*. 191 Erlaß des Reichsarbeitsministers an die Reichstreuhänder der Arbeit vom 4. September 1939. S. 1101 – 1111.

禁止雇主向其新雇员支付高于原单位领取的工资,即使它们从事的新工作理应获得更高的报酬。然而,随着战争不断深入,稳定工资的难度越来越大。1942年底,当局改革工资制度,用计件方式取代计时方式,以鼓励工人增加生产,最高工资限制也随之取消,以便给予工作效率高的工人以额外的报偿。不过,该政策由于在战争后期推行,受制于环境,并未收到多少实际效果。

整个纳粹统治时期,工人的计时工资基本上冻结在经济危机期间的低水平上,工人的总收入有一定幅度的增加,主要通过广就业和增加工时。

第五,控制物价。从1933年到1936年底,德国对物价的控制大致经历三个阶段,即从依靠卡特尔组织原有的监控机制,到由政府物价检查专员监控卡特尔价格,最后国家颁布冻结法令。从沙赫特时代起,作为"紧货币"方针的另外一环,德国政府就着手控制物价。沙赫特最初主要是依靠原有卡特尔划分销售市场和规定商品价格,试图以"总卡特尔"形式建立起监控物价的总体系。但是,1933年4月到1934年4月,食品和衣服的价格还是有所上涨,如土豆价格上涨了15.4%,蔬菜上涨了10.4%,衣服上涨了3.7%。这引起了民众的不满。1934年11月,希特勒任命银行家卡尔·格尔德勒(Carl Goerdeler,1884—1945)为全国物价检查专员,授予他监管物价的全权,这样就进入了政府对卡特尔价格实行再监控的阶段。格尔德勒主张紧缩通货政策,他虽然支持重整军备,但认为军费不能超过每年10亿-20亿马克的水平,因此同希特勒发生分歧,在1936年9月辞职。同年10月29日,当局颁布《价格冻结法》,进到控制物价的第三阶段。政府选取1933—1936年间各种商品"最公正"的价格作为标准点,通过法令加以冻结。

截至1935年,德国纸币流通量的增加速度是相当慢的,3年内增加了不到7亿马克,增长22%,而同期工业生产却增加了77%。但从1935年起,情况略有变化,由于国家财政需求急速增加,从1935年底到1936年底,流通量增加了7亿马克,相当于前3年的总和。1936年10月至

1937 年 10 月，增加了 5 亿多马克；下一年又增加 15 亿马克；1938 年 10 月至 1939 年 10 月，增加 33 亿左右。欧战初期阶段，纸币流通量还未急剧增加。然而随着苏德战争爆发，增加速度突然加快。1941 年 5 月至 1942 年 4 月增加 60 亿马克，1942 年 4 月至 1943 年 4 月增加近 55 亿马克。战争期间的通货膨胀和生产成本上升，导致批发价格上涨，当局于 1940 年 12 月颁布法令，规定每种商品的零售利润均减少 10%。为了强制执行，当局明令一切零售商品都必须明码标价，所有手工业、修理业、旅馆业等也必须张贴完整的服务价目表。然而，还是有一些商店玩起了"捉迷藏"式的游戏，它们使用了双面的价目卡，平时使用价格高的一面，当有检查人员来时，很快翻向价格低的一面。[1] 随着德国占领地区的扩大，当局把国内的购买力引向占领区，力图用那里的商品来消化日益膨胀的货币。

第六，强化资本的集中与垄断。在工业领域，纳粹当局的做法，一是实行强制卡特尔化，二是推行康采恩专业化，具体内容前文已述。在农村，一方面保留小农所有制，另一方面于 1933 年 9 月颁布《德国农庄继承法》，用以稳定大农庄。

第七，管制外汇与外贸。沙赫特时期德国就陆续推出控制方案，对全部进出口贸易实行监督和控制。同时，国家实行严格的外汇管理，规定出口所得的外汇必须卖给国家，私藏外汇者将被送进集中营接受劳动改造。

这些干预机制，是具有一定效力的。它们不仅使德国较快地摆脱了经济危机，获得了一定程度的发展，而且在经济上满足了战争的需求。但是，其中也包含了不少违背客观经济规律的内容，因而是不可能长时期持续的。

第二次世界大战期间，具体的做法略有变化。原先由经济集团承担的任务，甚至相当一部分属于政府部门的任务，托付给了一些比经济集

---

[1] 时代生活编辑部：《第三帝国·新秩序》，张显奎译，海南出版社 2001 年版，第 183 页。

团更具有集中化特点的组织，即当时陆续组建的各种全国协会。这些协会同样属于非官方机构，是大企业领导人和国家代表根据政府的倡议组建的，在各自更为专业化的领域，如钢铁、煤炭、植物纤维等，承担一定的责任。除了进一步推行标准化工作之外，当时最重要的是取代政府分配机关承担分配任务。1941 年 3 月 20 日建立的"德国煤炭协会"就是最早问世的全国协会之一，它负责煤炭的分配工作。其领导机构中有不少诸如克虏伯家族等大康采恩的领导人。各协会的权限，尤其在确定价格方面的权限，日益扩大。例如，1943 年 3 月 4 日当局曾发布一项政令，授予人造纤维协会和纺织协会以确定价格的权力，前提是获得全国物价检查专员的认可。

四、四年计划

经济大危机期间，以英国为肇端，主要大国都走上了货币贬值的道路，取得了刺激出口、阻止进口的效果。德国各届政府则反其道而行之，都力图维持马克的黄金平价，保持币值稳定。之所以出现这种情况，1923 年鲁尔危机期间曾经出现过的恶性通货膨胀起了较大的警示作用，德国民众吃尽通货膨胀的苦头，视其为洪水猛兽，此后的德国政府都把维持货币稳定放在重要位置，马克自 1924 年以后，基本保持了较为稳定的币值。对希特勒政府来说，保持马克的坚挺，还承担着为纳粹事业争光、为极端民族主义情绪升温的附加责任。

然而，客观的经济规律不可违背，英镑美元等货币的贬值、马克的坚挺，对德国的进出口贸易造成很大的压力。希特勒政府使用了各种手段以鼓励出口，阻止进口。这些手段包括：

（1）从 1933 年夏开始，当局准许德国出口商在收取国外销售所得货款时，接受其买主从德国债权人那里借得的马克。当时外国债权人存在银行里的马克存款被冻结，不能兑换成外币，但可在德国国内市场上使用，因此抛售此类冻结马克的数量较多，其售价就低于官方马克和自由马克的行市。其中，信贷马克和债务马克的成交价仅为其面值的 20%。

使用这类冻结马克进口德国商品,其价格就大大降低。

（2）同年,政府准许德国某些出口商毋需将其在国外销售所得的外汇全部存入国家银行,可将其中部分外汇用于在国外赎买德国债券。此类债券由于国内有关部门停止付款,在国外的标价较低。然后,德国出口商在国内以平价将这些债券转卖给发行单位,从中获得好处,从而可以大幅度降低其出口价格。类似的做法还包括准许德国出口商保留一定份额的外汇,以便在国外向德国的债权人购买一些到期未能偿付的债券本息清单。

（3）通过清算协定扩大双边贸易量。这种做法主要用在德国与东南欧国家的贸易关系中。它在签约国双方都设有负责清算的机构,这些机构凭借从进口商那里得到的货款,用本国货币支付给出口商。德国是根据下述原则与东南欧国家进行贸易的,即它在一个国家通过清算购买的商品越多,这个国家就不得不同意向德国提供更多的贷款,而且只能通过购买德国商品或促使其国民购买德国商品才能设法收回这些贷款。[①]这些国家为了利用其清算借据,就日益成为德国的贸易伙伴,而减少在其他国家购买的商品。其结果,使保加利亚、南斯拉夫、罗马尼亚、匈牙利等国家逐渐陷于依附德国的地位。

上述各种做法,在推动出口的同时,也产生了一些弊端。尤其是前两种做法,一方面使得一部分本应交给外汇管制机构的出口所得外汇逃避了管制,从而削弱了德国的进口能力,另一方面,又促使德国出口商一味降低出口价格。德国是一个经济上对外依赖度较高的国家,进口能力的减弱,很快影响到其扩军备战的进程。政府很快采取措施应对这一局面。1934 年 3 月,国家银行突然决定全面缩减民用品进口商业的外汇限额,并且尽可能推迟向进口商提交所需的外汇。同时,政府颁布一项法令,授权经济部长兼国家银行行长沙赫特,为进口棉花、羊毛、有色金属、橡胶、木质纤维和油料作物设置进口监督机构,以监督原料的收发工作。

---

① 夏尔・贝特兰:《纳粹德国经济史》,第 176 页。

这些监督机构有权规定原料发送的最大限额,确定商业和工业需要掌握的库存定额。然而,开始时进口商并没有大力配合政府的举措,他们仍然大量购买半成品和制成品,致使全国的外汇赤字有增无减。

为此,沙赫特开始实施其"新计划"。1934年9月,"新计划"正式实施。该计划由一系列政策措施组成,它立足于保持进出口平衡的原则,并在可能的情况下尽量使进出口贸易出现顺差。为此,首先致力于最大限度地扩大出口。德国工业集团顺应这一需要,为了更加有效地对出口企业提供补贴,倡议组建出口补贴银行。1934年底,水泥业、汽车业和人造丝业的企业家先后组建此类银行。在此基础上,建立了统一的"出口补贴银行",由黄金兑换银行负责管理。从创建该银行时起,所有工业企业均按营业额的一定百分比向其交纳基金。在某些时段内,这项基金每年的收益可超过10亿马克。这实际上是用普遍抬高工业制品成本的办法来补贴出口产品,以应对其他国家竞相贬值货币对德国所造成的挑战。

相比于出口,"新计划"对进口的干预更加有力。首先,政府要将进口总额保持在出口总额的限度之内。其次,不同种类的进口品根据其重要性排序,被视为"生死攸关的"商品的进口额度最大,其中包括食品、原料和半制成品,[1]而其他商品进口额度就小。为此,政府新设置了一些进口监督机构,到1934年底,此类机构已达25个(1939年达到28个)。这些机构不再像以前那样负责为每个进口商规定一般性限额,而是在与经济集团协商后为每种进口品和为每项对外支付发放许可证。

沙赫特的"新计划"暂时解决了1934年的支付平衡危机,1935年上半年甚至出现了外汇盈余。然而,国际大环境却是它无力改变的。经济危机中各国大打价格战,使得从1933年到1936年,德国出口商品的价格下降9%,而其进口商品的价格则上涨9%。这样,到1936年,德国必须比1933年多出口18%的商品,才能换回与1933年同样数量的进口

---

[1] J. Noakes & G. Pridham, *Nazism, 1919–1945: A Documentary Reader*, Vol. 2, p. 272.

品。与此同时,1935年秋德国粮食歉收,进一步加剧了国内粮食供应的困难。自1933年以来,随着德国就业人数的上升,食品需求量不断增加,食品供应紧张状态已经显现,尤其表现在奶油和肉类上。① 1935年的歉收很快导致了"面包危机"和"奶油危机"。纳粹党全国农民领袖、政府农业部长达雷,要求把进口食品的外汇从1.24亿马克追加到5.92亿马克,重点进口奶油、植物油和饲料,以维护纳粹政权的威望。沙赫特感到为难,不愿意大幅度缩减工业原料的进口数量,以至于危及重整军备的计划。与此同时,原料的短缺也严重制约了军备工作。1935年夏,由于缺乏外汇购买必需的原料,军需工厂只能把生产能力降低到原有水平的70%。同年12月,沙赫特告知国防部长,表示无力提供更多的外汇来满足后者提出的加倍进口铜的要求,因为国家所拥有的外汇,连现有的原料进口水平都难以维持。②

至此,沙赫特的思想略有转变,感到应该放慢重整军备的速度,调整外贸政策。1936年5月,他在内阁会议上公开提出,扩军备战的速度已经超过德国财政所能承受的限度,声称国家银行过去已经提供了110亿马克的军费,今后每年只能再负担10亿—20亿马克,不能筹措到所要求的60亿—70亿马克。沙赫特的这番话,遭到戈林的猛烈攻击。

戈林此时已经升任空军总司令,对保证燃料供应很为敏感,再加上觊觎沙赫特掌控的经济独裁大权,因此成为沙赫特的坚定反对者。1936年4月4日,戈林被希特勒任命为"主管外汇和原料分配的国家专员",有权就外汇和原料问题向各个政府部门发布指令。③ 1934年由希特勒任命凯普勒担任的"原料问题特别办公室"主任一职随之撤销,该办公室主要负责尽可能用德国本土的原料取代国外原料。沙赫特感到受威胁,只得向国防部长求援。他向后者表示:"假如我们再一次向世界宣布决

① Jeremy Noakes & Geoffrey Pridham(ed.), *Documents on Nazism*, *1919 - 1945*, p.398.
② J. Noakes & G. Pridham, *Nazism*, *1919 - 1945: A Documentary Reader. Vol. 2*, p.278.
③ Werner Tornow, *Chronik der Agrarpolitik und Agrarwirtschaft des Deutschen Reiches von 1933 - 1945*, Bonn: Parey, 1972, S. 112.

定走向经济独立,那无异于割断自己的喉管,因为我们无法度过必要的过渡阶段。此外,我们必须看到,德国的原料对于生产出口商品来说太昂贵了,而出口商品对于进一步的重整军备来说是必需的。"勃洛姆贝格的答复颇具自己的个性:"沙赫特先生:我感到你是绝对正确的,但我深信元首会找到一种解决所有困难的办法。"①

这时,希特勒的独裁地位已经巩固,他同沙赫特之间的政策分歧也越来越明显,于是,他改变了以前放手让后者主持经济的做法,开始扶持力主推行"自给自足"经济模式的戈林。1936 年 8 月,希特勒多次同戈林谈话,商讨相关事宜,最后在上萨尔茨堡(Obersalzberg)完成了《关于新四年计划的备忘录》。同年 9 月 4 日,戈林在内阁会议上代读了这份重要文件。

希特勒在备忘录中强调:我们"不是为经济、经济领导、财政政策而生活;相反,财政和经济、经济领导和理论,必须完完全全服务于我们人民所进行的维护自身的斗争。"他驳斥了发展对外贸易和参与世界经济的主张:"增加我们的出口在理论上是可能的,但在实践上却非常渺茫","一旦战争爆发,外汇将贬得一钱不值,除非我们拥有的是黄金"。他提出,"最终的解决方案取决于扩大我们的生存空间,即扩大食物和原料的来源","用缩减军备生产的方法来缓解当前的某些困难,是不可取的","当前面临的不是经济问题,而是意志问题。民族社会主义的领袖们不仅有解决这些问题的意志,还有必要的决心和韧劲"。他规定了"新四年计划"的目标:(1)德国军队必须在 4 年内作好战争准备;(2)德国经济必须在 4 年内做到能够应付战争。在这一总目标之下,他还提出了各项具体目标,包括:与军事、政治备战及民族动员同时进行的,是经济的备战与动员;凡是国内的生产能够满足需求的地方,必须停止进口,以尽可能多地节省外汇;国内的燃料生产能力必须尽快提高,要在 8 个月内完

① Jeremy Noakes & Geoffrey Pridham (ed.), *Documents on Nazism*, *1919 - 1945*, pp. 400 - 401.

全解决问题。合成橡胶的批量生产问题也必须尽快解决;必须最大限度地增加德国的生铁产量,使用铁含量为 26% 的本土矿砂,而不用含量为45% 的瑞典矿砂,这不是一个经济核算的问题;必须禁止用马铃薯酿造酒精;尽快停止进口工业用润滑油,它可以用化学方法从煤中提取;轻金属的产量必须尽快提高,并以此取代某些其他金属;钢铁的需求必须百分之百地自给自足。大部分基本原料也必须自给自足,省下外汇以进口食物。"经过前面 4 年的努力,我们在燃料和橡胶供应方面已经能够脱离外国,在铁矿砂方面也已经能部分自给。现在我们已经能够生产 70—80 万吨石油,但我们的目标是 300 万吨。我们的橡胶产量是数千吨,但我们要达到每年 7 万—8 万吨。我们的铁矿砂产量已经从 250 万吨提高到了 700 万吨,但我们的目标是 2000 万—2500 万吨,必要时达到 3000万吨。[1]

10 月 18 日,希特勒签署《关于实施四年计划的命令》,其中任命戈林为"四年计划全权总办"(Beauftragter für den Vierjahresplan),有权调用国家和纳粹党的一切力量,发布相关法规,以保证"四年计划"目标的实现。[2] 希特勒在就任总理后不久,曾许诺将在 4 年内实现某些目标,因而被认为开始实施第一个"四年计划",而 1936 年开始实施的是第二个"四年计划"。然而,第二个"四年计划"的地位更显赫,目标更明确,对经济体制的影响更大,因而它所覆盖的年代被称为"四年计划时代"。

戈林为实施第二个"四年计划",在原"主管外汇和原料分配的国家专员署"的基础上组建"四年计划中央办公室"。下设 6 个办公室,分别主管:(1) 本土原料生产(包括天然原料和合成原料);(2) 原料分配;(3) 劳动力使用;(4) 农业生产;(5) 价格监控;(6) 外贸与外汇管理。为了更有效地干预相关政府部门的活动,戈林巧妙地任命劳工部国务秘书担任"劳动力使用"办公室主任,任命农业部国务秘书担任"农业生产"办

① J. Noakes & G. Pridham, *Nazism, 1919 - 1945: A Documentary Reader*, Vol. 2, pp. 281 - 287.
② Walther Hofer, *Der Nationalsozialismus Dokumente 1933 - 1945*, S. 86.

公室主任,把这两个部同"四年计划"紧密地纠结在一起,并逐渐蚕食它们的权限。

建立"赫尔曼·戈林国家工厂"(Reichswerke Hermann Göring)是组建"自给自足"经济体系过程中的标志性事件。由于阿尔萨斯—洛林地区在一次大战结束后划归法国,德国所剩的铁矿大多品位较低,绝大多数贫铁矿实际上已被废弃。为了达到钢铁资源的"自给自足",1937年7月23日,戈林以"四年计划"全权总办的身份发布一项政令,声称要组建一家开采和冶炼铁矿石的新公司,用以不计成本地开采萨尔茨吉特(Salzgitter)等地的贫铁矿。"赫尔曼·戈林国家工厂"初建时,仅拥有500万马克的临时资金,但到1938年,其资金总额就增加到4亿马克,其中2.65亿的原始股由国家认购,1.3亿的优先股由资本家认购。凭着这些急剧增加的资本,该公司从1938年开始收购其他公司的股票。当时的主要目标是成立于第一次世界大战期间的"工业企业联合股份公司"(简称"维亚克公司")。戈林工厂主要收购它属下的冶金企业。德国实施对外扩张后,戈林工厂利用自己的有利地位,大肆攫取占领区的工矿企业,实力急剧膨胀,由此戈林成为纳粹党党棍兼任新财阀的典型。1940年底,随着戈林工厂规模的急剧扩大,为了便于经营管理,将之划分成5个公司:赫尔曼·戈林工业公司,负责领导整个国家工厂;赫尔曼·戈林军需品与机器公司;赫尔曼·戈林矿产与高炉公司;赫尔曼·戈林内河航运公司;阿尔卑斯采矿公司。1942年,该垄断企业在德国本土和占领区共拥有117家工厂,69个采矿和冶金企业,156个贸易公司,46个运输企业,15个建筑企业和几十个其他企业。1943年总资产达到60亿马克。

从全国范围看,德国为落实自给自足政策究竟花费了多少资金,较难精确统计,一般认为大致在200亿马克上下。此类开支并非全部由国家承担,私营企业和私营银行也提供了相当数量的投资,国家只是对这些投资的盈利性和分期偿还提供了担保。

五、保护中小企业与经济集中化

中小企业对纳粹党的支持和参与,是纳粹运动得以发生发展的动力之一。希特勒就任总理后,中小企业主和工匠等社会阶层也重申了自己的诉求,要求纳粹党履行《二十五点纲领》第 16 条[1]的内容,打击大资本和大地产,维护小工商者的利益。在经济领域,"民族社会主义工商业中产阶层战斗同盟"(Nationalsozialistischer Kampfbund für den gewerblichen Mittelstand)成了这种诉求的主要代表者。该同盟把主要的打击目标指向商业领域的大资本——百货公司,经常组织抵制大百货公司和商业合作社的行动,通过各种途径干预它们的经营活动。这些行动很快影响到城市的经济生活,引发当局的干预。1933 年 5 月中旬,当局接连采取两个行动:12 日政府颁布《保护零售商法令》,规定 1934 年 7 月 1 日以前不得开设新的百货公司,现有的百货公司也不得扩大规模;13 日,国家经济专员、纳粹党经济处处长奥托·瓦格纳和"工商业中产阶层战斗同盟"主席特奥多尔·冯·伦特(Theodor von Renteln,1897—1946)联合发布指令:"工商业中产阶层战斗同盟是履行特殊经济使命的组织,同盟的领导者对这些使命负有全责。以下任务不属于这种使命:专员的任命;团体和工厂的调整;不当人选的免职与替换;对物价和企业活动的干预。这些任务已经授权给国家、地方当局、国家经济专员,以及它们的代理人。因此,严禁战斗同盟的所有官员采取未被授权的有关上述范围内的所有行动。违者将受到法律的惩处。"[2]

与此同时,纳粹党地方组织和冲锋队也在冲击百货公司,要求实施纳粹党纲第 16 条。为了阻止这些行为,赫斯于 1933 年 7 月 7 日向全党发出下述指令:"综观整个经济局面,党的领导机构认为目前采取打击百

---

[1] 其具体内容为:"我们要求建立和维护一个健康的中产阶级。我们要求立即将大百货公司充公,廉价租赁给小工商者,要求国家和各州在收购货物时特别照顾一切小工商者。"

[2] J. Noakes & G. Pridham, *Nazism*, *1919 - 1945: A Documentary Reader*, *Vol. 2*, p. 302.

货公司和类似企业的行动,暂时是不合适的。民族社会主义政府认为当务之急是尽可能帮助更多的失业人员找到工作并获得面包,因此,民族社会主义运动决不能采取行动让成千上万的工人和雇员失去工作,目前他们正在百货公司及其附属商店就业。民社党各下属组织必须严格禁止采取打击百货公司及类似企业的行动,直到获得新的通知。此外,民社党员也不许进行反对百货公司的宣传。"①

同年8月,政府采取更严厉的行动,解散"工商业中产阶层战斗同盟",代之以一个新的组织——"民族社会主义手工业、商业和小工业组织"(Nationalsozialistische Handwerks-, Handels- und Gewerbeorganisation,简称NS-Hago)。后者于1935年再次遭到改组,成为德意志劳动阵线(die Deutsche Arbeitsfront)属下的"全国德意志商业企业共同体"(Reichsstand d. Deutschen Handels)和"全国德意志手工业企业共同体"(Reichsstand d. Deutschen Handwerks)。②纳粹当局的这些行动在全国范围内阻止了对百货公司的暴力行动,使它们免于破产。然而,各地小范围的抵制行动还是经常出现。1933年圣诞节前夕,多特蒙德地方党组织就向全市党员发出呼吁,在反犹的旗帜下号召抵制百货公司:"我们要求全体党员和他们的亲属注意:有种族意识的德意志人,应该只到德意志基督徒商店里购买所有的节日用品,这些店主具有同我们一样的意识形态。有种族意识的德意志人支持德意志零售商店和德意志工匠。他们蔑视那些家伙,这些人竟敢从无视我们的血统价值和纲领神圣性的人那里为其他德意志人购买节日礼物。远离犹太人和犹太人的朋友!"③

地方党组织和零售商店主的态度在一定程度上影响了当局的政策,1934—1935年期间,政府采取了一些措施来满足小业主的要求,如《保护

---

① J. Noakes & G. Pridham, *Nazism, 1919-1945: A Documentary Reader*, Vol. 2, pp. 302-303.

② Christian Zentner & Friedemann Bedürftig, *Das Grosse Lexikon Des Dritten Reiches*, S. 409.

③ J. Noakes & G. Pridham, *Nazism, 1919-1945: A Documentary Reader*, Vol. 2, p. 304.

零售商法令》的有效期被延长，一直持续到 1945 年。纳粹党和政府的相关机构在采购物品时，对百货公司实施歧视政策，并对它们课以特殊税收。结果到 1938 年，零售商店的营业额恢复到 1928 年经济繁荣时的 93.7％，而百货公司的营业额仅恢复到 70.1％。政府还采取对犹太人的零售商店实施"雅利安化"的措施来排除德意志商店的竞争对手。仅柏林一地，就有 3700 家犹太人零售商店（约占总数的 1/3）被"雅利安化"。

当局还着手保护和控制工匠。1933 年 11 月 29 日，政府在与工业界代表反复磋商后，起草了《德意志工匠临时组织法》。根据该法规定，只有加入相关基尔特的手工业企业才被允许开业，同时对其中的"师傅"实施技术、人品和政治考核，颁发资格证书，规定只有"师傅"才能开业成为工场主。当时，只有 40％的工场主拥有"师傅"资格，因而此举在一定程度了保护了工匠的利益。在第二个"四年计划"期间，无雇工工匠的人数略有减少，从 165 万降低到 150 万。

就商业领域来看，纳粹统治时期，中小资本得到了恢复，而大资本的处境略差一些。1929 年德国零售商店营业额为 190 到 200 亿马克，1933 年为 100 亿—110 亿马克，1939 年达到 200 亿马克。相同年份德国大商店营业额指数分别为：全部商业企业：168，100 和 173；百货公司：183，100 和 129（1938 年）。[①]从中可以看出，到 1939 年，德国商业的营业额已经超过 1929 年的水平，其中零售商店的恢复与整个商业同步，而百货公司远未达到这一水平。

然而。从经济全局来看，大资本非但没有受到纳粹政权的实质性打击，反而在经济集中化过程中增强了实力。纳粹当局从巩固政权、维护秩序和加速扩军备战等角度出发，推动全国经济进一步朝着集中化的方向发展，采取了许多有利于大资本的举措。

---

① J. Noakes & G. Pridham, *Nazism, 1919 - 1945: A Documentary Reader*, Vol. 2, 1933 - 39, pp. 307 - 308.

当时的德国,已经是工业化领先的国家之一。工业生产占整个国民生产的 4/5,城市人口占总人口的 2/3,资本主义经营方式在工业、运输业、商业、银行和保险业中居于绝对统治地位。1933 年全国 174 家拥有资金 2000 万马克的大股份公司,占全部股份公司总数的 1.9%,但拥有的资本总数却达到 52.4%。纳粹统治时期,这种大垄断资本占统治地位的局面不仅没有改变,而且进一步加剧。1933—1939 年,股份公司的数目从 9148 家减少到 5353 家,即减少 43%,但平均每家的名义资金却从 220 万马克增加到 380 万马克。在此期间,名义资金超过 2000 万马克的大公司从 174 家增加到 669 家,其中资金 1 亿马克以上的特大公司达 25 家。

纳粹时期经济结构的集中化趋势,还涉及卡特尔和康采恩的发展,以及银行资本与工业资本的联合所形成的金融资本统治的加强。康采恩是当时德国常见的一种垄断形式。1932 年底,德国有 45% 的股份公司纳入康采恩,所控资金达到全部股份公司总资金的 84%;其中 981 家(占公司总数 10.1%)属于能够控制其他公司的积极合资股份公司,另外 3350 家属于被控制的消极合资股份公司。仅仅过了 3 年,即 1935 年底,纳入康采恩的公司数增加到占总公司数的 48%,所控资金达到 90%;其中能控制其他公司的积极合资股份公司减少到 822 家。1937 年 10 月,纳粹当局颁布法令,解散资本在 10 万马克以下的小股份公司,禁止创办资本在 50 万马克以下的新公司。此举致使大批小企业破产。仅 1936 年 4 月至 1938 年 4 月,就有 10.4 万名小企业主变成雇工。这种强化集中,使全国股份公司的数目,从 1933 年的 9148 家,减少到 1939 年的 5353 家,减少了 43%。在康采恩势力进一步发展的同时,伴随着工业生产“合理化”和“标准化”的进程,当局还推行康采恩专业化,即通过强制交换股票和限定产品范围,使原来跨越不同部门的康采恩集中到某一专业部门,从而提高它们在该专业部门的垄断能力。国家在分配军事订货时,主要交由这些大的垄断企业承包,并在分配原料、劳动力和信贷上给予种种优惠。

活动领域相同的康采恩企业,一般通过签订控制市场的卡特尔协定,以达到控制该领域的目的。所以,康采恩与卡特尔常常是同时存在的。德国1922年拥有1000多个卡特尔,经济大危机期间的1930年增加到2100个。纳粹党执政后,1933年7月15日颁布强制卡特尔化的法令,规定大康采恩可以强制组织新的卡特尔,或者迫使未参加的中小企业加入既有的卡特尔,还可以禁止在该领域内创建新企业或扩建老企业。对于某些卡特尔力量薄弱或不存在卡特尔的领域,纳粹当局就采取强制建立卡特尔的国家干预手段。因此,纳粹时期德国的卡特尔化加强了。由于总体垄断水平的提高,1937年卡特尔的数目减少到1700个。[①]

集中化进程在金融领域更为迅速。希特勒执政后最初5年,德国的银行、保险公司和交易所的数量,就从1932年的915家、平均每家资金420万马克,减少到1938年的513家、平均资金增至540万马克。从1937年底到1943年底,仅银行业就从248家减至222家,它们的平均资产从0.6亿马克增至2.02亿马克。银行对工业的控制加强。由于政府为筹措资金举办大规模公共工程和扩军备战,国债日益增多,金融资本不仅控制着工业,还控制着国家财政命脉。

六、企业领袖——追随者模式的"企业共同体"

纳粹党关于企业管理模式的基本设想,主要体现在未公开发表的1931年3月《关于经济政策的基本观点和目标》文件中。文件主张:未来企业内不搞民主,而是执行领袖原则;企业主是未来企业的领导者,应该获得单独决定权,但其权利同时会受到限制;国家保留对企业的干预权。

1933年5月19日,政府公布由劳动部长、经济部长、内政部长、财政部

---

① 卡特尔是生产集中化进程中一定阶段出现的一种垄断形式,当集中化再进一步发展,达到只有1—2个大垄断企业有效控制该领域的市场时,卡特尔组织也就没有必要了。

长以及希特勒联名签署的《劳动督察官法》(*Gesetz über Treuhänder der Arbeit*)。①文件规定在德意志劳动阵线的 13 个辖区(Bezirk)内各设置一名"劳动督察官","对缔结劳动合同的条件作出规定"。这样,原先的集体合同制被正式废除,制订劳动合同的权力通过劳动督察官移交给了国家。

1934 年 1 月 12 日,内阁会议通过《国民劳动秩序法》(*Gesetz zur Ordnung der nationalen Arbeit*),该法律被称为纳粹德国劳资关系的基本法,它打破了企业主和职工之间纯粹物质利益关系,把劳资关系摆到了一个带有社会伦理色彩的"新层次"。②这个新秩序的核心就是企业领袖—追随者模式的"企业共同体"。

《国民劳动秩序法》的内容共含四个部分。在第一部分中,法律恢复了企业主的一厂之主地位,规定"在企业内,企业主是企业领袖(Betriebsführer),职员和工人是追随者(Gefolgschaft),一起为推动企业目标、民族和国家的共同利益而劳动"。但是,企业主同时必须承担相应的义务,即"负责追随者的福祉";同样,工人作为追随者,要对企业主忠诚和服从。"关怀义务"和"忠诚义务"是该法律的重点,是企业共同体关系的基础。在第二部分中,法律对劳动督察官的地位、任务等内容作了规定。劳动督察官服从政府的方针政策,其任务是"维持劳动和平"。他们可以在产生纠纷或起诉时作出裁决;监督企业规章(Betriebsordnung)的执行情况;制定工资标准规章并监督其执行;完成劳动部长和经济部长委托的各项任务,经常向政府汇报社会政策发展,甚至拥有控制企业大规模裁员的特殊权力。第三部分规定,在 20 人以上的企业中,企业领袖必须为追随者制定企业规章,该规章及相关的工资标准规章必须张贴在向员工开放的地方,如果员工提出要求,必须向他们发放印刷本。企业规章的内容应包括每日劳动和休息时间的起讫点;提供劳动报酬的时

<hr>

① *Reichsgesetzblatt* I 1933. S. 285.
② Tilla Siegel, *Leistung und Lohn in der nationalsozialistischen „Ordnung der Arbeit "*, Opladen: Westdeutscher Verl. , 1989, S. 43.

间和方式;计件工资的计算原则;罚款的方式和上限;等等。第四部分涉及"社会荣誉审判权",这是纳粹当局引以自豪的内容之一。新劳动法引入了一个类似于道德范畴的词汇——"社会荣誉"(soziale Ehre)。规定:"企业共同体要求的社会义务受到严重损害将被视作违反社会荣誉,受到荣誉法庭的追究。这些行为包括:企业主、企业领袖或者监事会其他成员恶意利用追随者的劳动力或者侮辱其荣誉;追随者恶意伤害他人,威胁到企业的劳动和平,特别是作为信托人,有意干涉不属于其任务范围内的企业领导事务,扰乱企业内的共同体思想;企业共同体成员重复提出草率而又毫无根据的投诉,向劳动督察官提交申请,或者固执地违反劳动督察官的书面规定;未经许可,透露信托人的秘密任务、企业秘密或商业机密。"法律规定,在每个劳动督察官的管辖区域内设立一个"荣誉法庭",负责审理由劳动督察官提交的涉及社会荣誉的案件。荣誉法庭受理的诉讼案件,绝大部分被告是企业领袖,其次是监事会成员,只有极少数是工人和职员。①

随着德国经济进入"四年计划时期",组建"企业共同体"的工作也发生了一些小的变化,主要表现在劳动督察官的名称、任务和办事机构等方面。从 1937 年 4 月 1 日起,该职位改名为"国家劳动督察官"(Reichsteuhänder der Arbeit,本书仍简称"劳动督察官"),以突出其代表国家的权威身份和地位。当时,劳动力短缺现象日益严重,很多行业和地区的企业主都要求公开增加工资来吸引劳动力,追随者则通过降低效率甚至怠工的方式发泄不满,劳动纪律越来越涣散,有的甚至整天都不上班。因此,劳动督察官的任务不再是担心工资过低,而是要避免劳动力流动和工资过度增长。当时他们采取的措施分别为延长解约通知期、规定行业最高工资、清查集体合同并控制企业规章。

---

① *Reichsarbeitsblatt* II(1936). S. 67.

第二节 纳粹文教体制

一、文化控制与宣传机构

纳粹党非常重视宣传攻势和思想灌输。希特勒和戈培尔虽然未对宣传理论作出必要的阐述,然而对如何进行宣传却有一套较为系统的想法。他们的宣传思想成为纳粹当局宣传工作的指导思想。他们强调宣传是纳粹党全面控制国民的工具和手段,纳粹宣传可以不受科学和事实的束缚,主要诉诸于情感煽动,使用最具刺激性的词语,配合种种在视听感觉上的轰轰烈烈形象,制造狂热的群体效应。他们强调,要使情感煽动取得成功,必须了解宣传对象的心理,制造有形的敌人。同时,宣传应该简明和重复,内容永远都只有一正一反,爱或者恨,对或者错,真或者假,绝没有一半对一半错。①

纳粹德国的文化控制与宣传机构,分纳粹党和纳粹政府两大系统。

纳粹党的系统,主要是全国宣传指导处(Reichspropagandaleitung)。该机构成立于1928年,1929年起由戈培尔任宣传领袖,总部设在慕尼黑。下设文化总办公室和宣讲员事务总办公室等机构,前者负责监视和促进文化艺术中贯彻纳粹主义精神,后者下辖宣讲员处和宣讲资料处。纳粹党的宣讲员分全国、大区、县三级,挑选十分严格,必须是纳粹党的"老战士",又有一定宣传能力,共约近一万人。②全国宣传指导处从纵、横两条途径控制纳粹党的宣传系统。纵向系统是在各大区设大区宣传办公室,以下为县宣传办公室。横向系统,成立各级纳粹主义宣传与人民教育小组,由各分支组织和附属协会的全国、大区和县级代表组成,负责统一各级分支组织和附属协会的宣传口径。

---

① Adolf Hitler, *Mein Kampf*, Translated by Ralph Manheim, p. 159.
② Robert Edwin Herzstein, *The War that Hitler Won: The Most Infamous Propaganda Campaign in History*, London: Sage Publications, 1979, p. 144.

纳粹党独立于全国宣传指导处的另一宣传机构,是以奥托·迪特里希(Otto Dietrich,1897—1952)为首的党的新闻办公室,负责发布纳粹党全国性活动的消息,并监视纳粹党内所有的机关报刊的宣传内容。迪特里希身兼三职:纳粹党新闻领袖、政府国民教育与宣传部新闻司司长、希特勒的新闻发布官。其第三个职务使他能直接了解希特勒的宣传意图而具有独特地位。迪特里希在各大区和县都建立自己的新闻办公室,全面控制当地的党报宣传。1942 年这类新闻办公室达到 882 个。

1934 年 1 月,阿尔弗雷德·罗森贝格(Alfred Rosenberg,1893—1946)被希特勒任命为新设立的纳粹党世界观学习教育监察处处长,负责监管纳粹党党员的思想教育和培训事务。该机构成为纳粹党又一个实施思想控制的机构。早在 1929 年,罗森贝格曾组建过"德意志文化战斗同盟",它的宗旨是鼓吹希特勒关于德意志文化的思想,宣扬种族原则是人类生存的基础,强调雅利安人创造了全部人类文化,鼓吹在文化领域排除犹太人的影响。该同盟原先属民间文化团体性质,1937 年 7 月希特勒指示它负责倡导复兴"德意志文化",从此成为罗森贝格控制文化活动的工具。

政府系统的国民教育与宣传部成立于 1933 年 3 月,由戈培尔任部长。在政府系统中设立该部,是纳粹党一贯的想法,在 1932 年的组阁谈判中,曾经多次涉及这个问题。1933 年 3 月 5 日国会大选结束后,纳粹党借着选举获胜的余威,再次向内阁施压,强使它于 3 月 13 日批准关于建立国民教育与宣传部的政令。该部作为一个新设立的机构,一方面反映了纳粹当局对宣传工作的重视,另一方面也必定会从其他现有部门中"蚕食"各种职责:其对外宣传的职责来自外交部;监管出版、广播和文化活动的职责来自内政部;监管旅游业的职责来自交通部。戈培尔自豪地声称,该部的设立是一个革命性的步骤,它代表"政府与人民之间形成了一种新的结合"。同年 3 月 15 日,他在一次演说中诠释了该部所追求的目标:"首先,所有的宣传手段和通过国家鼓动民众的所有机构,都必须集中在一起;其次,必须将现代的情感融入到宣传技巧中,使宣传能与时俱进。技术手段不能脱离国家的控制,国家必须与技术同行。我们需要最先进的东西。在我们生活的时代,政策需要得到民众的广泛支持……国家宣传的重要任务就是把复杂的事情简单化,让街道上的每一个人都能理解。"①该部的官员和工作人员大多来自纳粹党的宣传指导处,起初设有 7 个司:预算与管理司、宣传司、广播司、新闻司、电影司、戏剧司、民众教化司。以后又增设了音乐、艺术、文学等司,到 1941 年发展到 17 个司。但此后又作了合并调整。国民教育与宣传部对文化界的知识分子头面人物,均立有专案,其中附有详细的调查材料,包括有关这些人对纳粹制度态度的告密材料。

国民教育与宣传部的地方机构为地方宣传办公室,1933 年 7 月初设立时总数 31 个,1937 年经过调整,扩充到 42 个。一般设在纳粹党的大区一级。地方宣传办公室分设行政、宣传、新闻、文化等处。它们负责收集本地区的民情资料,以"报告"和"行动报告"两种形式上呈国民教育与宣传部。两者的区别在于后者进一步提出相应的对策和行动建议。地方宣传办公室的负责人经常去柏林,听取戈培尔的宣传指示和纳粹高层领导人的政治、军事、经济等形势报告,作为在本地区开展宣传活动的依据。

1933 年 9 月 22 日,在政府一手控制下,成立了半官方的文化控制机构"全国文化总会"(Reichskulturkammer),由戈培尔任会长。全国文化总会得到政府充分的财政资助,下辖文学、音乐、电影、戏剧、广播、美术、新闻七个协会。②各协会的会长由国民教育与宣传部的高级官员或亲纳粹的文化人担任。总会的目的是保证所有的文化活动都符合纳粹主义思想。章程规定,只有具备雅利安血统并在政治上同国家保持一致的人,才能参加总会所属的协会,只有会员才能从事文化工作,包括"生产、复制、在思想上或技术上加工、传播、保护、推销以及协助推销文化财富"

---

① J. Noakes & G. Pridham (ed.), *Documents on Nazism*, *1919 - 1945*, pp. 333 - 334.
② Walther Hofer, *Der Nationalsozialismus Dokumente 1933 - 1945*, S. 95.

的工作。总会及其下属协会的决议和指示,对会员具有法律效力。不参加或者被开除出有关协会,就等于被禁止从业,这些人不能演出,不能发表作品,得不到购买油彩的票证。① 1939年总会共有成员6.5万人。

纳粹当局特别重视对新闻报刊系统的控制。1933年10月4日,政府颁布《报刊法》(*Schriftleitergesetz*),规定新闻业是一种受法律管理的"公共职业",只有符合各种条件的人才能担任编辑,同时还明确规定编辑们"要使报刊上不得有任何误导群众、假公济私、可能削弱德国的外在或内在力量、德国人民的共同意志、德国的国防和其他文化与经济……或者有损德国荣誉和尊严的东西"。②

政府直接主持新闻发布工作,从源头上把握住宣传口径。1933年3月,随着国民教育与宣传部的设立,这项工作就由该部的新闻司主持,通过"语言训令"和"每日指示"等形式向各报社发布每日的宣传口号和内容。据《法兰克福报》长期出席新闻发布会的人士弗立茨·赛恩格(Fritz Sänger,1901－1984)回忆,希特勒执政初期,新闻发布会在每个工作日的中午12时举行,而在战争时期,则增加了第二次会议,一般在下午5时举行,有时则更晚,甚至迟至第二天凌晨。在例行以外的时间,一般通过电话或电报通知。③对偏远地区,则用电报或信件发出相应指令。各报社必须根据这些指示,取舍新闻消息,拟定标题内容,撰写有关社论。当局还着手归并通讯社,以便于加强控制。1934年,原大陆电讯社和联合电讯社合并成德意志通讯社(Deutsches Nachrichtenbüro,缩写DNB),作为国民教育与宣传部属下唯一的官方通讯社和德国报刊与广播电台的主要新闻来源。

在当局的压力下,自由主义报纸《伏斯日报》在连续发行230年后,于1934年4月1日停刊。1936年底,试图保持一定独立性的《柏林日报》闭馆。自由主义报刊《法兰克福报》和《德意志周刊》,由于具有较大的国际影响,才得以幸存,但其独立性日益缩小。与此同时,纳粹党所拥

---

① J. Noakes & G. Pridham (ed.), *Documents on Nazism*, *1919-1945*, pp. 338-339.

② Ibid., pp. 336-338.

③ Ibid., p. 334.

有或控制的报刊数量却急剧增加。马克斯·阿曼曾在纽伦堡法庭上供认:纳粹党当政后,许多像乌尔施坦因出版公司那样由犹太财团或与纳粹党敌对的政治、宗教财团所拥有或控制的出版公司,都被迫把他们的报刊或资产出卖给纳粹党的埃耶出版社(Eher - Verlag)。埃耶出版社则就势扩展成为德国报刊出版业的垄断者。1933 年,全国报刊的种类繁多,纳粹党虽则拥有 120 种报刊,但仅占其中的 2.5%。到 1944 年,全国仅剩 977 份报纸,而纳粹党报刊不断增加,仅马克斯·阿曼控制的报纸就占总数的 82%。[1]

　　德国的广播业本来就由国家垄断,1925—1926 年间成立的德国广播公司,51%的股份属国家所有,政府设有广播专员掌管其事。纳粹当局非常重视广播的宣传功能。戈培尔认为,19 世纪是报刊的世纪,20 世纪则是无线传播的世纪,广播已经成了社会的第八权力。他声称,广播是最现代化的工具,能够有效地影响民众,"我相信广播将最终取代报纸"。[2] 1933 年 1 月 30 日希特勒就任总理那天,纳粹党人威廉·弗里克利用自己担任的内政部长职务,通知全国和各州的广播专员,要求各个广播电台都要播放庆祝"民族团结政府"诞生的火炬游行盛况。然而就在当天晚上,巴伐利亚州的广播节目被临时中断,因为州政府认为,这种节目涉嫌用于政党的政治目的。戈培尔大为恼火,决心尽快抢占广播业的垄断权。在戈培尔的劝说下,希特勒于 1933 年 6 月 30 日颁布政令,明确将全国广播业的控制权授予国民教育与宣传部。1934 年 4 月 1 日,全国的广播业合并成"全国广播公司",隶属于宣传部第三司,各州的广播电台以"国家广播站"的名称成为该公司的分支机构。此后,广播的内容越来越统一,各地的广播电台实际上成为全国广播电台的转播台。

　　广播宣传的另一端为收听方。政府从 1933 年起就加紧生产收音机。当时设计了两种型号收音机:一种型号的售价为 75 马克,另一种型

---

[1] Robert Edwin Herzstein, *The War that Hitler Won: The Most Infamous Propaganda Campaign in History*, p. 171.

[2] J. Noakes & G. Pridham, *Nazism, 1919 - 1945: A Documentary Reader*, Vol. 2, p. 385.

号被定名为"大众收音机"(Volksempfänger),售价仅为 35 马克,但接收不到外国的广播节目,深受政府的青睐。仅 1933 年一年,德国收音机的产量就达到 150 万台。到 1939 年,全国的收音机总数达到 1082 万台,拥有收音机的家庭比例高达 70%,为 1932 年的 3 倍,在全世界处于最高水平。[①]对一时还得不到收音机的家庭,则采取在公共场所放送广播节目的办法。一时间,工厂、学校、办公室、咖啡馆等地都响起了纳粹的宣传声波。戈培尔很快发现集体收听广播节目的效果能超过家庭收听,具有一种类似群众集会的效用。他强调,民族社会主义者把广播列入"每日活动的中心;他们有意识地使广播具有倾向性,使它积极地、无条件地为新政权服务"。[②]于是,集体收听有线广播的办法被越来越多地使用。1934年 3 月 16 日,美因河畔法兰克福附近的新伊森堡(Neu - Isenburg)地方报纸曾刊出这样的公告:"3 月 21 日星期三,元首将从中午 11 时至 11 时50 分,向全国各地的广播站发表演讲。根据大区党部的规定,地区党部已经命令所有的工厂、百货公司、办公处、商店、酒馆和街区,都要在这一时间之前安装好高音喇叭,以便让所有的劳动者和民族同志都能充分参与到这一聆听活动中去。"[③]为了改善集体收听的效果,当局不惜花费巨资实施技术改造。1938 年夏天,布雷斯劳城竖起了第一根大型"声柱",以后其他地方纷纷仿效,全国很快出现了数以千计的"声柱"。国民教育与宣传部官员将这些"声柱"称作"动员民众的直接与快速通道"。[④]对于来自国外的广播,尤其是反法西斯的报道,当局采取严格的隔离措施,设立大量干扰电台,以严刑威胁,禁止民众收听。

电影作为一种新颖的传播媒介,受到纳粹当局的高度重视。1934 年 6月 16 日,成立了"全国教育电影中心"(Reichsstelle für den Unterrichtsfilm),[⑤]

---

① J. Noakes & G. Pridham, *Nazism, 1919 - 1945: A Documentary Reader*, *Vol. 2*, p. 386.

② 卡尔·迪特利希·埃尔德曼著:《德意志史》,第四卷上册,第 507 页。

③ J. Noakes & G. Pridham, *Nazism, 1919 - 1945: A Documentary Reader*,. *Vol. 2*, p. 386.

④ J. Sywottek, *Mobilmachung für den totalen Krieg*, Cologne: Westdt. Verl. ,1976, S. 31.

⑤ David Welch, *Nazi Propaganda: the Power and the Limitations*, Basking Ridge: Croom Helm Barnes & Noble Books, 1983, p. 66.

负责监控和分配教育电影给影院和学校。1940 年,该中心改名为"全国科学与教育电影及映画中心"(Reichsanstalt für Film und Bild in Wissenschaft und Unterricht,缩写 RWU),隶属于教育部,主管电影、幻灯片以及留声机在教学中的应用。教育部的公告解释说:"幻灯片和可视设备的运用将解放灵魂,唤起最深层的鲜活的精神力量,为我们准备一个崭新的完整生活图景。"[①]该电影中心在各地设有分中心,截至 1943 年,各地共建有大区(省级)分中心 37 所,分区(市县级)中心超过 1200 所。分中心的管理部门负责获取影片,安排分配放映,并提供相关图书资料和设备。进行电化教学的教师,首先要在这些中心里接受指导。以后在戈培尔的推动下,纳粹党也设立了相对独立的"大区与分区电影中心"(Gaufilmstellen und Kreisfilmstellen),试图以此摆脱电影中心归政府管辖的局面。然而事实上,这两类中心的工作常常是相互配合进行的,只是稍有分工,党的电影中心负责放映政治电影,而政府的电影中心则负责放映教育电影。

从 1934 年 6 月 22 日起,政治宣传电影也开始在学校里放映。根据规定,教育电影可以在任何需要的时候放映,但 1 年至少必须放 4 次,而政治电影则每个月放 1 次。放映政治电影之前,必须先上一些预备课程,使学生容易理解政治宣传的内容。放映之后还要进行考试,以加强对主要内容的记忆。[②]

在校外,戈培尔在希特勒青年团的配合下,设立了"青年电影时间"(Jugendfilmstunden)制度。希特勒青年团成员只需交纳 15 芬尼的会费,就可以在固定时间进入电影院看电影。这一活动起始于 1934 年 4 月 20 日。初时每月放映 1 次,不定期放映。1936 年改为每周 1 次,周日放映。为了保证农村地区也能看到电影,纳粹党还组织了 1500 支流动电影放映队。据调查,1933 年,14—18 岁青年中,16.6% 每周看 1 次电

---

① Claudia Koonz, *The Nazi Conscience*, Cambridge:Belknap Press, 2003, p. 152.
② David Welch, *Nazi Propaganda: the Power and the Limitations*, pp. 70 - 71.

影,48.9％每月 1 次,34.5％一年只去电影院 9 次或更少。1943 年的另一份调查则显示,10—17 岁的 686 名男孩和 1200 名女孩中,22.05％每周看 1 次电影,71.73％每月 1 次,只有 6.22％的人一年少于 9 次。[①]

　　纳粹当局非常注意利用反馈渠道掌握民众的心理和对纳粹宣传的反应,以便及时调整宣传重点,改善宣传手法。其利用的反馈渠道主要包括:国民教育与宣传部宣传司的报告;42 个地方宣传办公室的报告;各级纳粹党组织的宣传机构的报告;党卫队保安处的《全国简报》。在这些反馈渠道中,最重要的是《全国简报》。该简报作为绝密材料,每星期两次分发给为数不多的纳粹高级官员参阅。通过各种反馈渠道,戈培尔等纳粹头目在一定程度上掌握了民众的心理状态,作为下一步宣传工作的依据之一。同时,这些信息也会成为监控镇压机构迫害民众的情报。

二、文化荒漠

　　纳粹当局以纳粹主义的"世界观"和政治需要对文化进行控制和摧残,使魏玛时期呈现出的文化繁荣景象很快消失。戈培尔曾经强调,纳粹事业千秋大业,务必先剔除"陈腐",把破坏现存文化放在第一位。从整体而言,纳粹领导集团的文化素养很低,对文化建设兴趣甚少。纳粹统治时期德国文化遂一落千丈,形成"文化荒漠"。

　　1933 年 3 月初,在纳粹主义思想的影响下,一些大学生组织和希特勒青年团,开始自发地准备焚烧"非德意志文化"的书籍。5 月 10 日晚,这场闹剧终于正式开幕。在柏林洪堡大学对面的广场上,2 万册书籍被扔进熊熊烈焰。趁此机会,戈培尔向学生们发表讲话,他的声音还通过电波传向全国各地:"学生们,全国的先生们女士们:极端的犹太理智主义的时代已经结束,德意志革命已经成功地深入到德意志精神的领域……你们正在将过时的罪恶精神推进熊熊烈焰。这是一个伟大、有力、具有象征意义的行动,它向全世界证明,十一月共和国的精神基础已

---

① David Welch, *Nazi Propaganda: the Power and the Limitations*, p. 78.

被摧毁……在这些灰烬中,将升腾起新的精神体系的火凤凰……过时的精神正在被焚毁,新的精神将伴随着烈火在我们的心中升起……我们在烈火前的誓词是:国家、民族和我们的元首阿道夫·希特勒,万岁! 万岁! 万岁!"①其他的大学城也纷纷安排"焚书日"。政府不仅以 1933 年 2 月 4 日的《关于保护德国人民的总统法令》关于警察有权没收其内容可能危及公共秩序的出版物的规定为焚书行为作辩护,而且把焚书称颂为一项"反非德意志精神的行动"。

　　被焚书籍的范围,按照当时的规定,以焚书的目的为导向,包括:反对阶级斗争和唯物主义,巩固民族共同体和理想主义境界。被焚书籍作者为马克思(Karl Marx, 1818—1883),考茨基(Karl Kautsky, 1854—1938);反对颓废和道德堕落,在家庭和国家中强调纪律和伦理。被焚书籍作者为海因里希·曼(Heinrich Mann, 1871—1950),恩斯特·格莱泽(Ernst Glaeser, 1902—1963),埃里希·凯斯特纳;反对思想流氓(Gesinnungslumperei)和政治变节者,提倡奉献于国家和人民。被焚书籍作者为弗里德里希·威廉·弗尔斯特(Friedrich Willhelm Förster, 1869—1966);反对过度夸大人类的动物特性,提升人类精神的高贵性。被焚书籍作者为弗洛伊德学派,《蜡制面像》(Imago)杂志;反对歪曲德国历史并贬损其英雄人物,提倡敬畏历史和先人。被焚书籍作者为埃米尔·路德维希(Emil Ludwig, 1881—1948),维尔纳·黑格曼(Werner Hegemann, 1881—1936);反对带有民主—犹太印记的孤独的新闻从业者,提倡积极地加入到民族复兴的事业中去。被焚书籍作者为特奥多尔·沃尔夫(Theodor Wolff, 1868—1943),格奥尔格·贝恩哈德(Georg Bernhard, 1875—1944);反对以文学形式贬损第一次世界大战的兵士,加强对国民实施军事精神的教育。被焚书籍作者为 E. M. 雷马克(E. M. Remarque, 1898—1970);反对刚愎地毁损德意志语言,保护好民族最珍贵的遗产。被焚书籍作者为阿尔弗雷德·克

---

① J. Noakes & G. Pridham (ed.), *Documents on Nazism*, 1919 - 1945, pp. 344 - 345.

尔(Alfred Kerr，1867—1948)；反对自大和专横，尊崇不朽的德意志民族精神。为被焚书籍作者为图霍尔斯基，奥西茨基（Carl von Ossietsky，1889—1938）。[1]

纳粹当局还有计划地迫害和驱逐所谓"制造和传播非德意志精神"的文化人。1933 年 8 月，政府公布第一批被革除国籍、成为不受法律保护者的名单。至 1936 年底，共公布七批名单，近 300 名文化人被迫流亡。1937 年起，纳粹当局进一步加快迫害的步伐。到 1938 年底，共有 84 批、约 5000 名科学文化人士被迫流亡。他们当中包括爱因斯坦（Albert Einstein，1879—1955）、海因里希·曼和托马斯·曼、瓦尔特·格罗皮乌斯、米斯·范德尔罗厄（Mies van der Rohe，1886—1969）、凯绥·珂勒惠支、贝托尔特·布莱希特和瓦尔特·梅林等。盖世太保直接加入了禁书和迫害文化人的行动。据 1937 年 2 月 15 日杜塞尔多夫（Düsseldorf）盖世太保办公室的一份报告称，从 1936 年 9 月 8 日至 11 月 14 日，区内有 38 名盖世太保成员参加了禁书行动，他们搜查了全区 898 家中 2/3 的书店，共没收 37040 册书籍。[2]

随着纳粹专制统治的日益加强，禁书的范围也越来越大。1938 年 12 月 31 日，当局集中采取了一次禁书行动，据行动报告称，被没收的书籍涉及 18 个类别。除了此前早已明确列入的如德文版马克思主义文学作品、境外反对纳粹主义和第三帝国的作品、具有和平—自由倾向的作品外，还增加了不少类别，如：基督教营垒内反对纳粹主义意识形态和极权国家野心的文学作品；将会对纳粹主义"基本价值"造成"损害"和"歪曲"的德语文学作品；批评纳粹政府立法程序的作品；歌颂恩斯特·罗姆和奥托·施特拉塞尔周围"叛国者"的作品；"反动民族主义（即君主主义）文学"作品；不利于外交政策的作品；有损德国军事防卫能力的作品；涉嫌削弱种族实力（鼓吹生育控制）的

---

[1] J. Noakes & G. Pridham, *Nazism, 1919–1945: A Documentary Reader*, Vol. 2, p. 402.
[2] Ibid., p. 404.

作品；任何种类的犹太人作品。①

文学领域受到的摧残更为严重。二十年代兴起的文学现代主义流派，如"马路文学"，被当作"文学布尔什维主义"遭到禁止。纳粹德国文学协会在魏玛城定期举行作家集会，向作家们提出新的写作任务，即鼓舞民众投身于德意志民族的事业，推崇"血与土"的种族主义偶像，标榜"人民"与"战斗"文学的写作范例。每部文学作品或剧本都必须先送交国民教育与宣传部审查。在种种压力之下，一部分作家流亡国外，失去自己的语言区，另一些则实行"内心流亡"，即拒绝写作，或继续按自己的意愿写作而不出版。德国著名的表现主义诗人戈特弗里德·贝恩(Gottfried Benn，1886—1956)，在希特勒执政之初曾经颂扬纳粹国家具有很高的行政效率，声称"完全拥护新国家"。②当他在1933年底认清自己的迷误时，即被纳粹当局当作"蜕化分子"加以贬斥。到1938年，他被德国文学协会公开除名并禁止写作。为了排斥西方民主国家的文化"渗透"并催生纳粹主义的文化作品，政府于1937年禁止德国人接受诺贝尔奖，并先后设立了自己的奖项。1935年，教育部借5月9日席勒逝世130周年的机会设立"席勒奖"，准备表彰以"民族社会主义精神"写作的德国剧作家。然而，由于当时距离纳粹上台的时间不长，评选委员会竟然挑不出既符合这一政治标准，在艺术上又不至于太丢脸的作品，只得宣布获奖者空缺。③1937年当局又设立了"德国国家艺术及科学奖"。④

电影业暂时仍然维持以私人电影公司为主的局面，但都被置于宣传部电影司和全国电影协会的严格控制之下。戈培尔对电影的选

---

① J. Noakes & G. Pridham, *Nazism, 1919 - 1945: A Documentary Reader*, Vol. 2, p. 405.
② 卡尔·迪特利希·埃尔德曼：《德意志史》，第四卷，上册，第502页。
③ J. Wulf, *Literatur und Dichtung im Dritten Reich: Eine Dokumentation*, Frankfurt/M.: Gütersloh, 1963, S. 255.
④ 恩斯特·约翰、耶尔格·容克尔：《德意志近百年文化史》，史卓毅译，陕西人民出版社1986年版，第115页。

题、演员、导演、剧本都握有生杀大权。每部新影片公映前，都要在其家中放映。欧洲战争爆发后，戈培尔把全国所有制片厂和发行单位都并入纳粹分子掌握的宇宙电影公司，使其共有 17 个制片厂，实现从胶片生产到拍摄发行的"一条龙"控制。纳粹时期拍摄的故事片，有 14％纯属直接为纳粹政治宣传服务的，其中包括《希特勒青年团员克韦克斯》(Hitlerjunge Quex)和《犹太人绥斯》(Jud Süß)等臭名昭著的影片。对于能用以歌颂纳粹政权光辉"成就"的纪录片，纳粹当局不惜重金，力争提高拍摄质量。其中，最具代表性的是《意志的胜利》(Triumph des Willens)和《奥林匹亚》(Olympia)两部纪录片。前者记录了 1934 年纳粹党集会性代表大会的场面，由 120 人组成拍摄组，使用多种摄影手法拍成。后者记录 1936 年柏林奥运会，拍摄完毕后又花了一年半时间从事后期制作，1938 年 4 月 20 日作为希特勒生日献礼推出。这两部影片在拍摄艺术上有所创新，前者在威尼斯电影节和巴黎电影节获得大奖，后者在威尼斯电影节获一等奖，1948 年再次受到国际奥林匹克委员会嘉奖。它们都被纳入纳粹政治宣传的轨道。当局还拍摄了大量用于政治宣传的"每周新闻片"。这种片子制作周期短，宣传性强。拷贝数从 1939 年平均 700 部，增至 1942 年的 2000 部。①这种政治性新闻片一般安排在故事片之前放映。在僻远的农村，则由纳粹党的电影宣传系统负责放映。该系统由全国宣传指导处所属电影办公室领导。当局在各地设置了各种等级的电影宣传办公室，1939 年共达约 3.1 万个，所放影片基本上服从政治需要。②

　　在造型艺术方面，纳粹党执政后，身为"德意志文化战斗联盟"领袖和"纳粹党文化和世界观教导事务特别代表"的罗森贝格激烈反对现代主义文化，把建筑上的"鲍豪斯学派"、抽象派绘画、无调性音乐、

---

① Robert Edwin Herzstein, *The War that Hitler Won: The Most Infamous Propaganda Campaign in History*, pp. 233, 268.

② H. W. Koch(ed.), *Aspects of the Third Reich*, London: Macmillan, 1985, p. 113.

爵士乐和"马路文学",都斥之为"文化布尔什维主义"加以打击。希特勒尽管粗通艺术,但其审美观基本上停留在少年时代的艺术潮流中,并利用独裁体制,凶猛打压现代主义流派。1935年,他在纳粹党党代会上说:"每年都在翻新。一会儿是印象主义,过不了多久便是未来主义、立体主义,当然还有什么达达主义。"他把这一切都称作"有毒的花朵"和"霉菌",是资产阶级颓废精神的具体表现。他号召要以法西斯主义"纯洁、健全的本能"来抵制现代的"艺术败坏者"。

在希特勒的号召下,由全国美术协会主席阿道夫·齐格勒(Adolf Ziegler,1892—1959)具体组织,纳粹政权发动了一场"清理艺术殿堂"运动,要将所谓有害于民族共同体的"资产阶级颓废艺术"轰出德国社会。全国公私博物馆都遭到"清理",一切处于纳粹标准之外的绘画都被"剔除",其中包括塞尚、凡·高、马蒂斯、高更、毕加索等人的作品。1935年,纽伦堡作了一次预演,当地纳粹党大区举办了名为"颓废艺术"(Entartete Kunst)的展览会。1937年,纳粹政权在全国艺术中心慕尼黑做了两件大事。一件是"德意志艺术宫"(Haus der Deutschen Kunst)落成展览"大德意志艺术展览会"。它大力张扬纳粹当局所推崇的"现实主义风格",把大部分绘画降到宣传画的水平,诸如"德意志工人"、"德意志农民"、"德意志士兵"、"德意志家庭"等主题的绘画,都是千篇一律的货色。另一件则是开设"颓废艺术"展览会。它将纳粹党重点打击的五千多件现代主义艺术作品作为"反面教材"拿出来公示。具有讽刺意味的是,前一个展览会上观众寥寥,而后一个展会上观众却拥挤不堪。

除了绘画,其它领域的现代派也遭到打击。希特勒上台当年,著名的"鲍豪斯建筑学院"被扣上"文化布尔什维主义"的帽子,被迫解散,大量教师和学生流亡美国和欧洲各国。建筑领域普遍采用希特勒所欣赏的庙堂式、具有希腊式圆柱和罗马式立面的风格。讽刺文学剧团"胡椒磨"被赶出国门。"坟窟"剧团演出的剧目,语言风趣,寓意深刻,深受观众喜爱,但由于经常讥诮时弊,遭警察查禁,主要演员被送进集中营。

在音乐方面,魏玛时期德国曾出现过以《春之祭》为代表的无调性音乐。这些反传统的音乐流派和外国传入的爵士音乐,在纳粹时期都遭到禁止。只有古典音乐得到保存。但是,因不少优秀的音乐演奏家流亡国外,音乐演奏水平下降。同时,实施禁锢的结果,使德国音乐传统得不到发展。德国古典戏剧保持了原有的水平,现代戏剧则受到严格控制,水平一落千丈,观众日益减少。

在自然科学领域,纳粹当局否认科学的世界性,大力推崇所谓"德意志科学",竭力排斥"非德意志科学",整个学术水平遭到严重破坏。由于爱因斯坦是犹太人,他的学说就被斥责为"犹太民族用来毁灭北欧科学的一种工具"。一些被看作能直接服务于纳粹当局的学科,如种族学、政治教育学、军事学等,出现畸形发展。生物学、心理学等则按照纳粹理论的需要,大幅度篡改,灌入种族主义的内容。

三、纳粹教育思想

纳粹当局把教育提高到使纳粹事业能够持久延续下去的高度。1934 年 12 月 18 日,内政部长弗里克颁布政令,规定"学校的主要任务,是教育青年一代以民族社会主义精神为民族和国家服务"。[1]为了实现这一目标,纳粹当局强调国家必须掌握教育全权。

当局认为,培养合格的纳粹接班人,首先要把体格锻炼放在首位。希特勒在《我的奋斗》中表示,青年有了强健的体魄,才能具有唯我独尊的自信心,坚强的毅力和灵敏的决断能力,由此推动"整个民族表现出伟大的意志力",民族就能得到复兴。当局所说的德育,是纳粹主义的政治教育。主要是强调培养青少年忠诚于领袖,具有为实现纳粹主义而奋斗

---

① J. Noakes & G. Pridham (ed.), *Documents on Nazism*, 1919–1945, pp. 351–352.

的坚强意志,顽强毅力与责任心,勇猛好斗,不重私利,勇于为纳粹事业牺牲一切。① 智育被降到次要地位。希特勒认为,在政治家中间,"知识水平越高,其事业上的成就就越小"。"只受过普通教育,但体格健全、性格坚强、富于自信心与意志力的国民,要比学识湛深但体质虚弱者对民族共同体更有价值"。②在这一思想的指导下,希特勒要求青年一般到中学毕业即可,同时中小学要大幅度削减知识课程,增加体育锻炼与政治训练的时间。希特勒还要求更改知识课程的内容,如历史课,不求历史知识的系统,主要应强调种族斗争,宣扬德意志历史上的民族英雄,以激发爱国主义热情。

纳粹德国主管教育的机构很多,其权力范围错综复杂,互有交叉。全国政府原先不设教育部,教育事务由各州政府主管。希特勒当政后,利用联邦体制被取消和政府改组的机会,于1934年5月新设全国科学、教育与国民教育部。1935年1月,又把两个部门合并为德国和普鲁士科学、教育与国民教育部,各州的文教部成为其下属机构。1939年,它又成立"全国考察办公室",负责考察教师的受训事务,从而又增添了一条控制渠道。全国各学校使用的教科书和教学辅助用具,则由菲利普·布勒(Philipp Bouhler,1899—1945)主管的纳粹党官方文献审核处负责审查。纳粹德国的社会教育,分别由下述机构和人员主管:负责全国政治教育的纳粹党全国组织领袖罗伯特·莱伊;全国青年领袖巴尔杜尔·冯·席拉赫(Baldur von Schirach,1907—1974,此人1940年辞去全国青年领袖一职后改为兼任主管青年教育的全国领袖);纳粹党监督整个思想和世界观学习与教育工作的元首特派代表阿尔弗雷德·罗森贝格。党卫队则负责管辖特种学校中的民族政治教育学院(Nationalpolitische Erziehungsanstalten,缩写NPEA),简称"那波勒"(Napola)。多头干预的实际结果,是当局的干预力度遭到削弱。

---

① Adolf Hitler, *Mein Kampf*, Translated by Ralph Manheim, p. 178.
② Ibid., pp. 166,172.

四、学校教育

纳粹头目们希望未来的德国大学是产生新类型的学生、新类型的教师和新概念的学者的地方,[①]他们指责现有的德国大学是"玩弄学术"的地方。1933 年 2 月鲁斯特就任普鲁士文教部长不久,就夸口要在一夜之间"使学校不再成为玩弄学术的机构"。同年 5 月,他在柏林大学的教授会议上要求大学教师把更多的精力放在培养学生上面,强调指出:"我们必须清楚地知道,德国大学有两个任务。大学不仅要从事科学研究,也是实施教育的地方。"[②]此后,全国高校的纳粹一体化进程进一步加快。

高等院校的领导体制发生变化。大学的自治地位被取消,校长和系主任由政府部长任命,大学评议会和各系仅仅保留咨询权。大学内部推行"领袖原则",校长和系主任在自己管辖的范围内拥有全权。领导体制的改变往往同安插纳粹骨干结合在一起。著名的柏林大学竟由一名兽医担任校长,因为该兽医是冲锋队员。他下令在柏林大学开设 25 门种族学方面的课程和 86 门同兽医有关的课程。[③]

大学教师队伍中的犹太学者、自由主义学者和社会民主主义学者很快失去教职。据统计,纳粹党执政不久,全国有 14.3％的大学教师和 11％的大学教授(约 1200 人)被解雇,而在教育学院一级,全国竟有 60％的讲师被解职。[④]在 5 年内,官方学术机构中 45％的成员被更换。[⑤]其中,包括 20 位曾经或以后获得诺贝尔奖的学者。被免职的教师中,约 1/3 出于种族原因,其余为政治原因。[⑥]

纳粹党在大学里发动群众性的清洗运动。1933 年 4 月 13 日,民族

① J. Noakes & G. Pridham, *Nazism*, *1919 – 1945: A Documentary Reader*, Vol. 2, p. 439.
② Jeremy Noakes & Geoffrey Pridham (ed.), *Documents on Nazism*, *1919 – 1945*, p. 349.
③ Louis L. Snyder, *Encyclopedia of The Third Reich*, p. 358.
④ J. Noakes & G. Pridham, *Nazism*, *1919 – 1945: A Documentary Reader*, Vol. 2, p. 431.
⑤ Louis L. Snyder, *Encyclopedia of The Third Reich*, p. 358.
⑥ J. Noakes & G. Pridham, *Nazism*, *1919 – 1945: A Documentary Reader*, Vol. 2, pp. 443 – 444.

社会主义德意志大学生联盟在全国各大学张贴一份题为《反对非德意志精神》的大学生 12 条守则，其中称："犹太人只会像犹太人那样思维，他如果写德语，那他就是在撒谎……非德意志精神应一律从公共的书店中彻底清除。"① 1931—1932 年间，民族社会主义德意志大学生联盟在很多学校的学生会选举中占了优势。纳粹掌权后，当局更注重唆使大学生起来充当大学清洗运动的打手。受利用的大学生按照纳粹的政治观点对教师实施监督，对所谓具有"非德意志精神"的教师进行诬告、诽谤以至动武，毁坏其名誉，在其讲课时进行捣乱，直至把教师从讲台上硬拽下来。在马尔堡大学，一名法学教授在讲授罗马法的课程中表达了纳粹的政策缺乏日耳曼根基的观点，当场遭到学生们的公开羞辱。②

　　当局采取多重措施加强对大学教师的控制。1929 年成立的民族社会主义大学教师联盟（Nationalsozialistischer Lehrerbund，缩写 NSLB）于 1935 年扩展成民族社会主义德意志大学讲师联盟（Nationalsozialistischer Deutscher Dozentenbund，缩写 NSD - Dozentenbund），作为纳粹党控制大学的有力工具。按照规定，该联盟有责任"按照民族社会主义的理论，对全体教师实行思想上和政治上的一体化"。据此，每个大学都成立了吸纳全体教师的大学教师协会，直接受民族社会主义大学教师联盟主席的统一领导。在实际运行中，民族社会主义德意志大学教师联盟连同各校的大学教师协会，主要掌管大学教师的挑选和培养工作，开设对在职教师实施政治培训的学习班，举办对新教师实施任教前为期 6 周训练的教师营。当局还对新教师实行全国统一的大学教师任职资格认定，重新设置有大学任教资格的博士头衔，获得这一头衔的主要标准不是学术，而是纳粹政治思想，包括教师营提供的鉴定书。当局尤其重视大学教师的职称晋升工作，把它作为控制大学教师队伍的重要环节。晋升教授职称注重政治态度，其中包括在训练营里的表现和纳粹相关组织的评语。1937

① 卡尔·迪特利希·埃尔德曼：《德意志史》，第四卷上册，第 474 页。
② Jeremy Noakes & Geoffrey Pridham (ed.), *Documents on Nazism*, *1919 - 1945*, p. 349.

年1月颁布的《文职人员法》同样适用于教师,规定教师必须是纳粹"党所支持的国家的意志的执行者",所有教师都必须宣誓"效忠和服从阿道夫·希特勒"。[1]

在纳粹当局的高压控制下,德国的高级知识分子队伍发生分化。一部分卖身投靠。法学家恩斯特·鲁道夫·胡贝尔(Ernst Rudolf Huber,1903—1990)迎合当局旨意,撰写了《大德意志国家宪法》一书,指斥学术自由的传统阻碍了科学"与人民内在的发展保持步调一致和站在民族复兴的前列"。[2]弗赖堡大学校长马丁·海德格尔则鼓吹"使教授同学生一样,通过劳动服役、军事服役和科学服役三种形式报效民族"。[3]物理学家菲利普·莱纳德(Phillip Lenard,1862—1947)和约翰内斯·施塔克(Johannes Stark,1874—1957)攻击爱因斯坦,并依靠官方力量获得"德意志物理学"专家的正统地位。[4] 1933年3月,由少数学者牵头,300名大学教授在一份支持纳粹党的呼吁书上签名。[5]同年11月11日,又有700名教授在《德国高等院校教授支持阿道夫·希特勒和民族社会主义国家的声明》上签字,呼吁世界各国的知识分子抵制境外对纳粹政权的敌视性批评。[6]

与此同时,一些学者起而反抗纳粹暴政。基尔大学社会学家斐迪南·特尼斯(Ferdinand Tönnies,1855—1936)1933年2月在柏林公开发表演说,极力维护学术自由,指出学术发展同一种自由的社会制度有着不可分割的联系。[7]法兰克福大学教授库尔特·里茨勒(Kurt Riezler,1882—1955)极力反对取消教学自由,认为"如果学生自己有权决定谁能

---

[1] Bracher/Funke/Jacobsen(Hrsg.), *Nationalsozialistische Diktatur*, *1933 - 1945*, S. 809.

[2] 卡尔·迪特利希·埃尔德曼:《德意志史》第四卷,上册,第476页。

[3] Louis L. Snyder, *Encyclopedia of The Third Reich*, p. 358.

[4] Alan D. Beyerchen, *Scientists under Hitler: Politics and the Physics Community in the Third Reich*, New York: Yale University Press, 1977, p. 91.

[5] Richard Grunberger, *A Social History of the Third Reich*, p. 389.

[6] J. Noakes & G. Pridham, *Nazism, 1919 - 1945: A Documentary Reader*, Vol. 2, p. 444.

[7] Max Weinreich, *Hitler's Professors: The Part of Scholarship In Germany's Crimes Against the Jewish People*, New York: Yale University Press, 1946, p. 19.

应试,如果督促学生按照政治观点监督教师讲课,或者甚至狂妄地根据自己时髦的观点来断定书籍或教师是否具有德意志精神……那么实际上便取消了教学自由"。[1] 1937 年 12 月 15 日,柏林洪堡大学校长霍珀(Hoppe)在举行于马尔堡的全国大学校长会议上呼吁:"我必须特别强调教授候选人学术水平的重要性。我不否认候选人的思想和政治态度必须得到保证,然而如果他没有学术能力,我们就将一无所获。学术能力无疑应该置于首位。"[2]但是,当时大部分学者听天由命,对现状保持沉默。

高校的招生规模受到控制。希特勒上台不久,1933 年 4 月 22 日,德意志大学学生会(Deutsche Studentenschaft,缩写 DS)就发出呼吁,提出"所有在高等院校求学的全日制大学生,必须拥有德意志血统,母语为德语……而不论其国籍如何"。3 天后,即 4 月 25 日,政府发布《防止德国中小学校和高等院校过度拥挤法》,规定要削减高等院校的在校学生人数,取消高中毕业生自然获得高校入学资格的原有做法,改而实行给各州下达高校招生配额,减少入学人数。在实际运行中,政治可靠度成为招生的重要依据,希特勒青年团员、身体强健者、雅利安人成为优先考虑的对象,犹太学生的人数比例不得超过犹太人在总人口中的比重,即1.5%。[3]

以上因素导致高等院校教师和在校学生人数下降。1920—1933 年间,德国共有 2333 名学者获得大学任教资格,1933—1944 年降为 1534名。[4] 1932 年全国高校学生注册人数为 11.8 万人,1938 年降到 5.1 万人。面对 1937 年起全国出现的科技人员和医生紧缺现象,当局不得不采取一些措施,如给予理工科学生一定的津贴,允许无高中文凭的职业竞赛优胜者进入高校学习。战争爆发后,又允许在军队服役五年以上的

① Louis L. Snyder, *Encyclopedia of The Third Reich*, p. 358.
② J. Noakes & G. Pridham, *Nazism, 1919-1945: A Documentary Reader*, Vol. 2, p. 445.
③ Ibid., p. 440.
④ Richard Grunberger, *A Social History of the Third Reich*, p. 408.

士兵优先进入大学。1943年大学生注册人数回升到8万人。

大学的教学体制也发生很大变化。在课程设置上突出纳粹主义政治教育,自然科学课程强调直接为军备建设和经济复兴服务,大幅度削减基础知识的教学。每个大学生在学期间,需要从事为期4个月的劳动服役,为期2个月的冲锋队服役,每周还要从事3小时的强制性体育锻炼。大学生从劳动服役营回校后,还需要定期进入设在校园内的"同志屋"(Kameradschaftshäuser),在那里同吃、同睡,共同从事早锻炼,每周接受数次政治教育,以进行政治改造,经受体质锻炼,加强纪律性。[①]

当局的胡作非为给高等教育造成极大损害,大学的科研水平和教学水平急剧下降。由于区分自然科学具有"德意志性"和"非德意志性",使德国脱离了世界科学发展的前沿阵地。生物学、心理学、历史学等学科,根据纳粹主义的观点重新改写,其科学性日益减少。种族学、优生学、国防研究等大行其道。为了注释纳粹主义理论而兴办的研究所,如新德国历史研究所、犹太人问题研究所和党卫队的遗传研究所等,研究对象的科学性更是遭到扭曲。大学生不仅人数减少,而且素质和水平都急剧下降。由于知识分子经常遭到纳粹当局抨击,教师更是经常受到清洗和干扰,致使青年普遍不愿当教师。高校学生中师范生的比重从1935年的16%降到1939年的6%。[②]

纳粹统治时期的中小学教育也发生很大变化。虽然其中有些举措同魏玛时期的教育改革有一定的继承关系,但两者的内涵却截然不同。

私立学校受到排斥,手段包括:取消税收优惠条件,规定公务员和军人不得将子女送入此类学校,等等。1933—1934年冬春,由普鲁士州起始,随后其他各州先后跟上,将私立学校的领导体制改成"领袖原则",教师的决策参与权被剥夺,代之以个人决断。最后,在教育"一体化"的口号下,此类学校全部被取消,以保证当局能严密控制全部教育环节。

---

① J. Noakes & G. Pridham, *Nazism, 1919–1945: A Documentary Reader*, Vol. 2, p. 442.
② Richard Grunberger, *A Social History of the Third Reich*, pp. 379, 399.

德国在第二帝国时期,小学大多是教会学校,地方和区一级的学校监督权多半掌握在教会神职人员手中。魏玛共和国时期,全国约 4/5 的小学仍保留其教会性质。纳粹当局对中小学采取非教会化的方针,其目的不是用科学取代宗教,而是为了全面控制学校,以纳粹主义的新教义取代基督教教义。不过,由于政治斗争的需要,纳粹当局在学校非教会化的步骤上,进展比较缓慢和温和。

纳粹党执政之初,希特勒为了获得教会力量的支持,曾在 1933 年 3 月 23 日声明"准许并确保基督教会对学校和教育具有影响"。同年 7 月 20 日,希特勒政府同罗马教廷签订宗教协定,确认教会的办学权利,承认宗教课是正式学科,并给予教会以监督权。随着纳粹统治的巩固,从 1935 年起,当局着手将教会学校改为公共小学。它主要是通过民族社会主义教师联盟(Nationalsozialistische Lehrerbund)来从事这项工作,并使用向学生家长施加压力的手段。结果,在天主教影响较大的慕尼黑,两年内 93 所天主教小学中的 75 所改成了公共小学。[1] 从 1937 年起,当局开始采取措施,逐步压缩、贬低甚至取消中小学的宗教课程。宗教课的总数也从中学每周 18 课时减至 12 课时,小学每周 31 课时减至 15 课时。职业学校中的宗教课被取消,理由是应把时间花在更为实际的课程上。[2] 不少教师恐吓学生家长签字,让孩子放弃宗教指导课,改为选修意识形态指导课。[3] 到纳粹统治后期,教会对教育的影响被压缩到了最低限度。

政府在中学阶段则强调实行双轨制,扩大职业教育,大力发展专科学校和技工学校。德意志劳动阵线领袖罗伯特·莱伊经常鼓吹要使每一个德国工人成为一名技术工人。

---

[1] Richard Grunberger, *A Social History of the Third Reich*, pp. 365 - 370.

[2] Ernst Christian Helmreich, *The German Churches under Hitler: Background*, *Struggle and Epilogue*, Oxford: Wayne State University Press, 1979, p. 289.

[3] George L. Mosse, *Nazi Culture: Intellectual, Culture and Social Life In the Third Reich*, Madison: University of Wisconsin Press, 1966, p. 252.

　　中小学的管理体制也强调"领袖原则",在 1933—1934 年逐渐取消了教工参与管理的权利,推行校长全权负责制。甚至连"家长理事会"(Elternbeiräte)①也被取消,代之以"学校共同体"(Schulgemeinde),该机构的成员由希特勒青年团领袖提名,经校长向当地党组织咨询后任命,成员包括教师、家长代表和希特勒青年团代表。②

　　教育中大力贯彻种族主义原则。在纳粹统治时期,以家庭经济状况为基础的受教育特权,被另一种特权所取代,即以注重种族条件和政治条件的特权。犹太儿童自 1938 年 11 月起全部被赶出"德意志学校",划入专设的犹太学校,欧战爆发后连犹太学校也被关闭。在德国侵占的东欧占领区,小学以上的学校全部被取消。一份由希姆莱秉承希特勒旨意起草的备忘录规定,东部非德意志居民只能设立四年制小学,目标仅仅在于让孩童学会 500 以内的简单计算,书写自己的姓名,能按上帝旨意服从德国人,做到诚实、勤勉和驯服即可。除此之外,东部地区不得有其他的学校。③而对德意志家庭则多方照顾,尤其是多子女的德意志家庭,可享受减免学费的优惠政策,以便同当局的种族生育政策相配合。在普鲁士州,德意志血统家庭的第二个孩子可减免 1/4 的学费,第三个减免 1/2,第四个起全部免费入学。④

　　政府还为全国的中小学规定了统一的礼仪,以强化纳粹主义的氛围。1934 年 12 月 18 日,内政部颁布一项政令,其中规定:"教师和学生在学校内外相遇时都要互致德国式问候(Deutscher Gruß),即希特勒问候(Hitlergruß)。每堂课开始时,教师必须走到全班学生前,立正,抬起右臂,高喊'希特勒万岁';学生们也必须抬起右臂,回以'希特勒万岁'。

---

① 魏玛共和国时期设立,每 50 名学生的家长中选出 1 名代表,组成该理事会,每 15 天开 1 次会,对学校的卫生、图书馆、手工劳动、野游等问题提出看法,作出决定,教员只能以咨议的名义出席会议。学校使用的教材,也必须在教师和家长理事会之间沟通达成共识后才能采用。

② R. H. Samuel & R. Hinton Thomas, *Education and Social in Modern German*, London: Greenwood Press, 1971, p. 95.

③ 卡尔·迪特利希·埃尔德曼:《德意志史》,第四卷,下册,第 55 页。

④ Richard Grunberger, *A Social History of the Third Reich*, pp. 383 - 384.

下课时,教师和学生同样互致德国式问候。"①

　　在中小学的教育内容方面,纳粹政治教育和军事体育训练的比重大幅度上升。希特勒青年团和德意志女青年团(Bund Deutscher Mädel,缩写 BDM)的活动,严重冲击正常的教学秩序。威斯特法仑一所拥有 870名学生的学校,仅 1937—1938 年一个学期,平均每个学生就损失 26.5个教学日。名为"PT 科目"(主要内容是越野跑、足球和拳击)的活动越来越频繁,1936 年以前每年搞 2 次,1938 年增至每年 5 次。②文化学习的内容也受到纳粹主义和军国主义的严重侵蚀。

五、校外教育与特种学校

　　希特勒曾经强调,国家应该全面负起教育后代的责任,学生在校期间国家要管,在校外或脱离学校之后更要管。希特勒青年团、德意志女青年团和国家劳动服役队(Reichsarbeitsdienst,缩写 RAD),在实施纳粹的校外教育中起着至关重要的作用。

　　希特勒青年团可以溯源到 1922 年 3 月成立的纳粹运动第一个青年组织——纳粹党青年联盟(Jugendbund der NSDAP)。该联盟由慕尼黑失业青年古斯塔夫·阿道夫·兰克(Gustav Adolf Lenk,1903—1987)受命组建并担任领袖,隶属于冲锋队。③ 1923 年"啤酒馆暴动"失败后,该联盟遭禁。1926 年,纳粹党在魏玛举行全国代表大会,会上决定组建一个全国统一的青年组织,定名为希特勒青年团,作为纳粹党的青年组织,由库特·格鲁贝尔(Kurt Gruber,1904—1943)任全国领袖。格鲁贝尔上任后,模仿纳粹党的组织架构,在普劳恩(Plauen)建立希特勒青年团的全国指导处。④ 1928 年,青年团全国指导处决定为 10—14 岁的男童设立

① J. Noakes & G. Pridham (ed.), *Documents on Nazism*, 1919 - 1945, pp. 351 - 352.

② Richard Grunberger, *A Social History of the Third Reich*, pp. 365 - 370.

③ Peter D. Stachura, *Nazi Youth in the Weimar Republic*, California: Santa Barbara, 1975, p. 9.

④ H. W. Koch, *The Hitler Youth: Origins and Development*, 1922 - 45, New York: Macdonald and Jane's, 1976, p. 64.

少年队(Jungvolk),为女青年设立女性组织。希特勒青年团早期归冲锋队管理,到 1932 年 5 月获得独立地位,直接受纳粹党领导。

希特勒就任总理后,于 1933 年 7 月 17 日任命 26 岁的纳粹党国会议员巴尔杜尔·冯·席拉赫(Baldur von Schirach,1907—1974)为全国青年领袖,授权其在内政部长领导下监管全国青年的一切活动。同年底起,希特勒青年团着手解散或吞并全国的青年组织。1936 年 12 月 1 日,希特勒根据席拉赫的建议,发布《希特勒青年团成为国家青年组织》的命令。其中称:"德意志民族的未来取决于青年,因此德国青年必须准备好承担起未来的责任。政府决定:(1) 德国境内的德意志青年组织为希特勒青年团;(2) 所有德意志青少年,除非在家里或学校里接受教育,都必须在民族社会主义精神的指导下,接受希特勒青年团在体格上、智力上和道德上的教育,准备为民族和共同体服务。"①这样,全国一切青年运动均纳入了希特勒青年团,同时让该组织从党的青年组织扩大为国家青年组织。1939 年 3 月 25 日,希特勒发布第二项命令《青年的服务义务》,规定从 10 岁到 19 岁的所有德意志青少年都必须在希特勒青年团服役。②于是加入希特勒青年团及其相关组织德意志女青年团就成了强制性行为。

为了适应从事校外教育的需要,希特勒青年团的组织结构在纳粹统治时期作了调整和扩充,将覆盖对象扩大到 6 岁以上的孩童,形成男性的学龄团员组织(Pimpf)(6—10 岁)、少年队(10—13 岁)、正式团员组织(14—18 岁)和准军事性分团,以及女性的少女队(Jungmädelbund)(10—13 岁)、德意志女青年团(14—16 岁)、"忠诚与美丽"(Glaube und Schönheit)组织(17—21 岁)等几个层次。它们的成员全部穿着褐色上衣配黑色裤子的制服。

---

① Louis L. Snyder, *Hitler's Third Reich: A Documentary History*, Chicago: Nelson Hall, 1981, p. 241.
② J. Noakes & G. Pridham, *Nazism, 1919 - 1945: A Documentary Reader*, Vol. 2, pp. 420 - 421.

　　纳粹统治早期,曾规定 14 岁以上的男女少年在农忙时必须参加农村劳动服役。以后男女少年必须经过为时 1 年的"下乡年",成为制度。在这 1 年里,少年们上午参加农业劳动,下午参加集体学习,学习内容为纳粹运动史、种族学和时事讲座。农忙时全天参加劳动。1935 年 6 月 26 日,纳粹当局颁布《国家劳动服役法》(*Reichsarbeitsdienstpflicht*),规定 18 岁以上的青年必须参加国家劳动服役,并为此组建了"国家劳动服役队"。在实际执行中,男青年由于还需要到军队服役两年,一般在 18 岁那年参加劳动服役半年,期间穿着统一制服,用尖镐和铁锹从事无报酬或低报酬的艰苦劳动,过兵营式生活。女青年在 18—21 岁期间,到城乡德意志家庭内从事家务服役一年,帮助农民料理家务并参加田间劳动,这样既能腾出农村劳动力,又能使女青年实践婚前家政。

　　当局还创办了特种学校,用于培育纳粹精英,即未来的政治官员和政治立场坚定的专业技术干部。

　　民族政治教育学院,是纳粹特种学校中的初始类型。1933 年 4 月 20 日,时任普鲁士文教部长伯恩哈德·鲁斯特下令,在位于普伦(Plön)、科斯林(Köslin)和波茨坦(Potsdam)的 3 个旧军官学校的校址内创办民族政治教育学院,作为向希特勒的生日献礼。此类学校最初由政府教育部经办。到 1938 年,从原来的 3 所发展到 23 所。到 1942 年,更是发展到 40 所,其中 3 所为女校。在招生方面,优秀的种族血统和过人的身体素质是主要条件。每所学院每年都会收到约 400 名候选人,其中只有不到 1/5 的人能够参加入学考试,参考者中只有不到 1/3 能够被录取。[1] 学生大多来自农村和劳工家庭。在通过入学考试后,学生还有 6 个月的考察期,一旦被证明无法满足日益提高的要求,将被开除。此类学校为寄宿学校,学生按军队方式编组,以排为基本学习单位。学校的教学计划由教育部主管,基本上参照普通高中。学生毕业前要经过考试,并获得大学入学考试评定,这让他们有资格进入大学或其他高等院校。1942

---

[1] H. W. Koch, *The Hitler Youth: Origin and Development 1922-1945*, p. 185.

年,全国 40 所民族政治教育学院全部改名为德意志寄宿学校。它们除继续承担原有任务外,还负责接纳战争中阵亡将士的子女,以及出外执行任务的官员和科学家的子女。

青年领袖席拉赫曾经想染指民族政治教育学院,但希姆莱、鲁斯特等显要人物将他排除在外。于是,他和劳工领袖罗伯特·莱伊一起,着手组建更具纳粹色彩的特种学校。由此,阿道夫·希特勒学校(Adolf-Hitler-Schulen,缩写 AHS)应运而生。此类学校从 1936 年开始组建,第一所于 1937 年 2 月 1 日落成。它们直接隶属于纳粹党—希特勒青年团系统,各校事务则由当地的希特勒青年团和纳粹党大区领袖分管。由于其目标是建成独立于现存国家教育框架之外的教育体系,所以教学安排更为灵活,纳粹党的培养目标体现得也更为直接。因为纳粹党的经费不如政府系统充裕,尽管预定目标是每个大区都要建造一所此类学校,直到欧战结束,全国只建造了 10 所,学生的总容纳量为 3600 名(每年总招生数为 600 名),其中比较著名的是不伦瑞克学校。此类学校的学生来自少年队,从 12 岁儿童中选拔,受训 6 年后毕业。[1]学生不必自己报名,也毋需经过文化考试,一般由希特勒青年团的领袖从 11 岁的少年队员中预选候选人,主要标准是具有纯德意志血统(白肤、金发、碧眼者有优先权)。生理条件尤为重要,如 1940 年,此类学校在巴登地区选拔新生,48 个获提名者中就有 14 人因为身体原因无法入选。[2] 体检合格者还要通过为期两周的青年营生活考察。考核极富竞争性,但决定性的因素是勇气和忍耐力。

阿道夫·希特勒学校的训练重点是军事体育和在纳粹党内外从事领导工作的能力。学生全部住校,以小队为基本活动单位。每小队有 1 名高年级学生指导铺床和穿衣等内务,以及个人卫生和行为举止规范。教学方法是在教官的监管下,通过队际竞赛和集体评议,从事斯巴达式

[1] J. Noakes & G. Pridham, *Nazism, 1919 – 1945: A Documentary Reader*, Vol. 2, p. 435.
[2] H. W. Koch, *The Hitler Youth: Origin and Development 1922 – 1945*, p. 186.

的训练。学生要记录个人成绩和品德评语,有升留级制度。毕业文凭可作为升大学的学历依据。与民族政治教育学院相比,它更加重视身体素质的训练。建校初期,它为学生安排体质训练每天 5 课时,文化学习 1 课时(含阅读纳粹报刊)。以后文化课比重提高到每周 22 课时,体质训练 15 课时。由于过分强调体育课,忽视文化课,学生的文化水平一直为人们所诟病。

冲锋队也于 1934 年 1 月建立了位于施塔恩贝格尔(Starnberger)湖边的民族社会主义高等学校。"长刀之夜"事件发生后,该学校受到纳粹党司库弗兰茨·克萨韦尔·施瓦茨(Franz Xaver Schwarz,1875—1947)的保护,后来又归附于鲁道夫·赫斯的办公室。1939 年 8 月 8 日,赫斯将它重新命名为费尔达芬纳粹党国家学校。[①]学校独立于教育部,进行 6—8 年的中学与实科学校相结合的教育。它在教学计划制订方面得到民族社会主义教师联盟的帮助,课程设置主要是德语、历史、地理和政治,每周的体育课达到 14 节。

培养纳粹官员的高级学校为主要建立于 1936—1937 年的骑士团城堡学校(Ordensburgen,缩写 NS-O),由纳粹党全国组织领袖罗伯特·莱伊领导。此类学校全国共有四所:座落于波美拉尼亚的克罗辛泽城堡(Crössinsee)的训练重点是拳击、骑术和滑翔等;位于南德的松特霍芬城堡(Sonthofen)的训练重点是登山和滑雪;座落于莱茵区的福格尔桑城堡(Vogelsang)重点是体格锻炼;马林堡城堡(Marienburg)的重点是强化灌输纳粹主义思想。每所城堡学校拥有 500 名教职工,可接纳 1000 名学员。学员在为时 6 年的就学过程中,依次在各个城堡受训,每个城堡受训期为 1 年半。其学员由纳粹党大区领袖和分区领袖直接推荐,大多是阿道夫·希特勒学校的优秀毕业生。由于校内轻视文化学习,学员的文化水平很低,只有 1% 达到大学生水平,10% 达到高中水平,大部分只

---

① Richard J. Evans, *The Third Reich in Power*, New York : Penguin Book 2006, p. 288.

达到初中水平。①骑士团城堡学校毕业生原应立即成为纳粹高级官员,但因受到原有官员的阻挠,实际上多被派往东部占领区任职。

纳粹党意识形态阐释者罗森贝格还试图建立"纳粹党高等学校",以取代原有的大学来培养纳粹精英分子。他在美因河畔法兰克福建立反犹研究所,并拟制出在巴伐利亚州希默湖(Hiemesee)附近建校的方案,后因种种原因未能成功。

战争的来临为特种学校带来新的机遇和希望,但也将这一教育体制带向了终点。1944 年 12 月 7 日,希特勒下令,所有现役士兵和预备军官只有经过特种学校的培训才有资格获得国防军和党卫队的领导岗位。②于是,各类特种学校都紧急行动起来,教学也日益军事化。孩子们热切希望能够走上战场。当战场形势表明战争有可能迅速结束时,有的孩子甚至悲叹自己无法赶上战斗。然而,形势很快变得残酷起来。一批又一批特种学校的学员走上战场,但伤残和死亡的命运也降临到这些 14—15岁孩子的身上。但是纳粹当局并没有因此而考虑放弃特种学校的计划,"没有一所特种学校接到过上级关于解散的命令"。③

第三节　纳粹种族与人口政策

一、《纽伦堡法》

纳粹主义以种族理论为基础,其必然的逻辑结果,就是大力推崇以本族为代表的所谓北欧雅利安人,竭力贬低"低等种族"。在纳粹统治时期,"低等种族"中的最大受害者是犹太人,其次还有吉普赛人和斯拉夫人。

犹太人在德国定居已有 1000 多年历史,1933 年有 50.3 万人,占全

---

① Richard Grunberger, *A Social History of the Third Reich*, p. 381.
② 古多·克诺普:《希特勒时代的孩子们》,第 223 页。
③ H. W. Koch, *The Hitler Youth: Origin and Development 1922 - 1945*, p. 195.

国人口总数的 0.76％。在德犹太人的城镇化率比较高,70.7％(35.5 万人)的犹太人居住在人口高于 10 万的较大城市中,仅居住在柏林的就占到约 1/3。然而,由于各个城市的人口基数不同,犹太人在城市人口中所占比重最高的却是美因河畔法兰克福,为 4.71％,柏林位居第二,占 3.78％,位于第三的是布雷斯劳,占 3.23％。[①]

纳粹当局对犹太人的政策,从反犹、排犹和屠犹,有一个发展过程。1933 年 3 月,各地的纳粹分子即开始袭击犹太人。同月下旬,纳粹党法兰克尼亚大区领袖施特赖歇尔(Julius Streicher,1885—1946)组织了一个行动委员会,负责鼓动民众展开一场抵制犹太人商店、商品、医生和律师的行动。同月 28 日,纳粹党根据该委员会的建议,发布一项包含 11 点计划的命令,刊登在翌日的《人民观察家报》上。命令规定各地党组织都要组建相应的行动委员会负责抵制行动,力争做到所有德意志人都不到犹太人商店里购物,[②]抵制犹太商行、货物、医生和律师。30 日,戈培尔向新闻界声明"德国政府决定对犹太商店进行抵制",宣布 4 月 1 日为全国"抵制犹太人活动日"。由此,抵制犹太人的行动在全国范围内展开。

1933 年 4 月 7 日颁布的《重设公职人员法》第三款,即"雅利安条款",直接将打击矛头指向犹太人。该条款规定,"非雅利安出身的公职人员必须退休"。尽管在兴登堡总统的坚持下,条款中增加了"1914 年 8 月 1 日以前已经是公职人员者、参加过第一次世界大战者、或者其父亲或儿子在战争中阵亡者除外"的内容,[③]但在同年 7 月 20 日颁布的《关于重设公职人员法的补充法令》中,又废除第一次世界大战参加者可以保留国家公职的规定。此外,一系列补充性的条例则将担任其他市政公职的犹太人也排除出去。[④]1933 年 9 月底至 10 月初,当局又推出了三项打

---

① J. Noakes & G. Pridham, *Nazism, 1919–1945: A Documentary Reader*, Vol. 2, p. 522.

② Jeremy Noakes & Geoffrey Pridham (ed.), *Documents on Nazism, 1919–1945*, pp. 460–461.

③ Walther Hofer, *Der Nationalsozialismus: Dokumente 1933–1945*, S. 287.

④ 克劳斯·费舍尔:《德国反犹史》,钱坤译,江苏人民出版社 2007 年版,第 298 页。

击犹太人的举措。9 月 28 日,禁止政府部门雇用非雅利安人和与他们通婚者。同日,以德国文化总会成立为契机,再加上同年 10 月 4 日颁布《编辑法》,把犹太人排除出了文化界和新闻业。

1935 年年中,纳粹当局内部开始讨论进一步的反犹措施,以便在同年 9 月的纽伦堡党代会上公布。这时,内部出现了两种不同意见。以施特赖歇尔和全国医生领袖格哈德·瓦格纳(Gerhard Wagner,1888—1939)为代表的极端反犹派主张对犹太人采取全面的严厉措施,而沙赫特、勃洛姆贝格等稳健派人物则主张谨慎行事,因为全面排犹不仅会影响经济复兴,也不利于德国的对外形象。在这种情况下,以内政部官员伯恩哈德·勒森纳(Bernhard Lösener,1890—1952)为首的 4 人专家小组在赶制反犹的《保护德意志人血统与荣誉法》时,采取变通的方法,拟制了 A、B、C、D 四个方案供希特勒挑选,严厉程度逐个下降。希特勒采纳了 D 方案,但去掉了“此法律仅适用于纯犹太人”的文字,以此留下拟制针对“半犹太人”的补充性法令的任务。就在专家小组呈送 4 个方案的 9 月 14 日午夜,希特勒当即命令他们立即起草另一项法令——《德国公民权法》,于是,专家们用半个小时的时间赶制出法令。翌日凌晨2:30,希特勒批准该法令。同日,国会议员在纽伦堡的文化协会大厅举行特别会议,批准刚刚拟成的这两项法令①,即《纽伦堡法》。

《保护德意志人血统与荣誉法》(*Gesetz zum Schutze des deutschen Blutes und der deutschen Ehre*)②共包含 7 项条款。主要内容包括:禁止犹太人与德意志公民及相近血统者通婚,为了规避本法律而在境外登记结婚者,其婚姻亦无效,违禁的犹太人将被处以强制劳动;禁止犹太人与德意志人及相近血统者发生婚外性关系,违者处以监禁或强制劳动;犹太人不得雇用 45 岁以下的女性德意志公民及相近血统者从事家政服务,不得使用德国国旗及其所包含的颜色,而只能使用犹太色彩,违者处

---

① J. Noakes & G. Pridham, *Nazism, 1919-1945: A Documentary Reader*, Vol. 2, pp. 534-535.
② 该法俗称《纽伦堡种族法》(Nürnberger Rassegesetze)。

以1年以下监禁并罚款,或两种处罚取其一。

《德国公民权法》(*Reichsbürgergesetz*)则将犹太人排除出德国公民的范畴,其中规定:德国国民有义务服从于自己的国家,只有拥有德国公民权者才能成为德国国民;只有德意志人及相近血统者,并以自己的行为证明有愿望及能力忠诚地服务于国家与人民者,才能成为德国公民;只有德国公民才享有充分的政治权利。[1]

9月30日,内政部长弗里克下令,严格执行《重设公职人员法》中的"雅利安条款",凡祖父母和外祖父母中有3—4名"全犹太人"的政府官员和公务员,必须立即离职。

二、"水晶之夜"

1936年8月柏林将举办世界奥林匹克运动会,纳粹当局担心公开的反犹行为会导致其他国家采取抵制奥运会的行动,削弱其"造势"运动的效果,遂在表面上降低了反犹的调门。然而,在相对平静的外表下,反犹暗流仍在涌动。1936年10月9日,当局颁布一项法令,禁止公务员到犹太医生、药剂师、医院和护理站接受治疗或咨询,违者将被取消所享有的一切福利待遇,亦不承认他们所持有的犹太医生开具的疾病证明。[2]与此同时,各地侵扰犹太人商店的事件也时有发生。

新一轮反犹浪潮的推动力来自希特勒。他尽管有时也支持沙赫特出于经济考虑提出的建议,但更倾向于制定一项严厉的政策。1937年4月,他在一次纳粹党地区领袖会议的讲话中,提出了"要使我们全体都水晶般纯净"的犹太政策目标。他指出了反犹行动的最终目标是要"消灭"犹太人[3],但没有明确提出实施路径,这为统治集团内部各行其是提供了

---

[1] J. Noakes & G. Pridham, *Nazism, 1919 -1945: A Documentary Reader*, Vol. 2, pp. 536 - 537.
[2] 内政部起草的初稿是禁止公务员接受犹太医生的治疗,司法部增加了犹太药剂师和医院,军事部要求把限制范围扩大到公务员的家人,包括公务员死后的未亡人。
[3] J. Noakes & G. Pridham, *Nazism, 1919 -1945: A Documentary Reader*, Vol. 2, p. 550.

条件。在同年 9 月举行的纽伦堡党代会上,他在公开演讲中发出了自1935 年以来对犹太人的首次攻击。次月,所有的犹太护照都被政府收回,重新颁发印有"J"字母的新护照,规定此类护照仅适用于向外移居。在随后的几个月里,犹太企业主不断受到压力,要他们"自愿地"将企业以远低于市场的价格转让给雅利安人,以加快经济"雅利安化"的进程。戈林则利用自己的权力积极配合,于 1937 年 12 月 15 日颁布政令,缩减犹太企业的外汇和原料配额。翌年 3 月 1 日,他又颁布一项政令,规定禁止向犹太企业分配公共订单。随着"德奥合并"的实现,反犹行动也进一步升级。1938 年 4 月 26 日,在戈林推动下,当局颁布《犹太人财产登记条例》,规定所有犹太人必须在 6 周内向居住地的行政当局申报和登记自己在国内外所拥有的全部财产,例外者仅为全部财产在 5000 马克以下者(即那些不拥有任何奢侈品的普通居民),如果以后财产情况发生变化,须重新申报。如果犹太人企图藏匿财产,将会受到刑法制裁,即没收财产,当事人处以 10 年以下徒刑。申报举措的实际目的,戈林在 2 天后举行的部务会议上作了解释,即把犹太人的财产转变为国家所有,将犹太人排除出德国的经济生活,解决犹太人问题。[①]但为了掩人耳目,会议决定在实施过程中体现等价交换的原则,即通过强制手段将犹太人的财产兑换成国家债券,而且要"目的明确地当面发给"(1941 年,政府宣布这些债券无效,因而无偿地剥夺了犹太人的财产)。据官方声称的申报结果,在 1938 年夏,"德国和奥地利的犹太人拥有价值为 80 亿马克的财产"。[②]

1938 年夏天又掀起一股由政府发动的反犹活动浪潮。6 月 9 日,慕尼黑主要的犹太会堂由希特勒下令拆毁。随后在各地大肆逮捕所谓"被证明有罪"的犹太人,将数千人送进集中营。6 月 14 日,当局颁布《关于德国公民权法的第 4 个补充法令》,规定从当年 9 月 30 日起,禁止犹太医

[①] J. Noakes & G. Pridham, *Nazism*, *1919 – 1945: A Documentary Reader*, *Vol. 2*, p. 552.
[②] 格茨·阿利:《希特勒的民族帝国:劫掠、种族战争和纳粹主义》,第 44 页。

生为雅利安病人看病。同样的禁令很快扩展到犹太律师、牙医和兽医。6月20日,规定犹太人必须离开交易所。7月6日,当局再次颁布相关政令,既取消了上述关于5000马克财产的限定,据此全部犹太人都必须申报和登记财产,又规定犹太人不得从事特种商业活动,如有关财产和个人事务的咨询业务、地产交易、不动产中介业务、房屋贷款业务、商业性婚介业务、导游业务等。不少遭到清理的犹太职员再次失去生计。7月17日,一项由元首代表办公室成员竭力推荐的法令正式颁布,规定德国境内的犹太人(具有外国国籍者除外)必须在姓名前加上识别名,男性为"以色列"(Israel),女性为"莎拉"(Sarah)。全国各地都展开了一场无形的竞赛,要使本地区尽早获得"无犹地区"的荣誉称号。

汹涌的反犹狂潮终于催生出"水晶之夜"(Reichskristallnacht)事件。1938年11月7日,一位名叫赫舍尔·格林斯潘(Herschel Grünspan,1911—1940)的17岁波兰犹太青年,为报复纳粹当局对其双亲和其他犹太人的迫害,前往巴黎的德国驻法使馆,打算刺杀德国大使。其父母原籍波兰,1914年移居德国的汉诺威,成了无国籍犹太人。在德国的反犹浪潮中,盖世太保围捕了包括其父母在内的1.7万名来自波兰的无国籍犹太人,用闷罐子车皮把他们运送到波兰边境上,意欲让他们回到波兰。然而,波兰政府也在驱赶犹太人,于是这些人就被暂时安置在"无人岛"集中营里,处境十分悲惨,此事促进了格林斯潘的复仇愿望。不料,代表德国大使馆出来接见格林斯潘的,是使馆三等秘书恩斯特·冯·拉特(Ernst von Rath,1901—1938),此人反对纳粹政权,厌恶排犹暴行,已经引起盖世太保的注意,但不知内情的格林斯潘把枪口对准他连开5枪。拉特受重伤,2天后不治身亡。11月9日,正是纳粹领袖们群集慕尼黑,庆祝"啤酒馆暴动"周年纪念的日子。在慕尼黑市政厅礼堂举行的晚餐会上,传来了拉特死亡的消息。当时,戈培尔正坐在希特勒身边,当希特勒与他商议应对之策时,他建议在全国掀起"自发的"反犹浪潮,但纳粹党组织要巧妙地躲在幕后。希特勒同意该建议,并很快离开会场。希特勒离开后,戈培尔告诉与会者,在库尔黑森(Kurhessen)和马格德堡-安哈尔特(Magdeburg-Anhalt)地区,已经爆发了反犹的示威游行,其中不少犹太商店被捣毁,犹太会堂被焚烧。

很快,戈培尔属下的各个办公室向各地相关机构发出口头指令,与会者也通过各种途径发出类似指令。来自上峰的指令与来自下层的仇犹暴力冲动相结合,在全国引发了被称为"水晶之夜"的打砸抢暴行。据估计,在整个事件中,有276个犹太会堂被夷为平地,超过7500家商店遭到抢劫和破坏,91名犹太人被杀,另有一些犹太人在绝望中自杀,超过2万名犹太人遭逮捕,被送进集中营。被打碎的犹太商店玻璃橱窗布满了街道。

由于事件具有突发性,纳粹统治集团内部对戈培尔的做法并不完全赞同。希姆莱感到大量逮捕犹太人需要党卫队参与,担忧此举会影响原有的工作计划。负责经济事务的戈林对事态的发展更不满意,因为不少被毁建筑已经投过保,保险公司将为此支付大量赔款。尤其是被大量毁坏的玻璃,需要动用宝贵的外汇向国外购买。估计全国各地在事件中的直接经济损失达到2500万马克。另外,国外不少人士反应强烈,有些地方开始抵制德国商品。然而,希特勒仍然倾向于戈培尔的做法,希望借此机会强化反犹政策,尽快把犹太人彻底排除出德国的经济生活。戈林很快转变态度,于11月10日下午与希特勒及戈培尔一起商议有关赔偿事务的细节。3人最后确定,处理此事件的总原则是牺牲犹太人的利益,摆脱德国财政的不利状况。

11月12日,戈林在其掌控的航空部内召集讨论"犹太问题"的会议,共有12人出席,其中包括戈培尔、经济部长冯克、财政部长克罗西克、保安警察总监海德里希、治安警察总监达吕格(Kurt Daluege,1897—1946),还有外交部和保险公司的代表。会议决定,要把犹太人从德国经济中清除出去,把犹太人的全部企业和产业,包括珍宝和艺术品在内,转交给雅利安人。会议还决定在内政部里设立一个由海德里希掌控的"犹太人向外移居全国中心",其任务是"动用一切手段让犹太人离开德国,快速而无摩擦地办理并监督这种向外移居工作"。

会议结束后,排斥犹太人的举措接二连三地推出。就在会议结束的当天,11 月 12 日,戈林同时发布数个法令。《重建犹太中小工商企业街景条例》(*Verordnung zur Wiederherstellung des Straßenbildes bei jüdischen Gewerbebetrieben*)声称"水晶之夜"事件是由国际犹太集团对民族社会主义德国的攻击引起的,因此修复工作所需的资金由犹太企业和房产的所有者承担;为了国家的利益,犹太人对德意志民族的赔偿要求将遭拒绝。第二项法令则规定,犹太人必须向国家支付 10 亿马克的捐款作为强制赎罪金。在具体实施过程中,这笔款项被分摊给资产超过 5000 马克的个人,按其申报数 20% 的数额上缴。1939 年 10 月,征收比例提高到 25%,征收总额也相应提高到约 11.27 亿马克。当时,德国的财政赤字达到 20 亿马克,此举使赤字数减少了一半。第三项法令规定:从 1939 年 1 月 1 日起,禁止犹太人经营零售商店和邮购商店,禁止他们开设艺术公司或工匠坊;不许他们向集贸市场、市集和展览会提供商品和服务;犹太人如违规开设商店,将由警察予以取缔;犹太人不得成为高级职员,不得参加合作社。[1]在 1939 年 1 月 1 日期限到达前,当局又于 1938 年 12 月 23 日颁布一个法令,宣布以企业、地产和其他价值形式(珠宝、艺术品等)出现的所有犹太经济财产,都可归国家任意使用,任何犹太财产的出售都必须经由政府信托公司办理。[2]

经济"雅利安化"的进展速度很快。1938 年 4 月,全国还有 39532 家犹太企业在开业,到 1939 年 4 月 1 日,已经有 14803 家遭到清除,5976家遭"非犹太化",4136 家处于"非犹太化"的进程中,7127 家正在被调查。[3]到 1939 年 9 月欧战爆发前后,犹太企业几乎全部被消灭。犹太人的银行存款被冻结,每个户头每月只能支取 250 马克。到 1941 年 3 月,

---

① Jeremy Noakes & Geoffrey Pridham (ed.), *Documents on Nazism*, *1919 - 1945*, pp. 479 - 480.

② Hermann Graml, *Reichskristallnacht: Antisemitismus und Judenverfolgung im Dritten Reich*, München: Kommission für die Geschichte der Juden, 1988, S. 138.

③ Helmut Genschel, *Die Verdrängung der Juden aus der Wirtschaft im Dritten Reich*, Göttingen: Georg - August - Universität, 1966, S. 206.

这类户头所剩下的数亿马克全部充公。犹太人所拥有的金银珠宝和艺术品,被强行收购拍卖。1939 年 1 月 20 日,各个城市的典当行被政府指定为犹太金银物品的专用拍卖场所。从 1939 年 1 月 20 日至 3 月 31 日短短两个多月的时间里,政府仅花费大约 9.2 亿马克,就将犹太人手中所有的珍贵物品一扫而空。①

经济以外的排斥犹太人措施也相继推出。自 1938 年 11 月 14 日起,犹太儿童不得进入公立学校求学。11 月 28 日,希姆莱颁布警令,授权各地警察当局发布细则,规定犹太人被允许在公共场合露面的时间和空间限制。②自 11 月 29 日起,犹太人被禁止饲养信鸽。12 月起,犹太人不可拥有小汽车和摩托车,所持驾驶执照必须上缴。11 月底,戈林在经希特勒批准后下达命令,要求各地犹太人在不引人注目的情况下,迁往特定的街道。12 月 28 日又颁布相关法令,将犹太人集中安排到某些房屋内,形成实际上的"隔离屋"。1939 年 1 月 1 日起,又禁止犹太人进入普通的剧院、电影院、音乐厅和各种形式的文化展览馆,只能参加政府授权的犹太团体组织的文化活动。

各项反犹措施使德国犹太人如同生活在人间地狱。据一名犹太人总结,他们所受到的限制包括:晚间 8 点后禁止外出;禁止拥有房屋产权;禁止拥有收音机和接听电话;禁止购买或订阅报纸;禁止进入戏院、电影院、音乐厅或博物馆;禁止驾驶车辆;禁止购买香烟和雪茄;禁止拥有打字机;禁止购花;禁止去理发店;禁止养狗、猫或鸟;禁止进入公园;禁止从公共图书馆借书。③

作为反犹的结果,犹太人向外移居的速度加快。1933 年,外迁的犹太人数量为 3.7 万—3.8 万,1934 年为 2.2 万—2.3 万,1935 年 2 万—2.1 万,1936 年 2.4 万—2.5 万,1937 年 2.3 万。在德奥合并完成前,有

---

① 罗衡林:《通向死亡之路:纳粹统治时期德意志犹太人的生存状况》,人民出版社 2006 年版,第 181 页。
② J. Noakes & G. Pridham, *Nazism, 1919-1945: A Documentary Reader*, Vol. 2, p. 563.
③ 克劳斯·费舍尔:《德国反犹史》,第 391 页。

将近 13 万犹太人离开了德国。德奥合并后,纳粹政权控制下的犹太人数量增加,但犹太人向外移居的速度也加快。1938 年达到 3.3 万至 4 万,1939 年为 7.5 万至 8 万。[1]在欧战爆发前,德国犹太人已经从 1933 年的 50 余万下降到约 24 万。[2]

三、人口政策

魏玛时期,德国的人口出生率不断下降。1929 年国家统计局出版的一份统计资料预测在不久的将来,德国的人口数量将停滞不前,或有不同程度的下降。[3]官方和民间都认为,这将影响德国作为世界大国的地位。希特勒等人的考虑还不限于此,他们希望更多地培育优等种族中的优秀分子,壮大德意志民族共同体,使德国有实力在世界上占据优势地位。希特勒在《我的奋斗》一书中曾经表示,在未来的理想社会里,"人们不再关心饲养狗、马或者猫等动物,而专注于人的进化本身"。[4] 为了实现这一目标,纳粹党必须运用政府的力量干预民众的婚姻生活,介入下一代的生养与培育。1937 年 11 月,希特勒在对纳粹党领导人的谈话中说道:"今天我们获得了对于民族的领导权,我们是唯一被授权领导整个民族的,这包括所有的男人和女人。因而我们要管理男女之间终身的关系。我们将塑造儿童!"[5]

希特勒执政不久,纳粹党鼓励生育的理念立即转化成实际行动。首先是 1933 年 8 月开始实施的"婚姻贷款"计划。贷款对象只限于具有北欧血统的夫妇,他们作为公民要表现良好,如果与德国共产党或其相关组织有联系,或者被认为是"反社会者",其贷款申请都会遭否决。身体

---

① 罗衡林:《通向死亡之路:纳粹统治时期德意志犹太人的生存状况》,第 216 页。
② J. Noakes & G. Pridham (ed.), *Documents on Nazism*, *1919 - 1945*, p. 493.
③ Conrad Taeuber & Irene B. Taeuber, *German Fertility Trends:* 1933 - 1939, In: *The American Journal of Sociology*, Vol. 46. No. 2, Ssep. ,1940, p. 151.
④ Adolf Hitler, *Mein Kampf*, Esslingen: Bechtle, 1976, S. 449.
⑤ Max Domarus, *Speeches and Proclamation*, *1932 - 1945*. Vol. 2, New York: Bolchazy - Carducci, 1995, p. 980.

方面,五类人得不到贷款:(1)智力发育不全者,精神病患者,心理变态者,遗传性目盲与耳聋患者,严重的肢体残缺者,严重的身体机能失调者;(2)有家族性遗传疾病者;(3)患有传染性疾病可能影响儿童者;(4)夫妇一方为不孕不育者;(5)严重的酒精中毒者。婚姻贷款还要求女方放弃工作岗位,如果丈夫的月收入不低于 125 马克,则不得参加新的工作(该附加条件一直延续到 1937 年)。贷款的发放形式为购物券,用于在零售商店购买家用品。

从 1933 年 8 月到 1937 年 1 月,大约有 70 万对夫妇领到了贷款,约占当时结婚总数的 1/3。此后,由于劳动力短缺,相关法律变更,允许妇女们既获得贷款又保留工作岗位。因此,1939 年有 42% 的结婚者获得了婚姻贷款的资助。[1]婚姻资助政策实施之后,结婚率逐渐提高并稳定在每年 9.7% 左右,比纳粹党上台前的 7.9% 有了明显提高。结婚率的上升带动生育率的提高。在 1933 年到 1938 年之间,德国新增的出生人口中,有 35% 可归因于结婚率的上升。而在 1933 年到 1935 年,每 1000 对夫妇中,590 名新生儿的父母获得过婚姻贷款。[2]

政府还将儿童补助(Kindergeld)措施制度化,以进一步减轻生养子女的经济负担。从 1935 年起,拥有 4 个以上年龄低于 16 岁子女的家庭,政府给予一次性补贴,每个孩子补贴 100 马克,最多可获得 1000 马克。从 1936 年起,月收入低于 185 马克的工人和职员家庭,第 5 个及以上子女,每月发放 10 马克,直到这些孩子年满 16 岁为止。2 年后,这种补贴覆盖到第 3 和第 4 个子女。这个项目的款项来自失业保险金,由于当时军备经济繁荣,失业保险金支出大减,资金大量盈余。从 1935 年到 1937年,这个项目资助的家庭数高达 40 万个,平均每个家庭获益 390 马克。

此外,还有名目繁多的各种补助优惠措施,例如,拥有第 3 或第 4 个孩子的父母可以申请补贴,第一年为每月 30 马克,随后的 13 年为每月

---

[1] J. Noakes & G. Pridham, *Nazism*, *1919 –1945: A Documentary Reader*, *Vol. 2*, p. 451.
[2] Conrad Taeuber, Irene B. Taeuber, *German Fertility Trends1933 –1939*, p. 160.

20 马克。[1]而多子女家庭的父亲们能够得到一系列的优惠,包括减免所得税、遗产税优惠、房租补贴、优先就业权、免于被解雇的特别保护等。妇女的特权和优先权包括怀孕期间的特别津贴、分娩基金、分娩护理、在公共交通工具上的优先权等。其中,最为引人注目的是设置了"德意志母亲荣誉十字奖章"(Ehrenkreuz der Deutsche Mutter),授给多子女妇女。1934 年,纳粹政府将母亲节定为国定假日以表彰妇女的功绩。1938年 12 月,希特勒宣布正式启动奖章计划。1939 年母亲节,大约有 300 万妇女获得了奖章:4 个孩子的母亲获得铜质奖章,6 个孩子的获得银质奖章,8 个及以上孩子的获得金质奖章。如果育有 10 个子女,还能享受一份特殊的荣誉,即让希特勒担任第 10 个孩子的教父,如该孩子为男孩,还能以"阿道夫"(Adolf)为名。[2]

    1934 年 2 月 28 日,民族社会主义人民福利会(Nationalsozialistischer Volkswohlfahrt,缩写 NSV)建立了"母亲与儿童帮护会"(Hilfswerk Mutter und Kind)。该会首先着眼于为即将成为或刚刚成为母亲、却没有医疗保险的妇女提供福利援助。贫困的孕产妇能得到物质援助,如床铺、亚麻布、儿童服装和食品券等等。[3]在可能的情况下,鼓励多子女家庭移居到乡村,以践行"血与土"的理念。多子女的母亲、怀孕的妇女和刚刚生过孩子的产妇,她们的家务活会得到家政助手的帮助。这些家政助手部分由德意志女青年团员担任。福利组织的员工或护士也会经常进行家访,他们检查这些妇女的身体健康状况,提供避免流产、生病或早产的建议。帮护会还关注母亲的产后护理工作。1934 年有 40340 名妇女接受了产后护理,1938 年这一数字达到 77723。帮护会还对幼儿提供日常照料服务。据福利会自己提供的数据,1935 年,它拥有 1061 个日托中

---

① Frank H. Hankins,"German Policies for Increasing Births". In: *the American Journal of Sociology*, Vol. 42, No. 5. (Mar. 1937), p. 631.

② Richard J. Evans, *The Third Reich in Power*, p. 517.

③ Lisa Pine, *Nazi Family Police, 1933-1945*, Oxford: Oxford University Press,1999, p. 24.

心,1941 年增加到 14328 个。① 1936 年的《日托中心指南》规定了它的任务:促进儿童的身体和精神发展;以民族社会主义和服务于民族共同体的思想教育儿童,渐进地灌输关心德意志民族的意义。在乡村地区,此前一般在收获季节由年老体弱或患病的乡村居民来照顾小孩。从 1934 年起,农忙季节组建临时的日托中心。入托者为 2 岁以上的儿童,身体健康,且无人照看。1934 年,全国有 600 所此类中心,1941 年增加到 8700 所。②

提高出生率的另一项措施是打击堕胎行为。纳粹党上台后,即于 1933 年 5 月 6 日关闭了柏林的性学研究中心,以及所有的性问题与婚姻问题咨询中心,销毁所有的研究论文、书籍以及教育材料。当局限制民众使用避孕用品。在希特勒看来,"使用避孕用品意味着对自然的侵犯,是女性气质、母亲品性和爱的退化"。③限制手段是禁止避孕用品的销售广告,同时以防止性病和淫秽物品传播为名规定,向公众演示、推荐或提供关于避孕的手段和信息者,将处以 1 年以下的普通监禁或罚款。

1933 年 5 月 26 日,一项政府法令将魏玛时期被废除的《德意志帝国刑法》第 219 条与 220 条重新引入刑法。第 219 条规定,任何人出于经济目的,获得、应用或管理一切用于使怀孕妇女堕胎的工具和手段者,将处以最高 10 年的重罪监禁。纳粹当局为该条增加了新的内容,规定任何人刊登堕胎广告,或者在文章及工作程序中推荐,或者将之介绍给普通公众,即处以罚款或不超过两年的普通监禁,该规定不适用于专门由内科医生及医学期刊上使用的医疗指南。第 220 条规定,任何人有目的地使怀孕妇女在不知情或不愿意的情况下实施堕胎,将处以不低于两年的重罪监禁,如果其行为导致怀孕妇女死亡,则处以不低于 10 年乃至终身

---

① Edward Ross Dickinson, *The Politics of German Children Welfare: From the Empire to the Federal Republic*, New York: Harvard University Press,1996, p. 218.

② Ibid., p. 218.

③ Henry P. David, "Abortion and Eugenics in Nazi Germany". In: *Population and Development Review*, Vol. 14, No. 1 Mar., 1988, p. 90.

重罪监禁,如果以挽救怀孕妇女生命为目的实施堕胎,则不构成犯罪。新增加的内容规定,任何公开提供或间接提供堕胎服务者,也将处以罚款或最高两年的普通监禁。在 1935—1939 年间,有 95 名职业堕胎手被起诉,其中超过 90%是妇女,她们分别被判处了 1—8 年的重刑监禁,平均刑期为 4 年。

由于获得合法堕胎的资格越来越难,要求终止妊娠的人数急剧下降,从 1932 年的 34690 人下降到 1936 年的 4391 人,1937 年进一步下降到 3400 人。

除此之外,纳粹党还强迫未婚男子以及 1938 年以后无子女的夫妇缴纳额外的税收,数目为他们收入的 10%,以此作为对他们"拒绝繁殖"的惩罚。

在各种措施的共同作用下,德国的人口出生率明显提高,从 1933 年的 14.7‰上升到 1938 年的 19.7‰,接近 1926 年的水平。

1935 年 12 月,由希姆莱一手策划,"生命之源"(Der Lebensborn)协会成立。该机构隶属于党卫队种族和移居处。"生命之源"协会章程指出,该组织的任务是支持"具有遗传生物学价值的、多子女的家庭",照顾"具有种族价值和遗传健康的孕妇",照料此类母亲的子女,并为产妇提供一定时间的疗养。[1] "生命之源"协会成立之初主要负责两项任务:一是向多子女的党卫队员家庭提供福利,向它们分发补助款;二是强化对孕妇的产前产后护理,只要她们是纯正的德意志人,不论婚否。"生命之源"协会将私生子同婚生子女一样看待,向未婚妈妈敞开大门。希特勒曾经表示:"我们要记住,30 年战争之后,一夫多妻制是得到容忍的,所以,正是得益于私生子,我们的民族才恢复了力量。"[2]

欧战爆发后,"生命之源"协会还开展了另一项业务,即收养具有种族价值的孩子。德军入侵它国后,部分军人与被占领国的女子发生性爱

---

① Bundesarchive Koblenz, NS 48/29, „ Satzung des Vereins ' Lebensborn ' e. V. ", 24. Dezember, 1937, S. 1.
② Hitler, *Hitler's Table Talk*, *1941 - 1944*, Oxford: Enigma Books, 1988, p. 352.

关系。据 1943 年党卫队估计,仅仅在法国就有数千名妇女因为德国军人、党卫队员及占领官员的关系而怀孕。在纳粹分子看来,这些孩子中有不少具有种族价值。尤其在挪威等处,纳粹党人羡慕挪威人的维京血统,德国军方鼓励驻军官兵同挪威妇女生育尽可能多的小孩,成千上万的挪威妇女因此怀孕。这些妇女通过党卫队医生的种族审查之后,就被送往驻地附近或者原德国境内的"生命之源"妇产科医院。"生命之源"协会还从德国占领区引诱绑架一些金发碧眼的儿童。希姆莱指令党卫队员,要把那些种族上可以接受的孩子从占领区带到本土来,通过"再德意志化"教育,把他们培养成德意志人。

纳粹政权在鼓励生育更多的德意志健康孩童的同时,对残疾人和病患者这些弱势群体,却采取了残酷的杀戮和限制政策。

1933 年 7 月 14 日,政府颁布《预防遗传病患者新生儿法》(*Gesetz zur Verhütung erbkranken Nachwuchses*),通称《绝育法》。[1]该法规定,"任何患有遗传性疾病的人,如果通过医学诊断认定为其子女也将受到遗传性的身体和精神损害,都将实施绝育"。它规定九类疾病可以考虑是否实施绝育手术。其中五类是关于精神和认知上的紊乱,即先天性弱智、精神分裂症、躁狂—抑郁性精神病、遗传性癫痫症、亨廷顿氏舞蹈病。三类是身体缺陷,即遗传性失明、遗传性耳聋、严重遗传性身体畸形。最后一类则是"任何情况下的严重酗酒"。同年 11 月,当局规定要对性侵犯罪犯(即强奸犯)实施预防性阉割。1936 年 6 月又允许对同性恋者施行阉割。到纳粹政权灭亡前,实施绝育手术的人数为约 40 万。[2]被绝育者不少来自社会底层,其中不少是精神病院和收容所的病人,还包括一些诸如黑人的少数种族。

1935 年 10 月 18 日,政府又颁布《保护德意志民族遗传卫生法》

---

[1] Gesetz zur Verhuetung erbkranken Nachwuchses vom 14. Juli 1933,RGBl 1933,Teil 1,S. 529ff.

[2] Robert Proctor, *Racial Hygiene: Medicine under the Nazis*, Cambridge:Harvard University Press,1988,p. 108f.

(*Gesetz zum Schutze der Erbgesundheit des deutschen Volkes*),①通称
《婚姻法》。按规定,男女一方患有精神疾病,或具有《绝育法》中所规定
的遗传性疾病,或处于法律监护之下,均不得结婚。另外,如果一方患有
传染性疾病,特别是肺结核和性病,也不得结婚。

　　对于已经出生的残疾婴幼儿,政府则强制推行"安乐死"计划,通过药
物终止其生命。1938年,莱比锡的克瑙尔(Knauer)家出生了一个严重的残
疾婴儿。克瑙尔给希特勒写信,请求希特勒准许该婴儿死亡。随后,希特
勒私人授权勃兰特(Karl Brandt,1904—1948)和纳粹党元首办公厅主任的
菲利普·布勒,开始实施一项消灭具有身体和精神疾患婴幼儿的计划。这
项"儿童安乐死"(Kinder - Euthanasie)计划一开始极具隐蔽性。它由纳粹
党元首办公厅负责,该办公厅在政治体制中属于处理元首私人事务的部
门,不太引人注意,有利于保密。"克瑙尔"事件发生约3周后,名为"严重
遗传疾病科学登记全国委员会"(Reichsausschuß zur wissenschaftlichen
Erfassung von erb - und anlagebedingten schweren Leiden)的组织成立。该
组织向各地卫生部门、医院和儿童诊所等单位和家庭发放登记表,要求填
写3岁以下患有先天性畸形或者精神缺陷儿童的情况,寄回内政部相关办
公室。②这些病征包括先天愚型儿童,尤其是失明或失聪的孩子;小头畸
形;身体畸形,特别是四肢缺失、严重的颅骨闭合缺陷和脊柱畸形等。在
被登记者中,大约95%被杀害,只有5%作进一步监测。

　　当局还对成年残疾人实施安乐死。战后,美国在纽伦堡医学案件审
判起诉书中简要描述了成人安乐死计划:"这一计划涉及在护理院、医院
和收容所,通过使用毒气、注射和其他许多方法,对年老的、患精神病的、
无法治愈疾病的人或者畸形儿童以及其他人进行有系统的、秘密的处
决。"③希特勒于1939年10月发布一个带有授权性质的命令,命令的全

---

① *Gesetz zum Schutze der Erbgesundheit des deutschen Volkes vom 18. Oktober 1935*, RGBl.

② *Trials of War Criminals - Before the Nuernberg Military Tribunals Under Control Council Law No. 10. Vol. 1: Case 1: 'The Medical Case'*, Washington 1950, p. 796.

③ 亨利·弗莱德兰德:《从"安乐死"到最终解决》,赵永前译,北京出版社2000年版,第82页。

文为:"国家领导人布勒和医学博士勃兰特在此被授权,负责增加一些具体指派的医生的权限;这样,一些根据人道的判断被确认为不可治愈的病人在确诊后准许被实施仁慈死亡。"①成人安乐死体现在"T4"行动计划中。该计划的实施总部设在柏林动物园街 4 号(Tiergartenstr. 4)的一所别墅内,由此得名。② 1939 年 9 月 21 日,内政部颁布一项命令,启动了成人安乐死的进程。它要求各地政府在同年 10 月 15 日以前提供一份名单,将各种医疗机构所掌握的情况上报。名单中应包括以下五类病人:(1)被收治达 5 年以上(含 5 年)的病人。(2)具有以下症状且无法从事医院里的工作或只能做一些简单机械工作的病人:精神分裂症;癫痫症;老年性疾病;进行性瘫痪或各类梅毒;脑炎;亨廷顿氏症及其他晚期神经症;任何种类的低能。(3)在刑法上被确定患有精神病者。(4)不具备德国公民身份的病人。(5)非德意志或相关血统的病人。

在实际操作过程中,由于战时食物供应日益紧张,筛选标准也越来越宽。例如,原来规定填写表格的对象必须住院 5 年以上,然而有些病人还不足 5 年,但由于法院判决其不属于雅利安种族,或者患有所列出的一种疾病,也被填进了上报名单。同时,对病人的判断不仅取决于他们所患的疾病,而且还考虑其劳动能力。"累赘的生命"(Ballastexistenzen)往往成为清除对象。其理由是,在战争期间,许多健康的人不得不献出生命,而患有严重疾病且不能参加劳动者却继续活着,是不合理的。

第四节 社会统制与社会协调

一、社会组织网络

纳粹党在执政过程中,逐步架设起一个以自己为核心,辐射渗透到

① 亨利·弗莱德兰德:《从"安乐死"到最终解决》,赵永前译,北京出版社 2000 年版,第 88—90 页。
② Wolfgang Benz, Hermann Graml, Hermann Weiss (Hrsg.), *Enzyklopädie des Nationalsozialismus*, München: Springer, 2007, S. 266.

社会各个领域,机构重叠组织繁杂的社会组织网络。此举可达到一石三鸟的效果:强化社会控制网络;改变魏玛时期社会组织相对缺少的状况,一定程度上满足民众"群体归属"的心理需求;按纳粹主义精神对德国社会实施整合,充实"民族共同体"的内涵。

纳粹党在执政前,曾组建过一些外围组织,如希特勒青年团、民族社会主义妇女联合会(Nationalsozialistischer Frauenschaft)、民族社会主义教师联盟等,以增强自己的实力。执政以后,它不仅继续保留这些组织,还大量增设新的社会团体。1935年3月,一项法令将这些社团组织划分成二类:一类被确定为纳粹党的分支组织,它们从结社法的角度来说是属于纳粹党的一部分,另一类是纳粹党的附属协会,拥有自己的法人地位。

属于纳粹党分支纽织的,除了冲锋队和党卫队以外,还有希特勒青年团和德意志女青年团,这两个组织的情况本书已经作过介绍。

民族社会主义妇女联合会成立于纳粹党上台前,初时规模并不大。直至1930年,女性人数在纳粹党内仅占6%。1931年,纳粹党为扩大影响,开始着手构建妇女组织,以原有的"德意志妇女团"为基础,将各种纳粹女性团体组合在一起,建立了"民族社会主义妇女联合会"。1932年,该组织正式成为纳粹党的下属机构。纳粹党执政后,进一步解散了所有具有政治倾向的妇女组织,突显出该组织的地位。1934年2月,希特勒任命联合会原副主席格特鲁德·朔尔茨-克林克(Gertrud Scholtz‑Klink,1902—1999)担任全国妇女领袖,该组织的垄断地位更加明显。根据纳粹理论对女性社会功能的定位,该组织不可能参与当局的决策过程,基本上是按照党内上层的指示进行传达,然而也自成一体,在中央、大区等处都设有自己的分支机构,各由一名女性领袖分管。该联合会1939年拥有330万成员,到1942年增加到620万,占全国女性总数的1/5。[1] 下设五个

---

[1] Jeremy Noakes, *Nazism, 1919‑1945, Volume 4*, Devon: Exeter University Press, 1998, p. 305.

工作部门。"民族母亲服务部"负责宣传纳粹的人口政策,并辅助政府的福利组织,为"有价值"的母亲与儿童提供帮助等。"民族及家政经济部"负责培训年轻女性的家政管理技能,并通过举办展览会与讲座等途径,配合政府引导女性的日常消费,使其与政府的经济政策保持一致。"文化教育培训部"负责文化事务,通过收集、编辑、排演传统的德国歌曲、舞蹈、音乐,宣传德国风格的艺术和装饰,以培养家庭主妇们的历史文化感,并通过开设课程,向家庭主妇们讲授民族社会主义的理论。"救助服务部"负责提供辅助的社会福利工作人员,并与红十字会联合,向妇女传授基本的急救知识。"边境与境外部"负责与境外德意志人保持联系,强化其德意志民族情感。[①]

民族社会主义机动车驾驶团(Nationalsozialistischer Kraftfahrkorps,缩写 NSKK),1930 年成立,由阿道夫·休恩莱恩(Adolf Hühnlein,1881—1942)任主席。其前身是 1927 年成立的冲锋队机动车驾驶组织(Kraftfahrwesens der SA)。[②] 1931 年底拥有成员 1 万人,曾经参与入侵奥地利等军事行动并协助训练坦克驾驶员,1939 年欧洲战争爆发时达到50 万人。

民族社会主义德意志大学生联盟,1926 年成立。初期由威廉·坦姆派尔(Wilhelm Tempel,1905—1983)任全国领袖,1928 年改由巴尔杜尔·冯·席拉赫接掌后,成为希特勒的得力工具。1932 年起先后由格哈德·列勒(Gerhard Rühle,1905—1949)、奥斯卡·施坦贝尔(Oskar Stäbel,1901—1977)、阿尔伯特·德里希特魏勒(Albert Derichsweiler,1909—1997)、古斯塔夫·阿道夫·舍尔(Gustav Adolf Scheel,1907—1979)任全国领袖。

民族社会主义德意志大学教师联盟,于 1935 年 7 月 24 日从"民族社会主义教师联盟"中分离出来,总部设在慕尼黑,长期由瓦尔特·舒尔策

---

① Jill Stephenson, *The Nazi Organisation of Women*, London：Continuum，1981，p. 153.
② Christian Zentner & Friedemann Bedürftig, *Das Grosse Lexikon Des Dritten Reiches*, S. 273，411.

(Walther Schultze,1894—1979)任主席。此人系纳粹党早期党员,参加过"志愿兵团"和1923年"啤酒馆暴动",二十年代在巴伐利亚州议会活动,并无大学任教经历。[1]

属于纳粹党附属协会的有:德意志公务员全国联盟(Reichsbund der Deutschen Beamten,缩写RDB),亦称"民族社会主义公务员联盟"(NS-Beamtenbund)。该组织1918年12月成立,时称"德意志公务员联盟"(Deutscher Beamtenbund),希特勒执政后,强令其领导人赫尔曼·内夫(Herman Neef)于1933年10月将组织改名,纳入纳粹统治系列。

民族社会主义德意志医生联盟(Nationalsozialistischer Deutscher Ärztebund,缩写NSDÄB),1929年成立于纽伦堡纳粹党党代会上,由格哈德·瓦格纳任主席。初时成员很少,1933年后快速增加,1938年达到3万人。

民族社会主义法学家联盟,1928年成立,最初成员仅233人,1932年增加到1374人,1935年达到82807人。1936年改组成"民族社会主义法律工作者联盟"。1928—1942年由汉斯·弗兰克任主席,1942年以后由奥托·格奥尔格·蒂拉克接任。

民族社会主义教师联盟,1929年成立,总部设在拜罗伊特。初时作为纳粹党争取中小学教师的外围组织,1935年11月1日起在该领域获得垄断地位。

民族社会主义人民福利会,1933年5月3日根据希特勒的命令成立,总部设在柏林。重点负责处理纳粹党员及其家属,尤其是母亲和青少年的福利和救济事务。它仿照纳粹党的地区结构,在大区、分区、分部、支部、小组各级设立区域组织。1938年成员数达1100万人。

民族社会主义战争受害者救济会(Nationalsozialistische Kriegsopferversorgung,缩写NSKOV),1930年成立,1939年成员1600万人。

---

[1] Christian Zentner & Friedemann Bedürftig, *Das Grosse Lexikon Des Dritten Reiches*, S. 410, 524.

民族社会主义德意志技术联盟（Nationalsozialistischer Bund Deutscher Technik,缩写 NBSDT）1936 年成立。该组织在纳粹党的大区一级设有分会。

上述这些组织纵横交错,辐射渗透到社会的各个领域,像蜘蛛网一样覆盖整个社会。在纳粹统治时期,不论男子还是女子,不论成人还是儿童,不管从事什么行业,只要属于"民族同志",就必然是某个相关组织的成员。

二、社会政策

纳粹党作为一个主要来自社会中下层的政党,对推行社会政策有着较大的兴趣。普通党员和追随者希望得到国家保护,提高自己的生活水平和质量。而希特勒作为一个来自社会下层的玩弄权术的"大师",也清楚地看到,仅仅依靠高压统治难以稳住政权,必须同时使用思想灌输和社会笼络手段。

希特勒政府在摆脱经济危机的过程中,失业问题很快得到缓解。随着劳动力短缺现象出现,劳动时间保护问题逐渐浮现。纳粹党一直赞同 8 小时工作制,认为"8 小时工作制是从捍卫家庭与民族健康角度得出的"。[1]1933 年 7 月 28 日,政府明确要求劳工的周工作时间不超过 40 小时。[2]然而,从 1934 年 7 月开始放松控制,允许企业在取得劳动督察官同意后,根据自身情况决定劳动时间。很快,劳动时间开始增加。据统计,1933 年劳工的平均周劳动时间为 42.94 小时,1934 年则上升到 44.56 小时,1935 年大致与 1934 年持平。[3]当然,政府也防止企业主随意延长工作时间,规定"每天的工作时间最高不得超过 16 小时,每天必须保持 8

---

① Joachim Bons, *Nationalsozialismus und Arbeiterfrage, Zu den Motiven, Inhalten und Wirkungsgrunden nationalsozialistischer Arbeiterpolitik vor 1933*, S. 220.

② Michael Schneider,*Unterm Hakenkreuz:Arbeiter und Arbeitbewegung 1933 bis 1939*, S. 547.

③ Timothy W. Mason, *Social Policy in the Third Reich: The Working Class and the 'National Community'*, Oxford :Berg Editorial Offices, 1997, p. 129.

小时的不间断休息时间,且每两周至少有一天的时间给劳工自由支配"。[1]

欧洲战争爆发后,政府为了保证军事需要,放松了对劳动时间的管理。企业大多延长了劳动时间,每日 10 小时工作成为普遍现象。当局也在 1939 年 12 月发布指令,允许"企业在必要时把 10 小时工作制作为正常的工作时间"。[2] 随着战争的扩大,当局无力再控制劳动时间,在军事工业中,每天工作 11—12 小时已司空见惯,有时甚至达到 14 小时。

在社会保险问题上,纳粹党指责魏玛共和国导致了"德国社会保险的崩溃",使俾斯麦创造的社会保险体制失去效用。它认为自己有义务扭转这种局面。1933 年 12 月 7 日,政府颁布《维持偿付残疾者、矿工和职员保险法令》,宣布恢复大危机期间停止实施的社会保险制度。翌年 7月 5 日,政府颁布新的《社会保险建设法令》,将魏玛时期的社会保险机构自治管理制度,改由政府官员掌管。在此期间,保险范围得到扩大。女性劳工生育前后 6 星期内不得工作,但仍享受部分工资,生育前 4 周就开始享受生育补助,生育后可获得免费助产服务、医药、分娩津贴,以及 8—10 周的产假补贴。养老保险方面增加了家内劳动者。在残疾—工伤方面,保险范围得到扩大,不仅对劳动事故进行赔偿,也对上下班途中以及看护劳动工具时发生的事故进行赔偿,越来越多的职业病被列为工伤事故。[3]各种保险的储备基金明显增加,1933 年为 33.05 亿马克,1936 年上升到 44.57 亿马克。[4]当局为了贯彻"民族共同体"原则,声称每一位民族同志都可以享受到这些保险。但是,伴随着保险范围的扩

[1] Jurgen Kuczynski, *Germany: Economic and Labour Conditions under Fascism*, New York: Greenwood Press, 1968, pp. 158 - 159.

[2] Timothy W. Mason, *Social Policy in the Third Reich: The Working Class and the 'National Community'*, p. 359.

[3] Florian Tennstedt, „Der Ausbau der Sozialversicherung in Deutschland, 1890 bis 1945". In: Hans Pohl(Hrsg.), *Staatliche, städtische, betriebliche und kirchliche Sozialpolitik vom Mittelalter bis zur Gegenwart*, Stuttgart: Franz Steiner Verlag, 1991, S. 234.

[4] Jurgen Kuczynski, *Germany: Economic and Labour Conditions under Fascism*, p. 128.

大,个人实际得到的保险金额却减少了。例如,残疾保险支出从 1933 年的 360 万马克下降到 1936 年的 310 万马克,同期养老保险支出从 1050 万马克下降到 670 万马克。[①]

1937 年 12 月和 1938 年 12 月,当局先后颁布了《扩大保险范围法令》和《关于德国手工业者养老金法令》,规定 40 岁以下的工人和职员全部纳入社会保险的范围,个体经营者首次获得社会保险。与此同时,保险金额减少,养老金和残疾金由每人每月 37.4 马克减为 31 马克,寡妇补助金由 22.48 马克减为 19 马克,孤儿抚育金由 15.49 马克减为 10.5 马克。当局希望通过这种方式,迫使一部分劳工重新就业,缓解劳动力短缺现象。保险金发放面广了,保险储备基金总额也有所增加,1937 年达 74.39 亿马克,1938 年上升到 87.39 亿马克。

社会救济被纳入了强化民族共同体意识的轨道。社会救济事务由纳粹党的附属协会民族社会主义人民福利会负责实施,主要项目有"冬赈服务"(Winterhilfswerk)和"母子救济"(Hilfswerk Mutter und Kind)。前者的主要任务是缓解失业者、多子女家庭和贫困家庭在冬季所面临的饥寒困境,在 1933 至 1937 年间发放了近 1.5 亿马克的救济品,其中主要是食品补助券和煤炭。经费大部分来自群众性募捐,其余通过扣除在业工人的部分工资获得。"母子救济"是增加对孕妇和产妇的经济资助,延长孤儿补助金和儿童补助金的领取期限至 18 周岁,同时资助多子女家庭,以鼓励生育。

解决缺房民众的住房问题也是社会政策的重要组成部分。纳粹党拒绝"认为住房事宜是私人的事",相反,它认为住房政策同样也要服从纳粹主义的要求,"让每一位'民族同志'都拥有自己的住房,消除彼此之间的差别"。[②]在纳粹统治时期,当局试图以自己独特的方法来解决这一问题。

---

① Jurgen Kuczynski, *Germany: Economic and Labour Conditions under Fascism*, p. 127.
② Arthur Schweitzer, *Big Business in The Third Reich*, Bloomington: Sage Publications, 1964, p. 301.

在缓解城市住房困难方面,政府加大了投资。国家投资与私人投资的总额呈现出逐年上升的趋势,其中国家占了很大的份额。1933年政府共投资7.233亿马克,1934年则投资了12.80亿马克。[①] 与此同时,政府曾尝试鼓励企业主给自己的职工安置住房。1935年,德意志劳动阵线试图使雇主在农村建造住房,并逐渐把所有权转移给劳工。该阵线经济建设机构曾经与住房合作机构之间达成协议,认同企业在周边地区建造房屋并出售给企业职工,政府则提供一部分补助。[②] 此外,政府也鼓励私人参与,为其建造住房提供各种优惠,包括由国家提供一定的贷款担保,并降低住房建设税。政府在1936年时对住房建设所征收的税率为4.5%—5.0%,相比于共和国时期50%的标准下降了很多。1935年2月19日,劳动部颁布法令,修订了在乡村中建造住房安置劳工的政策。法令声称政府不再补贴这种形式的住房,必要的资金由定居者和银行等承担,但国家可以提供贷款担保。同时,国家对这类住房提供优惠政策,住房安置的费用不得超过3000马克,而当时的市场价格为8000—10000马克。[③] 1933—1936年间,政府对270万套住房实施了改建,同时新建住房332370套。[④]

当局还在更大的范围内通过"逆城市化"的方法来解决住房问题。不少纳粹分子把城市视作种族发展的巨大障碍,希望通过"血与土"的崇拜,把大部分城市人口转移到农村。疏散城市人口的主要措施,是在禁止农民离开土地的同时,在全国范围实施"移居"垦殖计划。主要采取两种形式,一种是农村移居,另一种是郊外移居。

农村移居的目标地区主要是德国东部地区。用于移居的地产往往已经濒临破产,主人在一定的压力下愿意出售以清偿债务,然后退休领

① J. Noakes and G. Pridham, *Nazism, 1919-1945: A Documentary Reader*, Vol. 2, p. 358.
② Arthur Schweitzer, *Big Business in The Third Reich*, p. 302.
③ Ibid., p. 302.
④ Karl Christian Führer, *Anspruch und Realitat: Das Scheitern der nationalsozialistischen Wohnungsbaupolitik*. Vierteljahrshefte für Zeitgeschichte, 1997. 4.

取养老金,迁往城镇居住。这些地产就此分割成各个自成体系的单元,供城里人"移居"。实施"移居"者并不仅仅限于获得这些地产的所有者即新的农场主,也包括青年学生以外的"助耕"者,其中不少是失业工人。这些失业工人由劳动部门指派,一般 2—3 人为一组,在助耕时由农场主负责提供膳宿。为了鼓励这些失业工人定居农村,一般鼓励他们同农场主的儿女们通婚。

郊外移居则是鼓励城市居民向城郊迁居。迁居的路径呈现两种情况,一种是在大的工业城市的边缘随机地向外扩展,另一种是在城郊大工厂的周围辟出地方,建立"田园城市",供工厂工人居住,利用周围的土地,亦工亦农,安居乐业。纳粹当局认为这种模式代表了未来纳粹国家的特点,因而重点鼓励。所谓"亦工亦农",是让充分就业的工人每周抽出 1—2 天的时间,去耕作小块的土地。当这些工人逐渐适应田间劳作后,再增加农作时间,最多的达到每周花费 32 小时用于农耕。在大工厂的周围形成小城镇,是工业化进程中一种较为普遍的现象。而纳粹政权的做法,恰恰是同历史发展的进程相逆的。它这样做的目的,是要回到以前的容克社会,给每个劳工一些土地,以此吸引他们,把他们固定在特定的区域内。①

当局为了加速推行移居垦殖计划,专门设立了"全国德意志人移居者选择事务办公室",下设 22 个地方事务所。为了帮助移居者解决资金问题,还创立了各种公私财政资助机构,通过"移居启动贷款"、"移居长期贷款"、"资助社区公共设施移居贷款"等项目,对移居者提供财政资助。然而,当局稳定和扩大农村人口的措施并不十分有效,由于容克势力的抵制,以及扩军备战行动"拉走"了大量的青壮年劳动力,纳粹统治时期农村人口减少的速度反而比魏玛时期还快。在西普鲁士,魏玛时期农村人口减少的幅度为每年 1.5%,纳粹统治时期反而达到 2.5%。②

---

① Robert A. Brady, *The Spirit and Structure of German Fascism*, New York: Citadel Press, 1969, p. 273.

② Richaed Grunberger, *A Social History of the Third Reich*, p. 207.

　　纳粹当局反城市化的宣传和举措,对德国城市的生存和发展产生了严重的负面影响。1936 年进入"四年计划"阶段后,当局的住房政策有所调整,一部分住房建设资金转向军工生产。1939 年,政府又因为军事需要,缩小了建筑市场的材料供应。但在这一时期,由于当局继续鼓励提高生育率,以及大量移民的涌入,城市人口激增。尽管全国每年有约 30 万套新建或改建的住房落成,但是住房短缺现象难以缓解。到 1938 年,全国急需 150 万套新住房。[1]即使在拥有住房的家庭中,也有 1/3 生活在过分拥挤或不合标准的环境中。

　　欧洲战争爆发后,德国的住房问题进一步恶化。当局再次把矛头指向犹太人,将其房屋收为国有,转为民众的住房。但由于僧多粥少,不可能从根本上解决住房紧缺的难题。

　　纳粹德国社会政策的另一个重要领域是充实工人等下层民众的业余文化生活,在这方面,德意志劳动阵线的下属组织"欢乐产生力量"(Kraft durch Freude)起了很大的作用。1933 年底,劳动阵线成立下属组织"下班之后",不久后改名为"欢乐产生力量"。后者来源于这样的理念:工人们在参加了有组织的快乐休闲活动后,将带着饱满的精神回到工作岗位。同时,纳粹党还试图通过这些活动在民众中塑造共同体的精神。

　　"欢乐产生力量"组织安排了大量的娱乐活动,内容丰富多彩,而且活动的次数和参加人数都呈上升趋势。当局为了增进追随者之间的感情,号召企业除了举办传统的圣诞节晚会和周年庆外,还要广泛开展"同事晚会"(Kameradschaftsabend)活动。纳粹希望通过这种方式增加企业凝聚力,体现"民族共同体"的魅力。根据劳动阵线的安排,企业主负责提供场地、啤酒、饮料和灌肠。晚会上先由纳粹领导人或者企业领袖讲话,对表现突出的职工进行表彰,然后由外请的艺术家或企业合唱团表

---

① Arthur Schweitzer, *Big Business in The Third Reich*, p. 218.

演节目,最后是全体参与的舞蹈。① "欢乐产生力量"还组织戏剧和音乐会到企业演出,让这些活动不再是"有钱阶层"的专利。

该组织还安排工人享受旅游之乐。1936 年春威斯特伐仑劳动督察官颁布第一个假期规定,成年职工在参加工作最初 5 年内,每年有 6 天假期,以后逐渐增加,工龄满 21 年能享受 12 天假期。②同时还提供工人能承受的低价旅游,如获得优惠车票,③自己修建疗养院和旅馆,建造"欢乐产生力量"游船等。④

当局还热衷于在民众中推行社会心理拉平政策,在社会生活中制造一种德意志民族内部人人平等的感觉和印象。每年的某一天,各地会在城镇的街道与广场,以及农村,举行吃"大锅饭"的聚餐活动。到了这一天,全体德意志人同吃"大锅饭",作为形成民族共同体的象征。

当时,汽车已经进入了美国的富裕家庭,但纳粹当局认为,汽车不应该只是上层社会的身份标志,应该让每个德国人都能买得起。最初,未来的廉美汽车定名为"欢乐产生力量汽车"(KdF-Wagen),但设计者担心这样的品牌会影响汽车出口,遂要求改名为"大众汽车"(Volkswagen)。大众汽车的定价较低,从 990 马克到 1050 马克之间(当时私营汽车厂生产的同等质量的车最低价格为 3000 马克),但汽车必须通过储蓄券购买,即欲购车者必须签署储蓄合同。到 1939 年 3 月,有 20 万人加入了购车储蓄的行列,年底增加到 27 万,最终的数字为 33.6668 万。⑤然而,1939 年 9 月 1 日欧洲战争爆发时,大众汽车厂尚未完工,因

---

① Matthias Frese, *Betriebspolitik im „Dritten Reich", Deutsche Arbeitsfront, Unternehmer und Staatsbürokratie in der westdeutschen Großindustrie 1933 – 1939*, Paderborn: F. Schöningh, 1991, S. 382 – 384.

② Michael Schneider, *Unterm Hakenkreuz: Arbeiter und Arbeiterbewegung 1933 bis 1939*, S. 347.

③ Bruno Fromman, *Reisen im Dienste politischer Zielsetzungen – Arbeiterreisen und „Kraft durch Freude"- Fahrten*, Stuttgart: Universität Stuttgart, 1992, S. 171.

④ Bruno Frommann, *Reisen im Dienste politischer Zielsetzungen – Arbeiterreien und „Kraft durch Freude" - Fahrten*, S. 263, 143.

⑤ 时代生活丛书编著:《第三帝国:新秩序》,第 198 页。

此它在未生产出一辆汽车的情况下就投入了军工生产,转而生产炮弹等军用物资。

三、宗教政策

20 世纪 30 年代初,德国大约有 4000 万新教徒和 2000 万天主教徒,占当时人口比例 94%。[1]纳粹党早在《二十五点纲领》中就针对宗教问题提出:"我们要求国内实行一切宗教信仰自由,宗教信仰不得危害国家存在或违反德意志种族的风俗道德。本党持积极的基督教立场,但并不公开声明自己受某种宗教信仰的束缚。"[2]所谓"积极的基督教",是将耶稣看成是敌我分明的战士,而不是自我牺牲等待救赎的受害者;是从《圣经》文本出发解释教义,将犹太因素从基督教中排除出去;是以雅利安属性为标杆,号召人们同"毒害世界"的犹太人积极战斗。[3]这意味着基督教可以同反犹主义融合。恰如维也纳基督教协会的领袖里夏德·施米茨(Richard Schmitz,1885—1954)对纳粹主义的描述:"这一运动似乎是以十字为标志,但它不是天主教的十字,它的十字是有拐角的十字,它的十字表明,当人们需要它时,基督教的原理也可以拐弯。"[4]

纳粹党的这一宗教政策纲领很快招致天主教会的反对。1923 年,慕尼黑方济各会(Franziskaner)神学院讲师埃哈特·施伦德(Erhard Schlund,1888—1953)出版《当今德国的新日耳曼异教》一书,指出纳粹主义将走向基督教的对立面。纳粹党纲领中极端的反犹主义就是"反基督的"。相比之下,暗含摆脱罗马教会束缚、"复兴德意志民族"的纳粹党

---

① Länderrat des Amerikanischen Besatzungsgebiets (Hrsg.), *Statistisches Handbuch von Deutschland 1928 - 1944*, München: Länderrat des Amerikanischen Besatzungsgebiets, 1948, S. 28f.

② J. Noakes & G. Pridham, *Documents on Nazism*, 1919 -1945, p. 39.

③ Richard Steigmann - Gall, *The Holy Reich: Nazi Conceptions of Christianity*, 1919 -1945, p. 37.

④ Gerhard Hartmann, *Kirche und Nationalsozialismus*, München: Nymphenburger Verlagshandlung, 2007, S. 18f.

宗教政策纲领对于福音教会更具吸引力。许多神学院学生和年轻牧师纷纷加入纳粹党,一些地区兴起了倾向于纳粹主义的教会运动,认同纳粹的"民族任务"和领袖原则,要求用英雄主义精神重塑基督教。据估计,纳粹党在新教地区所获得的选票是天主教地区的两倍。[1]

纳粹党为了减少与教会的摩擦,尽可能多地争取选票,一直在调整其宗教政策。1933 年 3 月 23 日,希特勒为了吸引教会人士和中央党赞成"授权法",在国会发表演说,表示:"民族团结政府在两大教派中看到了维持我们社会最重要的因素……将允许和保证基督教会享有对于学校和教育的影响力。"[2]

天主教会立即表示支持这一表态。3 月 28 日,富尔达主教会议甚至发表了引起轰动的《富尔达主教会议关于教会和民族社会主义的公告》,要求信徒"在原则上拒绝一切违法或颠覆性行动的情况下,忠于合法的当局并认真履行公民义务"。[3]这一声明不仅正式取消了对于右翼极权主义的禁令和警告,而且明确站到忠于政府的立场上,从而以神学权威的身份承认了纳粹政府。1933 年 6 月 3 日,在德国主教们的一份通告中,这一思想得到更为明确的表达。通告为"民族的觉醒"而欢呼,指出"教会对国家持观望态度的边缘化或者完全的敌对化,对于教会和国家来说都是有害的。"[4]经巴本穿针引线,德国政府和罗马教廷很快达成妥协。1933 年 7 月 20 日,巴本代表德国政府,同梵蒂冈的巴西利主教正式签订《国家宗教协定》(*Reichskonkordat*)。协定规定,德国政府保障宗教信仰和天主教公共活动的自由;保证教会有权在其管辖范围内颁布训令、印发教会报刊通函;承认罗马教廷任命主教和设立教会机构的权力,但主教赴任时必须宣誓效忠德国政府;承认天主教宗教课程为各类学校的正

---

① Jürgen W. Falter, *Hitlers Wähler*, München: Beck, 1991, S. 177.
② Max Domarus, *Hitler: Speeches and Proclamation. Vol. 1, 1932 - 1945*, London: Süddeutscher Verlag, 1990, p. 279.
③ 卡尔·迪特利希·埃尔德曼:《德意志史》,第四卷,下册,第 484 页。
④ Gerhard Hartmann, *Kirche und Nationalsozialismus*, S. 31.

规课程,但必须强调祖国、公民和社会的责任感;从事单纯的宗教、文化和慈善活动的教会组织和协会将受到保护,只要它们保证不从事政党活动。① 这一协议使天主教会失去了施加政治影响的"合法性基础",并使希特勒获得了进入天主教社会的通行证,"向全世界证明,将纳粹主义视为教会敌人的论断,是政治上挑拨离间的谎言"。②

各福音教会也迅速对希特勒的讲话作出积极反应。它们呼吁各教区的代表,为了"灵魂的重生而共同合作,同抗拒德意志成长、拒绝教会服务的人作战"。③与天主教会相比,福音教会在组织上较为分散,"德意志福音教会联合会"(Deutschen Evangelischen Kirchenbundes,缩写DEK)下辖的 28 个州教会各自为政。各福音教会当时也有在民族团结的口号下形成全国性统一力量的愿望,时任福音教会联合会主席的赫尔曼·卡普勒(Hermann Kapler,1867—1941)于 1933 年初在洛卡姆(Loccum)组建一个委员会,准备着手制定章程,争取实现全国福音教会的统一。希特勒也希望通过统一福音教会为纳粹事业催生出一个"新的民族教会"。1933 年 4 月底,他任命柯尼斯堡的牧师路德维希·米勒(Ludwig Müller,1883—1945)作为福音教会问题特派员,促进德国福音教会的"一体化"。然而,同年 5 月 26 日,在提前举行的全国教会领导人选举中,忠于教会事业的弗里德里希·冯·博德尔施文格(Friedrich von Bodelschwingh,1877—1946)以 24∶3 的票数战胜米勒,当选全国主教。这一意外结果令当局大为恼火。希特勒拒绝按照既定程序接见卡普勒。卡普勒和博德尔施文格在一个月内相继辞职。而米勒则在冲锋队的协

---

① Wolfgang Michalka(Hrsg.), *Deutsche Geschichte 1933 - 1945*, *Dokumente zur Innen - und Außenpolitik*, S. 82 - 84.

② Völkische Beobachter, 20. 7. 1933. zirt. Nach: Wolfgang Michalka(Hrsg.), *Deutsche Geschichte 1933 - 1945*, *Dokumente zur Innen - und Außenpolitik*, Frankfurt/M.: Fischer Taschenbuch Verlag, 2002, S. 84.

③ Nikolaus von Preradovich und Josef Stingl, „*Gott Segne Den Fuhrer!* " *Die Kirchen im Dritten Reich - Eine Dokumentation von Bekenntnissen und Selbstzeugnissen*, Druffel: Leoni am Starnberger See, 1986, S. 32f.

助下,利用紧急状态法,占领福音教会联盟总部,接管了福音教会的领导权。9 月 27 日,米勒在全国首届宗教代表大会上顺利当选为"全国主教"(Reichsbischof),组成几乎清一色纳粹党员的顾问领导班子。[1]全国福音教会同纳粹党的合作达到顶峰。

然而,纳粹党与教会之间的争议并未停止,反而日益激化。所谓的"教会斗争"(Kirchenkampf)[2],在天主教方面,表现为纳粹政府反对天主教会的一系列措施和行动,对天主教会的体制和精神文化工作进行压制和破坏,近似于俾斯麦时期的"文化斗争"。直至 1937 年 3 月罗马教廷发表名为《痛心已极》(*Mit Brennender Sorge*)的教皇通谕,天主教会和德国政府的合作关系告终。在新教福音教会方面,则是明认信仰教派(Bekennenden Kirche)与"德意志基督徒"组织之间的斗争。

德国新教在教会体制方面的多元传统,一方面使其比较容易吸收包括纳粹主义在内的其他理论,但同时也较易产生反对派。"德意志基督徒"组织是狂热的纳粹主义支持者。许多持不同意见的牧师则组成"青年改革者运动"(Jungreformatorische Bewegung)。1933 年 9 月,马丁·尼默勒(Martin Niemöller,1892—1984)以"青年改革者运动"部分成员为基础,主持成立了"牧师非常联盟"(Pfarrernotbund),旨在帮助受政府迫害的牧师,并抗议新教章程中的"雅利安"条款。它成立之初就获得2300 名牧师的签名支持,1933 年底成员数已超过 6000,约占当时德国新教牧师总数的 1/3。[3] 1934 年初,另一些对纳粹不满的新教牧师组成"明

---

[1] Hans‑Ulrich Wehler, *Deutsche Gesellschaftsgeschichte*,*Vom Beginn des Ersten Weltkriegs bis yur Gründung der beiden deutschen Staaten 1914 -1949*, Band 4, München：Beck, 2003, S. 801, 803.

[2] 教会斗争最早出现于 1933 年,是指新教内部的派别之争。1945 年以后所进行的纳粹统治下的教会史研究,教会方面就一直以"教会斗争"为指称。20 世纪 40 年代时教会的认罪态度占据主流,50 年代则出现了批判性的修正,涌现出大量所谓的"教会斗争的圣徒故事"(Kirchenkampflegenden),1955 年福音教会成立了"纳粹时期教会斗争史委员会",编辑出版"教会斗争史丛书",1962 年天主教会则相应成立了"巴伐利亚天主教研究院当代史委员会",但后者的研究对象并不局限于第三帝国时期,形成了一套精彩的"当代史委员会丛书"。

[3] 卡尔·迪特利希·埃尔德曼:《德意志史》,第四卷,下册,第 489 页。

认信仰运动"(Bekenntnisbewegung)组织,并和"牧师非常联盟"等组织共同组成"德国福音教会明认信仰兄弟会"。

明认信仰教派与"德意志基督徒"组织的争论愈演愈烈,米勒主教逐渐失去对新教徒的控制力。希特勒因势利导,于 1935 年 7 月 16 日任命汉斯·克尔担任新成立的宗教事务部部长,其主要任务就是解决福音教会的争论,并试图将教权收归国有。克尔从合作主义的理念出发,着手组建国家和地方的教会委员会,作为政府沟通教会的桥梁。该方案遭到新教各派的明确拒绝,[1]甚至导致衍生出反政府的"路德委员会",从而形成新教中德意志福音教会联合会、福音教会全国主教、全国教会委员会和路德委员会四方共治的尴尬局面。

1936 年 5 月,明认信仰教会的临时领导机构直接向希特勒呈递一份备忘录,该文件标志着新教人士反对纳粹主义的新高峰。备忘录直言不讳地指出德国民众面临着非基督教化的危险,批判所谓"积极的基督教"概念,并要国家对破坏教会制度承担责任。它明确指责引发憎恨犹太人的宣传、"对人民有用的就是好的"这一民族社会主义原则,猛烈地抨击"在标榜为法治国的德国还一直存在着集中营,国家秘密警察的措施不受任何司法审查",最后对"经常以唯有向上帝表示尊敬的形式向元首和总理表示崇敬"深表忧虑。[2] 政府随即取消福音教会的选举。1937 年 1月,马丁·尼默勒遭到逮捕,释放后又被作为"元首的犯人"监禁至纳粹政府垮台。捷克危机期间,明认信仰教会为其举行和平祷告,此举被当局定性为举行政治集会,活动的领导人被公开审判。[3]此后,纳粹政权反对基督教会的行动越来越露骨。由于纳粹分子对信徒施加压力,退出教会的人数日益增多。

---

① Wolfgang Benz, Hermann Graml, Hermann Weiss, *Enzyklopädie des Nationalsozialismus*, S. 214.

② 卡尔·迪特利希·埃尔德曼著:《德意志史》,第四卷,下册,第 492 页。

③ Hans - Ulrich Wehler, *Deutsche Gesellschaftsgeschichte*, *Vom Beginn des Ersten Weltkriegs bis zur Gründung der beiden deutschen Staaten 1914 - 1949*, Band 4, S. 807.

1939 年欧洲战争爆发后，希特勒为了巩固后方，下令对教会实行和平政策，避免发生公开冲突。政府专门设计了一种宗教身份登记类别——信仰上帝者（Gottgläubig），即既非教会人士也非无神论者，只是信仰上帝的人。

第六章 对纳粹统治的抵抗

在纳粹体制建立和运行的过程中,对纳粹体制的抵抗活动始终没有终止。纳粹体制对当时的民众具有较大的欺骗性,深受凡尔赛体系之苦和世界经济大危机折磨的德国民众,被希特勒政府的一系列内外政策成就所迷惑,成为纳粹政权的拥护者。在这种背景下,看到纳粹运动的邪恶本质,对之实施反抗,不仅需要政治洞察力,更需要政治勇气。纳粹统治时期反抗斗争的规模,同德国的总人口相比,所占比重不大,但涉及的人员结构较广,有工人、市民和学生,也有上层人士和军官。信奉马克思主义的德国共产党和社会民主党,是反抗队伍中两支组织性较强的政治力量。

第一节 共产党的抵抗活动

一、共产党转入地下

希特勒上台之初,德国共产党约有 30 万名党员,他们成立了 2210个工厂支部,6000 个街道支部和 6500 个地方小组。希特勒就任总理后,德共中央认为,"实行公开法西斯专政的新内阁"是"对劳动人民、德国工人阶级的最蛮横的、最赤裸裸的宣战",它要求各个党派影响下的工人群众,包括基督教工人、自由工会会员和无组织的工人,立即共同抵抗法西斯专制,在企业和机构内组织斗争,通过群众示威、罢工、政治总罢工来挫败法西斯反动派的计划。①当时社会民主党执行委员会强调要"牢牢地站在宪法和法制的基础上","将挑起斗争的责任仅仅留给对手",因而没有接受共产党的建议,而德共将近90%的成员不在企业中,因而举行全国统一总罢工的设想未能实现,但柏林、汉堡、慕尼黑、莱比锡(Leipzig)等10余个城市还是举行了联合示威集会。

希特勒在建立独裁统治的过程中,把德国共产党作为首要的打击目标和牺牲品。德共为了生存和实现自己的理想,最早走上反抗斗争的道路。1933年3月3日,德共主席恩斯特·台尔曼和其他许多领导人遭逮捕,包括数百名党的工作人员在内的10多万党员被送进集中营或监狱。共产党很快转入地下从事非法斗争,其中央机关刊物《红旗》于1933年2月26日合法出版最后一期后,3月起成为地下出版物。在台尔曼被逮捕后,中央委员会任命威廉·皮克(Wilhelm Pieck,1876—1960)为代理主席,政治局和中央委员会书记处组成地下党的临时领导机构。该机构通过台尔曼的亲人罗莎·台尔曼(Rosa Thälmann,1890—1962)与他保持联系,向他传递党的重要决议,并传出台尔曼有关党的政策和政治局势的书面意见和笔记。②为了适应地下活动,德共改组了组织系统,成立了一批灵活机动的秘密小组,发送秘密的无线电广播,在群众中散发从国外运来的报纸和小册子,在艰难的条件下坚持反法西斯斗争。据秘密警察报告,1935年共查明有5000处反法西斯刊物的传播站,1936年被秘密警察没收的所谓敌视国家的传单和文件达160万件,1937年达90万件以上。③

---

① 洛塔尔·贝托尔特:《德国工人运动史大事记》,第二卷,第326—327页。
② 同上书,第334页。
③ 文暖根等:《欧洲反法西斯抵抗运动史》,陕西人民出版社1985年版,第377—378页。

二、反战反法西斯活动

面对希特勒政权的疯狂镇压,处于反法西斯斗争第一线的德国共产党还改变了对社会民主党的态度,向对方提出开展两党联合反抗活动的建议。① 早在 1933 年 2 月 7 日,台尔曼就指出:"击败希特勒—胡根贝格—巴本是当务之急,而要完成这个任务必须建立最广泛的反希特勒统一战线。这是首要任务。"② 1934—1935 年,黑森、美因河畔法兰克福、汉诺威、中巴登和上巴登、鲁尔区和柏林等地,共产党和社会民主党组织达成了关于统一行动的协议。1934 年 1 月 15 日,南德一个专区的红色救济会、社会民主党、共产党和共产主义青年团联合作出决议,规定在反法西斯斗争中互相援助,加强团结。共产党人在展开斗争时甚至不排斥纳粹企业支部的力量,有时利用里面的底层官员,要求他们去向工厂主和德意志劳动阵线反映工人们的合理要求,有时则同他们一起展开怠工等消极斗争。1935 年,柏林的西门子工厂经理决定取消周工资,改为按月计酬,每 10 天发 1 次工资,以此降低工人工资。该厂的工人在共产党员和社会民主党员的鼓动下,抗议厂方的做法,纳粹企业支部的官员向经理处和劳动阵线展开交涉,职工联名要求恢复原来的工资计算方法,并在车间里举行反对按月计酬的表决。最后西门子公司决策层不得不屈服。③

1935 年 7—8 月,共产国际召开第七次代表大会,提出通过组建工人阶级统一战线和人民阵线等策略,反对法西斯,制止战争爆发。德国共产党作为共产国际的支部,积极贯彻共产国际"七大"的决议,于 1935 年10 月 3—15 日在莫斯科附近举行代表会议。这次会议对外称"布鲁塞尔会议",在党史中算作德共第 13 次代表大会。会议根据共产国际"七大"

---

① J. Noakes & G. Pridham, *Nazism, 1919 - 1945: A Documentary Reader. Vol. 2*, p. 589.
② 瓦·巴特尔:《法西斯专政时期的德国(1933—1945)》,第 29 页。
③ J. Noakes & G. Pridham, *Documents on Nazism, 1919 - 1945*, p. 297.

的精神,提出德共的中心任务是建立德国工人阶级的各个部分的统一行动和反法西斯人民阵线,反对法西斯专制,推翻这种专制和制止战争。会议依据德国的具体情况,提出了"特洛伊木马"策略,即在共产党员和社会民主党员之间建立伙伴关系的基础上,重建自由工会,争取劳动青年,并利用法西斯群众组织中的一切合法斗争的机会。会议还决定根据新的形势改组党的组织系统,将按照区域原则建立起来的地下党组织加以分散,改为主要在企业和法西斯群众组织中建立据点。会议选举威廉·皮克为中央委员会主席。[①]

布鲁塞尔会议以后,德国工人的斗争有所增加,连盖世太保也承认,称出现了敌视纳粹的活动有所高涨的趋势。不来梅的盖世太保警告说,不能低估反法西斯主义者的数量及其斗争方式。汉堡的盖世太保谈到工人受到"秘密的分化瓦解工作的影响"。1935 年 7—8 月份发生 13 次罢工,4006 人被捕,其中 3568 人被怀疑与共产党有联系。同年,在柏林油印出版了《真理报》《阶级斗争》《人民之声》《红色传声筒》等报纸,丰富多彩的反法西斯材料向劳动人民揭露了纳粹的可耻行为,并号召他们与被捕者及其家属团结在一起。1936 年全国也发生多起罢工。在吕塞尔斯海姆的奥培尔工厂(隶属于美国通用汽车公司),工人因不满工资过低而罢工,工厂管理层向党卫队报案,最后 250 名工人被开除,37 名工人遭逮捕。在瓦纳艾克尔,4 个矿井的工人举行罢工,工人在一个井塔上挂出写有"释放恩斯特·台尔曼!"文字的巨大标语牌。[②]

根据共产国际"七大"和德共布鲁塞尔会议的精神,各地共产党基层组织积极探索同其他力量联合,组建反法西斯人民阵线。在 1936 年 3 月 29 日国会选举前夕,柏林的社会民主党人、共产党人和工会会员发表《告劳动人民书》,表示"只有共同合作和共同开展反对希特勒政权的斗争,才能取得成就……因此,柏林的社会民主党人、共产党人和自由工会

---

① 洛塔尔·贝托尔特:《德国工人运动史大事记》,第二卷,第 377—378 页。
② 瓦·巴特尔:《法西斯专政时期的德国(1933—1945)》,第 137—138 页。

会员要求你们在 3 月 29 日的选举中一致投反对票,反对希特勒。"他们还散发相关传单,张贴标语,并撕毁盖世太保所贴的标语。同年夏天,在柏林举办奥林匹克运动会期间,虽然盖世太保采取了种种防范措施,但共产党人、社会民主党人和工会会员还是向奥运会散发了大量的反法西斯宣传材料,其中有三方力量联合签署的《告奥林匹克参加者和奥林匹克客人书》、传单《亲爱的奥林匹克客人》和《我们呼唤世界青年》、袖珍版的《工人画报》特刊号、宣传材料《请您了解美丽的德国》和《我们呼唤世界青年》。这些材料揭露了纳粹专制统治的罪行和战争阴谋。1936 年底,柏林地区的共产党、社会民主党和其他民主力量的基层组织成立了"德国人民阵线",阵线采纳社会民主党人提出的 10 点纲领,[①]提出了推翻和消灭希特勒独裁;给每个人以平等权利和正义,废除血腥的司法制度,释放政治犯;保证信仰与世界观的自由;停止军备竞赛;没收大地主的土地,允许农民自由迁移;对银行、重工业及能源经济实行国有化等要求。

1936 年 12 月 21 日,德国人民阵线筹备委员会发表《建立德国人民阵线,争取和平、自由和面包的号召书》。该文件由共产党和社会民主党领导人连同社会主义工人党的代表共同起草,并有 40 名共产党员、20 名社会民主党员、10 名社会主义工人党员和 28 名知识界及资产阶级代表在上面签名,成为一份具有重大意义的纲领性文件。文件声明:"人民阵线不希望成为一个新的政党,它应当是一切决心为了德国人民的自由和幸福而贡献自己的力量者的联盟。参加人民阵线的政党和团体仍然忠实于它们自己的特殊的长远目标。是消灭褐衫党的暴力统治的愿望把大家联合在一起。只有推翻纳粹当权者才能使每一个政治的、思想的和宗教的派别有可能在自由的平等权的基础上坚持自己的观点、目标和理想。"参加者决定采取共同措施,以反对法西斯恐怖,反对奴役德国人民,揭露希特勒政府的战争准备,支持西班牙共和政府。号召书把维护和

---

① 洛塔尔·贝托尔特:《德国工人运动史大事记》,第二卷,第 397 页。

平、维护人民的民主权利和自由、维护社会的安全等斗争口号作为中心任务,要求推翻希特勒法西斯主义,建立一个剥夺军火垄断企业、银行、容克地主和军国主义者,并由人民决定自己命运的德国。[①] 在纳粹暴力独裁统治下,德国的人民阵线运动很难取得实质性的成果,然而它所提出的斗争理念和目标,成了纳粹统治时期人民反抗斗争的旗帜和标志。

1938 年 5 月 14 日,德共中央委员会举行秘密会议,商讨当时的斗争形势和策略。会议分析了由于希特勒德国吞并奥地利、加紧干涉西班牙和对捷克斯洛伐克的侵略威胁而出现的新形势,认为希特勒政府提出建立大德意志国和“德国人民的自决权”的口号,只不过是要掩盖其对其他国家的掠夺政策,希特勒法西斯主义正在准备以武力对世界进行帝国主义的重新瓜分。会议提出维护和平的斗争是最重要的任务,如果无法制止战争,就要通过推翻希特勒政权来结束战争,只有所有的希特勒反对者组成反法西斯人民阵线,才能实现这一点。由此,德共中央向社会民主党党员和小组发出建议:齐心协力反对法西斯恐怖;围绕在德意志劳动阵线和其他法西斯组织中开展共同活动达成协议;成立统一战线委员会。[②]

1939 年 1 月 30 日至 2 月 1 日,德共在巴黎南郊塞纳河畔的德拉维尔举行名为“伯尔尼会议”的第 14 次代表大会。会议抨击希特勒政府“同墨索里尼和日本军国主义分子这些战争贩子缔结联盟的政策”,要求取消《反共产国际协定》。会议要求共产党组织和成员的团结对象应该包括“为争取民族独立和民族自决权而正在进行正义战争的西班牙人民和中国人民,积极援助被德国法西斯势力置于极为不公正地位的奥地利人民和捷克斯洛伐克人民”,强调“这是德国的民族利益所在,这样做可以保证德国人民在这些国家中找到的不是敌人而是盟友”。会议全面制订了新的德意志民主共和国的纲领,这个共和国必将从德国工人阶级和

---

① 洛塔尔·贝托尔特:《德国工人运动史大事记》,第二卷,第 396—397 页。
② 同上书,第 410—411 页。

一切反法西斯主义者反对希特勒专制的共同斗争中产生。党的中央委员会还提出成立一个统一的政党问题,供全国的工人阶级讨论,强调共产党人和社会民主党人联合的基础应该是共同努力推翻法西斯专制,建立新的民主共和国。[1]

会后,反法西斯战士冒着生命危险,勇敢地宣传会议的决议,宣传捷克斯洛伐克、德国和奥地利共产党关于反对德军于 1939 年 3 月 15 日吞并捷克斯洛伐克残存地区,对捷克斯洛伐克人民实行暴力统治的号召。意大利共产党和德国共产党提出的关于反对墨索里尼和希特勒于 1939 年 5 月签署的《钢铁盟约》(Stahlpakt)的口号,也在国内传播开来。"法西斯侵略者从阿比西尼亚、阿尔巴尼亚、西班牙、奥地利、捷克斯洛伐克、中国滚出去!""撕毁希特勒与墨索里尼的军事协定!"这些类似的口号都是秘密宣传的内容,并且还出现在房屋围墙上。[2]

德波战争爆发后,柏林的反法西斯小组散发传单,劝告青年们不忘在第一次世界大战中阵亡的 200 万父兄,在任何地方都要同战争贩子作最尖锐的斗争,强调只有消灭希特勒等一伙战争贩子,才能获得和平。[3] 然而,在德国一再取胜的背景下,反抗斗争遇到的困难越来越大。在战争爆发时,大约有 30 万反法西斯战士被关押,在 1939 年 9 月的头几天里,又有成千上万的反希特勒人士,其中首先是共产党人,被逮捕并关进集中营。在这些人中,多数人以前就曾因从事反法西斯活动而被多年监禁,其中数千人是几周前才被释放的。以后当局继续残酷镇压反法西斯人士,据官方报道,1939 年有 143 名从事反抗活动的青年人被处于死刑,1940 年该数字上升到 306 名。

1942 年 5 月,莱茵河下游和鲁尔区的共产党地下组织召开了一次代表会议。会议认为,共产党人有义务"坚持不断地向我国人民阐明,法西斯在军事上的失败是不可避免的,只有立即为争取正义的和平而斗争,

---

① 洛塔尔·贝托尔特:《德国工人运动史大事记》,第二卷,第 418—419 页。
② 瓦·巴特尔:《法西斯专政时期的德国(1933—1945)》,第 243 页。
③ J. Noakes & G. Pridham, *Nazism, 1919 -1945: A Documentary Reader*. Vol. 4, p. 584.

才能保证我们人民的国家的生存。只有推翻希特勒政权,才能获得和平,拯救民族,才能使德国人民从法西斯的枷锁下解放出来"。会议决议提出,"我们的人民采取这样的行动越快,民族灾难就越小;遭受希特勒侵略和奴役的各国人民将由此看到,德国人民和希特勒及其罪行毫不相干,他们将不对我们进行报复,而向我们伸出兄弟般的友谊之手,同意缔结公正的和平,对我们以平等民族相待。"①

　　斯大林格勒会战结束后,苏德战场乃至整个第二次世界大战的形势开始发生根本性转折,共产党领导和影响下的反抗斗争也随之高涨起来。1943 年 7 月 12—13 日,德国共产党领袖威廉·皮克和瓦尔特·乌布利希(Walter Ulbricht,1893—1973)以及一批在斯大林格勒被俘的德军官兵,在莫斯科附近开会,成立了"自由德国民族委员会"(Nationalkomitee Freies Deutschland,一译"自由德国全国委员会"),由工人诗人埃里希·魏纳特任主席。该组织的成员初期为德共党员、德国战俘和侨居苏联的德国反法西斯人士,后扩大到国内和旅居西欧南欧各国的德国人士。会议一致通过了《自由德国民族委员会告武装部队和德国人民的宣言》。宣言要求:各阶层居民要用一切手段和一切方法反对希特勒政权,在各地成立战斗小组,推翻希特勒政权,结束战争;全体德国人应该为了人民和祖国,反对希特勒和他的战争,争取立即实现和平,拯救德国人民。宣言提出立即释放希特勒政权的受害者并对他们进行赔偿;对战争罪犯和他们的幕后唆使者进行公正而无私的审判,同时赦免一切用实际行动及时同希特勒划清界线并参加"自由德国"运动的纳粹拥护者。会议选举 38 人担任委员会成员,并设置了总务委员会、行动部、《自由德国报》和自由德国广播电台编辑部、经济社会政治法律和文化委员会、自由德国民族委员会苏德战场组、战俘组等下设机构,以后又增补了教会问题工作处。②同年 7 月 19 日,《自由德国周报》开始出版。

---

① 瓦·巴特尔:《法西斯专政时期的德国(1933—1945)》,第 262—263 页。
② 洛塔尔·贝托尔特:《德国工人运动史大事记》,第二卷,第 492—494 页。

周报在苏德战场和战俘营传播，有时也传到其他国家。它还通过多条渠道传入德国。7月20日，设在苏联境内的"自由德国"电台开播。每次广播时都使用短波、中波和长波三种波段，经费和设备由苏联政府提供。播音开始时的呼叫语为："注意！注意！自由德国民族委员会广播电台现在开始播音，我们以德国人民的名义广播。我们号召拯救国家。"播音结束前的广播词为："德国必须生存下去，因此希特勒必须灭亡。和我们一起为自由、独立的德国而斗争吧！"[1]

自由德国民族委员会广泛开展活动，向德军官兵和德籍侨民宣传反战思想，以后又在国内许多地区和城市成立地下活动小组，协助盟军解放德国，直到1945年11月2日才解散。自由德国民族委员会下面还有一些拥护其纲领的反抗团体：德国军官联盟（Bund Deutscher Offiziere），1943年9月中旬在苏联成立，成员为被苏军俘虏的德国中高级将领，1945年春参加者已有将近4000名军官；德国侨民联盟，1943年11月在法国成立，曾倡议组编自由德国军队，加入法国抵抗运动部队作战，出版地下刊物《西线士兵》；自由德国反法西斯委员会，由在希腊的原德军官兵组成，曾出版地下刊物《地中海士兵》。

在德国本土，最大的反纳粹和反战地下组织是泽夫科夫-贝斯特兰-雅科勃抵抗组织（Saefkow-Jacob-Bästlein-Organisation）。安东·泽夫科夫（Anton Saefkow，1903—1944）是德共鲁尔区领导人，1933年即被判刑入狱，狱中又因从事革命活动被加刑，欧战爆发前夕获释。此后他和党员伯恩哈德·贝斯特兰（Bernhard Bestlein，1894—1944）、弗兰茨·雅科勃（Franz Jakob，1891—1944）一起，在联合了柏林地区30个大工厂中的抵抗小组的基础上，组建了该抵抗组织。以后，该组织在柏林大工厂建立基层小组，又同马格德堡、哈勒（Halle）、莱比锡、德累斯顿、汉堡、汉诺威、杜塞尔多夫等地的抵抗小组建立联系。该组织的目标是建立共产党人和社会民主党人的统一战线，并在此基础上建立一个包括所有反对希

---

① 洛塔尔·贝托尔特：《德国工人运动史大事记》，第二卷，第494—495页。

特勒和战争的人士在内的反法西斯人民阵线,推翻法西斯政权,成立民主的人民政府。成员们除了在工人中从事宣传和联络活动外,还把联系网络伸向其他各个领域,在空军后勤部、军事工业部门、陆军总司令部、监狱、集中营,以及战俘和外籍劳工中从事活动,通过从前线回家休假者同部队建立联系,鼓动军队集体向苏联方面投诚,帮助外籍战俘和劳工用自己的语言出版资料。该抵抗组织还通过社会民主党人同从事 1944年密谋推翻希特勒的七·二〇事件的人士建立了联系,并在事件发生后遭到当局的残酷镇压,3 位领导人都在 1944 年 9 月 18 日遭到纳粹政权杀害,并有 100 多名成员先后遇害。遭到这次打击后,该组织的活动能力锐减。

"红色乐队"(Rote Kapelle)是共产党影响下又一个较为重要的抵抗组织。该组织又名"舒尔策-博伊森-哈尔纳克抵抗组织"(Schulze - Boysen/Harnack - Kreis),欧战初期在苏联情报人员莱奥波德·特雷伯(Leopold Trepper,1904—1982)协助下建立,由德国航空部中尉哈惹·舒尔策-博伊森(Harro Schulze - Boysen,1909—1942)和德国经济部高等参事、经济学家阿尔菲德·冯·哈尔纳克(Arvid von Harnack,1901—1942)领导,主要成员有艺术家、作家、军人、记者、大学生和工人,其中共产党员和社会民主党员占多数。该组织联络了德国通用电气公司、西门子公司等重要军工企业和德军指挥机构中的反纳粹分子,并与埃森、莱比锡、汉诺威、慕尼黑、汉堡等地的反法西斯小组频繁接触。该组织的成员广泛搜集各种情报,通过设在德国本土和西欧各占领区的 100 多座秘密电台传递给苏方。从 1940 年起,该组织共发出约 1500 份重要情报。它还以德、俄、波、捷、法、意等文字,出版了名为《内部战线》的刊物,致力于争取成百万外籍强制劳工参加反对纳粹政权的共同斗争。该组织的活动引起了纳粹当局的重视,德军最高统帅部侦察及反侦察局"阿勃韦尔"(Abwehr)和盖世太保联手,成立"红色乐队别动队"加紧搜寻。1942年 8 月,该组织的 100 多名成员被逮捕。特别法庭对被捕者作了判决,考虑到种种因素,2 名原籍美国的女性被判 6 年和 10 年徒刑,但希特勒对此作了修改,将这 2 人与其他人一样,处以绞刑。"红色乐队"经过这次打击,活动能力急剧遭削。[①]

　　德国共产党还有不少秘密小组在监狱和集中营里展开活动,最大限度地破坏战时生产,帮助生病和体弱的战俘。在他们的努力工作下,强制劳动者尽管遭到最残酷的白色恐怖,常常因最微小的过错而被绞死,但他们仍然坚持消极怠工,使自己的劳动效率远远低于社会的平均水平。

第二节　社会民主党的抵抗活动

一、流亡执委会在布拉格的活动

　　德国社会民主党在希特勒上台前对魏玛政府采取"容忍政策",希特勒执政后又小心地把自己的行动局限在合法的范围内。为了向希特勒政权表示"清白",它甚至于 1933 年 3 月退出社会主义工人国际执行局。但最后还是避免不了遭取缔的噩运。之后该党执委会大多数成员陆续流亡国外,1933 年 7 月 2 日,以奥托·韦尔斯和汉斯·福格尔(Hans Vogel,1881—1945)为首的德国社会民主党流亡执行委员会即在布拉格成立。韦尔斯宣布该执委会是德国社会民主党唯一合法的执行委员会。[②]

　　流亡执委会决定制订新的纲领,对面临的新形势和新任务及时作出新的回答。1933 年底,一份反映该党左派观点的草案问世。草案首先就社会民主党领袖在魏玛共和国时期的政策做了严肃的自我批评,承认"社会民主党在夺得政治民主之后,没有从根本上变革经济结构和基本生产资料所有制,企图通过改善工人状况、实行工人政策、提高工人阶级

---

① J. Noakes & G. Pridham, *Nazism*, *1919 - 1945: A Documentary Reader*, Vol. 4, pp. 589 - 592.

② 洛塔尔·贝托尔特:《德国工人运动史大事记》,第二卷,第 346—347 页。

政党和工会的影响,把资本主义制度逐步改造成为社会主义制度,这种尝试已被撞得粉碎"。草案认为,法西斯主义是中间阶层的暴乱,而法西斯主义之所以能够上台,首先是因为法西斯领袖成功地把大资本的代表、旧贵族集团拉到自己一边,"集合了所有的反动运动"。草案还初步承认实现工人阶级及其政党统一的必要性,认为要把所有坚持"自由和社会主义思想的其他政党的代表"联合起来。①

流亡执委会的大多数成员不同意以上草案的内容,他们委托流亡巴黎的鲁道夫·希法亭重新起草了一个草案,于 1934 年 1 月 10 日寄到布拉格,该草案几乎毫无改动地被执委会接受。文件以《革命社会主义的斗争与目标——德国社会民主党的政策》为标题,于 1934 年 1 月 28 日同时在《新前进报》和《社会主义行动报》(*Sozialistische Aktion*)上发表,此即德国社会民主党 1934 年《布拉格宣言》(*Prager Manifest*)。宣言首先明确声明,德国法西斯的胜利从根本上改变了德国工人运动的性质和任务。宣言在"革命斗争的条件"部分,强调"在反对纳粹专政的斗争中,没有妥协、改良主义和合法主义的位置。"由于纳粹的恐怖统治使德国国内的非法活动处于分散状态,各地的地下小组要加强联合,努力发展成为群众性的组织;在"群众运动的目标"和 "政权的行使"部分认为,反法西斯斗争胜利以后,"将建立一个由工人革命群众政党支撑和监督的强有力的革命政府";在"裁军和战争危险"部分认为,法西斯专政"不仅对德国来说是耻辱和危险,而且意味着对所有其他民族的自由和文明的暴力威胁","坚决谴责对希特勒德国的任何军事上的妥协,警告全世界的工人政党不要低估德国民族主义的危险。……不给这个制度一个人、一文钱,这是德国社会民主党人的口号,也一定是社会主义工人国际的口号"。宣言特别强调:"社会民主党坚决反对来自外部的、利用战争所造成的德国专制制度的崩溃来肢解德国的任何企图。他们不承认导致德

---

① 本节的大部分内容和引文,除另作注释的部分外,均引自曹长盛主编:《两次世界大战之间的德国社会民主党(1914—1945)》,第 238—304 页。

国分裂和意味着阻碍德国自由和经济发展的和平";在"革命社会主义的统一"部分,宣言称"社会民主党力求同一切反法西斯阶层结成战线。"

流亡执委会充分利用自己的有利条件从事反纳粹抵抗活动。该党在希特勒政府正式动手前已经成功地将一部分财产转移到国外,捷克斯洛伐克苏台德地区和其他国家的社会民主党也提供了诸多帮助,因而布拉格执委会拥有经费,很快在国外建立起了自己的印刷厂。[①]它认为自己的主要任务是进行宣传,反映德国工人阶级的呼声,向世界披露德国真相,为国内反法西斯抵抗组织筹措经费,提供宣传品。为了完成这些任务,它在出版报刊、印制宣传品的同时,在德国邻国境内组建了边境秘书处网。

在欧战爆发以前,流亡执委会先后在布拉格、巴黎和卡尔斯巴德(Karlsbad)等地出版了《新前进报》《社会主义行动报》《社会主义杂志》(Sozialistische Mitteilungen)、《德国社会民主党执委会德国报告》(*Deutschland - Berichte der Sopade*)(1937 年起更名为《德国社会民主党德国报告》(*Deutschland - Berichte der SPD*))、《消息报》(Sopade - Information)等五种报刊。其中影响最大的是《新前进报》,自 1933 年 6 月 18 日创刊起,每周出版一期,1936 年的平均印数是 4300 份。此外,流亡执委会还根据形势需要,印制了大量的宣传品和传单。如在 1934 年 8 月 19 日公民投票前,印制了《告德国人民书》《致天主教徒》(Katholiken)、《希特勒——欧洲的头号公敌》(Hitler - öffentlicher Feind Europas Nr. 1)等传单。

边境秘书处网建立在德国的七个邻国中,由 16 个处所组成,其中捷克斯洛伐克 6 个,波兰、比利时、法国和瑞士各有 2 个,丹麦和卢森堡各 1 个。边境秘书处是流亡执委会与国内社会民主党抵抗组织和党员保持联系的重要途径。它们负有双重任务:将流亡执委会的文件、报刊、宣传材料等印刷品通过秘密渠道转送到国内社会民主党抵抗组织和党员手

---

① J. Noakes & G. Pridham, *Documents on Nazism*, *1919 - 1945*, p. 298.

中，由它们在群众中散发；收集来自国内的各种情报，汇总到流亡执委会。流亡执委会根据汇总的情报评估自己的政治措施，采取相应的对策，并根据形势需要将这些情报在内部传达或公诸于世。在网络构建初期，国内的工作由国内的党员完成，但经过 1935—1936 年的大搜捕，国内工作人员遭到摧折性打击，边境秘书处的工作人员只得亲自动手。他们打扮成商人，带着经过伪装的宣传材料，越过边境亲自散发。据统计，1935 年初，《社会主义行动报》每期约在德国散发 500—1500 份，约有6000—1.2 万名读者。

在统一战线问题上，流亡执委会一直拒绝与德国共产党联合。虽然《布拉格宣言》号召工人阶级联合起来，但流亡执委会没有实际行动，客观上背弃了宣言精神。1935 年共产国际召开"七大"和德共举行布鲁塞尔会议后，德国共产党再次呼吁组建工人阶级统一战线。1935 年 11 月23 日，两党代表在布拉格举行谈判。在谈判中，流亡执委会的代表虽然承认在德国各阶层人民中间，尤其在工人阶级中间，最迫切的政治任务是形成推翻希特勒专政的共同意志，但仍然拒绝对方提出的关于建立统一战线的建议。流亡执委会还反对其他机构和党员个人同共产党合作。1936 年 1 月 24 日，它在致全体边境秘书处的通告信中，指示它们不准与共产党进行合作，设法让社会民主党人退出那些有共产党人在其中活动的组织。对于拥护统一战线的个人和组织，它拒绝给予任何财政支持。1939 年 1 月德共举行伯尔尼会议后，德共中央委员会又提出统一战线的建议，再次遭到流亡执委会拒绝。

二、在辗转中继续斗争

1938 年 5—6 月间，随着捷克危机不断升温，德国社会民主党设在布拉格的流亡执委会被迫迁往巴黎。1939 年春，流亡执委会开始讨论在即将爆发的战争中所应采取的立场，终于在欧战爆发前夕形成共识。1939 年 8 月 13 日，《新前进报》发表文章称："除了希特勒自己，并没有别人强迫德国进行战争。不是别人威胁了德国人民，而是希特勒正在威胁其他民族。……因此,面临的战争就不是德国人民为了自卫而进行的斗争,而是被迫为了希特勒的疯狂掠夺、毁灭性的目标作战。"因此,"推翻希特勒就意味着德国人民的解放与和平,自卫的责任要求德国人民把自己的命运与希特勒的命运区别开来,在战争中,首先要把希特勒当作自己的敌人"。1939年9月1日德军进攻波兰的当天,流亡执委会发表关于战争的声明,明确表示:"希特勒与新的德意志军国主义是一个东西,这个军国主义的失败与最终消灭是实现和平与欧洲复兴的前提条件。……我们为了德意志民族、为了保障欧洲自由、和平与民主的伟大目标而进行这场斗争。我们呼吁德意志人民:为了你们的自由起来斗争! 推翻希特勒! 打倒这个制度、结束战争、保卫千百万人免遭死亡、拯救人民!"

　　广大的社会民主党员则积极行动起来,组成战斗小组,通过印制和散发传单从事反抗斗争。如柏林地区一个由60多人组成的战斗团体,在1939年9月9日深夜,就散发了几百份自己印制的题为《我向世界青年呼吁》的传单,揭露希特勒的帝国主义战争目标,号召青年们起来坚决地同法西斯政府展开斗争。有些社会民主党员设法收听国外电台的广播,并在工友中传播真相。第二次世界大战的战争局势发生根本转折后,各个阶层和集团的反抗斗争逐渐兴起,社会民主党员努力与它们联络,互相配合,包括参与了1944年七·二〇事件。

　　随着欧战的爆发,社会民主党流亡执委会的处境越来越困难。法国对德宣战后,法国政府为德国和奥地利的流亡者设立了拘留营,多数"政治上没有嫌疑"的人很快被释放,但共产党人、社会民主党人等积极的反法西斯活动家则作为有"嫌疑"的人被长期拘留。1940年6月法国败降后,德国流亡者处于极端危险之中。9月9日,流亡执委会决定从巴黎转移到里斯本。同年11月初,流亡执委会宣告解散。后来,旅居伦敦的社会民主党流亡者试图重建流亡执委会,但他们的领导资格未能得到公认,同国内的反抗力量也未建立起联系。

三、其他社会民主主义者的抵抗活动

在纳粹统治时期,德国还有一些原先从社会民主党中分裂出来的社会主义者组织。它们摆脱了社会民主党右翼领袖的干预,又及时转入地下,做好了进行非法斗争的准备,成为社会民主主义队伍中反法西斯运动的中流砥柱。

"新开端"是一个按照严格的民主集中制原则组织起来的密谋组织,主要由青年社会民主党人和知识分子组成。希特勒上台前,它就作好了从事非法斗争的准备。纳粹上台后,它不仅以柏林为基地同其他城市的类似组织保持联系,而且还同社会民主党内其他抵抗组织和政治流亡者建立了联系。1933年春,该组织约有100名积极可靠的成员。1934—1935年,该组织同布拉格流亡执委会的边境秘书处保持联系,各地成员为设在布拉格的国外局收集关于形势和德国民众情绪方面的情报。1935年夏天,组织的领导人围绕继续从事非法斗争是否有意义这个问题发生意见分歧,部分领导人退出,严重削弱了组织的力量。但是,余下的成员继续活动,不仅与国外局保持联系,而且还同柏林的德国人民阵线继续往来。"新开端"组织虽然认为自己是德国工人阶级的新领袖,但它的反苏反共和亲西方倾向十分明显。它谴责德国社会民主党和德国共产党,并认为苏联和希特勒德国的本质是一样的,要求解散共产国际。1938年夏,其柏林组织被盖世太保破获,但西里西亚、巴伐利亚的一些城市和斯图加特等地的组织继续存在,但它们很少进行反法西斯宣传活动和其他抵抗活动,只是注意形势的发展,准备迎接反法西斯战争的胜利。

社会主义工人党是1931年建立的,主要在柏林、汉诺威、东萨克森和德国南部等地区从事反法西斯宣传活动,帮助受迫害的反法西斯主义者逃跑,为其家属募捐。早在1933年和1934年,该党的部分组织就遭到盖世太保的破坏,不少人被捕。为了同其他反法西斯主义者实行合作,该党干部曾到布拉格,同社会民主党流亡执委会成员协商,并同德共中央委员会的代表取得联系。1936年,布雷斯劳、德累斯顿、汉诺威、法

兰克福和纽伦堡等地的组织被盖世太保破获,但曼海姆的组织一直活动到 1938 年春。它不仅与南部地区的反法西斯主义者建立联系,还同共产党人合作,其主要活动是散发从国外得到的反法西斯宣传材料,为被捕者的家属募捐,并为设在巴黎的该党国外领导处搜集情报。

国际社会主义战斗同盟系 1925 年由国际青年同盟改名而来,约有 300 名成员,其中主要是职员、教师和知识分子,也有少量工人。纳粹上台后,该组织在国内组建了很多战斗小组。柏林小组约有 20—25 名成员,大多是年轻人,其他小组在不来梅、汉堡、科隆、马格德堡等地活动,个别小组还同共产党人合作。它们开始时只是散发国际运输工人联合会秘密运入德国的宣传材料,不久以后就开始自己印制传单。其传单的特征是在文章末尾印有一个悬挂在绞刑架上的纳粹党卐字徽。1935 年夏天和秋天,很多战斗小组被破获,成员遭逮捕。但未被破获的小组继续编写和印制传单,谴责纳粹的战争政策,揭露战争危险,并与德国共产党交换反法西斯宣传材料。在西部地区,该组织还与进行反法西斯活动的铁路工人工会会员建立了联系。1936—1938 年,该组织在奥格斯堡、柏林、不来梅、法兰克福、汉堡、汉诺威和科隆的小组全部遭当局破获,抵抗活动结束。

"红色突击队"是青年社会民主党人组建的抵抗组织,1933—1935 年在柏林地区活动。其下属组织一般由 3—10 人组成,分布在柏林各个地方。它还拥有自己的报纸《红色突击队报》(*Roter Stoßtrupp*),1933 年 11 月印数为 4000—5000 份。该组织虽然既反对共产党,也反对社会民主党,但曾于 1933 年秋天同流亡执委会联络,还与比勒菲尔德、德累斯顿、哈勒、汉堡、莱比锡等城市的社会民主党抵抗组织建立联系。1935 年,该组织在盖世太保的大搜捕中被摧毁。

"社会主义阵线"组织拥有 3000 名骨干成员,主要在汉诺威地区活动。该组织早在希特勒执政以前就已经转入地下,做好了开展抵抗斗争的准备。该组织认为,"希特勒专政的垮台意味着资本主义的终结,为社会主义开辟道路。希特勒专政和资本主义制度不能通过部分工人暴动而只能通过无产阶级革命来推翻,它带给我们的不是能够在其基础上生长法西斯毒草的民主,而是社会主义共和国,工人阶级的统治"。该组织的主要活动是散发和邮寄自己的报纸和传单,开展宣传工作,吸收坚定的反法西斯主义者加入组织。1936年,大批成员由于叛徒告密而被捕,翌年,200多名被捕者被处以重刑。

第三节　其他社会集团的抵抗活动

德国其他社会集团的抵抗运动兴起较晚,不少骨干成员具有浓厚的民族主义思想,在希特勒执政初期持拥护态度。等到他们逐渐看清纳粹党的真面目,想同希特勒分道扬镳时,纳粹政权已经得到巩固,因而反抗活动的难度大为增加。这些反抗集团的抵抗活动具有自己的特色。除了慕尼黑的"白玫瑰"组织曾经通过传单与标语呼唤民众外,其他集团主要是在纳粹统治下形成一股暗流。他们采取较为安全的方式在集团内外构建联络网,在集团内部的小圈子内探讨"后希特勒时代"的德国道路,抓住极少数的时机向西方国家表明"另一个德国"的存在并寻求支持,在1944年七·二〇事件中参与谋刺希特勒。

一、格尔德勒集团

"格尔德勒集团"(Die Goerdeler – Gruppe,又译戈台勒集团、歌德勒团体)产生较早、影响较大。其核心人物卡尔·格尔德勒的经历在民族主义抵抗人士中颇具代表性。他1930年起任莱比锡市市长,逐渐成为地方行政长官中的佼佼者。由于他赞同以紧缩银根的办法来应对经济危机,反对推行膨胀政策,1931年底被布吕宁总理任命为全国物价管制局局长(兼任)。[1]希特勒执政之初,格尔德勒虽然对纳粹党的一些主张持有看法,也拒绝加入该党,但仍然认为纳粹运动中有好的一面,特别希望

---

① Robert Wistrich, *Who's Who in Nazi Germany*, New York: Routledge, 1982, p. 100.

在该党领导下克服严重的政治与经济危机。因此,作为莱比锡市长的格尔德勒与纳粹党地区组织保持着良好的关系,希特勒也很欣赏这位干练的地方行政首长,于1934年再度任命其兼任全国物价管制局局长。格尔德勒则希冀在自己的参与下能推动德国向好的方向迈进,因此向希特勒提交过不少备忘录。然而,格尔德勒的一些改革主张,如建立法治国家、实施自由经济和地方自治等,都不为当局采纳。他的建议经常被希特勒指责为"完全不适用"。而纳粹政权加强经济干预、扩大政府投资、走向自给自足的努力,越来越使格尔德勒感到难以接受。他逐渐成为政府的批评者。1936年初,纳粹党大区指导处要求拆除莱比锡某大厦音乐厅前门德尔松(犹太人)的纪念铜像,格尔德勒以市长身份表示拒绝。[①]同年11月格尔德勒出访北欧,纳粹党徒趁机把铜像拆除。格尔德勒回国后以强硬姿态要求复原铜像,遭到纳粹党大区指导处拒绝后,毅然辞去市长职务。1937年,格尔德勒先后前往比利时、英国、荷兰、法国、加拿大和美国,翌年又先后到过法国、瑞士、意大利、南斯拉夫、罗马尼亚和保加利亚,努力让外国政要了解纳粹统治的真相,以及"另一个德国"的存在。

格尔德勒在同外国政要接触后,提出了对德国外交战略的基本看法。他认为,英国政府已经越来越倾向于废除《凡尔赛和约》以满足德国的要求,如果德国愿意保证欧洲和平,使英美两国有能力在东亚地区展开争夺,则它们会对德国有所补偿。在此前提下,德国的殖民地问题、但泽走廊问题、合并奥地利和捷克苏台德区(Sudetenland)问题,都可以通过协商获得解决。德国走向世界市场和稳定马克币值等问题,也能在美国的帮助下得到解决。但是,如果德国的行动导致了战争爆发,美国虽然不至于派遣军队进入欧洲作战,但会给予英国以战争支持。因此,为了德国的利益,政府不应该与西方大国急剧对抗,甚至不惜一战。而当时,希特勒的各种冒险举动将会使德国陷入经济、政治、尤其是道德上的

---

① J. Noakes & G. Pridham, *Documents on Nazism*, 1919–1945, p. 314.

灾难。基于此,格尔德勒逐渐成为一名坚定的反纳粹抵抗分子。他利用自己的人脉关系,积极与各方势力联络,组建起一个抵抗集团。范围所及包括军队内中高级军官、企业界领袖、退休的政府高层官员、外交部内的反抗小团体、教会人士、社会主义者和工会领袖等。

除格尔德勒外,该抵抗集团内还有一些重要人物。时任驻意大利大使的乌尔里希·冯·哈塞尔(Ulrich von Hassell,1881—1944)出身汉诺威贵族家庭,三十年代初曾经对纳粹党抱有好感,希望它能领导德国走向强盛。然而,该党领袖们的粗俗令其失望,而希特勒的内政外交政策更使其为国担忧。他身为驻意大使,却反对德国与意大利结盟,认为这将给德国带来灾难。1938年初被希特勒解职后,他进入企业界,利用原先在国外的人脉关系,为抵抗集团从事对外联络工作,并利用自己的贵族出身,同军方将领和另一抵抗集团克莱骚集团(Kreisauer Kreis)联系。①约翰内斯·波皮茨(Johannes Popitz,1884—1945)自1932年起即担任普鲁士州财政部长,但因向往帝国时代,一直对魏玛政府持保留态度。1933年希特勒执政时,曾认为那将是一次真正的革命,相信一个威权主义的政府将领导德国走向强盛。然而,纳粹当局的宗教政策,尤其是大肆反犹的行为,使其逐渐远离纳粹党。欧洲战争爆发后,他深信希特勒和里宾特洛甫不可能给德国带来和平,因而积极主张用政变的方式来阻止德国对西方国家发动进攻。②

“周三社团”(Mittwoch - Gesellschaft)是格尔德勒集团联系其他抵抗力量的重要环节。该社团是个学术团体,参与者中不少是高级官员、军官、工业界巨头和学术界人士。1933年时,该社团的部分成员还是纳粹主义的支持者,赞同“领袖国家”的原则。但是,随着当局毁约扩军、对外扩张的步伐越来越快,更多的成员开始转变态度。尤其是1938年苏台德危机发生后,不少成员因反对战争而成为反纳粹政权者,该学术社

①　J. Noakes & G. Pridham, *Documents on Nazism*, *1919 - 1945*, p. 317.
②　J. Noakes, *Nazism*, *1919 - 1945: A Documentary Reader*, Vol. 4, p. 597.

团也因此成了抵抗人士藉以掩护的聚会所。除了哈塞尔和波皮茨外,成员贝克成为格尔德勒集团与军内密谋集团之间的联络者,而柏林大学经济学教授延斯·耶森(Jens Jessen,1895—1944)则成为同克莱骚集团的联络者。

格尔德勒集团在从事反抗活动的同时,也在积极谋划"后希特勒时代"德国的发展蓝图。在政治体制上,该集团不赞同魏玛共和国时期流行的"群众民主"(Massen‐demokratie)理念,希望通过社会精英来建立稳健的威权国家(autoritärer Staat),同时,他们主张以地方分权来取代中央集权,并通过宪法和法律来保障各种自由。在经济方面,新体制应完全建立在自由市场经济的基础上,政府应该尽可能少地介入经济生活。工会应该享有自治权,除了有权与企业主或企业主联盟签订有关工资和劳动条件的合同外,还有权推举代表参加企业的董事会、监事会等机构。在外交方面,他们坚持认为德意志人占多数的地区都应留在德国版图内,在此基础上,欧洲应该联合起来,在经济和军事上结成共同体。[1]

二、克莱骚集团和弗赖堡集团

另一个影响较大的抵抗集团是克莱骚集团,该名称是盖世太保首先使用的,因集团成员经常在位于西里西亚克莱骚的毛奇庄园聚会。其核心人物赫尔默特·詹姆斯·冯·毛奇(Helmuth James von Moltke,1907—1945)系普鲁士和德意志帝国总参谋长老毛奇(Helmuth Karl Bernhard von Moltke,1800—1891)的侄孙,该支系与小毛奇(Helmuth Johannes Ludwig von Moltke,1848—1916)支系不同,对军旅生活并无兴趣。毛奇虽然出身贵族,但关心社会问题,在学生时代就投入社会工作,曾在自己世袭的克莱骚庄园中划出公用地来救济贫苦农民。他对纳粹党一直有抵触情绪,认为它是一个反启蒙、反自由主义、反社会主义和

---

[1] 王琪:《反纳粹运动中的歌德勒团体及其对德国后希特勒时代的构想》,载于《史学集刊》2003年第二期。

反犹的"四反"政党,①为了逃避加入纳粹党,他放弃法官职位,于 1935 年
赴英国深造,希望成为一名英国律师。在英期间,他结识了包括爱德
华·哈利法克斯(Edward Halifax,1881—1959)在内的英国高层人士。
1938 年,毛奇回国,由于具备国际法和英国经济方面的知识,是年秋天起
在德国武装部队(Wehrmacht)最高统帅部侦察与反侦察局②供职,担任
法律顾问,负责监督经济事务的执行。由于该局局长威廉·卡纳里斯
(Wilhelm Canaris,1887—1945)同党卫队保安处互相倾轧,局内不少人
与当局离心离德。在卡纳里斯的掩护下,毛奇凭借自己在民法和国际私
法方面的专长,做了一些具有反抗意义的事情,如帮助受迫害的政治犯
和犹太人,反对德方在占领区内屠杀战俘和人质,尽力降低占领区遭受
经济盘剥的程度,通过向国外传递相关信息使一些人免受迫害等,同时
在国内加紧寻找志同道合者。

　　该集团的另一名核心人士是彼得·约克·冯·瓦尔登堡(Peter
Yorck von Wartenburg,1903—1944)。他早年在图林根、波恩和布雷斯
劳等地攻读法律,获得博士学位。1936 年起担任全国物价管理机构的顾
问。从希特勒上台之初,他就表现出对纳粹党的反感,并拒绝加入该党,
因此从 1938 年起其晋升之路即已断绝。

　　瓦尔登堡的妹妹与毛奇的表弟是夫妻关系,在 1938 年的一次家族
聚会上,瓦尔登堡与毛奇两人相识,很快成为亲密朋友。以他们两人的
关系为核心,1940 年前后,克莱骚集团最终形成。由于环境险恶,该集团
并没有正式的成员名单,成员之间也并不全部互相知晓,只有两位核心
人物了解全局情况。从现有资料看,主要成员约有 20 余名,另与 100 多
人保持松散的联系。集团成员包括贵族、教会神职人员、普通教徒、原天
主教中央党领导人士、社会民主党领导人士和原工会领袖等,他们大多
具有博士学位,在政府或军队部门担任较高的职位或要职,在各自的专

①　Kurt Finker, *Deutscher Widerstand* , *Demokratie heute: Kirche* , *Kreisauer Kreis* , *Ethik* ,
　　Militär und Gewerkschaften. Bonn: Bouvier, 1992, S. 27.
②　该机构于 1939 年改称"德国武装部队最高统帅部谍报局",简称不变。

业领域中都有丰富的经验和影响力。他们试图通过努力和协商,达成统一的社会政治设想和"核心领导下的共同行动"。①

集团成员利用自己的影响力和关系网,力图在谨慎中扩大集团的规模,积极地与国内其他反抗组织和国外取得联系。同时,成员们根据自己的特长,按照外交、政治、经济、社会、农业、法律、文化及教育等不同领域分成数个工作小组。每个小组为自己的工作领域拟订计划,并寻找具备专长的可靠人士参与其中。成员弗立茨·冯·舒伦堡(Fritz von der Schulenburg,1902—1944)负责联络军政界,同以贝克为首的军中反抗集团建立了联系。欧根·葛斯坦迈亚(Eugen Gerstenmaier,1906—1986)和汉斯·舍菲尔德(Hans Schönfeld,1900—1954)都是福音派教会的牧师,负责联络教会人士。前者任职于外交部情报司,经常借助此身份前往瑞典、瑞士和梵蒂冈等地,将克莱骚集团的想法传递给国外。后者同瑞典北方基督教统一运动研究院建立了联系。亚当·冯·特洛特·楚·舒尔茨(Adam von Trott zu Soltz,1909—1944)、特奥多尔·施特尔策(Theodor Steltzer,1885—1967)和特奥多尔·郝巴哈(Theodor Haubach,1896—1945)属于外交事务小组。特洛特·楚·舒尔茨在任职外交部期间积极同国外联系,被称为纳粹德国抵抗运动的"非正式外交官"。②郝巴哈和阿道夫·莱希魏恩(Adolf Reichwein,1898—1944)、卡罗·米伦道夫、尤利斯·利伯(Julius Leber,1891—1945)等,都是社会民主党员。米伦道夫是经济学博士,他参加了克莱骚集团的经济事务小组,积极争取劳工的合作。他被预选为新政权的宣传部长。利伯有丰富的政治经历和学识,以及稳健的社会主义思想,在集团中具有较大的影响力,反抗阵营中许多人都期望他能在纳粹倒台之后担任内政部长或政府总理。莱希魏恩负责研究教育和经济问题,被预定为文化部长。律师

① Eugen Gerstenmaier, „Der Kreisauer Kreis. Zu dem Buch Gerrit van Roons Neuordnung im Widerstand". In:*Vierteljahrshefte für Zeitgeschichte*, 1967. 7, S. 236.
② Michael C. Thomsett, *The German Opposition to Hitler: The Resistance, the Underground, and Assassination Plots, 1938 - 1945*, McFarland: NC [u. a.], 1997, p. 119.

汉斯·鲁卡什科（Hans Lukaschek，1885—1960）系法学博士，除了参与拟订未来德国的计划外，其天主教背景成为同天主教领袖们联系的桥梁。

促使成员们走上抵抗道路的动因源于他们内心的道德和良知，"源于他们追求自由的决心和坚定的人性。"①克莱骚集团认为纳粹迫害和屠杀的行径严重违背了蕴含着人道主义和伦理价值的基督教信仰。他们把纳粹称为"邪恶的纳粹"、"魔鬼般的纳粹"、"非基督教的、非民主的、集权化的纳粹"。然而，他们更关心的是构筑未来，强调必须在构想好新政府之后才能推翻现有的政府。克莱骚集团的重要特色就是面向未来。成员们认为，在抵抗过程中，"准备计划越准确、越有远见，希特勒灭亡的那一天就会越快来临，而改革计划也就越容易实现"。他们的行动目标和计划分三个方面：拟订出一整套关于后希特勒时代德国政治和社会生活各个层面的具体改革计划；寻找能够领导重建德国的合适人选，组成临时政府，为接管纳粹政权做好准备；通过中介人和中立国间接或直接与西方盟国建立联系，使对手意识到在纳粹统治下还存在着"另一个德国"，推动它们在希特勒之后能与德国签订有尊严的和平协定。②在这三方面工作中，尤以后希特勒时代的改革计划最为引人注目。1943 年 8 月 9 日，该集团拟订了一份名为《德国新秩序的基本原则》的文件，作为自己的行动纲领。他们的改革计划包括：要求复兴欧洲的基督教传统，恢复人的自由与责任；恢复社会道德，保证信仰和职业自由，保护家庭；抛弃极权主义，反对西方民主制，主张走包含地方自治和群体合作因素的"德国道路"；实行有干预的市场经济制度，推广"人性的社会主义"；组建一个拥有统一主权的欧洲联合体或共同体。

1944 年 1 月，毛奇遭到盖世太保逮捕，克莱骚集团因此元气大伤。

---

① Kurt Finker, *Graf Moltke und der Kreisauer Kreis*, Dietz：Bouvier Union Verlag, 1993, S. 66.

② Jürgen Heideking, Christpf Mauch, Marc Frey, *American Intelligence and the German Resistance to Hitler: A Documentary*, Boulder：Westview Press, 1996, p. 150.

七・二〇事件中,该集团并未参加,但毛奇还是受到牵连,于1945年1月被绞死。

弗赖堡集团(Freiburger Kreis)是此类组织中影响较小的一个,由弗赖堡大学的学者组成,以历史学家格尔哈德・里特尔为首。该集团形成于1938年底。它谴责希特勒的恐怖主义政策,强调希特勒和纳粹分子玷污了德国的荣誉,但其本身又持极端民族主义立场,反对和同盟国合作,不希望德国在第二次世界大战中失败。因其活动范围较小,影响有限。

三、白玫瑰小组

"白玫瑰小组"(Die Weiße Rose)是此类组织中知晓度最高的一个,因为它在1942年6月—1943年3月间陆续散发了6种传单,呼吁民众参加反抗纳粹政权的活动。该组织的成员较早就受到慕尼黑大学哲学和心理学教授库特・胡贝尔(Kurt Huber,1893—1943)的影响。胡贝尔对法西斯的文化专制主义持批评态度,反对大学里实行的纳粹"一体化"。汉斯・舒尔(Hans Scholl,1918—1943)和索菲・舒尔(Sophie Scholl,1921-1943)是一对兄妹。哥哥早年曾积极参加希特勒青年团的活动,1941年进入慕尼黑大学攻读医学和生物学,曾短期在苏德战场当卫生员。妹妹早年也曾积极参加德意志女青年团的活动,1942年进入慕尼黑大学攻读生物学。兄妹俩在胡贝尔教授的影响下逐渐走上反纳粹的道路。1942年,以慕尼黑大学的师生为核心,形成了抵抗集团,胡贝尔和舒尔兄妹成为其中的核心人物。成员们以"白玫瑰通信"的方式散发传单和张贴标语,因而获得"白玫瑰小组"的名称。斯图加特的欧根・格立敏格(Eugen Grimminger,1892—1986)则用资金支持他们的反抗活动,其秘书蒂丽・哈恩(Tilly Hahn)小姐则捐出自己所有的存款,还时常从斯图加特将信封、纸张和多余的油印机带到慕尼黑交给成员们使用。

"白玫瑰小组"的传单大量引用《圣经》和包括歌德、席勒在内的名人的言论,希望能唤起大家内心的良知来反对纳粹政权。部分传单通过邮局寄往各地,在斯图加特、科隆、维也纳、弗赖堡、开姆尼茨、汉堡、因斯布鲁克、柏林等地,都出现过"白玫瑰小组"的传单。其传单直击纳粹当局在占领区的暴行:"尽管在被德国征服的波兰中,已经有 30 万犹太人被以最残忍的手法屠杀……德国人仍然笨拙地静止不动,愚蠢地沉睡着,并且助长那些法西斯的罪行。……任何人都希望对于此类的行为能被宣告无罪,每个人都希望继续以最平静的步伐、最平淡的良心走完人生的路途,但他不会被宣告无罪,他将有罪、有罪、有罪!"传单《向全体德国人发出的呼吁》问世于 1943 年 1 月,由汉斯·舒尔草拟,经胡贝尔教授修改定稿,被印制了数千近万份。传单提醒民众,希特勒将把德国带入万恶的深渊之中,随着同盟国军事力量的集结,德国将被打败。同时传单呼吁看到传单的人"支持反抗运动",为了"言论自由、信仰自由和保护个人免于受到罪恶的独裁国家的独裁行为所迫害"而奋斗。由于这份传单流传较广,全国不少城市中都有出现,引起了盖世太保的警觉,开始搜寻其源头。同年 2 月的 3 日、8 日和 15 日,汉斯·舒尔等 3 人用沥青在慕尼黑大学和其他建筑物墙面上写了"自由"、"打倒希特勒"等口号。这种做法很快被圈外人模仿。

　　德军在斯大林格勒会战中遭到惨败后,"白玫瑰小组"由胡贝尔教授亲自主笔,撰写了题为《致大学生》的传单,其中表示:"我国人民长期以来所遭受的那种卑劣暴政结束的时候即将到来。如同德国人在 1813 年时曾经盼望大学生帮忙推翻拿破仑一样,现在他们也盼望着大学生帮忙推翻纳粹的恐怖统治。斯大林格勒的亡灵是如此地恳求着我们!"[①]该传单以后被盟军复制,用飞机大量散发在德国各地。同月 18 日,纳粹宣传部长戈培尔在慕尼黑大学演讲厅作总体战鼓动宣讲,舒尔兄妹带着一提箱的传单来到无人的门厅,把传单投撒在厅内,供学生们从演讲厅出来后阅读。他们离开现场后,发现提箱内还留着一些传单。为了扩大影响,他们又返回门厅,并通过楼梯跑到顶部,把传单撒向空中。一名校园管理人发现了他们的举动,叫来了警察。舒尔兄妹遭逮捕,并累及其他

---

① Walther Hofer, *Der Nationalsozialismus Dokumente*, *1933 - 1945*, Frankfurt/M.: Fischer Verlag GmbH, 2004, S. 328 - 330.

一些成员。数日之后,2 人被人民法庭以叛国罪判处死刑,并于同日被处死。胡贝尔教授也被判处死刑。"白玫瑰小组"由此成为历史。

四、军内密谋集团

军内密谋集团虽然形成时间较晚,在纳粹统治强化和战争的形势下,却成为抵抗力量的主要希望。该集团的领袖人物是陆军总参谋长路德维希·贝克(Ludwig Beck,1880—1944)。他早年从军,一战后任炮兵团长。1930 年法庭审讯三名在军中宣传纳粹主义的军人,他挺身为他们作辩护,甚至到最高法院出庭作证。可能由于这段经历,希特勒上台执政后,他仕途顺利,于 1933 年 10 月 1 日就任作为陆军总参谋长前身的国防部军队办公室首脑(Chef des Truppenamtes),1935 年正式成为陆军总参谋长。他赞赏希特勒撕毁《凡尔赛和约》军事条款、宣布公开扩军的行动,在总参谋长的岗位上积极从事扩军活动,1938 年晋升为上将。他对希特勒和纳粹当局态度的转变过程,在军中密谋分子中颇具代表性。转变的起点是不满于陆军总司令弗立契遭盖世太保诬陷而被希特勒免职(详情见本书第七章第一节第五目"扩军计划与军队指挥系统改组"),认为军官团应该拥有传统的特殊地位。[①]随着 1938 年夏捷克斯洛伐克事件升温,他担心希特勒的鲁莽行为将招致英国、法国和苏联对德国宣战,使德国陷入深渊,因此多次上书希特勒,要求停止冒险。[②] 1938 年 8 月 18 日,他辞去陆军总参谋长的职务,希望以此表明自己态度的坚决,引起希特勒的重视,同时希望包括新任陆军总司令在内的高级军官能群起效尤,给希特勒造成更大的压力。但希特勒使用封锁消息的办法渡过了难关。贝克从此走上坚持反抗的道路。其他心怀不满的将领也互相接近,形成密谋集团。这些军官包括:继任陆军总参谋长弗兰茨·哈尔德(Franz Halder,1884—1972);埃尔温·冯·维茨勒本(Erwin von

---

[①] J. Noakes & G. Pridham, *Documents on Nazism*, 1919－1945, p. 301.

[②] Walther Hofer, *Der Nationalsozialismus Dokumente*, 1933－1945, S. 340.

Witzleben,1881—1944),原任管辖柏林及周边地区的第三军区司令，1938 年 2 月一度被希特勒解职；埃里希·冯·布罗克道夫-阿勒费尔特（Erich von Brockdorff‐Ahlefeldt,1887—1943），波茨坦驻军司令；埃里希·霍普纳（Erich Hoepner,1886—1944），驻图林根装甲师师长；卡尔·海因里希·冯·施图尔纳格尔（Karl Heinrich von Stülpnagel,1886—1944），陆军总司令部第一处处长。此外，1934 年已经退职的前陆军指挥部首脑（即陆军总司令）库特·冯·哈默施泰因-埃克沃德也与他们建立了联系。军事谍报局局长卡纳里斯虽然没有正式卷入，但也属于知情者。

1938 年 8 月底，捷克斯洛伐克危机日益升温，军内密谋分子打算趁机起事，准备在希特勒最后下令进攻捷克斯洛伐克的时候逮捕他，把他送上法庭，指控他轻举妄动地把德国投入欧洲大战，从而剥夺他执政的资格。此后，他们准备在短时期内实施军事独裁，随后组建由社会上知名人士领导的临时政府，再在适当的时间，组织一个保守的民主政府。他们派人前往英国寻求支持，尽管受到丘吉尔（Winston Churchill,1874—1965）等人的接待，但英国首相张伯伦等人却心怀疑虑。更重要的是，随着慕尼黑会议的召开，希特勒的冒险举动获得了丰厚的报偿，密谋分子的行动反而失去了理由。

到第二次世界大战中后期，随着各个集团抵抗活动的发展和德国战场形势的恶化，一个相对统一的抵抗集团逐渐形成。该集团的 5 名核心领导成员是：路德维希·贝克；库特·冯·哈默施泰因-埃克沃德；卡尔·格尔德勒；社会民主党人，前全德工会联合会副主席威廉·洛伊施纳（Wilhelm Leuschner,1890—1944）；前天主教工会领导人雅各布·凯撒（Jakob Kaiser,1888—1961）。卷入该集团的成员还包括沙赫特、汉斯·冯·克卢格（Hans von Kluge,1882—1944）元帅、费多尔·冯·博克（Fedor von Bock,1880—1945）元帅、格奥尔格·冯·屈希勒尔（Georg von Küchler,1881—1968）元帅和冯·维茨勒本元帅。[1]

---

[1] J. Noakes & G. Pridham, *Documents on Nazism*, *1919 - 1945*, pp. 312 - 313.

第七章　纳粹德国的侵略扩张和败亡

法西斯就是战争。纳粹体制的形成过程与扩军备战的步伐相随。希特勒通过三次冒险举动，摧毁了凡尔赛体系。随后历经不流血的征服、局部战争、全线出击，把罪恶的铁蹄踏入欧洲各地。随着纳粹罪恶的外溢，披着"欧洲新秩序"外衣的法西斯浊流横行欧非大陆。然而，多行不义必自毙，在以苏联为首的反法西斯国家的合力回击下，德国的侵略魔爪被砍断，纳粹体制也被扫进历史的垃圾堆。

第一节　富国强兵还是图谋战争

一、摆脱国际组织的束缚

希特勒在《我的奋斗》一书中说过："人类在永恒的斗争中壮大，而在永恒的和平中只会灭亡。"但是，作为一种国家政策，他所追求的，首先是不战而胜，通过恐吓、欺骗、局部战争等手段打破凡尔赛体系，扩大德国的领土，统治欧洲乃至世界。同时，他清楚地知道，不论是从事心理战、局部战争还是世界大战，军事准备都是必要的后盾。而且，按希特勒的说法，由于世界上不存在无主的空间，进攻者总是要碰上占有者的，因此任何空间的扩张都只能在打破抵抗和承担风险的情况下进行。[①]

　　希特勒政府执政之初，德国受《凡尔赛和约》的束缚，在军事装备和外交处境上起步都相当低，就连同邻国相匹敌的能力都没有。德国要对外扩张，首先必须打破束缚，使重整军备公开化和合法化。另外，德国在外交上也比较孤立，在中西欧外交舞台上几乎没有朋友，在欧洲军事战略格局上处于被包围的状态。希特勒在口授《我的奋斗》时曾提出，德国扩张的第一步是对内"铸造神剑"，对外"寻觅朋友"，他上台后即把这一设想付诸实践。

　　从二十年代后期起，德国魏玛政府在世界裁军会议上就提出"军备平等"的要求，建议世界各国允许德国适度扩军，否则就让德国的邻国裁军。希特勒上台后接过这一口号，以《凡尔赛和约》受害者要求有限扩军的姿态走出第一步。[②] 1933 年 5 月 17 日，希特勒在国会发表对外政策声明，谴责战争是"疯狂透顶的事"，会"造成现有社会和政治秩序的崩溃"。他表示"德国完全愿意放弃一切进攻性武器，如果有武装的国家也销毁他们的进攻性武器的话"，"德国也完全愿意解散全部军队，销毁现有的少量武器，如果邻国也这样做的话"，"德国愿意同意任何庄严的互不侵犯条约，因为它并不想进攻别国，只想谋求安全"。[③]

　　对此，法国政府坚持 1932 年 11 月提出的原则，要求缩减各国的进攻性军事力量，建立一套复杂的安全保障体系。英国政府则于 1933 年 3 月 16 日发表《麦克唐纳计划》建议：将德、法、意、波等主要欧洲国家的陆军兵员最高数额限制在 20 万，各国应在 5 年内从现有兵员数缩减或扩大至这一限额；海军方面遵守《华盛顿协定》和《伦敦协定》规定的义务，在 1935 年召开特别会议重新讨论该问题；裁减甚至取消空军，禁止实行

---

① 1937 年 11 月 5 日希特勒在德国高级军政会议上的讲话，参见 Louis L. Snyder, *Encycopedia of the Third Reich*, New York：McGraw‐Hill Book Company, 1977, p. 172.

② Norman Rich, *Hitler's War Aims: Ideology, the Nazi State, and the Course of Expansion*, New York：Norton, 1973, p. 9.

③ Paul R. Sweet, *Documents on German Foreign policy, 1918 - 1945*. Series D, V. 1, Washington：HMSO, 1950, No. 246.

空中轰炸;成立一个常设裁军委员会,以监督各项条款的执行。该计划得到美国政府的支持。

希特勒的扩军目标是数百万,根本不满足于计划规定的 20 万,同时认为法国与其盟国的兵力相加,将达到 125 万,而且其殖民地的部队也不在限制之列。然而,他出于策略考虑,在 1933 年 5 月 17 日的国会演说中表示原则上接受《麦克唐纳计划》。[1]

1933 年 9 月 24 日,国联会议以英、美、法、意四国名义向德方提出一项新的公约草案,建议裁军分两个阶段实施,第一阶段为 3—4 年的巩固期,德国应在这段时期内以短期兵役取代长期兵役,第二阶段也为期 3—4 年,实现真正的裁军。

希特勒立即抓住时机,在国际外交舞台上做出第一个冒险举动。1933 年 10 月 6 日,德国政府照会英、意两国政府,声称德国如果接受四国的建议,就等于接受自己所不能容忍的差别待遇,"德国希望,要么获得完全自由,要么同其他国家一样接受质量方面的限制"。10 月 14 日,德国政府致电裁军会议主席内维尔·汉德逊(Nevile Henderson,1882—1942),称由于"拥有庞大武装的国家",既不裁军,又不满足德国军备平等的需求,德国政府认为不得不退出裁军会议和国际联盟组织。[2]同年 10 月 19 日,外交部长牛赖特致电国际联盟秘书长,正式宣布"德国根据盟约第一条第三款退出国际联盟"。

由于是第一次在国际外交舞台上冒险,希特勒在事后采取了一些后续行动,以缓和其冲击力。1933 年 11 月 12 日,希特勒将退出裁军会议和国际联盟的决策付诸公民表决,结果 96% 的合格选民参加投票,其中 95% 支持政府的做法。他以此向国外表示其政策充分反映了本国的民意。同时,他向法英两国大使吹"和平"之风,表示愿意同各国缔结为期

---

[1] Andreas Hillgrube, *Hitlers Strategie*, *Politik und Kriegsführung*, *1940 - 1941*, Frankfurt /M. : Bernard und Graefe,1965, S. 14.

[2] 华尔托斯:《国际联盟史》,下卷,汉敖、宁京译,商务印书馆 1964 年版,第 102 页。

10 年的互不侵犯条约。[①]

　　此后,希特勒政府继续就军备问题同法国交涉。1933 年 12 月 18 日,它向法国递交备忘录,以下述要求作为恢复裁军谈判的条件:德国征兵 30 万,以短期服役为基础;德国能拥有其他国家所拥有的一切武器,裁军会议应明确这些武器是"防御性"的;民用航空不受监督或限制;德国的冲锋队、党卫队等应视为非军事组织,不得列入裁军会议的讨论范围;萨尔区立即归还德国,并就萨尔煤矿所有权问题举行谈判。1934 年 1 月 1 日和 2 月 14 日,法国政府两次复照德国,坚持德国必须返回裁军会议和国际联盟,在此前提下才能讨论实质性的问题。英国政府反对德国退出裁军会议和国际联盟的行动,但认为此举在一定程度上情有可原,故而希望通过劝说使德国返回这两个机构,或者推动德国接受一项限制军备的条约,以防止它无限制地扩充军备。[②]希特勒虚与委蛇,婉拒了英国的建议。

二、中立波兰,染指奥地利

　　波兰于第一次世界大战结束后复国,曾是法国制约德国和协约国反对苏联的得力助手。在领土方面,它既从德国手中获得过"波兰走廊",使东普鲁士因此同德国本土分离,又与苏联有西白俄罗斯和西乌克兰归属的领土之争。因此,在整个二十年代,波兰同德国、苏联两个邻国的关系都比较紧张。然而,随着纳粹运动在德国猖獗,波兰在恐惧之下决定同苏联缓和紧张关系,求得东部疆界的稳定。1932 年,它响应苏联政府的和平呼吁,于 7 月 25 日与苏联签订互不侵犯条约,双方同意不向对方发起侵略,也不给予侵略对方的第三国以任何支持。该条约的有效期原为 3 年,1934 年 5 月 5 日双方又签订议定书,将其延长至 1945 年 12 月

---

① Paul R. Sweet, *Documents on German Foreign policy*, *1918-1945*. Series C, V. 2, No. 9.
② W. N. Medlicott, Douglas Dakin, M. E. Lambert, *Document on British Foreign policy*, *1919-1939*, ser. 2, vol. 5, London: His Majesty's Stationery Office, No. 406.

31 日。在此基础上,波兰政府决定利用本国陆军人数是德国两倍的暂时优势,在希特勒上台初期,准备对德国发动一场预防性战争。1933 年 3 月,波兰外长约瑟夫·毕苏斯基(Józef Piłsudski,1867—1935)向法国政府提议,鉴于德国正在加紧扩军备战,波兰军队已准备干涉此事,希望法国政府给予支持。同年 4 月,波兰驻法大使向法国政府递交一份照会,要求法波两国举行磋商,商议对德国发动预防性战争,以制止德国的扩军进程,加固摇摇欲坠的凡尔赛体系。法国以民主国家不能首先发动军事进攻为由,拒绝了波兰的要求。

正当波兰政府对下一步行动踌躇不决时,德国向它发起了"和平"攻势。希特勒首先着手防止波兰发动预防性战争。1933 年 2 月 6 日,英国报纸曾经报道,称希特勒表示,波兰走廊的全部地区应该归还德国。[1]尽管希特勒在多次讲话中确曾提出过该要求,纳粹报纸也发起过索还波兰走廊的巨大宣传运动,但为了安抚和拉拢波兰,德国政府很快就否认该报道的准确性。同年 5 月 2 日,希特勒又告诉波兰驻德大使,说自己是一个民族主义者,而一个真正的民族主义者将拒绝通过征服和剥夺他人语言风俗的手段吞并其他民族。[2]同时,戈培尔在国务秘书伯恩哈德·冯·比洛(Bernhard von Bülow,1885—1936)的劝阻下,也停止发表关于但泽问题的煽动性演说。1933 年 10 月,希特勒政府进而向波兰和捷克斯洛伐克提议缔结双边互不侵犯条约。

波兰的国力较弱,但其政府一贯以大国自居。英、法、意、德《四强公约》(Viererpakts)将它排除在外一事,使它对法、英两国不满。而该公约同意修改德国边界,又使它感到严重不安。当希特勒发出缔约建议后,尽管捷克斯洛伐克政府断然拒绝,波兰政府却积极响应。1934 年 1 月 26 日,两国在柏林签订为期 10 年的《德国和波兰互不侵犯和谅解宣言》(Deutsch-polnischer Nichtangriffspakt),宣布两国无论在何种情况下,

---

① 格哈特·温伯格:《希特勒德国的对外政策:欧洲的外交革命,1933—1936 年》,何江、张炳杰译,商务印书馆 1992 年版,第 85 页。
② Esmonde M. Robertson, *Hitler's Pre-War Policy and Military Plans*, p. 11.

都不使用武力来解决两国间发生的任何争端。此后，波兰在德、苏两国之间实行"等距离外交"，提出"离莫斯科不比离柏林近一吋"的行事原则，甚至拒绝参加法国所热衷的《东方公约》，打算以此来维护自身的利益。希特勒政府则努力促使波兰政府维持这一立场。1935年波兰提高了使用波兰走廊内铁路的收费，两国在经济上发生纠纷，德方在希特勒授意下作了让步，同意波方的做法。1935年4月，英、法、意三国召开斯特莱沙会议，波兰因为没有受到邀请而感到不安，希特勒及时派戈林前往访问，表达了德方的和平意图。同年夏天，但泽的纳粹分子打算把该地并入德国，又被希特勒制止。1937年初，英国准备在东欧和东南欧组建包括波兰、罗马尼亚和波罗的海诸国的"中立国集团"，以防止这些国家落入德国的势力范围，戈林又及时地前往波兰"打猎"，劝说波兰拒绝该项建议，最后导致德波两国于1937年11月5日签署关于国内少数民族问题的条约。对德国来说，该条约既改善了德国的处境，又削弱了法国的同盟体系。

奥地利尽管是个德意志国家，但在希特勒执政之初，还是德国和意大利争夺的对象。希特勒把组建"大德意志国"作为对外扩张的第一步，其中，让奥地利重新回归德国是重要的内容之一。墨索里尼的目标是组建环地中海的大帝国，将奥地利视作自己的"绿色后花园"，不容他国染指。与此相对应，奥地利国内既有意大利流派的法西斯组织"卫国军"（Heimwehr），也有亲德国的纳粹党。

1932年5月，奥地利基督教社会党人恩格尔贝特·陶尔菲斯（Engelbert Dollfuss，1892—1934）就任奥地利总理。他为了缓和经济危机的打击，通过国际联盟获得了3亿先令的贷款，作为回报，允诺在1952年以前不使奥地利在政治上并入德国。希特勒在德国执政后，开始对教会实施"一体化"，此举引起基督徒陶尔菲斯的反感。1933年春，希特勒派戈林访问罗马，试图说服意大利政府同意让奥地利并入德国，但遭到墨索里尼断然拒绝。陶尔菲斯得知此事后，称奥地利"在罗马有可以信赖的朋友"。

1933年3月起,陶尔菲斯开始仿效意大利,着手废除民主体制。3月4日,他宣布政府不再对议会负责,禁止民众举行游行和集会,取消出版自由。不久,政府又取缔共产党。3月29日,奥地利纳粹党徒在维也纳举行大规模的示威和暴动。4月,陶尔菲斯到罗马寻求支持,回国后即宣布禁止任何政党的成员穿着制服,并将为首的纳粹分子驱逐出境。6月10日,奥地利政府禁止在国内销售德国纳粹党党报《人民观察家报》,翌日,奥地利军队开始驱逐纳粹党员和参与纳粹活动的士兵。[1]6月19日,政府又取缔了奥地利纳粹党。

希特勒政府早就在从事吞并奥地利的准备工作,在临近奥地利的巴伐利亚地区训练奥地利纳粹分子,成立了数千人的"奥地利军团",并提供武器弹药,伺机越境进攻。[2]面临奥地利政府的亲意大利举动,德国报纸从1933年2月底起连篇累牍地指责奥地利政府迫害纳粹党人。同年3月26日,希特勒不顾牛赖特和巴本的反对,宣布自1933年6月1日起,对前往奥地利旅游的德国人征收1000马克的特别税,以打压奥地利的旅游业。同年5月,巴伐利亚州司法部长汉斯·弗兰克还应奥地利纳粹党的"邀请",进入奥地利境内,直接干涉奥地利内政。奥地利纳粹党被取缔后,德国纳粹分子甚至出动飞机,飞入奥地利境内萨尔茨堡(Salzburg)、因斯布鲁克等地上空散发传单,鼓动法西斯暴乱。1933年8月7日,德国外交部国务秘书比洛向法国大使和英国代办断然宣称,德国政府不容许任何国家干预德奥之间的争议问题。10月3日,奥地利纳粹分子在德国支持下谋刺陶尔菲斯,使其受了轻伤。

面临德国的压力,陶尔菲斯政府更紧密地靠向意大利。1933年8月19日,陶尔菲斯访问意大利,两国发表了"双方在奥地利独立问题上意见完全一致"的公报。1934年1月,意大利外交部副大臣苏维奇访问奥地

[1] Bruce F. Pauley, *A History of Austrian National Socialism*, Chapel Hill: University of North Carolina Press, 1981, p. 7.
[2] Paul R. Sweet, *Documents on German Foreign policy, 1918 - 1945*. Series C, V. 2, No. 393.

利,苏维奇重申"意大利一贯坚持的立场"是"必须首先保证其独立"。①同年 2 月 17 日,意大利与英国、法国一起发表关于维护奥地利独立完整的联合宣言,表示"有必要依照有关的条约维持奥地利的独立与完整"。3月 17 日,意、奥、匈三国在罗马签订俗称《罗马议定书》(Rome Protocols)的文件,相约三国中任何一国遭到威胁时,三国将互相磋商对策,同时发展三国间的经济合作关系。

希特勒一面加紧扶植奥地利纳粹分子,削减从奥地利进口木材、水果和牛的配额,破坏其经济,一面试图缓和与意大利的紧张关系。1934年 6 月 14—15 日,他与墨索里尼在威尼斯举行首次会晤,但未能取得实质性进展。会谈结束后,德国继续偷运大量爆炸物进入奥地利,武装该国纳粹分子。7 月 12 日,奥地利政府颁布政令,规定窝藏爆炸物者都将判处死刑。同月 20 日,维也纳法院据此判决触犯该政令的 7 名纳粹暴徒死刑。判决前夕,德国慕尼黑电台向奥地利发表广播,威胁陶尔菲斯政府的成员将以自己的脑袋抵偿 7 名纳粹党员的生命。7 月 23 日,该电台又声称"审判陶尔菲斯的日期即将临近"。

1934 年 7 月 25 日,奥地利纳粹分子在德国纳粹当局指使下举行暴动。一群暴徒冲进维也纳广播电台,胁迫播音员宣布陶尔菲斯政府已经被推翻,原奥地利驻意公使安东·林特伦(Anton Rintelen,1876—1946)被任命为新任总理。同时,150 名纳粹分子冲进总理府,枪击陶尔菲斯,使其重伤致死。"奥地利军团"也从巴伐利亚越境进入奥地利。

墨索里尼闻讯大怒,当晚下令 4 个意大利师快速进入意奥交通要道勃伦纳山口和卡林西亚边境,向德国示威。② 英法两国驻德大使奉本国政府之命,提请希特勒政府注意:奥地利的独立是得到国际保障的。意大利驻奥代表亲自出面,指挥"自卫团"控制中央电话局,切断德国公使

---

① 温斯顿·丘吉尔:《第二次世界大战回忆录》,第 1 卷上部第一分册,吴万沈译,商务印书馆 1974 年版,第 134 页。

② Elizabeth Wiskemann, *The Rome - Berlin Axis: A History of the Relations between Hitler and Mussolini*, New York:Helicon,1959,p. 35.

馆与柏林之间的联系。很快,纳粹暴动被镇压下去,林特伦遭逮捕。7 月
30 日,库特·舒士尼格(Kurt Schuschnigg,1919—1977)受总统之命组
成新内阁,继续执行陶尔菲斯的政策。

当时德国的扩军备战尚处于起步阶段,外交地位也无根本性改善,
面对其他大国的一致反对,只好暂时放弃吞并奥地利的企图,再次等待
时机。德国宣传机构声称德国政府不赞成奥地利纳粹党的行动,希特勒
则对陶尔菲斯遇刺表示"谴责和遗憾",同时撤回参与策划暴动的驻奥公
使,另派原副总理巴本接替。

1934 年 9 月 12 日,国际联盟召开会议。会议期间,英、法、意三国于
9 月 27 日签署《英、法、意三国对于执行 1934 年 2 月 17 日关于奥地利独
立完整宣言的联合宣言》,声称三国代表对奥地利局势进行新的探讨后,
同意承认 2 月 17 日的宣言仍保持其全部效力并成为三国共同政策的
依据。[①]

三、实施普遍义务兵役制

1935 年 1 月,萨尔区顺利回归德国,此举进一步推动希特勒做出毁
约扩军的第二个冒险举动,即撕毁《凡尔赛和约》的军事条款,公开宣布
扩军。

据《凡尔赛和约》规定,萨尔区的矿山所有权转交法国,其行政由国
际联盟任命的萨尔行政管理委员会掌管,15 年后在当地举行全民公决,
由萨尔区居民在重归德国、并入法国或继续维持国际管制三个方案中作
出选择。随着预定的公决日期日益临近,德国加紧活动,试图无条件收
回萨尔。早在 1930 年,德国魏玛政府就同法国政府举行谈判,要求不通
过公民表决就将该地区直接交归德国,但遭到法方拒绝。此后,萨尔地

[①] R. R. Koerner, *So haben sie es damals gemach: Die Propagandavorbereitungen zum
österreichanschluss durch das Hitlerregime*, *1933 - 1938*, Wien: Verlag zur Förderung
wissenschaftlicher Forschung, 1958, S. 154.

区各政党联合组成"统一阵线",积极鼓动该地区回归德国。然而,希特勒在德国执政后,开始迫害共产党和社会民主党,对教会实施"一体化",这一切引起萨尔地区共产党人、社会民主党人和教会人士的不安,导致"统一阵线"瓦解。1933年7月,萨尔地区的纳粹党联合一些小党和许多天主教徒,组建了"德意志阵线"。该阵线一方面组织游行和集会,吸引民众投票支持萨尔区回归德国,另一方面则使用绑架、截取信件等暴力手段,威胁持异议的民众。

1933年11月,德国政府再次要求法国政府放弃萨尔区全民公决的程序,又遭到法方拒绝。然而从总体上说,法方除了不愿放弃公民表决这一预定程序外,不论是政府还是公众舆论,都不太关心萨尔的归属问题。英国政府则反对在萨尔区维持国际管理制,认为这种管理将使国际联盟承受的义务过大。意大利政府宣称萨尔问题并不涉及整个欧洲的大局,仅仅关系到法德两国。1934年1月,国际联盟理事会任命一个"三人委员会"负责监督萨尔地区的公民表决。同年6月2日,法德两国签署协议,双方保证不对萨尔地区的公民施加直接或间接的压力。11月底,里宾特洛甫前往法国,同法国外长皮埃尔·赖伐尔(Pierre Laval,1883—1945)商谈公民投票事宜。赖伐尔向德方承诺,如果第一轮投票的结果是萨尔划归德国,法国将放弃10年后在该地区举行第二轮投票的要求。12月3日,法德两国在"三人委员会"斡旋下签署关于财政问题的协定,规定德国向法国支付9亿法郎,作为法国对矿产、铁路等全部债权和财产的补偿。

1935年1月13日,萨尔地区在"三人委员会"的主持下举行公民表决。528 005名合格选民参加投票,其中477 119票要求归并德国,46 513票要求维持原状,2 124票主张并入法国。国际联盟根据投票结果,决定自1935年3月1日起,将萨尔区重归德国。[①]

这一结果鼓励了希特勒的冒险勇气。同年3月6日,法国政府向本

---

① 洛塔尔·贝托尔特:《德国工人运动史大事记》第二卷,第365—366页。

国议会提出恢复2年服役期限的军事法令草案,规定自1935年起,法国将征召1915年以后出生的青年入伍。由于第一次世界大战期间法国出生率骤降,形成1935—1939年期间兵源减少的"空年",为了弥补缺额,法国政府要求将适役年龄从21岁降到20岁,服役期从1年延长到2年。德国报刊趁机大肆攻击,德国政府趁势作出一个小的冒险举动。3月10日,德国航空部长戈林告诉英国《每日邮报》记者,说德国政府已经解除了不得建立空军的义务,正在组建作为武装力量第三军种的空军。德国的这一举动既是空军建设的重要一着棋,又作为另一个更大冒险举动的试探性行动。遗憾的是,英国外交当局并未作出强烈反应。

3月15日,法国国民议会通过军事法令。翌日,德国政府趁机在国内颁布《国防军重建法》(*Gesetz für den Aufbau der Wehrmacht*,亦译《普遍义务兵役法》),规定德国国防军改志愿兵制为义务兵役制,和平时期的陆军由12个军36个师组成。[①]同年5月21日,它又颁布补充性的《国家防御法》,规定德国"国防军"(Reichswehr)改称德国"武装部队"(Wehrmacht),由陆海空三军组成,希特勒任最高统帅,三军各设总司令一职和总参谋部;德国国防部(Reichswehrministerium)改组成军事部(Reichskriegsministerium,一译"战争部"),前国防部长勃洛姆贝格改任军事部长兼武装部队总司令。法律规定,全国18—45岁的公民都有服兵役的义务,在必要时,政府有权宣布整个德国处于"防卫状态",执行权转交给"元首和总理"。[②]3月16日当天,德国外交部向英、法、意、波4国驻德使节递交了《国防军重建法》副本,宣传部也向各国记者公布了这一消息。德国国内则利用这一机会加快备战步伐。

四、进军莱茵非军事区

法国对德国的行动深感不安,一方面正式向德国提出抗议,并要求

---

① Walther Hofer, *Der Nationalsozialismus Dokumente*, 1933-1945, S. 187.
② 洛塔尔·贝托尔特:《德国工人运动史大事记》,第二卷,第371页。

国际联盟理事会召开特别会议，讨论德国违反《凡尔赛和约》的行动，另一方面建议英、法、意三国举行外交会议，商量抵制对策。英国在德国退出裁军会议和国际联盟后即已停止实施"扶德"政策，把"均势外交"的抑制对象转向德国，因此同意法国的要求。意大利因为害怕德国强大后会吞并奥地利，也接受了法国的建议。1935 年 4 月 11 日，法国总理皮埃尔·弗兰亭（Pierre Flandin，1889—1958）和外长赖伐尔、英国首相拉姆齐·麦克唐纳（Ramsay MacDonald，1866—1937）和外交大臣约翰·西蒙（John Simon，1873—1954）、意大利首相墨索里尼和首相府秘书阿洛伊西在意大利北部的斯特莱沙城（Stresa）举行会议，讨论三国互相保障欧洲和平问题。4 月 14 日，会议签署《英、法、意三国在斯特莱沙会议上关于欧洲问题的决议》。决议对德国破坏《凡尔赛和约》的行为表示遗憾，声称"三国政策的目的是在国际联盟的范围内维持集体和平"，"一致同意一切实际可行的手段，反对足以危害欧洲和平的片面废除条约的行动，并将为此目的进行紧密合作"。决议还重申三国将保证奥地利的独立与完整。同时，英意两国发表共同宣言，重申两国在《洛迦诺公约》中承担的担保者义务。[①]根据会议决议，三国结成"斯特莱沙阵线"。4 月 15 日，国际联盟理事会召开特别会议，讨论德国实施普遍义务兵役制的问题。4 月 17 日，会议通过一项决议，指出德国的行为违反了《凡尔赛和约》，并认为单方面废除国际义务势必危害维护和平的事业，因而决定成立一个特别委员会，考虑如何制裁毁约的国家。

希特勒政府竭力阻止斯特莱沙阵线生效。1935 年 3 月 24—26 日，英国外交大臣西蒙和掌玺大臣安东尼·艾登（Anthony Eden，1897—1977），在德国公开违约的情况下继续根据原先的安排访问德国，与希特勒举行会谈。希特勒趁机示好，主动表示承认英国的海军优势，放弃第一次世界大战前德国军舰吨位数占英国军舰 62.5% 的要求，提议缔结规

---

① 参见世界知识出版社编辑：《国际条约集（1934—1944）》，第 28—30 页。

定德国海军力量不超过英国 35％的协定。① 5 月 21 日,希特勒在国会发表"和平"演说,提出维护和平的 13 点建议,其中重申了缔结《英德海军协定》的提议。英国政府欣然接受。1935 年 6 月 2 日,希特勒派里宾特洛甫以德国海军代表团首席代表身份赴伦敦,同英国外交大臣和海军大臣举行谈判。6 月 18 日,双方以换文形式缔结了《英德海军协定》(Deutsch - britisches Flottenabkommen)。协定公然违反《凡尔赛和约》,规定德国可以拥有等于英联邦成员国海军总吨位 35％的军舰和 45％的潜水艇,如果德国要建造超过这一比例的潜水艇,应事先通知英国。此举严重损害了斯特莱沙阵线的威慑力。②

1935 年 5 月 2 日,国防部长勃洛姆贝格在希特勒授意下,向三军总司令发出亲笔手书的绝密指令,要他们拟制出进军莱茵区的具体行动计划,保证要"以闪电速度的一击"来完成。同年 6 月,德国国防委员会工作委员会举行会议,讨论根据勃洛姆贝格指令拟出的行动计划及各项细节。

1936 年 2 月,法国国民议会开始审议《法苏互助条约》,27 日以 353 票比 164 票的多数批准该条约。意大利于 1935 年 10 月发动侵埃战争后,受到国际联盟制裁。1936 年 2 月底,墨索里尼宣称斯特莱沙阵线已经寿终正寝。根据这些情况,希特勒认为重新武装莱茵非军事区的时机已经来临,遂指示勃洛姆贝格于 1936 年 3 月 2 日正式命令德国军队实施代号为"训练"的行动计划,要出其不意地进入莱茵区。3 月 6 日,希特勒举行内阁会议。牛赖特、沙赫特和勃洛姆贝格等人在会上要求推迟实施进军计划,认为此举在外交、财政和军事方面都相当冒险,德国将无力抵抗法国的反进攻。希特勒断然否决了这一意见。

3 月 7 日,德军 19 个营和 12 个炮兵连共 3 万余人,奉希特勒之命进入莱茵区。同日上午 10 时,牛赖特召见英、法、比、意 4 个《洛迦诺公约》

---

① J. Noakes & G. Pridham (ed.), *Documents on Nazism*, 1919—1945, pp. 514 - 516.
② Ibid., p. 516.

缔约国的大使,向他们交送德国政府的备忘录,内称:由于法国同苏联签订条约,违反了《洛迦诺公约》,德国决定不再受《凡尔赛和约》关于莱茵区的全部条款和《洛迦诺公约》的约束,在莱茵区恢复自己"完整和不受限制的主权"。2 小时后,希特勒向国会发表演说,重申了备忘录的内容。当时,德国的大规模扩军工作开始不久,军事上同法国相比处于劣势。希特勒自述在下令进军后的 48 小时内处于"一生中神经最紧张的时刻",曾决定遇到法国抵抗时立即撤兵。因此,在政府备忘录和希特勒的演说中,都提出了一系列所谓的"和平"建议:德国愿意同法比两国签订一项为期 25 年的互不侵犯条约;愿意与自己的东方邻国也签订类似的条约;愿意同西方各国签订空军公约;愿意使法德边界两边实现"非军事化";答应在收归殖民地并在国联盟约中去掉《凡尔赛和约》的内容后重返国际联盟。①

德国的行动直接威胁到法国的利益和安全。然而,当时法国经济正处于特种萧条之中,国内阶级矛盾和党派斗争十分尖锐,政局动荡,军费预算一再削减。政府在 3 月 7—9 日连续开会商讨,最后决定不予反击,仅仅向国际联盟和《洛迦诺公约》缔约国发出呼吁,要求"立即召集国联会议,并同《洛迦诺公约》各缔约国在巴黎举行磋商"。法国陆军最高委员会提出了实施反击的方案,但认为要把这一方案付诸实践,一是需要得到国际联盟的允许,有关各国采取一致行动,二是在国内宣布实行三军总动员,工业经济转入战时状态。后一个条件很快遭到内阁否决。这样,法国政府和军方都把未来行动的决定权交给了国际联盟特别是英国政府手中。而英国政府则对希特勒的冒险举动采取超然态度,主张由国际联盟正式谴责德国的行动,但不愿对它实施财政和经济制裁,更加反对实行军事干预。3 月 19 日,国联理事会经过几天讨论后通过决议,宣布德国的行动违反了《凡尔赛和约》和《洛迦诺公约》。②当天,除德国之外

① John W. Wheeler - Bennett (ed.), *Documents on International Affairs*, *1936*, Oxford: Oxford University Press, 1937, pp. 44 - 45.
② Ibid., p. 119.

的《洛迦诺公约》缔约国举行会议,也确认德国破坏了《洛迦诺公约》,建议在德国同意停止重新武装莱茵区的前提下,各国通过外交途径就重新考虑莱茵区的地位问题举行谈判。

希特勒对英法等国无力的"抗议"根本不予理睬,一方面继续向莱茵区增派军队,巩固已有的阵地,另一方面于4月1日向英法等国提出一个庞大的"和平计划",该计划把同年3月7日上午提交的备忘录进一步具体化。法国坚持以德军撤军作为谈判的先决条件,遭到希特勒断然拒绝。德国同时开始在莱茵区修筑防线,力图在全方位恢复军事主权的同时,锁住西面的大门。

五、扩军计划与军队指挥系统改组

纳粹德国要夺取欧洲和世界霸权,就必须有一支适合于从事扩张侵略的庞大军队。希特勒在1936年8月26日关于"四年计划"的秘密备忘录中说:"我们在军事上使用力量的规模和速度必须是最大限度的。……如果我们不能在最短时间内,从战斗训练、兵团数量、武器装备以及首先是精神素养方面,把德国军队变成世界上最强大的军队的话,那么德国就将毁灭。"[1]因此,高速度扩建一支庞大的富于攻击性和高度机动性的侵略军,就成了纳粹当局的重要建军原则。

第一次世界大战在很多参战国引起了革命。战后不少军事理论家针对这种情况,提出了小型职业军队的理论。1928年,掌管德国国防军的陆军管理局局长汉斯·冯·泽克特出版《一个士兵的思想》一书,建议废弃兵员庞大的军队,代之以一支数量少但具有高度机动性的、训练有素的职业部队。他认为,以这样一支军队出敌不意,实行迅速机动、插入敌方纵深的战略战术,就不仅能突破对方的防御,而且使敌国和人民无

---

① Walther Hofer, *Der Nationalsozialismus Dokumente*, 1933-1945, S. 85.

法组织抵抗,赢得战争的胜利。[1]由于《凡尔赛和约》严格限制德国军队的人数,因此泽克特关于小型职业军队的主张几乎成了当时德国建军的唯一出路而被推行。然而,在国防军内部,这种主张并未得到广泛支持。

希特勒执政后,打破《凡尔赛和约》的束缚,着手扩军备战。泽克特的小型职业军队理论立即受到冲击,种种不同的建军主张纷纷出现。一些同泽克特意见相近的将领,如1930年11月起任陆军管理局局长的库特·冯·哈默施坦因—埃克沃德,提出要建立一支20万人的小规模军队,充分装备有效的现代化武器,把服役期从12年减为6年,同时派出2万名现役和预备役军官,训练和指挥庞大的国防民兵。冲锋队参谋长罗姆则提出以民兵作为武装力量的主要组织,在保持数量不大的职业军队的同时,一切有兵役义务的公民都应网罗到民兵中来。从军事思想的角度看,也是一种职业军队加民兵的主张。第三种主张以威廉·格勒纳将军和施莱歇尔将军为代表,建议采用瑞士式的民兵制度,只有少数技术兵种才实行服役期较长的志愿兵制。国防部长勃洛姆贝格和总体战理论鼓吹者鲁登道夫持第四种意见,主张在普遍征兵的基础上组建庞大的军队。他们认为,"在战争中数量往往是决定性因素","总体战要求征召年满20岁身体健康的青年入伍。他们离开武装部队的年龄要尽可能高,随后编入预备队,随时供武装部队调遣"。[2]

希特勒夺取生存空间的野心很大,小型职业军队和素质低下的民兵都不可能完成其扩张计划,这必然使他支持在普遍义务兵役制基础上组建大规模军队的主张。[3]他执政时期,德国的扩军速度很快,规模较大,但同时也相当杂乱,三军并没有统一的全面扩军计划。然而,由于三军各自制定的扩军计划最后都必须得到希特勒的支持和批准,因此基本上仍受到总的战略思想的制约。由于当局奉行"先大陆后海洋"的扩张方针,

---

[1] Matthew Cooper, *The German Army*, 1933 – 1945, London: Bonanza Books, 1981, pp. 135 – 136.

[2] 埃里希·鲁登道夫:《总体战》,戴耀先译,解放军出版社2005年版,第49页。

[3] J. Noakes & G. Pridham (ed.), *Documents on Nazism*, 1919—1945. p. 508.

首先准备在欧洲大陆进行主要针对法国的战争,因此整个战前时期,陆军和空军的扩充得到更多的重视。[①]

　　陆军早在 1926 年就拟定过一个代号为 A 的扩军计划,要求以 1934 年为期,把 7 个步兵师秘密扩充到 21 个。但是,由于处于《凡尔赛和约》的束缚下,无法获取足够的武器装备。[②] 希特勒上台后,勃洛姆贝格于 1933 年 12 月主持拟出新的扩军计划,规定建立 21 个步兵师、3 个骑兵师又 1 个骑兵旅、1 支装甲部队和 1 个轻装师。陆军和平时期的总兵力为 30 万人,战时将扩展到 63 个师。该计划原定到 1938 年完成,但希特勒下令提前到 1934 年秋。这是希特勒上台后德国陆军的第一次大发展。这次发展主要是数量上的猛增。1935 年春德国公开扩军后,陆军进入了更紧张的扩军时期。1936 年 8 月,一个被称为"八月计划"的新扩军计划出台,规定以 1939 年 10 月为期,和平时期总兵力达到 83 万人,战时扩大到 462 万人,其中野战部队 102 个师。[③]这是纳粹时期德国陆军的第二次大发展。

　　同陆军相比,空军的扩充速度更加惊人。由于《凡尔赛和约》禁止德国拥有空军,因此希特勒上台时,德国的空中力量非常微弱。国防军内只有 550 名飞行员和 180 名飞行观察员,以及 5 架轰炸机、3 架战斗机、5 架侦察机,连同其他飞机,总共才 250 架。德国的航空工业也处于十分低下的水平,1931 年只生产了 13 架飞机,1933 年也仅 368 架。希特勒执政伊始,立即任命戈林为国家航空专员,3 月 28 日又任命他为航空部长。4 月,希特勒委托重工业巨头弗里茨·蒂森召开航空工业会议,确定大规模发展军用飞机的生产。5 月,国防军的空中防卫办公室并入航空部,军用和民用航空统一归戈林掌管,进行大规模发展空军的研究。6

[①] 海军总司令雷德尔曾一再提出要吸取第一次世界大战的教训,把战略重心转向海洋,但并未被希特勒采纳。

[②] 华东师范大学历史系第二次世界大战史研究室:《第二次世界大战起源研究论集》,华东师范大学出版社 1986 年版,第 74 页。

[③] Wilhelm Deist, *The Wehrmacht and German Rearmament*, London: Macmillan Pr. Ltd., 1981, pp. 15 - 16.

月,航空部国务秘书艾哈德·米尔希(Erhard Milch,1892—1972)提出纳粹德国第一个空军发展计划,规定到 1935 年底建成一支拥有 600 架第一线作战飞机的空军。但仅过了 2 个月,该计划就被更新。以后不断地追加计划,指标成倍地增加。1933 年底,要求在 1935 年 10 月以前把空军第一线飞机扩大到 1600 架。1934 年 1 月,新制定的"莱茵兰规划"又要求达到 3715 架。同年 7 月,再一次追加到 4021 架。不过,这些一再追加的指标实际上无法达到。1935 年 3 月,戈林正式对外宣布德国拥有空军时,德国实际上只有 2500 架飞机,其中作战飞机 800 架。为了保证高速扩展空军,当局优先供应航空工业所需的原料和资金。1935 年 10 月,米尔希拟定了"第一号生产计划",要求到 1936 年 4 月 1 日前生产出11158 架飞机,其中作战飞机 3820 架。[①]

纳粹时期空军的建设,曾受到杜黑的"独立空战"论的影响。从 20 世纪二十年代起,就有不少人主张发展 4 引擎的远程重型轰炸机,用以对付英国和苏联。希特勒执政后,航空参谋指挥部主任(后正式任空军总参谋长)瓦尔特·威弗(Walther Wever,1887—1936)积极倡导和组织研制远程战略轰炸机。1934 年 5 月间,他曾向容克斯(Junkers)和道尼尔(Dornier)飞机公司征集这种轰炸机的设计图纸。但是,由于全国的大规模扩军,到 1936 年已经引起了原料和资金的严重短缺,航空工业虽以战时动员的态势开足马力,仍然无法生产出扩军计划所需要的飞机。而且,当时德国的战略目标首先是打败法国及其东欧盟国,暂时未以英国和苏联为预想之敌,因此建军的重点就转向发展中远程轰炸机。[②]随着1936 年 6 月威弗去世,远程战略轰炸机的研制和生产就从空军的总体规划中排除了。只是到了 1939 年 6 月,才重新下令研制这种远程轰炸机。

从 1937—1938 年之交希特勒正式把英国列入预想之敌后,空军的

---

① Matthew Cooper, *The German Army*, 1933 - 1945, pp. 35 - 36.

② 对付法国及其东欧盟国,当时活动半径为 250—500 英里的中程轰炸机已经足够。当然,生产远程轰炸机既可以对付法国,日后也可以用于进攻英国和苏联。但生产一架四引擎远程轰炸机的原料和资金,可以生产两架半双引擎中程轰炸机。

发展任务很快加重。根据希特勒的指令,1938 年 11 月制订了战前空军的第 10 个发展规划。该规划要求到 1942 年春,空军应拥有 2 万架飞机,其中轰炸机 8000 架,如加上俯冲轰炸机和战斗轰炸机,则为 1.3 万架。然而,尽管 1933—1939 年期间德国把扩军备战经费的 40％花在空军上面,到 1939 年 9 月,全国拥有的第一线飞机仍只达到 4093 架。

海军建设排在陆军和空军后面,但速度也很快。1933 年希特勒一上台,就在原来拨款 1.86 亿马克的基础上追加拨款 1.157 亿马克。1934 年增加到 4.87 亿马克,1935 年增加到 6.5 亿马克。同年 6 月缔结《英德海军协定》时,德方军舰的总排水量为 11 万吨,不到英方总量的 1/10;到 1939 年欧战爆发时,德方数字增加到 35 万吨,约相当于英方数字的 1/7,远未达到协定所规定的水平。

当时围绕海军建设问题,军政当局内部有着诸多分歧。以纳粹德国潜艇部队创始人卡尔·邓尼茨(Karl Dönitz,1891—1980)为首的一批较年轻的军官,主张重点发展潜艇,海军总司令雷德尔(Raeder,Erich,1876—1960)等高级军官则坚持重点发展大型水面舰只。1938 年海军总司令部成立一个专门委员会,研究未来对英海战问题。由于德英海军力量对比悬殊,德国海军无力实施传统的海战方式,即以战列舰为主力的总决战,因此提出使用潜艇和大型水面军舰袭击英国商船,以切断其海上运输的作战方案。此外,在关于海军水面舰队的规模问题上也存在分歧。海军司令部提出了两个对英海战的可能方案。第一方案是由潜艇和袖珍战列舰对英国商船进行攻击,其取胜的战机不是很多;第二方案是建造一支大型舰队,花钱较多且费时较长,但能够使德国拥有一支真正拥有战斗力的多种舰队力量均衡的海军,不仅能对英国商船,也能对英国舰队进行海战。希特勒同意采纳第二方案,但告诉海军司令部,1946 年以前不会使用这支舰队,可见他预见第三阶段向海外扩张时,德国就会需要足以同英国甚至美国抗衡的海军力量,不过时间将在 1946 年以后。1938 年底,德国提出了扩充海军的 Z 计划,规模很为庞大,包括建造 6 艘大型战列舰,3 艘战列巡洋舰,6 艘轻巡洋舰。在轻型舰艇方面,除了当时已经建成或正在建造的 72 艘潜艇外,还提出建造 27 艘巡洋潜艇、47 艘 Ⅸ 型大型潜艇,75 艘 Ⅶ 型中型潜艇,和 28 艘 Ⅱ 型小型潜艇。[①] 1939 年 1 月,希特勒批准了该计划,但把完成时间提前到 1945 年。

德国在扩军备战的过程中,遇到了许多困难。高速扩军首先遇到兵源不足的矛盾。第一次世界大战期间和战后初期出生率下降,导致三十年代适龄壮丁减少。因此,1935 年起实施义务兵役制,当年征召 1914 年出生的适龄青年达到 30 万人。以后征召到 1916—1918 年出生的壮丁时,人数却减少到 25 万。此外,由于 1918 年起被迫改行志愿兵制,导致 1900 年以后出生的适龄青年均未受过军事训练。为了加速训练后备役人员,1935 年的兵役法规定服役年限为一年,但没有受过任何训练的壮丁在一年内很难达到现代化战争所需的水平。在弗立契和贝克的力主下,1936 年 8 月改服役年限为 2 年。[②] 但即使这样,到 1939 年,陆军也只有 50 万一等预备役和 60 万二等预备役,加上 73 万现役部队,总计不足 190 万人。可是,根据纳粹当局的动员计划,1939 年经过动员的野战部队应该达到 103 个师共 210 万人。结果,只有靠征召没有经过训练的壮丁和超过 39 岁的老兵(即 1900 年以前出生、在第一次世界大战中受过训练的人员)来补足。

为了保证野战部队的质量,陆军的 1939—1940 年动员计划把战时动员的 103 个野战师中的 86 个步兵师划分为四个"波"。第 1 波 35 个师,主要由现役部队(占 78%)编组;第 2 波 16 个师,主要由一级预备役人员(即服过一年以上兵役的人员,占 83%)编组,编成后基本上能立即投入战斗;第 3 波 20 个师,主要由二级预备役人员(即仅受过 2—3 个月短训的人员,占 46%)以及 35—45 岁的老兵(占 42%)编组,编成后需经过一段时间的强化训练后才能投入战斗;第 4 波 14 个师,以各种教导队

---

① 汉斯-阿道夫·雅各布森等:《第二次世界大战的决定性战役(德国观点)》,中国人民解放军军事科学院外国军事研究部译,江苏人民出版社 1982 年版,第 256—257 页。

② Esmonde M. Robertson, *Hitler's Pre - war Policy and Military Plans*, *1933 - 1939*, p. 85.

为骨干编组,基本上用作预备师。[1]

高速扩军遇到的另一个巨大困难,是缺少足够数量受过专业训练的军官。按照《凡尔赛条约》规定,德国国防军只能保留 4000 名军官(其中 400 人为军医)。而根据纳粹当局的扩军计划,需要 10 万名军官。为了缓解这个难题,除了扩建军官学校,缩短培养年限外,还采取了一系列的特殊措施:把原来国防军中的军士提升为军官;从警察队伍中挑选约 2500 名警官转入陆军;重新征召约 1800 名已经退役的旧军官,降低不适服役的要求以减少军官退役。然而,所有这些措施都不足以解决高速扩军对军官数量的要求,而且军官的总体质量明显下降。到 1939 年 9 月,陆军中只有 1/6 的军官受过足够的专业训练。

武器装备和弹药储备不足,也是德国高速扩军的严重障碍和弱点。根据《凡尔赛和约》规定,德国的军事工业和军火储备均被限制在极低的水平上。早在二十年代末,国防军执行 A 计划时,就因为武器装备不足而被迫推迟完成时间。希特勒执政后,打破《凡尔赛条约》的束缚,开始高速发展军事工业。尽管德国采取了各种措施,优先保证军工生产的需要,但由于起步低,时间短,再加上其他各种因素(如军工与民用生产的矛盾、各军兵种之间的矛盾等)的制约,仍然无法满足军工生产所需的资金、原料、电力和劳动力。因此,直到欧洲战争爆发前夕,德军并没有获得足以赢得一场对西方国家的大战的装备和军火储备。例如,作为德国实施闪击战主要手段的坦克和摩托化部队数量,大约仅占整个野战部队的 1/20 和 1/10。就坦克而言,所装备的主要是三十年代前半期设计和定型的轻型坦克。[2]步兵师的摩托化水平也远未达到规定的水平,各种运输车辆只有所需的 1/4,部队重炮的拖运和后勤供应很大部分仍得依靠马匹。弹药的储备也只达到标准的 3/5 左右。按陆军总司令部的计划,要建立 4 个月的弹药储备,但到 1939 年 9 月 1 日只达到如下的百分比:

[1] 华东师范大学历史系第二次世界大战史研究室:《第二次世界大战起源研究论集》,第 86—87 页。
[2] Matthew Cooper, *The German Army*, 1933 - 1945, p. 155.

步枪子弹 60%,轻步兵炮弹 75%,重步兵炮弹 65%,轻野战曲射炮弹 60%,重野战曲射炮弹 45%,20 毫米以上口径高射炮弹 70%。空军的炸弹只有 3 个月,航空汽油储备只够 2 个月之用。[①]

希特勒执政之初,还无力直接插手军内事务,遂因势利导,在讨好军方势力的大前提下,采取同兴登堡总统亲自选定的国防部长、又在建军思想上大致合拍的勃洛姆贝格全面合作的态度,把重整军备的事务全权交给后者,放手让勃洛姆贝格和弗立契主持国防军的扩军工作,而这些国防军将领也积极支持和效忠于纳粹当局。1933 年 9 月 19 日,勃洛姆贝格以国防部长身份,指令军人应该向穿着制服的纳粹党员行军礼。勃洛姆贝格和弗立契等国防军将领,为扩军备战工作立下了汗马功劳。可是,当他们围绕扩军速度和对外扩张步伐等问题上同希特勒产生分歧,并在 1937 年 11 月 5 日军事会议上提出异议后,希特勒就毫不手软地于 1938 年 1 月撤换勃洛姆贝格和弗立契,2 月 4 日取消军事部和武装部队总司令部,成立武装部队最高统帅部,自任最高统帅,[②]牢牢地掌握了军队的统帅权和指挥权。

六、总体战与闪击战思想的确立

纳粹政权在扩军备战的过程中,也注重军事思想和战略战术方面的准备工作。在欧洲战争爆发前,最引人注目的是总体战和闪击战思想的确立。

进入 20 世纪后,战争出现了许多新特点。战争已经不仅仅是军队的事情,也不仅仅是在前方打仗。它要求建立数以百万计的军队,大量使用各种基于现代化技术的斗争手段,动员整个国家的经济力量,席卷千百万民众,极大地影响到社会生活的各个方面。正是在这样的基础上,德国于 20 世纪二三十年代逐渐形成了总体战的理论。埃里希·鲁

---

① 华东师范大学历史系第二次世界大战史研究室:《第二次世界大战起源研究论集》,第 88 页。
② Walther Hofer, *Der Nationalsozialismus Dokumente*, 1933 – 1945, S. 109.

登道夫于1935年出版的《总体战》(*Der total Krieg*)一书,就是这一理论的代表作。

鲁登道夫认为,总体战是从第一次世界大战中出现的。它的性质同以前的战争根本不同。他称以前的战争为"政府战",这种战争是由政府统率军队去进行的,除直接进行战斗的地区(即战场)外,民众一般不受影响,只不过负担战税而已。现在则不同,"总体战"不仅要动用军队,它还将直接影响到交战国每一个成员的生活和精神。因此,总体战的对象不仅是武装部队,也直接指向民众。① 根据这种观点,鲁登道夫强调总体战必须动员"民族之全力",全体民众均有责任在精神上、体魄上和物资上为未来的战争做好准备。

如何准备未来的战争呢? 鲁登道夫认为,首先必须确立"民众精神上的一致"。他说:"武装部队植根于民众之中,它是民众的一个组成部分。民众在体质、经济和精神方面的强大程度决定了武装部队在总体战中的战斗力,其中尤以精神方面最重要。"他把德国在第一次世界大战中的失败归咎于德国"十一月革命",归咎于犹太人和罗马教会,认为他们破坏了"民众精神上的一致"。他鼓吹为了保证总体战争的胜利,必须实行"总体政治",一方面以严刑峻法镇压"妨害民族团结者",另一方面对全民族实行"精神动员",后者的核心就是种族主义与军国主义的宣传教育。"总体战是无情的,男女都要为战争而尽其全力。"

其次,鲁登道夫鼓吹必须以国民经济的全部力量准备未来的战争。他说:"现代的战争可以说是物质之战和军火之战。"主持总体政治和总体战争计划者应该在和平时期就认真考虑,战时所需的原料、食物和生活必需品哪些能够自给,哪些需要从国外进口,战时会否遭到封锁,海内外的交通线能否继续维持。他强调,德国应该提升自给的程度,提前大量输入和贮备必要的战略原料,实行配给制度,优先满足军火工业的需要,通过各种方法(包括入侵等)保证所需的海外原料来源(如罗马尼亚

---

① 埃里希·鲁登道夫:《总体战》,第5—7页。

的石油、瑞典的铁矿石），并且鼓吹要使"全民族愿意承担物质牺牲"。①

在军事上，鲁登道夫强调总体战的首要原则是速战速决。战争延长会引起"民族团结的涣散和经济的困难，战事的前景将遭受不利的影响"。为了达到速战速决的目的，第一，"民族的全部国防力量应该在和平时期作好总体战的准备，并在战争之初就全部投入"；第二，必须在普遍义务兵役制的基础上，建立一支人数众多、训练有素、装备精良、具有德意志"种族遗产之特质和民族精神之觉悟"的军队；第三，要依靠摩托化部队和空军的快速运动实行突然袭击；第四，毫不犹疑地使用一切斗争的手段与方法，不必顾虑道德和国际公法。②

鲁登道夫的总体战理论完全为纳粹当局所接受。1939 年出版的德国《国防政策和国防科学年鉴》，以简明的语言把总体战概括为："各阶层居民参加战争的总体性，包罗人民一切生活领域的总体性，以及利用一切斗争手段的总体性。"③

闪击战思想的形成，在德国具有一定的基础。自 19 世纪 50 年代起，普鲁士-德国就逐渐形成短促突击思想，强调以军事上的快速、机动、注重打歼灭战等要素，速战速决，来避免因地理位置带来的多线作战的困境。经过第一次世界大战，防御得到发展，一般的防御发展成依托坚固工事的多层纵深防御。面对这种情况，二十年代主管国防军的泽克特等力主发展短促突击的机动战略。他强调："战争的未来在于，使用人数相对少但质量很高的机动部队，在飞机的协同下产生更大的威力。"他认为，要成功地实施短促突击，未来的军队应该符合三个要求：高度的机动性；拥有最高效率的兵器；人员和物资得到不断的补充更换。④纳粹德国的军事战略虽然摈弃了泽克特的小型职业军队理论，却吸收了他的短促

---

① 埃里希·鲁登道夫：《总体战》，第三章，第 41 页起。

② 同上书，第 116 页。

③ 德波林主编：《第二次世界大战史 1939—1945》第二卷：大战前夕，潘咸芳等译，上海译文出版社 1981 年版，第 608 页。

④ Matthew Cooper, *The German Army*, 1933‑1945, pp. 133‑135.

突击思想。

希特勒执政后不久,对未来的战争作了如下的设想:"下一场战争与上一次世界大战完全不同,步兵进攻和密集队形已经过时",取而代之的是"规模巨大的空袭,内部的突袭、恐怖、破坏和暗杀,谋杀领袖人物,在敌人防御的所有薄弱点上发动压倒优势的进攻,在同一时刻不惜代价地实施突然袭击,只用一次打击就能置敌于死地"。[1]在这些逻辑不很严密的表述中,已经体现了总体战和闪击战的一些要素。30年代中期以后,当局所拟订的一系列扩张计划和指令使闪击战战术逐步完善。从这些计划和指令中,可以看出以下三个互相联系的要素:第一,强调在主要打击方向集中优势兵力和兵器,速战速决,避免同时出现两线作战局面;第二,强调以突然袭击开始军事行动;第三,强调实施高速度大纵深的密集突击。

集中力量实施高速度大纵深的战略性突击,这是闪击战战术的核心。尽管这一思想较早就为希特勒和军事当局所采纳,但是,使它能付诸实战应用的主要手段,即在航空兵支援下密集使用坦克摩托化部队,却直到1938年才在德军中确立下来。

第一次世界大战结束后,一些思想比较敏锐的军事家开始注意坦克的运用。英国军事理论家约翰·富勒(John Frederick Charles Fuller,1878—1966)等人在20年代初提出了坦克战思想。然而,在德国军界,直到1929年才出现以海因茨·古德里安(Heinz Wilhelm Guderian,1888—1954)为代表的独立运用装甲坦克师作战略性突击的主张。但这一主张在较长的时间内却未能得到普遍的承认。直到1933年希特勒执政后,德国才真正开始发展装甲坦克部队。这一年,希特勒在军队的一次新武器演示中观看了古德里安所组织的一支小小的坦克摩托化部队表演之后,兴奋地说:"这就是我所希望的东西! 这就是我所希望的东

---

[1] Berenice A. Carroll, *Design for Total War: Arms and Economics in The Third Reich*, Hague: UMI, 1968, p. 100.

西!"勃洛姆贝格也持积极态度。于是,以古德里安为参谋长的摩托运输兵总监处就拟定了发展坦克的计划。1934年10月,组建了第一支装甲坦克部队,即第一坦克旅。不过,这种坦克旅不同于古德里安所主张的坦克师,它主要仍用于协同步兵作战,而不是作为独立的战略突击力量。

1935年春希特勒宣布公开扩军后,德国装甲坦克部队也随之进入发展的第二阶段。是年夏,在古德里安的积极推动下,现有分散的坦克兵单位被集中起来,拼凑成一个装甲坦克训练师,进行了一系列的训练与演习,赢得勃洛姆贝格和弗立契的赞赏。同年9月即成立了装甲兵司令部,10月正式组建了三个装甲坦克师。这种装甲坦克师是能够独立作战的战略单位,由1个坦克旅(内含2个两营建制的坦克团)、1个摩托化步兵旅、1个摩托化炮兵团、1个摩托车营以及摩托化的侦察营、工兵营、反坦克营、通讯营和后勤供应纵队等组成,共有官兵11792人,坦克324辆,装甲运兵车421辆,各种汽车1963辆,摩托车2000辆。

1937年,古德里安发表《注意!坦克》一书,把自己的大量集中使用坦克的主张系统化。同时,装甲坦克师的优越性在随后入侵奥地利的过程中得到了检验。于是,德国的装甲坦克部队进入了发展的第三阶段。1938年6月1日,颁布了关于坦克师的领导和战斗使用的训令,最终确立了大量集中使用坦克的原则。从此,闪击战战术具有了付诸实施的中间环节和手段。

七、为毁约扩军服务的纳粹外交

希特勒政府采取的一次次毁约扩军举动,对外交政策提出了较高的要求,即如何解除主要大国的恐惧,平息外交危机。政府的主要对策是,在尽可能长的时间里,努力使英国维持"扶德抑法"政策,全力同英国搞缓和,力争与英国达成某种形式的协议,甚至结成联盟,以求在英国的谅解下做好对外扩张的准备。

希特勒在作出冒险举动后,关注改善英国的不满情绪。1935年6月德英两国缔结海军协定,标志着希特勒对英和解外交的顶峰。对德国来说,该协定的政治意义远远超过其军事价值。它除了作为拆散斯特莱沙抗德阵线的一种手段外,主要用意是向英国表示友好,以此作为同英国达成全面协议甚至结成联盟的前奏。当时德国正在建造两艘2.6万吨级的袖珍战列舰,英国感到担忧,希特勒政府便提出缔结一项承认英国海军优势的协定(第一次世界大战前英德两国海军力量的比例是16∶10,而希特勒所提议的比例是近3∶1),表示德国无意同英国争夺海上霸权。在该协定的正文里,双方都把它称作"成为两国间永久和最终协议的协定"。①

法国是德国的欧陆争霸对手,对德国重整军备的行动最为敏感,也最有可能与波兰一起实施军事干预。希特勒在《我的奋斗》和《第二本书》里都大肆反法,叫嚣"法国是我们最可怕的敌人,这个逐渐与黑种人混合的民族,抱有犹太人统治世界的目的,是白种人生存的永久性祸害",鼓吹要"一举在精神上把它的脊椎打断永远踏在脚下"。但是,他上台执政后,出于策略考虑,在毁约扩军阶段,还是把中立法国及其盟国放在重要的位置。

德国退出世界裁军会议和国际联盟,是以它提出的与法国军备平等甚至优于法国②的要求遭到拒绝为借口的,但同时它发起了第一次对法和平攻势。1933年9月中旬,希特勒亲自向法国大使保证德国的和平意图。同月底,牛赖特在日内瓦向法国外长提议,在裁军谈判进入僵局的情况下,德法两国可以达成直接的谅解。③ 11月16日,希特勒亲自会见法国人士,借此向法国公众作出和平保证,表示对阿尔萨斯—洛林已不感兴趣。④ 1933年末到1934年初,在德国的倡导下,德法两国进行了长

---

① 世界知识出版社编辑:《国际条约集,1934—1944年》,第42、44页。
② 1933年秋,德国外长牛赖特亲自参加日内瓦裁军会议,提出在军备控制的第二阶段,德国的军事力量应大于法国,以便对抗法国的同盟体系。参见格哈特·温伯格:《希特勒德国的对外政策:欧洲的外交革命,1933—1936年》,第226页。
③ 格哈特·温伯格:《希特勒德国的对外政策:欧洲的外交革命,1933—1936年》,第233—234页。
④ E. Robertson, *Hitler's Pre-war Policy and Military Plans*, p. 26.

时间的谈判,但未能取得实质性成果。

德国宣布公开扩军是以法国改变兵役法为借口的,面临法国所倡导的英法意斯特莱沙会议的召开和《法苏互助条约》的缔结,但它还是对法国使出了"拉"的一手。1935 年 5 月 21 日希特勒在国会发表被称为"最动听"的和平演说,"向法国庄严地承认和保证它在萨尔公民投票后决定的边界","从而最后放弃对阿尔萨斯—洛林的一切要求"。同月,戈林也在参加波兰毕苏斯基元帅葬礼期间同刚从苏联签约归来的赖伐尔举行会谈,大肆反苏,重弹对法友好的老调,表示"希望与法国邻居化干戈为玉帛"。①

希特勒在向全世界宣布进军莱茵区的同时,向英法等国提出了一个和平建议,表示:愿意同法比两国签订一项为期 25 年的互不侵犯条约,由英意两国作担保;愿意同法国的东方盟国签订同样的条约;同意德法边界两边都实行非军事化;愿意重新加入国际联盟。

法国面临德国的步步进逼,为战争的阴影所吓倒,为反共的叫嚣所迷惑,为和平的诺言所陶醉,逐渐丧失了对德国的相对优势地位。1937 年 11 月,希特勒在内部高层会议上宣布扩张计划时,已不惜同法国兵戎相见。

意大利也是个法西斯国家,其称霸目标是南欧、北非和地中海,意在建立一个环地中海的大帝国。在希特勒看来,该目标的实现主要将损害英法两国的利益,导致同英法的冲突。因此,尽管德意两国在南蒂罗尔(Sudtirolo)问题上有争议,对奥地利也都怀有野心,但希特勒在口授《我的奋斗》和《第二本书》时,还是把意大利定为德国的争取对象和潜在同盟者。希特勒执政初期,意大利害怕德国强大后会吞并奥地利,威胁到自己的既得利益。在希特勒急切染指奥地利、宣布公开扩军的情况下,它赶紧以屯兵勃伦纳山口、参加斯特莱沙抗德阵线等行动相对抗。但是意大利侵略埃塞俄比亚后,它同英法之间的矛盾激化。随后,它又与德

---

① 参见保·施密特:《我是希特勒的译员》,刘同舜译,上海人民出版社 1982 年版,第 17—20 页。

国共同武装干涉西班牙内战。在此基础上,意德之间的距离日益缩短。经过德国的一番努力,意大利终于在 1936 年 10 月同德国缔结了"轴心"协定,翌年 11 月又参加了《反共产国际协定》,基本上站到了德国一边。

德日关系的发展也不平坦。1937 年以前,德国无暇把更多的注意力转向亚洲,加之军事部和外交部比较倾向于把对华关系作为重点,而里宾特洛甫及其办公室希望重点争取日本,因此德国在亚洲的行动是多重而又混乱的。这一时期德国外交政策的重点是"和英反苏",需要打出"反共产国际"的旗号来摆脱孤立状态。从日本方面来说,"九·一八"事变后国际处境孤立,打出反共旗号,靠拢法西斯德国,既能摆脱孤立状态,又不会引起世界两强英国和美国的敌意。于是,1936 年 11 月 25 日两国缔结了《德日反共产国际协定》(Antikominternpakt Berlin - Tokio),约定"对于共产国际的活动相互通报,并协议关于必要的防止措置,且紧密合作,以完成上述措置",同时约定要帮助"感受威胁的第三国"。[1]日本发动全面侵华战争后,德国基于策略考虑,既不愿意因为支持日本而损害同英美等国的关系,也不希望因为抛弃中国而丧失在华经济利益和军事影响。因此,1937 年 7 月 20 日,德国外交部通过各驻外使团表示,德国在中日冲突中持中立态度。[2] 7 月 28 日,它又向日本提出抗议,认为日本的行动违反了《德日反共产国际协定》。同时,德国不顾日本的反对,拒不从中国撤出军事顾问团。当日本威胁要中止《德日反共产国际协定》时,它表面上同意停止向中国提供物资,实际上并没有履行诺言。

1938 年 1 月 2 日,曾被希特勒誉为"俾斯麦第二"的里宾特洛甫提出一份关于外交政策的备忘录。文件提出,如果德国与日本、意大利加强联合,"促使这些国家在适当的时候宣布同我们的坚如磐石的团结",就能有效地起到制约英国的作用,使英国面临"可能在三个不同地区即东

---

[1] 世界知识出版社编辑:《国际条约集(1934—1944)》,第 111 页。
[2] Paul R. Sweet, *Documents on German Foreign policy*, *1918 - 1945*, Series D(1937 - 1945), V. 1, No. 463.

亚、地中海和欧洲同时作战"的威胁,从而"不能在欧洲给予法国以足够的支持"。"在这样的局势下,万一德国同法国的某个东欧盟国发生冲突,英国可能会制止法国去干预,而使冲突局部化"。①该建议被希特勒采纳,德国由此急剧调整对亚洲的政策,并向日本提出缔结德日意三国军事同盟的建议。然而,从日本方面来讲,它还没有正式决定跨出南进的步伐,因而不愿意参加以西方国家为敌的同盟条约。双方需求的差异使得两国间的交涉旷日持久。

在 20 世纪 30 年代的大部分时间里,苏联是德国内外宣传中的主要打击对象。纳粹当局之所以这么做,除了源自其反共反苏的本性,也有希特勒的策略考虑。他在 1924 年口授《我的奋斗》一书时,对苏联主要持谩骂的态度,然而在 1928 年口授《第二本书》时,则以较为现实的态度分析了德苏关系的前景。首先,他认为,由于两国之间存在着意识形态上的对抗性,"只要俄国政府继续用布尔什维主义毒害德国,那么相信德苏之间会取得谅解就是荒唐的"。其次,德国在重整军备时期,不能与法国、英国、波兰和捷克斯洛伐克等国发生冲突,但是,"假如德国真想与俄国结盟反对西欧,明天它就将再一次成为历史性的战场",被迫以孱弱的军事力量仓促应战。再次,即使德苏两国结盟,当德国同英法等国发生冲突时,也很难指望得到苏联方面有效的支援,因为苏军越过波兰领土支援德国"只可能在德国不再存在时"才可能实现,而它通过海路在德国登陆,"只要英国和法国完全控制波罗的海",就难以实现。②既然德苏之间维持友好关系对德国是弊多利少,因此,利用英法等国统治集团反共反苏的偏好,"借布尔什维主义的幻影,以遏制凡尔赛体系的势力",建立德国的军事主权,完成法西斯国家的初步联合,就成了希特勒较为有利的选择。

---

① 李巨廉、王斯德主编:《第二次世界大战起源历史文件资料集(1937.7—1939.8)》,第 43 号文件。
② 华东师范大学历史系第二次世界大战史研究室:《第二次世界大战起源研究论集》,第 49—50 页。

在这一时期内,尽管德苏之间还保持着一定的经济和军事联系,希特勒也在演说中表示要"维护同苏联的友好关系",甚至在接见苏联大使时,保证德国完全意识到同苏联的利益一致性,[1]但是,出于策略考虑,德国政府每做出一个冒险举动,除了大摇一阵橄榄枝外,就是大叫一通"布尔什维克威胁"。德国退出世界裁军会议,其借口之一是"赤疫侵袭柏林";德国拒绝参加"东方洛迦诺公约",是以"民族社会主义和布尔什维主义有着不共戴天的仇恨,无法共同缔结什么公约和协定"为理由的;德国宣布公开扩军后,希特勒等人也是以"说到布尔什维主义对欧洲的危险时,鼻孔也会颤动起来"的激愤情绪大肆反苏;德国进军莱茵区,在希特勒的嘴里又成了"德国向东发展"的前提,是"建立对莫斯科的防疫带";法西斯国家的初步联合,也披上了"反共产国际"的外衣。反苏反共成了希特勒束缚英法等国手脚的咒语。

至此,德国在外交上以对英和解、中立法波与反对苏联为手段,步步得手,既阻止了世界反法西斯统一战线的形成,又初步完成了毁约扩军、瓦解对德包围圈和寻觅战友的任务,作好了对外扩张的准备。

第二节　不流血的扩张

一、《霍斯巴赫备忘录》

1937 年 11 月 5 日,希特勒在柏林总理府召开高级军政会议。与会者包括:军事部长兼武装部队总司令勃洛姆贝格;陆军总司令弗立契;海军总司令雷德尔;空军总司令戈林;外交部长牛赖特;会议记录者、希特勒的军事副官弗里德里希・霍斯巴赫(Friedrich Hossbach, 1894—1980)上校。会议持续了 4 个多小时。

希特勒一开始即声称,会议要讨论的问题极为重要。他想对与会者说明关于德国外交形势发展的可能性和必要性的基本思想,这是他深思

---

[1] 尤利乌斯・布劳恩塔尔:《国际史》,第二卷,第 469 页。

熟虑和执政 4 年半经验的结果,为了德国长期政策的利益,万一他离开人世,应当把这一说明视作他最后的意愿和遗嘱。他表示,由于几个世纪来历史发展的结果,德国的领土面积与德意志种族核心的状况极不相符。如果这种状况延续下去,对保持当今德意志民族的巅峰状态有极大的威胁。因此,德国的未来最终取决于空间要求的解决,当然这种解决只能在 1—3 代人的时期内谋求。他提出,"世界政治大星座在缓慢地变动,具有坚强的种族核心的德意志人将在欧洲大陆的中部为取得这种成就找到最有利的条件。各个时代——罗马帝国和不列颠帝国——的历史都证明,只有粉碎抵抗和进行冒险,扩张才能进行,挫折是不可避免的。从来就不存在无主的空间,现今也没有,进攻者总是会遇到占有者的。德国面临的问题是:在哪里能以最小的代价取得最大的成果","德国的问题只有使用武力才能解决"。关于德国在扩张过程中将要遇到的主要敌人,他表示:"德国政策必须考虑到两个可恨的敌人:英国和法国,它们是不会容忍屹立于中欧的德国巨人的。"

关于德国向外扩张将在"什么时候"实施,希特勒提出,"最迟在 1943—1945 年解决德国的空间问题","从我们的观点来看,在这个时期之后,形势只会向坏的方向转化"。但是,如果遇到以下两种情况,德国则可以提前动手:"法国的内讧发展成一种国内危机,以致法国军队完全用于对付这事,无法对外从事对德战争";"法国深深地卷入同另一个国家的战争,以致不能'从事'反对德国"。

至于首度扩张的地点,希特勒提出:"在我们被卷入战争时,我们的第一个目标必须是同时推翻捷克斯洛伐克和奥地利,以便在可能反对西方的行动中排除侧翼的威胁。"同时,他认为,"从政治军事的观点来看,这两个国家归并德国意味着一项实质性的利益,即德国将获得更短更有利的边界,腾出军队作其他用途。此外,假如每 100 万居民能组成一个新的师,就能增加大约 12 个师的新军队"。他表示相信,当德国行动时,"英国,可能还有法国,差不多肯定无疑地把捷克人默默勾销了,并甘心由德国在适当的时候解决该问题"。意大利、波兰和苏联也不会采取实质性的行动。

根据相关文件的简要记载,部分与会者提出了不同意见。军事部长勃洛姆贝格和陆军总司令弗立契"在估计形势时一再强调,英法不应当成为我们的敌人,并认为,与意大利进行的战争不会把法国军队束缚到这种程度,以至于法国无力同时在我国西部边界以优势兵力作战"。对于希特勒提到的进攻捷克斯洛伐克一事,洛姆贝格特别提请注意捷方防御工事的坚固,该工事扩建完成后,便具有马奇诺防线的构造,将给德国的进攻造成极大的困难。弗立契呼应说,他下令在今年冬天进行研究的正是这样的课题,即探究对捷克人采取行动,摧毁捷克的防御系统。

关于对大国之间发生冲突从而有利于德国行动的预测,牛赖特认为,英法意之间的冲突不会在元首假设的这段可预见的时期内发生。希特勒提出反驳,并认为这种冲突可能在 1938 年夏天爆发。勃洛姆贝格和弗立契建议考虑英法的态度,希特勒在答复时重复了先前的陈述,即他确信英国是不会介入的,因而也不相信法国会向德国开战。"如果先前提到的地中海冲突导致欧洲总动员,我们必须立即开始对捷克采取行动。但是,如果不参战的大国宣布中立,那么德国也必须暂时采取同样的态度。"①

会议结束 5 天后,与会的霍斯巴赫上校整理出一份备忘录,史称《霍斯巴赫备忘录》(Hoßbach Niederschrift)。

作为"霍斯巴赫会议"的后续影响,1937 年 12 月 7 日,武装部队国防处处长阿尔弗雷德·约德尔(Alfred Jodl,1890—1946)提交了关于军事预案的修正稿,把原先以防卫为主的预案修改成进攻计划。早在 1935年,随着当局走上毁约扩军的道路,抵御和反击周边国家尤其是法国及其中欧盟国军事干预的事务提上议事日程。是年晚些时候,军方提出了"红色方案"(Fall Rot),以后继续编制对付捷克斯洛伐克的"绿色方案"

---

① 参见 Louis L. Snyder, *Encyclopedia of The Third Reich*, New York: McGraw-Hill Book Company, 1976, pp. 172-175.

(Fall Grün)。1937年6月24日,勃洛姆贝格根据希特勒的旨意,向陆海空三军总司令分别下达了标有"绝密"字样的指令,内中包含了"红色方案"和"绿色方案",其中"红色方案"处于优先地位。①该方案假定法国对德国发动突然进攻,此时德军将把主力用在西方。此外,密令还规定德国武装部队要对如下三种情况作好"特别的准备":一是对"奥地利的武装干涉",代号为"奥托"(Otto);二是"同红色西班牙的战争纠纷",代号为"理查德"(Richard);三是"英国、波兰、立陶宛参加一场对我们的战争",这将是"红色方案"和"绿色方案"的延伸。1937年12月约德尔提交的修正稿,将"绿色方案"置于优先地位,并加强了其主动性和进攻性。此举证明德国在"霍斯巴赫会议"之后已把入侵捷克斯洛伐克提上了议事日程。

另一个后续影响是希特勒排斥异己,进一步加强集权。1938年1月下旬,盖世太保搜集了勃洛姆贝格新婚妻子曾经当过妓女的材料,又炮制了弗立契同街头男妓搞同性恋的假案,希特勒借此迫使两人辞职,同时整肃了一批对纳粹主义"不够热心"的高级将领,其中16名高级将领被免职,44名调职。同年2月4日,当局公布《希特勒关于德国武装部队统辖权的命令》,宣布从即日起,希特勒亲自接掌整个武装部队的统辖权。弗立契的陆军总司令一职,则由瓦尔特·冯·勃劳希契(Walther von Brauchitsch,1881—1948)接任。内阁中,牛赖特被免去外交部长一职,由里宾特洛甫接任,沙赫特被正式免去经济部长职务,由纳粹党人瓦尔特·冯克接任。翌日,纳粹党机关报《人民观察家报》刊登大标题:"一切权力高度集中于元首手中!"

二、德奥合并

1937年5月28日,内维尔·张伯伦(Neville Chamberlain,1869—1940)出任英国首相。他决定改变此前各任首相随波逐流的政客作派,

---

① J. Noakes & G. Pridham (ed.), *Documents on Nazism*, *1919—1945*, p. 529.

要以主动的态势应对世界格局的变化,以求得局势安宁,从根本上维护大英帝国的全球利益。他一方面调整和修改军备政策和军事战略,适度增加军费,重新确定"防务次序"原则,另一方面则希望通过外交手段来解决欧洲大陆的危局。在他看来,欧陆危局的根源在于德国和意大利对现状不满,在两者之中,"德国是解决问题的真正关键"。他决心将苏法两国倡导的"堵",即维护凡尔赛体系的方针,改为"疏",即调整现存格局的方针。该设想的前提,是相信希特勒对外扩张的目标是"有限的",主要限于德意志人居住区,因此只要英国作出某些让步,英德两国达成"全盘解决",就能够稳定欧洲局势。因此,他准备允许德国以和平方式占有奥地利、苏台德区和但泽等德意志人占多数的地区,同时"考虑对德国提供经济上的援助",允许德国在东南欧享有商业和政治上的优先权利,从而消除其对外扩张的经济根源,并归还部分原德属殖民地。[1]张伯伦还寻机向德方透露了上述想法。

英方的透风使希特勒感到机会来临,决定提前迈出建立大德意志国的步伐,同时根据奥地利国内形势的发展情况和意大利态度的变化,决定改变原定的扩张顺序,把侵占奥地利放在解决捷克斯洛伐克问题之前。[2]

舒士尼格接任奥地利总理后,鉴于英法两国的妥协退让,而意大利因入侵埃塞俄比亚又疏远了英法,他错误地认为"不得不采取一条姑息的道路",要"尽一切努力设法使希特勒容忍现状"。经过德国驻奥大使巴本的努力,两国于 1936 年 7 月 11 日签订《德奥协定》。在协定的正文里,德国重申承认奥地利的主权,保证不干涉其内政,奥地利则保证在外交政策尤其是对德政策中,"将始终按照承认自己是一个说德语的国家的原则行事"。但是,在协定的秘密条款里,舒士尼格作了极大的让步。他同意大赦奥地利的纳粹政治犯,并任命纳粹党人或其同情者担任"政

---

① Paul R. Sweet, *Documents on German Foreign Policy*, *1918 - 1945*, Series D, V. 1, pp. 55 - 67.

② Jürgeg Gehl, *Austria*, *Germany*, *and the Anschluss*, *1933 - 1938*, p. 28.

治上负责任"的职务。①该协定为德奥合并开通了道路。此后,有 5 种德国报纸在奥地利倾销,大肆进行种族主义宣传。同时,2 名纳粹同情者参加了政府,担任外交部长等职务。奥地利纳粹分子的活动公开化,他们在德国的资助和唆使下,加紧从事促使奥地利并入德国的恐怖分裂活动。

在意大利方面,随着国际形势的变化,墨索里尼已决定向希特勒让出奥地利。1937 年 11 月 6 日,里宾特洛甫前往罗马恭请墨索里尼出席意大利加入《反共产国际协定》的仪式,墨索里尼向他表示:"不论是从种族、语言上,还是从文化上说,奥地利都是一个德意志国家。……我为奥地利的独立'站岗'已经感到厌倦了,特别是在目前连奥地利人也不希望这种独立的时候。……今天意大利对这个问题已经不像前几年那样关心了……意大利的发展已经转移到地中海和殖民地上去了……让事态自然发展下去吧!"②

意大利的态度使希特勒更加肆无忌惮。从 1937 年底到 1938 年初,德国唆使奥地利纳粹分子不断制造事端,为公开出兵提供借口。奥地利政府面对纳粹分子的一再挑衅,忍无可忍,命令警察于 1938 年 1 月 25 日查抄纳粹地下组织的办公机构。③希特勒趁机加速行动,同年 2 月 12 日把舒士尼格召到巴伐利亚州贝希特斯加登(Berchtesgaden)的山间别墅,进行了为时 2 小时的威胁和恐吓。他既攻击"奥地利的整个历史就是一种不断背信弃义的行动",破坏德意志人的民族主义情感,又指责现政府没有跟随德国退出国际联盟,犯下了出卖民族利益的罪行,甚至无端指责它在德奥边境修筑针对德国的工事。

当天下午,里宾特洛甫代表德方递给舒士尼格一份机打的协定草案,表示这是希特勒的要求,不允许对此进行讨论,必须立即签字。这份

① J. Noakes & G. Pridham (ed.), *Documents on Nazism*, *1919 - 1945*, p. 532.
② Norman Rich, *Hitler's War Aims: Ideology*, *the Nazi State*, *and the Course of Expansion*, pp. 97 - 98.
③ J. Noakes and G. Pridham (ed.), *Documents on Nazism*, *1919 - 1945*, p. 533.

2页纸的协定草案提出了一系列范围很广的要求,内容包括:取消对奥地利纳粹党的禁令,大赦纳粹罪犯;任命纳粹党人赛斯-英夸特(Arthur Seyss-Inquart,1892—1946)为内政与安全部长,拥有主管警察和保安事务的权力;任命亲纳粹分子汉斯·菲许巴克(Hans Fischböck,1895—1967)和沃尔夫(Wolf)为财政部长和新闻总管;德奥军队交换100名以下的军官,在两军参谋部之间建立定期会晤制度,使两军之间建立更密切的关系;确保奥地利经济与德国经济紧密联合。舒士尼格最后被迫接受全部要求。

舒士尼格回国后,开始被迫履行协定的条款。2月16日,奥地利政府实施改组,赛斯—英夸特等纳粹分子在内阁中身居要职。同月19日,政府宣布对纳粹分子实行大赦,连1934年刺杀陶尔菲斯总理的凶手也被释放。希特勒又增派大量的纳粹骨干分子进入奥地利,鼓动纳粹激进分子采取行动。各地的纳粹示威和暴力行动更加猖狂,格拉茨市(Graz)2万多人冲击市政厅,在广场上扯下奥地利国旗,换上德国纳粹党的卐字旗。舒士尼格打算采取最后一个可能维护国家独立的举措——就奥地利独立问题举行全民公决。他指望意大利能支持此举,不料墨索里尼对使者的答复是"这是一个错误"。但是,舒士尼格继续前进,于3月9日宣布将于3月13日举行公民投票,由民众来决定是否赞成保持奥地利的独立。他提出的口号是"为了一个自由的、德意志的、独立的和关心社会的奥地利,为了一个基督教的和统一的奥地利,为了和平与工作,一切承认民族与祖国的人都具有平等权利"。[1]

希特勒得知该消息后,暴跳如雷。他下令军方加紧准备实施军事占领奥地利的计划,参谋部门赶紧充实原来只有名称、几乎没有内容的"奥托方案"(Fall Otto)。3月11日凌晨2时,希特勒发布实施"奥托方案"的第一号指令,规定要利用奥地利的国内纷争来实施武装干涉,"以维也

---

[1] 卡尔·迪特利希·埃尔德曼:《德意志史》,第四卷,上册,第528页。

纳为总方向进军,任何抵抗将予以击溃"。①德方很快封闭了萨尔茨堡地区的边界,中断了两国之间的铁路交通。德国陆军的卡车和坦克开始向南部边境进发。同日,希特勒向舒士尼格传话,要求立即取消全民公决。舒士尼格被迫让步。当天下午2时,他召见赛斯-英夸特,告知决定取消公民投票。德方见借口即将消失,立即提高要价,要求舒士尼格立即辞职,并且在2小时内由奥地利总统任命赛斯-英夸特担任总理。舒士尼格向全国发表了辞职广播演说,但奥地利总统迟迟不愿任命赛斯-英夸特为总理。当天晚上8点45分,希特勒发布实施"奥托方案"的第二号指令,下令德国军队于3月12日凌晨"进入"奥地利。

是日拂晓,德军越过边界。由于舒士尼格在辞职前曾下达命令,要求奥军主动撤退,不得抗击德国军队,准备仓促的德军最后还是兵不血刃地占领了整个奥地利。中午,德国和奥地利的广播电台播发了希特勒的声明,称自己的决策是正当的,要"解放奥地利以帮助那里的德意志兄弟们",并承诺奥地利民众将在一次真正的公民投票中选择自己的前途。3月13日清晨,德方将一份关于德奥两国实行完全合并的方案交给赛斯-英夸特,新成立的奥地利政府当晚向德方作出了同意奥地利成为德国组成部分的答复。翌日,德国颁布法令,宣布德奥两国完成合并,成为一个统一的国家。②4星期后,即4月10日,在纳粹当局的控制下,在合并后的新国度内举行公民投票。据官方公布,99.7%的投票者投了赞成票。德奥合并完成后,德国的领土面积扩大了17%,人口数增加了10%,实力大为增强。

英法两国没有采取实质性的行动,只是由各自的驻德大使向德方提出抗议照会,谴责德国对奥地利施加了"压力"。希特勒则宣布德奥关系是"德意志人民的内部问题,与第三者无关",拒绝了这些抗议。4月初,英、法、美分别承认了合并事实,撤回各自的驻奥使馆,代之以驻维也纳

---

① J. Noakes & G. Pridham (ed.), *Documents on Nazism*, *1919 - 1945*, p. 535.
② Norman Rich, *Hitler's War Aims: Ideology*, *the Nazi State*, *and the Course of Expansion*, p. 100.

领事馆。

三、《慕尼黑协定》与占领捷克斯洛伐克

　　捷克斯洛伐克共和国是个多民族国家。全国人口共约 1500 万,其中捷克人 750 万,斯洛伐克人 250 万。在其余的少数民族中,德意志人为 320 万,占总人口的 21%,主要居住在工业化程度较高的苏台德(Sudeten)地区。其他,匈牙利人、卢西尼亚人、波兰人相加,不到 200 万人。在建国初期,国内各民族基本上能融洽相处,没有发生大的冲突。经济大危机袭来后,德意志人大批失业,而政府的救助政策偏向捷克人,德意志人对此颇有微词。[①] 正在此时,纳粹党在德国迅速崛起,希特勒就任德国总理,苏台德地区的纳粹势力也随之迅速发展。1904 年建立于奥匈帝国的"德意志工人党"在 1918 年 5 月改名成"德意志民族社会主义工人党"(Deutsche Nationalsozialistische Arbeiterpartei),奥匈帝国瓦解后分裂成三支,其中一支在捷克斯洛伐克活动。1933 年,该党与"德意志民族党"一起遭到政府禁止。同年 10 月,苏台德区的德意志人组建了"苏台德德意志祖国阵线"(Sudetendeutsche Heimatfront),由主张实现德意志人民族自治的康拉德·亨莱因(Konrad Henlein,1898—1946)主持。1935 年,该组织改名为"苏台德德意志人党"(Sudetendeutsche Partei),并在当年举行的议会选举中取得成功,占据了全部 66 个德意志人议席中的 44 席,成为最大的德意志人政党,[②]很快受到德方青睐。德国外交部给予每月 1.5 万马克的秘密资助,并通过驻捷使馆插手其活动。亨莱因对德国的态度也随之发生变化。1937 年 11 月 19 日他向希特勒表示,该党的目标是"把苏台德德意志地区,甚至整个波希米亚-摩拉维亚-西里西亚地区并入德国",尽管它"表面上还必须表示赞成维护

---

① Dagmar H. Perman, *The Shaping of the Czechoslvak State*, Leyden: University of Leiden Press,1962, p. 98.

② Hugh Seton-Watson, *Eastern Europe Between The Wars, 1918-1941*, London: Westview Press, 1982, p. 280.

捷克斯洛伐克及其领土完整"并提出一个"显得切实可行的目标"。①

　　德国顺利合并奥地利后,对捷克斯洛伐克形成三面包围的态势。从苏台德区来说,德奥合并事件给予德意志人极大的鼓励。他们不断举行要求"回归"德国的示威游行,高呼"一个民族、一个国家、一个领袖"的口号,要求苏台德区"回到德国老家去"。1938 年 3 月 28 日,希特勒召集亨莱因等人到柏林开会,表示迅即肢解捷克斯洛伐克的时机还不成熟,但要求亨莱因不断"提出捷克政府所不能接受的要求"。② 4 月 24 日,亨莱因在卡尔斯巴德(Karlsbad)③召开苏台德德意志人党代表大会,提出了名为《卡尔斯巴德纲领》的八点要求,内容包括:德意志人应享有与捷克人完全同等的地位;在苏台德德意志人定居区内组建功能齐全的自治政府;废止 1918 年以来对苏台德德意志人的不公平举措,并为此支付赔偿金;德意志人居住区内的所有官职都必须由德意志人担任。④捷克斯洛伐克政府同亨莱因举行谈判,同意特赦 1200 名纳粹政治犯,并加紧制订少数民族条例,以满足国内所有少数民族的要求,但拒绝给予苏台德区完全自治的地位。亨莱因便中断同政府的谈判。局势骤然紧张,苏台德地区问题很快成为世界各国瞩目的中心。

　　5 月 19—20 日,因传说德国正在边境地区调动军队,引发了"5 月危机",法英两国表示不会坐视不管。希特勒对此恼怒不已,采取了一系列应对措施。5 月 23 日,德国外交部奉命发表声明,称德军在捷克边境集结的传闻毫无根据,德国对捷克斯洛伐克没有任何侵略意图。已经跑到德国的亨莱因奉命返回布拉格,重新恢复同捷政府的谈判。5 月 30 日,希特勒发布《关于"绿色方案"致德国武装部队三军总司令的命令》。新版方案的最大不同在于开头部分。原方案为"我无意在最近无缘无故即

① 卡尔·迪特利希·埃尔德曼:《德意志史》,第四卷,上册,第 534 页。
② Valdis O. Lumans, *Himmler' Auxiliaries: The Volksdeutsche Mittelstelle and The German National Minorities of Europe*, 1933 - 1945, Chapel Hill and London: The University of North Carolina Press, 1993, p. 82.
③ 现名为卡罗维发利(Karlovy Vary)。
④ J. Noakes & G. Pridham (ed.), *Documents on Nazism*, 1919—1945, p. 540.

以军事行动粉碎捷克斯洛伐克",新版改为"在最近的将来即以军事行动粉碎捷克斯洛伐克,是我的不可变更的决定"。

　　"绿色方案"是纳粹德国闪击战战术的首次大规模使用。它提出,"从军事的和政治的观点来看,最有利的途径就是根据一个使德国忍无可忍的挑衅事件发动闪电式的进攻","必须以在时间上和规模上都出其不意的突然进攻来结束战前的外交紧张时期"。进攻的过程要尽可能短,"必须在最初的两三天内就造成一种局势,向那些想要进行干涉的敌国表明,捷克斯洛伐克的军事局势是毫无希望的,并诱使那些对捷抱有领土要求的国家立即参加对捷克斯洛伐克的进攻"。为此,"陆军的首要任务是,在空军发动进攻的同时,尽可能大量使用突击部队……在许多地点和战略上有利的方向插入捷方的防线……迫使捷军交战而歼灭之,并迅速占领波希米亚和摩拉维亚";空军"通过对捷克的通讯系统、动员中心和政府的攻击,瓦解其军事动员,造成其民政事务管理混乱,使其武装部队失去指导"。希特勒指望通过实施"绿色方案"一举攻占捷克斯洛伐克,加快侵略的步伐,并借此练兵,为日后扩大侵略战争创造条件。然而,他还不敢同英国正面对抗乃至交战,加之追求"一次切一片"的取巧性策略,因而力图排除英国的干预,单独对捷克斯洛伐克开战。于是,德英之间展开了为时数月的交涉。

　　英国政府则力压捷方让步以消除希特勒的口实,9月4日,捷总统爱德华·贝奈斯(Eduard Benesch,1884—1948)在各种压力下作出极大让步,在谈判中拿出一张白纸,要求苏台德德意志人党谈判代表写下全部要求,并预先答应定会满足这些要求。对方提出与《卡尔斯巴德纲领》相近的要求,贝奈斯遵守承诺,予以同意。德方一时乱了阵脚,感到难以应对。9月7日晨,捷克斯洛伐克国内出现游行示威,苏台德德意志人党的一名代表遭到捷骑警马鞭的抽打,德方趁机要求亨莱因全面中断谈判。同月12日,希特勒在纳粹党纽伦堡代表大会上发表"毒汁四溅"的演说,宣称德国的权利"受到无耻的侵犯","捷克斯洛伐克境内的德意志人既非手无寸铁,也未遭人遗弃",叫嚷"对每一次进攻马上予以还击"。[①]亨莱因趁机带着数千名纳粹分子逃到德国,宣称现在只有把苏台德区割让给德国才能解决问题。

张伯伦亲自登台,于 9 月 15 日到贝希特斯加登与希特勒举行第一次会谈。希特勒在会谈中提出了使苏台德德意志人地区按照民族自决的原则脱离捷克斯洛伐克的要求。张伯伦回国后,与法国政府一起压服了捷政府,于 9 月 22 日到戈德斯贝格(Godesberg)与希特勒举行第二次会谈。不料希特勒借口形势发生变化,提出了更加苛刻的要求:捷克斯洛伐克的军、警、宪和海关、边防人员必须在 10 月 1 日前全部撤出苏台德区,该地区德意志人占半数以上的区域由德军实施军事占领,其余区域由公民投票决定其归属;撤出地区的所有军事设施均应保持原状,一切商业的和运输的物资,尤其是铁路车辆,均应完整无损地转交德国,食品、货物、牲畜、原料等一概不得搬移。希特勒出尔反尔的做法引起英法两国强硬派的愤恨,英法捷三国都表示拒绝德方的要求。希特勒面对这一局面,不得不放弃一举侵占整个捷克斯洛伐克的战争计划,决定暂时先侵吞苏台德区。9 月 26 日晚,他在柏林体育馆发表演说,对捷克斯洛伐克及其总统作了极其卑劣的攻击。然而,说到英法两国时,用语温和亲切,别有用心地感谢张伯伦争取和平的努力,重申这是他在欧洲的最后一次领土要求。

由于张伯伦坚持避战求和的基本方针,希特勒又作了小范围的让步,慕尼黑会议得以在 1938 年 9 月 29—30 日举行。会前,希特勒在德国边境登上墨索里尼的火车专列,事先作了沟通。会议开始后,墨索里尼取出由德方起草、但以自己名义提出的备忘录,作为讨论的基础。各方围绕该方案作了些许交涉,很快达成一致。9 月 30 日凌晨 1 时,英、法、德、意四国的张伯伦、达拉第、希特勒、墨索里尼签署了《慕尼黑协定》

---

① 约翰·惠勒-贝内特:《慕尼黑——悲剧的序幕》,林书武等译,北京出版社 1978 年版,第 96—97、106 页。

(*Münchner Abkommen*)。

《慕尼黑协定》规定:德国军队将于10月1日开始分阶段占领捷克境内德意志人占多数的地区,捷方的"撤退应于10月10日完成,不得对现存的任何设备加以破坏";其余有着最为突出的德意志特征的领土将由德英法意捷代表所组成的国际委员会迅速确定,"并由德国军队在10月10日占领";国际委员会将决定举行公民投票的地区,"在公民投票未完成前,该地区应由国际机构占领",时间不迟于11月底;"边界的最后确定将由国际委员会完成";居民"应该有自由选择迁入或迁出被移交领土的权利,选择权应在本协定签订之日起6个月内自由行使";"捷克斯洛伐克政府在4个星期内将从其军队和公安部队中解除任何愿意去职的苏台德德意志人的职务,同时应释放因政治罪行而正在服刑的犯人";"关于捷克斯洛伐克境内的波兰和匈牙利少数民族问题,如未在3个月由有关政府予以解决,则应列为出席这次会议的4国政府首脑间另一次会议的议题","当捷克斯洛伐克境内的波兰和匈牙利少数民族问题已告解决时,德国和意大利方面将对捷克斯洛伐克给予保证"。[1]

1938年10月1日,德军首先从南面进入捷境内,开始占领第一区域。当德军从西面向东进占第三区域时,希特勒以征服者的姿态随军进入苏台德区,并在卡尔斯巴德检阅了德军第一坦克师。10月5日,贝奈斯总统在德国的压力下辞职,随即流亡国外,由性格软弱的艾米尔·哈查(Emil Hácha,1872—1945)接任。

协定签署后,张伯伦认为希特勒建立大德意志国的愿望得到了满足,英德两国之间的利益冲突得到了调解,从此欧洲一代人的和平有了保证。为了确保两国间和平协商途径的通畅,他事先准备了一份《英德宣言》草案,于9月30日上午请希特勒过目。希特勒很快在上面签名。宣言称:"英德关系问题对两国和欧洲具有头等重要的意义";双方把《慕

---

[1] 李巨廉、王斯德主编:《第二次世界大战起源历史文件资料集(1937.7—1939.8)》,第130号文件。

尼黑协定》和《英德海军协定》看成是"两国人民永不彼此开战的愿望的象征",双方保证"采取协商的方法来解决可能与两国有关的一切其他问题,并力图继续努力消除一切可能引起纠纷的根源,从而对保证欧洲和平作出贡献"。①

从希特勒方面来说,他既没有机会实施"绿色方案"以练兵,又未能一举占领整个捷克斯洛伐克,因而满心不如意。在慕尼黑会议期间,"他显然是情绪低落,对整个议程都显得暴躁不安"。据沙赫特回忆,他在回柏林途中对党卫队官员说:"张伯伦这家伙使我进不了布拉格,真叫我扫兴!"②并发誓要完成这一计划。1938年10月21日,他下达《给武装部队的命令》,规定军队在短期内的扩张任务有2个:消灭捷克国家的残余部分;占领梅梅尔。在执行前一个任务方面,军队"必须在任何时候都有可能摧毁捷克国家的残余部分,如果它执行反德政策的话",但另一方面,由于这一次没有事先计划好动员措施,他们必须保证处于持续不断的更高的准备状态。③

苏台德区脱离捷克斯洛伐克后,捷国内的民族分离运动迅速发展,其中尤以斯洛伐克和卢西尼亚的自治运动为最烈。1938年10月6日,斯洛伐克宣布成立"自治政府",翌日戈林接见"自治政府"副总理,表示支持斯洛伐克独立。11月,捷当局通过有关法案,同意斯洛伐克拥有自己的内阁和议会,国名也改成"捷克—斯洛伐克"。在整个1938—1939年冬天,德国都在煽动捷国内的分离运动。1939年2月12日,希特勒亲自在总理府接见斯洛伐克政府副总理和外交部长,表示"如果斯洛伐克能够独立,我将至感快慰"。

1939年3月,捷克斯洛伐克事件再现高潮,并导致国家彻底瓦解。

---

① 李巨廉、王斯德主编:《第二次世界大战起源历史文件资料集(1937.7—1939.8)》,第132号文件。
② J. Noakes & G. Pridham (ed.), *Documents on Nazism*, 1919—1945, p. 549.
③ 李巨廉、王斯德主编:《第二次世界大战起源历史文件资料集(1937.7—1939.8)》,第141号文件。

是月 6 日至 9 日,哈查总统对民族分裂活动忍无可忍,解散了卢西尼亚自治政府和斯洛伐克自治政府,并软禁了斯洛伐克政府的总理、副总理和外交部长,在斯洛伐克实施戒严。希特勒立即利用该事件,于 11 日下令采取行动。12 日,布拉格和其他大城市纷纷发生纳粹分子的挑衅事件,德军 14 个师秘密集结到波希米亚和摩拉维亚边境。13 日,希特勒召见从软禁中逃亡的斯洛伐克总理约瑟夫·提索(Josef Tiso,1887—1947),要他宣布斯洛伐克"独立"。提索当即表示"不会辜负元首的关怀",第二天就发表了德国外交部起草的斯洛伐克《独立宣言》。16 日,提索致电希特勒"要求保护",希特勒立即复电同意,并派兵进入斯洛伐克。[1]

　　3 月 14 日深夜,希特勒把哈查总统和捷外长召到柏林,通知他们说,他已下令德军明晨进攻捷克斯洛伐克,把这个国家并入德国,如果他们拒绝投降,布拉格就会被炸成废墟。在希特勒的胁迫下,哈查被迫在德国事先拟好的德捷协定上签字。协定称:"捷克斯洛伐克总统……为实现最后的和平起见,满怀信心地把捷克人民和国家的命运交到德国元首的手中。"[2] 15 日清晨,德军大举侵入捷克境内,占领布拉格。翌日,希特勒宣布成立"波希米亚—摩拉维亚保护国",由前外长牛赖特任"德国保护长官"。

第三节　征战得手

一、外交战

　　1939 年 3 月 8 日,当侵吞捷克斯洛伐克残存地区的军队正在蓄势待发时,希特勒再一次向国内高层人士透露了自己下一步的侵略计划。当天,他在柏林召开军界、经济界和党的重要人士会议。他在谈到扩张步

---

[1] J. Noakes & G. Pridham (ed.), *Documents on Nazism*, *1919 - 1945*, pp. 551 - 552.
[2] Ibid., p. 553.

骤时,提到几天后就将占领整个捷克斯洛伐克,"然后将轮到波兰。我们不必考虑那里会有猛烈的抵抗。为了保证以波兰的农产品和煤炭供应德国,德国对波兰的统治是必要的。至于匈牙利和罗马尼亚,它们当然属于德国维持生存所必需的空间。毋庸置疑,波兰的垮台和给予一定的压力将使它们就范。那时,我们就会完全控制它们大量的农业和石油资源。可以说,南斯拉夫的情况也是如此。"在时间节点方面,希特勒提出,以上任务将在 1940 年以前完成,"到那时,德国将是不可战胜的"。再下一步,"到 1940 和 1941 年,德国将一劳永逸地同自己的宿敌——法国进行清算。这个国家将从欧洲的地图上抹掉"。[①]

然而,德国进军布拉格的行动使英国的舆论哗然,也打破了张伯伦以让步维持和平局面的迷梦。英德矛盾急剧尖锐。面临严峻的局势,英国政府意识到一味妥协退让不能使德国放弃侵略,要保持英国的霸权地位,必须适当调整外交战略,加以必要的遏制和对抗。于是,英国对内加强军事力量,对外向德国周边国家提供保障,同法国结盟,与苏联谈判,筑起遏制德国进一步扩张的篱笆,用两线作战的威胁迫使希特勒就范。

从希特勒的角度来说,英法两国的步步退让已经大幅度提升了其扩张的野心,1939 年 3 月 15 日以后英国态度的变化,不可能使他放弃既定的扩张计划。他要做的,是尽快解决东欧问题,为日后进攻法国创造条件。

3 月 23 日,希特勒亲自乘坐《德意志号》袖珍战斗舰进入梅梅尔[②],占领了这个已进入立陶宛版图的地区。该海港城市 1252 年由"德意志骑士团(Deutscher Orden)建立,1422 年起进入普鲁士的版图。《凡尔赛和约》签订后,该地被列为协约国的保护地,与德国分离,成为法国占领下的一块保护地。1923 年,立陶宛军队攻占该地,法军撤离。希特勒在德国执政后,该地的亲纳粹运动开始高涨,鼓吹回归德国。1939 年 3 月

[①] 李巨廉、王斯德主编:《第二次世界大战起源历史文件资料集(1937.7—1939.8)》,第 183 号文件。
[②] 现名克莱佩达(Klaipėda),属于立陶宛。

20 日,德国外长里宾特洛甫在柏林会见途经的立陶宛外长,要求立方立即把梅梅尔归还德国,并威胁说,否则"元首就要以闪电般的速度采取行动"。22 日晚,双方签订相关条约。23 日下午,希特勒以胜利者的姿态进入该地。

对于波兰、罗马尼亚等东欧国家,德国的总目标是控制它们。具体可以通过两条途径:诱逼它们加入《反共产国际协定》,使之成为附庸国;实行武力侵占。由于控制东欧国家仅是希特勒全球战略中的附加部分,因此他的首选是走第一条途径。

1938 年 10 月 24 日,德国外长里宾特洛甫会见波兰大使约瑟夫·利普斯基(Josef Lipski,1894—1958),要求波兰同意在继续拥有铁路和经济方面便利的基础上,让但泽自由市回归德国,并允许德国建造穿越"波兰走廊"的通道,其中包括一条享有治外法权的公路和一条多轨铁路。德国的交换条件是同意把《德波互不侵犯和谅解宣言》的有效期延长到 25 年,保证两国边界的稳定,约定"在《反共产国际协定》的基础上对俄国执行一项共同的政策"。[①]然而,波兰坚持在德苏之间维持"等距离外交",同时不愿意放弃自己的重要外贸港口但泽,因而拒绝了德国的要求,并于 11 月下旬同苏联签订改善两国关系的协定。以后德国多次同波兰交涉,甚至答应把苏联乌克兰的一部分地区划给波兰作为补偿,但都未成功。

德国解决了捷克斯洛伐克和梅梅尔问题后,对波兰形成北、西、南三面包围之势。波兰政府面对德方的侵略威胁,积极采取防卫措施,宣布征召后备役人员入伍,向但泽附近集中军队,并于 3 月 22 日向英国大使建议立即缔结英波协定,规定在遭到第三国进攻的威胁时,双方立即进行协商。3 月 26 日,德国外长约见波兰大使,对波军的调动横加指责,并扬言"波兰对但泽的任何侵略都将被认为是对德国的侵略"。波兰政府毫不退让,同月 28 日,外长约见德国大使,宣布如果德国或但泽立法会

---

① J. Noakes & G. Pridham (ed.), *Documents on Nazism*, *1919-1945*, p. 557.

议改变但泽自由市的现状,就意味着向波兰开战。德波关系急剧恶化。与此同时,英国政府开始组建遏制德国的包围圈,将波兰视为对德东战线的主体,于1939年3月31日对波兰的独立给予单方面担保。同年4月6日,英国的单方面担保升格成两国临时互助协定。[①]

形势的发展使希特勒决定用武力打败波兰。4月3日,德国发布《武装部队最高统帅部命令》,规定军队要加紧准备,做到"从1939年9月1日起任何时候都可以实施行动计划"。[②] 4月11日,正式下达《德国进攻波兰的计划(白色方案)》(*Führerweisung: Angriffskrieg gegen Polen*)。计划规定,如果波兰采取威胁德国的态度,"那么德国也许必须不顾现行的对波条约而实行最后的清算。到那时,目标是摧毁波兰的军事力量,使东方的局势符合国防的需要"。同时,希特勒开始向英国施压。4月27日德国政府照会英国政府,指责英国执行"包围"德国的政策,宣布废除1935年的《英德海军协定》。同日,又以波兰同英国缔约是打算在德英发生冲突时"参加对德侵略"为理由,宣布废除1934年的《德波互不侵犯和谅解宣言》。

中立英国仍然是希特勒关注的重点,他从1939年6月起多次派人与英方接洽。7月中下旬,双方甚至讨论了由英方提出的包括政治、军事和经济条款在内的"最广泛协定"——德英合作纲领。[③]然而,由于双方的利益和战略意图差距太大,第二次慕尼黑会议难以重演。

苏联长期来是纳粹德国宣传上的攻击对象,然而慕尼黑会议之后,尤其是1939年,地位陡然上升,拥有了足以影响希特勒的扩张计划能否顺利推行的资本。能否中立苏联,牵涉到德国能否在攻打波兰乃至法国时,避免"两线作战"的梦魇。然而,希特勒并未过早地渲染德苏之间缔

---

① 李巨廉、王斯德主编:《第二次世界大战起源历史文件资料集(1937.7—1939.8)》,第221号文件。

② J. Noakes & G. Pridham (ed.), *Documents on Nazism*, *1919 - 1945*, p. 561.

③ Paul R. Sweet, *Documents on German Foreign policy*, *1918 - 1945*. Series D (1937 - 1945), V. 6, pp. 977 - 983.

约的可能性。长期以来的反共反苏宣传,形成了一定的惯性,过急的转弯会影响纳粹政权的内外形象。此外,还有其他的现实考虑。第一,同苏联缔约将会断绝与英法两国达成妥协的可能性,既不能达到孤立波兰的目的,也会在多边谈判中失去主动权和回旋余地。第二,同苏联缔约将会破坏德日谈判,不能达到牵制英法的目的。因此,在慕尼黑会议后的一段时间里,希特勒并没有放弃反苏宣传。1938 年 12 月,在德国操纵下,一个所谓乌克兰国民会议在乌兹霍罗德(Uzhhorod)开会,要求建立一个拥有 4500 万人口的"大乌克兰"。1939 年 1 月 30 日,希特勒在讲话中仍然诬蔑苏联是一个"恶魔式的幽灵",是"对世界和平与文化的一种威胁"。[1]

　　1939 年 3 月,德国开始向苏联发出信息,使其不至于误解德方的意图。当月中旬,德国吞并捷克斯洛伐克残存地区,在这一过程中把东端的卢西尼亚给了匈牙利,以此向苏联表明不打算东进夺取乌克兰。同时,纳粹报刊一反常态,把反苏语调降低了一个音阶。[2] 1939 年 4 月 1 日和 28 日,希特勒先后在威廉港和国会发表演说,都收起了惯常的反共叫嚣,把激烈的抨击火力转向英国。4 月 17 日,苏联方面开始作出反应。苏联驻德大使以询问斯科达兵工厂的订货问题为由,前往德国外交部会见德方国务秘书恩斯特·冯·魏茨泽克(Ernst von Weizsäcer,1882—1951),两人的谈话从经济问题入手,逐渐伸向政治问题。苏联大使表示:意识形态方面的分歧几乎没有影响苏联同意大利的关系,也不会成为苏德关系的绊脚石;对苏联来说,不存在不能与德国在正常基础上相处的理由,而且由此出发,关系会变得越来越好。[3] 5 月 14 日,苏联外交人民委员莫洛托夫(Wjatscheslaw Michailowitsch Molotow,1890—

---

① Louis Fischer, *Russia's Road from Peace to War: Soviet Foreign Relations*, *1917 - 1941*, New York: Harper & Row, 1969, p. 317.

② Ibid. , p. 327.

③ Paul R. Sweet, *Documents on German Foreign policy*, *1918 - 1945*. Series D(1937 - 1945), V. 6, pp. 977 - 983.

1986)正式向英法两国提出建议,催促两国赶紧下决心缔结反侵略同盟。5月20日,他又接见德国大使舒伦堡。莫洛托夫在谈到两国经济谈判进行得不顺利时,表示只有建立起必要的"政治基础",才能使经济合作顺利进行。当舒伦堡追问"政治基础的建立作何解释"时,莫洛托夫含蓄地说,"这是双方政府都应该考虑的事",不作明确表示。①

苏联的这种态度,使德国担心"英俄条约谈判可能很快就要以某种形式取得满意的结果"。于是5月26日,里宾特洛甫给舒伦堡发了一封1400字的指示电,要他明确告诉莫洛托夫,德国政府认为"在德国和苏联之间并不存在任何对外政策上的实际利害冲突","使德国和苏联之间的对外政治关系稳定并正常化的时候已经到来"。7月26日,德方向苏联代办提交一份两国合作计划,并保证在"从波罗的海到黑海和远东的整个领域内"尊重苏联的利益。8月,随着侵波战争的逼近,德国的态度越来越急切。20日晚,希特勒迫不及待地亲自致电斯大林,要求允许里宾特洛甫立即访苏。

8月23日,莫洛托夫和里宾特洛甫在莫斯科签署了《苏德互不侵犯条约》(Deutsch - Sowjetische Nichtangriffspakt)。在附加的秘密议定书中,双方划分了各自在东欧的势力范围。在波罗的海国家地区,"立陶宛的北部疆界将成为德国和苏联势力范围的界限";在波兰,"德国和苏联的势力范围将大体上以那累夫河、维斯瓦河(Wisła)和桑河一线为界;在东南欧方向,苏联关心它在比萨拉比亚(Basarabia)的利益,德方宣布它在政治上对该地区完全没有利害关系"。②该条约的签订,终结了1939年的大国外交博弈,使德国实现了"中立苏联""孤立波兰"及避免两线作战的战略目的。

---

① Paul R. Sweet, *Documents on German Foreign policy*, 1918 – 1945. Series D(1937 – 1945), V. 6, p. 560.

② J. Noakes & G. Pridham (ed.), *Documents on Nazism*, 1919 – 1945, p. 561.

二、闪击波兰

1939 年 8 月 22 日,当苏联和德国之间已决定签订条约时,希特勒在上萨尔茨堡召开高级军事会议。他表示,已经建立起来的大德意志国,"在政治上是一个伟大的成就,但在军事上是令人忧虑的,因为它是通过政治领袖的恐吓来实现的。现在有必要考验军事机器"。他还指出,"由于我们的经济受到种种限制,我们坚持不了几年"。目前,国际形势对德国有利,但"所有这些有利的形势在两三年后就不会存在了。谁也不知道我还会活多久。因此,最好现在就摊牌"。

希特勒曾预言《苏德互不侵犯条约》会像一颗炸弹一样引起人们的震动,尤其能震慑住英国不再援助波兰。不料,在条约公布后,英国政府反而决定遵守对波兰的义务,并于 8 月 25 日将英波临时互助协定升格为正式的《英波互助协定》(*Britisch - polnischer Militärpakt*)。希特勒立即叫停原定在 8 月 26 日进攻波兰的命令,再次尝试用私人秘密外交的办法阻止英国参战。他通过戈林启用了瑞典人比尔格·达勒鲁斯(Birger Dahlerus,1891—1957),让他在德英两国之间穿梭奔波。达勒鲁斯很尽责地飞行于柏林与伦敦之间:8 月 25 日飞往伦敦;26 日返回柏林;27 日一天内往返于伦敦和柏林,30 日再次一天内往返于伦敦和柏林。英方表示,如果希特勒答应和平行事,他们愿意安排德国和波兰直接谈判。德方的答复是,倘若能在但泽问题上如愿以偿,就不会发生战争。但是,波方吸取了捷克斯洛伐克事件的教训,既不愿意在但泽问题上作出让步,也拒绝派代表到柏林去遭受折磨。

1939 年 9 月 1 日,德国突袭波兰。根据德军最高统帅部的计划,德方进攻部队分成北路集团军群和南路集团军群两大系列。北路集团军群由费多尔·冯·博克上将指挥,下辖第三集团军和第四集团军,共 21 个师又 2 个旅,分别部署在东普鲁士和波兰走廊以西的波莫瑞地区。南路集团军群由格特·冯·龙德施泰特(Gerd von Rundstedt,1875—1953)上将指挥,下辖第八、第十和第十四集团军,共 36 个师,部署在德波边界的中部和南部,即西里西亚和原捷克斯洛伐克地区。这是德军第一次大规模使用"闪击战"战术,其战略企图是利用快速兵团和优势航空兵,通过突然袭击,首先分割和围歼维斯瓦河以西和华沙以北的波军主力,尔后从南北两个方向展开进攻,歼灭波军残部,占领华沙和西部波兰。

波方的应战指导思想有其独特性。它认为,既然有法英两国在西面牵制德国,德军就不可能调集全部主力部队到东线,因此东调攻波的兵力不会超过 20—30 个师。既然如此,其作战计划就是,战争开始后在国境线和但泽走廊等处进行防御作战,阻止德军前进,以保障主力部队的动员、集中和展开。然后波军将击败入侵的德国军队,并在有利条件下转入反攻。波方把大约 1/3 的军队部署在波兰走廊一带,另 1/3 弱的军队作为战略预备队聚集在罗兹(Lodsch)与华沙之间的中央轴线以北,其余部队平均分布在边境沿线。为了日后实施快速反击,前线部队都配置在离边境线很近的地方,这样做不利于应对"闪击战"的打法。

德国在发动全面进攻前,为了欺骗世界舆论,制造了格莱维茨事件(Überfall auf den Sender Gleiwitz)。8 月 31 日夜晚,一批身穿波兰军服的党卫队员按预定的"罐装食品"计划(Konserve),袭击紧靠波兰边境的德国城市格莱维茨(Gleiwitz),占领该城的电台,用波兰语辱骂德国,随后丢下几具身穿波兰军服的德国囚犯尸体。接着,德国所有电台都播送了"德国遭到波兰突然袭击"的消息。

9 月 1 日凌晨 5 时许,德国航空兵首先出动,越过边境,对波兰的相关目标实施轰炸。波兰的 21 个机场遭袭,大部分飞机被摧毁。不少战略中心、交通枢纽和指挥机构遭到重创。6 时许,地面部队纷纷出动,坦克和摩托化部队在航空兵的支援下,迅速突破波军防线,向纵深推进。北路集团军群的第三集团军从东普鲁士的侧翼阵地向南插入,第四集团军从德波边境从东推进,越过波兰走廊与前者会合。南路集团军群配备更多的兵力和装甲力量,其下辖的第八集团军向波兰大工业中心罗兹推进,一面协同围困波兹南(Poznań)的波军,同时掩护第十集团军的侧翼。

第十集团军是南路集团军群的主力部队,拥有其中大部分的装甲力量。其进攻的总方向是华沙,同时承担合围波方战略预备队的重任。第十四集团军从德波边境的最南端出发,大致沿着原德捷边境向东推进。在进攻过程中,德国的广播电台假冒成波兰广播电台,散布虚假消息,造成波方军民的信息混乱,滋长沮丧情绪。

德波战争爆发后,英法两国于9月1日当天先后发出照会,要求德国停止对波兰的进攻,撤出一切军队,否则两国将"毫不犹豫地履行对波兰所承担的义务"。不久,英国驻德大使向德国政府解释说,英国的照会不是最后通牒,只具有警告性质。法国政府则希望通过墨索里尼规劝希特勒停止战争行动。希特勒对这些都置若罔闻,德国军队仍然按照计划向波兰腹地快速推进。9月3日中午,英国政府对德宣战。当晚,法国政府宣布履行对波兰承担的义务。英国的殖民地印度及自治领澳大利亚、新西兰、南非联邦、加拿大也先后对德宣战。

英法向德国宣战后,希特勒于9月3日当天发布《第2号作战指令(与英国和法国对峙)》。命令强调,德国的目标,"仍是快速而胜利地结束对波作战行动",因此不从东线向西线调兵,如果法方首先在西线挑起战端,"抽调尚可动用的兵力加强西线陆军一事,由陆军总司令决定"。命令要求陆海空三军不能主动向英法军队开战,除了空军"对军港中和公海(包括海峡)上的英国海军力量及其确凿无疑的运兵船只,可实施攻击行动",但其前提条件必须是"英国对同类目标采取了相应的空中攻击措施,并出现了特别有利的成功机会"。命令还规定德国"整个经济应转入战时轨道",并将"一部分党卫队常备预备役部队进行动员并将其编入陆军"。[1]

由于实施了突然袭击,德军进攻部队的进展很顺利。到9月3日英法宣战时,北路第四集团军已经切断了波兰走廊,攻至维斯瓦河下游,第三集团军则逼近纳雷夫河(Narew),南路第十集团军开始强渡瓦尔塔河

---

① 瓦尔特·胡巴奇编:《希特勒战争密令全集(1939—1945)》,第8—11页。

(Warta),第十四集团军从两翼攻向克拉科夫(Kraków),迫使波兰守军弃城后撤。到 9 月 7 日,北路集团军群已经占领波兰走廊,渡过维斯瓦河,从北面直接威胁华沙;南路集团军群也突破了波兰西部防御的整个纵深地带,前出到维斯瓦河和华沙。波兰政府于 6 日迁往卢布林(Lublin),7 日,波军总参谋部转移到布列斯特(Brest)。

德军在初次实施闪击战战术时,曾受到传统势力和传统打法的制约。现场指挥员往往不愿意让先头机动部队前进得太快,以免离开步兵大部队太远。这样就在一定程度上影响了闪击战的效果。然而,随着波方抵抗能力的降低,德方各级军官的胆量和信心也随之提高。从 9 月 8 日起,德军开始实施新的战役,意在合围维斯瓦河以西的波军,并攻占波兰东部和华沙。9 月 14 日,南路集团军群在维斯瓦河以西合围了从波兹南、波兰走廊和罗兹地区撤退的波军,占领了波兰中部地区,对华沙实行了半包围。此前 2 天,第十四集团军打到了利沃夫(Lwów),然后转而北上,与沿着西布格河(Bug)南下的第三集团军相向而行。16 日,两支部队在布列斯特以南会师,对半个波兰实施了大包围。这时,德军进攻部队因纵深推进而感到极度疲劳,同时燃料也开始短缺,但波兰方面的指挥系统已经失灵,整体陷入瘫痪。

德军合围华沙后,于 9 月 17 日限令华沙当局于 12 小时内投降。当天,波兰政府从卢布林逃往罗马尼亚,以后又在巴黎和伦敦组织流亡政府。但是,守军和居民拒绝投降,展开了华沙保卫战。德军第八集团军在付出巨大代价后,于 9 月 27 日攻占华沙。至 9 月底,各地被围波军陆续被歼。9 月 17 日,苏联以波兰国家已经不复存在和保护波兰境内的乌克兰人和白俄罗斯人为由,出兵进占了波兰东部。

在侵波战争中,德军共阵亡 1.06 万人,负伤 3.03 万人,失踪 3400 人;而波军阵亡 6.63 万人,负伤 13.37 万人,被俘近 42 万人。[①]

在西线,德方事先已经在通向齐格菲防线的路上埋下很多地雷,但

---

① 黄玉章等:《第二次世界大战》,世界知识出版社 1984 年版,第 75 页。

实际上并未派上用处。法方的基本打算是,德波战争爆发后,法方将在西线作适度进攻,迫使德军从东线撤出军队以支援西线,减轻波兰的压力。法国对德宣战后,直到 9 月 9 日,法军第四集团军的部队才开始对萨尔布吕肯地区发动有限的进攻,突入齐格菲防线 8—10 公里。到 9 月 12 日,进攻即停止。随着波兰基本战败,原先设想的战略格局发生了根本性的转变,法英方面也改而开始制订新的作战计划。

三、闪击西欧

西向打败法国和英国是希特勒侵占欧洲大陆计划中的重要环节。因此,当波兰战役还在火热进行时,1939 年 9 月 9 日,德国就准备从东线向西线调兵。是日,希特勒发布《第 3 号作战指令(从波兰向西线调兵)》,在强调"应继续以强大兵力同波兰陆、空军作战,直至波兰不再能建立绵亘的防线来牵制德军的兵力为止"的同时,提出"如果认为东线陆军和空中攻击部队的部分兵力对于完成这种任务和保卫已占领地区来说已不再需要,那么可将它们调往西线。在波兰空军的作用不断被削弱的情况下,除迄今已采取的措施外,还可进一步抽调防空兵力去对付我们的西方对手"。[①]到 9 月 25 日波兰战事已基本定局时,德军《第 4 号作战指令(继续进行战争)》对西线提出了进一步的要求,规定"必须保障在西线随时都能进行一场进攻性战争"。[②]

波兰战事基本结束后,10 月 9 日,希特勒把进攻西线的问题正面提了出来。在当天发布的《第 6 号作战指令(西线的进攻准备)》中,他提出,"如果在最近能断定英国和在其领导下的法国不愿结束战争,那么我决心不久即采取主动的和进攻性的行动"。在解释为何要把时间定得如此急促时,他提出,"较长时间的等待,不仅会导致比利时的、也许还有荷兰的中立态度偏向西方列强,而且会使我们敌人的军事力量不断得到增

---

① 瓦尔特·胡巴奇编:《希特勒战争密令全集(1939—1945)》,第 12 页。
② 同上书,第 15 页。

强,使中立国家对德国的最终胜利失去信心。另外,也无助于促使意大利作为军事盟国站在我们一边"。[1]当天,希特勒下令陆军总司令部制订进攻西线的作战计划。进攻西线的时间节点定在1939年11月12日。[2]

不少德军将领对希特勒的决定感到惊讶。他们认为,现在要主动地向法英等国发起进攻太过冒险。[3]但是,面对希特勒的强硬态度,他们被迫于1939年10月19日制订出《黄色方案》(Fall Gelb)。纳粹德国最早的对西方国家作战计划是1937年6月制订的《红色方案》,由于当时德国的主要侵略目标是捷克斯洛伐克,所以《红色方案》是一个防守型计划。《黄色方案》被不少人视作抄袭《史利芬计划》。该方案把进攻重点放在德军进攻部队的右翼(由B集团军群承担),目标是向根特(Gent)方向实施包围运动,可能时切断英军与法军的联系,最后摧毁荷、比、法、英的军队,并在海峡沿岸和北海之滨取得对英进行海空作战的基地。10月29日,希特勒批准并下达了该方案,但因天气状况不理想和高级将领们的畏难情绪,进攻日期多次延期。[4]

对于陆军总司令部提交的《黄色方案》,希特勒并不满意。10月25日,他同陆军高级将领一起讨论该方案。期间,希特勒突然转向勃劳希契,询问是否可以将主攻方向仅放在马斯河(Maas)以南,并穿过阿登(Ardenne)森林,先向西、尔后向西北方向进军,以便从南面包围比利时要塞,切断并消灭敌人已投入到那里的全部兵力。但是,希特勒本人又立即表示了对这个建议的怀疑,反问道:"我们能成功地穿过阿登森林吗?"[5]最高统帅部作战局局长约德尔和陆军总司令部成员都反对这个建议,主要理由是难以预见对手的作战意图。如果德国发动进攻后,法英军队仍然留在法国与比利时西北边界的阵地内不动,不进入比利时,那

---

① 瓦尔特·胡巴奇编:《希特勒战争密令全集(1939—1945)》,第19—20页。
② 汉斯-阿道夫·雅各布森等:《第二次世界大战的决定性战役(德国观点)》,第6页。
③ 利德尔-哈特:《第二次世界大战史》,伍协力译,上海译文出版社1978年版,上册,第48页。
④ Hans-Adolf Jacobson(ed.), *Documente zur Vorgeschichte des Westfeldzuges, 1939-1940*, Göttingen: Georg-August-Universität, 1956, S. 29.
⑤ 汉斯-阿道夫·雅各布森等:《第二次世界大战的决定性战役(德国观点)》,第8页。

么，建议中的进攻楔子就会直接插入敌人重点防御阵地，形成钉子打在石头上的结局。于是，希特勒否决了自己的提议，开始重新考虑新的作战计划，但他总是希望把主攻方向放在列日（Liège）以南。11月初，他命令一支由2个装甲师和2/3个机械化师组成的装甲部队部署在色当（Sedan）对面的A集团军群的地段内。同月20日，他再次下令派遣一些部队去支援这支装甲部队。

1940年新年假期结束后，希特勒于1月10日下达命令，定于当月17日在西线发起进攻。不料当天就发生了进攻计划泄密事件。一名上校军官作为第二航空队的联络官，随身带着进攻西欧的整个作战计划，从明斯特（Münster）飞往科隆，去与空军讨论计划的实施细节。冰冻雪封的莱茵河上空被云层遮蔽，淡淡的雾气越来越浓，逐渐形成了厚厚的雾团。飞机迷失方向，进入比利时上空，只得被迫降落。他试图把文件焚毁，但没有成功，文件被比利时士兵缴获。[①]

早在1939年10月，当陆军当局制订的《黄色方案》刚刚问世时，A集团军群参谋长埃里希·冯·曼施坦因（Erich von Manstein，1887—1973）中将就提出不同想法。他要求进攻必须寻求迫使敌人在地面决战，建议从一开始就把攻击的重点放在A集团军群方面。一旦消除了敌军向侧翼进攻的危险，所有可动用的兵力均应转向北方，以协助消灭在那里被围的敌军。[②] 曼施坦因曾经先后提交过6份相关备忘录，然而陆军总司令部不愿意采纳，也没有把计划呈送给希特勒。

1940年1月《黄色方案》泄密后，希特勒的副官长鲁道夫·施蒙特（Rudolf Schmundt，1896—1944）上校造访A集团军群司令部，从参谋们口中得知此事，回去后向希特勒作了汇报。1940年2月中旬，希特勒在柏林召见曼施坦因，后者详细阐述了自己的建议，[③]希特勒当即感到十分

---

① 罗伯特·温尼克：《纳粹德国的兴亡》，中册，杨晋译，中国社会科学出版社、海南出版社2004年版，第52页；利德尔-哈特：《第二次世界大战史》，上册第50页。

② 汉斯-阿道夫·雅各布森等：《第二次世界大战的决定性战役（德国观点）》，第9—10页。

③ J. Noakes & G. Pridham (ed.), *Documents on Nazism*, *1919 - 1945*, pp. 577 - 578.

满意。2月24日,由陆军总司令部具体制订的新计划问世,西线作战的代号也随之改为"镰割"(Sichelschnitt)。新计划将进攻主力放在进攻部队的南翼,基本作战思想是通过暴露南翼来摧毁敌人在列日至色当之间的防线。为此,A集团军群将使用强大的机械化和装甲部队,从南面进攻,切断敌人投入到比利时的所有兵力,尔后与B集团军群协同消灭这些部队。B集团军群的任务是迅速占领荷兰,一方面牵制比利时境内的敌军,另一方面阻止英国利用荷兰的领土。

在一再推迟发动入侵西欧战事的过程中,出现了进占北欧国家的机会和战略需求,希特勒立即临时改变计划,向丹麦和挪威发起进攻。原来,苏芬战争爆发后,英法两国向芬兰提供贷款和赠款,运送飞机和军火,并在国内设立募兵站,计划向芬兰派遣志愿军。此举的目标是双重的,既希望把战火引向苏联,不让它占据隔岸观火之利,也打算借运兵之机占领挪威的纳尔维克港(Narvik),切断德国的铁矿石运输线,[1]进而占领瑞典铁矿区和全部挪威,彻底切断德国的铁矿石供应,从北翼威胁德国。希特勒看出英法两国的意图后,于1940年3月1日签发《关于"威悉河演习方案"的指令》,决定抢先占领丹麦和挪威,以"防止英国入侵斯堪的纳维亚半岛和波罗的海,保护我们在瑞典的矿石基地,扩大海军和空军进攻英国的出发地区"。指令规定,"越过丹麦国界和在挪威登陆,必须同时进行。"[2]

德军动用的兵力为7个步兵师、1个摩托化旅、若干个独立坦克营和摩托化营,共14万人。其中2个师和1个旅用于进攻丹麦,其余用于挪威。1940年4月9日凌晨4点20分,德国政府以防止英法入侵为由,向丹麦政府递交最后通牒,要求丹麦立即接受"德国的保护",限定在1小时内答复。5点15分,德军开始侵入丹麦领土,在首都哥本哈根和各战略要地投下空降部队,一支装甲部队越过边境进入日德兰半岛

---

① 当时德国每年消耗约1500万吨铁矿砂,其中1100万吨要从瑞典进口,取道挪威运输。
② 瓦尔特·胡巴奇编:《希特勒战争密令全集(1939—1945)》,第31—36页。

(Jütland),登陆部队在主要港口登陆,这些行动仅遭到零星的抵抗。6时,丹麦内阁举行会议,经过激烈争论后接受了德国的最后通牒。国王命令全国军民停止抵抗,宣布投降。德国只用了 4 个小时便占领了丹麦。

当天凌晨 5 点 20 分,德国政府向挪威政府递交一份内容几乎完全相同的最后通牒。5 点 52 分,挪威政府答复说:"我们决不自动屈服,战斗已在进行。"几天前已进入挪威海域的德国军舰在空降兵配合下,向沿岸各港口实施登陆。以挪威前国防部长维德孔·吉斯林(Vidkun Quisling,1887—1945)为首的第五纵队在国内积极配合。到日暮时,德军已经占领了首都奥斯陆(Oslo)。其余各主要港口也先后被德军占领。接着,德军全线向内陆发起攻势。挪威国王拒绝投降,带领政府官员向北方转移,并命令全国继续抵抗。英法军队直到 14 日和 16 日才开始在北部和中部登陆,在中部登陆的部队于 19 日向特隆赫姆(Trondheim)发起进攻,但因未掌握制空权而失败,最终从原登陆点撤退。在北部登陆的英法联军曾于 5 月 28 日攻占纳尔维克(Narvik)。但是,由于英法军队已在西欧战场遭到惨败,便于 6 月 8 日从挪威撤出。6 月 10 日,德军占领挪威全境,由吉斯林出面组成傀儡政府。

5 月 10 日,一再推迟的西欧攻势打响了。德军将动用的兵力分成三个集团军群部署。B 集团军群由博克指挥,共 28 个师,集结在战线北翼荷比国境线到亚琛地区。其任务是突破德荷边境上的防线,占领荷兰全境和比利时北部,然后作为德军的右翼向法国推进。A 集团军群担任主攻,由龙德施泰特指挥,共 44 个师,内含 7 个坦克师和 3 个摩托化师,配置在亚琛到摩泽尔河(Mosel)一线。其任务是经由卢森堡和比利时的阿登地区,向英吉利海峡沿岸总方向实施突击,割裂在法国北部和比利时境内的英法军队。C 集团军群由威廉·里特尔·冯·勒布(Wilhelm Ritter von Leeb,1876—1956)指挥,共 17 个师,配置在马奇诺防线正面。其任务是进行佯动,牵制马奇诺防线上的法军。

英法总参谋部把防御重点放在比利时与荷兰境内。1940 年 1 月比利时缴获德国《黄色方案》后,立即把文件转送给英法政府,然而两国的军事顾问都认为文件泄密事件是一个骗局。同盟国最高统帅部既不改变原有计划,也不采取任何预防措施以应对德方可能会采取的诸如改变计划等行动。

1940年5月10日凌晨,德国向荷兰、比利时、卢森堡三国同时发出最后通牒,要求三国不抵抗前来保证它们"中立"的德军,否则将被"一切可能手段"所粉碎。与此同时,德军出动3000多架飞机袭击荷、比及法国北部的72个机场,一举摧毁几百架飞机。德军B集团军群的地面部队在空降兵的配合下,向荷兰和比利时北部展开进攻。英法军队按照D计划规定进入比利时境内,企图用重兵守住从安特卫普(Antwerpen)经勒芬(Leüven)沿马斯河往南的一道防线。这样恰好中了《镰割方案》(Sichelschnitt)的调虎离山计。

荷兰在德军攻击下很快陷入混乱和惊恐,5月13日,女王及大臣见败局已定,乘坐英国军舰逃往伦敦。14日德军攻占要塞鹿特丹,15日荷兰政府代表签署无条件投降书。比利时军队在英法联军的配合下,从5月12日起顽强地守住了预定的前进防线。但是,当英法军队意识到德军的主攻点是在色当时,就从16日起撤离比利时,向色当方向反攻。5月17日,德军占领比利时首都布鲁塞尔。

德军A集团军群于5月10日向卢森堡和比利时的阿登地区实施主要突击。只有30万人口的卢森堡不战而降。阿登地区峰峦峻峭,森林密布,一直被认为是现代机械化部队无法通过的地区。德军装甲兵团以海因茨·古德里安指挥的第19装甲军为先导,以长蛇式队形沿着崎岖难行的山路蜿蜒前进。由于法军只派了少量二流部队驻守在附近,制空权又掌握在德军手里,德军装甲部队只遇到轻微的抵抗。5月12日傍晚,古德里安装甲军攻占了色当。翌日下午,该军先头部队开始强渡马斯河。同日埃尔温·隆美尔(Erwin Rommel,1891—1944)所属的一个师也在稍北处渡过了马斯河。5月14日,古德里安装甲军在马斯河西岸建立滩头阵地,准备同北翼部队合作,直插英吉利海峡。

德军占领色当后,英法联军感到局势严重,英国增派了 10 个航空大队,法国调集装甲部队,向色当反攻。但是,由于战术陈旧,又丧失了制空权,结果未能成功。法国政府开始考虑撤离巴黎。

德军主攻部队从马斯河西岸出发,以每昼夜 20—40 公里的速度向西挺进,19 日到达贝隆,21 日抵达英吉利海峡沿岸,从正面分割了英法联军。之后立即沿海岸北上,直扑加来(Calais)。英法联军约 40 个师受德军的三面挤压,被包围在敦刻尔克(Dunkerque)至比利时沿岸一块三角地带里,一旦敦刻尔克港失陷,英法军队的逃生之路将被完全切断。5 月 24 日,希特勒和 A 集团军群指挥官龙德施泰特下令先头部队暂缓前进。[1]英法联军趁着这个间歇时机,修筑了防御工事,加强了防御。当 5 月 26 日希特勒撤销上述军令时,英国海军已于同日开始执行从敦刻尔克撤退的"发电机计划"。

在敦刻尔克撤退中,英国动用了几乎所有的运输船只,大至巡洋舰小至木帆船,共撤出约 33.8 万人。尽管损失了大量的武器和辎重,但保存了有生力量,其中绝大部分成为日后反攻欧陆的骨干力量。

5 月 24 日,希特勒发布《第 13 号指令(在法国的作战指挥)》,对法兰西战役第二阶段的打法作出规定。[2]6 月 5 日,德军进攻法方在法国北部索姆河(Somme)和埃纳河(Aisne)一带仓促构筑的"魏刚防线"。6 月 10 日,法国政府撤离巴黎迁往图尔(Tours),翌日宣布巴黎为不设防城市,14 日政府再次迁往波尔多(Bordeaux)。同日,德军 C 集团军群在洛林(Lothringen)和阿尔萨斯(Elsass)筑垒地域的结合部向马奇诺防线发起进攻,在 A 集团军群的配合下突破防线,包围并歼灭近 50 万法军。16 日深夜,法国内阁会议决定向德国提出停战要求,翌日,新总理亨利·菲利普·贝当(Henri Philippe Pétain,1856—1951)发表广播演说,要求全国"停止战斗",并通过西班牙大使正式向德国请求停战。希特勒在接受

---

① J. Noakes & G. Pridham (ed.), *Documents on Nazism*, *1919 -1945*, pp. 579 - 580.
② 瓦尔特·胡巴奇编:《希特勒战争密令全集(1939—1945)》,第 41—43 页。

法国投降时,除了吞并阿尔萨斯和洛林外,还保留了法国政府,让其管辖南部地区以及海军和殖民地。

按照希特勒原先的设想,由于"英国是一个遭到民主体制削弱的老朽而虚弱的国家",所以,"当法国被击败后,德国就能轻而易举地确立对英国的统治,并且得以支配英国在全世界的财富和领地"。"这样,在第一次按照新的观念统一了欧洲大陆以后,德国将着手执行整个历史上最伟大的战斗行动:我们将以英法两国在美洲的领地为基地,同美国的'犹太金元大王'进行清算。我们将消灭这个犹太人的民主国家,而犹太人的鲜血将同金元混杂在一起。尽管今天美国人还能侮辱我们的人民,但是总有一天——尽管很晚——他们要为曾经针对我们而说的每一个字痛苦地懊悔"。①

法国败降后,希特勒仍然坚持"逼和"而不是"摧毁"英国的原则。哈尔德根据希特勒1940年7月13日在军事会议上的讲话精神,在日记中写道:"元首很困惑英国为何不肯与我们媾和,他认为答案可能是它寄希望于俄国。如果是这样,我们就必须对英国动武,但是他很不希望这样做。原因是,假如我们摧毁了英国的军事力量,大英帝国就将崩溃,这对德国没有什么好处,用德意志人的鲜血换来的成果,只会对日本、美国和其他国家有利。"②因此,希特勒在法国败降后一直希望拉拢英国,诱其妥协,以便保持西线的平静,求得下一步的行动自由。1940年6月14日,希特勒第一次对记者透露了与英国和谈的意愿。6月底至7月初,他又通过瑞典国王和梵蒂冈教皇向伦敦作和平试探。然而,随着丘吉尔在英国上台执政,英国政府采取了坚决抗德的方针,并逐渐加强了同美国的联合。针对德方的试探,丘吉尔政府每次都加以拒绝,并以德国"保证恢复捷克斯洛伐克、波兰、挪威、丹麦、荷兰、比利时,特别是法国的自由和独立生活"作为英德谈判的先决条件。

---

① 1939年3月8日希特勒在德国军界、经济界和党的重要人士会议上的讲话,见李巨廉、王斯德主编:《第二次世界大战起源历史文件资料集(1937.7—1939.8)》,第183号文件。
② J. Noakes & G. Pridham (ed.), *Documents on Nazism*, *1919-1945*, p. 581.

1940年7月16日,希特勒下达《第16号指令:关于对英国实施登陆作战的准备》,即"海狮行动计划"(Unternehmen Seelöwe)。其中表示:"鉴于英国不顾自己军事上的绝望处境,仍然毫无准备妥协的表示,我已决定准备对英实施登陆作战,如有必要,即付诸实施。这一作战行动的目的是,消除英国本土作为继续对德作战的基地,如有必要,就全部占领之。"①"海狮行动计划"规定由A集团军群担任主攻,强渡英吉利海峡,在多佛尔(Dover)和朴次茅斯(Portsmouth)之间登陆,然后向西、向北继续进攻,夺取泰晤士河口到朴次茅斯之间的高地,进而从西面迂回伦敦。B集团军群担任助攻,从瑟堡(Cherbourg)半岛出发,在波特兰(Portland)以西的莱姆湾登陆,向北推进到赛文河口。②

然而,在准备实施"海狮行动计划"的过程中,德国遇到了船只和后勤供应方面的巨大困难,于是将完成准备工作的日期从8月中旬延期至9月15日。陆海空三军总司令认为,既然渡海登陆的条件尚未成熟,不如先实施空中袭击。于是8月1日,希特勒下达了《第17号指令:关于对英国进行空中和海上战争》,由此爆发了不列颠空战。空战从1940年8月10日开始,一直持续到翌年5月,是第二次世界大战中历时最长、规模最大的一次空战。以1940年9月6日为界,空战呈现出两个阶段。在第一阶段,德军的主要目标是夺取制空权,重点袭击英国空军机场和雷达站,最后并未达到目的。在第二阶段,德军主要对伦敦和英国主要工业城市实施"恐怖袭击",企图摧毁英国军民的抵抗意志,最后也未得逞。9月15日,希特勒下令再次推迟实施"海狮行动计划",以后又多次推迟,终未实施。希特勒企图逼和英国的目的未能成为现实。

四、入侵苏联

德国于1939年9月1日入侵波兰后,翌日即催促苏联立即出兵,进

---

① 瓦尔特·胡巴奇编:《希特勒战争密令全集(1939—1945)》,第48—51页。
② J. Noakes & G. Pridham (ed.), *Documents on Nazism*, *1919-1945*, pp. 581-583.

攻位于东部的波兰军队。苏联一再推托,直到 9 月 17 日,它才以波兰国家已经不复存在和保护波兰境内的乌克兰人和白俄罗斯人为由,出兵进占了波兰东部。当时,德苏之间在占领波兰的事务中遇到的主要问题是双方实际控制区的调整。由于参加波兰战役的德国官兵并不了解苏德秘密议定书的内容,因而当苏军出兵波兰时,德军已占领了苏联势力范围内近一半的波兰领土。经过交涉,德军开始回撤。但同时,苏联又提出新的方案,即向德国让出原来划给苏联控制的华沙省和卢布林省的一部分,要求得到原来划给德国的立陶宛。9 月 28 日,两国在莫斯科签订《苏德边界友好条约》(*Deutsch-Sowjetischer Grenz-und Freundschaftsvertrag*)及其秘密议定书,按苏联的新建议确定了两国在东欧的新分界线,并申明这是两国"最终的边界"。

当进攻法国的战役还在进行时,希特勒即向约德尔表露了进攻苏联的意愿。法国败降后一个多月,1940 年 7 月 21 日,他又在军事会议上向诸多高级将领表达了同样的意愿。[①] 当时促使希特勒提出该想法的动因是多方面的,除了根深蒂固的反共反苏的意识形态因素和"先大陆后海洋"的全球性扩张步骤外,他当时还认为,英国之所以不肯投降,同苏联的存在有关,一旦打败了苏联,英国就会失去希望,从而乖乖地认输。[②]从这个角度看,德国进攻苏联具有从属于它想逼降英国的因素。因此,希特勒要在打败英国前就进攻苏联的决心并不是很坚定的。在 1940 年 9 月 27 日签订《德意日三国同盟条约》(*Dreimächtepakt Deutschland - Italien - Japan*)时,德国政府不仅在事前(9 月 26 日)把签约事宜和条约内容都告诉了苏方,还邀请苏联也加入其中,组成"德意日苏四国联合"。[③]

在法国败降后德苏双方各自的战略调整中,双方的矛盾逐渐激化。

---

① J. Noakes & G. Pridham (ed.), *Documents on Nazism*, *1919 – 1945*, pp. 585 – 587.

② Ibid., p. 586.

③ Paul R. Sweet, *Documents on German Foreign Policy*, *1918 – 1945*. Series D(1937—1945), V. 11, No. 176.

斯大林把德国同意苏联获取罗马尼亚的比萨拉比亚(Basarabia)地区看作是向苏联让出了巴尔干地区。1939 年 8 月 19 日,他在政治局会议上说:德国"不反对苏联收回比萨拉比亚。它准备给我们让出罗马尼亚、保加利亚和匈牙利的势力范围"。①而对德国来说,巴尔干地区以前一直是奥地利关注或控制的地方,德奥合并组成"大德意志国"后,希特勒政府把自己看作是所有德意志遗产的合法继承者。同时,该地区的原料和粮食也是德国所急需的。因而,德国不容许他人染指巴尔干地区。法国败降后,1940 年 6 月 26 日,苏联政府以罗马尼亚统治集团的政策严重威胁苏联西南边界的安全为由,照会罗马尼亚政府,要求将两国有争议的领土比萨拉比亚归还给苏联,同时作为罗马尼亚统治比萨拉比亚 22 年的"补偿",将布科维纳(Bucovina)"移交苏联"。对德国来说,比萨拉比亚已经在 1939 年 8 月的秘密议定书中划给了苏联,因而还能够接受,但它强烈不满苏联对布科维纳的要求。因为该地以前归属于奥匈帝国,住有不少德意志人。同时,当时德军所需石油的 87% 来自罗马尼亚,让苏联过多地染指罗马尼亚,有可能危及德国的石油来源。面临德国的反对,苏方只得将领土要求限制在以乌克兰人为主的布科维纳北部地区。德方尽管不情愿,也只得同意。

苏罗之间的领土割让,推动保加利亚和匈牙利也向罗马尼亚提出领土要求。德国政府担心局面失控,决定直接插手以解决巴尔干国家之间的领土争端。1940 年 8 月 30 日,在德国和意大利共同主持下,进行了"维也纳仲裁",规定将罗马尼亚的特兰西瓦尼亚(Transilvania)北部43492 平方公里、拥有 240 万居民的地区划归匈牙利。苏联政府对德国政府的举动大为不满,指责其违背了《苏德互不侵犯条约》的相关规定,德方则回应说,苏联在处理立陶宛和伊朗问题时也没有与德国协商。②同年 9 月 7 日,德国又迫使罗马尼亚把南部多布鲁加(Dobrogea)转让给保

① 陈晖:《1933—1941 年的苏德关系》,第 339 页。
② A. Wertn, *Rußland im Krieg 1941—1945*, München/Zürich:Weltbild, 1965, S. 104.

加利亚。以后,德国军队进驻罗马尼亚产油区。此外,德国从 1940 年 8 月起恢复对芬兰销售军火,9 月起又派军队进入芬兰。这一切,都引起苏方的强烈不满。面对苏德之间矛盾日益尖锐的局面,希特勒从全局考虑,委托里宾特洛甫出面与苏方交涉,尽量缓和两国关系。1940 年 10 月 17 日,德国驻苏大使向苏方递交一封里宾特洛甫以私人名义写给斯大林的长信。信件对德国的一系列行动作了辩解,试图打消苏方的疑虑,最后正式邀请莫洛托夫近期访问德国。苏联政府很快接受邀请,希望通过谈判进一步了解德方的意图,如有可能,在新的背景下进一步划分双方的利益范围。

1940 年 11 月 12 日,莫洛托夫率苏联代表团来到柏林。德方给予了较高规格的接待,里宾特洛甫和武装部队最高统帅部长官凯特尔到火车站迎接。在谈判中,德方一再要求苏联参加德意日三国军事同盟,组建"四国联盟"。由于在《德意日三国同盟条约》中已经明确规定,"日本承认并尊重德国和意大利在欧洲建立新秩序的领导权,德国和意大利承认并尊重日本在大东亚建立新秩序的领导权",即势力范围已经被三国分割完毕,所以莫洛托夫要求德方说明:欧洲和亚洲新秩序的含义是什么,苏联在其中将被赋予何种角色;大东亚共荣圈的边界在哪里。德方经过拖延后,交出了一个"四国都向南发展"的协议草案,即德国向中非发展,意大利向北非和东北非发展,日本向本国以南的东亚地区发展,苏联可以向印度洋方向发展。[①]对这个大而化之的建议,苏方表现出不感兴趣,同时要求德方明确说明其东欧政策的主要内容和出兵芬兰及罗马尼亚的意图,并再三要求德国从芬兰撤军,因为那里属于苏联的利益范围。[②]在这次访问中,双方的反应都不太热烈,希特勒也未出席莫洛托夫在大使馆举行的招待会。谈判没有达成任何协议。

然而,苏方领导集团在评价这次访问活动时,更多地看到英德矛盾

[①] 陈晖:《1933—1941 年的苏德关系》,第 387—388 页。

[②] J. Noakes & G. Pridham (ed.), *Documents on Nazism*, *1919 - 1945*, pp. 591 - 592.

的尖锐程度,以及德国需要拉拢苏联以对付英国的迫切性。对于德苏交战问题,苏方认为两国交战最终不可避免,但时间上将在德国打败英国之后。

　　希特勒对莫洛托夫的来访结果很为不满。莫洛托夫离德后,他召见了一些参谋,提出打算进攻苏联。参谋们尽力劝说他不要冒险,以免陷入两线作战。他却反驳说,在击溃英国的抵抗之前,不要指望俄国不会动手;而要打败英国,少不得扩展海空军,也就是要削减陆军,但只要俄国依然是个威胁,就万万不能削减陆军。①而在苏方提出新的条件后,希特勒的决心就更加坚定了。12 月 5 日,他亲自主持德军总参谋部会议,审订自 8 月 1 日开始制订的对苏作战计划。12 月 18 日,他下达《第 21号指令:"巴巴罗萨"方案》,其中规定:武装部队必须准备在对英国的战争结束之前即以一次快速的远征将苏俄击败;准备工作务必在 1941 年 5月 15 日以前完成;作战目标是在苏联的伏尔加河—阿尔汉格尔斯克(Archangelsk)一线建立一道针对其亚洲部分的防线,以使其空军从该线出发将不再能攻击德意志国的领土,装甲部队应果敢作战,楔入敌深远纵深,歼灭部署在俄西部地区的陆军主力,阻止其有作战能力的部队撤至其纵深地区。②

　　1941 年 2 月 3 日,希特勒批准了"巴巴罗萨计划"(Unternehmen Barbarossa)的最后文本。入侵部队分成三个集团军群。"北方"集团军群由勒布指挥,共 23 个步兵师和 6 个装甲师,部署在东普鲁士的东界,由第 1航空队 1070 架飞机支援,进攻目标是向北穿过波罗的海国家向列宁格勒推进。"中央"集团军群由博克指挥,共 35 个步兵师和 15 个装甲师,部署在东普鲁士南端到布列斯特南端一线,由第 2 航空队 1600 架飞机支援,进攻目标是沿着莫斯科公路直捣明斯克(Minsk)和斯摩棱斯克(Smolensk)。"南方"集团军群由龙德施泰特指挥,共 37 个步兵师,5 个装甲师,4 个山地

---

① 利德尔-哈特:《第二次世界大战史》,上册第 202 页。
② 瓦尔特・胡巴奇编:《希特勒战争密令全集(1939—1945)》,第 65—66 页。

师,4个摩托化师,部署在卢布林和喀尔巴阡山脉之间,由第4航空队和罗马尼亚空军共1300架飞机支援,进攻目标是在普利皮亚特沼地以南,经日托米尔(Schytomyr)到基辅(Kiew),进而向顿巴斯(Donbass)推进。

这时,其他战场形势的变化使得德国推迟了实施《巴巴罗萨计划》的时间。1940年6月意大利参战,次月即以埃塞俄比亚和厄立特里亚为基地,向英属苏丹和肯尼亚发起进攻,进展顺利。8月,意军攻占英属索马里。9月,北非意军又从利比亚出发进攻埃及,把战线向前推进了90公里。然而,从1941年1月起,英军先后在东非和北非发起反攻,都取得胜利。希特勒本来不愿过早卷入非洲战事,以免分散兵力。面临意军一再败北,为了提高轴心国集团的士气和国际影响,他决定派兵增援。1941年2月,由德军第5轻装甲师和第15装甲师组成的"非洲兵团"在隆美尔将军指挥下进入利比亚。

早在1940年10月28日,意大利为了同德国争夺巴尔干地区,以阿尔巴尼亚为基地向希腊发起进攻,但在希腊人民的抗击下接连遭到失败。英军趁机从北非向希腊抽调兵力。此举一方面导致北非的隆美尔趁势实施反击,把战线推回到利埃边界附近,另一方面则迫使希特勒再次分出兵力去加紧控制巴尔干地区。1941年2月28日,德军从罗马尼亚进入保加利亚,翌日,保加利亚加入《德意日军事同盟条约》。3月初,希特勒又把南斯拉夫摄政召到德国,迫使他同意加入上述条约。3月25日,南斯拉夫首相和外相前往维也纳,在关于南斯拉夫加入法西斯集团的议定书上签字。不料,2天后,以空军首脑杜尚·西莫维奇(Dushan Simovich)为首的南斯拉夫军官集团于27日通过群众起义发动反德政变,推翻了摄政王和原政府的统治。年轻的彼得二世(Peter II,1923—1970)即王位。新内阁宣布南斯拉夫奉行中立政策。在贝尔格莱德举行的庆祝活动中,群众向德国公使的汽车吐唾沫,表达出不愿意充当德国战争附庸的情绪。面对这一局面,希特勒不得不调动准备入侵苏联的部队去平息南斯拉夫事态,并把进攻苏联的日期从5月15日推迟到6月下旬。4月6日,德军同时进攻南斯拉夫和希腊。德军飞机对贝尔格莱德实施连续轰炸达 3 天 3 夜,使该城几乎成为硝烟弥漫的瓦砾堆。13 日德军开进贝尔格莱德,17 日南斯拉夫军队投降,国王和首相逃到希腊。4 月 23 日,希腊军队也向德意两国投降,英军仓促出逃。

1941 年 6 月 22 日凌晨,德军在波罗的海至喀尔巴阡山宽约 1500 公里的战线上向苏军发起全线进攻。航空兵首先出动,1000 多架轰炸机向苏联腹地的军用机场、重要城市、交通枢纽和军事基地泻下瀑布般的弹雨,7000 多门大炮也对苏联发起猛烈炮击。随后陆军以坦克和摩托化兵团为先导,向苏联腹地推进。德军进攻主力"中央"集团军群分南北两路,分别从东普鲁士南端和布列斯特地区出发,对苏军实施钳形突击。两支部队派出的分支部队首先在巴拉诺维奇(Baranovichi)会合,形成第一个合围圈,而主要兵力继续东进,6 月 28 日在明斯克完成合围,包围并消灭苏军 43 个师又 3 个旅。7 月 3 日,该集团军群再次向东突击,企图在斯摩棱斯克合围。7 月 16 日,南翼第 2 坦克集群攻克了斯摩棱斯克,同北翼第 3 坦克集群协同,对近 50 万苏军将士形成包围之势。但是,由于苏军的顽强抵抗,德军未能完成合围,留下一道近 10 英里宽的缺口。苏军最高统帅部从预备队中抽调 20 个师加强相关部队,自 7 月 23 日至 25 日向斯摩棱斯克实施反击。德军也派兵增援,从南翼包抄苏军会战部队,于是展开了斯摩棱斯克会战。苏方利用赢得的时间,派遣 50 万兵力在斯摩棱斯克正东挖壕据守,以阻止德军进一步向首都推进。

1941 年 8 月中下旬,德军最高统帅部内发生战略大争论,其中心内容是,实力最强的"中央"集团军群,应该继续单独突进,拿下莫斯科,还是分兵加强南北两翼的攻势,先拿下列宁格勒和乌克兰。以勃劳希契和哈尔德为首的陆军总司令部、"中央"集团军群司令博克和急先锋古德里安,都主张全力突击莫斯科。他们认为,攻占了苏联首都,就会有效地摧折苏联民众的信心,并摧毁其重要的军火来源和交通枢纽,苏方其他战线自然就会遭削弱甚至崩溃。[1]而希特勒却坚持要"中央"集团军群分兵

---

① J. Noakes & G. Pridham (ed.), *Documents on Nazism*, *1919 – 1945*, pp. 596 – 597.

北上和南下。北上同"北方"集团军群合作，进攻列宁格勒，把"十月革命"的发源地从地图上抹去，以此摧折苏联民众的情绪。南下同"南方"集团军群合作，拿下乌克兰、克里米亚(Krim)和高加索(Kaukasien)。他一直把乌克兰视作粮食和原料的供应地，高加索能提供石油，而"克里米亚是苏联进攻罗马尼亚油田的航空母舰"。同时，他认为，南北两翼尤其是南翼，是"中央"集团军群的重要侧翼，不解决两翼问题，主攻方向的安全难以保证。①

　　"北方"集团军群的攻势一直比较顺利。其中，一支部队穿过立陶宛，直逼拉脱维亚和爱沙尼亚，于7月底逼近塔林(Tallinn)。几乎整个8月份，德军都在与苏军争夺塔林。到了8月底，由于德军得到加强，苏军放弃塔林，海军舰队撤往喀琅施塔特和列宁格勒港。"北方"集团军群的主体力量则以列宁格勒为目标直插东北方向。由于得到"中央"集团军群内转而北上的第3坦克集群的支援，进展更为顺利。8月20日，德军已经逼近列宁格勒附近，21日，切断了列宁格勒通向莫斯科的铁路。到8月底，德军又切断了列宁格勒与苏联其他地方的一切铁路交通。德军的飞机和装甲部队发起联合进攻，到9月8日，把列宁格勒围成了一座孤城。苏军则从捍卫国土和十月革命发源地的角度出发，坚守此城，使这座光荣的城市始终没有落入敌手。

　　由于苏联的防御重点在西南方，德"南方"集团军群的进攻不太顺利。战争开始后，该集团军群从利沃夫突出部出发，向东南方向进军。北翼在基辅筑垒地域遇到苏军顽强抵抗，之后急速转向南边，与其他部队会合，向东南方推进。但是，基辅附近的苏军并未受到损失，对"南方"集团军群的侧翼构成威胁。此外，德军在发起总攻时，为了集中兵力，加快推进速度，在"中央"和"南方"集团军群之间留下一个缺口，无形中给苏军留了一个掩蔽地区。此处苏军与基辅地区苏军结合，对中路和南路的德军都构成威胁。"中央"集团军群第2装甲集群南下，就

① J. Noakes & G. Pridham (ed.), *Documents on Nazism*, *1919–1945*, pp. 597–599.

可以协助合围这些苏军。9 月 10 日,"南方"集团军群所辖第 1 装甲集群在基辅东南的第聂伯河(Dnepr)下游强渡过河,兼程北上,第 2 装甲集群向南疾驶,9 月 14 日在基辅以东 200 多公里处会师,完成合围。由于斯大林认为主动放弃乌克兰地区和基辅市太可惜,因而有六七十万苏军被包围。

1941 年 9 月 6 日,希特勒发布《第 35 号指令(在中央集团军群方向上的决战)》,命令以"中央"集团军群为主,"北方"和"南方"集团军群的一部分部队协同,实施"台风计划"(Unternehmen Taifun)。指令规定,"中路陆军部队应做好同铁木辛哥集团军群作战的准备,以便能尽早(在9 月底)发起进攻,在维亚兹马(Vyazma)总方向上达成双重包围(在两翼集中强大装甲兵力),歼灭斯摩棱斯克以东地区的敌人"。①其他部队则同时向列宁格勒和罗斯托夫(Rostov)发动辅攻。

9 月 30 日,"中央"集团军群以钳形攻势向东突击,10 月 6 日在维亚兹马完成合围,包围苏军 60 多万人。前锋部队立即继续向莫斯科推进,同时侧翼部队也于 10 月 3 日占领了奥廖尔(Oryol),继续向图拉(Tula)推进。这时,希特勒得意忘形,以为几天内就可以占领莫斯科。10 月 10 日,最高统帅部颁布了关于德军在莫斯科及其近郊驻扎顺序的命令。希特勒也命令柏林各家报馆在 10 月 12 日的报纸上留出版面,以备刊登占领莫斯科的"特别消息"。但是,到 10 月中旬,德军才逼近距莫斯科不到 100 公里处。这年的冬天来得较早,而德方的冬衣准备不足,导致士兵的士气日益低落。希特勒不得不逐渐放弃在 1941年内打败苏联的计划。然而,他决定再来一次冒险。11 月 15 日,他命令德军再次发动进攻,实施"台风"作战计划的第二阶段,分西北、正面、西南三路扑向莫斯科。很快,德军先头部队进抵离莫斯科 20 公里处,但在苏军的抗击下,再也不能前进一步。到 12 月 5 日,德军的攻势被完全阻止。

---

① 瓦尔特·胡巴奇编:《希特勒战争密令全集(1939—1945)》,第 116—118 页。

12月6日,苏军开始实施反攻,首先粉碎了包围莫斯科的德军突击集团。古德里安指挥的部队守卫不住,只得仓惶后退,古德里安本人因此被希特勒撤职。勃劳希契的心脏病严重发作,提出辞去陆军总司令职务。希特勒同意,并自任该职务。"中央"集团军群司令博克接到进行长期"休养"的通知,其职务由原第4集团军司令汉斯·冯·克卢格接任。然而,这些措施都无济于事,德军在苏军攻击下,被迫向西后退100—250公里。1942年1月8日起,苏军再次发动反攻,又将战线向西推进80—250公里。苏军取得了莫斯科会战的胜利,德军"不可战胜"的神话被打破。

第四节 战时纳粹体制的调整与扩展

一、国内政策的调整

欧洲战争爆发后,德国国内的政治、经济、社会等方面都相应地发生变化。纳粹独裁体制自身的逻辑发展,以及战争环境对集中集权运作的推动作用,使得纳粹政治体制逐渐演变成朝廷式小集团统治。国会的遮羞布作用早已荡然无存,内阁作为整体也已名存实亡,部长们仅仅以部门领袖的个体身份接受希特勒召见并为其效力。1939年9月1日,随着欧洲战争爆发,希特勒指定戈林为其合法继承人,即一旦他在战争中遭遇不测,戈林可以自动升格为元首。赫斯作为纳粹党的元首代表,在希特勒忙于战争和国务的情况下,基本上垄断了党务工作,此时又被指定为第二继承人。然而,1941年5月赫斯神秘地私自驾机飞往苏格兰后,马丁·博尔曼的地位急剧上升。同赫斯相比,博尔曼更热衷并擅长于弄权,而希特勒的交往圈越来越小,最后形成了希特勒之下的"新三头政治"。博尔曼、总理府主任拉默斯(Hans Heinrich Lammers,1879—1962)、最高统帅部长官凯特尔3人活跃在希特勒周围,试图控制更多的统治权力。这一状况引起其他人不满。

戈培尔试图拉拢戈林去说服希特勒,把政治领导的职责移交给内阁国防委员会,从而把"三人委员会"排挤掉。但是,戈林顾忌博尔曼的能量,临阵退缩,于是戈培尔改变策略,与博尔曼合作,[①]这样进一步提升了"三头政治"的地位。希姆莱则大肆扩展党卫队的实力,以此作为参与权力角逐的资本。

在地方上,以党代政的目标早已实现,但随着战争的来临,大区领袖的权限可能会受到军方蚕食。为了杜绝这种风险,战争开始不久,依据纳粹党大区的区划设置了国防区,大区领袖兼任区内的国防专员(Reichsverteidigungskommissare)。1943 年,随着德国反空袭任务的加大,大区领袖的权力也逐渐增大。[②]

在经济领域,由于希特勒注重维护私有制,注重实行"浅度军备"以保证民众的士气,所以在战争初期没有实施强有力的变革措施。在 1938年改组武装部队指挥系统时,他在最高统帅部内设置了由格奥尔格·托马斯(Georg Thomas,1890—1946)主持的军事经济管理局。战争爆发后,该机构改组成军事经济与军备生产管理局,但职权很有限,仅负责陆军军火装备的订购与生产监督(因为海军与空军自己负责军事装备的订购与生产)。1940 年 3 月,希特勒在内阁里设立了军备与军需部,由弗里茨·托特(Fritz Todt,1891—1942)任部长。托特以主持建造纳粹时期的高速公路和"西壁防线"(Westwall)工事而闻名,组建了一种准军事性的专门承建巨大工程的"托特组织"(Organisation Todt)。他主张建立一种集中统一领导的全面战争经济体制,但没有获得希特勒批准。后者根据大战初期德军闪击战的胜利,认为不需要发展"深度军备"经济。所以,这时的德国经济可以称作"近似和平的战时经济",民用产品的生产相当稳定,民众的生活需求没有受到影响。

1942 年初,情况发生变化。德军入侵苏联的闪击战遭遇致命挫折,

---

① 阿诺德·托因比、维罗尼卡·M.托因比合编:《希特勒的欧洲》,第 20—28 页。
② J. Noakes & G. Pridham (ed.), *Documents on Nazism*, *1919-1945*, pp. 671-672.

国际反法西斯联盟已经形成,德国面临着同时与苏、美、英同盟国长期作战的困境,不得不在国内实行总动员,将国民经济推向总体战争经济阶段。是年 2 月,托特遇飞机失事身亡,希特勒任命亲信施佩尔(Albert Speer,1905—1981)接任托特的全部职务,包括军备与军需部长、部长级的全国筑路工程最高长官、全国水电工程最高长官,以及"四年计划"建筑业全权总代表,并赋予他统一管辖军备生产的全权。同年 3 月 21 日,希特勒签发《关于整个德国经济必须服从军备生产的需要的指令》,实际上授予施佩尔统管经济的总裁大权。1943 年 9 月 2 日,军备与军需部改称军备与战时生产部。施佩尔利用自己同希特勒的特殊关系,在加强统一领导的同时,用职责范围规定得比较狭窄的较小的机构,代替紧密结合起来的全面管制,推行"工业自行负责制",改组战时经济体制,以提高生产效率。于是,德国经济进入了"施佩尔时代"。

施佩尔按照军备生产的类型,分别成立 13 个专业的指导委员会(Hauptausschüsse),以及相对应的企业联合组织"工业瑞恩"(Industieringe)。所有比较重要的成批生产的作战物资,如军火、飞机发动机、机动车等,其领域内都设置指导委员会,但它们只负责管理制成品。同时,工业瑞恩则负责不止一种军备成品的生产所需要的原料、半成品和附件,并且个别负责管理电工产品、有色金属、工业玻璃、陶瓷制品这类东西。根据 1943 年 10 月 29 日关于分工的文件,指导委员会和工业瑞恩负责的内容很广。然而据施佩尔自己在回忆录中总结,该做法主要有两大重点:一是努力做到一个工厂只生产一个项目,从而达到最高的效率;二是各级机构中的工作人员主要是技术专家、工程师和工程技术人员,由内行领导内行。[①]指导委员会和工业瑞恩又进一步分成许多更小的组织,它们的任务更加专门。如管理机动车的指导委员会就分成 16 个专门委员会,分别管理摩托车、轻重卡车、牵引车和汽车修理等业务。这些专门委员会本身又分成更小的工作委员会。相应地,工业瑞恩则分

① 阿尔贝特・施佩尔:《第三帝国内幕》,邓蜀生等译,三联书店 1982 年版,第 210、594 页。

成专门瑞恩,然后再分成工作瑞恩。此外,施佩尔在指导委员会和工业瑞恩之外,还成立一些由工业设计人员和军官组成的发展委员会,负责审查新设计的可行性,制订和改进生产工艺,停止不必要的科研设计项目。这些指导委员会、工业瑞恩和发展委员会,都直接受施佩尔领导。

戈林自从主管"四年计划"事务并逐渐排挤了沙赫特和冯克以后,一直自视为经济领域中的独裁者。施佩尔为了消除他的阻挠,利用其虚荣心强但较为懒散的特点,主动提出担任"四年计划"军备生产全权总代表的职务,以此昭示自己是"四年计划"全权总办的下属,并邀请50余名大企业家到柏林开会,让戈林以经济总管的身份作长篇演讲。但实际上,施佩尔凭借自己与希特勒的特殊关系以及勤奋办事的特点,操控着德国的战时经济生活。他在"四年计划"的范围内成立中央计划局,统一决定国民经济各部门的生产计划和方案,按照轻重缓急来分配劳动力和原料燃料,使之成为战时经济中最重要的机构。

施佩尔体制在一段时间内给德国战争经济注入了某种活力,从1942年2月至7月,军备生产提高了大约55%,[1]1943年全年,德国的工业和军备生产都有了较大幅度的提高。如果以1942年第一季度为指数100,1943年第一季度的指数即上升到184,第二季度再升到260,第三季度到279,达到了峰值。[2]如果以1938年为指数100,则呈现下表所列示的状况。

战时德国工业生产指数变化表[3]
(以1938年为100)

	1939年	1940年	1941年	1942年	1943年	1944年
全部工业生产	106	102	105	106	119	116
军工生产	125	220	220	320	500	625
消费品生产	100	94.5	96	86	91	85

---

[1] 阿诺德·托因比、维罗尼卡·M.托因比合编:《希特勒的欧洲》,第300页。

[2] 卡尔·哈达赫:《二十世纪德国经济史》,第84页。

[3] 德意志联邦共和国经济研究所编:《1939—1945年德国的战时工业》,蒋洪举等译,三联书店1959年版,第37、217、249页。

在战争中后期,德国遇到了人力严重短缺的问题。军队人数从 1939 年 5 月的 140 万,增加到 1941 年 5 月的 720 万,再到 1944 年 5 月的 910 万,外加 330 万的阵亡者。妇女就业人数增加不多,1939—1944 年期间,始终在 1410 万和 1480 万之间摆动。[1] 当局主要采用在各个产业之间转移劳动力的办法。从 1941 年 5 月到 1944 年 5 月,商业、银行和保险业的就业人员数下降 16%,手工业下降 20%,而农业的劳动力使用增加 5%,交通业增加 7%,工业增加 6%。在工业内部,消费品生产业减少了劳动力,而基本材料和五金加工部门的就业人数增加 14%—18%。从 1941 年 12 月到 1944 年 6 月之间,军备工业职工增加了 28%。[2]

从 1944 年年中起,到欧洲战争结束,德国战时经济进入最后阶段。在这一阶段里,美英盟军加强了对德国的战略轰炸,仅 1944 年下半年,投掷在德国土地上的炸弹就相当于自从战争开始以来投掷量的总和。投掷目标也有变化,放弃了此前实施的地毯式"恐怖轰炸",改为有目的地轰炸诸如发电厂、炼油厂、合成燃料工厂、铁路枢纽、堤坝等经济中枢,给德国经济造成很大的困难,如 1944 年 8 月,德国航空汽油的产量仅为同年 3 月份的 10%。铁路货车运输,1944 年年中为每天 15 万节车厢,同年 12 月下降到 9 万节,翌年 3 月仅剩 1.5 万节。[3] 1945 年初,反击中的苏联军队占领了德国工业生产能力的 1/7。德国人力短缺的现象进一步加剧。由于武装部队不断要求补充新兵,只得将服兵役的年龄从 17 岁半降低到 16 岁,从而导致从 1944 年 5 月到 12 月之间,民用男劳动力减少 110 万人。当局又将妇女义务服役劳动的最高年龄限度从 45 岁提高到 50 岁,但实际效果仍不明显。所以,1944 年德国民用劳动力减少了约 120 万人,其中只有 75 万个岗位可用外籍工人顶替。为了弥补这一缺口,当局只得将每周的法定工作时间从 48 小时提高到 60 小时。民众的

---

[1] Leila J. Rupp, *Mobilizing Women of War : German and American Propaganda*, *1939 - 1945*, New Jersey: Princeton University Press, 1978, p. 102.

[2] 卡尔·哈达赫:《二十世纪德国经济史》,第 85—86 页。

[3] 同上书,第 89 页。

物资供应越来越少,1943年6月,肉类配给量减少一半,翌年3月,脂油分配额减少1/4。民用皮鞋中,40%是用人造革制造的,平均使用期从33个月下降到4个月。大部分纺织品无法使用英国的羊毛或法国的蚕丝作为原料,而是用源自"德国森林"的人造纤维代替。

在税收政策方面,1939年9月4日,当局颁布战时经济条例。其序言和第一条规定,储蓄现金是损害民族的犯罪行为。但是,当时还没有规定对这类行为如何处罚,直到1942年才公布具体的刑事处罚规定。条例第22条规定对工资税和所得税再加收50%的战争附加税,但实施对象是年收入超过2400马克者。根据1943年的数据,全国纳税人中至少有70%豁免了直接的战争税负担,年收入2400—6000马克者中的26%,也只增加很低的负担,只有4%的高收入者税收增加较多。同时,国家对烟草的销售征收20%的附加税,对啤酒、烧酒和香槟酒的附加税也相应提高。1941年,此类税收提高到50%。但同时也有免税或增加收入的措施。1940年8月,政府取消了战时经济条例中对日工作时间中第九和第十小时发放额外补贴的禁令。同年12月起,对来自加班工资和夜班工资的收入免征包括社会公共福利税在内的各种税收。[1]

社会保险政策也作了微调。1941年,养老金的数额每月增加6马克,寡妇再增加5马克,孤儿增加4马克,平均起来,社会保险金增长了15%;广泛推行强制的医疗保险,每人每月须义务缴纳的保险费用为1马克,寡妇和孤儿无须缴纳。此后虽然有关于提高社会福利和增加社会保险费的建议,但都遭到财政部反对。[2]

包括希特勒在内的纳粹高官,对第一次世界大战期间军人家庭因劳力不足导致贫困,进而引起军心不稳的状况记忆犹新,因此在欧战爆发前夕,1939年8月28日颁布了关于武装部队经费使用的法令。其中第9条规定:在计算家庭经济状况时,要考虑目前的生活状况以及在和平时

---

① 格茨·阿利:《希特勒的民族帝国:劫掠、种族战争和纳粹主义》,第54—56页。
② 同上书,第57—58页。

期应征入伍者所能获得的收入,以便"维持家庭的财产状况",使士兵安心服役。在实际执行过程中,当局不仅对军人已有的报纸预订和生活保险提供补助,而且对此前的分期付款购买行动和建筑互助基金信贷和抵押的利息与清偿提供补助。所需资金都由公共财政提供,以"维护军队士兵的意志,使他们满意和有安全感"。当局还明确督促各级政府官员,"要以极大的理解善待在前线奋战将士的家属的苦难",尽可能对这些家庭的生活提供帮助。① 对法战争结束后,当局颁布了关于现役军人家庭赡养费支付问题的法规,该法规不仅囊括了此前已经实施的各项优惠措施,还增添了两项较为重要内容。一是规定军人家属的加班、夜班、休息日和假日加班的收入全部免税,二是规定"现役军人家庭赡养费不是社会救济的支付,它无需偿还,也不能被扣押",也就是说,即使这些家属欠下了私人债务,债主也不得索取这些钱财。此外,政府还为多子女的军人家庭提供家政服务。军人的待遇日益提高,以至于当局不得不设置优惠措施的上限,即规定赡养费的数额不得超过该军人服役前所能取得的净收入。尽管如此,德国军人的平均赡养费达到了和平时期收入的72.8%,而当时美国为36.7%,英国为38.1%,德国是它们的两倍。②这个原因加上战争后期德国军人妻子担心孩子遭到盟军轰炸,所以在德国劳动力异常短缺的时候,这些妻子们还是不太愿意外出就业。③

　　战争期间,德国武装党卫队的势力也在进一步扩张。1940 年 7 月,希特勒对国会发表讲话,其中高度赞扬了"英勇的"武装党卫队师和团,并向"为整个国家建立安全机制并创建武装党卫队的党内同志希姆莱"表示感谢。希姆莱趁此机会扩展势力,于 1940 年 8 月将武装党卫队的督察处改组成作战指挥部,作为其最高领率机构。然而,希特勒不允许组建武装党卫队的集团军级建制,规定其总兵力只能达到陆军兵力的

① Matthew Stibbe, *Women in the Third Reich*, London: Oxford University Press, 2003, p. 94.
② 格茨·阿利:《希特勒的民族帝国:劫掠、种族战争和纳粹主义》,第 70—73 页。
③ 卡尔·哈达赫:《二十世纪德国经济史》,第 85 页。

5%—10%,以及控制在全国可利用人口的 3%以内,以避免刺激传统军人。希特勒强调,武装党卫队主要是"一支在任何情况下都能对内代表并贯彻国家权威的警察部队"。[1]

　　然而,随着战争规模的扩大,武装党卫队的军事性质日益突显,逐渐成为战场上的重要力量,被称为"武装部队的第四部分"。1941 年春,武装党卫队作战指挥部已经拥有 4 个师和 1 个旅,先被投入巴尔干战场,充当德军入侵部队的尖刀。随后被调去进攻苏联,其中"领袖警卫旗队"(已经升格为旅建制)和"维京"师编入德军南方集团军群,"帝国"师编入德军中央集团军群,"骷髅"师和警察师编入北方集团军群。此时的武装党卫队装备精良,具有一种意识形态上的狂热精神,作战勇猛,但由此造成伤亡严重。同时,队员们又以违反传统军事道德标准为荣,他们行动野蛮,残杀战俘和无辜百姓,并时常居高临下地同武装部队发生摩擦。由于损失严重,兵源不足,武装党卫队不得不在 1942 年底从原来的志愿兵制改为义务兵制,从 1943 年起甚至放弃严格的"种族原则",开始组建外籍师团,包括荷兰师、挪威师、比利时师、匈牙利师、乌克兰师等,甚至在德国师中也招募外籍士兵。在战争后期,大约有 20 万乌克兰人、阿尔巴尼亚人、克罗地亚人、哥萨克人在武装党卫队中服役。巴尔干穆斯林也曾在其中拥有自己的分队。不过武装党卫队中的装甲部队和精锐部队一直保持其"纯德意志"的特征。武装党卫队在规模最大时一共拥有39 个师,约 100 万人。

二、纳粹欧洲新秩序

　　纳粹高官们对"欧洲新秩序"内容的讨论与阐述,是同 1940 年 9 月27 日签订的《德意日三国同盟条约》相关联的,该条约被当时的《科隆日报》称作"新秩序的大宪章"。条约声称,三国政府"认为世界一切国家各据有应有的空间是任何持久和平的先决条件,决定在致力于大东亚以及

---

[1] 海因茨·赫内:《党卫队——佩骷髅标志集团》,第 539 页。

欧洲各区域方面互相援助和合作,其首要目的为在各该区域建立并维持事物的新秩序,旨在促进有关人民的共同繁荣与福利。此外,三国政府愿意对世界上其他区域内有意与三国朝着同样方向共同努力的国家给予合作,俾使三国对世界和平的最终愿望得以实现"。因此,三国政府同意:"日本承认并尊重德意志和意大利在欧洲建立新秩序的领导权;德意志和意大利承认并尊重日本在大东亚建立新秩序的领导权"。①

由于《德意日三国同盟条约》是在《反共产国际协定》的基础上发展起来的,因而该条约被包括当时人甚至当事人在内的许多人解读为仅仅是三个法西斯国家从原先政治上的一般联合跨入了较为紧密的军事性同盟关系。尤其是,作为其后续条约的《德意日军事协定》(*Militärpakt Deutschland-Italien-Japan*,1942年1月18日),所涉及的内容,一是划分作战区域,二是规定军事援助的内容,这样就更容易强化原先的局限性误读,使人们忽视对"新秩序"含义的关注。协定规定,日本的作战区域为,"大致为东经70度以东到美洲西海岸的海面及这一海面的大陆和岛屿(澳洲、荷印、新西兰)等地区",以及"大致为东经70度以东的亚洲大陆"。而德国和意大利的作战区域为,"大致为东经70度以西到美洲东海岸的海面及这一海面的大陆和岛屿(非洲、冰岛)等地区",以及"大致为东经70度以西的近东、中东及欧洲地区,在印度洋方面,视作战情况,各方可以越过所规定的境界线进行作战"。②

两份条约文本内容的局限性给纳粹高官们提供了较大的想象空间。经济部长冯克最早提到"欧洲新秩序"这个概念。还在三国同盟条约签订之前,即1940年7月25日,他就在向国内外记者的讲话中涉及此事。他提出欧洲应该在德国的指导下,从一种双边贸易协定的体制走向多边贸易协定的体制。他认为,"新秩序"将给整个欧洲带来好处:消灭失业现象和保证粮食生产国的剩余农产品有销路,并且可以不受世界物价波

---

① 世界知识出版社编辑:《国际条约集(1934—1944)》,第278—279页。
② 《日本帝国主义对外侵略史料选编(1931—1945)》,第385—387页。

动的影响。①里宾特洛甫尽管身为外交部长，也给了"新秩序"以经济上的诠释。他认为，德国领导下的"欧—非半球"与日本领导下的东亚势力范围之间，应当"按照宽宏的方针"进行"自由贸易"，这种贸易关系不是以地区对地区，而是以国家对国家为基础的。即：像以前那样，"日本将同欧洲地区的独立国家直接进行贸易和签订贸易协定，同时德国和意大利将同日本势力范围内的独立国家，如中国、泰国和印度支那等直接进行贸易和签订贸易协定"。欧洲国家（例如荷兰）有殖民地在远东的日本生存空间之内的，将从欧洲大空间的剥削中得到一份补偿。②有着纳粹"理论家"之称的罗森贝格则从综合的高度给予"新秩序"更为全面的含义。他在 1940 年 10 月 27 日的《人民观察家报》上发表文章，声称德国支持划分生存空间来取代 19 世纪的经济与金融帝国主义，同时互相保护属于"生存空间"内的各国人民。他认为，当越来越多的国家接受这种观点时，引起两次世界大战的那类事件就不会重演。因此，最终的目标是建立一个持久和平的欧洲大陆，一个经济上大部分是自给自足的、政治上则是完全独立的大陆。在那里，大德意志国将起着"波罗的海与地中海之间的联系作用"。另有人补充说，当前这场战争已经扩大了德国人民团结的概念，使之成为欧洲人民团结的概念。这一进程继续发展，其结果将是以"生存空间"的法律来取代国际法；在这场新的"革命"中，指导原则将不是民族自决，而是"生存空间"的自决。③

在纳粹高官们的推动下，1941 年 11 月 25 日，德国政府把轴心国集团其他成员国和卫星国的代表召到柏林，重新签订国家法意义上的《反共产国际协定》。该次聚会被德国外交部发言人说成是"第一次欧洲大会"，称这次行动表明，"新秩序"与战斗在东方的欧洲十字军具有共同的意义。为了纪念这次聚会，德国电台播放了一首名为《欧洲之歌》（Europalied）的新歌，鼓励欧洲大陆各国人民为了团结和消除国际上的

---

① 阿诺德·托因比、维罗尼卡·M.托因比合编：《希特勒的欧洲》，第 65—66 页。
② 同上书，第 66 页。
③ 同上书，第 67—68 页。

不和而奋斗。与此同时,柏林邮局使用了一种特制的邮戳,上面刻有"反布尔什维主义的欧洲联合阵线"字样和一张饰有剑与卐的欧洲地图图案。1941 年 11 月 28 日的《德意志总汇报》(*Deutsche Allgemeine Zeitung*)甚至称:"欧洲合众国终于摆脱了不和、斗争和苦难而诞生了。"[①]

由于意大利在三国同盟条约中与德国分享了在欧洲的利益,而其实际目标是建立一个环地中海的帝国,因而"欧洲新秩序"就扩展到了地中海和非洲。在当时纳粹媒体的宣传中,"欧洲—非洲"地区被认为是一片单一的"大空间",地中海起着"连接欧、非两个地区的水桥"作用。[②]德国对非洲的权利要求据说是极为适度的。按照里宾特洛甫的说法,"如果德国能够收回以前属于它的殖民地,它大体上就满足了",意大利将获得非洲最大部分的土地。

相比之下,希特勒的想法较为偏狭,他的兴趣在于扩大德国的版图,即要把那些德意志人居住的、过去属于德国的、或者经济上是德国所不可缺少的国家吞并进来,同时程度不同地控制其他地区。1940 年 6 月德国打败法国后,希特勒在一次高层会议上谈到,要把挪威和卢森堡变成德国的组成部分,而比利时的地位则需进一步研究,可能给予"佛兰芒人特殊的待遇",并建立"一个勃艮第州"。至于法国,阿尔萨斯和洛林将"重新并入"德国,同时还将成立"布列塔尼自治州"。法国北部和东部的大片地方也需要深入研究,"这些地方根据所谓历史的、或者政治的、人种的、地理的理由,或是根据任何其他的理由,可以被认为是不属于西欧而属于中欧的"。只是由于英国不肯投降,希特勒出于拉拢更多的法国人协助德国对英作战,才未将这些设想付诸实施。德国入侵苏联后,围绕苏联领土的处置问题,罗森贝格提出过一个设想,即要在占领地区内建立"三个庞大的国家单位,按照三种不同的法律加以管辖"。第一个是

---

① 转引自阿诺德·托因比、维罗尼卡·M.托因比合编:《希特勒的欧洲》,第 70—71 页。
② 同上书,第 68 页。

波罗的海地区,开始时作为"德国的保护国",以后"通过对适当的种族成分德意志化,通过德国移民向该地的迁徙,再通过把不良分子全部清除出去"后,变成德国本土的组成部分。与之毗连的白俄罗斯,则由于"性质完全不同",只能用作种族渣滓的"垃圾堆"。第二个地区是乌克兰,将成为"与德国结盟的独立国家"。第三个地区是高加索,将成为"一个有一名德国全权代表常驻的联邦国家"。然而,希特勒对这一设想不感兴趣,他关注的是哪些地方可以立即并入大德意志国。在1941年7月1日召开于元首大本营的东方领土问题讨论会上,他表示:奥地利从前的行省加利西亚应当成为"德国的领土";"整个波罗的海地区"也应该成为大德意志国的组成部分;列宁格勒必须夷为平地,连同东卡累利阿(Karelien)一起交给芬兰人;在南端,必须把所有的外国人从克里米亚和"可能的最大的内陆地区"清除出去,然后移入德国人,再使它像伏尔加河流域的德国侨民居留地和"巴库(Baku)周围的地区"那样,成为德国的领土。[①]希特勒的所谓欧洲意识,是同意相关的欧洲国家参与分享苏联的自然资源,因为"对苏战争是代表全欧洲的一场战争",所以不仅是德国,所有同德国合作的国家都应该从中得到好处。由于有"这场反对布尔什维主义的共同战争,欧洲的公益应当放在民族的私益之上"。对于非洲,希特勒尽管要求重新拥有原来的殖民地,但明确表示不把它们看作一片"移民区",因为德国在欧洲大陆上已经"拥有足够的"这类土地了。他只把非洲的土地看作"一种提供原料的殖民地"。

　　两种不同的观念还延伸到对占领区的管理方法上。一些热衷于"欧洲大空间"观念的高官,把主宰民族理论和领袖原则相结合,提出了大空间内行政管理的四种形式:结合管理——领导民族将通过外交代表"制订和指导"政策;监督管理——领导民族将行使严密的监督权;政府管理——"所有主要的行政工作将由领导民族的行政管理机构办理";殖民管理——"在这种管理形式下,大空间的人民根本不可以参加行政管理工作"。他们认

---

① 阿诺德·托因比、维罗尼卡·M. 托因比合编:《希特勒的欧洲》,第85—87页。

为,不论采用哪一种管理形式,国际法都将被抛弃,"大空间的秩序和大空间的行政管理,构成了一种新的共存的法律宪章,以前自由主义时代的'国际法'和'宪法'这些名称都不再适用了"。①希特勒尽管坚持自己传统管理的想法,但在实际运作过程中,也吸取了他们想法中的不少内容。

随着德国侵略政策的步步得手和占领地区日益增多,德国的占领政策也逐渐成形。到1943年底,德国占领区出现了五种不同的类型。

第一种为"合并区"(Eingegliederte Gebiete)。它或是以德国新行政区的形式,或是以原来存在的州、行政区或省的增添部分的形式,由德国直接统治。欧洲战争爆发前已经并入德国的奥地利、捷克斯洛伐克的苏台德区、立陶宛的梅梅尔区,严格来说也是属于这类地区。欧洲战争爆发后并入的这类地方包括:(1)但泽—西普鲁士行政区;(2)瓦尔塔兰(Wartheland)行政区;(3)并入西里西亚省的卡托维茨(Kattowitz)专区;(4)并入东普鲁士省的泽希瑙专区;(5)并入东普鲁士贡宾南专区的苏道恩专区;(6)并入东普鲁士阿伦施泰因(Stein)专区的佐尔道地区;(7)并入莱茵省亚琛专区的欧本、马尔梅迪和莫雷斯纳地区。

第二种为"民政长官管辖区"。虽然直到战争结束,德国没有通过法律宣布吞并这些地区,但政府清楚地表明,它完全有意把这些地区最终并入德国。在这类地区,当局还采取各种步骤使地名甚至姓氏德意志化,强迫居民讲德语以代替当地的语言。在海关、邮电和铁道管理方面,这类地区中的阿尔萨斯、洛林和卢森堡完全被当作德国的组成部分。属于这类地区的,在东南方,希特勒曾于1941年4月12日颁布相关命令,规定将南斯拉夫的下斯蒂里亚(Steiersche)地区和上卡尔尼奥拉(Carniola)、米埃斯塔尔(Miesstal)和西兰(Seeland)乡地区分别划归施蒂里亚马克行政区和卡恩滕(Kärnten)行政区。在西方,洛林并入萨尔—法尔茨行政区,成为新的西马克(Westmark)行政区;阿尔萨斯并入巴登行政区,成为新的巴登—阿尔萨斯行政区;卢森堡并入科布伦茨—

① 阿诺德・托因比、维罗尼卡・M. 托因比合编:《希特勒的欧洲》,第73—74页。

特里尔(Koblenz‐Trier)行政区,成为新的摩泽尔(Mosel)行政区。在东方,原属波兰的比亚威斯托克(Białystok)省并入东普鲁士行政区。

第三种为"附属区"(Nebenland),主要包括保护国和总督(专员)辖区两种分类型。保护国即战前已经出现的"波希米亚和摩拉维亚保护国",自身有着一个名义上自治的行政机构,该机构基本上与德国相仿,其首脑享有"主权政府的首脑所享有的全部荣誉",还保有在柏林派驻外交代表的权利。但是,保护国与德国之间的关系却始终没有很明确地规定过。它属于大德意志国的组成部分,被剥夺了作为"国际法上一个实体"的全部地位,在其之上还有一个德国监护机构。它被指定为一片专供掠夺的、可能加以德意志化的地区,成为"德国关税区"的一部分,并受到德国许多法律的管辖。在总督(专员)辖区中,比较稳定的是波兰总督辖区(全称是"波兰占领区的总督辖区")和乌克兰专员辖区,有变化的是奥斯兰(Ostland,意为"东方之地")专员辖区。奥斯兰专员辖区包含爱沙尼亚、拉脱维亚、立陶宛和白俄罗斯,后由于爱沙尼亚、拉脱维亚和立陶宛的行政机构比较成熟,德国出于各种考虑,给予它们更多的自治权,这样,属于附属区性质的只剩下白俄罗斯。对波兰总督辖区,德国官方曾经声明:该地区的特殊地位"使之无法按照国内法和国际法的一般概念来予以分类。它自身就代表一个独特的法律概念。它既不是德国的一部分,也不是大德意志国的一部分,在关税和货币方面同德国和大德意志国完全分隔开……但是,它是大德意志国的一个势力范围,也是大德意志国权力范围的组成部分"。① 关于乌克兰专员辖区和奥斯兰专员辖区,官方的政策不太明确。罗森贝格原来曾经设想使奥斯兰成为一个广阔的殖民地式的"保护国",由来自各日耳曼民族国家的合适移民移居到那里,并使其德意志化,乌克兰则成为一个与德国紧密结盟的自治国。但最后的结果却是,奥斯兰中的爱沙尼亚、拉脱维亚和立陶宛取得了自治地位,而乌克兰却由一个德国人组成的行政机构统治。

① 阿诺德·托因比、维罗尼卡·M.托因比合编:《希特勒的欧洲》,第144页。

　　第四种是"占领区"，这是含义比较宽泛、互相之间差异又比较大的类型。这些国家或地区在军事上和战略上对德国有着程度不同的重要性，但德方又认为不适宜立即将其并入。在行政管理方面，丹麦被德方树为"模范保护国"。德方力图把军事占领同有限地干预当地事务结合起来，即通过德国驻丹公使实行控制。因而德国政府在入侵的当天就宣布无意破坏丹麦的领土完整或干涉其政治独立。结果，不仅丹麦的议会制度继续发挥作用，连军队也完整无损地在特定地区行动。另一方面，德方却强力干涉丹麦的内政外交政策，不仅要求丹麦政府在国内镇压共产党，而且在外交上要紧跟德国，尤其是 1941 年德国入侵苏联后，丹麦被迫同苏联断绝了外交关系。除了丹麦，比利时、法国被占区、希腊、南斯拉夫塞尔维亚的残余地区等，由于在战略方面极其重要，处置更为严厉。这些地区被置于军管之下，由德国武装部队通过军事司令官直接控制。其中的比利时和法国北部，在 1944 年 7 月发生变化，改由一个文职的德国专员前去主管，军事司令官的职位同党卫队与警察头目的职位合而为一。而挪威和荷兰，一开始就置于德国专员主持的民政机构的管理之下。

　　第五种是"行动区"（Operationszonen，一译"作战区"）。这是 1943 年 9 月意大利败降后，由德军占领的原来属于意大利拥有或管辖的区域。主要包含两个区域：亚得里亚沿海地区（Adriatisches Küstenland）和阿尔卑斯地区（Alpenvorland）。前者由卡恩滕行政区长官兼德国总督弗里德里希·赖纳（Friedrich Rainer，1903—1947）任该区最高专员（Oberster Kommissar）。后者由蒂罗尔—福拉尔贝格（Tirol-Vorarlberg）行政区长官兼德国总督弗朗茨·霍弗尔（Franz Hofer，1902—1975）任最高专员。德国设立"行动区"的目的，据 1944 年 4 月希特勒所作的解释，是考虑到德国人要在意大利继续作战，不得不使后方"畅通无阻"，而且还"不得不确保阿尔卑斯各山口，从而使游击队无法威胁这些狭隘的补给线"。①然而实际上，德国当局并没有放弃最终吞并它们的目的。在南蒂罗尔，德国人鼓励同德国"重新联合

––––––––––––––––––

① 阿诺德·托因比、维罗尼卡·M. 托因比合编：《希特勒的欧洲》，第 148—150 页。

起来"的运动,逐渐禁止使用意大利语,并有计划地替换原有的统治机构。德国本土的报刊在提到南蒂罗尔时,也与提到奥地利、苏台德区、东方合并区和阿尔萨斯-洛林一样,把它说成是德国居民重返了德国的土地。

德国控制了大半个欧洲,但这些被控制的地区并没有因此而打破长期阻碍互相交流沟通的壁垒,甚至连德国的民众也不能自由地出入这些地方。这些地方同德国之间,隔着一道内部疆界。德国平民除非持有内政部颁发的特别许可证,否则就不能进入这些占领区。1940年7月20日,内政部长弗兰克颁布一项法令,规定波希米亚和摩拉维亚、东方合并区、总督辖区和"内政部长规定的任何其他地区",都是需要特别许可证才能进入的地区。以后又增加了乌克兰和奥斯兰,从而使德国占领下的东方地区几乎全部需要入境许可证。1942年5月,希姆莱撤销了所谓"东方地区的警察界限",从而使德国平民无须办理其他手续便能赴但泽-西普鲁士行政区和瓦尔塔兰行政区的其余地方旅行。然而,放开的地方极为有限,赴其他地方的通行证"原则上只在申请的理由就作战努力而言是关系重大时,才予以颁发",而接受这类申请的行政区警察当局都奉命"对每一份申请书进行严格的审查",未经批准而偷越"内部疆界"的人,一经捕获就严加惩办。对西方的占领地区,尤其是比利时和法国的相关地区,希姆莱于1942年4月实施了一种特殊的签证办法,以代替先前发给来往于这些地区的平民的军事通行证。按规定,只有三种类型的旅行能获得批准:为国家和纳粹党出差;商业性的旅行;从比利时和法国来的外籍工人的旅行。其他各种旅行一概禁止。在其他地区,没有特殊的许可都不能越过"内部疆界"。[①]

在经济上,纳粹政权秉承和发展了中世纪时代的野蛮做法,把占领区作为掠夺对象。在具体手法上,因地而异,因时而异。

最直接的,是索取占领费。在欧洲战争期间,德国除了向法国、比利时、荷兰、挪威、希腊和南斯拉夫等典型的占领国收取这种费用外,还以"上缴金"、"防务捐赠"等名义,向其他国家索取类似费用。根据1907年《海牙公约》

① 阿诺德·托因比、维罗尼卡·M.托因比合编:《希特勒的欧洲》,第150—152页。

第49条规定,占领费的数额,"只应限于驻军或该地行政管理的需要",然而纳粹当局却是根据自身的需要尤其是各个国家的支付能力来确定数额。

截至 1944 年 2 月底所征收的占领费用(单位:百万马克)①

1. 法国:甲项	2287.0
乙项	23561.0
2. 荷兰:用弗罗林现缴的费用	5666.0
特别捐款	500.0
抗击布尔什维主义的捐款	1550.0
3. 塞尔维亚	560.0
4. 比利时	4517.6
5. 挪威(仅计预算上支付的费用)	1278.4
6. 罗马尼亚	12.8
7. 匈牙利	51.8
8. 克罗地亚	118.5
9. 斯洛伐克	0.6
10. 希腊②	3758.1
11. 意大利	1432.6
12. 保加利亚	27.0
13. 芬兰	126.5
14. 乌克兰专员辖区	1246.1
15. 乌克兰专员辖区(以卢布缴纳的)	107.9
16. 西班牙③	78.5
17. 奥斯兰专员辖区	753.6
18. 阿尔巴尼亚	29.1
总计	47663.1

---

① 阿诺德·托因比、维罗尼卡·M.托因比合编:《希特勒的欧洲》,第436页。
② 1943年3月以后,希腊缴纳的占领费用通称"军饷的物价上涨津贴",实付的总额随着德拉克马的贬值而变动。
③ 西班牙何以同意向德国缴纳占领费用,原因不详。

　　在波兰,以"总督辖区为换得军事保护而对帝国防务的捐献"为名的"防务捐赠"逐年增加。1941 年的数额为 1.5 亿兹罗提,招致德国财政部的恼怒,1942 年春天即增加到 5 亿兹罗提,晚些时候又猛增到 13 亿兹罗提。当时德方提出的理由是,它在总督辖区的驻军数约达 40 万人,每月需花费 1 亿兹罗提的费用,因而 1942 年全年需要 13 亿兹罗提,但实际上,当年德国的驻军仅为 8 万人。1943 年,德国财政部开出了 30 亿兹罗提的数额,并提出"总督辖区应将 2/3 的财政收入上缴给德国"的苛刻要求。[①]在法国,根据占领军军需主任的指示,占领军将士的亲属安装的假牙,包括金银制作的牙套,所需费用也列入占领费之内。1941 年底,法国首席谈判代表曾抱怨:"以占领费为名征收的捐税,往往大部分用于负担同占领军生计无关的支出。"据估计,这类支出所占的比重高达 75%。在丹麦,仅 1942 年一年,就向挪威的占领军总司令部输送了 2.2 万头牛、1.75 万只猪、2870 吨黄油、近 500 吨果酱、80 万只鸡蛋、3000 吨水果和蔬菜,另外还要将大量的活牲畜、黄油、奶酪、鸡蛋和海鱼直接运往德国。连德国士兵与丹麦妇女所生的孩子,其抚养费用也列入了占领费之中。1944 年上半年,丹麦每月支付的相关费用达 8600 万马克之多,超过其 1941 年收入的 3 倍以上。[②]在比利时,起初占领费用为每月 8000 万马克,1941 年初上升到 1.2 亿马克。为了占有比利时的 41 吨黄金,德国又提出收取"额外占领费"的要求。

　　德国还通过使用外国劳工加重对占领区的盘剥。德国在使用外国劳工的过程中,对西欧国家的劳工,在招募和使用时都相对比较宽松,而在波兰和苏联,则大量使用了强制手段。但在支付报酬的方式上,都使用了同样的手法,如对比利时工人,德国企业按规定不能直接用马克支付工资,而应将马克转入德国政府管辖的一个集体账户头上,工人拿到的,则是计入占领费预算的比利时法郎。这样,德国实际上是无偿地使

----

① 格茨·阿利:《希特勒的民族帝国:劫掠、种族战争和纳粹主义》,第 78—79 页。
② 同上书,第 79—80 页。

用了外国劳工的劳动。1943年9月德国占领意大利部分领土后,抓走了50万战俘充当强制劳工。雇佣这些工人的企业,将工人工资汇入德意志银行的"工资储备金账户",冲抵意大利应缴的占领费,然后由意大利银行用里拉向工人家庭支付工资。在乌克兰,根据1942年的相关规定,每从那里强征一名工人或年轻女人到德国,"其留下的全部财产及现金"就必须交给村中的长者保管,后者将其转让以实现其价值。"所有活物(马、奶牛、猪、羊、母鸡、鹅等)、草料、秸秆、农作物"必须即刻提供给占领军的经济主管部门出售。村中的长者必须将买卖所得收益和现金存入德国信贷银行的"限制使用账户"。按德方的说法,这些钱等到工人返回故乡后再归还,以便他们能够重购牲畜和物品。在工厂里,这些从东部强征来的劳工只能领取最低级别的非技术工人的工资。更有甚者,1940年8月5日,德国军事部发布命令,规定在德国务工的波兰人必须缴纳"社会福利税"。据此,在德国的波兰人,不管是自愿在德国充当劳工,还是在被德国吞并的国家劳动,原则上都要缴纳特别税,数额约占工人毛收入的15%,从事农业劳动者除外。以后,德国财政部又授权,将这一规定延伸至其他强制劳工群体。不久,犹太人和吉普赛人也得缴纳这种附加税。结果,东欧劳工、犹太人和吉普赛人所支付的税款是德国人的3倍以上。此外,东欧工人在剩余收入中还得被扣除每天1.5马克的所谓住宿费用。一般来说,他们每月的可支配收入为10马克。[①]

利用占领军将士驻扎在欧洲各地的机会,纵容甚至鼓励他们在各地大肆购买生活用品寄回德国,一方面用以释放国内通货膨胀的压力,另一方面通过操纵银行和货币系统,盘剥被占领国。自从1940年10月1日德国与波希米亚和摩拉维亚保护国之间关税规定被取消后,当地人开始抱怨德国人"毫无顾忌"的购买欲。"通往德国的快速列车的行李架经常被很重的箱子、形状不规则的包裹及鼓鼓囊囊的袋子所填满"。在法国,准备回乡探亲的德国士兵个个都带着沉重的包裹,"这些行李中装满

---

① 格茨·阿利:《希特勒的民族帝国:劫掠、种族战争和纳粹主义》,第146—150页。

了女士衣物、各式各样的巴黎特产和奢侈品。虽然都是少量购买,但对法国经济造成了重大伤害,出现了黑市和通货膨胀,使得法国居民越来越难买到生活必需品"。①不能回家探亲的士兵则通过军邮包裹把世界各地的物品寄回国内,这些物品包括北非的鞋子,法国的天鹅绒和丝绸,希腊的利口酒、咖啡和雪茄,俄罗斯的蜂蜜和熏鱼,挪威的鲱鱼,等等。在爱沙尼亚等波罗的海地区,由于那里的物价较低,成了德国人的购物天堂,那里的商品经常被卖空。即使在苏联将士饱受饥饿之苦的列宁格勒前线,德国士兵也往家乡寄出了数量超过 300 万个的战地军邮包裹,里面的物品包括食品、烧酒和其他战利品。开始时,德方军政当局对德军将士购买物品和邮寄包裹的数量有所限制,但到 1940 年 10 月,戈林下令完全取消购物限制。他认为,"各方面对被占领区商品销售一空的顾虑是杞人忧天","与控制购买和限制邮寄相关的措施"是"心理上无法接受的"。他提出了"携带豁免"的概念:"对休假士兵携带的所购商品的限制应当放宽。士兵所能携带的东西以及他个人和其家庭成员的必需品允许被携带。"希特勒甚至称赞德国武装部队是"最天然的中继站,当每个士兵想给其妻子和孩子寄点什么的时候,它总是有求必应"。1942 年夏天,他再三提醒海军总司令雷德尔:"士兵从东部前线往家乡带的东西",那是"对家乡非常有利的津贴啊"。他还表示:人们必须"把回乡休假的士兵看作最完美、最简单的运输工具,允许他们给自己的家庭成员带回尽可能多的食品"。②

为了在第一时间更多地抢购占领区的商品,纳粹当局印制了"德国信贷银行"纸币(RKK)作为支付手段。该货币由国家货币印制厂印制,面额从 0.5 马克至 50 马克不等,与正常马克等值,被国家银行头目称为"披着货币外衣的征收收据"。通过这个形式,当局又找到了释放国内通胀压力的另一条通道。该货币不能在国内流通,也不能兑换成马克,以

---

① 亨利·米歇尔:《第二次世界大战》,上册,九仞译,商务印书馆 1980 年版,第 197 页。
② 格茨·阿利:《希特勒的民族帝国:劫掠、种族战争和纳粹主义》,第 103—104 页。

防止掠夺他国财产的手段反向冲击国内的金融市场。[1]德国信贷银行设立于1939年9月，一直存在到1945年。管理委员会中有国家银行、财政部、经济部、武装部队最高统帅部和陆军总司令部的代表。成立初期，银行总部设置在波兰占领区内，1940年夏迁往布鲁塞尔，1941年6月迁往柏林。从成立到1941年8月，仅仅2年时间内，该银行就发出了54亿马克的纸币，以后发行的数额还是个谜。德方相关人士曾经得意地夸赞德国信贷银行是德国银行的速战队："发行德国信贷银行纸币使德军每入驻一个新的地区即刻就能获得所需的金钱，而且该银行还可辅助承担德国与被占领国之间的清算交易。通过这样的方式，各国发行银行在货币政策上被步步紧逼，直到他们顺从并用本国货币负担德国军队的货币需要及预支清算账户。如果他们拒绝或不再发挥作用，就要建立一个新的发行银行来替代。"德方还人为确定汇率，以掠夺更多的财物。在吞并整个捷克斯洛伐克后，即强制规定克朗贬值1/3。占领法国后，法郎的汇率由之前的100法郎兑6.6马克强制改为兑5马克，使法郎贬值近25％。而1941年进攻苏联后，竟然强使占领区内的卢布贬值470％。即使在意大利，1943年占领其部分领土后，也将里拉的汇率由100里拉兑13.10马克降为兑10马克。[2]

当使用货币手段抢购货物的效率逐渐受阻时，当局开始鼓励士兵们用家中的实物换取当地的有用之物。这一现象在乌克兰占领区尤其兴盛。德国士兵为了得到鸡蛋、食用油、肥肉、腌熏肉等乌克兰的产品，纷纷写信回家，要求妻子们清理储藏室，并且拜访亲戚朋友，把所有能收集到的东西都寄往占领区，旧衣服和旧家具自不待言，以下这些物品也是信件中经常提到的：盐、火柴、打火机火石、酵母、女士内衣、手袋、粉碎机、黄瓜刨皮刀、吊袜带、糖精、护肤霜、小苏打、指甲油、发酵粉、唇膏、牙刷等。

---

[1] 阿诺德·托因比、维罗尼卡·M.托因比合编：《希特勒的欧洲》，第428页。
[2] 同上。

　　纳粹当局试图完成的最具有长期意义的行动,是在"建立欧洲经济新秩序"的旗号下,对各国经济结构实施强行改变。纳粹高层人士声称,欧洲经济新秩序的基础,是在欧洲组建一个单一的经济共同体,在德国的指导下进行工作。无组织的自由主义将被集中计划所取代,通过创设充足的信贷,可以保证欧洲各地都达到高度的就业水平。1940 年 9 月,冯克在维也纳国家博览会上说,如果每个国家为了要生产从钮扣到火车头这一切东西,因而不得不以高昂的代价建立重工业,并且只能靠关税、补助金和限制进口来维持这种重工业,那么就是在经济上精神错乱。为代替这种方式,欧洲各国之间应当发展专业分工,以有利于全体。①

　　纳粹当局最初的设想,是让德国成为欧洲的工业中心,其他国家则沿着非工业化的方向实施产业调整,为整个欧洲的粮食与饲料自给作出贡献。东南欧地区增加农业生产的政策将继续实施,同时放弃其军备及辅助工业;南斯拉夫的纺织工业也被某作家说成是"从欧洲的观点看来是不合理的"。甚至在西欧,虽然全面的非工业化根本办不到,但是他们也设想出某些改变:丹麦应当减少养牛和乳类生产,增加谷类和饲料的产量;挪威应致力于在农业上自给自足;法国也应成为主要是农业经济单位和粮食输出国。然而,随着战争进程的延长和军火供应压力的增大,纳粹当局逐渐改变了原来的设想。如果其他国家的工业生产能力能够为战争服务,那里的生产就维持原状,有时甚至还可以扩充。但是,这些地方的工业生产,必须完全服从德国的战争需要。因此,军备产品和德国所需原料的产量,不少都增加了,而纺织品、玻璃器皿和德国够用的原料的产量,则听任其下滑。在比利时,2164 家纺织企业中就有 1360 家被关闭。

　　在随后处理占领区的工业问题时,德国当局把所有占领地区分成三大类。第一类是已经并入或预订将要并入德国的地区,如奥地利、波希米亚—摩拉维亚保护国、波兰的上西里西亚、阿尔萨斯—洛林、卢森堡,

---

① 转引自阿诺德·托因比、维罗尼卡·M.托因比合编:《希特勒的欧洲》,第 263 页。

这类地区的经济生活由德国当局直接管理;第二类是被当作"殖民地"的地方,如波兰总督辖区、巴尔干诸国、波罗的海国家和苏联占领区,这类地区也由德国当局直接控制,不准当地人自行管理;第三类是西欧国家,包括挪威、丹麦、比利时、荷兰和法国,它们的日常管理工作由当地自行负责,但纳粹当局在其之上设立相应的机构加以监督,左右其决策。①

第一类地区中的重工业产业,不仅近期能够用于支撑德国的作战能力,从长期看,也有助于推动德国成为欧洲的工业中心。德国的对策是把它们的经济完全并入德国的工业体系,因此,它们躲过了其他被占国家所遭遇到的大规模掠夺。如在捷克斯洛伐克,没有发生没收产业的事情,其斯科达工厂和布尔诺军备厂也很快融入德国的军备生产体系,接受德国的军备订货单。在上西里西亚,由于该地不易受到空袭,被占期间燃煤产量大幅度增加,重型工程和军备的生产能力都得到充分利用,还建造了合成石油厂。在战争末期,它已经成为德国东部和对苏前线的最重要中心。

德国对第二类地区的工业政策最为严苛。1939 年 10 月 19 日,戈林发布了一道关于在波兰各个地区所应采取的政策的指令,其中规定:"在总督辖区,凡是能够用于德国战时经济的原料、废铁、机器等等,都必须从该地运走。对于维持居民仅足糊口的低生活水平并非绝对必要的企业,必须迁移到德国去,除非这种迁移要花上异乎寻常的长时间,因而不如在原地完成德国的定货更为实际。"1941 年 11 月 25 日,最高统帅部军备采购局联络参谋处提出一份关于在东方占领区所应采取的经济政策一般原则的报告,指出:"东方占领区的生产只有在下列这种绝对必要的情况下才应予以考虑:(1)为了减少运输量(即制成钢锭或铝锭前的生产工序),(2)为了顾及在该地区进行紧急修理的需要,(3)为了在战时利用军工部门的全部设备。剩下来尚待决定的是:鉴于欧洲工业能力的负担已经过重,卡车和拖拉机的生产在战争期间可以考虑恢复到何种程度。

---

① 阿诺德·托因比、维罗尼卡·M. 托因比合编:《希特勒的欧洲》,第 291、307 页。

不准在东方占领区发展相当规模的消费品和制成品的工业。加工处理东方占领区出产的原料和半成品,并且照管这些东方地区——它们将像殖民地那样遭到掠夺——对工业消费品的最为迫切的需要,以及它们的生产资料,凡此都是欧洲工业,尤其是德国工业的任务。"

德国对第三类地区的工业政策,介乎于前两者之间。因为西欧国家的工业化程度远高于东欧国家,占领初期,其对策主要是大肆掠夺储存的商品和设备。到1940年9月,纳粹当局感到使用一部分西欧的庞大工业资源更为有利,于是很快改变对策。9月14日,陆军军械部门首领向其下属机构发出指示,称:"西方占领区荷兰、比利时和法国的工厂,应尽可能加以利用,以减轻对德国军备生产的压力并增加战争的潜力。丹麦境内的企业也将日益用以承做转包工作。"然而,根据当局的规定,工业生产只允许在德国的需要所规定的范围内进行,倘若有些工业产品对于维持德国的作战行动并不重要,或者原料缺乏,生产就应大幅度削减,直至全部停止。如果这些机器对德国有用,就运往德国,劳工则被送往军事工业中为"托特组织"工作,或者送往德国本土。那些被允许继续生产的工业部门,大部分产品都是保留给德国的。其中,比例较高的如工业精密零件、重型铸件、镁、碳溶胶,100％的产品运往德国,比例最低的是麻棉混织品,12％的产品运往德国。直接为战争服务的产品中,航空器材,90％给德国,海军器材,79％给德国,石油和汽车燃料,80％给德国。[①]

在政治上,纳粹当局在占领区发布了大量镇压各国人民的法令、条例和决议,不断设立和扩充专制机构,对民众实施严密监视和迫害。他们调动军队和警察,血腥镇压群众性罢工、示威和暴动。对斯拉夫人和犹太人的压迫更加残暴。被占领国的人民,只要对纳粹的统治表示不满和反抗,甚至只要有这种"嫌疑",就会受到迫害。纳粹当局还在那里实行完整的连坐责任制,居民中只要有一件被认为是对占领者的敌对行

① 阿诺德·托因比、维罗尼卡·M.托因比合编:《希特勒的欧洲》,第306—313页。

动,全体居民必须支付罚款。如果占领军官或占领当局的代表被杀,就要枪杀几十至几百名人质。

在文化方面,纳粹占领当局极力鼓吹德意志种族优越论,推行民族歧视政策,宣扬德国纳粹文化,强制推广德语,毁灭各国的优秀文化遗产和民族语言,同时乘机大肆掠夺名画等艺术品。

三、对犹太人的掠夺和大屠杀

自 1938 年 3 月德国吞并奥地利开始,纳粹政权正式走上了对外扩张的道路。欧洲大部分国家都有犹太人生活着(战前各国犹太人的数量,参见下列欧洲各国犹太人遇害数量估算表),德国的侵略铁蹄践踏到哪里,那里的犹太人就落入纳粹的魔掌。首先被吞并的奥地利有 25 万犹太人,随后遭到肢解的捷克斯洛伐克有 36 万犹太人。波兰的犹太人数量最多,达 330 万,占全国居民总数的 10%。

德奥合并还在进行时,德国军官和奥地利纳粹分子就互相配合,对奥地利犹太人发起了一场肆无忌惮的暴力侵袭。奥地利纳粹分子肆意掠夺犹太人的商店和住宅,当时常常会见到粗鄙的暴徒们强迫犹太少年、老人和妇女跪在地上,用牙刷或是赤裸的指节刷洗街道。难以忍受的犹太人只能以自杀求得解脱,仅 1938 年 3 月一个月内,就有 1700 人自杀。合并后的奥地利犹太人,就与德国同类一起遭遇纳粹当局的掠夺。新国境内犹太人总数的增加还推动当局加快犹太人外迁的速度。1938年 8 月,纳粹当局在维也纳欧根亲王大街设立"犹太人出境办事处",专门处理犹太人外迁事务。该办事处逼迫较为富裕的犹太人出资,资助犹太穷人出境,因而大大加快了总体进度。1939 年 1 月 24 日,戈林发布命令,决定在德国本土也实行同样的办法。于是,在柏林设立了"犹太人出境办事处"。这些措施的效果比较明显,仅奥地利地区,犹太人的数量就很快从 25 万降低到 6 万。[①]移民中包括著名学者西格蒙德·弗洛伊德

---

① J. Noakes & G. Pridham (ed.), *Documents on Nazism*, *1919 - 1945*, p. 493.

(Sigmund Freud,1856—1939),他在被没收了现金和银行存款后,离开奥地利来到英国,连事先已经发往瑞士的文集也被当局强令运回并烧毁。

1939年春斯洛伐克在德国鼓动下宣布独立后,当地的反犹活动也急剧升温。4月18日,当地政府颁布条例,取消了犹太人在公共部门工作的权利,并对他们进入某些学术职业岗位作了部分或全部限制。同时,政府对犹太人的农业和林业财产进行登记,并通过法令宣布对这些地产按照社会"公平"的方式进行划分和分配。1940年4月25日,政府又颁布关于犹太公司"斯洛伐克化"的法令,没收犹太人的工商业企业。从1941年冬天起,斯洛伐克政府开始驱赶犹太人,13个星期内将8.9万名犹太人中的5.3万人从斯洛伐克赶往奥斯威辛和卢布林。斯洛伐克政府每驱赶1名犹太人,就要向德国支付500德国马克的费用。据估计,斯洛伐克在二战期间总共向德国提供了至少价值70亿克朗的实物和服务,其中将近40%来自对犹太人的剥夺。[1]

德军入侵波兰时,党卫队和保安警察组织了五个特别行动队(Einsatzgruppen)尾随前进。特别行动队的任务是多重的,包括猎杀波兰民族的精英,但重要的任务是搜寻和屠杀犹太人。党卫队领袖们以每天枪毙200名波兰人而引以为炫,引起德军将领对世界舆论的担心。[2]德军侵占波兰后,掠夺行动大规模展开,当局冻结了所有犹太人名下的账户、银行保险箱和仓库,并颁布相关条例,强迫犹太人将所有银行存折和保险箱集中存放到一家银行。根据规定,犹太人拥有超过2000兹罗提的现金,必须存入银行账户,每周仅能提取250兹罗提用于生活开销。1939年11月,总督辖区政府还正式成立托管局,负责掌握以前的波兰国家财产,并负责没收战事结束后无人认领的财产和国家公敌及犹太人的财产。据统计,该托管局接收了约3600家企业,其中大部分都是犹太人

---

[1] 格茨·阿利:《希特勒的民族帝国:劫掠、种族战争和纳粹主义》,第206—209页。
[2] 海因茨·赫内:《党卫队——佩骷髅标志集团》,第350页。

的财产。由于波兰境内拥有数百万犹太人，需要加速向外输送，同时德国已与不少国家处于交战状态，犹太人出境的路径由此变得狭窄，故而犹太人问题进一步凸显。掌控"犹太人向外移居全国中心"的海德里希等人就势把波兰视作安置德国本土犹太人的场所。1939年9月，他下达命令，要把德国本土的犹太人迁往波兰。当局在卢布林附近划出一块约90—110平方公里的地方，作为犹太人隔离区（Ghettos）。起初仅把波兰各地的犹太人运入其中，1939年冬，开始运送奥地利和捷克的犹太人，翌年2月起，又从德国本土遣送犹太人至此。

德国入侵西欧后，那里的犹太人也遭到盘剥。各地犹太人的股票都强制转化成利率为3.5％的德国债券，这些债券于1941年冬被德国官方宣布为无效。在法国，由于存在着维希傀儡政权，犹太产业雅利安化的进程由法国人具体操办，然后以占领费等形式转入德国国库。1941年12月中旬，德军司令部强迫巴黎的犹太人缴纳10亿法郎的集体处罚金，其中10％转交法方使用。① 在比利时，德军占领当局直接主管剥夺犹太人事宜。德国陆军总司令勃劳希契曾于1940年11月16日宣布："在比利时加速将犹太人完全从经济界中驱逐出去，是具有重要价值的；犹太人商店的现有库存应该变现并由军队或者国家支配。"翌年3月31日，当地驻军当局颁布针对犹太人的经济措施条例，规定政府对犹太人占有的地产、有价证券和现金入账进行登记。然而，在实际执行过程中，由于比利时的银行并不关心对其犹太储户进行识别，因而很多犹太人的流动资金、银行保险箱、账户和股票情况并未被官方掌握。1942年4月2日，驻军当局再次颁布关于犹太人财产由德意志国接管的条例，规定由1940年10月成立的"布鲁塞尔信托有限责任公司"（简称B.T.）负责管理并清算犹太人的财产并没收"德国敌人"的财产。此后，没收行动的效率大幅度提高。在荷兰，犹太人的现金、票据、珠宝等都被存入一个为了雅利安化而改制的银行里面，其名称叫"利普曼·罗森塔尔有限责任公司"。

---

① 格茨·阿利：《希特勒的民族帝国：劫掠、种族战争和纳粹主义》，第199页。

据战后荷兰方面的统计,德军一共从荷兰的犹太人手中夺走价值为 11 亿至 15 亿荷兰盾的财产。[1]

在东南欧地区,塞尔维亚的犹太人遭到快速的灭绝。1942 年 4 月中旬,该军事统治区的头目总结道:"几个月前,我已把附近大片土地上能抓到的犹太人都杀光了;把所有犹太妇女和儿童都送入了集中营,同时借助中央保安局的力量搞到一辆'除虱子'的汽车[2],2 至 4 周后即将对集中营进行彻底清理。"几周后,约 2.2 万名塞尔维亚犹太人中的绝大部分遇难。5 月 23 日,德国外交部的一位犹太问题负责人断言:"犹太人问题已不再是塞尔维亚的焦点,当务之急是如何对财产法问题进行规制。"[3]据 1944 年 12 月的统计数字,塞尔维亚犹太人的总资产约为 30—40 亿第纳尔。塞尔维亚犹太人的财产名义上归塞方所有,德国则通过索要占领费等方法间接占有。在克罗地亚,当地政府于 1941 年 4 月冻结了由大约 3 万名犹太人支配着的所有账户。大部分犹太人被关进克罗地亚的集中营并被折磨致死,小部分转入地下活动或者在 1942 年夏天被驱逐到奥斯威辛。1942 年 10 月,当地政府将全部犹太人财产收入国库,并将其中一小部分转入德国账户。在保加利亚,当地政府于 1941 年 1 月 21 日颁布反犹法令,将犹太人视作外族人,规定不准从事特定的职业,必须到保加利亚国家银行对所有财产进行登记。由于犹太人消极抵抗,政府于同年 7 月 14 日再次下令,规定每一个"具有犹太血统的人"必须向保加利亚国家账户缴纳一次性的财产税,凡超过 20 万列弗(约合 600 德国马克)的财产需缴纳其中的 20%,超过 300 万的需缴纳 25%。据统计,保加利亚一共剥夺了约 45 亿列弗的犹太人财产,其中大部分以各种形式转交给了德国。保加利亚本土的犹太人未被送进毒气室,保住了性命,但划归保加利亚的马其顿和色雷斯地区的犹太人就遭受了噩运。那里有 11343 名犹太人被强行驱赶到特雷布林卡集中营,遭到屠

---

① 格茨·阿利:《希特勒的民族帝国:劫掠、种族战争和纳粹主义》,第 193 页。
② 指毒气车。
③ 格茨·阿利:《希特勒的民族帝国:劫掠、种族战争和纳粹主义》,第 173 页。

杀。他们居住的房屋用于安置保加利亚人,成为新领土"保加利亚化"行动的组成部分。在罗马尼亚,政府在 1940 年 10 月至 1942 年 6 月之间颁布了一系列没收本国犹太人财产的法令,先后把犹太人的地产、林木、医院和福利机构收归国有。1941 年夏天罗马尼亚参加侵苏战争后,又多次要求犹太人支付战争捐款,有明确记载的就有两次,一次在 1941 年 7 月底,要求布加勒斯特的犹太教会认捐 100 亿列伊,另一次在 1942 年 5 月,捐助数为 40 亿列伊。此外,还要求犹太人将黄金、白银、首饰等贵重物品上交给国家。在希腊,德占区里居住着约 5.5 万名犹太人。1942 年夏,德军征用了数千名犹太人从事强迫劳动,在机场及道路建设工地、铁轨制造厂和矿场从事繁重劳动。后由于缺少食物和宿营地,工作效率相当低下,德军改而向犹太人征收黄金作为赎金。1943 年 3 月起,开始没收犹太人的财产,并将大部分人赶出居住地。

苏联在战前拥有约 500 万犹太人,数量居欧洲首位。而且在纳粹分子的话语体系中,经常把犹太人与布尔什维主义捆绑在一起,称犹太人是布尔什维主义的基础与后盾。因此,希特勒还在制订和落实入侵苏联的计划时,即把抓捕和屠杀苏联犹太人的事务提上日程。1941 年 3 月 3 日,他向约德尔口授行将对苏作战的方针时,即提出让希姆莱负责实施灭绝犹太-布尔什维克领导阶层的工作。他说:"犹太-布尔什维克知识分子一向是人民的压迫者,必须加以清除。"[①]同年 5 月,党卫队从各处抽调约 3000 人,分别组成四个特别行动队,预定在入侵苏联时随军队行动。海德里希在 6 月中旬举行的特别行动队行前训话中强调:"东方犹太人是布尔什维主义的后备军,因此根据元首的看法必须将其消灭。"[②]在侵苏战争的进行过程中,特别行动队以积极和残忍的态度参与其中,往往军队正在围攻一座城市,特别行动队的先头部队已经开始动手杀人。各分队关于屠杀犹太人的汇报材料源源不断流向上级部门,每一份

---

① 海因茨·赫内:《党卫队——佩骷髅标志集团》,第 413 页。
② J. Noakes & G. Pridham (ed.), *Documents on Nazism*, *1919－1945*, pp. 620－621.

材料都使用了冰箱生产者或病虫害扑灭者的语言,冷峻地报告自己的"战绩"。截至1941年底至1942年初,各特别行动队消灭犹太人的汇总合计481887人。而到1943年9月,这一数字上升到90万。[1]

德国原计划在3个月之内解决苏联问题,因而侵苏战争一爆发,各个部门即以德国占领整个欧洲大陆为基础,筹划下一步的行动计划。1941年7月31日,戈林给海德里希下达命令,要求其"就最后解决德国控制下欧洲的犹太人问题做好必要的组织、技术支持和经费支持等工作,并负责协调相关政府部门的工作"。[2]在执行命令的过程中,当局同时把打击矛头指向国内残存的犹太人。1941年9月1日,海德里希颁布关于犹太人佩戴"大卫星"的法令,其中规定:6岁以上的犹太人在外出时必须佩戴犹太标志,该标志为手掌大小的黄布,缀以六角星黑框,中间书写Jude字样,缝制在外套的左胸部。从1941年10月起,大批在德犹太人被送往位于罗兹、华沙、明斯克和里加(Riga)的犹太人隔离区。

1942年1月20日,为协调实施"最后解决"的各项事务,海德里希召开了臭名昭彰的"万湖会议"。他在会上宣读了1941年7月31日戈林的命令信,并明确自己作为希姆莱的代表全权掌管"最后解决"事务的身份。会议决定从西向东对欧洲大陆作一次全面梳理,将全部犹太人送往东方占领区。会议决定,犹太人送到东方后,无劳动能力者和儿童直接处死,有劳动能力者组成劳动大队从事集体劳动,用道路建筑等繁重劳动让他们折磨致死。其中的幸存者作为生存竞争的最适者,已拥有强大的忍受能力,必将成为犹太种族复兴的核心,必须予以清除。但是,年龄在65岁以上者、一战中的致残者、获得过一级铁十字勋章的犹太人,以及犹太组织的代表人物或著名的艺术家和科学家等犹太社会名流,不应该简单地消失,而要暂时保留下来,以便在国内外公众面前掩盖"疏散"行动的真实特征。[3]

---

[1] 海因茨·赫内:《党卫队——佩骷髅标志集团》,第422—423、435页

[2] J. Noakes & G. Pridham (ed.), *Documents on Nazism*, *1919-1945*, p. 486.

[3] Ibid., p. 489.

由此德国的罪恶之剑转而向西。1942 年 5 月起,荷兰犹太人被强令佩戴大卫星,一个月后,死亡的车轮滚滚东向,共有 11 万犹太人被押运出境,最后幸存者仅 6000 人。但在法国和比利时,由于德国驻军长官采取不同形式的阻挠行为,搜捕工作不太顺利。希腊拥有约 7.5 万名犹太人,其中 1.3 万名在意占区,5000 名在保加利亚占领区,最后约有 5.7 万—6 万名遭屠杀。在其他地方的具体实施过程中,波兰、匈牙利、南斯拉夫等国的犹太人大部分在毒气室遇害,奥地利、斯洛伐克的犹太人半数遭屠杀,丹麦和保加利亚的犹太人在当地民众的保护下大部分幸存。

欧洲各国犹太人遇害数量估算①

国家	德国入侵前犹太人数量(人)	遇害人数与比重	
		最低估计数	最高估计数与比重
波兰	3300000	2350000	2900000＝88％
苏联	2100000	700000	1000000＝48％
罗马尼亚	850000	200000	420000＝49％
捷克斯洛伐克	360000	233000	300000＝83％
德国	240000	160000	200000＝83％
匈牙利	403000	180000	200000＝83％
立陶宛	155000	—	135000＝87％
法国	300000	60000	130000＝43％
荷兰	150000	104000	120000＝80％
拉脱维亚	95000	—	85000＝89％
南斯拉夫	75000	55000	65000＝87％
希腊	75000	57000	60000＝80％
奥地利	60000	—	40000＝80％
比利时	100000	25000	40000＝40％

① 摘自 J. Noakes & G. Pridham (ed.), *Documents on Nazism*, *1919 - 1945*, p. 493.

续表

国家	德国入侵前 犹太人数量(人)	遇害人数与比重	
		最低估计数	最高估计数与比重
保加利亚	50000	—	7000＝14％
卢森堡	—	3000	3000 —
挪威	—	700	1000 —
总计		4194200	约 5721000＝68％

屠杀犹太人的工具,最初主要使用枪械击杀,死后尸体埋在大土坑里。但是,大规模枪杀的血淋淋场面常常造成部分执行士兵精神崩溃,故而自 1941 年底起改用毒气车杀人。经过改装的闷罐子卡车名义上运送犹太人到淋浴场,中途通过暗装的管道输入毒气毒杀,最后尸体由其他犹太人加以处理。1942 年初,开始使用伪装成"蒸汽浴室"的固定毒气室和焚尸炉,最初的毒气是由柴油发动机排出的废气,以后使用法本化学公司研制的高效杀菌杀虫剂氢氰酸"齐克隆—B"(Zyklon - B)。以后,毒气室和焚尸炉成为绝大部分灭绝营的基本装备。

斯大林格勒会战结束后,德国劳动力紧缺的现象越来越严重,1942年 4 月 30 日,党卫队中央经济管理总处(WVHA)处长奥斯瓦德·波尔(Oswald Ludwig Pohl,1892—1951)写信给希姆莱,认为提高军备生产使"调动所有囚徒劳动力"势在必行,因此要求"采取措施,使集中营从它过去单一的政治形式逐渐过渡为适应经济任务的组织"。此后,对实施强制劳动者的挑选标准放宽,绝大部分犹太人都用于从事奴隶劳动。犹太人在营养不良的情况下,每天的劳动时间都超过 11 小时。[①]德国的卫星国也逐步放弃反犹暴行:1942 年秋,斯洛伐克政府停止押送任何犹太人去东方;同年 12 月,罗马尼亚政府指令停止向德国交送犹太人;1943年 4 月,保加利亚国王指示禁止所有押运犹太人的行动。

---

① 海因茨·赫内:《党卫队——佩骷髅标志集团》,第 454 页。

第五节　败退与投降

一、东线的战略转折

　　纳粹德国自实施对外扩张后,一直比较顺利地实现着预定的目标,然而在入侵苏联的过程中,兵力损伤非常严重,德国兵力和军备不足的矛盾逐渐突显。据德国陆军总参谋长哈尔德估计,从进攻苏联到1942年2月底,德军损失了100多万人,相当于全部兵力的31%。在莫斯科战役快结束的时候,德军不少师减员到仅及原数1/3的水平。不少将领向希特勒提出,如果要向苏联发起新的攻势,必须补充80万兵员。[①]然而施佩尔表示,为了保证军备生产,工厂里根本腾不出如此数量的劳动力。无奈之下,德国只好更多地使用扈从国的军队,经希特勒、戈林等亲自出马,到意大利、匈牙利、罗马尼亚、斯洛伐克、西班牙去讨救兵,总算搞来52个师。这些盟邦军队,武器装备差,训练水平低,士气低落,成为德方进攻线上的薄弱点。与此同时,德军在优先保证战斗师数量的前提下,悄悄地缩小师的编制。步兵师由原来9个营改为7个营;步兵连的战斗人员从原先的180人改为80人。两者相叠加,师的规模缩小了约一半。德方军队的战斗力因此有所下降。

　　1942年春,希特勒决定再次对苏联发起进攻。由于兵力兵器不足,不得不放弃全面的进攻计划,改而采取先南后北、逐次进攻的方式。1942年4月5日,希特勒发布《第41号指令(东线作战)》。指令规定:"坚持关于东方战局的原来基本方针","目标是,最终歼灭苏军残存的有生力量,尽可能多地夺取它的最重要的战争经济资源。为此,应投入德国军队和盟军的一切可供使用的力量"。[②]德方行动的近期目标很明确。在拿下哈尔科夫(Charkiw)以东、顿河河曲所环绕的区域后,再实施两个

[①] 利德尔—哈特:《第二次世界大战史》,上册,第339页。
[②] 瓦尔特·胡巴奇编:《希特勒战争密令全集(1939—1945)》,第140—145页。

后续行动。第一,南下高加索,夺取高加索地区的石油资源,顺路还可以占领顿涅茨克(Donezk)盆地工业区和库班(Kuban)的小麦产区,既可以补充自身的战争需求,又能切断苏军战略物资的供应来源。第二,攻占斯大林格勒。该城是苏联南部的工业重镇、交通枢纽和战略要冲,它拥有生产坦克和火炮的大型工厂,同时西通顿涅茨克盆地的工业区,南连库班粮仓和高加索油田,东接乌拉尔新工业区和战略预备队集结地,北达莫斯科。德军攻占斯大林格勒,就能切断莫斯科同南方的联系。在实现这两个近期目标后,德军将沿着伏尔加河北上,到达喀山以南后,西向迂回包围莫斯科,[①]东进攻取俄罗斯中部。

苏联最高统帅部预计德军会在 1942 年发动夏季攻势,进攻重点将在莫斯科方向和南方,但斯大林认为莫斯科方向的可能性更大。在德军还占有优势的情况下,斯大林考虑不应单纯实行消极防御,而应该实施小规模的战略性积极防御,对当面的德军发起一些小型攻势。该主张获得高级将领们的一致赞同。最后,斯大林指示在克里米亚和哈尔科夫两处发动局部进攻战役。不幸的是,苏军的这两个打击点正是德军集结重兵准备进攻的地方,因而遭到失败。

当时,曼施坦因指挥的第 11 集团军部署在克里米亚半岛,该部队自 1942 年 5 月 8 日起趁势发起反攻,于 16 日拿下刻赤(Kertsch)。据德方宣称,通过这次战事,德军俘虏了苏军 15 万人和大量的坦克及火炮。德军继续进攻苏联黑海舰队的主要基地塞瓦斯托波尔(Sewastopol),但遭到守军顽强抵抗。第 11 集团军原计划从刻赤半岛渡过刻赤海峡进攻高加索,但由于在塞瓦斯托波尔延滞了进程,等到有能力发起进攻时,为时已晚。

当克里米亚战斗正在进行之际,苏军于 1942 年 5 月 12 日从西北、西南两个方向对哈尔科夫突出部的德军发起钳形攻势。由于此地正是德方集结进攻部队之处,因此苏军遇到了更硬的钉子。德方第 6 集团军和

---

① 当时,陆军总参谋部力主把进攻重点仍然放在中路,直接攻下莫斯科。

第一装甲集团军借机提前对苏军发起进攻,将苏军进攻部队分割得七零八落,并将其包围。到 5 月底,苏军有 24 万余人被俘。6 月中旬,德军趁势强渡顿涅茨河,在北岸构筑了一个出发阵地。

希特勒再次狂妄起来,得意忘形地叫嚣要在 7 月 25 日攻占斯大林格勒,8 月 15 日攻占古比雪夫(Kuibyschew),9 月 25 日攻占巴库,10—11 月展开包围莫斯科的决定性战事。为了加强南线的攻势,他对"南方"集团军群实施整编,从中抽出部队组成 A 集团军群,由威廉·李斯特(Wilhelm List,1880—1971)任司令,主攻方向是高加索地区。剩余的部队组成 B 集团军群,先由原"南方"集团军群司令博克任司令,后由马克西米利安·冯·魏希斯(Maximilian von Weichs,一译"魏克斯",1881—1954)接任。

1942 年 6 月 28 日,德军的大规模进攻开始。在北起库尔斯克,南至黑海沿岸的塔甘罗格(Taganrog)的六七百公里长的战线上,德方投入连同盟军在内的 150 万以上的兵力。苏方在克里米亚和哈尔科夫战事受到挫折的情况下,面临德军的优势兵力,为了保存有生力量,采取机动防御的方针,且战且退,向顿河河曲地带和高加索山脉一线集结。7 月下旬,德军攻陷位于顿河河口的罗斯托夫,并且进抵顿河河曲的底部。

B 集团军群攻势的得利,使希特勒的头脑再次发热,以为可以轻而易举地攻下斯大林格勒,而高加索石油对他的诱惑越来越强。7 月 23 日,他发布《第 45 号指令:继续实施"不伦瑞克"行动》,对兵力部署作了调整,规定将 A 集团军群属下的第 23 装甲师和第 24 装甲师调给 B 集团军群,但用于"向东南方向实施突击",同时命令 B 集团军群属下的第 4 装甲集团军南下,与第 1 装甲集团军配合进攻第比利斯(Tiflis)—巴库一线。[①] A 集团军群得到增援后,向南猛攻,于 8 月 9 日占领已经遭到破坏的迈科普(Maikop)油田。以后又兵分两路,一路沿着黑海海岸行进,企图绕过高加索山脉的西端,进窥外高加索,另一路向东冲向里海,企图夺

---

① 瓦尔特·胡巴奇编:《希特勒战争密令全集(1939—1945)》,第 155—158 页。

取格罗兹尼(Grozny)油田和巴库油田,并且占领高加索山脉的各个隘口,与前者形成夹击的态势。但是,后一路德军的攻势很快被阻止。苏军依托高山峡谷的有利地形顽强抵抗,苏联民众也武装起来保卫家园。而德军的战线突然间增长了数倍,补给线也大为拉长,弹药汽油供应不济,进攻能力顿时减弱,再也突不破已有的战线。

斯大林格勒方向的攻势,由于调走了装甲兵团,一时遭到削弱。希特勒见南线的攻势受阻,便下令第4装甲集团军再次北上,但这一番周折便耽误了时间,给了斯大林格勒地区的苏军加强防御线的机会。8月中旬,德军B集团军群发起强攻,在1000多架飞机的掩护下,向顿河各渡口发动猛烈攻势。20日傍晚开始强渡顿河,取得成功。此时,该集团军群已作好进攻斯大林格勒的最后准备,组成南北两个突击集团,准备对斯大林格勒实施钳形向心突击。8月23日,德军对斯大林格勒发起强攻,25个师的兵力,以半圆形的阵势,从北、西、南三个方向攻向长条形的城市。第14装甲军在空降兵的配合下,甚至突破苏军的北部防线,冲到伏尔加河边,形成一条宽约8公里的走廊,把苏军的北翼防线切成两半。苏军防守部队退入城内,利用城市的特点,展开了争夺战。双方围绕主要的街区、楼房、甚至楼面,展开反复争夺。德军似乎包围了城市,在不同的时段又占领了部分不同的地方,但始终不能控制这座城市。

希特勒出于宣传的需要,开始公开宣布德军在斯大林格勒已经获得伟大的胜利。1942年9月底,他在柏林为当年的"冬赈"运动揭幕,在演说中声称当前德国的军事攻势有4个目标:夺取俄国最后一个巨大的谷仓;夺取俄国"最后残存的"煤矿;夺取或切断俄国的石油供应;封锁伏尔加河这条俄国供应线。在提到斯大林格勒时,他宣称:"你们可以完全相信,现在没有人能把我们撵出来。"同年11月8日,他在慕尼黑纪念"啤酒馆暴动"的集会上也宣布已攻占"这个巨大的运转中心",并宣称这是德国的一个伟大胜利。

与此相对,苏军最高统帅部及时抓住战机,利用斯大林格勒保卫者与敌鏖战的时候,向战线两翼隐蔽地调集了14个集团军,共110.6万兵力,准备围歼斯大林格勒附近的德军主力。1942 年 11 月 19 日晨,北翼苏军突破罗马尼亚军防线,向东南方向挺进。翌日,南翼苏军出动,同北翼配合,向卡拉奇(Kalach)方向发动钳形进攻。23 日,两支军队在苏维埃斯基(Sovietsky)完成合围。24 日至 30 日,苏军对被围德军展开攻击,德军被压缩到约 1500 平方公里的地域内。被包围的共约 22 万人,连同100 辆坦克、1800 门火炮和 1 万辆各种车辆。①

第 6 集团军被包围后,希特勒见势不妙,急忙把曼施坦因从列宁格勒前线调来,任命他担任新组建的顿河集团军群司令。该集团军群由 B、A 两个集团军群的部分部队及其他部队构成,共 48 个师。保卢斯(Friedrich Paulus,1890—1957)在下属的支持下,力主向西南方向突围,保存有生力量。刚刚上任的曼施坦因也建议第 6 集团军向西突围,自己则率部朝东北方向进攻,合击苏联合围部队。但是,希特勒的初期反应仅仅是"固守住"! 他不愿意因为第 6 集团军的后撤而否定"元首永远是正确的"这一神话。戈林为了阻止自己的地位进一步下滑,夸口要以空运来保证第 6 集团军的所有补给。此举进一步坚定了希特勒的信念,他要让第 6 集团军充当铁砧,由顿河集团军群充当铁锤,砸向斯大林格勒。1942 年 12 月 12 日,顿河集团军群的"冲砸"行动正式开始。实际上,被围的第 6 集团军在坚守阵地的同时,也在作突围努力。内外两军的距离,最近时只有 40 公里,夜晚时分,被围德军已能看到雪原西边的援兵发出的信号弹。然而,戈林作出的承诺根本无法兑现,被围德军每天需要 700 吨给养,而空军只能平均运送 104.7 吨。给养不足,造成战斗力大为缩减。而苏军最高统帅部根据形势变化及时调整计划,对保卢斯部围而不歼,同时巩固合围圈的对外正面,缩小外围切割部队的包围范围,命令侧翼部队猛攻曼施坦因部的后侧。此举不仅挡住了曼施坦因部的攻势,还迫使其后退了 150 公里。德军害怕遇上第二个斯大林格勒,由曼施坦因部死命顶住苏军的攻势,急忙把高加索地区的军队全数撤了回

---

① 汉斯-阿道夫·雅各布森等著:《第二次世界大战的决定性战役(德国观点)》,第 242 页。

去。保卢斯部成了真正的孤军。

处于苏军重重包围之下的保卢斯部,粮尽援绝,上天无路,入地无门。1943年1月8日,苏军向保卢斯递交最后通牒,要求其率部投降。由于希特勒一贯禁止部下投降,保卢斯在与各军军长取得一致意见后,拒绝了苏方的要求。1月10日,苏军开始进攻,经过20天的战斗,德军的抵抗被彻底粉碎。1月31日和2月2日,被切割成两块的德军先后投降。这样,德方1名陆军元帅、24名将军和约9万名官兵当了俘虏。希特勒为德军遭受巨大损失而痛心,宣布全国为此致哀4天,停止一切娱乐活动。

斯大林格勒会战是希特勒发动战争以来遭遇到的最具决定意义的失败,不仅近10万官兵成建制地被俘,而且在重点进攻方向上遭到摧折性打击。在国内,希特勒在民众心目中的神话色彩开始消退,军内的密谋活动加强。卫星国和中立国也开始怀疑希特勒的领导能力,墨索里尼尤为如此,匈牙利则设法与美英两国建立联系,拓展自己的回旋余地。

希特勒不甘心失败,为了动员人力和发掘经济资源,他于1943年1月13日在国内实施"总动员",规定凡是不在军事工业中从事熟练劳动的男子,年龄在17—50岁之间,均应入伍。当局采取了一系列政治和经济措施,关闭部分企业和商店,以最大限度地提高军备生产,保证所需原料,为军队和军备企业提供后备人力。希特勒声称自己发现了一个"规律":在苏德战场上,冬天苏联打胜仗,夏天德国打胜仗。因此,他要在1943年的春夏即发动进攻,创造一个"德国的斯大林格勒"。4月15日,他发布《第6号作战命令("堡垒")》,规定"一俟气候情况允许,就实施今年一系列进攻中的第一次进攻,即'堡垒'进攻"。[①]德国动用了"中央"集团军群和"南方"集团军群(1943年2月13日由顿河集团军群改编而来)的主力部队,由它们对苏军库尔斯克(Kursk)突出部实施钳形向心突击,消灭苏联守军,并进而占领顿河和伏尔加河流域,进取莫斯科。其中"中

---

① 瓦尔特・胡巴奇编:《希特勒战争密令全集(1939—1945)》,第247—251页。

央"集团军群的第9集团军从北面向库尔斯克进攻,第2集团军防守在突出部的西面。"南方"集团军群的第4坦克集团军和凯姆普夫集群(Gruppe Kempf)从南面发起进攻。德军为此会战集结的部队达90多万人,2700辆坦克和强击火炮,2050架飞机和1万门火炮。南北两翼的兵力大致相等,但南翼拥有较多的装甲部队。与之对阵的苏军有133万人,3600辆坦克和强击火炮,3130架飞机,2万门火炮。希特勒希望"堡垒"战事能够成为一个转折点,使德国转败为胜。

在进攻前夕,1943年6月,德苏之间出现了一个外交插曲。莫洛托夫和里宾特洛甫在当时由德国控制的基洛夫格勒(Kirowgrad)举行谈判,商议两国停战之事。里宾特洛甫提出的和平条件是,德苏两国应以第聂伯河为界。苏方坚决不同意,一定要恢复苏联原有的边界,舍此不作任何考虑。外交接触很快破裂。[①]

德军的进攻预定从1943年7月5日凌晨3时开始,但苏军侦察部门事先已经得到情报,于是苏军提前在2:40向德军进攻部队实施炮火反准备,3000余门各式火炮包括"喀秋莎"火箭炮,向德军炮击了约60分钟,迫使德军把进攻时间推迟了2个半至3个小时。德军北翼第9集团军在7月5日这天内实施了5次强击,突入苏军防御6—8公里,但翌日即遭到苏军反击。至11日,德军才前进了10—12公里。无奈之下只得把重点转向南翼,由那里的德军从西面和南面进攻,企图围歼位于顿涅茨河与北顿涅茨河之间的苏军,然后再从东南方向实施突击,夺占库尔斯克。然而,苏军以强大兵力在12日实施反突击,苏近卫第5装甲集团军与进攻的德党卫装甲军及第3装甲军在普罗霍夫卡(Prokhorovka)相遇,于是爆发了第二次世界大战中最大的一次坦克遭遇战。双方共有1200辆坦克和自行火炮参加,还有大量的飞机支援战斗。激烈的战斗持续一整天,德军遭到惨败,损失了约400辆坦克和1万余人。到7月23日,双方的阵线基本上恢复到会战发生前的位置。从7月24日开始,苏

---

① 利德尔-哈特:《第二次世界大战史》,下册,第138页。

军转入反攻。8月5日解放奥廖尔和别尔哥罗德(Belgorod),23日解放哈尔科夫,取得了会战的胜利。

　　库尔斯克会战不仅打破了德军在夏天打胜仗的迷梦,而且完成了苏德战场自斯大林格勒会战开始的战略转折,从此德军在东线就无战略性还手之力,只有挨打的份了。东线是德国的主战场,东线的败局决定了纳粹政权灭亡的命运。

二、大西洋之战

　　由于德国的扩张步骤是"先大陆后海洋",导致欧洲爆发前,海军的扩军计划远远落后于陆军和空军。到大战爆发时,德国与英法两国的海军力量对比悬殊,无法同英法正面对抗,海战在德国的战争行动中基本上处于从属的地位。

　　德国海军分散使用大型水面舰只,派出以1—2艘战列舰或战列巡洋舰组成小编队,将商船改装成袭击舰,并展开其潜艇,在广阔的大西洋海域对英国航运实施"打了就跑"的破袭战。早在欧战正式爆发前夕,即1939年8月19日,德国已向英国西部航道区及东北沿岸海域展开其潜艇,同时在8月下旬向大西洋派出2艘袖珍战列舰。欧战爆发后,大西洋之战正式展开。不过在1940年3月以前,德国潜艇主要在北大西洋东部直布罗陀(Gibraltar)和赫布里底群岛(Hebrides)之间进行单艇作战,攻击的重点指向英吉利海峡和比斯开湾(Golfo de Vizcaya)以西,因为对手的大西洋海运航线在此汇合。9月3日英国对德宣战的当天晚上,德国U-30号潜艇在北大西洋向英国邮轮"雅典娜号"开火。希特勒曾经下令,从事潜艇战一定要遵守《海牙公约》,但潜艇艇长则声称自己认为该船是武装商船,以此证明其行动是正当的。最后邮轮中鱼雷沉没。在其后的几天里,德军潜艇又击沉数艘英方船只。9月17日,德军U-29号潜艇在爱尔兰以西击沉英国"勇敢号"航空母舰。在欧战开始后一个月里,德军共击沉对方船只41艘,计15.4万吨。水面战舰也伺机活动,部署在北大西洋和南大西洋的"德意志号"和"格拉夫·施佩海军上将号"袖珍战列舰根据希特勒的命令,在 9 月 26 日前不攻击英国的运输船只,但过了限期后就积极活动,在短期内共击沉对方 5.7051 万吨排水量的船只。但是,"格拉夫·施佩海军上将号"很快被困在南美洲阿根廷和乌拉圭交界处的拉普拉塔河(Rio de la Plata)河口,同年 12 月被迫自行凿沉。

从 1940 年 7 月起,英国由于受到空战的威胁,被迫将航运集中到爱尔兰和苏格兰之间的北海峡,导致运输船只拥挤。据此,德国海军趁机在那里集中潜艇,根据邓尼茨提出的"狼群"战术,实施多艇结群攻击。这种作战方法大致为:德方在确定英国护航队的所在地点后,岸上潜艇统帅总部就通知附近的潜艇群;潜艇群派遣一艘潜艇去搜寻和跟踪这支护航队,并用无线电信号引导其他潜艇靠向护航队;潜艇群到达后,白天偃旗息鼓,一到晚上便抢占护航队的上风,以较快的航速在水面上发动夜袭,一连攻打数夜。1940 年 9 月 21 日深夜,德国 5 艘潜艇在北海峡首次结群攻击从加拿大驶往英国的 HX-72 护航运输队,击沉 12 艘载重量共 7.7 万吨的货船。10 月 17—20 日,德国 8 艘潜艇在该海域再次结群攻击从北美驶往英国的 SC-7 和 HX-79 两支护航运输队,共击沉 31 艘货船,总载重量达 15.2 万吨。[1] 12 月 1 日深夜,德国 7 艘潜艇又结群攻击 HX-90 护航运输队,击沉 10 艘货船和 1 艘护航的英国辅助巡洋舰,而德方无一损失。在这段时期内,德国海军击沉对方船只的月平均吨位数达到 25 万吨以上。[2]

1941 年初,英国接收了美国支援的 50 艘驱逐舰,它自己及加拿大建造的新式驱潜快艇也开始服役,海岸空军的巡逻力度得到加强,这样,德国被迫将潜艇作战活动从北海峡向西转移到冰岛以南和以西地区。1941 年 2—3 月份,德国潜艇作战远不如 1940 年秋季那样顺利,在一连 3 个月没有损失 1 艘潜艇之后,3 月份突然损失了 5 艘,其中包括 3 位出色

---

[1] 李巨廉、潘人杰:《第二次世界大战——专题评述》,华东师范大学出版社 1990 年版,第 299 页。
[2] 利德尔-哈特:《第二次世界大战史》,上册,第 519 页。

的王牌艇长。但与此同时,部分新建成的潜艇开始入役,加强了潜艇部队的战斗力。意大利潜艇也开始参加作战。5月中旬,德国新战列舰"俾斯麦号"随带新巡洋舰"欧根亲王号"驶入大西洋参战,同月下旬即遭遇到英国"威尔士亲王号"战列舰等4艘军舰的围攻。德舰打沉了英方旗舰"胡德号",但"俾斯麦号"也被诸多炮弹和鱼雷击中,沉入海底。1941年8月,新下水的德军潜艇组成了"北方潜艇群"。当该潜艇群发展到15—17艘潜艇时,它们便奉命从冰岛附近出发,向格陵兰和纽芬兰方向搜索。在这个过程中,德方潜艇在法韦尔角(Kap Farvel,一译"费尔韦尔角")附近发现了对方SC-42号运输队,于是就爆发了至当时为止规模最大的袭击运输队的海战,运输队中63艘舰船被击沉20艘,后因起了大雾,其余舰船才幸免于难。

1941年12月美国参战后,德国实施无限制潜艇战,活动范围扩展到美国东海岸和加勒比海海域。1942年,在大西洋活动的德国潜艇增至平均每天75艘。邓尼茨大打"吨位战",选择对方防御薄弱的海域,集中潜艇发动结群攻击,力图使击沉商船的吨位数超过对方造船的吨位数。这一年,德国的攻击行动使盟国损失船只769.9万吨,超过美英两国所造的718.2万吨新船总吨位。邓尼茨的战术取得了一定的成功,使英国的进口量比1939年减少1/3。为了对付德国的潜艇战,盟国于1942年夏调整大西洋护航体系,确定西经52度以西为西区,西经52度至22度为中区,西经22度以东为东区,分别由美国、加拿大和英国的海空军负责保障航渡安全。英国则专门成立了以丘吉尔为首的反潜艇战委员会,调集和投入3000多艘舰艇和2000多架飞机实施反潜作战。1943年3月,美、英、加3国举行专门的大西洋护航会议,组建六支专门的反潜艇支援舰队,将护航运输队的反潜艇作战由消极防御转为积极进攻。德方则从1943年起,进一步发展"狼群"战术,集中100多艘潜艇,在盟国护航兵力薄弱的北大西洋中部,组织多个大艇群的集团共同作战。该战术在3月间达到高峰。3月14—15日,邓尼茨调集3个潜艇群共38艘潜艇(后再加入6艘),对从纽约驶往英国的SC-122护航运输队和从加拿大哈利法克斯(Halifax)驶往英国的 HX-229 护航运输队实施截击。16—20日,德国潜艇先后发现并持续追踪攻击这两支船队。盟军连忙从冰岛和北爱尔兰增派空军和舰艇支援,但德方仍击沉船队中 21 艘货船,载重量共约 14.1 万吨,而自己仅损失 1 艘潜艇。从美国参战到 1943 年 4 月止,盟国共损失约 1000 万吨船舰,其中 80% 为潜艇所击沉,德国则损失潜艇155 艘。[①]

1942 年 11 月 8 日盟军在北非登陆。消息传来后,邓尼茨立即采取行动,先后发出两份命令,要求德方所有在比斯开湾和佛得角(Kap Verde)之间的潜艇开往摩洛哥海岸附近,以及所有在北大西洋的燃料充足的潜艇集中到直布罗陀海域。然而,德方第一批潜艇到达卡萨布兰卡(Casa Blanca)海岸附近时,发现敌方的空中巡逻和海上防御都非常强大。两艘潜艇由于艇长的经验特别丰富,进入了预定航线,击沉了 4 艘运兵船,其他潜艇面临坚固的防御,只能一再潜入水中躲避,最后退回到相关港口避难。

1943 年 1 月,希特勒任命邓尼茨担任海军总司令,接替前任雷德尔。同年春夏,德国在大西洋上部署的潜艇数量达到战时的最高点,如 5 月初,60 艘潜艇部署成 4 条延伸的巡逻线,准备伺机攻击对方的 ONS-5号、SC-127 号和 HX-235 号运输队。然而,当时盟军的防潜反潜技术已达到较高的水平,护航舰艇都装备了雷达和高频测向仪。它们不仅绕开了德军的埋伏,当 5 月间德国潜艇对 HX-237、SC-129、SC-130、HX-239 等护航运输队发起结群攻击时,还成功地实施了反击,并在随后 3 周的后续攻击中,击沉德方 31 艘潜艇。大西洋之战的战争格局发生根本性转折。邓尼茨因为德国潜艇损失惨重,被迫在近 4 个月内停止对北大西洋盟国运输队发起攻击。

随着整个战争形势的发展,盟国的海空力量大增,而德国则遭到美英方面的大规模战略轰炸,军事工业和潜艇基地都遭受严重破坏,不仅

---

① 李巨廉、潘人杰:《第二次世界大战——专题评述》,第 301 页。

潜艇活动日益困难,而且遭受的损失难以得到及时补充。1943 年 9—10 月,德国潜艇一度恢复对盟国大西洋护航运输队的大艇群攻击,但再次遭到惨败。邓尼茨不得不放弃"狼群"战术。此后德方的潜艇战,主要是为了牵制盟军的力量,带有垂死挣扎的性质。1944 年春,由于面临盟军在西欧登陆的威胁,德国潜艇收缩到沿海地区,基本上停止在大西洋作战。

三、东西受困

德国在东线遭遇战略转折性失败之时,在北非—意大利方向也受到不小的打击。1942 年 11 月阿拉曼战役结束后,隆美尔军团一路西撤至突尼斯边境。同年 11 月美英军队在西北非登陆,随后向东挺进。翌年 3 月下旬,北非地区的美英军队从东西两个方向夹击突尼斯,尽管希特勒强令德意军队坚守北非,然而 25 万德意军队在无力守住突尼斯,又没有运输船只可供撤退的情况下,全部向美英军队投降。

1943 年 7 月 10 日,盟军开始进攻意大利,经过一个月的战斗,于 8 月 17 日占领西西里岛。意大利内部发生政局变革,7 月 24 日法西斯最高委员会开会,以 19 票赞成、8 票反对、1 票弃权的优势通过决议,要求恢复宪制,由国王执掌军队指挥权。翌日,国王召见墨索里尼,命令其辞职,由意军总参谋长佩特罗·巴多格里奥(Pietro Badoglio,1871—1956)组阁,墨索里尼遭宪兵监禁。意大利新政府表面上宣布继续参战,以避免遭到德方的报复,暗地里却派出使者与盟国密谈。9 月 3 日,双方签订意大利无条件投降的停战协定,并于 8 日通过电台向全世界宣布。以后,意大利又于 10 月 13 日正式宣布退出法西斯集团,对德国宣战。9 月 3 日和 8 日,英美军队在意大利半岛登陆。

意大利局势的变化,使希特勒遭到政治和军事的双重打击。意大利法西斯政权的快速垮台,显示出法西斯体制的脆弱,而且容易鼓励德国国内的反对派起而效尤。意大利的倒戈,又使德国的西南方形势陡然发生转变。他赶紧采取一系列行动来应付危机。[①] 1943 年 8 月底,德军在意大利境内共有 17 个师,其中隆美尔指挥的 B 集团军群驻守在意大利北部,阿尔伯特·凯塞林(Albert Kesselring,1885—1960)指挥的部队驻守在南部。9 月初,德军根据上述命令向意大利增派大量军队,严密监视新政府的行动,同时接管意大利在希腊和法国南部海岸占领的地区。9 月 8 日当天,驻意德军包围并占领罗马,解除意军武装并将其将士送进俘虏营,还占领了意大利北部和中部,以后逐渐把盟军的攻势遏制在古斯塔夫防线(Gustav Linie)[②]的前沿,驻意德军也重新组合成 C 集团军群,由凯塞林指挥。意大利王室和新政府成员仓惶乘坐两艘潜艇于 10 日清晨逃离罗马,以后在盟军占领区组建反法西斯的政府机构。希特勒还下令实施"橡树"方案,阻止巴多格里奥政府把墨索里尼引渡给盟军的企图,并抢过来另派用处。9 月 21 日,德方突击队分乘 12 架滑翔机从罗马飞抵意大利中部的大萨索山(Gran Sasso)。当时,墨索里尼已从蓬察岛转移到该山上的旅馆里。突击队员的突然出现,使看守人员惊恐万状,不知所措。墨索里尼先后被送往慕尼黑和罗马,并在希特勒授意下组建法西斯新党"法西斯共和党"(Partito Fascista Repubblicano)和最后定名为"意大利社会共和国"(Repubblica Sociale Italiano)的新政权,以保持法西斯集团继续存在的假象。

在苏德战场上,1943 年春德军决定修筑一条名为"东方壁垒"(Ostwall)的战略防线,该防线大致沿纳尔瓦河(Narva)、普斯科夫(Pskov)、奥尔沙(Orscha)、索日河(Sozh)、第聂伯河中游直到亚速海,于当年秋季完成,其重点为第聂伯河一带。然而,经过斯大林格勒会战和库尔斯克会战,德军的内部日见空虚,其防御工事并不坚固,许多步兵师的作战人员下降到 1000 人,已无法实施纵深配置的防御。

苏军在取得库尔斯克会战胜利后,乘胜追击。1943 年 8 月 7 日,苏

---

① 瓦尔特·胡巴奇编:《希特勒战争密令全集(1939—1945)》,第 178 页。
② 该防线以卡西诺(Cassino)山隘为枢纽,横越亚平宁半岛,阻断盟军北上达 8 个月之久。

军在"东方壁垒"的中央部分发起斯摩棱斯克进攻战役,以配合西南方向的进攻。苏军在宽约 400 公里的地带内向西推进 200—250 公里,收复了斯摩棱斯克州全部和加里宁州一部。德军"中央"集团军群中 7 个师被歼灭,14 个师遭到重创。与此同时,苏军在西南方向发起第聂伯河会战。苏军首先包围和歼灭第聂伯河以东地区的德军,在河西建立登陆场,随后利用这些登陆场,夺取西岸的乌克兰地区。德军从总体上来说只有挨打的份儿,然而在争夺基辅的过程中,"南方"集团军群司令官曼施坦因要求第 7 装甲师师长哈索—埃卡尔德·冯·曼陀菲尔(Hasso - Eccard von Manteuffel,1897—1978)从别尔季切夫发动一次反攻。后者大胆地采取迂回战术,通过一次夜袭,打击苏军的侧翼,夺回了日托米尔,造成苏军一时的混乱。曼施坦因则抓住机会,调集数个装甲师,对基辅以西的苏军突出部发起钳形攻势。最后,由于天气转寒,道路泥泞,攻势本身又后劲不足,无果而终。然而,希特勒却格外重视这次行动,事后邀请曼陀菲尔与他共度圣诞节,并表示:"作为圣诞礼物,我将给你 50 辆坦克。"[1]但是,德军局部的挣扎不可能改变总体上的颓势,经过 1943 年秋季的战事,"东方壁垒"被摧垮,德军被迫后退 300—600 公里,失去了白俄罗斯东部、第聂伯河流域的乌克兰地区和北高加索。

　　1943 年底,苏军最高统帅部决定连续实施数个高速度大规模的战略性进攻战役,在 1944 年把德军赶出苏联领土,把战争推到国外进行,并迫使德国的仆从国退出战争。

　　1944 年 1 月中旬至 2 月底,苏军在列宁格勒和诺夫哥罗德(Nowgorod)附近实施第一次突击,即发动列宁格勒—诺夫哥罗德战役。对此次攻势,德方有所准备,因此希特勒命令"北方"集团军群要不惜任何代价坚守这一地区,保障德国舰队在波罗的海的行动自由,并保证德国与瑞典及芬兰之间的联系畅通。1 月 14 日,苏军发起进攻,经过 1 个半月的战斗,在列宁格勒附近摧毁德军的"永久性"防线,解放了列宁格

---

[1] 利德尔-哈特:《第二次世界大战史》,下册,第 150 页。

勒州。德军被全歼3个师,另有23个师遭到重创,被迫后退220—280公里,龟缩至波罗的海沿岸地区。苏军第二次突击又被称为第聂伯河右岸乌克兰进攻战役,是一次规模较大的战略进攻。由于战事发生地既是重要的战略区,掩护着克里米亚和巴尔干半岛的接近地,又是重要的经济区,是粮食和工业原料基地,因而德方认为坚守该地区对于阻止苏军继续前进具有重要作用。驻守此地的德军有"南方"集团军群和A集团军群,共96个师,180万人,其中装甲师占整个苏德战场德军装甲师总数的70%以上,摩托化步兵师近半数。战事从1944年1月24日开始,至4月17日结束,苏军通过两个阶段的进攻,解放了从第聂伯河到德涅斯特河之间的领土,逼近罗马尼亚边境。德军10个师又1个旅被全歼,56个师遭重创,整个东线被打开一个宽650公里、纵深450公里的巨大突破口。德方为了堵住这个大缺口,从匈牙利、保加利亚、南斯拉夫以及德国本土调来40个师又2个旅,严重削弱了其他方向的防御力量。苏军的第三次突击选择在敖德萨(Odessa)地域和克里米亚半岛,时间为1944年3月26日至5月12日。苏军首先发动敖德萨战役,在10余天时间里向前推进180公里,解放了尼古拉耶夫州(Oblast Mykolajiw)和敖德萨州。德国第6集团军和罗马尼亚第3集团军遭到重创。4月8日起苏军又发动克里米亚进攻战役,经过一个月的战斗,解放了整个半岛。德国第17集团军全部被分割歼灭。

　　苏军经过3次突击,已经解放了3/4以上的被占领土,有些地方已经到达甚至越过了边境。5月1日,斯大林发布《最高统帅命令》,指出"我们的任务不能只限于把敌军驱逐出我们的国境……必须跟踪追击这只受了伤的德国野兽,并把它打死在自己的洞穴里。……同时就要把我们的波兰兄弟和捷克斯洛伐克兄弟以及其他和我们联盟的处于希特勒德国铁蹄之下的西欧各国人民,从德国人的奴役中解放出来。"[1]尽管对希特勒来说,从发动侵苏战争的那一刻起,纳粹政权与苏联之间就处于

①《斯大林文选》,下册,人民出版社1962年版,第383—384页。

你死我活不共戴天的状态,一旦德国败退,苏军绝不会打到原边境处就止步,但斯大林的这一命令,还是彻底打破了德方可能存在的幻想。

1944年6月6日,西方盟国多次延期的诺曼底(Normandie)登陆战终于打响了。自苏德战争爆发以后,由于德国的主力部队都在东线,留在西欧的只有30余个步兵师,其中不少还处于训练阶段。除潜艇部队外,海军和空军也缺乏战斗力。因此,苏联一再要求西方国家在法国北部开辟第二战场,减轻苏联的压力。1941年底,英国突击队对挪威的小型基地发起突击,取得小胜。1942年3月28日,美英军队对法国位于卢瓦尔(Loire)河口圣纳泽尔(Saint - Nazaire)的港口设施实施更大规模的突袭;同年8月19日,盟军又对英吉利海峡南岸的迪耶普(Dieppe)城和港口发起攻击。后两次行动基本上无果而终,[1]英美两国由此看到了在法国北部登陆的艰难之处。对德国来说,1942年3月23日希特勒曾发布《第40号指令:关于海岸地区的指挥权》。文件强调敌方的登陆行动会产生严重的后果:"哪怕是敌人有限目标的登陆行动,只要这些登陆行动会导致敌人在海岸地带建立立足点,那就无论如何也会严重打乱我方的计划。敌人可能会切断靠近海岸的我方海上交通线,牵制陆军和空军的大量兵力,使他们无法参加关键地区的作战。如果敌人成功地占领了我方机场或者在它已占领的地区建立了空军基地,那么就会出现特别严重的危险。"因此,德军应该坚决反击敌方的登陆行动:"使敌人的进攻尽可能在到达海岸之前、最迟在到达海岸之后就归于失败。对已上岸之敌,必须立即以反突击将其歼灭或赶进海里。……不准任何指挥机关和部队后撤。"[2]随着德国总体形势的恶化,1943年11月3日,希特勒发布了《第51号指令:优先给西线补充人员和物资》,其中强调:"在东线危险依然存在,但在西线出现了更大的危险:盎格鲁—撒克逊人的登陆! 在东线,由于空间辽阔,在万不得已时,可能丧失较大量的土地,但不致对

---

① 汉斯-阿道夫·雅各布森等:《第二次世界大战的决定性战役(德国观点)》,第333页。
② 瓦尔特·胡巴奇编:《希特勒战争密令全集(1939—1945)》,第133—135页。

德国构成致命的威胁。西线则不同！如果敌人在宽大正面上突破了我们的防御，那么在短时间内后果就会不堪设想。"据此，希特勒下令"不能够为了增援其他战场而继续削弱西线"，同时还要"加强西线的防御力量，尤其应加强我们即将开始对英国实施远距离战斗的那些地方的防御力量"。①

德军根据希特勒的上述两个指令，为了抵御盟军在西欧登陆，加紧修筑沿岸防御工事，该工事被称为"大西洋壁垒"（Atlantik - Wall）。工事从挪威一直延伸到西班牙，然由于工程量过大，只能保证一线式筑垒配系，缺乏纵深梯次配置，各自独立的筑垒地段之间也无紧密联系。其中丹麦至法国的沿岸作为重点防御地区，工事的配置标准稍高些。1943年底，德军统帅部预感到盟军会在1944年春进攻西欧，然而对具体的登陆点，却有不同的判断。龙德施泰德等现场指挥官，认为登陆会发生在英吉利海峡较狭窄的地方，即在加来与迪耶普之间。希特勒从1944年3月起，对诺曼底地区产生了"预感"，认为盟军可能会在瑟堡以东登陆。希特勒之所以作出这一判断，一是分析了盟军在英国的部署情况，因为处于强势地位的美军被安排在英军的西面，因此登陆点可能会安排在偏西的位置，二是相信盟军会谋求尽早占领一个大的港口，而瑟堡很可能就是他们心目中要占的地方。他的判断因侦察者的报告而得到加强，报告说，盟军在英国的德文（Devon）进行了一次大规模的海岸登陆演习，那里的地形与诺曼底相似。②不久，隆美尔也改变想法，站到了希特勒一边。然而，德军最高统帅部里的其他高级官员，都与龙德施泰特的判断相同。由于龙德施泰特占据了西线总司令的职位，因而在西线战事爆发前夕，德军在法国北部的防御重点在加来一带，那里部署了较多的步兵师和强大的重型炮兵群。

从1944年春天起，隆美尔就在英吉利海峡的南岸加紧构筑水下防

---

① 瓦尔特·胡巴奇编：《希特勒战争密令全集（1939—1945）》，第182—186页。
② 利德尔-哈特：《第二次世界大战史》，下册，第225—226页。

线,即在浅水区设置障碍物,在较深的海域敷设各种水雷。设置浅水区障碍物的目的是破坏对方的登陆艇,内容包括:坦克陷阱;面向大海斜插的木桩、角锥和轨条寨,中间杂以水雷,有些地方顶端安上铁质的"开听刀"。障碍物从高潮水线以下开始敷设,由于塞纳湾(Baie de la Seine)的高低潮之间落差达 20 英尺以上,工程需耗费巨大的人力和物力,到 1944 年 6 月还远未完工。在水雷敷设方面,海军坚持使用鱼雷艇和大型扫雷艇而不是小型快速扫雷艇作业,而前者容易遭到海上与空中的攻击和水雷袭击,因而损失较大。另外,为了提高水雷的有效性,避免误伤自己,海军坚持要在确认敌军将发动进攻前夕才派出全部舰船去突击敷设。隆美尔对这种无把握的措施提出过抗议,但没有任何效果。在诺曼底登陆当天,盟军舰船比德军布雷舰艇先到达攻击地区,造成在最需要的地方无一枚水雷的状况,使德军无端损失了一道防线。

　　1944 年 6 月 5 日深夜,西线战役正式打响。美英空军先对塞纳湾地区德军防御阵地投下近万吨炸弹,为登陆部队清扫障碍。6 日凌晨1:30,美英 3 个空降师从英国起飞,在登陆地域两翼着陆,占领部分军事要地。凌晨 6:30,美英军队在诺曼底登陆。从德方来说,由于预计天气情况不适合登陆作战,竟出现了登陆地段上现场指挥官不在场的意外状况。处于后备状态的装甲部队指挥官,已经离开现场前往比利时访问。隆美尔也离开了司令部,回到乌尔姆家中为妻子庆贺生日。而希特勒知晓了战况后,却断定诺曼底登陆只是一种佯攻,在塞纳河以东地区还会有另一次规模更大的登陆行动,因而多次拒绝包括隆美尔在内的现场指挥官的要求,不同意把后备部队调往诺曼底。6 月 12 日,盟军将 5 个登陆场连成一片,形成一个正面宽约 80 公里、纵深 12—18 公里的统一登陆场。希特勒还是不愿意调动兵力,只是安抚下属要使用神奇的 V 型飞弹,夸口它们将对战局产生决定性的影响。将领们纷纷要求用飞弹直接打击盟军的登陆场,或者打击英国南部后备登陆部队的集结地,但遭到拒绝。希特勒要用它们打击伦敦,"以便使英国转向和平"。从 6 月 12 日起,德军向伦敦发射了近 3000 枚 V-1 飞航式飞弹,从 8 月初起又发射 4300

枚 V - 2 弹道式飞弹。这些飞弹尽管给伦敦造成了一些损失,但根本不可能影响战局。到 7 月 24 日,盟军的登陆场已扩展到正面宽 100 公里,纵深为 30—50 公里,完成了诺曼底登陆。

7 月 25 日,登陆盟军转入进攻,在法莱兹(Falaise)地区包围了企图实施反突击的德军第 7 集团军。尽管德军利用控制的走廊撤出了约 1/3 的部队,仍有 8 个步兵师和 2 个装甲师被俘。至 8 月 25 日,盟军几乎占领了整个法国西北部。8 月 15 日,盟军实施"铁砧-龙骑兵计划",在法国南部夏纳以西登陆。在法国抵抗战士的配合下,盟军于 8 月底占领了马赛(Marseille)和土伦(Toulon),并继续向北推进。9 月 12 日,北路盟军和南路盟军在蒙巴尔(Montbard)会师,继续向东挺进,不仅占领整个法国,还解放了比利时,进逼荷兰边境。

四、七·二〇事件

随着纳粹专制体制日益强化并走上恶性发展道路,异议人士和反对力量只能使用谋刺等非法手段试图阻止灾难的进程。

自希特勒从政以后,谋刺他的企图和事件就接连不断。在这些谋刺事件中,发生在希特勒上台前的,更多地带有纳粹运动内部争权夺利的色彩。希特勒执政初期,谋刺行动的动因是多元的,实施者的国籍和信仰也五花八门。有来自国内的,也有来自瑞士的;有共产党内的极左分子(个人的单独行为),纳粹运动分裂组织"黑色阵线"(Schwarze Front)的派遣者,意图维护基督教尊严的基督徒,反暴政的正义人士,也有军内的抵抗分子。然而,随着欧战的爆发,专制统治越来越严酷,希特勒公开露面的机会日益减少,谋刺行动的难度也进一步增加。这时,军内抵抗组织的谋刺活动就成为除掉希特勒的唯一希望。

战争期间军内密谋分子的数次谋刺行动中,两次颇具戏剧性,一次发生在苏德战场,另一次在柏林。1942—1943 年间,苏德战场的战事正处于关键阶段,聚集在"中央"集团军群内的密谋分子打算利用希特勒视察前线的机会除掉他。他们使用假护照把格尔德勒送到斯摩棱斯克以增强力量。卡纳里斯也寻机来到东线,暗中部署"阿勃韦尔"的力量加以配合。密谋分子打算在军官食堂里起事,由一支 10 人组成的军官特工队,在其他陪餐者的配合下,根据信号拔出手枪一齐向希特勒及其警卫开枪。然而,司令官克卢格坚决不同意在餐桌上杀人。密谋分子被迫改用第二套方案,用炸弹谋刺。1943 年 2 月 27 日凌晨 2 时,希特勒突然宣布前往西南战线,B 集团军群内的密谋分子立即准备行动,但一直没有找到机会。同年 3 月 13 日早晨,希特勒又在返回东普鲁士途中停留斯摩棱斯克。密谋分子立即以托带礼物为名,将伪装成两瓶白兰地酒的英制定时炸弹送上飞机。但炸弹没有爆炸。几天后,1943 年 3 月 21 日,希特勒将出席在柏林军械库举行的阵亡将士纪念仪式,事后将用半小时的时间参观由"中央"集团军群举办的缴获的苏联武器展示会。密谋分子冯·格斯多夫(Rudolf - Christoph von Gersdorff,1905—1980)上校在找不到合适的地方安放炸弹后,决定把炸弹放在大衣口袋里,在预定的爆炸时间前尽量靠近希特勒,与他同归于尽。然而,希特勒在现场仅逗留了 2 分钟就匆忙离去,格斯多夫的刺杀没有成功。

　　1944 年 7 月 20 日发生的"七·二〇"谋刺希特勒事件是军内密谋集团谋划的一次重大事件。该事件的主要策划人是克劳斯·申克·冯·施陶芬贝格伯爵(Claus Schenk Graf von Stauffenberg,1907—1944)。他 19 岁加入德国陆军,1930 年晋升为少尉。对于纳粹运动,他的态度比较矛盾。作为贵族世家出生的有教养者,他对纳粹领袖们野蛮的、无教养的、有时候完全是装腔作势的做法颇为反感,但与生俱来的民族主义情感,又使他支持希特勒政权毁约扩军的举措。1936 年,他进入柏林陆军大学深造。2 年后即进入总参谋部供职。①然而,当年发生的反犹高潮,尤其是他长期生活的班贝格(Bamberg)所发生的焚烧犹太会堂事件,以及全国范围的"砸玻璃窗之夜"事件,使他对纳粹运动和希特勒本人的看法产生根本性转变。欧战爆发后,他到第 16 装甲师当参谋,声名渐

---

① Robert Wistrich, *Who's Who in Nazi Germany*, pp. 298 - 300.

起。苏德战争爆发后,他被派遣到东线,协助在苏联战俘中组织俄罗斯"志愿部队"。在这期间,党卫队在苏联的暴行,以及希特勒要求枪杀所有苏军政委的命令,使他彻底看清了纳粹分子的真面目。他寻机加入了密谋集团,并很快成为其中的积极分子。1943 年 9 月,他晋升为中校,并调回柏林陆军总司令部任军械署参谋长,以更加有利的条件参加密谋活动。他与贝克等人一起,加紧修订"女武神计划"(Walküre,又译"伐尔克里计划")。该计划的内容是,首先派专人刺杀希特勒,得手后即使用国内驻防军和警察发动政变,在尽可能短的时间里夺占位于柏林的全国广播总局和广播电台、电报局、电话局、总理府、政府各部和党卫队—盖世太保总部,解除党卫队和盖世太保的武装,然后通过广播、电话和电报,把先期拟好的公报发给其他城市的驻防军指挥官和境外军官,同时通电全国,宣布希特勒已死,成立以贝克为国家元首、格尔德勒为政府总理、维茨勒本为武装部队总司令的新政权。1944 年 6 月,施陶芬贝格晋升为上校,担任国内驻防军参谋长,为主持"女武神计划"提供了更好的条件。6 月 7 日,他在元首山庄首次见到希特勒。7 月 2 日,他再去汇报工作,公文包中携带了定时炸弹。然而,由于他想同时炸死的戈林和希姆莱都不在场,所以无功而返。①7 月 15 日,施陶芬贝格第二次携带炸弹来到希特勒身边,但由于没有机会启动定时装置,又未能成功。

　　1944 年 7 月 20 日,数次都未成功的密谋反抗行动再一次启动。刺杀舞台在东普鲁士拉斯腾堡(Rastenburg)以东 15 公里处的"狼穴"大本营。当天中午,施陶芬贝格顺利地进入会场,炸弹也准时爆炸,但由于会场临时从地下室转移到窗户大开的地面建筑内,装有炸弹的公文包也被人无意间从希特勒的脚边移到厚厚的橡木底座的另一侧,结果,尽管希特勒头发烧焦,两腿灼伤,右臂拧伤后暂时不能动作,耳膜震坏,脊背也被掉落的椽子划破,但生命无碍。希特勒对密谋分子展开疯狂的报复,当天就枪杀了贝克、施陶芬贝格等主要人士,随后组织了"七·二〇事件

---

① Robert Wistrich, *Who's Who in Nazi Germany*, p. 300.

特别委员会",由来自 11 个机构的 400 名盖世太保和刑事警察组成,负责无情地清洗各军参谋部。整个报复行动导致 4980 人死亡,其中包括格尔德勒、卡纳里斯等人。不少遇害者生前遭到人民法庭羞辱性的审讯,死后骨灰被胡乱地撒入农田甚至臭水沟。

"七·二〇事件"尽管没有达到消灭希特勒和纳粹政权的目的,但它给了两者以沉重的打击,使它们在声誉和实力方面遭遇到无可挽回的损失。战场形势和国内的动荡,使民众对希特勒政权更加不满。据 1944年 11 月斯图加特地区党卫队保安处的内部报告称,他们多次听到民众在口传,说"元首确实是上帝派来的,我们毫不怀疑,但上帝不是派他来拯救德国,而是毁灭德国"。[1]

但是,希特勒还要竭尽全力来作最后的挣扎。1944 年 9 月 25 日,他签署法令,在国内动员全部 16—60 岁的公民来保卫国家。根据该法令,当局在国内组建了"人民冲锋队"(Volkssturm,亦译"人民突击队")和"德国护乡队"(Wachdienst)。前者由 16—60 岁非在役公民组成,绝大部分是伤残退役老兵和其他不适合服役者,这些人在纳粹官员的监督下入队。其基本作战单位为营,但装备很差,几乎未受训练就被送上战场。以后,甚至妇女和少女也被征召入队,从事辅助性勤务工作。[2] 后者系地方半武装组织,由老人组成,用于守护本地区,也用于消防和搜索等工作。然而,这种做法一方面把老弱病残者进一步送到死亡线上,同时也降低了部队的总体战斗力。

五、纳粹政权覆亡

美英盟军在诺曼底登陆后,德国不得不抽调部分兵力应付西线,东线的兵力有所减少,苏联趁机继续实施打击。

1944 年 6 月 10 日至 8 月 9 日苏军对德军进行第四次突击,打击对

---

① J. Noakes & G. Pridham (ed.), *Documents on Nazism*, 1919 - 1945, p. 669.
② 洛塔尔·贝托尔特:《德国工人运动史大事记》,第二卷,第 520 页。

象是芬兰。1941 年德国入侵苏联后，在苏芬战争后被迫签订城下之盟的芬兰也跟着向苏联宣战。随着苏德战场形势发生根本逆转，德军进而节节败退后，1944 年 2 月，芬兰政府通过驻瑞典代表向苏方征询关于芬兰退出战争的条件，苏联提出恢复 1940 年苏芬条约规定的国境线等条件，芬兰政府没有接受。在第四次突击中，苏军通过在卡累利阿地峡实施的维堡战役，以及在南卡累利阿实施的另一场战役，击溃了芬兰军队，迫使芬兰于 9 月初退出战争，东线德军的北翼也因此受到更大的压力。

同年 6 月 23 日至 8 月 29 日，苏军在白俄罗斯地区实施第五次突击。驻守该地区的德军有整个"中央"集团军群，以及"北方"集团军群和"北乌克兰"集团军群的部分兵力，共计 66 个师又 3 个旅。苏军先实施战役伪装，让德军最高统帅部产生下一个打击将在南翼发生的错觉，随后发起总攻，从六个地段同时实施突破，围歼德军侧翼集团。继之以主力实施向心突击，合围德"中央"集团军群基本兵力。而后扩大进攻正面，连续出击，前出至苏联西部边境。在这次战事中，德军被全歼 17 个师又 3 个旅，其他部队也损失过半。

当第五次突击还在进行之时，苏军又在乌克兰西部和波兰东南部实施第六次突击。德国的守军为"北乌克兰"集团军群，它们曾在西乌克兰地区修筑了纵深为 40—50 公里的三道防御线，试图据此强守。苏军的进攻从 7 月 13 日开始，至 8 月 29 日结束，在进攻中不仅解放了西乌克兰和波兰东南部，还强渡维斯瓦河，建立巨大的登陆场。德军 13 个师遭全歼。

8 月 20 日至 9 月底，苏军在比萨拉比亚和罗马尼亚、保加利亚境内实施第七次突击。苏军先进攻比萨拉比亚，围歼了德国"南乌克兰"集团军群的主力第 6 集团军。8 月 23 日，罗马尼亚共产党发动民众举行起义，赶走德国驻军，成立新政府。翌日，新政府宣布退出法西斯集团和侵略战争，原充当帮凶的罗马尼亚第 3 集团军很快调转枪口。希特勒为了拉住罗马尼亚，于 8 月 24 日命令德军向布加勒斯特进攻，结果被罗军击退。8 月 31 日，苏军进入布加勒斯特，并很快前出到保加利亚边境。保加利亚在战争中维持了倾向德国的中立政策。9 月 5 日,苏联向保加利亚宣战,8 日,苏军进入保加利亚。翌日,保加利亚工人党建立新政权并对德国宣战,至 21 日,苏军前出到南斯拉夫边境。德军"南乌克兰"集团军群在苏军打击下几乎全军覆没。

9—10 月苏军实施第八次突击,目标即指向波罗的海三国。通过两个阶段的交战,苏军解放了爱沙尼亚全部和拉脱维亚大部,9 月 19 日,芬兰宣布退出法西斯集团并对德宣战。德军"北方"集团军群在这次突击及后续战斗中被消灭。

第九次突击在东南欧和中欧一带实施,时间为 1944 年 9 月 28 日至翌年 2 月 13 日。苏军首先突入匈牙利,匈牙利政府试图脱离德国集团,但很快被德国扶持的新政权取代。苏军同时在捷克斯洛伐克东部周围和南斯拉夫东部周围发起两个进攻战役,占领了这些地方,随后向布达佩斯发起总攻,解放了匈牙利。1944 年 10 月 7 日至 11 月 1 日展开的第十次突击发生在芬兰北部的北极圈内,主要对手是进驻此地和退守挪威北部的德军。德军斗志不强,很快被击败。德军在东线的败退,使得希特勒不得不永久离开"狼穴"大本营。1944 年 11 月 20 日,他将指挥部迁往柏林。

在西线,盟军早已抵达德国边境。希特勒面临东西两线大兵压境的困局,试图孤注一掷,用一次大规模的反击来扭转颓势。在选择反击方向时,他认为眼下西线比东线的机会要好。比起东线来,西线的距离较短,运送必要燃料的代价较低,重要战略目标处在现有兵力兵器更容易达到的地方。而在东线,战争需要在截然不同的条件下进行。另外,他认为英国人和美国人不是红军或苏联政治领导人那样的强硬对手。他相信,英国人即将山穷水尽,而美国人如果看到事态转而对他们不利,很可能垂头丧气。[1]而具体的出击点,希特勒又一次选择了阿登地区。打算在盟军防御的薄弱地段实施突破,在列日和那慕尔(Namur)一线强渡马

---

[1] 汉斯-阿道夫·雅各布森等:《第二次世界大战的决定性战役(德国观点)》,第 422—423 页。

斯河,进击荷兰与比利时境内的盟军,最后把目标指向安特卫普港（Antwerpen）,切断盟军的海陆联运线。

1944 年 12 月中旬,德军在阿登地区部署了 B 集团军群的党卫第 6 装甲集团军、第 5 装甲集团军和第 7 集团军,共 25 个师,其中 7 个为装甲师。16 日凌晨,德军一支约 800 人的特遣队,穿着美国军服,佩美式武器,驾驶缴获的美军坦克和吉普车,口操英语,潜入美军驻地,切断交通线,杀死传令兵,搞乱交通运输,保护德军将要通行的桥梁。5 时 30 分,德军实施炮火准备,之后进攻部队在数百架探照灯照耀下发起攻击。美军麻痹大意,被打个措手不及,未作有组织抵抗便仓促退却。美军防御阵地被撕开一个大缺口,到 12 月 20 日,德军的突破正面扩大到 100 公里、纵深 30—50 公里,形成一个很大的突出部。德军还继续向马斯河推进。然而,从整个欧洲战争的态势来看,德军已是强弩之末,缺少汽油和炮弹,掌握不了制空权,装甲部队被迫不断放慢进展速度。

盟军在适当调整部署后,从 12 月 23 日起实施反突击。航空兵对进攻德军实施大规模袭击,步兵部队也展开反攻,将德军的攻势阻挡住。德军重新调集兵力,发起新的攻势。1945 年 1 月 1 日,德国空军出动 1000 多架飞机,对突出部附近盟军的机场实施了数个月来最猛烈的轰炸,炸毁了约 260 架停放的飞机。地面部队也相应地发起攻击,先头部队攻至离美军第 1 集团军指挥部 8 英里处,此处离美军供应站只有 1 英里的距离,供应站内储存着 300 万加仑汽油。德方的行动使美英两国上下大为紧张。盟军统帅部决定于 1 月 3 日转入反攻,彻底击退德军的反扑。8 日,盟军击退了德军的攻势,随后乘胜追击,于 1 月底将德军赶回到原来的阵线。德军经过这番折腾,死伤和失踪人员达 8.2 万,损失坦克和强击火炮 600 辆、飞机 1600 架、其他车辆 6000 辆。此后,德国在西线也只有挨打的份了。

在东线,苏军原计划在 1945 年 1 月 20 日发起维斯瓦河—奥得河战役,后提前至 1 月 12 日行动。战役开始前,德军统帅部错误地认为苏军将在南北两翼实施重要战役,取胜后再在柏林方向上实施进攻,为此将原来部署在此处的军队调往匈牙利和波美拉尼亚,试图以维斯瓦河至奥得河之间几乎贯穿整个波兰的七道防御线阻止苏军的行进。12日,苏方白俄罗斯第2方面军在北部作战,两周内向前推进250公里,于1月26日进入但泽,3—4月间占领整个东普鲁士,4月9日攻占柯尼斯堡。白俄罗斯第1方面军从中路进攻,1月17日协同波兰的武装力量解放华沙,40天内进抵奥得河,接着在河西建立桥头堡,打开了通向柏林的通道。乌克兰第1方面军在南部进攻,迅速攻占德国的重要工业区西里西亚。另外两个方面军于2月13日攻克布达佩斯,4月13日攻占维也纳。由于奥得河解冻,苏军后方还有残留的德军,苏方的进攻暂时停顿。

西线盟军在粉碎德军阿登地区的反扑后,以每周1个师的速度向前线增调兵力,计划首先歼灭莱茵河以西的德军,尔后强渡莱茵河攻占鲁尔区,继而发动最后的进攻。2月8日—3月23日,盟军分别在莱茵河下游、中游和萨尔盆地地区发动打击,肃清了河西的德军,并在河东雷马根(Remagen)建立桥头堡。3月23日夜,蒙哥马利部在下游地区强渡莱茵河,26日,中部盟军以雷马根桥头堡为出发点向东北方向进攻,于4月1日同下游盟军会师,包围鲁尔地区德军18个师,共32.5万人。

面临灭顶之灾的希特勒逐渐趋于疯狂。2月12日,凯特尔以"元首名义"下令就地枪决德军的逃兵。2月19日,希特勒在大本营军事会议上表示,打算撕毁《日内瓦公约》,就地枪决所有被俘的盟军飞行员和其他战俘。在场的将领们担心遭到盟军报复,从国际法的角度提出反对。不久,希姆莱又奉希特勒指示,下令对任何弃守市镇和交通枢纽的德军指挥官"均可处以死刑"。3月间,弃守莱茵河雷马根大桥的8名德军军官,成了这道命令的第一批牺牲者。

3月15日,施佩尔起草了一份致希特勒的备忘录。他在这份备忘录中坦率地表示,在4至8周内,将发生"德国经济的最后崩溃",并且在这以后"战争也不可能根据军事计划继续打下去了"。他告诉希特勒:在战争的最后几周里,领导人的职责应是"凡是可能就帮助人民"。然而,施佩尔写完后却不敢贸然把它递交给希特勒,因为前不久希特勒就曾在军事会议上断然宣布,"今后,谁对别人说战争打输了,就要当卖国贼看待,一切后果由他和他的家属来负。我将不考虑其地位和威望而严加惩处"。无奈之下,施佩尔只得费尽心思地"进谏"。他事先采取了一些向希特勒表忠心的举动,之后于 3 月 18 日出席大本营形势分析会后,在个别谒见时呈递给希特勒。[①] 后者以冷冰冰的语调道:"如果战争打输了,人民也被输掉了。没有必要为德国人民基本生存将来需要什么而操心了。相反,对我们来说,连这些都破坏掉甚至反倒是上策。因为这个民族已经证明是弱者……不管怎样,在这场斗争之后,只有劣等人会留下来,因为优等人已经被杀害了。"第二天,希特勒签发了被俗称为"焦土令"的《关于在德国领土上的破坏措施》(*Befehl betreffend Zerstörungsmaßnahmen im Reichsgebiet*)的专门命令。命令称:"为了我国人民的生存而进行的斗争,迫使我们在本国领土上也应千方百计地削弱我们的敌人的战斗力,阻止它继续向前推进。……因此,我命令:1. 必须破坏德国领土上的一切军用的交通、通信、工业和后勤补给设施以及其他重要设施,因为敌人可能马上或在不久以后会利用这些设施来继续进行战斗。2. 负责实施这些破坏行动的是:主管所有军事目标(包括交通和通信设施)的军事指挥机关;大区指导处领袖;主管所有工业设施、后勤补给设施以及其他重要设施的全国防卫特派员。在各大区指导处领袖和全国防卫特派员遂行其任务时,部队应提供必要的支援。3. 应以最快的速度将这一命令传达到所有部队指挥官;与此相违背的指令一律作废。"[②]3 月 20 日,该命令正式下发,要求下属立即贯彻执行。幸好,"焦土令"的全权执行权授予了施佩尔,他暗中破坏,千方百计地阻止执行。而多数军政官员,包括一部分纳粹党官员,也对此抵制,这一悲剧才未在全国上演。

反法西斯国家继续进攻。1945 年 4 月 2 日,艾森豪威尔命令盟军兵分三路,以中路为主要突击力量,向东推进。4 月 16 日,苏军在东线发动

---

① 阿尔贝特·施佩尔:《第三帝国内幕》,第 481 页。

② J. Noakes & G. Pridham (ed.), *Documents on Nazism*, *1919 - 1945*, pp. 676 - 677.

最后冲击,19 日即突破德军的三道防线。希特勒在同盟国集团的共同打击下,方寸大乱。4 月 7 日,他发布《关于西线战场的新的指挥关系》的命令,其中规定将原本隶属于西线总司令部的 B 集团军群,与西线总司令部、新增设的西北线总司令部、西线海军总司令部一起,并列地接受武装部队最高统帅部的直接指挥。[1] 4 月 15 日,希特勒根据德国中部的陆上联系日益困难的现状,签署了《元首关于被分割的德国北部和南部地区指挥关系的命令》,对被分割后的指挥关系作了规定:如果希特勒留在南部,则由其直接指挥南部地区的军事抵抗,由邓尼茨任北部地区总司令;如果希特勒留在北部,则由凯塞林元帅任南部地区总司令。文件规定,在由邓尼茨或凯塞林执掌的地区,"武装部队三军种、各种阵线、后备军、武装党卫队、警察和其他组织在该地区的一切力量,均归该总司令指挥",然而,该"总司令只有在接到我的特别命令后才可开始工作"。[2]

4 月 25 日,苏联乌克兰第 1 方面军在托尔高(Torgau)地域的易北河上与美军第 1 集团军会师,东线和西线两个战场联结起来,德军完全被分割成南北两部分。同日,苏联白俄罗斯第 1 方面军和乌克兰第 1 方面军也完成对柏林的包围。

希特勒竭尽全力想调动部队向苏军发起反攻,甚至扬言"所有按兵不动的司令官,都要在 5 小时内处决"。然而,各处的德军都已经或即将陷入灭顶之灾,有些是心无斗志,故而根本不可能组织起有效的反击。4 月 22 日下午举行例行军事会议,希特勒在会上声称要在柏林了结自己的一生。当时,戈林已经逃到南巴伐利亚的上萨尔茨堡,得悉希特勒决定留守柏林的消息后,立即发去一份电报,表示自己准备根据 1941 年 6 月 29 日的命令,"立即接管德国全部领导权"。希特勒看到电报后火冒三丈,称其犯了叛国罪。希姆莱当时在北部海岸城市吕贝克,4 月 23 日深夜通过瑞典红十字会副主席与西方国家接洽,表示德国愿意向西方国

---

[1] 瓦尔特·胡巴奇编:《希特勒战争密令全集(1939—1945)》,第 239—241 页。
[2] 同上书,第 242—244 页。

家投降,并在西方国家前来接管前继续同苏联作战。4 月 28 日晚,戈培尔手下的无线电监听站收听到英国广播公司关于希姆莱接洽投降的消息。

绝望中的希特勒决定自戕。4 月 29 日凌晨 1 时,他与情妇爱娃·布劳恩(Eva Braun,1912—1945)正式结婚。4 时起,开始口授政治遗嘱和私人遗嘱。他在政治遗嘱里,把挑起世界大战的责任归之于"那些犹太血统的或者为犹太人利益服务的国际政客",号召德国人"在任何情况下决不放弃斗争",声称"民族社会主义运动光辉复兴的种子将会在德国历史上萌发起来"。关于继承人问题,他指定邓尼茨为自己的继承人,就任德国总统,兼任军事部长和海军总司令。指定戈培尔为新政府总理,鲍尔曼为新设立的党务部长,赛斯—英夸特为外交部长。他指定的其他人员还包括:内政部长保罗·吉斯勒(Paul Giesler,1895—1945);陆军总司令斐迪南·舍纳(Ferdinand Schörner,1892—1973);空军总司令奥古斯特·格莱姆(August Greim,1895—1975);党卫队全国领袖兼德国警察总监卡尔·奥古斯特·哈恩克(Karl August Hanke,1903—1945);经济部长冯克;农业部长赫尔伯特·巴克(Herber Backet,1896—1947);司法部长蒂拉克;教育与国民礼仪部长古斯塔夫·阿道夫·舍尔;宣传部长维尔纳·瑙曼(Werner Naumann,1909—1982);财政部长施威林·冯·克罗西克;劳动部长台奥·胡珀法尔(Theo Hupfauer,1906—1993);军火部长卡尔-奥托·绍尔(Karl‐Otto Saur,1902—1966);德意志劳动阵线领袖兼内阁不管部长莱伊。他在遗嘱的结语里,还念念不忘其纳粹主义的初衷:"最重要的是,我责成政府和人民要全力拥护种族法律,无情地打击各国人民的毒害者国际犹太人集团。"① 4 月 30 日下午,希特勒与爱娃·布劳恩双双自杀。

5 月 1 日,邓尼茨向全国发表广播讲话,谎称希特勒同苏军战斗到最后一息,已经"壮烈牺牲",号召全体国民拯救德国,"使它不致遭受布尔

① 麦尔扎诺夫:《希特勒最后十三天》,高运恰、陈德华译,军事译文出版社 1984 年版,第 158 页。

什维克政府的破坏"。5月2日，柏林地区的德军向苏军投降。驻留吕贝克的邓尼茨派出代表与盟军谈判停战事宜。4日，北部和南部的德军残部相继向盟军投降。6日，苏军开始围歼在布拉格地区顽抗的最后一个德军集团。

　　5月7日，德国电台宣布德国无条件投降。同日，邓尼茨政府的代表约德尔在巴黎以东的兰斯（Reims）盟军总部，签署德国武装部队无条件投降初步议定书。翌日，在柏林城郊的苏军司令部，正式举行德国无条件投降仪式。5月23日，盟军逮捕了邓尼茨政府全体成员，德国的最高权力由苏、美、英、法四个同盟国接管，纳粹德国寿终正寝，纳粹统治时期正式结束。

附　录

一　地图[①]

1.《凡尔赛和约》签署后德国领土的变动

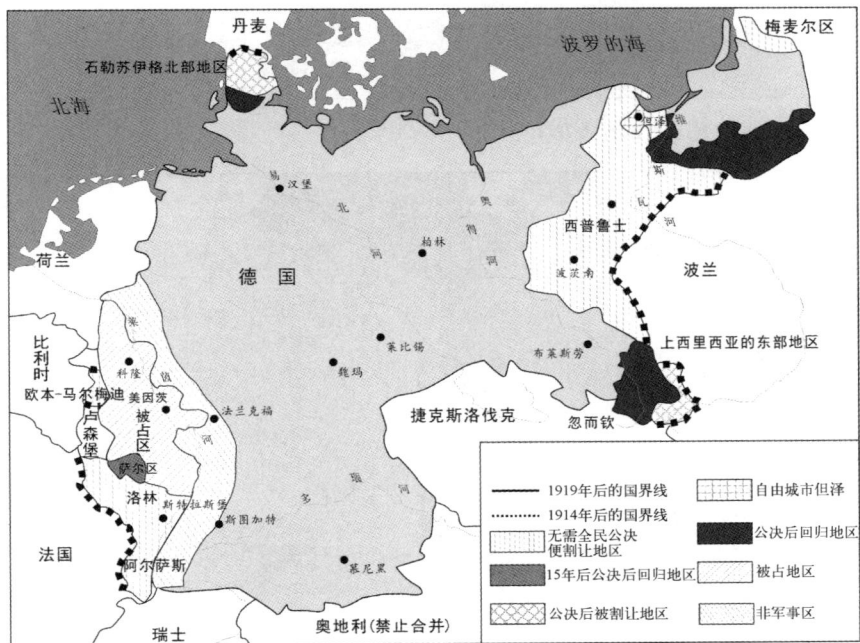

---

① 本书地图引自孟钟捷、霍仁龙著《地图上的德国》,东方出版中心 2014 年版。

2. 德国在第二次世界大战中的行动(1939—1942)

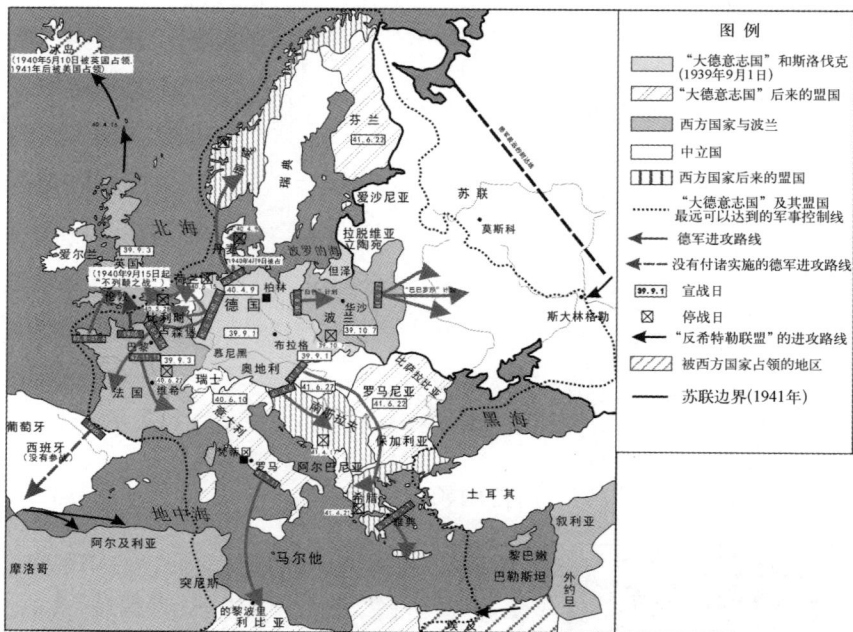

图例

- "大德意志国"和斯洛伐克(1939年9月1日)
- "大德意志国"后来的盟国
- 西方国家与波兰
- 中立国
- 西方国家后来的盟国
- ⋯⋯ "大德意志国"及其盟国最远可以达到的军事控制线
- → 德军进攻路线
- ⇢ 没有付诸实施的德军进攻路线
- 99.9.1 宣战日
- ⊠ 停战日
- ← "反希特勒联盟"的进攻路线
- ▨ 被西方国家占领的地区
- —— 苏联边界(1941年)

（地图标注）熊岛、（1940年5月10日被英国占领 1941年后被美国占领）、芬兰、41.6.23、瑞典、爱沙尼亚、拉脱维亚、立陶宛、苏联、莫斯科、北海、爱尔兰、英国（1940年9月15日起不列颠之战）、39.9.3、波罗的海、但泽、柏林、德国、华沙、39.9.1、39.10.7、"巴巴罗萨"、斯大林格勒、布拉格、39.9.1、慕尼黑、39.9.3、法国、瑞士、奥地利、匈牙利、40.6.10、意大利、希腊、南斯拉夫、41.6.27、41.6.23、罗马尼亚、保加利亚、黑海、葡萄牙、西班牙（没有参战）、罗马、阿尔巴尼亚、雅典、地中海、土耳其、叙利亚、黎巴嫩、巴勒斯坦、外约旦、阿尔及利亚、摩洛哥、马尔他、突尼斯、的黎波里、利比亚、40.A.13

3. 纳粹德国控制区域的扩展

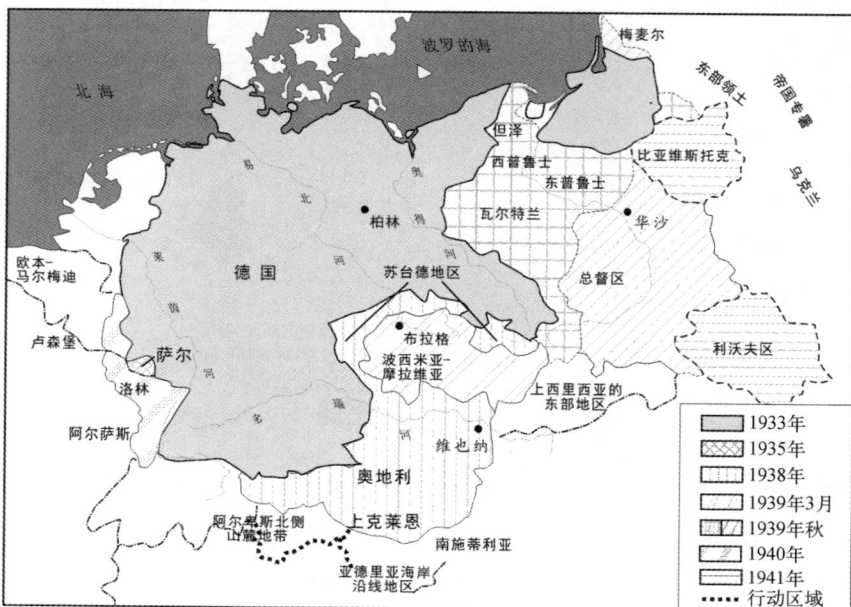

（地图标注）北海、波罗的海、梅麦尔、东部领土、帝国专区、乌克兰、但泽、西普鲁士、东普鲁士、比亚维斯托克、华沙、总督区、柏林、瓦尔特兰、德国、苏台德地区、布拉格、波西米亚-摩拉维亚、利沃夫区、上西里西亚的东部地区、欧本-马尔梅迪、卢森堡、洛林、萨尔、阿尔萨斯、维也纳、奥地利、上克莱恩、南施蒂里亚、阿尔卑斯北侧山脉地带、亚德里亚海岸沿线地区

图例
- 1933年
- 1935年
- 1938年
- 1939年3月
- 1939年秋
- 1940年
- 1941年
- ⋯⋯ 行动区域

4. 德国对犹太人的屠杀

二　大事年表

1918 年

11 月 4 日　基尔水兵起义,随后革命风暴席卷整个德国北部地区

11 月 7 日　慕尼黑爆发革命

11 月 8 日　巴伐利亚的威特尔斯巴赫王朝终结;贡比涅森林停战谈判开始

11 月 9 日　柏林爆发革命;威廉二世退位,巴登亲王把政权移交给艾伯特;谢德曼宣布成立德意志共和国;两个工人政党连夜进行组阁谈判

11 月 10 日　布歇马戏园集会;艾伯特与格勒纳决定合作

11 月 11 日　德国签订《停战协定》

11 月 13 日　《失业者救济条令》面世

11 月 14/15 日　普罗伊斯开始筹划宪法草案

11 月 15 日　《斯廷内斯·列金协议》签订,成立中央工作组

11 月 16 日　德意志民主党成立

11 月 20 日　天主教中央党颁布新党纲

11 月 21 日　《和平生产专业令》颁布

11 月 22 日　人民全权代表委员会与大柏林地区执行委员会达成第一份协议;德意志人民党成立

11 月 23 日　《企业代表会条例》出台;《劳动时间令》发布

11 月 24 日　德意志民族人民党成立;社会化委员会成立

11 月 30 日　《国民会议选举条例》出台

12 月 6 日　围绕代表会运动花销而发生的"一二·六冲突"

12 月 9 日　人民全权代表委员会与大柏林地区执行委员会达成第二份协议;《职业介绍令》出台

12 月 16 - 20 日　第一次全国代表会大会

12 月 23 日　《集体合同令》颁布

12 月 24 日　圣诞夜罢工

12 月 29 日　独立社会民主党退出临时政府;斯巴达克同盟退出独立社会民主党

12 月 31 日　德国共产党成立

同年　斯宾格勒出版《西方的没落》第 1 卷;豪斯曼发表《达达主义》宣言

1919 年

1 月 5 日　柏林起义开始;德意志工人党成立

1 月 9 日　《雇佣伤残者条例》出台

1 月 15 日　卡尔·李卜克内西和罗莎·卢森堡被杀,柏林起义失败;《最紧急住房危机的补救条令》出台

1 月 18 日　巴黎和会召开

1 月 19 日　国民会议选举

1 月 24 日　《临时农业劳动条令》出台

2 月 8 日　《战争伤残者与战争残疾者的社会救济法令》出台

3 月 3 日　柏林爆发三月起义,到 3 月 16 日镇压;中德地区达成"魏玛协议"

3 月 15 日　《社会化法》通过

3 月 22 日　公布和平代表团的名单

3 月 23 日　《煤炭经济法》出台

4 月 7 日　巴伐利亚工兵代表共和国成立,到 5 月 5 日失败

4 月 8 - 14 日　第二次全国代表会大会

4 月 8 日　成立有关罪责问题的调查委员会,考茨基任主席

4 月 10 日　国会成立和平委员会,议长费伦巴赫亲自担任主席

4 月 18 日　协约国通过德国政府与会

4 月 24 日　《钾经济法》出台

5 月 7 日　德国人首次出现在巴黎和会上,协约国递交和约草案

5 月 29 日　德国提出反建议

6 月 16 日　和约最后文本与最后通牒递交德国

6 月 19 日　谢德曼内阁辞职

6 月 21 日　鲍尔内阁成立

6 月 22 日　国会投票带有两项保留条件的和约文本

6 月 23 日　协约国拒绝了德国的要求,德国在最后期限到来之前表示接受

6 月 28 日　德国签订《凡尔赛和约》,7 月 9 日批准,1920 年 1 月 10 日生效

8 月 11 日　艾伯特签署批准《魏玛宪法》,3 天后正式公布实施

8 月 19 日　国会成立战败调查委员会,为"匕首刺背"谎言流行提供舞台

同年　建筑师格鲁皮乌斯在魏玛创建包豪斯建筑学院,提出艺术建筑思想;第

一部表现主义风格电影《卡利卡利大夫的房间》上演。

1920 年

1 月 协约国第一次伦敦会议，讨论赔偿问题

2 月 4 日 《企业代表会法》通过

2 月 24 日 德意志工人党更名为民族社会主义德意志工人党

3 月 13 - 17 日 卡普-吕特维茨暴动

3 月 18 日 工会提出"九点纲领"，要求成立工人政府

3 月 27 日 鲍尔内阁下台，米勒内阁成立

3 月 28 日-5 月 17 日 鲁尔区动荡

4 月 协约国圣雷莫会议，讨论赔款问题

5 月 4 日 临时中央经济议院正式运行

5 月 11 日 《住房紧缺法》出台

6 月 6 日 国会大选

6 月 21 日 米勒内阁下台，费伦巴赫内阁成立；协约国布洛涅会议，首次提出德国赔款总额

6 月 第一次德国教育工作者会议召开

7 月 5 - 12 日 协约国斯帕会议，首次邀请德国参加，讨论赔款问题

8 月 11 日 《解除武装法》出台

1919 - 1920 年 "卡巴莱"《声与烟》首演成功

1921 年

1 月 24 - 29 日 协约国巴黎会议，再次提出新的赔偿计划

2 月 2 日 德国提出赔款建议

2 月 21 日-3 月 14 日 协约国伦敦第二次会议，拒绝德国方案，并发出最后通牒

3 月 8 日 协约国军队占领杜伊斯堡、鲁洛尔特、杜塞尔多夫

3 月 20 日 上西里西亚完成公投，但仍然存在纠纷。10 月 20 日，国联调查委员会决定划分上西里西亚

5 月 4 日 费伦巴赫内阁辞职

5 月 12 日 第一届维尔特内阁成立

8 月 25 日 美德签订《恢复和平条约》

8 月 26 日 埃茨贝格尔遇刺身亡

8 月 29 日 《关于恢复公共安全与秩序的命令》公布

10 月 6、8 日 法德两国签订《威斯巴登协议》

10 月 22 日 第一届维尔特内阁辞职

10 月 25 日 第二届维尔特内阁成立

同年 主张世界和平、反对民族和种族仇恨的笔会（PEN）成立；爱因斯坦获诺贝尔物理学奖

1922 年

1 月 6 日　协约国戛纳会议,邀请德国参加

4 月 10 日　欧洲经济会议在热那亚召开

4 月 16 日　德国和苏俄签订《拉巴洛条约》

6 月 24 日　拉特瑙被刺身亡

6 月 26 日　《保卫共和国法令》出台

9 月 24 日　多数派社民党和一部分独立社会民主党人合并

11 月 22 日　第二届维尔特内阁辞职,古诺内阁成立

12 月 29 日　美国国务卿休斯首次公布美国在赔款问题上的想法

1923 年

1 月 11 日　法、比联军占领鲁尔区,德国宣布实行"消极抵抗"政策

8 月 12 日　古诺内阁辞职

8 月 13 日　第一届施特雷泽曼内阁上台

8 月 15 日　"联合莱茵运动"成立

9 月 25 日　巴伐利亚州政府任命卡尔为国务总办,宣布全州实行紧急状态

9 月 26 日　"消极抵抗"结束;艾伯特宣布全国进入紧急状态

9 月 29 日　黑色国防军暴动

10 月 3 日　第一届施特雷泽曼内阁倒台

10 月 6 日　第二届施特雷泽曼内阁上台

10 月 10 日　萨克森州建立左翼联合内阁

10 月 13 日　《授权法》颁布;《失业救急令修正案》颁布

10 月 15 日　美国答应参加赔款委员会;《货币法》颁布,宣布成立德国地产抵押银行,发行地产抵押马克

10 月 16 日　图林根州建立左翼联合内阁

10 月 21 日　"莱茵共和国"成立

10 月 23 - 25 日　汉堡起义

10 月 30 日　国防军占领萨克森州首府德累斯顿《调解令》颁布

11 月 8 - 9 日　希特勒发动"啤酒馆暴动"

11 月 12 日　德共部长退出图林根州政府;"普法尔茨共和国"成立;沙赫特担任货币专员

11 月 21 日　德国马克价值达到恶性通货膨胀最高点 1∶4.2 万亿

11 月 23 日　德共被宣布为非法组织,在全国范围内遭取缔

11 月底　莱茵分离主义运动陷入低潮

12 月 22 日　沙赫特出任国家银行总裁

12 月 23 日　《劳动时间紧急条令》颁布

同年　文化史家范登布鲁克出版《第三帝国》一书;艺术史家、曼海姆博物馆馆

长哈特劳普首次提出"新客观主义";法兰克福研究所创建

1924 年

2 月 13 日　艾伯特宣布结束紧急状态

2 月 26 日　希特勒等在慕尼黑受审

4 月 9 日　《道威斯计划》公布

5 月 4 日　国会选举,参加政府之政党与社会民主党得票下降

8 月 29 日　国会通过接受《道威斯计划》的决议

12 月 7 日　国会选举,左右翼激进政党遭到挫败

同年　经典电影《最卑贱的人》上演,使用移动摄影方法。

1925 年

1 月 5 日　协约国推迟将于 1 月 10 日到期的从莱茵第一占领区的撤退

1 月 15 日　路德第一届内阁成立

1 月 20 日/2 月 9 日　施特雷泽曼先后向英、法政府提出关于安全问题的备忘录

2 月 27 日　纳粹党重建

2 月 28 日　艾伯特总统病逝

4 月 26 日　兴登堡当选为总统

7 月 14 日　法、比开始从鲁尔撤军(8 月 1 日完成)

8 月 25 日　协约国撤出杜伊斯堡、鲁洛尔特和杜塞尔多夫

10 月 5－16 日　洛迦诺会议

11 月 27 日　国会通过接受《洛迦诺公约》的决定

11 月 30 日　协约国开始从科隆占领区撤军(1926 年 1 月 31 日完成)协约国开始从科隆占领区撤军(1926 年 1 月 31 日完成)

12 月 1 日　《洛迦诺公约》在伦敦签署

1926 年

4 月 24 日　《苏德友好中立条约》(即"柏林条约")签署

5 月 5 日　兴登堡颁布"旗帜令"

5 月 12 日　路德内阁因"国旗争端"辞职

5 月 16 日　马克斯第三届内阁成立

6 月 20 日　举行关于没收诸侯财产的全民公决

9 月 8 日　德国参加国际联盟,成为行政院常任理事国

9 月 17 日　施特雷泽曼与白里安在图瓦伊会晤

12 月 10 日　施特雷泽曼和白里安共获诺贝尔和平奖

1927 年

1 月 31 日　协约国军事管制委员会从德国撤退

7 月 16 日　《职业介绍与失业保险法》在国会通过

8 月 17 日　《法德商业条约》签订

1928 年

1 月 30 日　国防部长格斯纳辞职 格勒纳继任

2 月 15 日　马克斯内阁在"教育法"上因分歧而解体

5 月 20 日　国会选举 左翼政党获胜

6 月 28 日　米勒内阁成立,这是"最后一届大联盟政府"

8 月 27 日　《白里安-凯洛格非战公约》签署

9 月　国际联盟日内瓦大会 讨论莱茵兰撤军和最后解决赔偿问题

10 - 12 月　鲁尔钢铁工人大罢工 资方大规模关闭工厂

10 月 20 日　阿尔弗雷德·胡根贝格当选为民族人民党主席

12 月 9 日　高级教士卡斯当选为中央党主席

1929 年

2 月 11 日 - 6 月 7 日　巴黎会议 修订《道威斯计划》,签署《杨格计划》

7 月 9 日　民族人民党、钢盔团、纳粹党等参加的民族主义右翼集团反《杨格计划》运动开启

8 月 6 - 31 日　关于《杨格计划》的第一次海牙会议达成从莱茵兰撤军协定

9 月 4 - 5 日　白里安在国际联盟大会上提出"欧洲联邦"设想

10 月 3 日　施特雷泽曼病逝

10 月 24 日　纽约证券交易所"黑色星期四"世界经济大危机爆发

12 月 22 日　民族主义右翼策划的反《杨格计划》的全民公决失败

同年　托马斯·曼获诺贝尔文学奖;柏林第一次进行电视节目发送

1930 年

1 月 3 - 20 日　关于《杨格计划的第二次海牙会议》,德国政府接受《杨格计划》

3 月 12 日　国会通过接受《杨格计划》的决议

3 月 27 日　米勒内阁辞职

3 月 29/30 日　布吕宁内阁建立,"总统内阁"出现

6 月 30 日　协约国提前完成从莱茵兰的撤军

7 月 16 日　国会被解散

9 月 14 日　国会选举,纳粹党成为国会第二大党

同年　首批有声电影《蓝天使》上演;雷马克小说改编的《西线无战事》遭禁演

1931 年

3 月 20 日　德国政府宣布与奥地利建立关税同盟,遭法国否决

5 月 11 日　奥地利信贷机构倒闭 威胁欧洲经济政治稳定

6 月 20 日　美国总统胡佛提出对所有国际债务延期一年支付

7 月 13 日　达姆施塔特银行和国民银行倒闭,德国银行危机

10 月 6 日　布吕宁内阁发布"保障经济与财政安全的紧急条令"

10 月 11 日　"民族反对派"在哈尔茨堡集会("哈尔城茨堡"阵线）

12月8日　布吕宁内阁发布第四个"保障经济与财政安全的紧急条令"

12月16日　由社会民主党、自由工会、工人体育协会、国旗社等参加的"钢铁阵线"成立

1932 年

1月　杜塞尔多夫举行有 300 名垄断资本家参加的秘密会议,希特勒出席讲话

2月　德国失业人数超过 600 万

4月10日　兴登堡再度当选总统

4月13日　纳粹准军事组织冲锋队和党卫队被解散

4月24日　普鲁士、巴伐利亚、符腾堡、安哈特和汉堡地方议会选举,纳粹党获得重大胜利

5月12日　格勒纳被迫辞去国防部长职务

6月1日　巴本内阁成立

6月4日　国会被解散

6月16日　取消对冲锋队的禁令

6月16日-7月9日　洛桑会议举行,德国赔偿实际上被取消

7月11日　德国退出日内瓦裁军会议

7月20日　巴本与施莱歇尔发动政变 普鲁士政府被解散

7月31日　国会选举,纳粹党成为国会第一大党

8月13日　兴登堡拒绝任命希特勒为总理

9月12日　国会通过对巴本内阁的不信任案,国会被解散

11月6日　国会选举,纳粹党得票总数下降,但仍为国会第一大党

12月2日　施莱歇尔内阁成立

12月11日　德国获得在裁军问题上的平等权

同年　海森堡获得诺贝尔物理学奖

1933 年

1月4日　希特勒和巴本秘密会晤,商讨建立联合政府

1月30日　希特勒受命组阁,"民族团结政府"上台执政

2月1日　希特勒发表《告德意志国民书》,宣布政府将实施伟大的四年计划,彻底克服失业,拯救德意志的工人,拯救德意志的农民。同日解散国会

2月3日　希特勒向国防军领导层阐述生存空间计划

2月27日　国会起火,引爆国会纵火案

2月28日　当局发布《总统关于保护人民和国家的命令》

3月5日　国会选举日

3月13日　成立政府系统的国民教育与宣传部,戈培尔任部长

3月21日　波茨坦日

3月24日　《消除人民与国家痛苦法》即"授权法"正式生效

3 月 31 日　政府颁布《各州与国家一体化法令》

4 月 1 日　抵制犹太人商店

4 月 7 日　政府颁布《各州与国家一体化的第二个法令》和《重设公职人员法》

4 月 25 日　政府发布《防止德国中小学校和高等院校过度拥挤法》

5 月 2 日　取缔工会

5 月 7 日　德国书商交易所协会列出黑名单

5 月 10 日　成立德意志劳动阵线；焚书

5 月 17 日　希特勒发表和平演说，获得国会各党团赞同

5 月 19 日　政府公布《劳动督察官法》

6 月 1 日　政府发布《扩充就业面纲领》（俗称"第一项莱因哈特纲领"）

6 月 2 日　社会民主党领导机构流亡布拉格

6 月 22 日　开始禁止和解散党派

7 月 7 日　全国广播协会成立

7 月 12 日　来自 21 个国家的 291 种印刷品被禁

7 月 14 日　政府颁布《禁止组织新政党法》《塑造新德意志农民法》和《预防遗传病患者新生儿法》（通称《绝育法》）

7 月 15 日　全国电影协会成立

7 月 20 日　《国家宗教协议》签订；修改《政府议事规则》，规定立法工作毋需经过部长间讨论，只需将相关草案经由相关部长传阅后即可定稿

8 月 25 日　公布取消国籍者名单

9 月 1 日　政府发布"第二项莱因哈特纲领"

9 月 13 日　政府颁布《德国粮食总会法》

9 月 22 日　政府颁布《国家文化总会法》

9 月 28 日　禁止政府部门雇用非雅利安人和与他们通婚者

9 月 29 日　政府颁布《国家世袭农场法》

10 月 4 日　政府颁布《编辑法》和《报刊法》

11 月 12 日　国会选举日

12 月 1 日　政府颁布《党和国家统一法》

12 月 7 日　政府颁布《维持偿付残疾者、矿工和职员保险法令》，恢复社会保险制度

1934 年

1 月 12 日　内阁会议通过《国民劳动秩序法》，于 20 日颁布

1 月 30 日　国会和参议院通过《国家重建法》

2 月 14 日　希特勒颁布《全国参议院废止法》

2 月 27 日　德国经济总会颁布《德国经济有机结构条例》

4 月 20 日　希姆莱成为盖世太保负责人

4 月 24 日　人民法庭建立

6月30日 清洗冲锋队

7月20日 党卫队脱离冲锋队领导

7月25日 维也纳纳粹政变失败,奥地利总理陶尔菲斯被暗杀

8月2日 兴登堡总统去世,媒体公布前一天晚上由内阁通过的《德国国家元首法》

8月19日 就8月2日的举措举行全民公决

年内 当局发布《德意志大学生十诫》,作为大学生的行为准则

1935年

1月13日 萨尔区举行公民投票,回归德国

1月30日 政府颁布《乡镇法》和《德国总督法》

3月9日 官方宣布德国已拥有空军

3月16日 政府颁布《国防军重建法》,实施普遍兵役制

6月26日 当局颁布《国家劳动服役法》

9月15日 纳粹党代会上公布《保护德意志人血统与荣誉法》和《德国公民权法》

10月18日 政府颁布《保护德意志民族遗传卫生法》(通称《婚姻法》)

1936年

3月7日 德军进驻莱茵非军事区

3月29日 国会选举

3月 举办第一次"颓废艺术"展览

4月24日 骑士团城堡学校奠基

6月17日 希姆莱担任全国警察首脑

7月11日 《德奥协定》签订

7月16日 西班牙内战爆发

8月1日 柏林奥运会开幕

9月9日 当局公布第二个四年计划

10月1日 规定法官必须佩戴纳粹标志

10月18日 希特勒签署《关于实施四年计划的命令》

11月1日 墨索里尼宣布德意两国构成"轴心"

11月25日 德日两国签署《反共产国际协定》

11月26日 当局禁止艺术批评

12月1日 希特勒发布《希特勒青年团成为国家青年组织》的命令

1937年

1月26日 当局颁布《文职人员法》

3月14日 教皇发表通谕《痛心已极》

7月18日 慕尼黑举办"大德意志艺术展览会"和第二次"颓废艺术"展览

11 月 5 日　希特勒在高层会议上谈扩张计划,会后形成《霍斯巴赫备忘录》

11 月 6 日　意大利加入《反共产国际协定》

11 月 17 日　英国大臣哈利法克斯造访希特勒

11 月 26 日　沙赫特辞去经济部长职务

12 月　当局颁布《扩大保险范围法令》

1938 年

1 月 3 日　当局颁布《无偿没收"颓废艺术"作品法》

2 月 5 日　德国武装部队最高统帅部成立,希特勒为总司令,勃洛姆贝格和弗立契被免职,里宾特洛甫任外交部长

3 月 13 日　德奥合并

4 月 10 日　德奥合并后的国会大选

4 月 24 日　苏台德德意志人党提出《卡尔斯巴德纲领》

4 月 26 日　当局颁布《犹太人财产登记条例》

5 月 20 日　德捷之间爆发"五月危机"

5 月 30 日　希特勒发布《关于"绿色方案"致德国武装部队三军总司令的命令》

6 月 22 日　当局颁布《特别任务劳动力需要法令》

6 月 25 日　当局颁布《工资条例》

8 月　当局在维也纳设立"犹太人出境办事处"

9 月 27 日　"大众收音机"投放市场

9 月 30 日　《慕尼黑协定》签字

11 月 9 日　"水晶之夜"

12 月　当局颁布《关于德国手工业者养老金法令》;开始颁发"德意志母亲荣誉十字勋章"

1939 年

1 月 20 日　沙赫特被解除国家银行总裁职务

1 月 24 日　柏林设立"犹太人出境办事处"

2 月 13 日　当局颁布《确保具有特殊国家政治意义任务所需劳动力条例》,规定在重要行业从业的职工更换工作必须征得劳动局同意

3 月 15 日　德国吞并捷克斯洛伐克残存地区

3 月 21 日　德国要求归还但泽并建造贯穿波兰走廊的铁路

3 月 23 日　立陶宛将梅梅尔地区割让给德国

3 月 25 日　希特勒发布《青年的服务义务命令》

3 月 26 日　波兰拒绝德国的要求

3 月 28 日　西班牙加入《反共产国际协定》

3 月 31 日　英国与法国宣布保证波兰的安全

4 月 11 日　希特勒下达《德国进攻波兰的计划(白色方案)》的命令

4月7日　意大利入侵阿尔巴尼亚

4月20日　德国举行庆祝希特勒50岁诞辰大阅兵

4月26日　英国实行普遍兵役制

4月28日　希特勒宣布废除与波兰签订的谅解条约和与英国签订的海军协定

5月22日　德意两国签订《钢铁盟约》

5月23日　希特勒在高级军事会议上发表重要讲话

8月23日　《苏德互不侵犯条约》条约签订

8月25日　英国与波兰正式签订互助条约

9月1日　德国进攻波兰;当局颁布《限制工作岗位调换条例》,将2月份所颁条例的应用范围扩大到所有行业;海德里希颁布关于犹太人佩戴"大卫星"的法令

9月3日　英国和法国宣战

9月4日　当局颁布《战时经济条例》

9月18日　维斯瓦河战役

9月27日　德国中央保安总局成立

10月7日　"巩固德意志民族性全国委员会"成立,由希姆莱负责

10月25日　波兰总督辖区成立

11月8日　慕尼黑啤酒馆发生谋刺希特勒事件,未遂

11月23日　波兰总督辖区规定犹太人必须佩戴大卫星标志

1940年

4月9日　德国进攻丹麦和挪威

4月30日　罗兹的犹太人隔离区建成

5月10日　德国入侵西欧

5月15日　荷兰投降

5月28日　德军占领比利时

6月10日　德军完全占领挪威

6月17日　法国新任总理贝当请求停战

6月22日　法国败降

7月16日　希特勒下达"海狮行动计划"

8月10日　德国发动对英空战

9月27日　德意日签订《三国同盟条约》

11月12日　莫洛托夫造访柏林

11月15日　华沙犹太人隔离区关闭

12月18日　希特勒下达进攻苏联的"巴巴罗萨计划"

1941年

2月11日　德国军队进入非洲

3月2日　德军入侵保加利亚

3 月 31 日　德军进攻昔兰尼加

4 月 6 日　德军进攻希腊和南斯拉夫

4 月 17 日　南斯拉夫投降

4 月 21 日　希腊投降

5 月 10 日　赫斯飞往英国

5 月 20 日　德军进攻克里特岛

6 月 22 日　德国入侵苏联

7 月 17 日　罗森贝格担任东部特区部长

9 月 29 日　德国在基辅实施犹太人大屠杀

10 月 2 日　德军实施"台风行动计划",向莫斯科方向发起进攻

10 月 3 日　全德境内实施犹太人强制劳动制度

10 月 16 日　全德境内驱逐犹太人

12 月 7 日　德国发布《夜雾命令》;日本偷袭珍珠港

12 月 8 日　美国向日本宣战

12 月 11 日　德国和意大利向美国宣战

12 月 19 日　希特勒担任陆军总司令

1942 年

1 月 1 日　26 个反法西斯国家签署《联合国家宣言》

1 月 18 日　德意日划分作战地区的军事协定签字

1 月 20 日　万湖会议召开,讨论驱逐和灭绝犹太人事宜

2 月 9 日　施佩尔担任武装和弹药部长

3 月 21 日　绍克尔担任劳动力调配全权总代表

4 月 26 日　希特勒担任全国最高法官

5 月 26 日　海德里希被刺身亡;德军在北非发起进攻

6 月 10 日　利迪策大屠杀

6 月 30 日　德军在阿拉曼发起进攻

8 月 19 日　德军向斯大林格勒方向发起进攻

8 月 20 日　弗赖斯勒担任人民法庭庭长

8 月 25 日　希特勒下令建设"大西洋壁垒"

10 月 18 日　希特勒下达《突击队命令》

10 月 23 日　英军在阿拉曼发起反攻

11 月 7 日　盟军在北非登陆

11 月 19 日　苏联在斯大林格勒发动反攻

1943 年

1 月 24 日　卡萨布兰卡会议要求德国无条件投降

1 月 27 日　当局颁布《战时劳动力动员法》

2月2日 斯大林格勒会战结束

2月18日 白玫瑰小组发出最后一张传单

4月19日 华沙犹太人隔离区发生大规模反抗

5月13日 德国非洲军团投降

5月19日 柏林宣布成为无犹太人区

7月5日 德军发起库尔斯克会战

7月10日 盟军进攻西西里岛

7月12日 "自由德国民族委员会"成立

7月25日 墨索里尼倒台被捕

9月12日 希姆莱接任内政部长

9月3日 盟军在意大利登陆

9月8日 意大利投降

1944 年

3月4日 苏军向南线德军发动进攻

3月18日 德军占领匈牙利

6月6日 盟军在诺曼底登陆

6月12日 德国使用 V1 飞弹空袭伦敦

6月22日 苏军联向中路德军发动进攻

7月20日 "七·二〇"事件

7月25日 戈培尔成为总体战总代表

8月7日 人民法庭院开始审理"七·二〇"事件参与者

8月15日 盟军在法国南部登陆

8月25日 罗马尼亚向德国宣战

9月8日 保加利亚向德国宣战

11月26日 希姆莱下令毁灭焚尸炉

12月16日 德国发动阿登反击战

1945 年

1月12日 苏联从维斯瓦河到奥得河展开进攻

1月30日 希特勒发表最后一次广播讲话

2月4日 雅尔塔会议开幕

3月7日 盟军在雷马根桥越过莱茵河

3月19日 希特勒发出《焦土令》

4月11日 布痕瓦尔德集中营自行解放

4月13日 苏联占领维也纳

4月15日 盟军解放贝尔根—贝尔森集中营

4月16日 苏联进攻柏林

4 月 23 日　希特勒罢免戈林

4 月 25 日　美国和苏联军队在易北河边会师

4 月 27 日　奥地利联合政府成立,宣布国家独立

4 月 29 日　墨索里尼被游击队员击毙

4 月 30 日　希特勒自杀

5 月 7—8 日　德国向同盟国集团投降

5 月 23 日　邓尼茨政府成员遭逮捕

6 月 5 日　盟军接管德国最高行政权

三 参考书目

1. 外文部分

Abelshauser, Werner, u. a. (Hrsg.), *Deutsche Sozialgeschichte 1914 - 1945. Ein historisches Lesebuch*, München: Verlag C. H. Beck, 1985.

Abelshauser, Werner (Hrsg.), *Die Weimarer Republik als Wohlfahrtsstaat: Zum Verhältnis von Wirtschafts - und Sozialpolitik in der Industriegesellschaft*, Stuttgart: Franz Stein Verlag, 1987.

Abraham, David, *The Collapse of the Weimar Republic: Political Economic and Crisis*. Second Edition, New York, London: Holmes & Meier, 1986.

Albertin, Lothar, *Liberalismus und Demokratie am Anfang der Weimarer Republik*. Düsseldorf: Droste Verlag, 1972.

Aldcroft, Derek H. , *From Versailles to Wall Street 1919 - 1929*, Berkeley and Los Angeles: University of California Press, 1977.

Allen/ Sheridan, William, *The Nazi Seizure of Power: The Experience of a Single German Town, 1922 - 1945*, London: Penguin Books, 1984.

Bähr, Johannes, *Staatliche Schlichtung in der Weimarer Republik. Tarifpolitik, Korporatismus und industrieller Konflikt zwischen Inflation und Deflation, 1919 - 1932*. Berlin: Colloquium Verlag, 1989.

Balderston, Theo, *Economics and Politics in the Weimar Republic*, Cambridge: Cambridge University Press, 2002.

Barkai, Avraham, *Das Wirtschaftssystem des Nationalsozialismus*. Köln: Fischer Taschenbuch Verlag, 1977.

Bartel, Walter, *Deutschland in der Zeit der faschistischen Diktatur*, 1933 – 1945. Berlin: Volk und Wissen Volkseigener Verlag, 1956.

Berger, Suzanne, *Organizing Interests in Western Europe: Pluralism, Corporatism, and the Transformation of Politics*, Cambridge: Cambridge university press, 1981.

Bermbach, Udo (Hrsg.), *Theorie und Praxis der direkten Demokratie. Texte und Materialien zur Räte – Diskussion*, Stuttgart: Westdeutscher Verlag, 1973.

Bernstein, Eduard, *Die deutsche Revolution von 1918/1919. Geschichte der Entstehung und ersten Arbeitsperiode der deutschen Republik (1921)*, Bonn: Verlag J. H. W. Dietz Nachfolger, 1998.

Bessel, Richard, *Germany after the First World War*. Oxford: Clarendon Press, 1993.

Braunthal, Gerard, *Socialist Labor and Politics in Weimar Germany: The General Federation of German Trade Unions*, Hamden: Archon Books, 1978.

Beyer, Hans, *Von der Novemberrevolution zur Räterepublik in München*, Berlin: Rütten & Loening, 1957.

Beyerchen, Alan D., *Scientists under Hitler: Politics and the Physics Community in the Third Reich*, New York: Yale University Press, 1977.

Bieber, Hans – Joachim, Bürgertum in der Revolution. Bürgerräte und Bürgerstreiks in Deutschland 1918 – 1920, Hamburg: Christians, 1992.

Bock, Gisela, *Zwangssterilisation im Nationalsozialismus*, Opladen: Westdeutscher Verlag, 1986.

Bons, Joachim, *Nationalsozialismus und Arbeiterfrage, Zu den Motiven, Inhalten und Wirkungsgrunden nationalsozialistischer Arbeiterpolitik vor 1933*, Pfaffenweiler: Centaurus – Verlagsgesellschaft, 1995.

Bracher, Karl (Hrsg.), *Deutschland 1933 – 1945*. Bonn: Westdeutscher Verlag, 1993.

Bracher/Funke/Jacobsen (Hrsg.), *Nationalsozialistische Diktatur, 1933 – 1945*. Bonn: Bundeszentrale Für politische Bildung, 1986.

Bracher, Karl Dietrich & Funke, Fanfred & Jacobsen, Hans – Adolf (Hrsg), *Die Weimarer Republik 1918 – 1933: Politik • Wirtschaft • Gesellschaft*, Bonn: Bundeszentrale fürpolitische Biliung, 1987.

Brady, Robert A., *The Spirit and Structure of German Fascism*. New York: Citadel Press, 1969.

Broszat, Martin, *Der Nationalsozialismus: Weltanschauung, Programm und Wirklichkeit*, Stuttgart: Deutsche Verlags – Anstalt, 1960.

Broszat, Martin, *The Hitler State: The Foundation and Development of the Internal Structure of the Third Reich*, New York: Longman, 1981.

Brüning, Heinrich, *Memoiren 1918 - 1934*, Stuttgart: Deutsche Verlags - Anstalt, 1970.

Buerger, Hans, *Die landwirtschaftliche Interessenvertretung in der Zeit von 1933 bis zur Gegenwart unter besonderer Berücksichtigung der westdeutschen Verhältnisse*, Nürnberg: Erlangen, 1967.

Büttner, Ursula, *Weimar. Die überforderte Republik 1918 - 1933. Leistung und Versagen in Staat, Gesellschaft, Wirtschaft und Kultur.* Stuttgart: Klett - Cotta, 2008.

Carroll, Berenice A. , *Design for Total War: Arms and Economics in The Third Reich*, Hague: UMI, 1968.

Carsten, F. L. , *Revolution in Central Europe, 1918 - 1919*, London: Temple Smith, 1972.

Childers, Thomas, *The Nazi Voter: The Social Foundations of Fascism in Germany, 1919 - 1933*, London: Oxford University Press, 1983.

Cooper, Matthew, *The German Army, 1933 - 1945*, London: Bonanza Books, 1981.

Corni, Gustavo/ Gies, Horst, *Brot Butter Kanonen, die Ernaehrungswirtschaft in Deutschland unter der Diktatur Hitler*, . Berlin: Akademie Verlag, 1997.

Cowling, Maurice, *The Impact of Hitler*, New York: Cambridge University Press, 2005.

Craig, Gordon. A. , *Deutsche Geschichte 1866 - 1945*, Berlin: Beck'schen Reihe, 2006.

Dahrendorf, Rolf, *Gessellschaft und Demokratie in Deutschland*, Munich: Piper Verlag, 1965.

Darré, Richard. W. , *Um Blut und Boden*, München: Eher Verlag, 1942.

Deist, Wilhelm, *The Wehrmacht and German Rearmament*, London: Macmillan Pr. Ltd. , 1981.

Deuel, Wallace R. , *People under Hitler*, New York: Harcourt, Brace and Company, 1942.

Dickinson, Edward Ross, *The Politics Of German Children Welfare: from the Empire to the Federal Republic*, New York: Harvard University Press, 1996.

Die Bundeszentrale für Heimatdienst (Hrsg.), *Die Weimarer Nationalversammlung*, Köln: Greven & Bechtold, 1960.

Diller, Ansgar, *Rundfunkpolitik im Dritten Reich*, Stuttgart: Deutscher Taschenbuch Verlag, 1980.

Domarus, M. , *Hitler. Reden und Proklamationen 1932 bis 1945*. Würzburg: Süddeutscher Verlag, 1962.

Durham, Martin, *Women and Fascism*, London: Routledge, 1998.

Dussel, Konrad / Frese, Matthias, *Freizeit in Weinheim — Studien zur Geschichte der Freizeit 1919 – 1939*, Weinheim: Stadtarchiv, 1989.

Erdmann, Karl Dietrich, „Die Geschichte der Weimarer Republik als Problem der Wissenschaft", In:*Vierteljahresheft für Zeitgeschichte*, Jg. 3, H. 1, 1955.

Evans, Richard J. & Geary, Dick,*The German Unemployed: Experiences and Consequences of Mass Unemployment from the Weimar Republic to the Third Reich*, London: Croom Helm, 1987.

Evans, Richard J. , *The Third Reich in Power*, New York: Penguin Book, 2006.

Falter, Jürgen W. , *Hitlers Wähler*, München: Beck, 1991.

Farquharson, J. E. , *The Plough and Swastika*, *the NSDAP and Agriculture in Germany 1928 – 45*, London: SAGE Publications, 1976.

Feldman, Gerald D. , Kolb, Eberhard, Rürup, Reinhard, „Die Massenbewegungen der Arbeiterschaft in Deutschland am Ende des Ersten Weltkrieg (1917 – 1920)", In:*Politische Vierteljahresschrift*, J. 13, 1972.

Feldman, Gerald D. , Steinisch, Irmgard, „Die Weimarer Republik zwischen Sozial – und Wirtschaftsstaat. Die Entscheidung gegen den Achtstundentag. Hans Rosenberg zum kommenden 75. Geburtstag gewidmet", In: *Archiv für Sozialgeschichte*, Vol. 1, 1978.

Feldman, Gerald D. & Steinisch, Irmgard, *Industrie und Gewerkschaften*, *1918 – 1924. Die überforderte Zentralarbeitsgemeinschaft*, Stuttgart: Deutsche Verlags – Anstalt, 1985.

Feldman, Gerald D. ,*The Great Disorder: Politics, Economics, and Society in the German Inflation*, *1914 – 1924*, New York: Oxford University Press, 1997.

Feuchtwanger, E. J. ,*From Weimar to Hitler: Germany*, *1918 – 1933*, London: Macmillan Press Ltd, 1995.

Finker, Kurt,*Deutscher Widerstand*,*Demokratie heute: Kirche*, *Kreisauer Kreis*, *Ethik*, *Militär und Gewerkschaften*, Bonn: Bouvier, 1992.

Finker, Kurt,*Graf Moltke und der Kreisauer Kreis*, Dietz: Union Verlag, 1993.

Fisher, Conan (ed.), *The Rise of National Socialism and the Working Classes in Weimar Germany*, London: Berghahn Books, 1996.

Fischer, Conan, *The Ruhr Crisis*, *1923 – 1924*, Oxford: Oxford University Press, 2003.

Fisher, Conan,*Stormtrooper: A Social*, *Economic and Ideological Analysis*, *1929 – 35*, London: George Allen & Unwin, 1983.

Fischer, Louis, *Russia's Road from Peace to War: Soviet Foreign Relations*,

1917 - 1941，New York：Harper & Row，1969.

Flemming，Jens u. s. w. （Hrsg. ），*Die Republik von Weimar*. Band 2：Das sozialökonomische System，Düsseldorf：Athenäum，1979.

Föllmer，Moritz，Graf，Rüdiger（Hrsg. ），*Die 'Krise' der Weimarer Republik. Zur Kritik eines Deutungsmustes*. Frankfurt / New York：Campus Verlag，2005.

Frankel，Emil，"The Eight - Hour Day in Germany"，In：*The Journal of Political Economy*，Vol. 3，1924.

Frauendorfer，Sigmund von/ Haushofer，Heinz，*Ideengeschichte der Agrarwirtschaft und Agrarpolitik*，München：Bayerischer Landwirtschaftsverlag，1958.

Frese，Matthias，*Betriebspolitik. im „Dritten Reich", Deutsche Arbeitsfront, Unternehmer und Staatsbürokratie in der westdeutschen Großindustrie 1933 - 1939*，Paderborn：F. Schöningh，1991.

Friemert，Chup，*Produktionsästhetik im Faschismus. Das Amt „Schönheit der Arbeit" von 1933 bis 1939*，München：Damnitz，1980.

Friedrich，Manfred，"Preuß，Hugo"，In：*Neue Deutsche Biographie*. Band 20，Berlin：Duncker & Humblot，2001.

Fromman，Bruno，*Reisen im Dienste politischer Zielsetzungen - Arbeiterreisen und „Kraft durch Freude"- Fahrten*，Stuttgart：Universität Stuttgart，1992.

Führer，Karl Christian，*Arbeitslosigkeit und die Entstehung der Arbeitslosenversicherung in Deutschland：1902 - 1927*，Berlin：Colloquium - Verlag，1990.

Genschel，Cf. H. ，*Die Verdrängung der Juden aus der Wirtschaft im Dritten Reich*，Göttingen：Georg - August - Universität，1966.

Gessner，Dieter，*Die Weimarer Republik（Kontroversen um die Geschichte）*，Darmstadt：WBG，2009.

Gibbs，Norman Henry，*Grand Strategy*. V. 1 Rearmament Policy，London：H. M. Stationery Off. ，1976.

Goebbels，Joseph，„Das Werk des nationalsozialistischen Staates und der nationalsozialistischen Partei，" In：Paul Meier - Benneckenstein，*Dokumente der deutschen Politik*，Berlin：Eher Verlag ，1942.

Graml，Hermann，*Reichskristallnacht: Anti - semitismus und Judenverfolgung im Dritten Reich*，Munich：Kommission für die Geschichte der Juden，1988.

Grebing，Helga，*Der Nationalsozialismus*，München：Günter Olzog Verlag，1959.

Grebing，Helga，„ Deutscher Sonderweg oder zwei Linien historischer Kontinuität in Deutschland? "In：Ursula Büttner（Hrsg. ）. *Internationale Forschung über den Nationalsozialismus. Festschrift für Werner Jochmann*，Bd. I，Hamburg：Christians，1986.

Grüber，Michael，*Die Spitzenverbände der Wirtschaft und das erste Kabinett*

Brüning. Vom Ende der Großen Koalition 1929/30 bis zum Vorabend der Banken-krise 1931, Eine Quellenstudie, Düsseldorf: Droste Verlag, 1982.

Grunberger, Richard, *A Social History of the Third Reich*, England: Clays Ltd. , 1971.

Grundmann, Friedrich,*Agrarpolitk im Dritten Reich*, *Anspruch unde Wirkli-chkeit des Reichserbhofgesetz*, Hamburg: Christians, 1979.

Gusy, Christoph,*Die Weimarer Reichsverfassung*, Tübingen: Mohr, 1997.

Haigh, R. H. , Morris, D. S. , Peters, A. R. , *German-Soviet Relations in the Weimar Era: Friendship from Necessity*, England: Gower, 1985.

Ham, William T. , "Labor under the German Republic", In: *The Quarterly Journal of Economics*, Vol. 48, No. 2, Oxford: Oxford University Press, 1934.

Hancock, Eleanor, *Ernst Röhm: Hitler's SA Chief of Staff*, New York: Mac-Millan, 2008.

Hartmann, Gerhard, *Kirche und Nationalsozialismus*, München: Nymphen-burger Verlagshandlung, 2007.

Heck, Alfons,*The Burden of Hitler's Legacy*, Frederick: Renaissance House, 1988.

Heiber, Heilmut, *The Weimar Republic*, translated by W. E. Yuill, Oxford: Basil Blackweil Ltd. , 1993.

Heideking, Jürgen / Mauch, Christpf / Frey, Marc, *American Intelligence and the German Resistance to Hitler: A Documentary*, Boulder: Westview Press, 1996.

Helmreich, Ernst Christian,*The German Churches under Hitler: Background*, *Struggle and Epilogue*, Oxford: Wayne State University Press, 1979.

Hentschel, Volker,*Geschichte der deutshen Sozialpolitik. Soziale Sicherung und kollektives Arbeitsrech*, Frankfurt: Suhrkamp, 1983.

Herf, Jeffrey,*Reactionary Modernism: Technology, Culture, and Politics in Weimar and the Third Reich*, Cambridge: Cambridge University Press, 1986.

Herzstein, Robert Edwin,*The Nazis*, Chicago: BBC Books, 1980.

Herzstein, Robert Edwin, *The War that Hitler Won: The Most Infamous Propaganda Campaign in History*, London: Sage Publications, 1979.

Hiden, John,*Germany and Europe 1919-1939*, London and New York: Long-man, 1977.

Hildebrand, Klaus, *The Foreign Policy of the Third Reich*,London: Taylor &. Francis Group, 1973.

Hildebrand, Klaus,*The Third Reich*, London: George Allen &. Unwin,1984.

Hillgrube, Andreas, *Hitlers Strategie, Politik und Kriegsführung, 1940-1941*, Frankfurt /M. : Bernard und Graefe,1965.

Hitler, Adolf,*Hitlers Zweites Buch: Ein Dokument aus dem Jahr 1928*, Stuttgart: Deutsche Verlags – Anstalt, 1961.

Hitler, Adolf, *Mein Kampf: der Fahrplan eines Welteroberers: Geschichte*, *Auszüge*, *Kommentare*, Esslingen: Bechtle, 1976.

Hitler, Adolf, *Mein Kampf*. Translated by Ralph Manheim, Boston: Houghton Mifflin Company, 1971.

Hitler, Adolf, *My New Order*, New York: Reynal & Hitchcock, 1941.

Hofer, Walther, *Der Nationalsozialismus: Dokumente 1933 – 1945*, Frankfurt/M. : Fischer Taschenbuch Verlag, 2004.

Holtmann, Everhard, *Die Weimarer Republik. Das Ende der Demokratie*, München: Bayer. Landeszentrale für Polit. Bildungsarbeit, 1995.

Holtmann, Everhard, *Der Parteienstaat in Deutschland: Erklärung*, *Entwicklung*, *Erscheinungsbilder*, Bonn: bpb, 2012.

Hong, Young – Sun, *Welfare*, *Modernity*, *and the Weimar State*, *1919 – 1933*, New Jersey: Princeton University Press, 1998.

Huber, Ernst Rudolf (Hrsg.), *Dokumente zur deutschen Verfassungsgeschichte*, Bd. 3, Stuttgart: W. Kohlhammer Verlag, 1966.

Huber, Ernst Rudolf, *Deutsche Verfassungsgeschichte seit 1789*, Bd. 6, Stuttgart: Verlag W. Kohlhammer GmbH, 1981.

Hughes, Michael L. , *Paying for the German Inflation*, Chapel Hill and London: The University of North Carolina Press, 1988.

Jäckel, Eberhard, *Hitler's World View: A Blueprint for Power*, Massachusetts: Harvard University Press, 1981.

Jochmann, Werner, *Im Kampf um die Macht*, *Hitlers Rede vor dem Hamburger Nationalclub von 1919*, Frankfurt/M. : Fischer Taschenbuch Verlag, 1960.

Jackson, Christopher Rea, *Industrial Labor between Revolution and Repression: Labor Law and Society in Germany*, *1918 – 1945*, Massachusetts: History Department of Havard University, 1993.

Jonas, Manfred, *The United States and Germany: a Diplomatic History*, Ithaca and London: Cornell University Press, 1985.

Jones, Kenneth Paul, *U. S. Diplomats in Europe*, *1919 – 1941*, Qxford; California: ABC – Clio, 1981.

Kaes, Anton, Jay, Martin, Dimendberg, Edward (eds.), *The Weimar Republic Sourcebook*, Los Angeles; London: University of California Press, 1994.

Keeley, Jennifer, *Life in the Hitler Youth*, San Diego: Lucent Books, 2000.

Klee, Ernst, „*Euthanasie*" *im NS – Staat. Die* „*Vernichtung lebensunwerten Lebens*", Frankfurt/M. : Fischer Taschenbuch Verlag, 1983.

Kluge, Ulrich, *Die Weimarer Republik*, Paderborn: Schöningh, 2006.

Koch, H. W. (ed.), *Aspects of the Third Reich*, London: Macmillan, 1985.

Koch, H. W. , *The Hitler Youth: Origins and Development*, 1922 – 45, New York: Macdonald and Jane's, 1976.

Koerner, R. R. , *So haben sie es damals gemach: Die Propagandavorbereitungen zum österreichanschluss durch das Hitlerregime*, 1933 – 1938, Vienna: Verlag zur Förderung wissenschaftlicher Forschung, 1958.

Kolb, Eberhard, *Die Arbeiterräte in der deutschen Innenpolitik 1918 – 1919*, Frankfurt/M. : Ullstein, 1978.

Kolb, Eberhard, *Die Weimarer Republik*, München: Oldenbourg, 1998.

Kollman, Eric C. , "Walther Rathenau and German Foreign Policy: Thoughts and Actions. " In: *The Journal of Modern History*, Vol. 24, No. 2, Hamburg: Hamburg University, 1952.

Koonz, Claudia, *The Nazi conscience*, Cambridge: Belknap Press, 2003.

Koop, Volker, *Dem Fuehrer ein Kind schenken. Die SS – Organisation 'Lebensborn' e. V.* , Köln: Fischer Taschenbuch Verlag, 2007.

Kuczynski, Jurgen, *Germany: Economic and Labour Conditions under Fascism*, New York: Greenwood Press, 1968.

Kühnl, Reinhard, *Der deutsche Faschismus in Quellen und Dokumente*, Köln: Fischer Taschenbuch Verlag, 1978.

Leila J. , Rupp, *Mobilizing Women of War: German and American Propaganda*, 1939 – 1945, New Jersey: Princeton University Press, 1978.

Laqueur, Walter, *Weimar: A Cultural History 1918 – 1933*, London: Phoenix Press, 2000.

Lee, W. R. & Rosenhaft, Eve (Ed.), *State, Social Policy and Social Change in Germany 1880 – 1994*, Oxford: Berg, 1997.

Lee, Marshall M. & Michalka, Wolfgang, *German Foreign Policy 1917 – 1933 Continuity or Break?* Oxford: Berg, 1987.

Leffler, Melvyn P. , *The Elusive Quest: America's Pursuit of European Stability and French Security*, 1919 – 1933, Chapel Hill: The University of North Carolina press, 1979.

Leuschen – Seppel, Resemarie, *Zwichen Staatsverantwortung und Klasseninteresse: Die Wirtschafts – und Finanzpolitik der SPD zur Zeit der Weimarer Republik unter besonderer Berücksichtigung der Mittelphase 1924 – 1928/29*, Bonn: Verlag Neue Gesellschaft GmbH, 1981.

Longerich, Peter, *Die Erste Republik. Dokumente zur Geschichte des Weimarer Staates*, München: Piper, 2000.

Lumans, Valdis O. , *Himmler's Auxiliaries: The Volksdeutsche Mittelstelle and The German National Minorities of Europe*, 1933 – 1945, Chapel Hill: University of North Carolina Press, 1993.

Manchester, William, *Krupp: The Arms of the Rise and Fall of the Industrial Dynasty that Armed Germany at War*, New York: Greenwood press, 2003.

Mansfeld, Werner/ Pohl, W. /Steinmann, G. /Krause, A. B. , *Die Ordnung der nationalen Arbeit: Kommentar zu dem Gesetz zur Ordnung der nationalen Arbeit und zu dem Gesetz zur Ordnung der Arbeit im öffentlichen Verwaltungen und Betrieben unter Berücksichtigung aller Dürchführungsbestimmungen*, Berlin: Eher Verlag, 1934.

Marrtel, Gordon (ed.), *The Origins of the Second World War: The A. J. P. Tayler Debate After Twenty - five Years*, Boston: Hamilton, 1980.

Marcowitz, Reiner, *Weimarer Republik 1929 - 1933*, Darmstadt: WEB, 2007.

Mason, Tim, *Nazism, Fascism and the Working Class*, Cambridge: Cambridge University Press, 1995.

Mason, Timothy W. , *Social Policy in the Third Reich: The Working Class and the National Community*, Oxford: Berg Editorial Offices, 1997.

Maurer, Ilse, *Reichsfinanzen und Große Koalition. Zur Geschichte des Reichskabinetts Müller 1928 - 1930*, Bern und Frankfurt / M. : Herbert Lang, 1973.

Mcneil, William C. , *American Money and the Weimar Republic: Economics and Politics on the Eve of the Great Depression*, New York: Columbia University Press, 1986.

Mechalka, Herausgeben von Wolfgang, *Deutsche Geschichte 1933 - 1945: Dokumente zur Innenund Außenpolitik*, Frankfurt/M. : Fischer Taschenbuch Verlag, 2002.

Medlicott, W. N. , Dakin, Douglas/ Lambert, M. E. , *Document on British Foreign policy, 1919 - 1939*, ser. 2, vol. 5, London: His Majesty's Stationery Office, 1970.

Michelsen, Andreas, *Der U - Bootkrieg 1914 - 1918*, Leipzig: v. Hase &. Koehler Verlag, 1925.

Miller, Gerhard A. &. Miller, Susanne, (Hrsg.), *Die Deutsche Revolution, 1918 - 1919: Dokumente*, Hamburg: Fischer, 1983.

Miller, Susanne, *Die Bürde der Macht. Die deutsche Sozialdemokratie 1918 - 1920*, Düsseldorf: Droster Verlag, 1978.

Mommsen, Hans, *Aufstieg und Untergang der Republik von Weimar 1918 - 1933*, München: Propyläen Taschenbuch, 2001.

Mosse, George L. , *Nazi Culture: Intellectual, Culture and Social Life in the Third Reich*, Madison: University of Wisconsin Press, 1966.

Mosse, George L. , *The Crisis of German Ideology: Intellectual Origins of The Third Reich*, New York: Schocken Books Inc. , 1981.

Müller, Willy, *Das soziale Leben im neuen Deutschland unter besonderer*

Berücksichtigung der Deutschen Arbeitsfront, Berlin: Eher Verlag,1938.

Nicholls, A. J. ,*Weimar and the Rise of Hitler*, Fourth edition, Basingstoke: Macmillan Press Ltd. , 2000.

Niedhart, Gottfried,*Deutsche Geschichte 1918 - 1933. Politik in der Weimarer Republik und der Sieg der Rechten*, Stuttgart: Verlag W. Kohlhammer, 1996.

Noakes, Jeremy/Pridham, Geoffrey (ed.), *Documents on Nazism*, 1919— 1945 ,London: Jonathan Cape Ltd. ,1974.

Noakes, Jeremy/Pridham, Geoffrey, *Nazism, 1919 - 1945: A Documentary Reader*, Vol. 2 : *State, Economy and Society*, 1933 - 39, Devon: University of Exeter, 1984.

Noakes, Jeremy, *Nazism, 1919 - 1945: A Documentary Reader*, Vol. 4: *State, The german home front in World War Ⅱ*, Devon: University of Exeter, 2006.

Nolte, Ernst,*Der Fachismus in seiner Epoche*, Stuttgart: Deutsche Verlags - Anstalt,1963.

Oertzen, Peter von,*Betriebsräte in der Novemberrevolution. Eine politikwissenschaftliche Untersuchung über Ideengehalt und Struktur der betrieblichen und wirtschaftlichen Arbeiterräte in der deutschen Revolution 1918/1919*. Berlin: Verlag J. H. W. Dietz Nachf. , 2 Auflage, 1976.

Pauwels, Jacques R. , *Women, Nazis, and Universitie: Female University Students in the Third Reich*, 1933 - 1945 ,New York: Greenwood Press, 1984.

Peter Reichel,*Der schöne Schein des Dritten Reiches - Faszination und Gewalt des Faschismus*,München:Ellert & Richter Verlag, 1991.

Petzina, Dieter,*Autarkiepolitik im Dritten Reich, Der nationalsozialistische Vierjahresplan*,Stuttgart:De Gruyter Oldenbourg, 1968.

Peukert, Detlev J. K. ,*The Weimar Republic : The Crisis of Classical Modernity*, New York:Penguin Press, 1992.

Picker, Henry, *Hitlers Tischgespräche im Führerhauptquartier*, Frankfurt: Fischer Taschenbuch Verlag, 1989.

Pine, Lisa, *Nazi Family Police*, 1933 - 1945, Oxford: Oxford University Press, 1999.

Potthoff, Heinrich (eingeleitet),*Die SPD - Fraktion in der Nationalversammlung 1919 - 1920*, Düsseldorf: Droster Verlag, 1986.

Preller, Ludwig,*Sozialpolitik in der Weimarer Republik*, Athenaeum: Droste Taschenbücher Geschichte, 1978.

Prinz, Michael,*Vom neuen Mittelstand zum Volksgenossen. Die Entwicklung des sozialen Status der Angestellten von der Weimarer Republik bis zum Ende der NS - Zeit*, München: Oldenbourg, 1986.

Proctor, Robert, *Racial Hygiene: Medicine under the Nazis*, Cambridge: Harvard University Press, 1988.

Read, Anthony &. Fisher, David, *The Deadly Embrace: Hitler, Stalin and the Nazi - Soviet Pact 1939 - 1941*, London: Joseph, 1988.

Reiche, Eric G. , *The Development of the SA in Nürnberg, 1922 - 1934*, Cambridge: Cambridge University press, 1986.

Rich, Norman, *Hitler's War Aims: Ideology, the Nazi state, and the Course of Expansion*, New York: Norton, 1973.

Riedel, Hannspeter, *Der Rätegedanke in den Anfängen der Weimarer Republik und seine Ausprägung in Art. 165 WRV*, Frankfurt /M. : Peter Lang, 1991.

Ritter, Gerhard A. , „ Die Entstehung des Räteartikels 165 der Weimarer Reichsverfassung", In: *Historische Zeitschrift*, Bd. 258, H. 1, 1994.

Robert Wistrich, *Who's Who in Nazi Germany*, New York: Routledge, 1982.

Robertson, E. , *Hitler's Pre -war Policy and Military plans*, London: Longmans, 1963.

Robinsohn, Cf. , *Justiz als politische Verfolgung. Die Rechtsprechung in Rassenschande-Fällen beim Landgericht Hamburg 1936 - 1943*, Stuttgart: Klett - Cotta, 1977.

Rosenberg, Arthur, *The Birth of The German Republic 1871 - 1918*, Translated by Ian F. D. Morrow, London: Humphrey Milford, 1931.

Rosenberg, Emily S. , *Spreading the American Dream: American Economic and Cultural Expansion, 1890 - 1945*, New York: Hill and Wang, 1982.

Roß, Sabine, *Politische Partizipation und nationaler Räteparlamentarismus. Determinaten des politischen Handelns der Delegierten zu den Reichsrätekongressen 1918/19, Eine Kollektivbiographie*, Historische Sozialforschung, Beiheft, No. 10 (1999), Köln: Zentrum für Historische Sozialforschung, 1999.

Ruck, Michael, *Gewerkschaften Staat Unternehmer. Die Gewerkschaften im sozialen und politischen Kräftefeld 1914 bis 1933*, Kökn: Bund - Verlag, 1990.

Rudolph, Karsten u. w. Hg, *Geschichte als Möglichkeit. Über die Chancen von Demokratie. Festschrift für Helga Grebing*, Essen: Klartext - Verl. , 1995.

Ruehl, Gerd, *Das Dritte Reich: dokumentarische Darstellung des Aufbaus der Nation*, Berlin: Eher Verlag, 1937.

Ruge, Wolfagng , Schumann, Wolfgang (Hrsg.), *Dokumente zur deutschen Geschichte 1917 - 1919*, Berlin: VEB Deutscher Verlag der Wissenschaften, 1975.

Rürup, Reinhard, „Demokratische Revolution und ,dritter Weg‘. Die deutsche Revolution von 1918/19 in der neueren wissenschaftlichen Diskussion", In: *Geschichte und Gesellschaft*, Jg. 9, H. 2, 1983.

Rürup, Reinhard, *Die Revolution von 1918/19 in der deutschen Geschichte.*

Vortrag vor dem Gesprächskreis Geschichte der Friedrich – Ebert – Stiftung in Bonn am 4. November 1993, Bonn: Friedrich – Ebert – Stiftung, 1993.

Rüther, Martin, *Arbeiterschaft in Köln*, *1928 – 1945*, Köln: Janus – Verl. – Ges. , 1990.

Samuel, R. H. / Thomas, R. Hinton, *Education and Social in Modern German*, London: Greenwood press, 1971.

Sax, Benjamin C. , *Inside Hitler's Germany: A Documentary History of Life in the Third Reich*, Lexington: D. C. Heath Company, 1992.

Schneider, Michael, *Unter Hakenkereuz: Arbeiter und Arbeiterbewegung*, *1933 bis 1939*, Bonn: Dietz, 1999.

Schoenbaum, David, *Die braune Revolution*, *Eine Sozialgeschichte des Dritten Reiches*, Köln: Greven &. Bechtold, 1968.

Schöllgen, Gregor, „Wurzeln konserativer Opposition. Ulrich von Hassel und der Übergang vom Kaiserreich zur Weimarer Republik", In: *Geschichte in Wissenschaft und Unterricht*, J. 38, 1987, Heft 12.

Schulz, Hagen, *Weimar. Deutschland 1917 – 1933*, Berlin: Siedler, 1998.

Schweitzer, Arthur, *Big Business in the Third Reich*, Bloomington: Sage Publications, 1964.

Seligmann, Matthew, *Daily Life in the Hitler's Germany*, New York: Pantheon Books, 2004.

Siegel, Tilla, *Leistung und Lohn in der nationalsozialistischen „Ordnung der Arbeit"*, Opladen: Westdeutscher Verl. , 1989.

Shearer, J. Ronald, "Shelter from the Storm: Politics, Production and the Housing Crisis in Rural Coal Field", In: *Journal of Contemporary History*, Vol. 34, No. 1, 1999.

Snyder, Louis L. , *Encyclopedia of The Third Reich*, New York: McGraw – Hill Book Company, 1976.

Snyder, Louis L. , *Hitler's Third Reich: A Documentary History*, Chicago: Nelson Hall, 1981.

Song, Gi – Chul, *Die Staatliche Arbeitsmarktpolitik in Deutschland zwischen der Revolution 1918/19 und der Währungsreform 1923/24. Möglichkeiten und Grenzen des arbeitsmarktpolitischen Staatsinterventionismus in der Weimarer Republik*, Hamburg: Krämer, 2003.

Spohn, Wolfgang, *Betriebsgemeinschaft und Volksgemeinschaft*, *die rechtliche und institutionelle Regelung der Arbeitsbeziehungen im NS – Staat*, Berlin: Quorum, 1987.

Stachura, Peter D. , *Nazi Youth in the Weimar Republic*, California: Santa Barbara, 1975.

Stachura, Peter D. , *Unemployment and the Great Depression in Weimar Germany*, Basingstoke: Macmillan Press, 1986.

Stackelberg, Roberick/ Winkle, Sally A. , *The Nazi Germany Sourcebook: an Anthology of Texts*, London; New York: Routledge, 2002.

Stolleis, Michael,*Origins of the German Welfare State: Social Policy in Germany to 1945*, Berlin: Springer, 2013.

Streicher, Joseph,*Die Beziehungen zwischen Arbeitgeber und Arbeitnehmer seit 1918. Eine Untersuchung über die Entwicklung des Kräfteverhältnisses zwischen den beiden Partein unter besonderer Berücksichtigung ihrer Organisationen der Gewerkschaften und Unternehmerverbände*, Freiburg: Freiburg Universität, 1924.

Steigmann - Gall, Richard,*The Holy Reich: Nazi Conceptions of Christianity, 1919 - 1945*, Cambridge: University Press, 2003.

Stephenson, Jill,*Women in Nazi Germany*, New York: Routledge, 2001.

Stibbe, Matthew,*Women in the Third Reich*, London: Oxford University press, 2003.

Stuermer, Michael (Hrsg.), *Die Weimarer Republik*, Königstein / Ts: Athenäum, 1985.

Sweet, Paul R. ,*Documents on German Foreign policy, 1918 - 1945*, Series C, V. 2, Washington: HMSO, 1950.

Sywottek,J. ,*Mobilmachung für den totalen Krieg*, Cologne: Westdt. Verl. , 1976.

Tipton, Frank B. , *A History of Modern Germany since 1815*, London: Continuum, 2003.

Toland, John,*Adolf Hitler*, New York: Doubleday, 1976.

Tolstoy, Nikolai, *Night of the Long Knives*, New York: Ballantine Books, 1972.

Tormin, Walter, *Zwischen Rätediktatur und Sozialer Demokratie. Die Geschichte der Rätebewegung in der Deutschen Revolution 1918/1919*, Düsseldorf: Droster Verlag, 1954.

Tormin, Walter,*Die Weimarer Republik*, Hannover: Fackelträge - Verlag, 1973.

Tornow, Werner,*Chronik der Agrarpolitik und Agrarwirtschaft des Deutschen Reiches von 1933 - 1945*, Bonn: Parey,1972.

Trippe, Christian F. ,*Konservative Verfassungspolitik 1918 - 1923, Die DNVP als Opposition in Reich und Ländern*, Düsseldorf: Droster Verlag, 1995.

Trützschler, Jan, *Die Weimarer Republik*, Schwalbach / Ts. : Wochenschau Verlag, 2011.

Usborne, Cornelie,*The Politics of the Body in Weimar Germany: Women's*

Reproductive Rights and Duties, London: Macmillan Press, 1992.

Vincent, C. Paul, *A Historical Dictionary of Germany's Weimar Republic*, *1918 – 1933*, London: Greenwood Press, 1997.

Vittorio, Antonio Di, *An Economic History of Europe: From Expansion to Development*, London and New York: Routledge, 2006.

Walther Hofer, *Der Nationalsozialismus Dokumente*, *1933 – 1945*, Frankfurt/ M. : Fischer Verlag GmbH, 2004.

Wehler, Hans – Ulrich, *Deutsche Gesellschaftsgeschichte*, *Vom Beginn des Ersten Weltkriegs bis zur Gründung der beiden deutschen Staaten 1914 – 1949*, München: Beck, 2003.

Weinreich, Max, *Hitler's Professors: The Part of Scholarship in Germany's Crimes Against the Jewish People*, New York: Yale University Press, 1946.

Weisbrod, Bernd, *Schwerindustrie in der Weimarer Republik*, *Interessenpolitik zwischen Stablisierung und Krise*, Wuppertal: Peter Hammer Verlag ,1978.

Weitz, Eric D. , *Weimar Germany*, Princeton and Oxford: Princeton University Press, 2007.

Welch, David, *Nazi Propaganda: the Power and the Limitations*, Basking Ridge: Croom Helm Barnes & Noble Books, 1983.

Wertn, A. , *Rußland im Krieg 1941 – 1945*. München/Zürich: Weltbild, 1965.

Wheeler – Bennett, John W. (ed.), *Documents on International Affairs*, *1936*, Oxford: Oxford University Press, 1937.

West, Frank C. , *A Crisis of the Weimar Republic: A Study of the German Referendum of 20 June 1926*, Philadelphia: American Philosophical Society, 1985.

Wiedermann, Fritz, *Der Mann*, *der Feldherr werden wollte: Erlebnisse und Erfahrungen des Vorgesetzten Hitlers im ersten Weltkrieg und seines späteren persönlichen Adjutanten*, Velbert: Westdt. Verl. , 1964.

Winkler, Heinrich August, *Von der Revolution zur Stabilisierung. Arbeiter und Arbeiterbewegung in der Weimarer Republik 1918 bis 1924*, Berlin ; Bonn: Dietz, 1984.

Winkler, Heinrich August, *Arbeiter und Arbeiterbewegung in der Weimarer Republik*, Bd. 2: Der Schein der Normalität, 1924 – 1930, Berlin: Dietz, 1985.

Winkler, Heinrich August, *Arbeiter und Arbeiterbewegung in der Weimarer Republik*, Bd. 3: Der Weg in die Katastrophe, Berlin: Dietz, 1987.

Winkler, Heinrich August, *Germany: The Long Road West*, V. 1, *1789 – 1933*, Translated by Alexander J. Sager, Oxford: Oxford University Press, 2006.

Winkler, Heinrich August, *Weimar 1918 – 1933. Die Geschichte der ersten deutschen Demokratie*. München: C. H. Beck, 1998.

Winkler, Heinrich August, *Der lange Weg nach Westen*, Band 1, München:

Beck，2000.

Wirsching，Andreas，*Die Weimarer Republik. Politik und Gesellschaft.* München：Oldenbourg，2008.

Wistrich，Robert，*Who's Who in Nazi Germany*，New York：Routledge，1982.

Woods，Rogers，*The Conservative Revolution in the Weimar Republic*，London：Macmillan Press Ltd.，1996.

Woollston，Maxine Y.，*The Structure of the Nazi Economy*，New York：Harvard University press，1968.

Wright，Jonathan，*Gustav Stresemann：Weimar's Greatest Statesman*，New York：Oxford University Press，2002.

Wulf，J.，*Literatur und Dichtung im Dritten Reich.：Eine Dokumentation*，Frankfurt/M.：Gütersloh，1963.

Zapp，Immo，*Programmatik und praktische Arbeit der Deutschen Volkspartei im Rahmen der Wirtschafts-und Sozialpolitik der Weimarer Republik*，1974.

Zentner，Christian/ Bedürftig，Friedemann，*Das Grosse Lexikon Des Dritten Reiches*，München：Südwest Verlag，1985.

2．中文部分

A. J. P. 泰勒：《第二次世界大战的起源》，潘人杰等译，华东师范大学出版社1991年版。

P. A. 施泰尼格尔编：《纽伦堡审判》，王昭仁等译，商务印书馆1985年版。

阿尔贝特·施佩尔：《第三帝国内幕》，邓蜀生等译，三联书店1982年版。

阿诺德·托因比、维罗尼卡·M. 托因比：《大战前夕，1939年》，劳景素译，上海译文出版社1984年版。

阿诺德·托因比、维罗尼卡·M. 托因比合编：《希特勒的欧洲》，孙基亚译，上海译文出版社1980年版。

埃里希·艾克：《魏玛共和国史》，上卷，高年生、高荣生译，商务印书馆1994年版。

艾伦·布洛克：《大独裁者希特勒(暴政研究)》，朱立人、黄鹏、黄佩铨译，北京出版社1986年版。

奥托·克劳乌斯、艾利卡·库尔卡：《死亡工厂》，白林、魏友编译，重庆出版社1983年版。

彼得·盖伊：《魏玛文化：一则短暂而璀璨的文化传奇》，刘森尧译，安徽教育出版社2005年版。

曹卫东主编：《危机时刻：德国保守主义革命》，"德国学术"第2辑，上海人民出版社2014年版。

曹长盛主编：《两次世界大战之间的德国社会民主党(1914—1945)》，北京大学出版社1988年版。

陈从阳：《美国因素与魏玛共和国的兴衰》，中国社会科学出版社 2007 年版。

陈晖：《1933—1941 年的苏德关系》，南京大学出版社 2005 年版。

陈祥超、郑寅达、孙仁宗：《法西斯运动与法西斯专政》，中国青年出版社 1999 年版。

陈祥超：《墨索里尼与意大利法西斯》，中国华侨出版社 2004 年版。

德波林主编：《第二次世界大战史》第一卷，上海外国语学院西俄语系俄语教师译，上海译文出版社 1978 年版。

德意志联邦共和国经济研究所编：《1939—1945 年德国的战时工业》，蒋洪举等译，三联书店 1959 年版。

丁建弘、李霞：《德国文化：普鲁士精神和文化》，上海社会科学院出版社 2003 年版。

丁建弘、陆世澄主编：《德国通史简编》，人民出版社 1990 年版。

丁建弘：《德国通史》，上海社会科学院出版社 2002 年版。

恩斯特·约翰、耶尔格·容克尔：《德意志近百年文化史》，史卓毅译，陕西人民出版社 1986 年版。

格茨·阿利：《希特勒的民族帝国：劫掠、种族战争和纳粹主义》，刘青文译，译林出版社 2011 年版。

格尔拉哈：《德国社会政策》，郭寿华译，精一书店 1933 年版。

格哈特·温伯格：《希特勒德国的对外政策：欧洲的外交革命，1933—1936 年》，何江、张炳杰译，商务印书馆 1992 年版。

古德龙·施瓦茨：《纳粹集中营》，樊哲等译，刘洪普校，军事科学出版社 1992 年版。

古多·克诺普：《希特勒时代的孩子们》，王燕生、周祖生译，人民文学出版社 2006 年版。

桧山良昭著：《希特勒的阴谋——国会纵火案内幕》，王泰平译，工人出版社 1985 年版。

海因茨·赫内：《党卫队——佩骷髅标志集团》，江南、杨西译，商务印书馆 1984 年版。

海因茨·赫内：《德国通向希特勒独裁之路》，张翼翼、任军译，商务印书馆 1987 年版。

汉斯-阿道夫·雅各布森等：《第二次世界大战的决定性战役（德国观点）》，中国人民解放军军事科学院外国军事研究部译，江苏人民出版社 1982 年版。

汉斯-乌尔里希·韦勒：《德意志帝国》，邢来顺译，青海人民出版社 2009 年版。

亨利·弗莱德兰德：《从“安乐死”到最终解决》，赵永前译，北京出版社 2000 年版。

华东师范大学历史系第二次世界大战史研究室著：《第二次世界大战起源研究论集》，华东师范大学出版社 1986 年版。

蒋劲松：《德国代议制》，第 2—3 卷，中国社会科学出版社 2009 年版。

卡尔·迪特利希·埃尔德曼:《德意志史》,第四卷,高年生等译,商务印书馆1986年版。

卡尔·哈达赫:《二十世纪德国经济史》,扬绪译,商务印书馆1984年版。

卡尔·施密特:《政治的浪漫派》,冯克利等译,世纪出版集团2004年版。

科佩尔·S.平森:《德国近现代史:它的历史和文化》,下册,范德一译,商务印书馆1987年版。

克劳斯·费舍尔:《德国反犹史》,钱坤译,江苏人民出版社2007年版。

克劳斯·费舍尔:《纳粹德国:一部新的历史》,萧韶工作室译,江苏人民出版社2005年版。

莱蒙德·谢德曼主编:《德国政治概况》,学林出版社1999年版。

李伯杰:《德国文化史》,北京对外经济贸易大学出版社2002年版。

李工真:《德国现代史专题十三讲——从魏玛共和国到第三帝国》,湖南教育出版社2010年版。

李工真:《德意志道路——现代化进程研究》,武汉大学出版社1997年版。

李巨廉、潘人杰著:《第二次世界大战——专题评述》,华东师范大学出版社1990年版。

里昂耐尔·理查尔:《魏玛共和国时期的德国》,李末译,山东画报出版社2005年版。

利德尔-哈特:《第二次世界大战史》,伍协力译,上海译文出版社1978年版。

鲁珀特·巴特勒:《盖世太保——希特勒的秘密警察史(1933—1945)》,罗衡林译,湖南人民出版社2010年版。

罗伯特·埃德温·赫泽斯坦:《纳粹德国的兴亡》,楼玲令译,中国社会科学出版社2005年版。

罗衡林:《通向死亡之路:纳粹统治时期德意志犹太人的生存状况》,人民出版社2006年版。

洛塔尔·贝托尔特等编:《德国工人运动史大事记》,第1卷,葛斯等译,人民出版社1983年版。

洛塔尔·贝托尔特等编:《德国工人运动史大事记》,第2卷,孙魁等译,人民出版社1986年版。

孟钟捷:《德国1920年〈企业代表会法〉发生史研究》,社会科学文献出版社2008年版。

米尚志编译:《动荡中的繁荣——魏玛时期德国文化》,浙江人民出版社1988年版。

钱端升:《德国的政府》,北京大学出版社2009年版。

塞巴斯蒂安·哈夫讷著:《解读希特勒》,景德祥译,中国青年出版社2005年版。

时代生活编辑部:《第三帝国·党卫队》,孙逊译,海南出版社2000年版。

时代生活编辑部:《第三帝国·权力风云》,张显奎译,海南出版社2000年版。

时代生活丛书编辑:《第三帝国:新秩序》,张显奎译,海南出版社2001年版。

托尔斯腾·克尔讷:《纳粹德国的兴亡》,李工真译,湖南人民出版社 2005 年版。

瓦·巴特尔:《法西斯专政时期的德国(1933—1945)》,肖辉英等译,中国社会科学出版社 1979 年版。

瓦尔特·胡巴奇编:《希特勒战争密令全集(1939—1945)》,张元林译,军事科学出版社 1989 年版。

王宏波:《第一次世界大战后美国对德国的政策(1918 - 1929)》,社会科学文献出版社 2008 年版。

王莹:《从知识精英到纳粹分子——德国魏玛时期的大学生研究》,武汉大学出版社 2014 年版。

威廉·冯·施特恩堡主编:《从俾斯麦到科尔——德国政府首脑列传》,许右军等译,当代世界出版社 1997 年版。

威廉·夏伊勒:《第三帝国的兴亡——纳粹德国史》,董乐山等译,三联书店 1974 年版。

维尔·贝特霍尔德:《四十二起谋杀希特勒案件》,龚新康译,群众出版社 1986 年版。

维纳·洛赫:《德国史》,北京大学历史系世界近现代史教研室译,三联书店 1976 年版。

文暖根等:《欧洲反法西斯抵抗运动史》,陕西人民出版社 1985 年版。

吴友法:《德国现当代史》,武汉大学出版社 2007 年版。

夏尔·贝特兰:《纳粹德国经济史》,刘法智、杨燕怡译,商务印书馆 1990 年版。

雅克·德拉律:《盖世太保史》,黄林发、萧弘译,上海译文出版社 1984 年版。

尤利乌斯·布劳恩塔尔:《国际史》第二卷,杨寿国、孙秀民、汤成永、桂乾元译,上海译文出版社 1986 年版。

赵鑫珊:《希特勒与艺术》,百花文艺出版社 1996 年版.

郑寅达:《德国史》,人民出版社 2014 年版。

朱庭光主编:《法西斯体制研究》,上海人民出版社 1995 年版。

朱庭光主编:《法西斯新论》,重庆出版社 1991 年版。

四 译名对照

A

阿勃韦尔（Abwehr）

阿登（Ardenne）

阿登纳，康拉德（Adenauer, Konrad, 1876-1967）

阿多诺，特奥道尔（Adorno, Theodor, 1903-1969）

阿尔卑斯地区（Alpenvorland）

阿尔德，库尔特（Alder, Kurt, 1902—1958）

阿尔汉格尔斯克（Archangelsk）

阿尔普，汉斯·让（Arp, Hans, 1887—1966）

阿尔托纳流血周日事件（Altonaer Blutsonntag）

阿尔萨斯（Elsass）

阿尔萨斯-洛林（Erlsass - Lothringen）

阿芬那留斯，理查德（Avenarius, Richard, 1843—1896）

阿曼，马克斯（Amann, Max, 1891—1957）

埃茨贝格尔，马蒂亚斯（Erzberger, Matthias, 1869—1921）

埃尔茨-吕本纳赫，保罗·冯（Eltz - Rübenach, Paul von, 1875—1943）

埃尔德曼，卡尔·迪特利希（Erdmann, Karl Dietrich, 1910—1990）

埃尔哈特，赫尔曼（Ehrhardt, Hermann, 1881—1971）

埃尔朗根（Erlangen）

埃纳河（Aisne）

埃普，弗兰茨·里特尔·冯（Epp, Franz Ritter von, 1868—1946）

埃森（Essen）

埃耶出版社（Eher - Verlag）

艾伯特，弗里德里希（Ebert, Friedrich, 1871-1925）

艾伯特-格勒纳协议（Ebert - Groener - Pakt）

艾登，安东尼（Eden, Anthony, 1897—1977）

艾克，埃里希（Eyck, Erich, 1878—1964）

艾克，西奥多（Eicke, Theodor, 1892—1943）

艾斯纳，库尔特（Eisner, Kurt, 1867—

596

达姆施塔特(Darmstadt)

大柏林地区工兵代表会(Arbeiter - und Soldatenrat Groß - Berlin)

大柏林地区工兵代表会的执行委员会(Vollzugsrat des Arbeiter - und Soldatenrates Groß - Berlin)

大萨索山(Gran Sasso)

大西洋壁垒(Atlantik - Wall)

大众汽车(Volkswagen)

大众收音机(Volksempfänger)

大众运动(Massenbewegung)

大众政治(Massenpolitik)

代表会(Rat)

代表会运动(Rätebewegung)

黛德丽(Dietrich, Marlene,1901—1992)

但泽(Danzig)

党内法庭(Parteigerichte)

党卫队(Schutzstaffel,SS)

党卫队保安处(Sicherheitsdienst des SS)

党卫队骷髅队(SS - Totenkopfverbände)

党卫队特别机动部队(SS - Verfügungstruppe)

党务办公厅(Parteikanzlei)

道尔米施,恩斯特 (Däumig, Ernst, 1866—1922)

道威斯,查理斯·G. (Dawes, Charles G. ,1865—1951)

道威斯计划(Dawes Plan)

德奥关税同盟 (Die deutsch - österreichische Zollunion)

德拜(Debye,1884—1966)

德布林,阿尔弗雷德(Döblin, Alfred, 1878—1957)

德范特,阿尔贝特(Defant, Albert, 1884—1974)

德国地产抵押银行(Deutsche Rentenbank)

德国共产党(Kommunistische Partei Deutschlands,缩写 KPD)

德国和波兰互不侵犯和谅解宣言 (Deutsch-polnischer Nichtangriffspakt)

德国护乡队(Wachdienst)

德国经济有机结构条例(Gesetz über die Vorbereitung der organischen Aufbaus der deutschen Wirtschaft)

德国经济总会(Generalrat der deutschen Wirtschaft)

德国进攻波兰的计划(白色方案) (Führerweisung:Angriffskrieg gegen Polen)

德国军官联盟(Bund Deutscher Offiziere)

德国科学应急协会(Notgemeinschaft der Deutschen Wissenschaft ,缩写 NGW)

德国人民请愿全国委员会(Reichsausschuß für das deutsche Volksbegehren)

德国社会民主党德国报告(*Deutschland - Berichte der SPD*)

德国社会民主党执委会德国报告 (*Deutschland - Berichte der Sopade*)

德国式问候(Deutscher Gruß)

德国武装部队(Wehrmacht)

德国中央保安局 (Reichssicher-heitshauptamt,缩写 RSHA)

德累斯顿(Dresden)

德雷克斯勒 (Anton Drexler, 1884—1942)

德里希特魏勒,阿尔伯特(Derichsweiler, Albert,1909—1997)

德日反共产国际协定(Antikominternpskt Berlin - Tokio)

德文(Devon)

德意日三国同盟条约(Dreimächtepakt Deutschland - Italien - Japan)

德意日军事协定(Militärpakt Deutschland - Italien - Japan)

德意志大学学生会（Deutsche Studentenschaft,缩写 DS）

德意志帝国（Deutsches Reich）

德意志法律阵线（Deutsche Rechtfront）

德意志福音教会联合会（Deutschen Evangelischen Kirchenbundes）

德意志工人党（Deutsche Arbeiterpartei,缩写 DAP）

德意志工业全国联合会（Reichsverband der deutschen Industrie,缩写 RdI）

德意志公务员联盟（Deutscher Beamtenbund）

德意志公务员全国联盟（Reichsbund der Deutschen Beamten,缩写 RDB）

德意志共和国（Deutsche Republik）

德意志国家党（Deutsche Staatspartei,缩写 DStP）

德意志国家宪法（die Verfassung des Deutschen Reiches）

德意志劳动阵线（die Deutsche Arbeitsfront）

德意志联邦（Deutscher Bund）

德意志民主党（Deutsche Demokratische Partei,缩写 DDP）

德意志民族人民党（Deutschnationale Volkspartei,缩写 DNVP）

德意志民族社会主义工人党（Deutsche Nationalsozialistische Arbeiterpartei）

德意志民族阵线（Deutschnationale Front）

德意志母亲荣誉十字奖章（Ehrenkreuz der Deutsche Mutter）

德意志女青年团（Bund Deutscher Mädel,缩写 BDM）

德意志骑士团（Deutscher Orden）

德意志人民党（Deutsche Volkspartei, DVP）

德意志通讯社（Deutsches Nachrichtenbüro,

缩写 DNB）

德意志艺术宫（Haus der Deutschen Kunst）

德意志总汇报（Deutsche Allgemeine Zeitung）

邓尼茨,卡尔（Dönitz, Karl, 1891—1980）

狄尔斯,鲁道夫（Diels, Rudolf, 1900—1957）

狄尔泰,威廉（Dilthey, Wilhelm, 1833—1911）

迪特里希,奥托（Dietrich, Otto, 1897—1952）

迪特利希,赫尔曼·罗伯特（Dietrich, Hermann Robert, 1879—1954）

迪特利希,约瑟夫（Dietrich, Josef, 1892—1966）

迪特曼,威廉（Dittmann, Wilhelam, 1874—1954）

迪耶普（Dieppe）

地产抵押马克（Rentenmark）

地产抵押银行（Rentenbank）

第比利斯（Tiflis）

第聂伯河（Dnepr）

蒂拉尔,保罗（Tirard, Paul, 1886—1945）

蒂拉克,奥托·格奥尔格（Thierack, Otto Georg, 1889—1946）

蒂罗尔-福拉尔贝格（Tirol - Vorarlberg）

蒂森,弗里茨（Thyssen, Fritz, 1873—1951）

丁格尔戴,爱德华（Dingeldey, Eduard, 1886 - 1942）

东方壁垒（Ostwall）

东普鲁士（Ostpreußen）

冬赈服务（Winterhilfswerk）

独立社会民主党（Unabhängige

1885—1961）

弗赖堡集团（Freiburger Kreis）

弗赖斯勒，罗兰德（Freiler, Roland, 1893—1945）

弗兰克，汉斯（Frank, Hans, 1900—1946）

弗兰克，列奥哈德（Frank, Leonhard, 1882—1961）

弗兰亭，皮埃尔（Flandin, Pierre, 1889—1958）

弗里德里希大王（Friedrich II, der Große, 1712—1786）

弗里克，威廉（Frick, Wilhelm, 1877—1946）

弗洛森堡（Flossenbrg）

弗洛森堡集中营（KZ Flossenbrg）

弗洛伊德，西格蒙德（Freud, Sigmund, 1856－1939）

佛得角（Kap Verde）

符腾堡（Württemberg）

福格尔，汉斯（Vogel, Hans, 1881—1945）

福格尔桑（Vogelsng）

福利委员会（Wohlfahrtsausschuss）

福斯曼，维尔纳（Forssmann, Werner, 1904—1979）

福特，亨利（Ford, Henry, 1863—1947）

福煦，斐迪南（Foch, Ferdinand, 1851—1929）

福伊希塔万格，列奥（Feuchtwanger, Lion, 1884—1958）

附属区（Nebenland）

富勒，约翰（Fuller, John Frederick Charles, 1878—1966）

G

盖尔男爵，威廉·冯（Gayl Freiherr, Wilhelm von, 1879—1945）

盖拉赫，瓦尔特（Gerlach, Walter, 1889—1979）

盖世太保（Gestapo）

甘道尔夫，路德维希（Gandorfer, Ludwig, 1880—1918）

甘泪卿（Gretchen）

钢盔团（Stahlhelm）

钢铁盟约（Stahlpakt）

高加索（Kaukasien）

告德国人民书（Aufruf an die Bevölkerung Deutschlands）

戈德斯贝格（Godesberg）

戈林，赫尔曼（Göring, Hermann, 1893—1946）

戈培尔，约瑟夫（Goebbels, Joseph, 1897—1945）

哥本哈根（Kopenhagen）

哥达（Gotha）

哥廷根（Göttingen）

革命工会（Revolutionäre Gewerkschafts－Opposition, 缩写 RGO）

革命者团体（Revolutionäre Obleute）

格奥尔格，斯特凡（George, Stefan, 1868—1933）

格茨，瓦尔特（Goetz, Walter, 1867—1958）

格尔德勒集团（Die Goerdeler－Gruppe）

格尔德勒，卡尔（Goerdeler, Carl, 1884—1945）

格拉茨（Graz）

格莱姆，奥古斯特（Greim, August, 1895—1975）

格莱维茨（Gleiwitz）

格莱维茨事件（Überfall auf den Sender Gleiwitz）

格勒纳，威廉（Groener, Wilhelm, 1867—1939）

格勒奇，卡米洛·赫尔贝特（Grötzsch, Camillo Herbert, 1902—1993）

国家总督（Generalstaatskommissar）

国家专员（Reichskommissar）

国旗社（Reichsbanner）

H

哈伯，弗里茨（Haber, Fritz, 1868—1934）

哈查，艾米尔（Hácha, Emil, 1872—1945）

哈达赫，卡尔（Hardach, Karl, 1936— ）

哈恩，蒂丽（Hahn, Tilly）

哈恩克，卡尔·奥古斯特（Hanke, Karl August, 1903—1945）

哈尔德，弗兰茨（Halder, Franz, 1884—1972）

哈尔科夫（Charkiw）

哈尔曼，埃里希（Haarmann, Erich, 1882—1945）

哈尔纳克，阿尔菲德·冯（Harnack, Arvid von, 1901—1942）

哈夫讷，塞巴斯蒂安（Haffner, Sebastian, 1907—1999）

哈勒（Halle）

哈勒，卡尔（Harrer, Karl, 1890—1926）

哈利法克斯，爱德华（Halifax, Edward, 1881—1959）

哈默施坦因－埃克沃德，库特·冯（Hammerstein － Equord, Kurt von, 1878—1943）

哈萨克勒费尔，瓦尔特（Hasenclever, Walter, 1890—1940）

哈塞尔，乌尔里希·冯（Hassell, Ulrich von, 1881—1944）

哈特劳布，古斯塔夫·弗里德里希（Hartlaub Gustav Friedrich, 1884—1963）

哈特曼，尼克莱（Hartmann, Nicolai, 1882—1950）

哈泽，胡戈（Haase, Hugo, 1863—1919）

海德堡（Heidelberg）

海德格尔，马丁（Heidegger, Martin, 1889—1976）

海德里希，莱因哈德（Heydrich, Reinhard, 1904—1942）

海尔曼，恩斯特（Heilmann, Ernst, 1881—1934）

海曼，维尔纳·理查德（Heymann, Werner Richard, 1896—1961）

海森堡，维尔纳（Heisenberg, Werner, 1901—1976）

海狮行动计划（Unternehmen Seelöwe）

海斯迈尔，奥古斯特（Heißmeyer, August, 1897—1979）

海特勒，瓦尔特（Heitler, Walter, 1904—1981）

海乌姆诺（Chelmno）

海耶，奥古斯特·威廉（Heye, August Wilhelm, 1869—1947）

汉堡（Hamburg）

汉堡－阿尔托纳（Hamburg － Altona）

汉德逊，内维尔（Henderson, Nevile, 1882—1942）

汉诺威（Hannover）

豪顿，阿兰森·B.（Houghton, Alanson B., 1863—1941）

豪普特曼，格哈尔特（Hauptmann, Gerhart, 1862—1946）

豪斯霍弗尔，卡尔（Haushofer, Karl, 1869—1946）

郝巴哈，特奥多尔（Haubach, Theodor, 1896—1945）

和平决议（Friedensresolution）

合并区（Eingegliederte Gebiete）

褐－红统一阵线（Braun － rote Einheitsfront）

赫布里底群岛（Hebrides）

赫夫勒,安东（Höfle, Anton, 1882—1925）

赫尔果兰岛(Helgoland)

赫尔曼・戈林国家工厂（Reichswerke Hermann Göring）

赫里欧,爱德华（Herriot, Édouard, 1872—1957）

赫斯,鲁道夫（Rudolf Walter Richard Heß, 1894—1987）

赫特林,格奥尔格・冯（Hertling, Georg von, 1843—1919）

黑堡(Schwarzburg)

黑尔伯特,威利（Hellpach, Willy, 1877—1955）

黑尔德,海因里希（Held, Heinrich, 1868—1938）

黑尔费里希,卡尔（Helfferich, Karl, 1872—1924）

黑海(Schwarzes Meer)

黑克尔,埃里希（Heckel, Erich, 1883—1970）

黑塞,赫尔曼（Hesse, Hermann, 1877—1962）

黑色军团报(Das Schwarze Korps)

黑色阵线(Schwarze Front)

黑森(Hessen)

亨莱因,康拉德（Henlein, Konrad, 1898—1946）

亨宁斯,艾米（Hennings, Emmy, 1885—1948）

亨赛尔,库尔特（Hensel, Kurt, 1861—1941）

横向阵线(Querfront)

红旗报(Die Rote Fahne)

红色方案(Fall Rot)

红色鲁尔军(Rote Ruhrarmee)

红色突击队报(Roter Stoßtrupp)

红色乐队(Rote Kapelle)

忽尔钦地区(Hultschiner Ländchen)

胡贝尔,恩斯特・鲁道夫（Huber, Ernst Rudolf, 1903—1990）

胡贝尔,库特（Huber, Kurt, 1893—1943）

胡佛,赫尔贝特・克拉克（Hoover, Herbert Clark, 1874—1964）

胡根贝格,阿尔弗雷德（Hugenberg, Alfred, 1865—1951）

胡珀法尔,台奥（Hupfauer, Theo, 1906—1993）

胡塞尔,埃德蒙德（Husserl, Edmund, 1859—1938）

欢乐产生力量(Kraft durch Freude)

黄色方案(Fall Gelb)

婚姻贷款(Ehestandsdarlehen)

货币法(Währungsgesetz)

霍恩施泰因集中营(KZ Hohnstein)

霍弗尔,弗朗茨（Hofer, Franz, 1902—1975）

霍夫曼,约翰内斯（Hoffmann, Johannes, 1867—1930）

霍克海默,马克斯（Horkheimer, Max, 1895—1973）

霍兰德,弗里德里希（Hollaender, Friedrich, 1896—1976）

霍普纳,埃里希（Hoepner, Erich, 1886—1944）

霍斯巴赫备忘录（Hoßbach Niederschrift）

霍斯巴赫,弗里德里希（Hossbach, Friedrich, 1894—1980）

霍瓦特,奥登・冯（Horvath, Oedon von, 1901—1938）

J

基尔(Kiel)

基尔道夫,埃米尔（Kirdorf, Emil, 1847—1938）

莱因哈特，弗里茨（Reinhardt，Fritz，1895—1969）

莱因哈特，马克斯（Reinhardt，Max，1873—1943）

莱因哈特，瓦尔特（Reinhardt，Walther，1872—1930）

莱茵共和国（Rheinische Republik）

莱茵-鲁尔救助基金（Rhein - Ruhr - Hilfe）

莱茵-普法尔茨（Rheinpfalz）

莱希魏恩，阿道夫（Reichwein，Adolf，1898—1944）

赖伐尔，皮埃尔（Laval，Pierre，1883—1945）

赖纳，弗里德里希（Rainer，Friedrich，1903—1947）

兰茨贝格，奥托（Landsberg，Otto，1869—1957）

兰道埃尔，古斯塔夫（Landauer，Gustav，1870—1919）

兰克，古斯塔夫·阿道夫（Lenk，Gustav Adolf，1903—1987）

兰佩尔，彼得·马丁（Lampel，Peter Martin，1894—1965）

兰斯（Reims）

兰辛，罗伯特（Lansing，Robert，1864—1928）

朗德，阿尔弗雷德（Landé，Alfred，1888—1976）

朗，弗里茨（Lang，Fritz，1890—1976）

劳，博纳（Law，Bonar Andrew，1858—1923）

劳动督察官（Treuhänder der Arbeit）

劳动岗位创造国家特派员办公室（Amt des Reichskommissars für Arbeitsbeschaffung）

劳动国库券（Arbeitswechsel）

劳动手册（Arbeitsbuch）

劳动诉讼法（Arbeitsgerichtsgesetz）

劳合—乔治，大卫（Lloyd George，David，1863—1945）

劳施宁，赫尔曼（Rauschning，Hermann，1887—1982）

老毛奇（Helmuth Karl Bernhard von Moltke，1800—1891）

勒伯尔，尤利乌斯（Leber，Julius，1891—1945）

勒布，威廉·里特尔·冯（Leeb，Wilhelm Ritter von，1876—1956）

勒芬（Leüven）

勒哈尔，弗朗茨（Lehár，Franz，1870—1948）

勒曼，尤里乌斯·弗里德里希（Lehmann，Julius Friedrich，1864—1935）

勒森纳，伯恩哈德（Lösener，Bernhard，1890—1952）

雷德鲍尔，格奥尔格（Ledebour，Georg，1850—1947）

雷德尔，埃里希（Raeder，Erich，1876—1960）

雷恩，路德维希（Renn，Ludwig，1889—1979）

雷马根（Remagen）

雷马克，埃里希·玛利亚（Remarque，Erich Maria，1898—1970）

雷珀，瓦尔特·尤里乌斯（Reppe，Walter Julius，1892—1969）

李卜克内西，卡尔（Liebknecht，Karl，1871—1919）

李斯特，威廉（List，Wilhelm，1880—1971）

里宾特洛甫，约阿希姆·冯（Ribbentrop，Joachim von，1893—1946）

里茨勒，库尔特（Riezler，Kurt，1882—1955）

1934)

罗姆政变(Röhm - Putsch)

罗森贝格,阿尔弗雷德(Rosenberg, Alfred,1893—1946)

罗森,弗里德里希(Rosen, Friedrich, 1856—1935)

罗斯托夫(Rostov)

罗斯托克(Rostock)

罗兹(Lodsch)

洛迦诺公约(Verträge von Locarno)

洛卡姆(Loccum)

洛林(Lothringen)

洛曼,瓦尔特(Lohmann, Walter, 1891—1955)

洛索夫,奥托·冯(Lossow, Otto von, 1868—1938)

洛文塔尔,列奥(Löwenthal, Leo, 1900—1993)

洛伊施纳,威廉(Leuschner, Wilhelm, 1890—1944)

M

马尔堡(Marburg)

马尔堡学派(Marburg School)

马尔克斯,埃里希(Marcks, Erich, 1861—1938)

马尔库塞,赫尔贝特(Marcuse, Herbert,1898—1979)

马尔梅迪(Malmedy)

马格德堡(Magdeburg)

马格德堡-安哈尔特(Magdeburg— Anhalt)

马赫,恩斯特(Mach, Ernst, 1838— 1916)

马克斯,巴登亲王(Max, Prinz von Baden,1867—1929)

马林堡(Marienburg)

马赛(Marseille)

马斯河(Maas)

马特斯,约瑟夫·弗里德里希 (Matthes, Josef Friedrich, 1886— 1943)

马依达内克(Maidanek)

迈尔,奥斯卡(Meyer, Oscar, 1876— 1965)

迈尔,恩斯特(May, Ernst, 1886— 1970)

迈尔,古斯塔夫(Mayer, Gustav,1871— 1948)

迈尔霍夫,奥托(Meyerhof, Otto, 1884—1951)

迈科普(Maikop)

迈斯纳,奥托(Otto Meissner, 1880— 1953)

麦克唐纳,拉姆齐(MacDonald, Ramsay,1866—1937)

曼海姆(Mannheim)

曼海姆,卡尔(Mannheim, Karl,1893— 1947)

曼,海因里希(Mann, Heinrich,1871— 1950)

曼施坦因,埃里希·冯(Manstein, Erich von,1887—1973)

曼,托马斯(Mann, Thomas, 1875— 1955)

曼陀菲尔,哈索-埃卡尔德·冯 (Manteuffel, Hasso - Eccard von, 1897—1978)

芒让,查理(Mangin, Charles, 1886— 1925)

毛奇,赫尔默特·詹姆斯·冯(Moltke, Helmuth James von,1907—1945)

毛特豪森(Mauthausen)

梅福票(Mefo - Wechsel)

梅林,瓦尔特(Mehring, Walter,1896— 1981)

梅梅尔(Memel)

民族社会主义教师联盟（Nationalsozialistische Lehrerbund）

民族社会主义人民福利会（Nationalsozialistischer Volkswohlfahrt，缩写 NSV）

民族社会主义手工业、商业和小工业组织（Nationalsozialistische Handwerks‐，Handels‐und Gewerborganisation）

民族社会主义战争受害者救济会（Nationalsozialistische Kriegsopferversorgung，缩写 NSKOV）

民族统一战线（nationale Einheitsfront）

民族政治教育学院（Nationalpolitische Erziehungsanstalten）

民族自由党（Nationalliberale Partei）

明认信仰教派（Bekennenden Kirche）

明认信仰运动（Bekennentnisbewegung）

明斯克（Minsk）

明斯特（Münster）

摩泽尔（Mosel）

莫尔登豪尔，保罗（Moldenhauer，Paul，1876—1947）

莫雷斯纳（Moresnet）

莫洛托夫，维亚切斯拉夫·米哈伊洛维奇（Molotow，Wjatscheslaw Michailowitsch，1890—1986）

莫姆森，汉斯（Mommsen，Hans，1930— ）

母亲与儿童帮护会（Hilfswerk Mutter und Kind）

母子救济（Hilfswerk Mutter und Kind）

牧师非常联盟（Pffarennotbund）

慕尼黑（München）

慕尼黑邮报（Münchener Post）

慕尼黑协定（Münchner Abkommen）

穆尔瑙，弗里德里希·威廉（Murnau，Friedrich Wilhelm，1888—1931）

N

那慕尔（Namur）

纳粹党高等学校（Hohe Schule der NSDAP）

纳粹党青年联盟（Jugendbund der NSDAP）

纳粹党元首希特勒的代表（Stellvertreter Hitlers als Parteiführer）

纳粹党政治中央委员会（Polititsche Zentralkommison）

纳粹企业支部（Nationalsozialistische Betriebszellenorganisation，缩写 NSBO）

纳尔瓦河（Narva）

纳尔维克（Narvik）

纳雷夫河（Narew）

纳托普，保罗（Natorp，Paul，1854—1924）

南蒂罗尔（Sudtirolo）

瑙曼，弗里德里希（Naumann，Friedrich，1860—1919）

瑙曼，维尔纳（Naumann，Werner，1909—1982）

内夫，赫尔曼（Neef，Herman）

尼古拉耶夫州（Oblast Mykolajiw）

尼默勒，马丁（Niemöller，Martin，1892—1984）

涅曼河（Nemunas）

牛赖特，康斯坦丁·冯（Neurath，Konstantin von，1873—1956）

农业布尔什维主义（Agrarbolschewismus）

农业计划经济（Agrarplanwirtschaft）

女武神计划（Walküre）

诺夫哥罗德（Nowgorod）

诺曼底（Normandie）

诺斯克，古斯塔夫（Noske，Gustav，1868—1946）

诺特，阿玛列·艾米（Noether，Amalie Emmy，1882—1935）

诺依恩加梅（Neuengamme）

全国德意志商业企业共同体（Reichsstand d. Deutschen Handels）

全国德意志手工业企业共同体（Reichsstand d. Deutschen Handwerks）

全国经济公会（die Reichswirtschaftskammer）

全国文化总会（Reichskulturkammer）

全国宣传指导处（Reichspropagandaleitung）

全国指导处（Reichsleitung）

R

热那亚（Genova）

人民冲锋队（Volkssturm）

人民代表会（Volksrat）

人民代表委员会（Rat der Volksbeauftragten）

人民法庭（Volksgericht）

人民观察家报（Völkischer Beobachter）

人民国家（Volksstaat）

人民阵营（Volksblocks）

人民军（Volksarmee）

人民冲锋队（Volkssturm）

日德兰半岛（Jütland）

日耳曼国家（der germanische Staat）

日托米尔（Schytomyr）

容格，埃德加·尤里乌斯·（Jung, Edgar Julius,1894—1934）

容克斯，胡戈（Junkers, Hugo, 1859—1935）

融入党（Integrationspartei）

S

萨尔（Saarland）

萨尔布吕肯（Saarbrücken）

萨尔茨堡（Salzburg）

萨尔茨吉特（Salzgitter）

萨克森豪森（Sachsenhausen）

萨赫森豪森集中营（KZ Sachsenhausen）

萨克森（Sachsen）

萨克斯尔，弗里德里希"弗里茨"（Saxl, Friedrich 'Fritz',1890—1948）

萨姆森—克尔讷，保罗（Samson - Koerner, Paul,1887—1942）

塞杜，雅克（Seydoux, Jacques,1870—1929）

塞尔特，弗朗茨（Seldte, Franz,1882—1947）

塞纳湾（Baie de la Seine）

塞瓦斯托波尔（Sewastopol）

赛恩格，弗立茨（Sänger, Fritz,1901—1984）

赛塞尔，汉斯·冯（Seißer, Hans von, 1874—1973）

桑巴特，维尔纳（Sombart, Werner, 1863—1941）

色当（Sedan）

瑟堡（Cherbourg）

沙赫特（Schacht, Hjalmar,1877—1970）

上层革命（Revolution von Oben）

上萨尔茨堡（Obersalzberg）

上西里西亚（Oberschlesien）

少年队（Jungvolk）

少女队（Jungmädelbund）

绍尔，卡尔-奥托（Saur, Karl - Otto, 1902—1966）

舍尔，古斯塔夫·阿道夫（Scheel, Gustav Adolf,1907—1979）

舍菲尔德，汉斯（Schönfeld, Hans, 1900—1954）

舍费尔，迪特利希（Schäfer, Dietrich, 1845—1929）

舍勒尔，马克斯（Scheler, Max,1874—1928）

舍纳，斐迪南（Schörner, Ferdinand, 1892—1973）

社会化委员会（Sozialisierungskommission）

社会民主党（Sozialdemokratische Partei Deutschlands,缩写 SPD）

社会荣誉（soziale Ehre）

石荷州(Schleswig‐Holstein)

石勒苏益格(schleswig)

世袭农庄(Erbhof)

授权法(Ermächtigungsgesetz)

舒伯特,卡尔·冯(Schubert, Carl von, 1882—1947)

舒尔策‐博伊森‐哈尔纳克抵抗组织 (Schulze‐Boysen/Harnack‐Kreis)

舒尔策‐博伊森,哈惹(Schulze‐Boysen, Harro,1909—1942)

舒尔策,瓦尔特(Schultze, Walther, 1894—1979)

舒尔茨,亚当·冯·特洛特·楚(Soltz, Adam von Trott zu,1909—1944)

舒尔,汉斯(Scholl, Hans,1918—1943)

舒尔,索菲(Scholl, Sophie,1921—1943)

舒伦堡,弗立茨·冯(Schulenburg, Fritz von der,1902—1944)

双工(Doppeleverdiener)

水晶之夜(Reichskristallnacht)

朔尔茨,恩斯特(Scholz, Ernst,1874—1932)

朔尔茨—克林克,格特鲁德(Scholtz‐Klink, Gertrud,1902—1999)

斯巴达克同盟(Spartakusbund)

斯巴达克团(Spartacus)

斯蒂勒,汉斯(Stille, Hans,1876—1966)

斯蒂里亚(Steiersche)

斯摩棱斯克(Smolensk)

斯诺登,菲利普(Snowden, Philip, 1864—1937)

斯帕(Spa)

斯台恩海姆,卡尔(Sterheim, Carl, 1878—1942)

斯坦伯格,约瑟夫·冯(Sternberg, Josef von,1894—1969)

斯陶丁格尔,赫尔曼(Staudinger, Hermann,1881—1865)

斯特恩,奥托(Stern, Otto,1888—1969)

斯特拉斯堡(Strassburg)

斯廷内斯,胡戈(Stinnes, Hugo,1870—1924)

斯图加特(Stuttgart)

四年计划全权总办(Beauftragter für den Vierjahresplan)

四强公约(Viererpakts)

松特霍芬(Sonthofen)

苏德边界友好条约(Deutsch‐Sowjetischer Grenz‐und Freundschaftsvertrag)

苏德互不侵犯条约(Deutsch‐Sowjetische Nichtangriffspakt)

苏鲁普,弗里德里希(Syrup, Friedrich, 1881—1945)

苏台德区(Sudetenland)

苏台德德意志人党(Sudetendeutsche Partei)

苏台德德意志祖国阵线(Sudetendeutsche Heimatfront)

苏维埃(Soviet)

所罗门,弗朗茨·普费弗·冯(Salomon, Franz Pfeffer von,1888—1968)

索比包(Sobibor)

索末菲,阿诺尔德(Sommerfeld, Anold, 1868—1951)

索姆河(Somme)

索日河(Sozh)

T

塔林(Tallinn)

塔瑙,弗里茨(Tarnow, Fritz,1880—1951)

台尔曼,恩斯特(Thälmann, Ernst, 1886—1944)

台尔曼,罗莎(Thälmann, Rosa,1890—1962)

卓别林, 查理(Chaplin, Charlie, 1889—1977)

自由的德意志社会主义共和国(freie sozialistische Republik Deutschland)

自由德国民族委员会(Nationalkomitee Freies Deutschland)

总督(Reichsstatthalter)

总统内阁(Präsidialkabinett)

最高军事统帅部(Oberste Heeresleitung, OHL)

最后解决(Die Endlösung)

后　记

　　本卷作者分工如下:第一编第一章,孟钟捷;第二章,陈从阳;第三章,孟钟捷;第二编第四章,郑寅达;第五章第一节第一——五目,郑寅达;第六目,邓白桦;第二节第一——五目,郑寅达;第六目,郑寅达、陈旸;第三节第一目,郑寅达、陈旸;第二目,郑寅达;第三、四目,陈旸;第四节第一目,郑寅达;第二目,郑寅达、邓白桦;第三目,陈旸;第六、第七章,郑寅达。邢来顺对全书文字和内容进行了一些删改。